美洲
深处

———— ◆ ————

一本书，就是一片全新的历史丛林，
这里将有一次次思想探险的邀约。

萨帕塔
与墨西哥大革命

[美]小约翰·沃马克 著

胡楠 译

生活·讀書·新知 三联书店

图书在版编目（CIP）数据

萨帕塔与墨西哥大革命 /（美）小约翰·沃马克著；胡楠译. —北京：生活·读书·新知三联书店，2024.1
（美洲深处）
ISBN 978-7-108-07610-6

Ⅰ.①萨… Ⅱ.①小… ②胡… Ⅲ.①埃米利阿诺·萨帕塔－生平事迹 Ⅳ.① K837.837=43

中国国家版本馆 CIP 数据核字 (2023) 第 073878 号

责任编辑　卫　纯
装帧设计　康　健
责任印制　李思佳
出版发行　生活·讀書·新知 三联书店
　　　　　（北京市东城区美术馆东街 22 号　100010）
网　　址　www.sdxjpc.com
图　　字　01-2018-5880
经　　销　新华书店
印　　刷　河北松源印刷有限公司
版　　次　2024 年 1 月北京第 1 版
　　　　　2024 年 1 月北京第 1 次印刷
开　　本　635 毫米 × 965 毫米　1/16　印张 34.75
字　　数　486 千字　图 10 幅
印　　数　0,001－5,000 册
定　　价　78.00 元
（印装查询：01064002715；邮购查询：01084010542）

萨帕塔将军及其幕僚

（美国国会图书馆）

萨帕塔站立肖像

萨帕塔与比利亚在墨西哥城会师

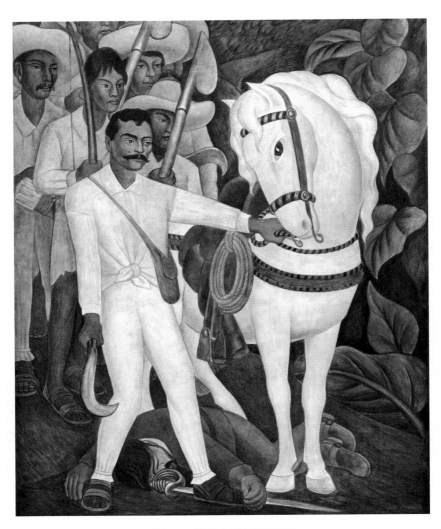

迭戈·里维拉壁画中的萨帕塔

大革命领袖弗朗西斯科·马德罗

北方义军领袖潘乔·比利亚

墨西哥大革命时期的女战士　　　　　萨帕塔死亡照片

Plan Libertador de los hijos del Est. de Morelos, afiliados al Ejército insurgente que defienden el cumplimiento del Plan de San Luis Potosí, con las reformas que ha creído conveniente aumentar en beneficio de la Patria Mexicana.

Los que subscribimos, constituidos en Junta Revolucionaria para sostener y llevar á cabo las promesas que hizo la revolución de 20 de noviembre de 1910, próximo pasado, declaramos solemnemente ante la faz del mundo civilizado que nos juzga y ante la Nación á que pertenecemos y amamos, los principios que hemos formulado para acabar con la tiranía que nos oprime, y redimir á la patria de las dictaduras que se nos imponen, las cuales quedan determinados en el siguiente Plan.

1º Teniendo en consideración que el pueblo mexicano acaudillado por Dn. Franco. I. Madero fué á derramar su sangre para reconquistar sus libertades y reivindicar sus derechos conculcados, y no para que un hombre se adueñara del poder violando los sagrados principios que juró defender bajo el lema de "Sufragio Efectivo No-Reelección" ultrajando la fé, la causa, la justicia y las libertades del pueblo; teniendo en consideración: que ese hombre á que nos referimos es Dn. Franco. I. Madero, el mismo que inició la precitada revolución el cual impuso por norma su voluntad é influencia al Gobierno Provisional del Ex presi-

《阿亚拉计划》

（美国国会图书馆）

出版说明

　　译丛名为"美洲深处"，源自阿根廷思想家库什（Rodolfo Kusch）的同名代表作。在半个多世纪前，库什在阿根廷军事独裁时期选择"内部流亡"，回到阿根廷北部山区，进而重新"发现"了不同于港口大城市的"深度的美洲"：安第斯原住民的精神世界。他的实践得到了拉丁美洲知识界的广泛呼应，在墨西哥、秘鲁、巴西，说出"美洲深处"（América profunda），就意味着一种不甘于重复欧美主流叙事的立场，一种阅读与身体探索相结合的求知方式。

　　在这里，我们借用"美洲深处"，并非偏锋猎奇，译介"弱势文学"，而是深知众多读者仍旧期待超越手机微信的"浅阅读"，渴望思想的深度。更深的意味是，我们深知当代中国正在重新定位自己的世界历史意识。近代以来，"美洲"往往被不假思索地等同于"西方"的一部分，这片大陆复杂多样的文化地形被一笔带过。"中－西对举"的"西方中心主义"思维模式限定了我们的思想和行动的可能。带领读者走向"美洲深处"，是一次思想探险的邀约，邀请读者潜入一片绝不同于"西方中心主义"的知识体系与感觉结构的历史"丛林"。游历的结果是，让深度的美洲改造我们的知识谱系，进而理解"现代"，理解第三世界，理解未来。

丛书主编　戴锦华、魏然

生活·讀書·新知 三联书店

二〇二二年五月

献给我的父亲和母亲

目　录

你可以主动逃跑，

也可以留下来，

甚至可以……主动躲藏起来。[1]

——爱利克·埃里克森

---

[1]《洞见与责任》，（美）爱利克·埃里克森著，罗山、刘雅斓译，世界图书出版公司2017年版，第70页。——译者注

作者序

这本书讲的是一群乡下人的故事。他们不愿意离开家乡，于是进行了一场革命。他们不想指望变幻无常的命运。就算发生天大的事，不管外面来的宣传家怎么说，无论别处的草场有多肥美，他们也非要留在自己的村庄和小镇里不可。那是他们的家乡，莫雷洛斯，墨西哥中南部一个小小的州，他们在那里长大，几百年来，从他们的祖先开始，人们的生老病死都在那里。

20 世纪即将到来的时候，另一群人——生活在城市里的有权有势的实业家——为了自己的利益，想把村民赶走。于是，实业家和村民之间爆发了激烈的冲突。在莫雷洛斯之外，其他州的类似地区也出现了这种冲突，虽然不太引人注目，但是一样严酷激烈。墨西哥各地的实业家发现，如果不从根本上改变这个国家，他们就不可能维持以前的盈利水平，也无法让政府继续运转下去。但是哪里发生了根本性的变化，哪里就会有村民起来反抗，因为在他们世代生活的地方，他们已经挣不到钱了。

1910 年，经过了 34 年的政局稳定时期，在总统接班人的问题上，高层政治家的所作所为激起了人们的反抗。整个墨西哥的乡民中，差不多只有莫雷洛斯人真正参加了这场反抗运动。几个月后，运动的领袖就获得了国家政权。但是在无视地方传统这一点上，这批新领袖和被他们取代的那些人没什么两样。各地的企业并没有受到约束，还在继续推进它们的发展计划。莫雷洛斯乡民的处境变得非常危险，他们不知所措，于是再次发动了起义。然后是九年的战斗，普通农人和农场劳工都拿起了武器，变成了游击队员和恐怖分子。他们挺过了各方的围攻，面对政府的镇压始终坚持进行破坏活动和非暴力抵抗。他们的几位领袖中，带头的就是埃米利亚诺·萨帕塔。

部分因为这些人的反抗，但主要是因为其他地区也爆发了更加轰轰烈烈的运动，20世纪第二个10年，墨西哥进行了一系列彻底的变革。1920年，萨帕塔死了，莫雷洛斯的革命派也获得了政府的承认，变成了一个合法团体。在潜移默化中，他们促使政府采取了有利于乡下穷人的政策。时至今日，墨西哥政府仍然将保障农户的利益视为自己的使命。

这本书接下来的部分是一个故事，而不是一份分析报告。我想讲述莫雷洛斯乡民的经历——想要在熟悉的地方稳定地生活的愿望，如何驱使他们走上了武装斗争的道路；他们怎样采取行动；占了上风的时候，他们表现得怎么样，失势的时候他们又做了什么；他们如何重返平静的生活，然后又有什么样的遭遇。萨帕塔是故事的主角，这并不是因为他渴望得到人们的关注，而是因为莫雷洛斯的村民把他视为他们的领袖，始终依靠他的指引，还因为全国各地的村民也把他看作捍卫他们权益的斗士。以他为代表，乡下人在墨西哥革命中占据了一席之地。我认为，即使他们的革命经验并不能代表所有人，但仍然是至为重要的。

"农民"（peasant）这个词在这本书中很少出现。可能只是因为我的某种怪癖，我更倾向于使用其他词来表达自己的看法。在我看来，"农民"听起来总是带着些异域情调，仿佛属于某个异族社会。[1]如果我要写的这部历史描述的是一个在本质上与我们完全不同的社会，无论过去还是现在都与我们格格不入的社会，那我就会用这个词来标示某一种乡民。但是我并不认为19世纪60年代以来墨西哥的社会发展和我们这里有什么不同。我不否认墨西哥曾经有过农民——那里现在也有；我只是想明确地指出，到了1910年，城市以外的大部分人可能都不是农

---

[1] peasant 在英语中具有明显的贬义，一般指的是前工业时代的农业劳动者。这个词强调他们的阶级属性，并强调他们未开化的特征。——译者注

民；而莫雷洛斯的大部分乡下人肯定不是。他们的身份用西班牙语来讲会更清楚一些：*campesinos*，庄稼人。

除此以外，谈论"农民"也会引出抽象的阶级问题。这本书并不属于历史社会学（historical sociology）研究，而是社会史（social history）研究。它不是一份分析报告而是一个故事，因为我们只有用心感受莫雷洛斯革命，才能寻获它的真义，而我无法通过解释革命的各种要素来传递这种感受，只能通过讲故事的方式来传达。我也做了一些可行的相关分析，并且努力把它们和我的讲述编织在一起，它们会在合适的时候出现，帮助读者理解整个故事。

我知道，在写这本书的时候，我得到了许多人的帮助，而且一定还有许多人在我不知道的情况下帮助了我。首先我要感谢唐纳德·弗莱明，他把我领进了拉丁美洲历史研究的大门。感谢哈佛大学拉丁美洲研究教师委员会，1961—1965 年，他们给了我一份丰厚的奖学金。这份奖学金是由罗伯特·伍兹·布利斯基金会提供的，这家基金会也慷慨赞 x 助了我 1966 年夏天的研究活动。我感谢许多图书馆、档案馆友善且工作高效的工作人员，包括美国的怀德纳图书馆、纽约公共图书馆、国会图书馆、国家档案馆、得克萨斯大学图书馆和加州大学伯克利分校图书馆的馆员，以及墨西哥的国家总档案馆、国家报刊图书馆、国家图书馆、财政部图书馆、国家人类学和历史博物馆、墨西哥国立自治大学历史研究所和历史档案馆、墨西哥革命历史研究所、康达麦克斯墨西哥历史研究中心、墨西哥学院、莫雷洛斯大学米格尔·萨利纳斯中央图书馆的管理员。我感谢克莱尔·默里、乔斯琳·艾伦和卡罗尔·索恩，在这部文稿问世的过程中，她们认真地帮我完成了打字的工作；和她们的合作非常愉快。我要向丹尼尔·德拉奥、迭戈·萨帕塔、丹尼尔·古铁雷斯·桑托斯、克里斯托瓦尔·罗哈斯·罗梅罗和已故的安东尼奥·迪亚斯·索托-伽马致以谢意，他们与我进行了非常有趣的对话。马尔特·R.戈麦斯、波菲里奥·帕拉西奥斯、何塞·加西亚·皮门特尔、何塞·伊格纳西奥·孔德、埃莱娜·加罗·德帕斯、胡安·佩雷斯·萨拉萨尔接受了我的采访，并且允许我使用他们的私人资料，对此我深为感激。我也非常感谢路易斯·冈萨雷斯－冈萨雷斯、费尔南多·桑多瓦尔、曼努埃尔·冈萨雷斯·拉米雷斯、巴伦廷·洛佩斯·冈萨雷斯、安东尼奥·庞帕－庞帕、斯坦利·R.罗斯、胡安·路易斯·穆蒂奥萨巴尔、萨尔瓦多·阿苏埃拉、路易斯·穆罗、洛塔尔和何塞菲娜·克瑙特、卡塔利娜·谢拉·卡萨苏斯、J.伊格纳西奥·鲁维奥·马内、贝亚特里斯·阿特亚加和丹尼尔·科斯奥·比列加斯，他们在档案问题上提供了帮助，还在如何处理史料、进行阐释等方面给了我指点。我还要感谢我的编辑，阿什贝尔·格林和爱德华·约翰逊，他们针对我的行文风格提出了很好的建议。

在我进行研究期间，有五个人对我产生了尤为重大的影响：何塞·玛利亚·卢汉教给了我有关墨西哥大革命的知识；赫苏斯·索特洛·因克兰教给了我关于墨西哥、莫雷洛斯和土地革命的知识；胡安·马里查尔让我了解了拉丁美洲；欧内斯特·R.梅和奥斯卡·汉德林则教给了我历史研究的方法。我深深地感谢他们。这本书中错误、愚蠢、拙劣的部分与他们毫无关系；但是如果没有他们的帮助，这本书好的部分就不可能存在。

在我完成这项研究的过程中，我的朋友、家人和女儿都为我做出了巨大的牺牲，这对他们造成了无法挽回的伤害。我只希望他们可以原谅我。

小约翰·沃马克

马萨诸塞州剑桥

1967 年 11 月 22 日

引子　民选领袖

这个国家的历史在阿内内圭尔科展开，如同一道伤口。

——加斯东·加西亚·坎图

老人要开始讲话了。等在乡村教堂后的拱廊下的一群农人安静了下来，侧耳倾听。他们知道，这次集会非常重要。为了让所有人都能参加，村里的长者特意把集会时间定在了今天——星期天——晚上。而为了避免被庄园工头发现，他们是在私下里散布集会消息的，并没有用教堂的那口钟广而告之。[1]

村里几乎所有成了家的男人都来了。大多数单身汉也在。一些七八十岁的老人也来了；这些人彼此熟识，之间有着血亲、姻亲、挚友或者仇敌的关系。在这个 9 月的傍晚，人们在暮色中聚在一起，仔细地听那个满面皱纹的老人说话。他们知道，何塞·梅里诺是个绝对不能忽视的人物。他和他们中的许多人沾亲，在方圆几里之内颇受敬重，在 1909 年的这个夏末，他是村里的首席长老，也是村议会的主席。看得出来，他太累了，没有力气说多余的话，只能直奔主题。他说话的时候人们听着，安静而专心。

他说他已经七十多岁了，太老了，也太累了；其他长老也是一样，太老了，太累了。去年的时候，他说道，村子的工作就已经让他们感到不堪重负了。他们再也没有力气走进田野、站上法庭，维护村子的

---

[1]　Jesús Sotelo Inclán: *Raíz y razón de Zapata. Anenecuilco. Investigación histórica*（México, 1943）, pp. 175–176.

地权与用水权了。做他们这份工作需要在村子和州首府库埃纳瓦卡之间奔波，甚至还要远行到墨西哥城，需要请律师、对付库奥特拉的 *jefe politico*（行政长官）[1]、与农场主管和工头斗智斗勇——这些任务对上了年纪的人来说太重了。而自从三个月前，库埃纳瓦卡通过了对税收和所有权进行改革的新不动产法之后，这份工作就更难做了。[2]多年来，这些长老尽其所能，为村子贡献力量，而到了现在，他们能做的最大贡献就是让位给新人。时代变得太快了，除了老年人的智慧，村子还需要一些新的东西。阿内内圭尔科人得选出新人——更年轻的人——来维护他们的利益。就这样吧，他说。然后他让人们提名新的议会主席，也就是他自己的接班人。

议会的四位老人开始记名，为投票做准备。他们不需要向人们提出任何意见或警告；他们在场，就足以保证，选举将会是自由、严肃、受人认可的。700年来，阿内内圭尔科就是靠着这样的人的精神力量存续了下来，而直到现在，这仍然是支撑着这个村子的最强大的力量。四位长老中的一位，卡门·金特罗，早在这次与会的一些年轻人出生之前，就已经开始从政了。25年间，他既积极投身当地政治，又保持了自己的无党派立场。另一位，欧亨尼奥·佩雷斯，1887年就开始扛着上了膛的步枪保卫村子的土地了。而其他两位，梅里诺和安德烈斯·蒙特斯，十多年来一直是村子最忠诚坚定的领导者。[3]阿内内圭尔科大约有400人，他们差不多都与这四位长老沾亲带故，四位中总有一位是他们的叔父、舅父、叔公、舅公、堂表兄弟、兄弟、父亲或者祖父。[4]在这

---

[1] 本书作者在行文中保留了许多西班牙语表达。为了保留这一特色，译文将在每个西语表达第一次出现时保留原文并注明中文释义。——译者注

[2] Sotelo Inclán: op. cit., pp. 173–174. 关于法律文本，见 *Semanario Oficial del Gobierno de Morelos*, XVIII, 26, 2。

[3] 早在1884年，金特罗就被选入了联邦选举的地区选举人团。*Periódico Oficial del Gobierno del Estado de Morelos*, XVI, 23, 5。1900年，他再次被选入了联邦选举的地区选举人团。*Semanario Oficial*, VI, 28, 7. 关于佩雷斯、梅里诺和蒙特斯，见 Sotelo Inclán: op. cit., pp. 155, 159。

[4] Elizabeth Holt Büttner: "Evolución de las localidades en el estado de Morelos según los censos de población, 1900–1950"（Maestría de Geografía thesis, U.N.A.M., 1962）, pp. 94–97.

些庄重威严、公正无私的老人面前，没人敢操纵选举，也没人敢在落败之后愤然离场。在阿内内圭尔科，村子的事务至高无上，人们绝不容许它受到恶势力或者哪个人臭脾气的干扰。

提名出来了。首先获得提名的是莫德斯托·冈萨雷斯。然后巴尔托洛·帕拉尔推荐了埃米利亚诺·萨帕塔，萨帕塔接着也提名了帕拉尔。人们随后进行了投票：萨帕塔轻松获胜。

这个结果并不令人惊讶。虽然萨帕塔非常年轻，一个月前刚满 30 岁，但是投票者很了解他，也了解他的家人；他们知道，萨帕塔就是他们需要的青年领袖，再也没有比他对村子更负责的人了。[1]萨帕塔和地方当局之间曾经有矛盾，第一次冲突发生在他父母死后一两年，当时他才 17 岁。他不得不离开莫雷洛斯几个月，跑到他们家朋友在普埃夫拉州南部的牧场避风头。[2]不过，没人因为这件事反对他——在乡下，和警察发生冲突简直是每个年轻人都必然会经历的成年礼。而最近三年，他还当上了一群热心于村庄防务的年轻人的首领，负责组织抗议活动、在会见行政长官的代表团中扮演一个小角色、鼓舞村民的士气。[3]近来他还帮一位反对派州长候选人组织了当地的竞选活动；尽管他们的党遭受了重大的挫折——选民受到恐吓，投票作废，领袖被抓进了尤卡坦州

---

[1] 在萨帕塔出生年份的问题上，人们说法不一。有人认为是 1873 年，见 Alfonso Taracena: *Mi vida en el vértigo de la revolución. Anales sintéticos, 1900–1930*（México, 1936），p. 86。有人认为是"1877 年前后"，见 Gildardo Magaña: *Emiliano Zapata y el agrarismo en México*, 3 vols.（México, 1934–1941），I, 104, and the second, posthumous edition of his work, 5 vols.（México, 1951–1952），I, 94。支持这一猜测的还有 Baltasar Dromundo: *Vida de Emiliano Zapata*（México, 1961），p. 27。也有说法是"1879 年前后"，见 Baltasar Dromundo: *Emiliano Zapata. Biografía*（México, 1934），p. 21。还有人认为是 1883 年，见 Octavio Paz: "Emiliano Zapata," in José T. Meléndez, ed.: *Historia de la revolución mexicana*, 2 vols.（México, 1936–1940），I, 319。在与萨帕塔相关的历史问题上最认真的两位历史学家索特洛·因克兰和波菲里奥·帕拉西奥斯都认为萨帕塔出生于 1879 年 8 月 8 日，分别见 op. cit., p. 169, 以及 *Emiliano Zapata. Datos biográficos-históricos México*（México, 1960），pp. 16–17。支持这一观点的有 Alfonso Reyes H.: *Emiliano Zapata. Su Vida y su Obra*（México, 1963），以及 Mario Mena: *Zapata*（México, 1959），p. 169。

[2] Palacios: op. cit., p. 20.

[3] Sotelo Inclán: op. cit., pp. 162–166, 172–173.

的劳改营——他还是继续和整个州的反对派政治家进行会面，与他们建立联系。[1] 新的不动产法颁布之后，他与议会确立了常规合作关系。[2]

用乡下的标准来看，村民们知道，他不是一个穷小子。萨帕塔一家住的不是棚屋，而是用土砖和石头造成的结实房子。他和他的哥哥欧费米奥从来没有在庄园里做过计日工，而且，他们的父母去世后，两个人都继承了一小块土地和一些牲畜。欧费米奥变卖了他的那一份，去贝拉克鲁斯州做起了生意，没人知道他到底在做什么，挨户兜售、沿街叫卖，还是在市场摆摊。而埃米利亚诺还留在阿内内圭尔科一带。他耕种自己的土地，又向当地的庄园租种了几亩。农闲的时候他会赶起一队骡子，穿过村庄，沿着库奥特拉河一路向南。[3] 他也小打小闹地倒卖马匹。因为手里土地不多，萨帕塔一家许多年前就开始买卖牲畜，所以埃米利亚诺很小的时候就熟悉了这门生意。他也深知骑马是一件多么威风的事，于是他把赚到的钱都花在了这上面：买马，给喜欢的马披上华丽的鞍；他自己也要打扮起来，配上顶好的靴子和马刺，英姿勃勃地骑在爱马闪亮的背上。

懂马的名声也给他带来了回报。从莫雷洛斯州中东部到普埃夫拉州西部，甚至墨西哥城，庄园主都说他是这一地区最好的驯马师，抢着请他为他们工作。[4] 然而无论他们多么欣赏他，他始终不为所动，而人们也总能在他身上发现一种痛苦的疏离感。阿内内圭尔科人记得他小时候的一件事：在他还是个孩子的时候，当地的庄园强占了村里的果园，他亲眼看到自己的父亲精神崩溃、失声痛哭；那时他曾向父亲承诺，他会把土地夺回来。[5] 这个故事——如果它是真的——发生的时候，他才九岁，在他家的十个孩子中排行第九（这十个孩子里只有四个活到了成

---

[1] 关于这次选举的记录，见本书第一章。

[2] Sotelo Inclán: op. cit., pp. 174–175.

[3] Serafín M. Robles: "El General Zapata. Agricultor y Arriero," *El Campesino*, October 1951.

[4] Sotelo Inclán: op. cit., pp. 170, 172. Antonio Díaz Soto y Gama: *La revolución agraria del Sur y EMILIANO ZAPATA, su Caudillo*（México, 1960）, pp. 245–246.

[5] Dromundo: *Vida*, p. 29.

年）。[1] 即使故事是杜撰的，它体现出来的那种决心也始终在他的双眼中燃烧；虽然他非常坚强，也没人敢欺负他，但是有的时候，他仍然会情绪激动，几乎落泪。他是个沉默的人，酒喝得比村里大多数男人都要少，而一旦喝起酒来，他就会变得更加沉默。有一次，他为莫雷洛斯的一位甘蔗种植园主工作了几个星期，打理后者建在墨西哥城的豪华马场。这是一个结交权贵、发家致富的好机会：他大可以中饱私囊，建起自己的马场，甚至还能搞到一座小牧场。但是溜须拍马、甜言蜜语、耍小聪明、玩小花招、搞地下交易之类的行为确实让他觉得恶心。他内心不安，意志消沉，于是很快就回到了阿内内圭尔科，愤愤不平地发牢骚说首都的马棚比全莫雷洛斯的劳工住的房子都好多。[2] 即使他在过节的时候会好好打扮一番，骑上披着银鞍的马绕村子小跑，或者去附近的阿亚拉城闲逛，当地人也绝不会怀疑他还是不是他们中的一员。虽然他骑好马，穿华服，阿内内圭尔科人也从来不叫他堂埃米利亚诺。那个称呼会把他从满是狭道、蝇虫、粪肥和淤泥的当地现实生活中剥离出来，把人们对他发自内心的尊敬变成一种含含糊糊的恭敬态度，就像对待乡绅那样。他是他们中的一员，在阿内内圭尔科，他们这样觉得，也这样对待他，并且从未因此感到不自在。米利亚诺，他们这样叫他，而在他死后，他们叫他 *pobrecito*（小可怜儿）。他就是他们的邻居，是他们有能力领导整个家族的堂弟，是他们心爱的侄子，他就像一段风干了的木头，粗糙而真实。

这就是被村民选为议会主席的人。然而他们选他，同时也是一场赌博——赌他会一直是他们认识的样子。让他们确信他掌权之后不会改变、不会滥用他们的信任，甚至让他们根本不会想到这个问题的是他的家族声誉。萨帕塔家族在阿内内圭尔科非常重要。在 19 世纪第二个 10

[1] 除了埃米利亚诺，活下来的还有欧费米奥，以及他的两个姐姐——玛利亚·德赫苏斯和玛利亚·德卢斯。Sotelo Inclán: op. cit., pp. 169–170. Mario Gill: *Episodios mexicanos. México en la hoguera* (3rd edn., México, 1960) , pp. 50–51.

[2] Silvano Barba González: *La lucha por la tierra. Emiliano Zapata* (México, 1960) , pp. 35–45. Sotelo Inclán: op. cit., p. 173.

年的独立战争[1]期间，萨帕塔就开始以反抗者之名出现在当地的新闻中了。[2]埃米利亚诺的父亲加夫列尔（一个安静、招人喜欢、工作认真的男人，说话微微结巴）和母亲克莱奥法斯在所有的历史记录里都毫不出众，但是他们将家族历史上的那些世所罕见的鲜明特质——毫不功利的纯粹勇气、顽强而持久不变的正直——传给了他们的儿子。萨帕塔家族和萨拉萨尔家族（埃米利亚诺母亲的家人）骨子里深植着墨西哥历史的精髓。独立战争的时候，西班牙军队包围了库奥特拉起义军。一连几个星期，附近村子里的许多男孩潜越火线，来来回回，偷偷为起义军送去了龙舌兰、盐、烈酒和火药。其中一个来自阿内内圭尔科的男孩叫何塞·萨拉萨尔，他就是埃米利亚诺的外祖父。而埃米利亚诺父亲的两个兄弟，克里斯蒂诺和何塞，也参加了19世纪60年代的改革战争[3]和反抗法国干涉的战争。[4]多年后，埃米利亚诺仍记得他们曾经给他讲的抗击反动分子和殖民者的故事。[5]

此外，还有一位何塞·萨帕塔，他的功绩让萨帕塔家族在村子里享有崇高的声望。1866—1867年，法墨战争期间，年轻的共和党将军波菲里奥·迪亚斯在墨西哥中南部召集了大批人马，准备加入对法国人的最后一战。他需要在每个社区安排一个可靠的代理人，发动并领导地方

［1］ 指1810—1821年墨西哥人反抗西班牙殖民者的斗争。墨西哥于1821年9月27日宣布独立。——译者注

［2］ Sotelo Inclán: op. cit., pp. 138–142.

［3］ 改革战争（1857—1860）是墨西哥自由派和保守派之间的一场内战。自由派想要限制教会和军队对国家的控制，因而遭到了保守派的反抗，引起了战争。最终自由派取得了胜利。——译者注

［4］ 法国武装干涉墨西哥（1861—1867），又称法墨战争，是法国远征军向墨西哥发动的一场侵略战争。墨西哥自由派总统贝尼托·华雷斯于1861年宣布暂停向法国、英国和西班牙支付借款的利息，由此引来了三国的武装干涉（以法国为主）。法军于1864年扶植奥地利天主教王室成员马克西米利安在墨西哥城即位，建立了受墨西哥保守派支持的墨西哥第二帝国。1866年法国开始撤军，1867年，华雷斯恢复了自由派共和国，马克西米利安被处决。——译者注

［5］ Sotelo Inclán: op. cit., p. 192.

力量。在阿亚拉城周围的乡村，他的代理人就是这位何塞·萨帕塔。[1]萨帕塔已经老了，但是他对这片土地和这里的人了如指掌，无论走到哪里，他都深受众人的尊敬。他的家在阿内内圭尔科，当战争在1867年结束，共和国政府得以恢复，那里的人和阿亚拉人自然而然地指望他来领导他们，重建和平有序的生活。在60年代末70年代初的动荡岁月，他是阿内内圭尔科的首席长老，同时也被推选出来在阿亚拉市镇[2]政府中任职。[3]那些年里，何塞·萨帕塔始终对迪亚斯——后者已经变成了一个野心勃勃但却没什么头脑的糊里糊涂的反对派政客——忠心耿耿。他在阿内内圭尔科组织了一个波菲里奥派地下俱乐部，与他的老长官秘密联系，商讨如何保护村民的土地不受甘蔗种植园——他将它们称为"恶疾"——侵犯。[4]阿内内圭尔科人非常尊敬何塞·萨帕塔：1876年，当他的同伴将他去世的消息报告给迪亚斯时，他们说的是："我们尊敬的、爱之如父的领袖去世了。"[5]那之后许多年，他们继续沿着他指明的政治道路前进，即使在迪亚斯掌了权并且背叛了他早年的诺言之后，他们仍然相信，迪亚斯最终会记起承诺，向他们伸出援手，保护他们的土地。1892年，在一场竞争激烈的总统选举中，包括欧费米奥·萨帕塔、奥克塔维亚诺·古铁雷斯和特奥多罗·普拉森西亚在内的年轻一代阿内内圭尔科人仍然认为，作为公民，他们有义务加入波菲里奥派俱乐部，为这位老领袖投票——在老何塞的影响下，这里的村民把他们全部的信

8

---

[1]　Victoriano Gómez to the auxiliary mayor of Anenecuilco, July 9, 1867, Archivo de Jesús Sotelo Inclán (henceforth ASI). José Zapata to Narcizo Medina, February 9, 1867, ASI.

[2]　市镇（Municipio）是墨西哥的第二级行政区划，位于州之下。每个州都会划分为若干市镇，市镇可能包含多个城镇，也可能仅包含一个城镇。每个市镇都有自治权。——译者注

[3]　José Zapata to the municipal aide of Anenecuilco, October 10, 12, and 19, 1870, ASI.

[4]　J. Zapata, A. Solares, and Teodosio Franco to Porfirio Díaz, June 14, 1874, cited in Alberto María Carreño, ed.: *Archivo del General Porfirio Díaz. Memorias y documentos*, 24 vols. (México, 1947–1958), XI, 142–143.

[5]　Teodosio Franco, Alfredo Solares, and Justino Arriaga to Porfirio Díaz, January 23, 1876, ibid., XI, 300–1. I owe this reference and the preceeding one to the generosity of Jesús Sotelo Inclán.

念都倾注到了迪亚斯身上。[1]何塞·萨帕塔死去三年之后，埃米利亚诺出生了，他们二人之间究竟有什么关系仍然不得而知，不过老何塞可能是埃米利亚诺祖父的兄弟，也就是他的叔公。无论如何，他在村子历史上的声望都让萨帕塔一家备受尊敬。

最后，就在这场会议上，人们也感受到了亲缘关系的力量：埃米利亚诺也是现任主席何塞·梅里诺的外甥。[2]村民们知道接下来几年会遇到很多麻烦。他们只能在萨帕塔身上赌一把，希望他能带领他们渡过难关。

其他职位也开始提名了。年轻人陆续当选——近五年来，这些人就是新一代村民的非正式领导者。弗朗西斯科·佛朗哥——埃米利亚诺的密友——被选为秘书；爱德维格斯·桑切斯和拉斐尔·梅里诺——后者是何塞·梅里诺的儿子——被任命为会计员；何塞·罗夫莱斯成了村子的发言人，没有什么具体职责。这场会议非常简短，全部程序就是开会，选举，权力交接。这也没什么不寻常的，因为在艰难时刻，年迈的"士师"就该遵照惯例，让位给年轻的"勇士"。[3]而在 1909 年 9 月 12日，那个星期天的晚上，阿内内圭尔科面对的未来似乎尤为艰难。

萨帕塔简短地说了几句话。他说他接受人们交托给他的一切艰难使命，但是他希望所有人都能支持他。"我们会支持你的，"30 年后弗朗西斯科·佛朗哥仍然记得，当时人群中有一个声音对萨帕塔高喊，"我们只想要个有种的人来保护我们。"[4]

9

---

[1]　*La Idea Patriótica*, March 10, 1892.

[2]　Dromundo: *Vida*, p. 36.

[3]　士师和勇士是《圣经》中的两个概念，其中前者指以色列人的政治、军事领袖；士师通常也有宗教职责，被认为是耶和华选中的。在危急时刻，士师召集、统领并挑选战士——勇士——对抗敌人，保护以色列人。——译者注

[4]　Sotelo Inclán: op. cit., pp. 175–176.

第一章　迪亚斯总统选州长

"在船长的地盘上……"

　　墨西哥革命爆发，是因为就谁将在总统波菲里奥·迪亚斯死后继续统治这个国家的问题，高层政治家无法达成一致意见，而这一切都被人们看在了眼里。这些绰号为 *científicos*（科学家派）的政治家相信，只有依靠他们的统治，并且以他们的利益为目标，这个国家才能进步，他们认为这是天经地义的。从 19 世纪 90 年代初开始，这些人就不断告诫墨西哥人，他们那种特殊的科学赋予了他们权威，最终也使大多数公众相信他们是绝对可靠的。但是到了 1904 年的时候，这些科学家在迪亚斯继任者的问题上陷入了困境，而迪亚斯当时已经连续当了 20 年总统了。1908 年，离下一次总统选举还有两年的时候，这个问题演变成了一桩大丑闻，让政府蒙了羞。当权者的阴谋败露了，他们的愚蠢、奸诈、无能也都掩饰不住了。很快，他们曾经广得人心的统治土崩瓦解。

　　这个问题之所以会演变成危机，是因为它是公开的，而让迪亚斯公开一切的是他的傲慢。1908 年 2 月，迪亚斯接受了美国著名"特别通讯记者"詹姆斯·克里尔曼的采访，后者当时正受一份流行的美国月刊《皮尔逊杂志》（*Pearson's Magazine*）的派遣，在墨西哥工作。迪亚斯告诉克里尔曼，当他的任期在 1910 年结束之后，他肯定会退休，不管他的"朋友"们如何哀求，他都不会"继续当总统"了。反对党的出现是"一件幸事"，他表示。"如果他们能获得权力，好好利用而不滥用，"他承诺道，"我就会和他们站在一起，支持他们，辅佐他们，为了在我国建立彻底民主化的政府而忘我工作。"[1]

当时迪亚斯已经 78 岁了，正十分可悲地执迷于自己在墨西哥历史上的地位。他对克里尔曼这样说，只是为了塑造一个值得全世界高度尊重的政治家形象。他是诚恳的，但他自己并没有把这些话当真。他一直都很喜欢摆出准备让位、退休、承诺自由选举的姿态，而这些温和无害的表演的目标观众一直是记者，从来不是国会，因为记者只能写写报道，国会可能会真的接受他的提议。以前也从来没有人把他的话当真。但是这次情况不同：迪亚斯已经老了，而且他再也无法掩饰这一点了。这使他的话有了预料之外的意义。在此之前，谈论退位只不过是要要嘴皮子，但是现在，1908 年，他的话让人们意识到，不管退不退休，他很快就会死了，而时代将会发生变化。

在过去的三十多年中，墨西哥没有哪场重大政治活动是迪亚斯不曾插手的。由此，他成了唯一一个能够在敌友关系的复杂迷宫里钻营取巧的政治家。他故意把所有的政务都搞得不清不楚，以此维护自己的统治：1908 年的时候，所有核心事务实际上都在他的控制之中。光是得知他可能会离开，人们就吃了一惊，上上下下的官员也都不安地战栗了起来。为他自己好，他本应该避免惊动公众，本应该拒绝克里尔曼的采访，或者让墨西哥媒体在国内报道中适当地歪曲一下他的话。然而此时，在生命的终末，他渴望得到同胞真心的感激，更甚于渴望得到这个爱德华时代[2]的世界的尊敬，并且，他也希望自己能以开明的言论赢得人们的支持（这个想法来得太晚了，也太轻率了），于是，他准许《公正报》（El Imparcial），最有影响力的亲政府派报纸，在 3 月初的时候发表了采访稿的全文翻译。如同皇家葬礼上的丧钟突然发出闷响一样，这份采访报告宣告了墨西哥的一个时代——堂波菲里奥的时代——的结束，以及另一个天知道属于谁的时代的开始。在这个新时代里，当权者

---

[1]　James Creelman: "President Díaz. Hero of the Americas," *Pearson's Magazine*, XIX, 3（March 1908），242.

[2]　指英国国王爱德华七世在位的时代（1901—1910）。——译者注

不再有先例可循，他们必须要依靠自己的力量解决问题。

但是事实上这个告别仪式是假的：迪亚斯还在。他一贯喜欢搭好戏台，看着别人把他写好的戏演出来。在克里尔曼的访谈中他又任性了一次——他鼓励民众和政治家继续工作，权当他已经不在了，但事实上他并没有离开，也并不打算离开，而且就像所有人都明白的那样，不管怎样，他都不会放弃政治活动，直到他直挺挺地躺在坟墓里的那一天为止。这件事的影响比他真的死了还要坏。全国没有一个政治家知道该怎么行动。科学家派手足无措，不知道应该装作这个访谈从来没有发生过，还是把它当真，着手为 1910 年选举另做打算，和迪亚斯讨价还价，看看能从他那里得到什么样的帮助。改革派也忧心忡忡，不知道应该采取什么策略：这个采访究竟是要引蛇出洞，还是在真诚地邀请他们参政，让他们非正式、不专业的活动公开，把他们纳入职业政党的行列？迪亚斯嘴上说要卸任，实际上又不放手，这就让墨西哥的政治家们感到一切都扑朔迷离，难以预料。他把整个政治系统的秩序都搅乱了。

虽然在采访中迪亚斯只谈到了国家层面的政治状况和 1910 年的总统选举，但是他引起的混乱首先出现在州政治的层面上。这是因为州政治十分复杂，而且与深层次的地方利益、宗族情感有关。一般来说，这种政治局面是十分稳固的。但是一旦出现了破裂，谁应当主持州政的问题就不得不再次被拿出来讨论，树大根深的地方政治家与堂波菲里奥派来的仲裁官之间的争吵就会变得尤为激烈。一旦这些筋疲力尽的争论者达成了某种共识，他们就会拼尽全力让它维持得久一些。以前，靠着官方指定候选人和非法操纵选举，各州维持了稳定的政治秩序。然而要想让一项共识长久维持下去，人们需要谨慎认真地遵守它的各个条款，这也就需要对这些条款做出清晰定义。克里尔曼的采访让此前清晰的行事方式变得模糊了起来，这就在 1909 年莫雷洛斯、锡那罗亚、尤卡坦、科阿韦拉等州的州长选举中掀起了反对派运动的浪潮。政治活动失控了，最终，联邦政府不得不放下中立的伪装，重新指定候选人。

1909 年 2 月的莫雷洛斯州选举，是在克里尔曼采访之后出现的第一场真正的反对运动的选举。一般来说，只有州长在任时去世，州政治的操纵者才会耗费心力，重新协商州长人选；莫雷洛斯的情况就是这样。曼努埃尔·阿拉尔孔在 1908 年 8 月刚刚连续第四次当选州长，却在 1908 年 12 月 15 日不幸去世。[1]他主政这么久，部分是因为本州人民很尊敬他；人们自然想找一个像他一样的人接替他的位子。但是，莫雷洛斯州政的操纵者显然估计错了形势，他们选出的继任者与阿拉尔孔完全不同，这就激起了人们的反抗。两年之后，墨西哥爆发了一系列撕裂中央政府、引发革命的重大运动，而在那场席卷了整个国家的危机中莫雷洛斯发生的事情，大抵在 1909 年的选举中就埋下了伏笔。

最初一切都平平常常。阿拉尔孔死去的那个 12 月的早晨，距迪亚斯向克里尔曼和整个历史宣读他的那篇关于自我牺牲、自由主义和民主思想的大文已经过去了十个月。这期间墨西哥已经举行了六次州长选举，还有联邦和州议会选举。[2]尽管私底下人们激烈争论，无数宣传册满天飞，强烈要求组建独立政党，但是在明面上，并没有哪个团体把迪亚斯那些开明的新言论当真。于是，12 月 21 日，阿拉尔孔葬礼之后的那个星期一下午，一个由莫雷洛斯甘蔗种植园主、律师和政客组成的小集团在迪亚斯的总统府与他进行了商谈。这些人仍然认为，新的州长选举还会像以前那些年一样，走一个常规的程序：选举日那天，州政府将会确保某个合适的候选人以一个被认为恰当的票数差当选。这个候选人是谁，就是迪亚斯和莫雷洛斯领导者的这场会谈将要决定的。[3]

给阿拉尔孔选一个好的继任者原本并不会有什么问题。他自己就是一个最好的样板——土生土长，政治生涯与这个地区近些年发生的事件紧密地结合在一起，对这段历史的发展发挥了重要的作用。[4]1851 年，

---

[1] *Semanario Oficial*, XVII, 32, 1; 51, 1. *El País*, December 16, 1908.

[2] 举行了选举的州有伊达尔戈、格雷罗、特拉斯卡拉、普埃夫拉、墨西哥和莫雷洛斯——阿拉尔孔就是在这次选举中再次当选为州长的。*México Nuevo*, April 2, 1909.

[3] 关于会议记录，见 *El Imparcial*, December 22, 1908; *Diario del Hogar*, January 3, 1909; *Mexican Herald*, December 22, 1908; *México Nuevo*, April 2, 1909.

[4] 罗莎·E. 金说莫雷洛斯人想要一个"印第安人"州长，"一个受人们欢迎的人"。人们的意思是，他们想要一个本地人当州长。*Tempest over Mexico*（Boston, 1935），p. 35.

阿拉尔孔出生于圣玛利亚村附近的布埃纳维斯塔庄园，库埃纳瓦卡以北几英里的地方，在那里他度过了贫穷困苦的童年——在那个时代的墨西哥，他也只能拥有这样的童年了。他七岁的时候，改革战争爆发，12岁的时候法国人来了，扶植马克西米利安即位，他从来没有机会学到什么东西——除了种田和打架以外。15岁的时候，他参了军，追随当地的共和党上校军官，反抗来犯的殖民军队。他的母亲找到了他，把他带回了家，但是他再次从家里跑了出来——这次跑得更远，到了特坡斯特兰，加入了那里的共和党军队。战争之后，1869年，墨西哥州的第三军区取得了独立，成了莫雷洛斯州。州政府中的职位自然被参加了战争的当地军人占据了。阿拉尔孔凭借他在库埃纳瓦卡和墨西哥城的围城战中的经历，受命领导尧特佩克和特特卡拉地区的 *rurales*（联邦骑警）。[1]很快，在莫雷洛斯拦路抢劫的强盗和土匪就发现，与其他地方相比，这里的生意变得难做了。[2] 在那个时代，文官被视为无用的谋士；所以，身为共和党军官，阿拉尔孔不赞成华雷斯的继任者，塞瓦斯蒂安·莱尔多·德特哈达，说他是"墨西哥的切斯特菲尔德伯爵"。[3] 当迪亚斯——阿拉尔孔过去在军中的长官——在1876年掀起政变，推翻莱尔多总统政府的时候，阿拉尔孔仍是一名地区警官，但他始终与迪亚斯站在一起，受命在莫雷洛斯州、格雷罗州和墨西哥州一带活动。迪亚斯的政变大获成功，一年之后，莫雷洛斯新上任的波菲里奥派州长为了表彰阿拉尔孔，提拔他做了整个州的骑警队伍的长官。这位州长后来享有彻底剿灭了当地土匪的美誉，但是事实上他只是主持工作，实际行动都是由阿拉尔孔和他手下的地方官员负责的。寒来暑往，他们不断地追捕匪徒，

13

---

[1]　Ireneo Paz: *México actual. Galería de contemporáneos*（México, 1898），p. 43.

[2]　J. Figueroa Doménech: *Guía general descriptiva de la República Mexicana. Historia, geografía, estadística, etc.*，2 vols.（México, 1899），II, 370.

[3]　切斯特菲尔德伯爵（1694—1773），英国演说家、政治家、文人，因写给其私生子的温文儒雅、简洁优美的书信而闻名。——译者注。The phrase comes from Frank A. Knapp, Jr.: *The Life of Sebastián Lerdo de Tejada, 1823–1889. A Study of Influence and Obscurity*（Austin, 1951），p. 154.

把抓到的罪犯当场处决，慢慢重建了这些地区的秩序。

在波菲里奥统治下的墨西哥，作风强硬的警察会受到重用，而阿拉尔孔的才能也很快为他赢来了更多的官职。1883 年，他当上了行政长官。[1]1884 年，他被选进了州议会，同时也出任副州长。[2]他还继续担任州警察局长一职。尽管健康状况不佳，他还是走访了莫雷洛斯全部的 26 个市镇，和地方名流交往，争取他们的支持。[3]19 世纪八九十年代之交，他成了本州最有势力的政治家。到了 1894 年，当时的州长在任期内死了，阿拉尔孔就接替他做了临时州长，没有一丝犹豫，也没有遇到任何挑战。两年后他自己正式当选，开始了他颇为严厉但又不失仁慈的统治，死而后已。[4]

14　　　无论是当州长之前还是之后，阿拉尔孔的成功都是有目共睹的。他的秘诀是对州里的根本社会问题保持高度敏感。这里的问题是一小撮有权有势的甘蔗种植园主（或者种植园经理，因为园主平常并不在莫雷洛斯生活）与大批乡村领袖和小农户之间的冲突。双方矛盾向来激烈，但是斗争真正变得严峻起来是在 19 世纪 80 年代。贝拉克鲁斯—墨西哥城铁路在 1873 年建成，这降低了墨西哥中心地区的货运成本，而随着 1881 年延伸到库奥特拉和 1883 年到尧特佩克的两条支线建成，种植园主开始引进重型机械，建造大型磨坊，供应新打开的巨大市场。为了生产比以前多得多的糖，他们认为更简单的做法是扩大耕种面积，而不是采用更为高效的种植方法。对土地、水源和劳动力的竞争就此打响。[5]整个 19 世纪 90 年代和 20 世纪初，种植园主都在斗争中占了绝对优势。而阿拉尔孔获得人民的支持就是因为他至少愿意了解村民的诉求，甚至

---

[1]　他负责库奥特拉地区。Paz: op. cit., p. 43.

[2]　*Periódico Oficial*, XVI, 61, 1; 57, 3.

[3]　See Cecilio A. Robelo: *Revistas Descriptivas del Estado de Morelos*（Cuernavaca, 1885），*passim*.

[4]　*El Orden. Periódico Oficial del Estado de Morelos*, X, 49, 2–3; 50, 2. *Semanario Oficial*, II, 33, 1.

[5]　Domingo Diez: *Bibliografía del estado de Morelos*（México, 1933），pp. clxix–clxxi. 对这一进程的详细讨论，见本书第二章。

有时候还会对某个请愿做出回应。[1]虽然那时他自己已经是种植园主了，但他有着一个穷小子出身的成功者的重要才能——让普通民众觉得他理解他们。[2]他需要这种才能，因为他不可能真的帮助他们。那些年在莫雷洛斯，没有哪个州长不偏向种植园主，后者也越来越不愿意对村民和小农户表示出哪怕仅仅是口头上的尊重。实际上一个政治家只能装装妥协的样子、摆摆姿态、耍耍花招、造造假、变变戏法，而阿拉尔孔在当地有过充分的锻炼，在这些技能方面堪称大师。他的成功就是这么来的。如果他还活着，如果墨西哥乡下的饭菜没有搞坏他的消化系统，让他在57岁时死于肠胃炎的话，他可能会改变两年之后莫雷洛斯起义的历史进程——也许他恰如其分地要要把戏，就能完全避免它的发生。

　　这样一位受人爱戴的警官，从人民中来，完全了解他们的心意——谁能做这样的一个人的继任者呢？ 在12月21日莫雷洛斯小团体和迪亚斯的会谈中，与会者提出了四名候选人。一位是路易斯·弗洛雷斯，长期为阿拉尔孔打替补，在过去30年里时断时续地出任莫雷洛斯州副州长。另外两位候选人是迪亚斯自己的政治伙伴，全国波菲里奥党（National Porfirista Party）的领袖：德梅特里奥·萨拉萨尔，一名来自墨西哥城的律师，他的岳父当过莫雷洛斯的州长，他自己在库奥特拉也颇有影响；安东尼奥·托瓦尔，陆军上校出身，久经考验的政治家，在本州的乡村和小镇里仍然大受欢迎。最后一位是阿古斯丁·阿拉贡，霍纳卡特佩克人，墨西哥最出色的知识分子之一。[3]这些都是很好的候选

15

---

［1］　Diez: op. cit., pp. clxxviii–clxxxi.

［2］　他的庄园是特米尔帕庄园。See Domingo Diez: *Dos conferencias sobre el Estado de Morelos*（México, 1919），p. 56.

［3］　*México Nuevo*, January 2, 1909. 关于托瓦尔和萨拉萨尔，见 Ricardo García Granados: *Historia de México, desde la restauración de la República en 1867, hasta la caída de Huerta*, 2 vols.（2nd edn., México, 1956），II, 48。Aragón was an editor of the *Revista Positiva*, a Mexico City "philosophical, literary, social, and political" monthly bearing the motto "Order and Progress" and the date according to the Comteian calendar. See Eduardo Blanquel: "La *Revista Positiva* de D. Augustín Aragón y la Historia de la Ciencia en México," *Memorias del Primer Coloquio Mexicano de Historia de la Ciencia*, Vol. I（1964）.

人，他们凭自己的能力获得了人们的支持，值得全州上下的尊敬；把其中任何一位推上位都不会引起民众强烈的不满。但是会谈中突然出现了一个新的人选。这个人太不合适了，第二天的政治八卦甚至把他和他的堂兄——当时的联邦特区[1]长官——搞混了。[2]这位就是迪亚斯的参谋长，巴勃罗·埃斯坎东。

阿拉尔孔一定气得要从坟墓里跳出来了。找遍全国，都不会有比埃斯坎东更不像他的人了。埃斯坎东家族在马克西米利安的帝国宫廷中做过事，为修建贝拉克鲁斯—墨西哥城铁路募集过资金，致力于把庄园生意发扬光大，而就在最近，一位埃斯坎东刚刚被任命为联邦特区长官，掌管着墨西哥的大都会。长久以来，他们流连在墨西哥名副其实的高档奢华游乐场所中，炫耀自己的财富和地位，而到了 1900 年，他们除此之外已经一无所长。新世纪最初几年间，埃斯坎东这个姓在报纸上仍然非常显眼——不过是在社会新闻版。在埃斯坎东家族这棵将死的雄伟大树上，巴勃罗是最后一根孱弱的枝条。

他和莫雷洛斯政坛几乎没有什么联系，而谁要是认为他能像阿拉尔孔那样敏锐又稳健地统治这个州，那一定是疯了。巴勃罗是个娇弱的人，像他那个阶级的许多青年一样在英格兰斯托尼赫斯特耶稣会学院接受了教育。1900 年前后，他回到墨西哥，进入了他们家族在莫雷洛斯的蔗糖生意。[3]他很快给埃斯坎东家族带来了"进步"的名声。全国各地的种植园主都把阿特利瓦扬——埃斯坎东家在尧特佩克的庄园——奉为"模范产业"。[4]在莫雷洛斯做生意、纳税，很快给他赢来了一些政治上的小小红利。1902 年他被选为本州的候补参议员，1906 年连任。[5]他也时断时续地担任莫雷洛斯的众议员一职。但是他并没有什么政治天赋。迪亚斯总统发现了他真正的才能；自从巴勃罗进了军队（当时他是

---

[1]　指墨西哥城及其周围的卫星城市。——译者注

[2]　*El Imparcial*, December 22, 1908.

[3]　King: op. cit., p. 33. *Semanario Oficial*, VII, 28, 2–3.

[4]　*Mexican Herald*, December 22, 1908.

[5]　*Semanario Oficial*, VIII, 29, 1; XV, 28, 1.

一名上尉），迪亚斯就把他当自己人了。[1]巴勃罗是一件精美的装饰品，他的任务就是保证政权的格调不出差错。这项工作完成得很顺利，这些年来他也一直按期升迁。到了1908年，他已经是中校了。

就是这样一个人，墨西哥最花哨的公子哥，又娇气又谄媚，一心想过一辈子时髦华贵的富裕生活。[2]但是迪亚斯把他派去了库埃纳瓦卡，让他充当自己的官方代表，主持阿拉尔孔的葬礼——明显是一个微不足道的任务。从这时起，他的生活就走下坡路了。参加典礼的时候，一群种植园主和他们的代理人来拜访他，领头的是安东尼奥·巴里奥斯、拉蒙·科罗纳和费尔南多·诺列加。他们建议他考虑出任莫雷洛斯的新州长。[3]他没有拒绝。这些进言者受到了鼓舞，于是安排了接下来的星期一那场与迪亚斯的会面。当星期一的会议到了决定州长人选的时候，他们略过了其他候选人，直接选择了巴勃罗。

没有人比巴勃罗自己更清楚，从政治上来看，这个选择荒唐透顶。他最不想做的事就是当州长，这是后来有一次，他与朋友——来自英格兰的旅馆女老板罗莎·金——在库埃纳瓦卡喝茶的时候哀叹的。任何一位绅士，一旦混迹于他所谓的"野蛮的地方政治"中，都会从心底感到厌倦，他对她抱怨道。[4]他的朋友们大度地认为，他的"贵族气质"太强了，因而无法承担治理一方的苦役。其他人就没有那么宽厚了，认为他的工作仅限于"州长接待厅"中，就算他对墨西哥正在发生的事情有所知晓，也"只是透过他的华宅和豪车的窗户看到的"。[5]精神紧张的文官们则担心，他成为候选人可能意味着，在迪亚斯的亲信顾问中，军

---

[1] *México Nuevo*, January 2, 1909.

[2] 古巴作家、外交官曼努埃尔·马克斯·斯特林1904年在国家宫见过埃斯坎东，并且发表了一些尖刻的评论。See Manuel Márquez Sterling: *Psicología Profana*（Havana, 1905），pp. 79–80, and *Los últimos días del presidente Madero*（*Mi gestión diplomática en México*）（2nd edn., México, 1958），pp. 15–16, 332–333.

[3] *El Imparcial*, December 22, 1908. *Diario del Hogar*, January 3, 1909.

[4] King: op. cit., p. 33. 金夫人是个寡妇，她经营着贝拉维斯塔——库埃纳瓦卡当时最好的两家旅馆之一。

[5] *Actualidades*, January 1, 1909.

官派占据了上风。这种担心是愚蠢的——想想吧，巴勃罗·埃斯坎东怎么会和那些粗野的军事行动扯上关系！他们很快就打消了忧虑。新问世的独立报纸《新墨西哥》（*México Nuevo*）精准地描述了他的军旅生活的意义："埃斯坎东上校在军中的声望，"这份报纸表示，"也就和一名优秀运动员的声望差不多。"[1]

为什么要选择一个"优秀运动员"来执掌州政，还要让他接这么一位深得人心又脚踏实地的本地州长的班？这的确没有道理。但是对于那群在那个12月的下午与迪亚斯进行商谈的种植园主来说，问题不是"为什么"而是"为什么不"。曼努埃尔·阿劳斯，埃斯坎东后援会的头头，科学家派组建的连选连任党（Reelectionist Party）副主席，是莫雷洛斯实力最雄厚的农场主之一。[2]他的三座种植园占据了31000英亩本州最肥沃的土地，他一个人交的税就已经足够维持地方政府的日常开支了。但是他还想要更多耕地，给他的投资带来更高的回报。问题并不是他付不起钱：尽管莫雷洛斯的地价比这个国家除了联邦特区之外的所有地区都要高，但这些种植园主是有能力承担的。让阿劳斯和其他庄园主感到头疼的是如何让这些土地挂牌出售。莫雷洛斯已经没有什么可供买卖的公有土地了。[3]即使开出非常诱人的条件，种植园主也无法劝服村民出卖他们的土地所有权。要想获得土地，他们必须在政治或是司法上要花招——给人们定罪、发布庭谕、取消抵押品的赎回权、判定产权缺陷。曼努埃尔·阿劳斯想要一个可以为他所用的州长。他想要避开像托瓦尔这样的对草根民众有吸引力的人，因为这样的人可能会——即使只是在小事上——与他作对。对于阿劳斯和其他大部分种植园主来说，克里尔曼的采访意味着他们可以摘掉"身负重任的一州尊长"的伪善面具，旗帜鲜明地维护他们那个阶级的利益，同时仍然享受政府的支持。

---

[1] *México Nuevo*, January 2, 1909.

[2] For Araoz's politics, see Garcia Granados: op. cit., II, 48. 阿劳斯拥有的地产见附录一中的庄园列表。他还拥有莫雷洛斯24座磨坊中的两座。

[3] Manuel Mazari: "Bosquejo histórico del Estado de Morelos"（MS, 1930），p. 109. I consulted this work thanks to the generosity of Valentín López González.

要他们说，阿拉尔孔的死真是老天帮忙，这样他们就可以不顾这个州长远的发展而为所欲为了。所以托瓦尔不可能是他们的选择，而埃斯坎东是一名"优秀运动员"，一个和他们一样的种植园主，是他们在赛马俱乐部里的好伙伴，软心肠的社交名流，这样的人会对他们的事不闻不问，放手不管——这正是他们想要的人。

迪亚斯自己或许更想选一个在当地更有号召力的人。在那次会议上，他告诉那些种植园主，他也认可前面提到的那几个人。但是阿劳斯和他的朋友都是重要人物，他们就想要巴勃罗。迪亚斯知道这个人至少不会带来什么危害，于是他妥协了。巴勃罗轻飘飘地向堂波菲里奥表示了抗议，说自己并不想要这份"工作"，但是，在被告知这是他的责任之后，他还是接受了。[1]第二天，其他候选人纷纷表示自己无法参选。于是，12月22日，莫雷洛斯人就已经知道了，巴勃罗·埃斯坎东就是他们不得不忍受的那个人，至少在此后的三年半之内只能如此。

波菲里奥派的竞选机器很快就开动起来了。12月30日，巴里奥斯、科罗纳和诺列加召集了莫雷洛斯的大商人和大专家，在库埃纳瓦卡的莫克特苏马酒店开会。后援会秘书科罗纳通知大家，迪亚斯已经同意了他们让埃斯坎东参选的请求，而且埃斯坎东本人也接受了。会议立即重建了人们熟知的波菲里奥·迪亚斯中央俱乐部（Central Porfirio Díaz Club），然后由它正式提名了巴勃罗。第二天，来自莫雷洛斯全部六个地区的一群没那么显赫的地方名流也在库埃纳瓦卡集合了起来，听取了俱乐部成立，以及正式提名候选人的消息。[2]埃斯坎东露了个面，这让那些忠心耿耿的城乡领袖颇受鼓舞。[3]他们讨论了各地的常见问题，交换了各种小道消息，像外出公干的政客通常会做的那样玩乐了一番，然后回到各自的地盘，把选举的工作布置了下去。

到了这个时候，一切似乎都是在走程序了。埃斯坎东在墨西哥城举

[1] King: op. cit., p. 33.
[2] *Diario del Hogar*, January 3, 1909. *El Diario*, January 25, 1909.
[3] *Diario del Hogar*, January 1, 1909.

行贺宴的邀请函已经散发了出去。[1] 没错，有一些独立媒体不满地提出，埃斯坎东参选并不能排除其他人当选的可能性，迪亚斯对另外几位更受欢迎的候选人也评价颇高，而如果莫雷洛斯人能够自主做出决定，他们肯定会选择弗洛雷斯（或者托瓦尔，或者萨拉萨尔）。[2] 早在 12 月 23 日，《家庭日报》（ Diario del Hogar ）就发出了号召，希望人们发起正式的抗议活动。"抓住现在的宝贵时机吧"，他们呼吁道。但是这些无助的抗议声很快就消散了。即使在 12 月 31 日库埃纳瓦卡的埃斯坎东派大会之后，仍然没有出现公开的抗议活动。如果说克里尔曼的采访扰乱了莫雷洛斯的政坛，那么最大的受益者似乎就是那些自认为有资格把一个马屁精任命为州长的种植园主。

19　　　　然而，尽管没有奏乐也没有设宴，某种不同寻常的东西已经出现了。一得到种植园主采取行动的消息，在莫雷洛斯的那些闹剧背后，当地人就悄悄聚在了一起，开始进行反抗。[3] 如果说像这样的尝试在过去并不常见，那是因为迪亚斯通常会从中作梗，并不是缺乏群众基础。这个州的每个地区——和这个国家的每个州一样——都有对当地的权贵心怀怨恨的家族，一些人的怨恨只是因为贫穷；另外一些人则是由于长期被排斥在重要的政治活动之外，而这往往是因为他们的父亲或叔伯长辈在多年前迪亚斯夺取权力的斗争中站到了错误的一方；还有人是因为与某个官员有某种矛盾。这些心怀不满的家族形成了一个松散的反对派群体。这群人里，最古老、最重要的那些家族互相认识，起码互相听说过，并且已经出现了几名受到各个地区反对派公认的领袖。比较能说会道又声望显赫的反对派成员自然是城里人，他们衣领雪白，穿皮鞋，还会穿内衣，与统治集团之间有着可能不太稳定但却不可忽视的关系。然而，数量最多也最坚定的反对者是农村人，是那些散布于乡下的持不同

---

[1]　　*El Imparcial*, January 5 and 7, 1909.

[2]　　*México Nuevo*, January 2 and 4, 1909.

[3]　　Antonio Sedano: "Andanzas militares del Coronel Republicano Antonio Sedano y Algunos Relatos Históricos del Estado de Morelos"（MS, 1919 ），p. 18, ASI. 直到 1909 年 1 月 7 日，人们的反抗活动才得到了充分报道，报道他们的媒体是《新墨西哥》（ *México Nuevo* ）。

政见的家族。他们通常寡言少语，让城里那些书记员、商店老板、编辑和律师负责耍嘴皮子，但是一旦他们开始行动，就是动真格的。他们不是闹着玩的，别人也绝不能轻视他们。这些人是莫雷洛斯的村民和小农，普通的乡下人。他们的祖先参加过墨西哥历史上最激动人心也最残酷的一些事件。他们经历过，所以知道什么是尊严，什么是独立，也明白尊严和独立不会因为人们守规矩、能忍耐就从天上掉下来。他们不会被吓倒。迪亚斯自己曾经在这片区域的各个地方都战斗过、搞过阴谋；他常常说，"南方的那些穷鬼可不好对付"。[1]当他在 1876 年接管政府、着手组织自己的政权之后，乡下的民主党人逐渐转入地下，而城市中的自由派则与现实妥协了，安于被冷落的命运。但是，这些人和他们的后代仍然坚持着 1867 年恢复共和国[2]的自由主义理想。现在，反对运动把矛头指向了埃斯坎东——城镇与乡村联合了起来，城里人为乡下人发声。自由主义复兴了；自由派再次组成了队伍，卷土重来。

　　然而墨西哥仍然掌握在堂波菲里奥手中。莫雷洛斯的反对派——不论是商店老板还是农夫——都很清楚，他们不应该在常规的竞选活动上浪费时间。波菲里奥时期的竞选中很少出现两股势力直接竞逐的局面：现实政治是通过谈判和交易来完成的。而要想迫使种植园主进行新一轮谈判，指望这次谈判能够产生一位更能代表人民的候选人，莫雷洛斯的反对派就必须向迪亚斯表明，他们值得关注。他们需要的不是一次有头有尾的完整运动，而是一场在一开始的时候就爆发出巨大能量的运动。如果他们的运动在初期就显得足够强有力，迪亚斯或许会认为镇压它的代价将过于高昂，不如与他们达成妥协——即使这会让他下不来台。因此，反对派领袖面对的真正问题是，他们是否有足够的时间和行动自由，让他们采取能给迪亚斯留下深刻印象的行动。他们根据克里尔曼采

20

[1]　　Sotelo Inclán: op. cit., p. 186.

[2]　　1867 年，华雷斯领导的墨西哥反抗法国侵略的斗争获得了成功，恢复了自由派的共和国，即恢复共和国。迪亚斯于 1876 年政变成功，自任总统，恢复共和国时期结束。——译者注

访评估了自己的机会，感到很乐观。如果说种植园主觉得该采访准许了他们那些不负责任的举动，反对派领袖则认为它为独立政治运动提供了更长久且更充分的（尽管从来不是彻底的）保障。

既然他们的目的就是要进行谈判，那么有一个人对他们来说就是不可或缺的。那就是弗朗西斯科·莱瓦将军，法墨战争中的当地英雄，也是莫雷洛斯的第一任州长。他现在 73 岁了，住在墨西哥城，在过去大约 30 年里，他在名义上被排挤出了莫雷洛斯政坛，但是这并不意味着他无足轻重。对于首都政界的人来说，他是个局外人，受当权者和在野派共同委托，维持莫雷洛斯的秩序。他处在这个位置上，是因为他曾经达成了一项对墨西哥政治至关重要的非正式停战协定。这项停战协定——与迪亚斯停战——通过制度很好地化解了双方之间自 19 世纪 60 年代末开始的争斗和敌意。在法国武装干涉墨西哥之后，迪亚斯开始寻找政治根据地，以挑战总统华雷斯的地位。他最愚蠢的一个打算就是在 1869 年竞选莫雷洛斯州州长。[1] 莱瓦当时已经赢得了州长的位置：在战争期间，他是这个地区的军事指挥官，战后，作为这里的国会代表，他完成了建州的大业。[2] 迪亚斯插了一脚，但还是在自由选举中以 57∶174 的差距输给了莱瓦。[3] 两年后，二人之间的敌意进一步升级——莱瓦的兄弟在镇压莫雷洛斯本地的一场暴动时被杀了，而这场暴动正是为了支

---

[1] 那几年，他也参加了总统竞选，以及最高法院首席大法官（实际上就是副总统）和一些州的联邦代表职位的竞选。See Daniel Cosío Villegas: *Historia Moderna de México. La República Restaurada. La Vida Política*（México, 1955）, pp. 86–89.

[2] See Papeles de Francisco Leyva, Folder 8, in the Archivo General de la Nación（henceforth AGN）; also Diez: *Bibliografía*, pp. cxlvii–cliii, and Manuel Rivera Cambas: *Historia de la intervención y del Imperio de Maximiliano*, 5 vols.（2nd edn., México, 1961）, I, B, 736–737. 为了让莫雷洛斯地区独立，莱瓦不得不在国会背叛墨西哥州的利益——他是该州的正式代表。See Pantaleón Tovar: *Historia parlamentaria del cuarto congreso constitucional*, 4 vols.（México, 1872–1874）, III, 284–285, 422, 452.

[3] For the most detailed reports on the campaign, see *La Opinión Nacional*, April 22 to July 15, 1869.

萨帕塔与墨西哥大革命

持迪亚斯在拉诺里亚发动的叛乱。[1] 所以，当迪亚斯在 1876 年推翻了莱尔多总统——莱瓦的靠山——之后，他立刻就剥夺了莱瓦在莫雷洛斯的权力，把他从该州政界踢了出去。但这并不能阻挡人们在私下里追随莱瓦；对许多莫雷洛斯人来说，莱瓦仍然是他们真正的领袖。而这也是迪亚斯无法忽视他的原因所在。因为迪亚斯统治着两个国家——他自己的那个由身着长礼服的维多利亚式绅士组成的、官方的墨西哥，以及另一个与此割裂的、破败的、属于贱民的墨西哥。当迪亚斯和那个破败的墨西哥不得不进行对话时，只有那些自 19 世纪 70 年代起就受到排挤的老首领能够居中调停。1909 年，如果散布在莫雷洛斯的反对派想要在谁当州长这件事上重新进行谈判，那么只有莱瓦能够为他们说话。

圣诞前后，反对派的使者与这位将军在他位于墨西哥城的家中见了面，商讨行动的计划。他们知道他的名字在莫雷洛斯有巨大的号召力，所以想说服他参选。他拒绝了，"因为他太老了"，但是他推荐了自己的两个儿子：阿尔弗雷多，联邦特区警察局的副督察；帕特里西奥，农学家，公共工程部水利部门的官员。[2] 反对派的委员会暂时接受了帕特里西奥。

随后，莱瓦将军安排了与迪亚斯的会面。12 月 28 日，种植园主与迪亚斯会面一周之后，莱瓦见到了总统，询问了他对反对派运动的态度。对于迪亚斯来说，这很容易回答；莱瓦能够转告反对派委员会的所有信息就是，总统保证，他"支持任何一个由莫雷洛斯人民通过自由选举选出来的人"。迪亚斯对民意和选举法的这种言不由衷的态度并不怎么鼓舞人心。反对派人士仍然举棋不定，不敢着手开始工作。他们不知道迪亚斯会不会真的一直不干扰他们，让他们有足够的时间采取行动。直到一个星期之后，1 月 4 日，库埃纳瓦卡的反对派组织才发起了

[1]　Alberto Leduc, Luis Lara y Pardo, and Carlos Roumagnac: *Diccionario de geografia, historia y biografia mexicanas* (Paris, 1910), p. 558.

[2]　*México Nuevo*, February 14, 1909. Diez: *Bibliografia*, p. clxxxiii.

一场莱瓦派聚会，时间定在 1 月 7 日。[1]

　　在最后关头仍然有人揣度，除了帕特里西奥之外，是不是应该再推举一位候选人；但是老将军的声望还是让他们打消了这个念头，为聚会做好了准备。[2]在这场聚会之前，政府已经发布了选举的日期：2 月 7 日初选，届时会产生选举人团；2 月 21 日是第二轮选举，届时选举人团将投票选出州长。[3]这意味着反对派只有一两周的时间来迅速发起一次强有力的运动，让迪亚斯重新考虑他的选择。名人是有号召力的，而反对派现在需要把所有能用的号召力都用上：于是小莱瓦获得了他们的正式提名。[4]

　　到了 1 月 8 日，阿拉尔孔死后三个星期多一点儿的时候，莫雷洛斯的政局已经颇不一样了。种植园主公开操纵选举，妄图完全控制莫雷洛斯政坛，而为了抵抗他们，反对派也迅速组织了起来。不管反对派人士的策略是什么，他们开了会，在候选人的问题上达成了一致，而墨西哥的媒体也认认真真地报道了这件事。仅仅是联合了莱瓦将军，即使只是通过他的儿子，反对派似乎就已经可以迫使政府重新进行谈判了。到了 1 月 10 日，莱瓦派聚会刚刚两天之后，流言就已经满天飞了。据传，埃斯坎东在家族的要求下放弃了选举，而莱瓦很可能会获得迪亚斯本人的认可。[5]政治家们松了一口气。没错，第二天埃斯坎东就否认了这则传闻；而莱瓦派提出的指控（埃斯坎东不是莫雷洛斯居民，所以没有参选资格）也清楚地表明了，只要没有遭受重创或者得到好处，任何一方都不会轻易退出。[6]但这只是对双方意志的最初考验，也没有人会怀疑，这些竞争者很快就会找到某种政治方式来解决他们的问题。人们不相信哪位候选人有耐力在州选举中坚持六个星期。何况，一旦传统的反对派

［1］　*México Nuevo.*, January 9, 1909.

［2］　Ibid., January 6 and 7, 1909. *El Imparcial*, January 8，1909.

［3］　*Semanario Oficial*, XVIII, 2, 3.

［4］　*México Nuevo*, January 11, 1909.

［5］　*Diario del Hogar*, January 10, 1909.

［6］　*México Nuevo*, January 11, 1909.

策略产生效果，他们也就不需要再坚持下去了。

但是，三十多年来头一次，这一策略没有起作用。几个月来，全国政局陷入了失衡状态，而在莫雷洛斯，常规的程序也终于崩溃了。双方的竞争一直持续到了最后，而六个星期后，选举人团投票的时候，反对派不仅没有被人遗忘，还获得了选票。随着运动的发展，选举的性质也发生了变化。库埃纳瓦卡仍然受到政府严加控制，但是在这座城市之外，政治社团出现了，原来的反对派也发生了分裂：莫雷洛斯的乡下人摆脱了城里人对他们的话语权的控制，明白了如何以及——更危险的一点——为什么要进行独立的斗争。

竞争持续了下去，这件事本身就让人感到非常不安。行政长官得统 *23*
计反对派的选票，这让他们心烦意乱，更何况这些选票还为数不少。而且，反对派的竞选工作是无偿的，这也让各地长官极度惊恐。莫雷洛斯的当权者并不害怕城市自由主义者。即使这些来自各个地区中心的小商人、店主、律师、编辑和教师鼓起勇气，反抗官方对公共事务的无理安排，他们也会遵从秩序、有板有眼。他们会尽量坚守正常的规程，而他们的异议也能在常规的制度范围内解决。但是乡下人的大声疾呼则是令人惊惧的。莫雷洛斯的平民——村民、种植园工人、骡夫、佃农、小农和牧场工人——出现在了竞选运动中，组织起了自己的政治活动，这就撕毁了州政治的所有既定规则。他们引起的动荡重新唤起了古老的仇恨，也制造了新的矛盾。这些新仇旧恨如此强烈，即使是在一个和平稳定的时代，人们也需要很多年才能消化掉它们。

所有的这些之所以会在莫雷洛斯发生，是因为近乎巧合地，一些更重大的政治变化同时在墨西哥城发生了。通常来说，如果在首都没有一个强有力的支持者，那么任何一个地方反对派——即使他们想——都不可能存活下去。1908年之前，这种问题很少出现：墨西哥没有什么全国性的重要独立政治团体。克里尔曼采访之后，人们开始努力建立这样的政团。但是直到1908年12月才出现了一个成功地集诚意、声望和雄心于一身的政治团体。这个政团自称民主党建党俱乐部（Organizing Club of the Democratic Party）。民主党人想要阻止现任副总统拉蒙·科拉尔在 1910 年连任，也要阻止他当上总统——如果迪亚斯在 1916 年任期结束之前死掉的话。通过政党活动，他们想要在民众中激起反对科拉尔的情绪，并且把它清楚地表达出来，从而让迪亚斯相信科拉尔是不合格的。尽管 1908 年就有州选举和国会选举，但还是太早了，地方的反对运动尚不能从这种干扰中获益。而 1909 年各地的州长选举，民主党人认为，将给他们提供为 1910 年大选进行演习的机会，以及初步教育公众、说服迪亚斯的机会。莫雷洛斯选举的进程与建党俱乐部组建他们的新民主政党的行动恰巧同步。[1] 如果后者的建党行动再早一些，那么它给莫雷洛斯带来的影响就会有所不同了。事实上，1909 年年初，该党只有大致的组织框架和行动计划，它的党员仍然可以按照自己的想法自由采取行动。于是，根据民主党人对该党宗旨的不同理解，他们分别加入了莫雷洛斯竞选的双方。

24　　参加莫雷洛斯竞选活动的两位最有影响力的民主党人都是著名的记者，也都是建党俱乐部执行委员会的秘书。但是他们的行动方针截然不同。一位是胡安·桑切斯·阿斯科纳，新近创刊的《新墨西哥》的编辑；1 月 13 日，他采访了帕特里西奥·莱瓦，然后宣布自己支持莱瓦。直到那天他才宣布这个决定，因为莱瓦派走传统路线，指望通过选前谈判确定州长人选；他们坚称自己只是老将军个人的朋友，拒绝组建一个有政治纲领的真正的政党。[2] 桑切斯·阿斯科纳之所以组建民主党，正是因为他想要终结这种政治，推行一套不受个人因素影响的新制度。[3] 但是他很快就意识到，已经没有时间让他在莫雷洛斯发起这么大的变革了。[4] 阿斯科纳政治独立、向往民主，所以他肯定是被莱瓦的民众主义（populist）言论打动了（"保护人民的利益就是保护祖国的利益"，帕特里西奥声明[5]）。而帕特里西奥也声称反对"连选连任主

［1］　García Granados: op. cit., II, 45–46.

［2］　*México Nuevo*, January 11, 1909.

［3］　Juan Sánchez Azcona: *La etapa maderista de la revolución*（México, 1960），pp. 28–30.

［4］　*México Nuevo*, January 13, 1909.

［5］　Ibid., January 15, 1909.

义"（reelectionism），不过与其说他反对的是迪亚斯和科拉尔 1910 年的连任，不如说是反对一种普遍的选举传统——这种传统不允许也不鼓励大规模的对抗和竞争，而是通过私下谈判来解决问题。这可能就是桑切斯·阿斯科纳关注的核心问题。考虑到巴勃罗·埃斯坎东是怎么当上候选人的，也考虑到帕特里西奥·莱瓦带来的微弱希望，他决定支持帕特里西奥——而他的支持是非常有影响力的。当时加入莱瓦派的民主党人还有加夫列尔和阿尔弗雷多·罗夫莱斯·多明格斯，以及弗朗西斯科·科西奥·罗韦洛。[1]

其他民主党人想在一些更具体的问题上利用政党影响大众：他们支持年老但是仍然强健开明的新莱昂州州长——贝尔纳多·雷耶斯将军——竞选副总统。[2] 很长一段时间以来，人们一直认为雷耶斯将军可能会成为迪亚斯的接班人，而在政党这种新形式的掩护之下，雷耶斯派民主党人仍然希望采取老派的方式，私下谈判。为此他们可能用得到埃斯坎东在军队中和社交场上的关系。这群人的首领是建党俱乐部的另一位行政秘书，埃里韦托·巴龙，雷耶斯手下的御用文人，名声不佳。和他密切合作、一起为埃斯坎东工作的还有另一名民主党人，著名的雷耶斯支持者，迪奥多罗·巴塔利亚。1 月 21 日，巴龙在他发行于墨西哥城的报纸《共和国报》（*La República*）上发表了自己对埃斯坎东的长篇专访，公开了自己的立场。他试图重塑埃斯坎东的形象，夺回一部分桑切斯·阿斯科纳在反对派人士中为莱瓦赢得的支持。埃斯坎东的事业近来遭受了不少挫折，特别是在他接了一家深受读者欢迎的杂志采访之后——在采访中他承认自己完全不了解莫雷洛斯。[3] 在《新墨西哥》上，桑切斯·阿斯科纳不厌其烦地提醒他的读者注意埃斯坎东犯的这个大错，也绝不放过任何一个与莫雷洛斯的埃斯坎东支持者有关的笑话——

[1]　Alfredo Robles Domínguez: "Mis memorias políticas," serialized in *El Hombre Libre*, September 22, 1930.

[2]　Sánchez Azcona: op. cit., p. 30.

[3]　*Actualidades*, January 8, 1909.

他管他们叫"库埃纳瓦卡骑手和糖商俱乐部"（Cuernavaca Jockey and Sugar Club）。[1]最要命的是，在当选之后要为这个州做些什么的问题上，埃斯坎东甚至连一个模糊的想法都说不出来，而桑切斯·阿斯科纳抓住了这一点，大肆宣扬。然而，巴龙通过1月21日发表在他自己的报纸上的访谈，巧妙地扭转了局面，在与《新墨西哥》的对战中占了上风。他给埃斯坎东提供了一份无懈可击的计划，几乎逐字逐句重复了民主党前一天在墨西哥城代表大会上刚刚通过的施政纲要。[2]

保护市政免于行政干涉、重视初级教育、保障言论及出版自由、优化城市建设、废除人头税，这些就是埃斯坎东的施政纲要。[3]《墨西哥先驱报》（Mexican Herald）甚至拿它和泰迪·罗斯福的"公平交易"计划（Square Deal）[4]相提并论。没什么人把他的这些话当真，但是这次采访对巴龙来说仍然是一步好棋。第二天《新墨西哥》就勇敢地承认自己说错了话，还赞扬了埃斯坎东提出这么可敬的计划勇气可嘉，"充满民主精神"。

这一采访激起了墨西哥城的反对派人士对莫雷洛斯的巨大兴趣：巴龙不仅重塑了埃斯坎东的形象，还无可逆转地重新定义了这场选举的意义。起初，这次选举是一场地方争斗，目的是促成谈判，达成某种交易；但是现在它变成了墨西哥最重要的反对派政治组织中两大派别的势力争夺战。而且对于这些人来说，交易是不可能的。埃斯坎东必定会赢，但是双方阵营中的民主党人都明白，一旦加入了这场斗争，他们就必须维护它的开放和公平，直到最后。事实上，真正的考验就是如何让投票自由地进行。对他们而言，如果没有选举那天的投票结果，这场战斗将会毫无意义，虽然那一天埃斯坎东可能会赢，也可能会多少有些尴

26

---

[1]　*México Nuevo*, January 5 and 14, 1909.

[2]　See the "Programa político del Partido Democrático," January 20, 1909, cited in［Luis Cabrera：］*Obras políticas del Lic. Blas Urrea*（México, 1921）, pp. 391–394.

[3]　*Mexican Herald*, February 10, 1909.

[4]　指第 26 任美国总统西奥多·罗斯福（Theodore Roosevelt）于 1901 年提出的限制企业垄断行为、保护消费者权益的法案。泰迪是他的昵称。——译者注

尬地被强行任命为州长（他们显然并没有考虑过，如果出现了极度尴尬——说白了就是极度残暴——的情况，他们要怎么办）。而要保证投票进行，第一步就是向大众进行宣传，表明他们需要人们投票。这就意味着，他们需要放弃反对派的一贯做法，直接来到民众中间。这种行为是前所未有的，但是埃斯坎东派和莱瓦派的民主党人都这样做了。

这就把莫雷洛斯当地政治家的工作变得无比复杂了。竞争双方的当地团队都已经在库埃纳瓦卡按自己的方式安排好了活动，而宣传活动是他们最不擅长也最不重视的方面。但是从 1 月中旬开始，随着民主党人来到州里，莫雷洛斯当地的政治领袖逐渐让出了位子，成了前者的代理人。来自墨西哥城的援助对他们的组织是有破坏性的，但是同时又非常诱人，他们完全无法拒绝。

这种援助对埃斯坎东派的破坏要小一些。因为他们代表了官方的立场，始终依赖他们在墨西哥城里的人脉（当然最重要的是与迪亚斯总统的关系）——从一开始就是这样。在民主党人来到莫雷洛斯以前，那些主管埃斯坎东的选举活动的行政长官、种植园经理和地方要人就已经是外来指挥官的本地代理了。他们只是在扮演分配给他们的角色。雷耶斯派民主党人并没有接管当地官员的工作，也没有把谁清除出工作队伍，他们只是把宣传工作做得更加专业了。有了资金、理念和媒体，他们细化、改进并扩大了埃斯坎东的选举活动，但是他们并没有改变领导中心——它仍然在墨西哥城。

莱瓦派正好相反。一开始的时候，他们不受任何外来的管束，后来则经历了彻头彻尾的变革。他们最初的大本营在库埃纳瓦卡—— 一座并没有什么造反传统的城市。自古以来，有权有势的首都人一旦感到疲惫，就会来这里度假，享受当地人的服侍。这一派原来的领袖，安东尼奥·塞达诺和他的儿子伊格纳西奥和恩里克，是库埃纳瓦卡本地人，和这里的环境非常合拍。多年以前，法墨战争时期，安东尼奥·塞达诺曾经追随莱瓦将军，而到了 19 世纪 70 年代，他仍然是后者的拥护者。当莱瓦在 1876 年失势，塞达诺也受到了重创，不过还不至于陷入困境或湮没无闻。他辞去了军中的职务，进入了库埃纳瓦卡的商界，最终成了一位颇受尊敬的商人。他也曾经做过几年低级法院的法官，这份工作没有报酬，因为他没有法学学位。1894 年他被选为市议会的候补议员。他的亲属也都拥有一份不大不小的财富，在州行政部门中从事一些不怎么重要的工作，在选举人团中投票，或是在库埃纳瓦卡的中学里当老师，教他们自己家的孩子，还有来自莫雷洛斯最显赫家族的孩子。[1]塞达诺家族了解波菲里奥统治模式，无论是在政治方面还是社会方面，他们也都遵守这些规则。安东尼奥·塞达诺和他的儿子从来都不打算像"煽动家"一样四处游行，也不想和埃斯坎东叫板。他们非常小心，只用既有的方式进行谈判，一心等待官方准许他们提出自己的诉求。在偏远地区，穷人版的塞达诺则按照库埃纳瓦卡发来的指令行动。一切原本都在按计划进行——直到墨西哥城的反对派人士前来支援他们。库埃纳瓦卡的莱瓦派很难拒绝这种帮助。随着民主党人不断渗透进莱瓦派的组织，后者也就丧失了对地方反对运动的领导权。

事情发生这样的变化并不只是因为民主党人参与进来了，而是因为他们改变了莱瓦派运动的根本意义和方向。尽管过去为了与官方进行谈判而做出的尝试仍在继续，但是 1 月中旬之后，这方面的工作就被淹没在全面展开的宣传活动中了。对于一个反对党来说，想要在资金匮乏、没有官方支持的情况下赢得一场意义重大的选举，没有别的办法。塞达诺的做法——为完全不同的目的而设计出来的——自然没用，但是人们很快发现，墨西哥城知情辩论（informed debate）的法子似乎也并不奏效。实际上，这个问题的答案很简单。想要让普通百姓对选举产生兴趣，让他们兴奋起来，促使他们为反对党投票，需要的是直接向他们承诺，反对党会着手解决那些让他们的生活变得困难的问题。如果反对党无法迫使人们就范，也不能用钱收买人心，他们至少可以说服人们支持

---

[1] Sedano: op. cit., pp. 1–18. International Bureau of the American Republics: *Commercial Directory of the American Republics, Supplement, Containing Corrections of Errors in Volume Two of the Commercial Directory*（Washington, 1899）, p. 268. *Periódico Oficial*, II, 7, 2; IX, 51, 3. *Semanario Oficial*, III, 51, 6; IV, 2, 2; 29, 2–3.

他们。而一旦运动的目标和策略发生了变化，民主党人也就必须变革它的组织方式。总体而言，这种变革意味着扩张——招募更多的成员，在全州各地建立更多的社团。在民主党人加入竞选活动后的两周之内，莱瓦派就建立了约 25 个正规社团，分布在差不多同等数量的城乡地区中；他们声称拥有超过 1500 名社员。[1] 但是在扩张过程中也发生了更为关键的权力转移，这一变化最终改变了莫雷洛斯反对派的结构。直到民主党人返回墨西哥城后，这一结构仍然存在。 *28*

这一权力转移——库埃纳瓦卡的莱瓦派把领导权让给库奥特拉的莱瓦派——很重要，因为这不仅仅是一次权力转移，而这两个反对派基地之间也不可能保持平衡。因为即使是在反对派运动中，库埃纳瓦卡也会墨守成规——它仍然是堂波菲里奥治下的墨西哥城的殖民地。但是库奥特拉是莫雷洛斯的心脏，是莫雷洛斯的尊严与爱国情感的真正中心，它的乡村中有着平民民主的重要传统，这一传统可以追溯到比堂波菲里奥时代久远得多的历史时期——最早的那些为了民族独立而艰苦斗争的日子。[2] 甘蔗种植园主普遍认为库奥特拉一带的劳工是墨西哥最难对付的。[3] 连这里的商人都有着同样的反抗精神。库埃纳瓦卡和库奥特拉之间的平衡是难以持续的，因为库埃纳瓦卡代表着一种被严加控制的抵抗精神，而库奥特拉则代表了轰轰烈烈的真正的反抗。莫雷洛斯政界没有足够的空间同时容纳这两种力量；而当民主党人伸出援手，把库奥特拉的运动组织了起来，这就注定了库埃纳瓦卡以及那种温和的反抗精神的失势。

从结果来看，民主党人把莫雷洛斯普通民众的力量释放了出来。1月 22 日，星期五，工作日，人们举行了竞选运动的第一次大型游行。有大约 1500 人参加了库奥特拉的集会，庆祝莱瓦派自由政治俱乐部

[1] *México Nuevo*, January 18, 20–23, 25–29, and 31, February 2 and 5, 1909.

[2] For some of the historical reasons for local pride, see Luis Chávez Orozco: *El Sitio de Cuautla. La epopeya de la Guerra de independencia*（México, 1931）, and Walter S. Logan: *The Siege of Cuautla, The Bunker Hill of Mexico*（New York, 1893）.

[3] *Mexican Herald*, February 7, 1909.

（Liberal Political Club）在那里成立。[1]人们挤在城市街道和广场上，为莱瓦将军和他的儿子欢呼。这是一个信号。在莫雷洛斯的东部和中部，那些有着反对派斗争传统的地区，长久以来人们一直忍受着政府强派到当地的长官的折磨；此刻他们都注视着库奥特拉，打起了精神，准备仿效后者的做法。

　　两天后，在15英里以外的小镇阿亚拉城发生了一件很有代表性的事。里菲吉奥·亚内斯是该城的前市镇长官，此时他仍然很得人心，也深受尊敬。巴勃罗·托雷斯·布尔戈斯，在这里的学校还有钱维持运转的时候，是一名教师；他也常常帮助当地农人处理一些简单的法律事务——他们知道他的心肠很好，非常信任他。卢西亚诺·卡夫雷拉是个有些学究气的阿亚拉人，他常常帮村民解决土地纠纷，为他们作保。[2]这三个人一起组建了一个莱瓦派小团体，把它——用19世纪自由主义英雄的名字——命名为梅尔乔·奥坎波[3]俱乐部（Melchor Ocampo Club），并邀请当地村民加入他们。对现状不满的村民和他们住在附近地区的亲戚蜂拥而来，要求加入俱乐部，一共有大约80人。其中包括后来成了俱乐部秘书的阿内内圭尔科人弗朗西斯科·佛朗哥，还有爱德维格斯·桑切斯、拉斐尔·梅里诺、埃米利亚诺·萨帕塔，以及上了年纪但曾经颇受人们信赖的波菲里奥支持者特奥多罗·普拉森西亚。[4]同一天，在西南方向65英里外的霍胡特拉，当地的自由选举俱乐部（Free Vote Club）举行了整个莫雷洛斯选举期间第二大的莱瓦派集会，吸引了超过1000名村民和劳工进城参加。[5]

　　埃斯坎东和莱瓦之间的竞争原本是一套精心策划的政治把戏，但

---

［1］　*México Nuevo*, January 25, 1909.

［2］　For Yáñez, see *Semanario Oficial*, II, 15, 3, and XVII, 6, 3–4. For Torres Burgos, see Octavio Paz: "Estalla la bomba," *El Universal*, June 30, 1929, and Mazari: op. cit., p. 116. For the help all three gave to Anenecuilcans, see Sotelo Inclán, op. cit., pp. 159–161.

［3］　梅尔乔·奥坎波（1814—1861），激进自由主义者，曾在贝尼托·华雷斯的政府中任职。——译者注

［4］　*México Nuevo*, February 4, 1909.

［5］　Ibid., January 28, 1909.

是，在进行了两个多星期之后，就演变成了一场争夺公众支持的激烈斗争。从各方面来看，埃斯坎东派都更加专业：他们掌握了经济和政治实权，可以付钱让他们的雇员参加集会，或者干脆强迫他们参加。[1]但是莱瓦派更受欢迎。他们显然采取了利用乡下人不满情绪的竞选策略：表现了乡村对"土地和水"的强烈要求的海报张贴在莫雷洛斯的各个角落，"未经授权的"发言人也开始暗示，帕特里西奥将会发起一场大规模改革运动，重新分配土地甚至私有财产。[2]作为回应，许多乡村领袖——比如圣玛利亚的赫诺韦沃·德拉奥——宣布支持莱瓦，开始与周边的庄园争斗起来，要求收回他们的土地。[3]埃斯坎东派又嫉妒又生气，然后变得又紧张又好斗。莱瓦派则随之变得更加咄咄逼人，无所畏惧。比如说，在库埃纳瓦卡东北部的一个小村子里，当地的莱瓦派领袖费尔明·贝略被库埃纳瓦卡的警察问了话，并且被带到了城里，见了行政长官。那位长官问贝略竞选活动进行得如何，贝略告诉他——很好。长官随即告诉他，埃斯坎东一定要取得胜利（"堂波菲里奥已经做好了安排"），所以他们村不能支持莱瓦，而且除非贝略立刻解散他的俱乐部，否则埃斯坎东一上台，他和他的同伴都会被送到尤卡坦州的劳改营去。"在船长的地盘上，"那位长官以波菲里奥式的优雅风格总结道，"水手不能指手画脚。"这件事如果发生在以前的任何一次选举中，贝略都会立刻回家解散他的俱乐部。但是这次他拒绝了，并且直接去见了塞达诺。当天晚上，库埃纳瓦卡莱瓦派俱乐部的领导集团就组织了一场抗议集会，并向内政部部长递交了投诉书。[4]

30

　　双方都急切渴望得到群众的支持，这导致他们越来越难以保持冷

---

[1] *México Nuevo*, January 28 and 31, February 2 and 6, 1909.

[2] Diez: *Bibliografía*, p. clxxxiii. 1月底、2月初，埃斯坎东派媒体报道了这些承诺；莱瓦派媒体始终不承认这些承诺获得了正式授权，并且要求埃斯坎东派说明，是谁许下了这样的承诺。See, e.g., *El Diario*, January 30, 1909, and *México Nuevo*, January 31, 1909.

[3] Genovevo de la O: "Memorias," serialized in *Impacto*, December 31, 1949. Personal interview with Daniel de la O.

[4] *Diario del Hogar*, February 12, 1909. 签署了这份信件的人包括一些来库埃纳瓦卡出差的莱瓦派成员。其中就有从阿内内圭尔科来的埃米利亚诺·萨帕塔。

静。埃斯坎东派和莱瓦派的政治家，无论是莫雷洛斯本地人，还是从墨西哥其他地方来到这里的民主党人，都感到很难只用集会和演讲的方式来进行斗争。让观察者感到越来越危险的并不是种植园主的傲慢（他们认为这是理所当然的），而是普通民众慢慢复苏的怨恨，以及他们公开发表的讥讽言论。地方自豪感、爱国精神和一种模糊但有力的阶级意识混杂在一起，逐渐发酵成了对莱瓦近乎狂热的感情。在库埃纳瓦卡，一名在酒店工作的老女仆向阿尔弗雷多·罗夫莱斯·多明格斯描述了她对竞选活动的感受。"你搞清楚！"她说，"我们怎么可能不喜欢帕特里西奥那个孩子？他就是这个地方的人啊！而且堂潘乔（她指的是帕特里西奥的父亲）是穷人的朋友。他当州长的时候可是枪毙了他的一个朋友，那人是个 *gachupín*（西班牙佬）地主，用鞭子抽一个劳工，把他打得快没命了。你不知道，"她继续说，"那些地主，特别是他们的 *gachupín* 工头，是怎么作践这儿的人的。"[1]

　　强烈的自豪感、高涨的情绪、极端的傲慢、清楚而尖锐的恨意，这些情感不断融合，终于爆发了——2月1日，库奥特拉发生了一场暴动。事发的时候，人们都愣住了，仿佛长久以来他们并不是完全没有预料到这件事会发生：他们不会感到惊讶，但是也不敢完全相信这一切真的发生了。这个关键的事件最终决定了这场选举运动的根本意义，也无可逆转地决定了人们将以什么样的心情来回想它。

31　　暴动前一个星期发生在库奥特拉的一系列事件，为这场大爆发做足了准备。这个城市新成立的莱瓦派俱乐部打算在1月24日组织一场集会。那天是星期日，所以商人和劳工都能到场参加活动。但是那里的行政长官，恩里克·达贝迪，拒绝批准他们的活动申请。达贝迪很紧张，因为两天前刚刚举行了一场盛大的开幕庆典，当时他已经给了莱瓦派完全的行动自由，现在他害怕，如果再给他们更多的自由，库奥特拉地区就会完全倒向莱瓦。要是真成了那样，他的下场可就不只是丢掉工

---

[1]　Robles Domínguez in *El Hombre Libre*, September 24, 1930. *gachupín* 是对西班牙人或者说西班牙语的傲慢的（白）人的蔑称。

作了。除非收到相反的命令，否则他不打算再冒险了：上一次集会之后，他差不多在整座城市中都实行了戒严，到处都是联邦士兵、警察和宪兵。[1] 但是民主党的人脉和民众的呼声让政府做出了有利于莱瓦派的决定；然后，在库奥特拉俱乐部提交了申诉书之后，达贝迪让步了。莱瓦派获准在 1 月 31 日——接下来的这个周日——组织集会。整整一周，他们精心准备，发布了公告，还组织了妇女支队。[2] 然后，就像要和他们公开叫板一样，墨西哥城的亲埃斯坎东派报纸《每日新闻报》（*El Diario*）在周中的时候宣布，埃斯坎东的拥护者很快就要举行一次贯穿整个莫雷洛斯的访问旅行，并在沿途各城镇做简短演讲。[3] 闻名全国的演说家比如巴龙、迪奥多罗·巴塔利亚和伊波利托·奥莱亚都会参加：当选举宣传列车停靠在铁路沿线的小站和庄园时，他们将会在列车的车尾进行演讲；[4] 在较大的城镇，这些名人会一路走到主广场，发表正式演说。他们的第一站，《每日新闻报》称，就是库奥特拉，时间是 2 月 1 日，星期一，莱瓦派集会后的第二天。[5] 这是他们能选择的最危险的地方，而时间的选择则更为愚蠢。

　　虽然人们紧张不安，莱瓦派还是在周日顺利举行了集会。直到最后一刻，达贝迪还在威胁他们，说要撤销这次活动的许可令。下午 4 点他才最终确认，活动可以举行，但是只能持续到 6 点，他说，然后联邦警察就要清理街道了。他拒绝让莱瓦派的乐队在演讲者到达火车站的时候奏乐欢迎。集会开始的时候，他还在主广场的周围派驻了骑警。尽管如此，莫雷洛斯这一地区的莱瓦派社团——包括阿亚拉城的梅尔乔·奥坎波俱乐部——还是涌入了库奥特拉；考虑到这些人面对的挑衅，他们的行动可以说是相当理性的。他们在没有乐队的情况下迎接了演讲人，为迪亚斯、老莱瓦和小莱瓦欢呼，保持了相对清醒的状态，在 6 点之前就

32

---

[1]　*México Nuevo*, January 31, 1909.

[2]　Ibid., February 2, 1909.

[3]　*El Diario*, January 28, 1909.

[4]　Ibid., January 30, 1909.

[5]　Ibid., January 28, 1909.

离开了街道。[1]

但是达贝迪看到了人们高昂的情绪；像个机敏的警察一样，他感觉到，埃斯坎东派第二天来到这座城市的时候，有什么事情可能会发生。那天晚上，战争部派胡文西奥·罗夫莱斯上校率领第 23 步兵营的一支行动队来到了库奥特拉。[2]

埃斯坎东派的火车在第二天接近正午的时候到了库奥特拉。真是晦气，在这群杰出人物向广场进发的路上，为莱瓦欢呼的声音响了起来。星期一是工作日，许多观众并不是自愿来到游行现场的，而是被达贝迪逼着来的。人们与那位高贵的客人并没有太多共鸣——他站在主席台上，身旁是他高薪请来的那些演说家。零星的 "*Mueran los gachupines*"（"西班牙佬去死"）的喊声让演讲者不知所措。人群的热情逐渐消退，最后，一位发言人，伊波利托·奥莱亚，要求人们为埃斯坎东欢呼。让他又恼火又尴尬的是，几个人喊了起来："莱瓦——万岁！"奥莱亚大发雷霆，开始咒骂人们，说他们是"蠢货"和"忘恩负义的乞丐"。许多石块向他飞了过来，观众很快就变成了一片狂暴的海洋。骑警准备射击，于是人群散了开来，在混乱中仓皇逃窜。[3]

那天晚上，广场被军队和联邦警察[4]占领了。达贝迪发布了一条官方命令，宣称将对下午的闹剧进行报复。"严厉禁止，"他宣布，"侮辱性的喊叫，以及任何涉嫌破坏和平的行为。违令者，"他以某种准备进行事后报复的无耻口吻总结道，"将会受到严肃处理。"[5]对涉事者的追捕立刻开始了。许多当地的商人、工人、文员、劳工被送进了监狱——一些人并没有受到指控，很多人甚至都没有参加集会；被捕只是因为他们平时有不服管教的名声。地方法庭拒绝为他们提供法律保护：包括来自阿亚拉城的巴勃罗·托雷斯·布尔戈斯在内的一些人要求申请禁制

---

[1] *Diario del Hogar*, January 31 and February 2, 1909. *El Sufragio Libre*, February 3, 1909.

[2] *Mexican Herald*, February 3, 1909.

[3] *México Nuevo*, February 4, 1909. *La República*, February 4, 1909.

[4] 联邦军，指 1876—1914 年间的墨西哥陆军军队。——译者注

[5] *Mexican Herald*, February 7, 1909.

令，但是他们立刻就被赶出了法庭，和其他人一样很快被关了起来，囚禁的时间一样也很长。在接下来的几天，追捕仍在继续，直到库奥特拉监狱里的莱瓦派人数超过了莫雷洛斯所有其他地区为止。[1]这件事的影响远远超出了达贝迪的管辖范围。暴动后的第二天，帕特里西奥·莱瓦失去了他在公共工程部的工作，因为他不否认他的代理人曾经向农户许下了承诺，宣布后者将会获得土地。[2]

实际上，那天的事并不怎么严重——几块石头被丢了过去，有一些人喊叫了几声，很多人被抓、受到了威胁，但是并没有流血。然而这件事似乎预示了什么：在这场暴乱中，每个人都觉得选举已经变成了自己最害怕看到的样子。这就使选举活动剩下的部分变得苍白无力，令人扫兴。对于"体面人"来说，墨西哥城的一名科学家派编辑哀叹道，这件事开始的时候是一场和平、文明、高尚而进步的斗争，后来就堕落成了"穿凉鞋的人和穿皮鞋的人之间、穿工装裤的人和穿西装裤的人之间的战争"、"贱民"和"体面人"之间的战争。[3]适当地换换措辞，这也说出了"贱民"的感受。"一场真正的战争"，一场内战，一场阶级斗争——这就是让莫雷洛斯人提心吊胆的东西，而最有可能爆发这种战争的地方一直都是库奥特拉。在这些精神紧张的人看来，2月1日的动乱已经把他们推到了大灾难的边缘。

就选举本身而言，接下来的事情已经无足轻重了。为了确保对投票过程的控制，2月，联邦政府在莫雷洛斯部署了一支异常庞大的、有35名骑警的军队。[4]然而，地方领袖知道，无论如何，选举过后他们还是得在莫雷洛斯继续工作，照常做事，所以他们也明白，他们可以采取一些实际的补救措施。至少，他们可以部分恢复已被打破的古老的平衡状态。即使是那些短暂来访的莱瓦派民主党人也明白发生了什么，开始低

---

[1]　*Diario del Hogar*, April 17, 1909.

[2]　*El Diario*, February 5, 1909.

[3]　Ibid., February 13, 1909.

[4]　Reports on Morelos, 1909, AGN, Ramo de Gobernación（henceforth G）: bundle 883.

调行事，压低了他们宣传的调子。尽管他们违抗了库埃纳瓦卡行政长官的禁令，2 月 5 日继续在州首府组织了盛大的集会，但是这次，他们是在安抚民众，而不是在煽动他们。一些比较有责任心的政府工作人员也给了他们回报。[1] 路易斯·C.库列尔将军此时是第 23 步兵营的指挥官，当行政长官威胁要当场绞死库埃纳瓦卡集会中的两名莱瓦派演讲人的时候，他保护了他们。[2] 选举的前几天，埃斯坎东的巡回列车来到了尧特佩克和霍胡特拉，在每一站都为人数更少、表情更阴沉但是至少更为克制的观众献上了表演。[3] 而莱瓦派领袖也改了口风，开始不厌其烦地强调规则和秩序的重要性。安东尼奥·塞达诺用激愤的语言解释了帕特里西奥如何既不革命又没有破坏性，那些要把富有的种植园主的土地和水源"免费派发"出去的"无政府主义"思想是多么不负责任，以及在莱瓦派的眼中，"财产权"是多么"神圣而不可侵犯"。[4]

很明显，双方这样做是想相互调和，于是人们再次开始猜测，双方是不是想要达成某种协议。2 月 3 日，托瓦尔上校来到了库埃纳瓦卡，一时谣言四起，人们认为，作为与迪亚斯私交甚好的朋友、州政治中的老帮手，他被派到这里来，说明官方让步了，要选他当州长，而埃斯坎东和莱瓦都会退出竞选。[5] 甚至到了 3 月中旬，一些最天真（或者最绝望）的人都仍然怀着微弱的希望，盼着双方达成这样的协议——直到埃斯坎东宣誓就职为止。[6]

但是什么协议也没有。库奥特拉的暴动吓得各地的竞选双方都采取了和解政策（除了 2 月 7 日投票的时候——暴动吓得政府在那天坚决地采取了大范围的严酷措施）。特别是各行政长官，他们决心不再冒任何

---

[1] *Diario del Hogar*, February 9, 1909. Sedano: op. cit., p. 19.

[2] Robles Domínguez in *El Hombre Libre*, September 24, 1930.

[3] *El Diario*, February 3, 1909. *La República*, February 11, 1909. *Actualidades*, February 5, 1909.

[4] *Diario del Hogar*, February 9 and 11, 1909.

[5] Ibid., February 6, 1909.

[6] 后来人们仍然希望托瓦尔上校当选，也有人对库列尔将军抱有希望。这两个人都被认为是"了解这个州的问题的人"。*México Nuevo*, February 13, 1909.

风险。他们毫不掩饰地迅速采取了法外的或者违法的手段，确保埃斯坎东在各自的辖区内赢得选举。根据他们的命令，在选举那天，联邦警察把许多村子的莱瓦派领袖丢进了监狱；而如果猎物像圣玛利亚的赫诺韦沃·德拉奥那样逃走了，警察就把他的家人抓起来作为人质。[1]在一些地方，行政长官和市镇长官私下做好了安排，投票结果根本不会公布出来，更不用说在合适的时间发布了。他们也操纵选票的分配，把自己人安插进投票委员会。军队和警察禁止那些被他们怀疑是莱瓦派的人进场投票。针对这些滥用职权的行为，莱瓦派领袖向内政部正式提交了抗议书，但是也无济于事。[2]作为最后一道防线，选举当天，守在库埃纳瓦卡的库列尔将军每小时都与驻守库奥特拉的罗夫莱斯上校互通消息，而在每个地区的中心城市，都有联邦军队随时待命。[3]

总的结果——埃斯坎东的胜选——是顺理成章的，但是票数的差额和分布与太多人的利益相关了，所以人们无法获知可靠的具体结果。莫雷洛斯政府公报不打算惹麻烦：它只宣布埃斯坎东派选民以"绝对多数"赢了，然后就闭口不谈了。[4]在所有关于票数统计的报道中，最准确的可能是《墨西哥先驱报》：根据他们的记录，埃斯坎东获得了201票，莱瓦获得92票。[5]对种植园主、莫雷洛斯的官僚和警察来说，反对派得到了这么多票无疑是件丑事，无异于叛乱，于是他们再次采取了行动，试图夺回对这个地区的控制。给反对派拉票的那些受人欢迎的煽动者——至少是那些还没被抓起来并且还能抓得到的——被监禁了起来；他们的同伴为此签署了抗议书，结果相当于给当权者提供了黑名单，自己也被抓了起来。为莱瓦投票的劳工——更有可能是没有前去给

---

[1]   De la O in *Impacto*, December 31, 1949. Personal interview with Daniel de la O.

[2]   *México Nuevo*, February 13, 1909. *Mexican Herald*, February 8, 1909. *Diario del Hogar*, February 18, 1909. See also Robles Dominguez in *El Hombre Libre*, September 29, 1930.

[3]   *Mexican Herald*, February 7, 1909.

[4]   *Semanario Oficial*, XVIII, 11, 1.

[5]   For other returns and their various breakdowns, see John Womack, Jr.: "Emiliano Zapata and the Revolution in Morelos, 1910–1920"（Ph. D. dissertation, Harvard University, 1965）, pp. 60–61.

埃斯坎东投票的劳工——星期一上工的时候被解雇了；他们不得不贿赂工头，要回自己的工作，结果在债务泥潭中陷得更深了。[1]两个星期后，选举人团进行了投票，结果（既然没有官方记录，所以仍然是根据《墨西哥先驱报》的报道）是235：20。[2]威胁、高压和监禁大幅削减了莱瓦派的票数，不足初选票数的四分之一——初选票数本来就已经遭到削减了。库奥特拉的例子还是最惊人的：在那里，即使是激进的亲埃斯坎东派媒体《每日新闻报》也报道了，初选中有13票投给了莱瓦；而在第二轮选举中，这13票全部消失了。

　　1909年3月15日，巴勃罗·埃斯坎东正式宣誓就任莫雷洛斯州新州长。他的任期，官方公报宣布，将在1912年11月30日结束。[3]人们确信，他想连任，他也能连任，但是无论他的执政时间有多长，他永远不可能获得人们的尊重。他的当选是印在莫雷洛斯历史上也是烙在人们心里的耻辱。

36

[1]　　For complaints, see *México Nuevo*, February 9–24, 1909.

[2]　　For a detailed breakdown, see Womack: op. cit., p. 62.

[3]　　*Semanario Oficial*, XVIII, 11, 1.

第二章 种植园主的发展

"……就让他们在花盆里种田吧……"

埃斯坎东觉得自己把莫雷洛斯治理得不错。但是执政不过两年，他就耗尽了人们对他最后的几丝宽容。到了 1910 年年中的时候，他的那些既不公又无能的政策所带来的恶果就已经非常明显了：自从四十多年前法国武装干涉墨西哥以来，人们的怨气还从来没有这么重过。他几乎完全摧毁了莫雷洛斯的政治系统，甚至还在某个区域引发了村民起义。到了 1911 年 3 月，埃斯坎东惊恐地逃出莫雷洛斯的时候，他想躲避的那场危机已经持续了数月之久，而且很大程度上就是他自己造成的。

很大程度上，正是他解决危机的方式给他带来了危机：他的方法就是逃跑，不断地从莫雷洛斯、从政治事务中逃走。就职还不到两个星期，他就请求州议会准许他去墨西哥城，"处理一些有关公共利益的事务"。[1] 4 月 23 日，他要求议会准许他去墨西哥城十天，5 月 24 日又要去三天，6 月 3 日，八天，6 月 26 日，十天，这一年剩下的时间里也都是这样。[2] 而到了 1910 年，他请了三次两个月的假，有整整半年的时间都不在莫雷洛斯。[3]

从政治上来讲，埃斯坎东的缺勤是毁灭性的。连这样一个又胆小又 *37*

---

[1] *Semanario Oficial*, XVIII, 17, 1.

[2] Ibid., XVIII, 20, 1; 24, 1; 26, 1; 29, 1; 33, 1; 38, 4; 41, 2; 42, 1.

[3] Ibid., XIX, 14, 1; 29, 1; 38, 2.

宽大的管理者都没有了，于是地方长官任意妄为，莫雷洛斯也就陷入了无政府状态，还零星出现了暴政现象。库奥特拉一带本应该施行安抚民心的政策，但是达贝迪似乎打定了主意要报复民众。库奥特拉的一座枢纽大桥塌了，街上、主广场上和公园里到处都是垃圾，这都是因为达贝迪拒绝提供正常的公共服务。[1]他还准许在集市上出售龙舌兰和朗姆酒，直接违反了埃斯坎东的相关规定。于是满腹怒气的当地劳工和市民整天醉醺醺地聚众闹事。[2]最让民众愤愤不平的是，达贝迪向人们索取捐款，用来欢迎埃斯坎东州长访问库奥特拉，但是他从来没有公布过任何开销的账目信息。当地人相信，他一定侵吞了他们的捐款。[3]

在库埃纳瓦卡、库奥特拉和霍胡特拉地区，当地长官还在迫害前莱瓦派人士。库埃纳瓦卡的莱瓦派中央俱乐部向州议会递交了申诉书，要求后者把最近这次选举的结果判为无效。议会不仅不假思索地拒绝了他们的申诉，还宣称莱瓦派提出申诉就是在抗拒把埃斯坎东选上台的法律。因此，他们表示，这一申诉行为破坏了公共秩序，所有在申诉书上签字的人都应该以煽动叛乱的罪名被逮捕。[4]这个策略失败之后，当局又想出了别的借口。4月，库埃纳瓦卡的行政长官逮捕了莫雷洛斯的头号莱瓦支持者，安东尼奥·塞达诺，因为他"没有打扫干净"他家商店门前的"街道"。[5]而与此同时，选举结束两个月之后，达贝迪仍然关押着阿亚拉城的莱瓦派领袖巴勃罗·托雷斯·布尔戈斯和奥克塔维亚诺·古铁雷斯，尽管他们从未受到起诉。[6]到了6月，塞达诺仍然蹲在库埃纳瓦卡的监狱里，等着法庭审判他的罪。特坡斯特兰的两位莱瓦派领袖，贝尔纳韦和埃塞基耶尔·拉瓦斯蒂达，在选举日之后很快就失踪了，到了6月还是杳无音讯。家人猜测他们是被征入联邦军队了（虽

---

[1]　　*México Nuevo*, May 15, 1909.

[2]　　Ibid., April 16 and May 1, 1909. *Diario del Hogar*, October 6, 1909.

[3]　　*México Nuevo*, May 15, 1909.

[4]　　Ibid., April 7, 1909.

[5]　　Ibid., June 23, 1909. Sedano: op. cit., pp. 20–21.

[6]　　*Diario del Hogar*, April 17, 1909.

然两个人都已经超龄了），因为人们最后一次见到他们是在墨西哥城的军事监狱。[1]事实上贝尔纳韦·拉瓦斯蒂达在金塔纳罗奥州的劳改营待了两年，他最后活了下来只能说是奇迹。[2]那些已经逃走了的乡村领袖——比如圣玛利亚的赫诺韦沃·德拉奥——把这些报复行为看在了眼里，于是他们继续躲藏，不敢现身。[3]

　　1909 年 6 月，经验丰富的弗洛雷斯副州长退休，1910 年 2 月去世，加剧了莫雷洛斯的堕落。[4]各地长官都加强了对人们的控制，侵吞公款、铺张浪费的时候也更加无所顾忌了。[5]到了 1910 年 2 月，库埃纳瓦卡有四家大企业不堪地方官员的骚扰，不得不关门大吉。[6]

　　即使是埃斯坎东留在莫雷洛斯主持州政的时候，他那稀里糊涂、犹豫不决的主政风格也让人们无法尊重他。以前政府也会强行任命地方官员，但是至少操作得巧妙，执行得严格，而这一套到了他这里明显被搞砸了。1909 年 12 月中旬，地区督察官来到了尧特佩克，部署该市镇的选举工作，好让州长的亲信当选。督察把这件事办砸了，选举选错了人。埃斯坎东随后派州警察局长去取消选举结果。但是警察局长没有找到取消结果的好借口，于是他打算强迫已经当选议员的人辞职。因为这些人还没有正式就职，所以他同意他们先宣誓就职，然后立刻辞职。一些人辞职了，但是另一些人上任之后就拒绝了警察局长让他们辞职的要求。这桩大丑闻引发了人们对埃斯坎东和他的手下的强烈不满。[7]

　　在新州长建立他自己的官僚体系的过程中，运气和常识都彻底离开了他。他先是开除了阿拉尔孔任命的许多官员，换上了从外州来的官员。这些外来的官员对此地一无所知，就连处理个人事务都不知道要

---

[1]　*México Nuevo*, June 11 and 14, 1909.

[2]　Oscar Lewis: *Life in a Mexican Village: Tepoztlán Restudied*（Urbana, 1963）, p. 231.

[3]　De la O in *Impacto*, December 31, 1949.

[4]　*Semanario Oficial*, XVIII, 25, 1; XIX, 7, 1.

[5]　*El Sufragio Libre*, December 15, 1909, and March 30 and May 25, 1910.

[6]　Ibid., February 9, 1910.

[7]　Ibid., December 29, 1909.

跟谁打交道，而一旦出了问题，他们的无知往往会把事情变得更加糟糕。[1]而且，埃斯坎东的用人决策还常常把他跟一些恶棍——这些人的问题可比无知大得多——搅到一起。任命费利佩·罗夫莱达为税务专员就是一个大错。罗夫莱达来自哈利斯科州，是一个臭名昭著的敲诈犯；他的行为很快就激怒了莫雷洛斯大大小小的纳税人。[2]有钱人抱怨得最起劲，但是税务部门以及其他部门的人员更替说到底并不会给他们造成多大影响：吵了一阵之后，他们和政府之间就达成了充分的理解。特权仍然是可以买到的，只要他们付得起钱。而真正会被这种人员更替深深影响的是那些没多少钱也没什么人脉的人。以前的官僚很熟悉这些地方问题，并且，即使这种权力对比如此不公，但是慢慢地也形成了某种惯例，多少也能让普通人有点指望。然而现在，所有的传统、惯例和希望都不复存在了。有钱人总能从费利佩·罗夫莱达那里买到平静安稳的生活，而普通民众就只能忍受他的折磨。

在委任行政长官的问题上，埃斯坎东也搞得一团糟。宣誓就职仅仅三个星期后，他就开除了阿拉尔孔任命的库埃纳瓦卡行政长官，任用了伊希尼奥·阿吉拉尔，现役联邦军队准将。[3]在最近的这次选举之后，人们明显变得不服管束了，所以州政府急需重建人们对权威的敬畏。而且，埃斯坎东没打算在莫雷洛斯待多久，所以他想找个有本事的人来当助理副州长，管理州首府地区。[4]但是阿吉拉尔不是个好选择。他对他治下的人民没什么感情，放任一个虐待狂警察局长在库埃纳瓦卡恣意妄为，与全体市民为敌。[5]两个半月之后，阿吉拉尔因为向库埃纳瓦卡一位脑子不太灵光的产业继承人行骗而被停了职。[6]埃斯坎东这才换

［1］ Diez: *Bibliografía*, pp. clxxxiv–clxxxv.

［2］ *Semanario Oficial*, XVIII, 19, 2. *Diario del Hogar*, July 16, 1909.

［3］ *Semanario Oficial*, XVIII, 17, 1.

［4］ 甚至有谣言说埃斯坎东打算正式任命阿吉拉尔为副州长，然后申请许可，离开莫雷洛斯：实际上就是打算离职，让阿吉拉尔接替他。*México Nuevo*, April 9, 1909.

［5］ Ibid., June 23, 1909.

［6］ *Semanario Oficial*, XVIII, 30, 1. *México Nuevo*, April 9, 1909.

了一个可靠的人——当时正在州议会任职的库埃纳瓦卡前市长、行政长官。

另外，他还先后委任何塞·比万科和爱德华多·弗洛雷斯为库奥特拉长官，这两个任命决定以不同方式给他带来了麻烦。虽然库奥特拉的老长官达贝迪在选举期间和之后把自己搞得声名狼藉，但是就算埃斯坎东要换掉他，也该选一个经验丰富、受到当地人尊敬的官员。相反，他选择了比万科，而当比万科在 1910 年 11 月离任之后，他又选了弗洛雷斯。[1] 这两人都没有在莫雷洛斯的任何地方当过长官，也没当过长官秘书，他们显然对自己的工作一无所知。库奥特拉一带是整个莫雷洛斯最难管理的地方，而在 1910 年夏天，起义军领袖已经开始在库奥特拉南部地区——阿亚拉市镇——建立起自己的政权了。比万科和他的继任者弗洛雷斯完全没有干涉起义军的活动，于是州政府的权威在这个地区消失殆尽了。[2]

40

埃斯坎东最大的错误是没有找到合适的人接替副州长路易斯·弗洛雷斯。弗洛雷斯离任之后，埃斯坎东本该全力寻找一位对莫雷洛斯的政治问题不说熟知、至少也要有所了解的继任者。弗洛雷斯离开的时候是 6 月，正是埃斯坎东的艰难时刻：他刚就任三个月，正在制定重估不动产价值的法案（这项法案并不受人们欢迎），而且阿吉拉尔丑闻此时也刚刚爆发。他需要当地人的支持，团结一切他能动员起来的力量。但是，尽管当时有合适的当地人选，至少暂时能帮帮忙，他还是找来了安东尼奥·乌尔塔多·德门多萨，一名来自外州的法官；此人在莫雷洛斯没有任何有用的人脉，也没有什么影响力。[3]

虽然这些错误造成了危害，但它们都是可以原谅的：人们可以用疏忽、信息有误或者愚蠢之类的原因来解释它们。但是在埃斯坎东的工作重心从政府组织转向施政实践后，他实行了一条直接为种植园主的经济

---

[1] *Semanario Oficial*, XIX, 49, 3–4.

[2] Sotelo Inclán: op. cit., pp. 184–188.

[3] *Semanario Oficial*, XVIII, 25, 1. *México Nuevo*, June 13, 1909.

与政治利益服务的政策。这条政策有条有理，十分清晰，因而不可能是无心之失。种植园和村庄之间的矛盾不再被——像阿拉尔孔在任时常常做的那样——秘密解决了。相反，通过发布行政命令、颁布新法、修改州宪法，埃斯坎东公开与莫雷洛斯的村民为敌了。

埃斯坎东的行为，在某种意义上，只是莫雷洛斯这些地区漫长的压迫史的又一篇章。自16世纪以来，甘蔗种植园就主导了那里所有人的生活；到了1910年，压迫已经不是什么新鲜事了：种植园挤压了乡村和独立农场的生存空间，庄园雇来的律师从无权无势的农业资源的正当使用者手里骗取土地、木材和水源，庄园工头殴打并欺骗农工。总督时代[1]贵族坚信的种族主义被庄园主当作压迫的借口，此时仍然颇为盛行。对于年轻的华金·加西亚·皮门特尔——他那古老的显赫家族拥有这个州最大的种植园——来说，"印第安人……作为劳工有很多缺点，他们懒惰、酗酒，还喜欢偷东西"。[2]他虔诚而博学的兄长路易斯掌管着家族的大片产业，也这么认为。他坚信当地村民"生来就喜欢当土匪"，也常常惋惜"雅各宾派政府"破坏了"唯一能够约束和指导他们的东西——宗教"，所以种植园主也就只好更粗暴地管教他们了。[3]在另外一个有权有势的莫雷洛斯家族——阿莫尔家族——的种植园，一位来访的英国"女作家"发现这里和"贵族时代的英格兰"很是相像，"人们被封建法律统治着，封闭落后，连旅馆都没有"。这位旅行者意识到，老阿莫尔"必须同时解决劳工的精神和物质需求"，否则的话，他付给他们的工钱"一有剩余就会被他们喝光"。[4]

然而埃斯坎东的政策也是1880年前后迅猛发展起来的某种新压迫

---

[1] 1521年，西班牙人征服了阿兹特克帝国，确立了新西班牙总督辖区，对包括墨西哥在内的大片殖民地进行统治。1821年墨西哥宣告独立，新西班牙总督政府崩溃，墨西哥的总督时代结束。——译者注

[2] Joaquín García Pimentel: "Condiciones de la gente de trabajo en el Estado de Morelos antes de la revolución de 1910, durante el período de la lucha de 1911 a 1914, y desde esa época hasta la fecha"（MS, 1916），p. 10, Archivo de Luis García Pimentel, Jr.（henceforth AGP）.

[3] Luis García Pimentel, Jr.: "Memorias"（MS, 1914），pp. 2, 64, AGP.

[4] Tweedie: op. cit., pp. 339–341.

形式的一部分。它的经济根源是整个 19 世纪蔗糖与甜菜糖工业之间的国际竞争。对于甘蔗种植者来说,这场竞争最大的意义是它带来了技术进步,尤其是新的碾磨机:与旧式的挤压机相比,新机器从甘蔗茎秆中压榨出的糖要多得多。到了 19 世纪 70 年代,这些机器就已经非常普遍了。而大约也是在同一时期,墨西哥迎来了稳定的政局和强劲的经济增长,开展了建设铁路网的重大工程,一个全国性的巨大市场也即将出现。莫雷洛斯的种植园主看到了商机;尽管非常喜爱与世无争的田园生活,他们还是立刻投入了工作,努力满足新的市场需求。[1] 这些人非常精明:他们特别关注蔗糖的加工和销售,以此配合他们在生产方面的投入。他们给莫雷洛斯带来了铁路,进口了新的机器,还盘算着如何搞到更多的土地来种更多的甘蔗。随着生产规模的扩大,他们也四处游说,试图减少从市镇到州的各级赋税,废除现有的州际贸易税,维持或提高关税,从而保护他们自己的生意。[2]

新旧压迫形式之间的社会差异就像庄园和工厂之间的差别一样巨大。在此之前,各种各样的社群和经济体在莫雷洛斯共存,相安无事。甘蔗种植园、传统村庄、小型农场、独立农庄、计日工的小村落、乡镇、州级市——这些形态各异的社群不一定都兴旺发达,但是它们都能勉强存活下来。也有压迫,不过各个事件之间没什么联系,也没有形成大趋势。所以那时土地集中的现象也是个别的、无规律的,因为这种现象通常并不来源于周密的经济计划,而是源于个人的贪欲。在那个时代,莫雷洛斯的甘蔗种植园也代表着墨西哥庄园的主流传统,但它的意

42

[1] 莫雷洛斯种植园园主与巴西甘蔗种植园园主的对比很有意思,后者风格随和、不以经济利益为转移,生活方式也更有乡村风情。见 Celso Furtado: *The Economic Growth of Brazil. A Survey from Colonial to Modern Times*(Berkeley, 1963),pp. 125–126。根据这本书的描述,巴西的咖啡种植园园主与莫雷洛斯的甘蔗种植园园主更接近。

[2] Daniel Cosío Villegas, ed.: *Historia Moderna de México. El Porfiriato. La Vida Económica*, 2 vols.(México, 1965),1, 79–81.

义更多是象征性的，在实际运作中表现并不突出。[1]当种植园主认为村民特别孤立无援的时候，也就是联邦或者州政府不能或者不愿意保护村民的时候，这些人就会把他们垂涎已久的土地抢走。有时候村民受到严重剥削，无法独立维持生计，不得不迁徙，或者搬到 real（庄园属地）上去，从此靠打工过活。但是这更像是偶然事件，并不是有人有意为之，最多让人稍感惊讶：这并不完全是某些政策造成的，也没有人认为这是不可挽回的。不管人们喜不喜欢，在当时看来，这种社会多样性似乎会一直存在下去。

1880 年之后，这一幻象迅速崩塌了。种植园主持续获利的新机遇预告了新世界的来临，催生了新的社会潮流。莫雷洛斯的种植园变成了公司城，它们的常住人口从 250 人到近 3000 人不等。种植园主建立了他们自己的医疗和教会系统，以及商店、学校、警察局、发电厂；他们还有自己的砖工、木匠、铁匠、电工和机械工队伍。为了操作新机器，他们从国外引进了技术员。他们甚至建立了研究用的实验室，还请来了一批化学家。他们聘用了新派的职业经理人来领导庄园；西班牙种植园主从居住在墨西哥城的西班牙、古巴或加那利群岛移民中招募经理人，而墨西哥种植园主通常会雇用经验丰富的墨西哥人，或者培养他们自己的儿子做这份工作。种植园"本应如此"，特坡斯特兰的一名编辑夸耀道。[2]

43　　迪亚斯政权 19 世纪 80 年代向富豪政治的转变给种植园主提供了更多方便。公共工程部差不多把莫雷洛斯剩下的所有公用土地都卖给了他们，并且在他们收购其他产业、要求明晰产权的时候，做出了对他们有

---

[1]　Fernando B. Sandoval: La Industria del Azúcar en Nueva España（México, 1951）, pp. 125–146. For a classic essay on this general subject, see Andrés Molina Enríquez: *Los grandes problemas nacionales*（México, 1909）, pp. 85–93. The best and fullest treatment is Francois Chevalier: *La formation des grands domains au Mexique. Terre et société aux xvi-xvii siècles*（Paris, 1952）.

[2]　Holt Büttner: op. cit., pp. 101–102. Tweedie: op. cit., pp. 338–340. J. García Pimentel, Jr.: "Recuerdos y reflexiones"（MS, n.d.）, AGP. Personal interview with José García Pimentel. *El Progreso de Morelos*, June 4, 1892.

利的判决。新的联邦法律损害了许多村民的土地所有权和用水权——这些权利曾经是受到承认的。种植园主利用了这一偶然机会，而当地的次级法庭也准许他们侵占村民的土地。[1] 19世纪60年代末的时候，这些种植园主——或者他们的父辈——曾经拼命挣扎，试图将莫雷洛斯保留为墨西哥州的一部分：他们害怕，如若不然，库埃纳瓦卡和库奥特拉地区可能会脱离他们的控制。[2] 而20年之后，在迪亚斯的帮助下，他们在这个州里拥有了比以前更大的权力。渐渐地，种植园似乎成了唯一合法、进步的机构。其他社群的存在好像只是为了给种植园提供资源，每个莫雷洛斯人，无论高低贵贱，都成了种植园主国际化大业中一个微小的部分。曾经靠个人贪欲驱动的进程，此时变成了正常的、*cientifico*（科学的）事业。

到了1890年，事情已经很清楚了——在这一新变化之下，几座被种植园环绕的重要城镇几乎停止了发展。比如乔纳卡特佩克——昔日繁荣的骡马交易中心，这时在加西亚·皮门特尔领地的包围下如同一块飞地；它的现状让一个受过教育的当地人联想到了爱尔兰的某些萧条的乡镇。[3] 库奥特拉人口变少了，这让当地官员大为惊愕，开始争论他们的城市是否会"被那些甘蔗田连成片的大庄园束缚"，就此停止发展。庄园的支持者断定，虽然这种束缚终将限制城市的发展，但是与此同时，他们可以通过城市改造来增加人口：北部辖区中有一些有碍观瞻的牧场和果园，它们属于"一群穷鬼……他们自己给自己打工……对他们所在的社区没有什么贡献"；庄园的支持者想没收这些产业，分割成小块，

［1］ Mazari: op. cit., p. 109. For discussions of this process as a national policy, see Wistano Luis Orozco: *Legislación y jurisprudencia sobre terrenos baldíos*, 2 vols.（México, 1895）, 1, 337–385, and Molina Enríquez: op. cit., pp. 165–196.

［2］ Diez: *Bibliografía*, p. clix. 第三军区的许多村子提出了请愿，这才打动了第四届国会，建立了莫雷洛斯州。See Tovar: op. cit., I, 151–152, 310; II, 530, 532; III, 89, 422, 428, 508, 676.

［3］ *Diario de los Debates del Congreso Constituyente, 1916–1917*, 2 vols.（México, 1960）, II, 1083. See also Fernando González Roa: *El aspect agrario de la Revolución Mexicana*（México, 1919）, p. 30.

44　出售给"能分期付清这笔钱的穷人"。[1]但是他们也很快承认了,这解决不了什么问题。库奥特拉公墓——距离主广场只有三个街区——的土地不够用了,而由于周围的种植园"像铁箍一样",一名编辑愤怒地评论道,"包围了城市,一天比一天离城更近",市政官员不得不到某座距离城市一英里开外的村子去寻找新的墓地。[2]

在城镇之外的乡村,尤其是在尧特佩克和特特卡拉地区,传统的小型庄园纷纷倒闭,并入了大规模的现代企业。有一些庄园,比如多洛雷斯,变成了大型联合庄园的附属产业,但是另外一些庄园,像阿潘克萨尔科和埃尔查尔科,已经从莫雷洛斯的地图上永远消失了。牧场这种虽然独立、但并没有像村庄那样紧密组织起来的小型乡村社区也崩溃了。1876年记录在案的有53座牧场,到了1887年就只有36座了。1891年,分析人员在最新一次州人口普查中发现,有34座牧场在之前的二三十年间消失了;这些牧场中,将近三分之一都在特特卡拉地区。[3]

连村庄都开始消失了。像莫雷洛斯北部山区的特坡斯特兰那样偏远的村子还比较安全,但是在交通便利的木材产区、铁路沿线或者水源充足的低地,村庄非常脆弱。[4]虽然那里的许多村子根深蒂固,繁荣兴旺,它们的历史可以回溯到西班牙征服阿兹特克帝国[5]之前,人们的土地所有权则早至总督时代初期,但是在这次围剿中,没有哪个村子是安全的。1876年,迪亚斯夺得政权的那一年,莫雷洛斯有118座村子登记在案,到了1887年,虽然全州总人口略微增加了,但是村子却只有

---

[1]　*La Idea Patriótica*, August 6, 1891.

[2]　Ibid., January 7, 1892.

[3]　José María Pérez Hernánez: *Cartilla de la geografía del estado de Morelos*（México, 1876）, p. 23. Gobierno de Morelos: *Memoria sobre el estado de la Administración pública de Morelos, presentada al Hon. X. Congreso por el Gobernador constitucional General Jesús H. Preciado*, Abril 12, 1887（Cuernavaca, n.d., 1887?）. *La Idea Patriótica*, April 2, 16, and 23, 1891.

[4]　Lewis: op. cit., p. 127. Diez: *Dos conferencias*, p. 59.

[5]　即西班牙-阿兹特克战争（1519—1521）,西班牙殖民拉丁美洲过程中的重要战争,经过这一战,西班牙军队成功征服了阿兹特克帝国,占领了现在的墨西哥中部地区。——译者注

105 座了。[1]

在这些失败的故事中，发生在特夸斯奎克蒂恩格的事无疑是最可怕的。那里的村民曾经得罪过邻近的圣何塞维斯塔赫莫萨种植园的主人，后者为了报复，把他的灌溉用水灌进了这座村庄的湖里，淹没了整个村子。最后只有村教堂的尖塔露出了水面，提醒着人们，追求独立自主将会面临多么大的危险。[2] 在整个 19 世纪 90 年代，直到世纪之交以后，村庄继续分崩离析。到了 1909 年，记录在案的就只有 100 座了。[3] 阿卡特利帕、库奥奇奇诺拉、萨尤拉和阿韦韦潘等村子的废墟藏在长满了高高的绿色甘蔗的田野中，逐渐朽坏，化为泥土。[4] 这些消失了的村庄的故事在莫雷洛斯乡下广为人知：人们总有亲人曾经为了保护它们而战斗。 而它们的毁灭是一个令人生畏的教训；人们知道，村庄将永无宁日。

在形势尤其严峻的地区，村庄即使幸存了下来，仍然会有人口流失。比如阿亚拉城，居民数量从 1900 年的 2041 人下降到了 1910 年的 1745 人；阿亚拉市镇阿内内圭尔科的人口从 411 人减少到了 371 人。[5] 村民一点一点地失去了土地，就像他们在 1887 年失去了阿内内圭尔科的奥拉克果园那样；但是人们年复一年地坚持斗争，想要保住剩下的土地。而当他们损失过大，无法靠务农生活下去的时候，他们就会尝试去做别的工作。奥斯皮塔尔和夸维斯特拉庄园圈占了库奥特拉一带所有的好地，于是萨帕塔一家只好去饲养牲畜，那附近的许多人家也是一样。[6]

并不是所有人都能独立生存下去，而种植园主指望的正是这一

[1]　Pérez Hernánez: op. cit., p. 23. *Memoria*（1887）.

[2]　*El Eco*, May 19, 1889.

[3]　*Semanario Oficial*, XVIII, 44, 6. Diez: *Dos conferencias*, p. 61.

[4]　Magaña: op. cit.（1951–1952 edn., here and subsequently）, I, 82–84. Diez: *Dos conferencias*, p. 59. *La Idea Patriótica*, April 16, 1891.

[5]　Holt Büttner: op. cit., pp. 94–97.

[6]　Sotelo Inclán: op. cit., pp. 155–158, 170. *La Idea Patriótica*, December 17, 1891.

点。许多村民一无所有，一贫如洗，只能当佃农，租种种植园最差的土地。[1] 然后，随着债务不断增加，他们开始接受雇用，当起了农场工人；他们仍然住在村子里，但是要拉帮组队，接活做工。人们发现，这份工作工钱很高，在少雨的冬季每天最多能挣到 65 分钱，而在春天的收获季节则高达 1 比索。如果按工作量计酬，那么每天还可以多得一些钱——从 75 分到 1.25 或 1.5 比索不等。但是他们同时发现，物价也很高：因为莫雷洛斯大量出产的只有蔗糖、大米和朗姆酒，人们不得不进口布料，以及玉米和豆子之类的主食，所以他们的生活开销几乎和墨西哥城一样高。[2] 于是，靠着工钱过活，他们在债务里陷得更深了。最终他们彻底离开了村庄，就像许多曾经的牧场工人那样，把家搬到了种植园里，成了 *gente de casa*（常住劳工）。在庄园属地上，如果他们规规矩矩，至少还能满足基本的生活需要。

于是，除了土地之外，种植园主还得到了一群依附于他们的劳工。正如华金·加西亚·皮门特尔所说，他们"尽一切努力"鼓励人们搬到庄园属地上。因为这些常住劳工是"稳定可靠的劳力"，能够更为有效地细化种植园的例行工作。而且，在农忙时节，有他们在，种植园经理就不用依赖当地的村民了：对经理们来说，这种依赖关系是非常危险的，还常常让他们自取其辱，因为村民恨他们，而且如果别处开出了更高的工钱，村民就会拒绝为他们工作。常住劳工对于像特特卡拉的阿莫尔和霍纳卡特佩克地区的加西亚·皮门特尔这样的种植园主尤为重要，

---

[1]　如果运气好，或者在当地有熟人，他们或许可以租到比较好的地，可以种植商品蔬菜。埃米利亚诺·萨帕塔有时候会租种德拉托雷 - 米耶尔特内斯特潘戈庄园的地。他和欧费米奥从贝拉克鲁斯州搞来了许多种西瓜，尝试种植。Personal interview with Antonio Díaz Soto y Gama. For Ayala's truck trade, see the prefectural reports in *Semanario Oficial*, XIV, 8, 1–2; XVI, 17, 3–4; XVII, 3, 4; 19, 3; 29, 4; 42, 4–5; XVIII, 17, 1–2.

[2]　On wages, see J. García Pimentel: op. cit., pp. 7–8; also George M. McBrid: *The Land Systems of Mexico*（New York, 1923）, p. 32; Lewis: op. cit., p. 94; *The Mexican yearbook, 1909–1910*（New York, 1910）, p. 392. 淡季在奥斯皮塔尔庄园打工的阿内内圭尔科人每天只能挣 37 分钱（Sotelo Inclán: op. cit., p. 185），但是这个数字还是比全国平均水平（每天 25 分钱）要高得多。On the high cost of living, see "¿Por qué existe y cómo se desarrolla el Zapatismo en el E. de Morelos?" *La Tribuna*, May 29, 1913.

因为这些地方的村庄和村里的季节性农工团比人口密集的中部地区少；所以在这些偏远地区的种植园里，常住劳工人数是最多的。不过其他种植园主也认为，让劳工定居在他们的土地上"大有好处"。然而，迁移进行得不像种植园主希望的那样快；莫雷洛斯的村民，华金·加西亚·皮门特尔发现，"劳工非常依恋他们降生的那片土地，只有在极其困难的时刻才会迁移；即使更美好的生活图景已经清晰地呈现在他们面前，也是如此"。这常常迫使种植园经营者去普埃夫拉州或者格雷罗州寻找外来劳工。[1]种植园主的积极行动让他们和村庄之间的争斗变得更加频繁了。

进入 20 世纪之后，种植园主的经济压力急剧增大。眼下的问题是，为了争夺受到保护的本土蔗糖市场，墨西哥境内爆发了更加激烈的竞争。莫雷洛斯种植园主需要考虑的不仅仅是贝拉克鲁斯、普埃夫拉、米却肯和哈利斯科等州的老对手（这些人正在扩大他们的生意，并且向现代化转型），还要面对锡那罗亚、纳亚里特等州出现的新对手，其中最大的威胁来自贝拉克鲁斯州的热带地区——美国资本家正在那里大量投资大型企业。来自北方的威胁，莫雷洛斯的种植园主尚能对付：他们在普埃夫拉和贝拉克鲁斯建立了联盟，在市场上倾销他们的产品，把他们地盘上的入侵者挤了出去。但是贝拉克鲁斯的那些美国人的情况有所不同。墨西哥湾低地每英亩的甘蔗产量通常比莫雷洛斯的山地高 30%，此外，后者的灌溉成本更为高昂，移植也更加频繁。如果美国人带来的挑战长期存在，可能会严重损害莫雷洛斯作为这个国家最重要的蔗糖生产区的地位。[2]

另一个紧迫的问题是，墨西哥的蔗糖产量已经超过了国内市场的需

[1]　J. García Pimentel: op. cit., pp. 1–6. *La Idea Patriótica*, April 2, 1891. Mazari: op. cit., p. 109.

[2]　Cosío Villegas: *Vida Económica*, I, 81. U.S. Department of Commerce and Labor, Bureau of Manufactures: *Monthly Consular and Trade Reports*, October 1908, p. 155; April 1908, p. 140; July 1905, pp. 193–196. International Bureau of the American Republics: *Mexico. Geographical Sketch, Natural Resources, Laws, Economic Conditions, Actual Development, Prospects of Future Growth*（Washington, 1904）, pp. 195–196.

求。解决办法自然是出口多余的部分，于是，1902 年，大规模的蔗糖出口开始了。[1]虽然莫雷洛斯的种植园主最初没有加入出口大潮，把生意让给了贝拉克鲁斯和北方地区，但是也有几名种植园主早在 1905 年就开始出口蔗糖了。领头的是伊格纳西奥·德拉托雷 – 米耶尔，他家的特内斯特潘戈是当时莫雷洛斯甘蔗产量最高的种植园。[2]但是新的出口生意只是开辟出了一片新的竞技场；莫雷洛斯的生产成本仍然高昂，而国际市场在一次又一次的危机中不断颠簸，极不稳定，根本无法指望。

同样令人担心的是本地的甜菜糖业——甘蔗种植商认为它会破坏他们的生意。从 1906 年开始，农学家就注意到了这个新产业"非凡的可能性"。索诺拉州的农场主表示很有兴趣发展这一产业，而联邦政府也为一家美国公司提供了大幅优惠，鼓励后者在联邦特区或墨西哥州种植甜菜。[3]虽然这些计划并没有实现，但是它们可能会实现——这一风险增强了莫雷洛斯种植园主的竞争意识。

除了这些麻烦以外，人们还面临着终极威胁：莫雷洛斯土地的肥力可能会消耗殆尽。据估计，如果不施肥料，持续种植甘蔗的话，这些土地可供使用大约 30 年；在那之后，就必须休耕。[4]这样一来，1880 年前后开始的繁荣将在 1910 年之后衰退。并不是所有的莫雷洛斯种植园主都意识到了这种可怕的前景，但是对于一些人，特别是接受了最好的农业科学教育的鲁伊斯·德贝拉斯科家族来说，这一直都是一件令人忧心的事。[5]

48

巨大的压力促使种植园主加大了投资力度，要么细化精制糖的等

［1］　Cosío Villegas: *Vida Económica*, I, 81–82.

［2］　*El hacendado mexicano y fabricante de azúcar*, XI, 123（March 1905）, 65.

［3］　*Consular Reports*, September 1906, p. 101; March 1907, p. 20.

［4］　Ibid., September 1906, p. 102. *Mexico. Geographical Sketch*, p. 194.

［5］　See Ángel Ruiz de Velasco: *Estudios sobre el Cultivo de la Caña de Azúcar*（Cuernavaca, 1894）, pp. 3–6, and Felipe Ruiz de Velasco: *Historia y Evoluciones del Cultivo de la Caña y de la Industria Azucarera en México, Hasta el Año de 1910*（México, 1937）, pp. 73–74.

级，要么生产更多的朗姆酒。举例来说，阿劳斯家族为自家在夸维斯特拉的庄园进口了价值 35 万美元的新机器。[1]为了让他们昂贵的机器持续运转，种植园主还需要种更多的甘蔗——这迫使他们进一步扩大了土地占有量。种植园加速扩张，很快就在莫雷洛斯铺下了一张由乡村工厂组成的大网。到了 1908 年，17 位实业家名下的 36 座大庄园覆盖了莫雷洛斯总面积的 25% 以上，占据了这个州大部分的可耕地和几乎所有的良田。[2]而随着种植园主不断兼并越来越差的地，他们就需要越来越多的水来浇灌它们。在灌溉工程上的投资可能和在磨糖机械上的一样高。路易斯·加西亚·皮门特尔在他的特南戈种植园投入了 166000 美元，用来建设地道、运河、水道、大坝、水闸、桥梁和截断阀，从 60 英里以外的库奥特拉河把水引来。而沿着这条河，伊格纳西奥·德拉托雷 - 米耶尔和比森特·阿隆索合计投资了 21 万美元，为他们的种植园建设水利设施。[3]1908 年，国内糖价明显提高了，因为政府把糖的进口关税提高了一倍，以此保护本地的种植者；更稳定丰厚的利润也刺激了进一步的投资和更大规模的生产。[4]

莫雷洛斯的庄园因而被视为墨西哥最现代的产业，远近闻名。[5]它们也配得上这个名声。1908 年，这个州的 24 座磨坊的糖产量远远超过了国家总产量的三分之一。紧随夏威夷和波多黎各之后，莫雷洛斯是世界上蔗糖产量最高的地区。[6]种植园主全身心投入在他们的事业中，*丝毫没有停下来的意思*：从 1905 年到 1908 年，他们将产量提高了 50% 以上。[7]他们还想尽办法，谋求更多的土地，更多的水，还有更多的常

49

[1]　"La industria azucarera en Méjico," *Revista Azucarera*, VII, 74（June 1900），160–161.

[2]　See the map in Diez: *Dos conferencias*, p. 60.

[3]　Gobierno de Morelos: *Memoria sobre la Administración Pública de Morelos, en los perídos de 1895 a 1902. Gob. Sr. Col. Don Manuel Alarcón*（Cuernavaca, n.d., 1902?），pp. 59–60.

[4]　H. C. Prinsen Geerlings: *The H. C. Prinsen Geerligs: The World's Cane Sugar Industry, Past and Present*（Manchester, 1912），pp. 164–165. *Consular Reports*, March 1908, p. 236.

[5]　Figueroa Doménech: op. cit., II, 374. F. Ruiz de Velasco: op. cit., pp. 30, 74–75.

[6]　Diez: *Dos conferencias*, pp. 17–19.

[7]　Prinsen Geerligs: op. cit., p. 164.

住劳工。而在如此的繁荣中，在种植园主不断取得的进展中，村庄这种社区并没有一席之地。即将到来的乌托邦就是种植园的样子。

针对这种发展趋势，村民也发起了反抗；最著名的一次与巴勃罗·埃斯坎东有关。1903 年，埃斯坎东指使他们家阿特利瓦扬庄园的经理建起了一道篱笆，圈占了尧特佩克大约 3500 英亩公用牧场。村民的家畜——它们习惯了在那片牧场上吃草——撞倒了几处篱笆，走回了被埃斯坎东家的庄园占据的那片土地。庄园看守把这些牲畜关了起来，除非它们的主人支付高额罚款，否则不予归还。因为缺少草料，一些被扣押的牲畜死掉了，另一些被卖掉了。还有一些牲畜的主人被丢进了监狱，罪名是纵容家畜擅入庄园的产业。但是村民不肯罢休。在几个月的徒劳抗议之后，愤怒的人们选出了当地的一名农夫，霍维托·塞拉诺，代表他们，要求官方主持公道。塞拉诺先把他们的怨言带上了尧特佩克的法庭，后者拒绝了他的诉求。而在尧特佩克的行政长官拒绝进行重审之后，塞拉诺向库埃纳瓦卡的地区法院提出了申诉。地区法院受理了这个案子，但是维持了原判，并且向原告强征了 100 比索的罚款。塞拉诺仍然不肯放手，上诉到了联邦最高法院，并且带领着一个由 70 名尧特佩克居民组成的委员会来到了墨西哥城，要求面见迪亚斯总统。[1]别的地方——圣玛利亚、汉特特尔科、科阿特兰德尔里奥、特帕尔辛戈以及其他许多村子——的村民也在反抗当地权贵的压迫，设法守护他们的祖产；他们的斗争或许不那么正式，但是同样顽强。[2]

然而，所有的反抗行动都被种植园主和他们的经理轻松解决了。在大多数情况下，事情在当地就解决了，不用政府出面，而且手段非常残

---

[1] 阿特利瓦扬-尧特佩克冲突的记录，见 Archivo de Zapata（henceforth AZ），Box 30, File 2。法庭记录，见 Semanario Judicial de la Federación. Tribunal Pleno. Amparos（February–March 1905），4th ser., XXII, 428–437。传说萨帕塔参加了这个委员会；提到这个传说的最新研究，见 John P. McNeely: "Origins of the Zapata Revolt in Morelos," Hispanic American Historical Review, XLVI, 2（May 1966），155。这件事不太可能是真的——他的名字并没有在与此事相关的历史档案中出现。

[2] Mazarí: op. cit., pp. 109, 112. Magaña: op. cit., I, 79–80.

酷——把闹事的人狠狠地打一顿，或者干脆杀掉。[1]如果不方便采取这些手段，长官通常就会把某个难对付的农夫征入军队——这也是非常残酷的。而在少数那些成了公共事件的案例中，种植园主总是能请堂波菲里奥帮他们解决——还是很残酷。因此，虽然总统对尧特佩克人说他支持他们，而且事情到了最后，他们看上去真的有可能会赢，但是他们的合法诉求却让他们突然神秘地遭遇了不幸。塞拉诺在墨西哥城处理案件的最后细节时被逮捕了，所有的尧特佩克土地所有权证书和其他文件都被没收了。1904 年 6 月 21 日，最高法庭决定维持原来的对村民不利的判决。塞拉诺的家人最后一次得到他的消息，是他在被送往金塔纳罗奥州劳改营的路上，经过贝拉克鲁斯时偷偷送出来的一封信。和他一起的还有另外 35 名来自特坡斯特兰、圣安德雷斯德拉卡尔、圣玛利亚和圣胡安尼科的莫雷洛斯人，和他一样是农夫，和他一样妨碍了种植园主的发展。1905 年 11 月，塞拉诺死在了金塔纳罗奥州的圣克鲁斯德布拉沃。[2]

于是，这种新的压迫形式越来越常见。第一批这么做的种植园主——19 世纪 80 年代的那批残忍的开拓者——表露出了他们内心无法消除的对未来的恐惧：夸维斯特拉的老种植园主养了一群长相凶恶的狗作为贴身保镖，用一周七天的名称给它们命名，从星期日到星期六，然后是月份，至少到了 3 月。[3]但是接下来的一代——19 世纪 90 年代和 20 世纪头十年的那批同样残忍的继承者——则满怀信心，无所畏惧。近些年，阿莫尔兄弟在他们的圣加夫列尔庄园建起了一座雄伟的马厩，里面拴满了马球马、快步马、纯种赛马，他们还进口了灵缇犬和猎狐狸。[4]在圣克拉拉和特南戈，加西亚·皮门特尔一家把他们的豪宅装饰得极为华贵，在一名年轻的库埃纳瓦卡人眼里，这些房子就像是"泰晤

---

［1］　For an example, see Magaña: op. cit., I, 81–82.

［2］　Ibid., I, 85–86.

［3］　Róbelo: op. cit., pp. 79, 84–85.

［4］　Tweedie: op. cit., pp. 342, 347.

士河畔的宫殿"。奥阿卡尔科庄园中有一座占地十英亩的花园，景色极为壮丽。园子中间立着一座凉亭，许多条大路从这里向四面八方伸展出去，道旁是一排排棕榈树和喷泉，一座草地滚球场，还有庄园主的爱犬的坟墓。米亚卡特兰常常举办音乐会和豪华派对，阿特利瓦扬则让访客大为惊叹，被称赞为"一座让人永远不想离开的华宅"。[1]这种爱德华式的奢华生活展示的不仅是新的财富，也是年轻一代莫雷洛斯种植园主的新态度，一种无声的信念：他们能让任何为他们服务的政府继续存在下去，甚至还能让它变得更加强大。

51　　1909 年，他们准备着手强化自己的体系。阿拉尔孔在位时，在这方面常常含糊其词，但是埃斯坎东身为一位出色的科学家派种植园主，有责任把压迫落实在政策上。此时村民的力量已经很弱了，他们的领袖和支持者因为在最近那次选举中同情莱瓦派，不是被丢进了监狱，就是被迫逃亡了。于是，埃斯坎东毫无顾忌地采取了行动。州政府摆明了不为村民主持公道。奇纳梅卡庄园周边的许多村民在 1909 年的搜捕中丢失了牲畜，但是他们的怨言从未引起政府的注意。特特尔帕村失去了他们的果园赖以为继的大部分水源：在围绕着阿帕特拉科河用水权的争夺中，当地法庭做出了有利于圣尼古拉斯奥维斯波庄园的判决。庄园经理甚至还越过了法庭，把村子的水源彻底切断了。当地的果园被毁了，村子的水果和蔬菜栽培生意就此破产，村民也开始移居别处了。在北部的市镇，进山伐木的生意总会引发各种腐败问题，此时事情变得更加骇人听闻了。村民不仅失去了他们的木材，还失去了已经付给他们的货款。[2]最恶名昭彰的不公事件发生在 1909 年夏末的霍胡特拉。一座水稻种植园超额占用了城市的供水。市议会提出了抗议，但是埃斯坎东偏祖种植园，因而就连霍胡特拉这座中心城市都毫无办法。这场纠纷持续了一整个秋天，在此期间，那座水稻种植园一直在用水。[3]

---

[1]　　Tweedie: op. cit., pp. 320–322. Róbelo: op. cit., pp. 5, 30, 54, 61–62, 116–117.

[2]　　Diez: *Dos conferencias*, pp. 59, 63.

[3]　　*Diario del Hogar*, August 31 and September 1, 1909.

埃斯坎东这样对待村落，不只是要把人们的生活变得艰难，还要摧毁村子的独立性。比如，1910 年 4 月，阿内内圭尔科的领导者绝望地给他写了一封信。"雨季就要来了，"他们说，"我们这些穷苦劳工得开始犁地、准备播种了。因此……我们向州上级政府求助，恳请政府保护我们。我们希望政府领导——如果你们愿意的话——答应向我们提供支持，让我们在耕种的时候不必担心被奥斯皮塔尔庄园的主人抢劫，或者被他赶走。不管最后谁被判定为这些土地的主人，无论是圣米格尔阿内内圭尔科村人还是别的什么人，我们都愿意承认他。但是我们必须耕种这些土地，这样我们才不至于毁灭，因为只有种田我们才能活下去。只有种田我们才有东西吃，才能给我们的家人东西吃。"

这个请求非常急迫，按理说也不难获得准许，做出安排。但是等了很久之后，人们得到的却是一个官僚对他们的羞辱。八天后，州政府办公室的秘书给他们回了信："州长得知你们 4 月 25 日送来了信。在那封信中你们为了在你们宣称所有的土地上进行耕作并播种而请求他的准许；他命令，你们当被告知，你们应该确认你们所说的这些土地的归属。"

阿内内圭尔科的领袖立刻回了信。雨季的到来让他们愁得发疯，于是他们提出了各种解决争端的方式。他们甚至同意为那些有争议的土地向庄园支付租金（虽然他们从来没有这样做过，并且此时这么做实际上就是承认庄园拥有这些土地），只要庄园让他们着手进行他们的工作。一周之后，那名秘书再次回复了他们："关于你们 4 月 25 日和本月 8 日的来信，我们已经告知了奥斯皮塔尔庄园的业主。针对你们信中提出的请求，他将酌情进行表态。"[1] 就这样，埃斯坎东表明了他的统治政策。

不过，他的主要任务是把这项政策通过立法程序确认下来。这一"新方向"——他后来这样称呼它——从颁布于 1909 年 6 月 21 日的《不动产价值重估通则》（*General Revaluation Law for Real Estate*）开始。

［1］　This correspondence is quoted in Sotelo Inclán: op. cit., pp. 179–182.

这部法律在一定程度上规范了土地所有权，但是它的主要目的是在征税估价过程中压低种植园的价值。这样一来，种植园主为他们的土地交的税就比从前更少了，而那些已经负债累累的小农和其他中小型产业业主身上的负担则增加了。一名年轻的库埃纳瓦卡土木工程师——后来成了莫雷洛斯历史的权威专家——敏锐地判断，埃斯坎东的这部法律是他"最大的失误"。[1] 它不会牺牲这位州长在乡村中的声望，因为在那里他根本就没有什么声望可以牺牲。然而在城镇中，它无疑激起了商人和店主群体对他的敌意；这些人本来是有可能接受他的领导的，但是现在，他们不断提出抗议，反对这部新税法。库奥特拉的周报《时代报》（La Época）成了他们平常发表抗议的平台。[2] 然而，短期来看，这些小民并没有造成什么影响，埃斯坎东完全可以忽略他们。尽管他们大为激愤，但是在政治组织上仍然非常松散，就算是埃斯坎东也能把他们压制下去。通过这部新法律，那些把埃斯坎东安插在这里的种植园主，曼努埃尔·阿劳斯和路易斯·加西亚·皮门特尔等人，就是要把这个州的土地问题逼到极限，引发危机，从而不受阻碍地从中渔利。这是他们利用政府的力量建造自己的乌托邦的第一步。

一切进行得太顺利了，于是，同年秋天，埃斯坎东的助手又筹划了
53　更大胆的几步棋。埃斯坎东自己没怎么参与计划，因为10月他就离开了莫雷洛斯，去了华雷斯城主持迪亚斯和塔夫脱总统[3]的会面典礼。[4] 但是12月末，他回来了，向州议会提交了新改革的大纲。大纲中有八项对州宪法的修改意见，他承认它们将会引起莫雷洛斯政治的"彻底变革"，但是他宣称，为了坚持他的"新方向"，这些修改意见都是"十分

---

[1]　Diez: *Bibliografía*, p. clxxxv.

[2]　*Semanario Oficial*, XIX, 26, 1. For data about the planters' lower taxes, see ibid., 16, 3; 33. 2; 39, 2–3.

[3]　威廉·霍华德·塔夫脱（William Howard Taft，1857–1930），1909—1913年任美国总统。——译者注

[4]　Henry F. Pringle: *The Life and Times of William Howard Taft. A Biography*, 2 vols.（New York, 1939），1, 463.

紧急而且必要的"。这些修改意见将会带来五项改革。一项是财政方面的：在6月（甘蔗收获之后）收税，而不是在12月（甘蔗收获之前），这就把公私财政管理制度都调整到种植园的节奏上来了。另外四项改革是政治上的，明显增强了政府的行政权，代价是削弱了议会本来就非常有限的权力和威望。其中一项改革免除了州长在议会全部的四次会议上做当前工作报告的职责；这样一来，他只需要在议会开第一次会议时做一个 *informe*（报告）就够了。另一项改革将允许州长在未经议会正式批准的情况下离开本州十天。还有一项变革将威胁议员的收入，因为它禁止他们同时占据多个由选举产生的职位并领取薪水。最重要的一项改革将废除议会审批州长对州财政官和州税务长官这些关键职位的任命的权力。埃斯坎东认为议会的这项权力是对他的"干涉……还可能会发展成蓄意妨碍公务的行为"，并且要求获得对财政机构的绝对控制权。他建议议会在4月的下一次会议中把他的计划制定为法律。[1]

于是，在向1910年迈进的这段时间，种植园主几乎随心所欲。在把莫雷洛斯变成"理想的种植园"的过程中，他们毫不在乎地把近来对他们感到不满的店主和商人踩在了脚下，就像他们把那些一贯不服管束的村民和牧场工人踩在脚下一样。如果波菲里奥的统治再延续十年，他们的梦想很可能就实现了。但是在新一年的春天，一些预示着他们的战略将要经受挑战的征兆出现了——当地人对一场出奇激烈的反对派竞选总统的运动产生了兴趣。这场运动植根于墨西哥城，是由一个刚成立的名为反连选连任党（Anti-Reelectionist Party）的政党发起的；组成这个党的是一批散居各地的反对派人士，他们满怀热情，正式向波菲里奥派政权发起了挑战。就像美国进步运动（progressive movement）[2]的改革者那样，这些先进分子自视为"接受了启蒙的公民"，决心把那些不肯

---

[1] *Semanario Oficial*, XIX, 2, 1–6.
[2] 指1901—1917年间美国的一系列对经济、政治、社会各方面进行改革的运动。进步运动是由中产阶级发起的，其内容包括反对垄断、保障工人权利、争取妇女选举权等。——译者注

让位的"腐败政客"从"公共事务"中清除出去。他们的口号是"真的选举，不受干预"（a real vote and no boss rule）。这个党的领袖弗朗西斯科·I. 马德罗是一名唯灵论者（spiritualist），也是一个拥有大量土地的北方家族的继承人；他勇敢地把他们的运动推向了全国。[1]尽管政府对他们的迫害日益严重，但是这场运动的影响范围越来越广，声势也越来越壮大。

在莫雷洛斯，这场运动本身似乎并没有什么影响力。马德罗的工作重心自然是在更大的州，在那些人口重镇和工业中心上。1909 年和 1910 年，他距离莫雷洛斯最近的一次是在普埃夫拉州。而莫雷洛斯人在这场运动中也只占据了次要的位置。没有哪个出名的莱瓦派人士参加了运动。没错，1909 年 2 月末，莱瓦将军和帕特里西奥协助马德罗组织起了一批人，也正是这些人最终组建了反连选连任党，但是到了夏天，这个政党正式成立的几个月前，他们就退出了：帕特里西奥加入了罗夫莱斯·多明格斯兄弟的国家民主党（National Democratic Party）——这个党当时更为激进——然后又退出了；将军放弃了政治，把自己的私人文件整理好，捐给了国家档案馆。莱瓦父子在莫雷洛斯的支持者，安东尼奥·塞达诺，1909 年 4 月也去了墨西哥城，与马德罗开了会，讨论怎么协助后者，但是，回到库埃纳瓦卡之后，他又一次蹲了监狱，在那之后，他也放弃了政治生涯。虽然马德罗严厉地批评他们，急切地请求他们，但是莱瓦和塞达诺都不打算让他们的追随者支持

---

[1] 原文为 "sufragio efectivo y no re-elección"，此处为意译。美国的黑幕揭发运动和进步时代的政治改革对马德罗和他这一代受过教育的政治家影响深刻。马德罗宣称，通过 1905 年在科阿韦拉提名一位反对派州长候选人，并且建立一个"竞选平台"，他和他的伙伴遵循了"美国的惯例"。见 Madero: *La sucesión presidencial en 1910*（San Pedro, 1908），p. 11。在这个意义上，马德罗和当时拉美政坛上其他活跃的理想主义者一样；这些人观点各异，成就也各不相同，但是他们都相信个人道德是非常重要的政治品质。这些人包括乌拉圭的何塞·巴特列－奥多涅斯、阿根廷的伊波利托·伊里戈延、智利的阿图罗·亚历山德里·帕尔马、巴西的鲁伊·巴尔沃萨和古巴的何塞·马蒂。有关马德罗的优秀传记，见 Stanley R. Ross: *Francisco I. Madero, Apostle of Mexican Democracy*（New York, 1955）。

这场新运动了。[1]

尽管无人领导，并且冒着很大风险，库埃纳瓦卡的前莱瓦派积极分子还是重新组织了起来，建立了莱安德罗·巴列俱乐部（Leandro Valle Club），宣布支持马德罗。那里的一个青年文学社团——受另一名前莱瓦派成员影响——实际上已经变成了一个反连选连任俱乐部。在尧特佩克，同情马德罗的人也在为他四处宣传。在库奥特拉，《时代报》的反对派编辑公开支持马德罗参加总统选举。而库奥特拉的唯灵论团体"爱与进步俱乐部"（Love and Progress Club）虽然没有在他们的月刊《劳工之灵》（El Obrero Espíritu）上公开支持他们的教友，但是很可能私下向他提供了帮助。[2]然而总体来看，马德罗在莫雷洛斯并没有得到多少支持。这里的行政长官自从上一次选举之后一直颇为恼火，他们已经把最危险的不同政见者清除掉了，现在则实行了严密的警戒。为了避免激怒政府，心怀不满的普通民众并不打算进行请愿，也没有建立正式的组织。

唯一一次重要活动是在霍胡特拉一带。那里的一名前莱瓦派成员，欧亨尼奥·莫拉莱斯，联合起了四十多名马德罗支持者。身为在当地颇有名望的公民，在陆军预备役部队工作了数年的军官，莫拉莱斯在1910年3月1日——反连选连任党提名大会召开的六个星期之前——给马德罗写了信，称颂了他的功绩，并邀请他到霍胡特拉来建立一个俱乐部。[3]马德罗回了一封长信表示感谢，解释了他为什么无法接受邀请，

---

[1]　Agustín Yáñez and Catalina Sierra, eds.: *Archivo de Don francisco I. Madero. Epistolario* (*1900–1909*)（México, 1963）, pp. 324, 382, 399. Robles Domínguez in *El Hombre Libre*, October 17, 1930. Manuel Mazarí: "Correspondencia del General D. Francisco Leyva," *Boletín del Archivo General de la Nación*, V, 3（May, 1934）, 450. Sedaño: op. cit., pp. 19–21.

[2]　Diez: *Bibliografía*, p. clxxxiv. Valentín López González: *La Historia del Periodismo en Morelos*（Cuernavaca, 1957）, pp. 9–10. *El Constitucional*, March 20, 1910. Madero to *La Época*, July 24, 1910, Archivo de Madero（henceforth AM）. Manuel Domínguez: *Cuautla. Sucinta reseña de la heróica cuidad, cabecera de distrito en el estado de Morelos*（México, 1907）, pp. 17–22. *El Obrero Espíritu*, September–November 1910.

[3]　1903 年，在霍胡特拉，莫拉莱斯成了陆军预备役军官。*Semanario Oficial*, IX, 6, 2.

并且敦促莫拉莱斯采取行动，自行组建俱乐部。马德罗告诉他，特别重要的一点是，组织工作需要在 3 月 15 日之前完成，这样的话他的俱乐部就可以参加这次全国大会的筹备会议了。[1]于是，一个反连选连任派爱国联盟，以及它附属的女性社团，很快就在霍胡特拉建了起来，而莫拉莱斯也作为唯一一位来自莫雷洛斯的代表，参加了 4 月中旬在墨西哥城举行的大会。[2]但是，霍胡特拉反连选连任党人的反抗精神太强了，这让他们的组织难以在当时的环境中生存下去。5 月初，心烦意乱的当地长官就逮捕了他们的一位领袖，卢西奥·莫雷诺。莫雷诺没有受到指控就被收了监，在狱中一直待到了 6 月 1 日，选举日可能也是在那里度过的。[3]

56 　　尽管遭受了这些挫折，马德罗派的运动在莫雷洛斯仍然产生了实质性影响——这一影响并不体现在会员名单上，而体现在大众的态度上。一场全国性的反对运动已经形成，它不仅直接挑战了迪亚斯对继任者的选择，还挑战了他自己连任的权利——单是这个简单而惊人的事实，就已经对迪亚斯独裁政权的声望造成了破坏；这种破坏是隐秘的，但也是非常关键的。曾经遭受迫害、躲在偏僻的小地方艰难度日的理想主义者此时发现，他们并不孤单，至少他们不必孤单，还有很多人和他们一样。看到马德罗反抗迪亚斯，一位阿亚拉教师后来回忆，他们立刻受到了鼓舞，也为自己的不作为而深感羞愧；他们重新燃起了希望。[4]

　　正是因为害怕在人们心中唤起这种希望，波菲里奥时代最高明的政治家从来没有公开挑战过迪亚斯。[5]贝尔纳多·雷耶斯将军很了解自己的国家，他知道挑战迪亚斯的权威意味着什么：他知道这种挑战将会引

---

[1] 　Madero to Eugenio Morales, March 11, 1910, AM.

[2] 　*México Nuevo*, April 19, 1910.

[3] 　*El Constitucional*, June 10, 1910. 莫雷诺的妻子是附属女性社团的主席。

[4] 　See Otilio Montaño's speech before the Revolutionary Convention on January 9, 1915, cited in Florencio Barrera Fuentes, ed.: *Crónicas y debates de las sesiones de la Soberana Convención Revolucionaria*, 3 vols.（México, 1964–1965）, II, 61.

[5] 　For an excellent essay on this point, and others concerning the revolution, see Daniel Cosío Villegas: "Del Porfiriato a la Revolución," *Novedades*, November 2, 1952.

起暴力冲突，然后演化成内战，然后是革命，墨西哥社会的全面动乱，而再之后——如果美国插手——就是墨西哥主权的失落。所以，前一年夏天，迪亚斯让他退出政坛的时候，他照做了，反对运动也就失去了领导者。但是马德罗，因为他相对而言的年轻，他标志性的单纯，以及他来自北方地区的背景，从来没有真正理解波菲里奥政权的本性，因此他也从来没有意识到，公开争夺总统职位对整个社会的秩序可能会产生致命的影响。马德罗自己从来不是个革命派，但是正如他在统治集团里的政敌一开始就攻击的那样，他是具有颠覆性的。马德罗号召人们加入"民主运动"（他一直这样称呼他自己的运动），承诺一种"洁净的"政治，并且展现了自己亲切、真诚、体恤民情的动人形象，这些在莫雷洛斯——别处也是如此——都深受欢迎 。对于那位阿亚拉教师来说，马德罗发布的"原则"是"神圣的"，人们应该毫无保留地"信仰"它们。[1]于是，反连选连任派的运动成了一场圣战，它的意义不在于赢得选票，而是赢得人心。虽然在6月13日，选举前夕，圣徒马德罗被拘禁了起来，但是运动并没有终止，而是等待时机，准备重新启程。像那位乡村教师那样渺小而满怀焦虑的空想家——人们身边的传道者——是这场运动最忠实的支持者，通过他们的宣传，连普通农夫、佃农和计日工都被动员起来了。莫雷洛斯人，马德罗派的一名代表汇报道，已经"为斗争做好了准备"。[2]

埃斯坎东和他的同伴发现，这种新的革命热情可能会破坏他们的计划。他们自己对堂波菲里奥当然也有怨言，因为后者严苛的货币政策、政治失信等；但这些只是小问题，和当下的斗争完全不同。许多在1909年参加过莫雷洛斯运动的民主派政客和专家，此时都被卷入了马德罗的反连选连任运动中。在被捕前，马德罗也曾经巡回全国，面向大批民众做了演讲。而在那之前，特拉斯卡拉、尤卡坦和锡那罗亚等州的州长就已经被当地的暴动弄得面上无光了；后面两个州的州长甚至不

57

---

[1] 见附录二中的《阿亚拉计划》序言。
[2] Mazari: "Bosquejo," pp. 112–113.

得不向联邦军队求援，请他们维护当地的秩序。如果相似的暴动和叛乱在莫雷洛斯发生，谁会立刻成为运动的靶子是很清楚的——一年前 *"Mueran los gachupines!"*（"西班牙佬去死!"）的呼声此时还在空中回荡；于是埃斯坎东也采取了行动。危险就在乡村中，于是他向那里发起了进攻。

1910 年 6 月 20 日，埃斯坎东要求议会实施他在去年冬天提出的八项宪法修改意见，以及四条新的修改意见。此时马德罗已经被关在圣路易斯波托西市的监狱里一个星期了，但是埃斯坎东仍然害怕他的支持者会掀起动乱，而为了避免这种可能性，他建议把他 18 个月以前曾经在自己的竞选演说里批判过的区长制度（prefectural system）发扬光大，完善分区（subprefecture）。虽然莫雷洛斯是共和国第二小的州，虽然它有完善的公路、铁道、电报系统，他仍然悲叹"沟通不畅常常阻碍政府的工作"，有时还会让他们的行动"几乎毫无成效"。这种不尽人意的情形可能会，他警告道，导致"严重的骚乱"，而"政府有责任阻止这样的事情发生"。解决方式，在他看来不是加强沟通、消除骚乱的根源，而是强化"各地政府的权威"——这就是说，在莫雷洛斯的 20 个非地区中心的市镇增加 20 名行政官员，作为当地的分区区长（subprefect）。这样，他总结道，"在市镇政府——因为对州政府的不信任或不了解——拖延执行州长命令的时候"，州政府就可以直接行使权力，不必通过市镇政府。这些 *subjefatura*（地方行政官）当然是暂时的，他保证，一旦各地相互隔绝的状况结束，异见消失，他们就不再需要这些工作人员了。[1]

出乎意料的是，议会并没有立刻答应他的要求，而是在表示同意之后，就把这件事搁置了起来，留到秋天，等到他们再次"当选"为新一届议会议员之后再说。但是如果他们这样拖延是为了看看反对派这个夏天的运动是否会在 7 月 8 日的最终选举之后持续下去，他们会发

---

[1] *Semanario Oficial*, XIX, 27, 1.

现，这种可能性每个星期都在增大。9月发生的事情有力地证明了这一点。每年9月，人们都会在 *fiestas patrias*（国庆日）的时候庆祝这个国家的——颇有民众主义色彩的——诞生。而这一年是墨西哥独立100周年，联邦、州和市镇政府都举办了有史以来最盛大的庆典。但是对于像埃米利亚诺·萨帕塔这样的普通人（此时他身在迪亚斯女婿位于墨西哥城中的马场，看到城里人为了庆典极事铺张）来说，一切就像是一出盛大的滑稽戏。而正是普通人要为这场戏付出代价。[1]每个乡镇都会颂扬第一批为共和国牺牲的圣徒和领袖，而共和国最近出现的那位圣徒却在监狱中受尽折磨。无论什么时候，这种自相矛盾都是令人尴尬的。那些贯穿了整个波菲里奥统治时期的悲壮的反抗运动已经有力地证明了，尽管科学家派坚称民众与政府之间的矛盾唯有通过"进化"才能缓解，但是墨西哥人在政府的背信行为面前始终都保持了愤怒的能力，哪怕这种愤怒是无望的。而新一代的穷人和弱者与上一代也有所不同，他们渴求正义，但是已经不想再听那些为不公开脱的老掉牙的借口了，而且最近，他们又在自由选举中看到了寻求正义的希望。这样一来，国庆日庆典内在的矛盾就变得更加尖锐了，一切都是如此荒唐可笑，令人难以忍受。对于这些被公然剥夺了自由的人来说，政府举行独立庆典就是在对他们施暴。那位不知名的阿亚拉教师（他当时是阿亚拉百年纪念活动的成员）后来回忆道："人们的激愤情绪到达了 *a refus*，就是说，已经快要决堤了。"[2]

看到了人们在国庆日的反应之后，莫雷洛斯议员重新开会，听从了埃斯坎东的命令。10月初，他们通过了他提出的那12条修正案。[3]自10月15日起，州长拥有任命分区区长的权力，莫雷洛斯各市镇的自治权丧失殆尽了。

59

---

[1]　早在1907年的时候，为市镇庆典组织活动、募集资金的委员会就已经建立起来了。*Semanario Oficial*, XVI, 35, 2; XVII, 6, 3–4.

[2]　Otilio E. Montaño: "El Zapatismo ante la Filosofía y ante la Historia"（MS, 1913）, AZ, 27:6.

[3]　*Semanario Oficial*, XIX, 49, 3.

此时种植园主似乎又安全了——通过在宪法上确定他们对莫雷洛斯的控制，他们已经解决了春夏时分遇到的那些难题，他们的事业可以继续蓬勃发展了。没错，并不是所有的麻烦都得到了解决。从11月初开始，有消息四处传播，宣称前总统候选人马德罗从监狱脱身之后逃到了美国得克萨斯州，正在号召人们进行革命。那些曾经在最近的选举中支持马德罗的库埃纳瓦卡文学青年已经宣布支持他的新运动了；他们背叛了自己的出身，谴责种植园主的统治，还在他们的小型期刊《青年之声》(*La Voz de la Juventud*)上鼓励穷人加入马德罗的这场激荡人心的斗争。[1] 但是这些举动没有产生什么影响。在莫雷洛斯，此时人们最关注的是墨西哥城专家的一则预言——下一次甘蔗丰收将是该产业有史以来最大的一次。埃斯坎东满怀期望地在他的阿特利瓦扬庄园的磨坊里安装了一整套新设备。[2] 种植园主待在他们位于墨西哥城中的时髦住宅里，轻松愉快，心满意足：他们骄傲地相信，莫雷洛斯是"共和国最富庶、最繁荣的地方"，至少他们的那个莫雷洛斯是这样。就像他们充满信心地把自己的种植园交给经理去打理那样，他们把他们的州交给了埃斯坎东。

这位州长也很有信心。11月中旬，雨季过后，他结束了一个长达两个月的假期，回到莫雷洛斯安顿了下来，在库埃纳瓦卡的阳光中享受他的冬天。[3] 他觉得自己现在不需要再做什么工作了，结果忘了指派他曾经宣称自己迫切需要的那些分区区长。于是，11月末，在一系列缺乏监管的市镇选举中，前莱瓦派成员在至少八个城镇议会中都赢得了席位；在特坡斯特兰，他们甚至占据了市长的位子。前莱瓦派成员的亲属，或者其他同样难以控制的人，在包括特坡斯特兰在内的许多地方也

[1]　López González: op. cit., pp. 9–11.

[2]　*El hacendado mexicano*, XVI, 193（December 1910）, 441; XVII, 194（January 1911）, 15.

[3]　*Semanario Oficial*, XIX, 38, 2; XX, 1, 1.

占据了一些席位，比如一名曾在 1903 年状告州长的尧特佩克人。[1] 但这似乎只是个小失误，说明不了什么问题。莫雷洛斯还没有哪个地方对马德罗·11 月 20 日发表的全国起义号召有所回应。埃斯坎东对他的领地很有信心，于是飘荡进了另一个如梦如幻的世界中——与他的朋友金夫人一起追忆英格兰往事去了。

然而，直到这一年年末，州里的问题仍然没有消失。事实上，问题变得更多了。远在奇瓦瓦州的马德罗革命运动仍然活跃，而墨西哥城内的一场危机也因为政府在出手镇压时太过迟缓而不断升级。莫雷洛斯的政治流亡者和逃犯受到了鼓舞，也开始组建帮派，不再躲躲藏藏——大约 20 年以来，当地官员的力量和斗志第一次受到了考验。这些帮派很小，装备也很差：赫诺韦沃·德拉奥在库埃纳瓦卡北部群山里组织起来的队伍只有 25 个人，而且只有德拉奥有枪——一支 0.70 英寸口径的滑膛枪。[2] 然而，由于叛军总是在地势险峻的地方活动，出没无常，埃斯坎东发现，他的官兵抓不住他们，也无法打垮他们。比这些反叛分子更让人头疼的是，在乡下地区，村民也开始拿起武器，对种植园主的乌托邦——埃斯坎东一直坚信它是安全的——发起了反抗。

1910 年，在州里的上百座村落中，几乎每一座都跟附近的庄园有几桩——新近变得尤其激烈的——法律纠纷。而在此时的混乱中，许多走投无路的村民也开始思考，直接采取暴力行动是不是能更好地解决问题。在传统的独立斗争和土地运动中心，比如特坡斯特兰、圣玛利亚、特拉基尔特南戈和库奥特拉周围，最容易爆发反抗运动。小型的抗议活动，也就是小规模的村民罢工，已经在许多社区中出现了。[3] 然而几乎所有的小型抗议运动都要么自己瓦解了，要么被种植园经理就地镇压或

[1] For lists of councilmen, see *Semanario Oficial*, XIX, 50, 6–8. For lists of Leyvista club members, see *México Nuevo*, January 18–27, 29–31, and February 4–5, 1909. 其他的七座城镇是霍奇特佩克、尧特佩克、阿亚拉、霍胡特拉、特拉基尔特南戈、特拉尔蒂萨潘和霍纳卡特佩克。

[2] De la O in *Impacto*, December 31, 1949. See also Mazarí: "Bosquejo," p. 115.

[3] Lewis: op. cit., p. 94.

者和解了事了。在这段时间里，没有记录显示埃斯坎东曾经动用联邦警察或者军队维持过秩序。

但是，埃斯坎东和种植园经理放任其中一场农村反抗运动发展壮大了起来，这在后来被证明是致命的。这场起义发生在一向难管的库奥特拉地区，具体地点在南部的阿亚拉市镇。在这个和一个县差不多大的市镇里有四个农业社区，多年来一直在反抗奥斯皮塔尔和夸维斯特拉庄园侵吞他们的土地；这几个社区也一直联手合作，与库奥特拉和墨西哥城做规模虽小但不受他人干预的易货生意。人们在巨大的压力下维持着经济独立，而与此相辅相成的是一种深厚的地方自豪感，因为这一带在独立战争中曾经发挥过重要的作用。[1]在需要为保护家乡而战的时候，这里的平民可能比莫雷洛斯任何地方的人都更加积极。19世纪60年代，面对烧杀抢掠的暴徒，阿亚拉市镇的农人从来没有屈服过，也从未付过保护费。相反，他们拿起了武器，自发组织了治安团，进行了反抗。直到19世纪90年代，阿亚拉可能都是整个莫雷洛斯战斗最积极、武装得最充分的市镇。[2]这种不屈的斗争传统延续了下来。因此，毫不奇怪，1910年的夏天，当埃斯坎东对莫雷洛斯乡村的镇压行动到了关键的时刻，武装起义是在阿亚拉地区发展壮大了起来。同样毫不令人惊讶的是，市镇的四个村子中，起义领袖会在小小的阿内内圭尔科产生。这种情况以前也有过，那是在19世纪60年代，也是在同一个家族——萨帕塔家族——中产生了起义领袖。

阿内内圭尔科1909年9月选出来的新议员先要按照惯例，重新了解村子的土地所有权状况，还要找一个可靠的律师在法庭上替他们辩护。[3]他们聘请的第一个律师（收费高得离谱）帮不上什么忙，于是他

［1］　阿亚拉市镇及其中心阿亚拉城是以当地的战争英雄弗朗西斯科·阿亚拉的名字命名的。
　　　　See Sotelo Inclán: op. cit., pp. 141–146.
［2］　Gobierno de Morelos: *Memoria sobre el estado de la Administración Pública de Morelos.*
　　　　Presentada al H. XI. Congreso por el Gobernador Constitucional General Jesús H. Preciado.
　　　　Abril 25 de 1890（Cuernavaca, n.d., 1890？）.
［3］　Sotelo Inclán: op. cit., pp. 176–177.

们解雇了他。[1] 然后他们又从墨西哥城的其他几个消息灵通人士那里寻求了建议，这些人里面有保利诺·马丁内斯，可能也有赫苏斯·弗洛雷斯·马贡，两个人都是著名的迪亚斯政权反对者。[2] 但是这些都没有用。更糟糕的是，可能是因为与这些有争议的人物打了交道，议会主席埃米利亚诺·萨帕塔在 1910 年 2 月被征入了军队。[3] 动用了伊格纳西奥·德拉托雷 – 米耶尔（德拉托雷 – 米耶尔是"本州最好的庄园，可能也是全国最好的庄园"的主人，迪亚斯的女婿）的力量，他才得到豁免。作为回报，萨帕塔得为德拉托雷 – 米耶尔工作，在他开在墨西哥城的马场当马夫头儿。[4]

62

1910 年春天，萨帕塔不在莫雷洛斯的时候，村民遇上了大麻烦。阿内内圭尔科人同意遵守新的不动产法，并且已经按规定对他们的土地提出了所有权要求，但是这些土地里面碰巧就有奥斯皮塔尔不想让给他们的那些。作为报复，就在人们翻耕土地、准备播种的时候，奥斯皮塔尔的经理警告阿内内圭尔科人，如果他们胆敢在那些有争议的土地上播种，他们就会被赶走。接着村民就给埃斯坎东政府写了那些信，讲述了他们悲惨的遭遇。他们越来越绝望，不断呼求，对方却无动于衷。政府

---

[1]　他们付了第一个律师路易斯·拉米雷斯·德阿尔瓦 100 比索。他给了萨帕塔——村议会主席——一张收据，上面的日期是 1909 年 10 月 16 日。In ASI.

[2]　有说法认为，萨帕塔和著名的无政府工团主义者里卡多·弗洛雷斯·马贡联系过。见 Sotelo Inclán: op. cit., p. 217. 但这是不可能的。从 1907 年到 1910 年 8 月，里卡多被关在美国监狱里，然后他去了洛杉矶，领导了对下加利福尼亚州的攻击。见 Lowell L. Blaisdell: *The Desert Revolution. Baja California, 1911*（Madison, 1962），pp. 9, 15 ff.。赫苏斯·弗洛雷斯·马贡——里卡多的哥哥——和马丁内斯都是活跃的反连选连任党人；1909 年 1 月 31 日，马丁内斯曾在库奥特拉的莱瓦派集会上讲过话。见 *Diario del Hogar*, February 2, 1909。

[3]　1910 年 2 月 11 日，萨帕塔被征入第九骑兵团，驻扎在库埃纳瓦卡，受安赫尔·博凯特上校领导。1910 年 3 月 29 日，他被放了出来，军衔不变——*soldado*（列兵）。见 Hector F. López: "¿Cuándo fue consignado Emiliano Zapata?" *El Hombre Libre*, April 5, 1937. 有传说声称萨帕塔 1908 年就在军队里服役了，但是对萨帕塔的信息掌握得最完整的传记作者认为正确的年份是 1910 年。见 Serafín M. Robles: "Emiliano Zapata sienta plaza como soldado el año 1910," *El Campesino*, December 1951.

[4]　Sotelo Inclán: op. cit., p. 173. 德拉托雷 – 米耶尔也是莫雷洛斯当时的联邦代表。对他的特内斯特潘戈庄园的描述，见 *El hacendado Mexicano*, XIII, 148（April 1907），484.

把村民的诉求转给了奥斯皮塔尔的主人，让后者"酌情进行表态"，于是他说："如果阿内内圭尔科的那伙人想要种田，就让他们在花盆里种吧，因为他们不会得到任何土地，就算是山坡上的地也不行。"[1]

然而村民还在继续努力。5月24日，他们获得了一次与副州长乌尔塔多·德门多萨对话的机会，后者让他们提交一份名单，列出曾经耕种过那些有争议土地的人。两天之后，名单交上去了，一起交上去的还有一份新的加急处理请求书——这份材料没有提及地契或者土地所有权，只是请求耕种那些土地，不管是暂借还是租用都可以，只要能种地。乌尔塔多·德门多萨被别的事情耽搁了，村民没有得到答复。事情一拖再拖。雨季已经开始了。

用阿内内圭尔科历史学家的话来说，"阿内内圭尔科实际上已经濒临崩溃了"。没有这些土地，村民就无法养活自己。他们必须分开，迁移别处，这就意味着一个有着七百多年历史的人类社区将就此解体。奥斯皮塔尔的经理落井下石，把那些土地租给了阿亚拉城——市镇中心——的农人，而这些被称作 *villanos*（农民）的人就在阿内内圭尔科人辛苦翻好的田垄中开始了播种。

这是一个决定性的时刻。阿内内圭尔科人很幸运：烦躁不安、愤愤不平的萨帕塔丢下了他在德拉托雷-米耶尔的马场里百年不遇的大好机会，回到了村子里。人们必须得冒险尝试一些超出常规的东西，才能解决这里的危机。作为村议会的主席，萨帕塔做出了决定。既然一切符合规矩的办法都失败了，阿内内圭尔科就要自行其是了。萨帕塔在村里召集了八十多人，命令他们拿起武器，到众农民正在耕种的田里去。他告诉那些农民，他不想和他们起冲突，因为两个村里都有姓普拉森西亚、梅里诺和萨拉萨尔的人，但这些土地是阿内内圭尔科的，阿内内圭尔科人一定要在这里进行耕种。那些农民离开了，庄园的看守也一同离开了。然后，萨帕塔把土地分配给了他们村的农户。这则消息很快就传

[1]　For this and following episodes, see Sotelo Inclán: op. cit., pp. 182–188.

遍了全州，还在 1910 年夏天传到了埃斯坎东的朋友金夫人开在库埃纳瓦卡的旅馆；她听说"库奥特拉那边有人正在煽动群众"。[1]

在接下来的几个月，奥斯皮塔尔没有理会阿内内圭尔科人，但是最后还是要求他们为使用这些土地支付租金。被他们拒绝之后，庄园向地区长官告状，在阿亚拉城举行了一场听证会。地区长官比万科和阿亚拉市镇长官里菲吉奥·亚内斯参加了听证会。亚内斯曾在一些土地纠纷中帮助过阿内内圭尔科，1909 年还当过阿亚拉城莱瓦派俱乐部的领袖。萨帕塔代表阿内内圭尔科发言，声称天气糟糕，收成不好，他们没有农产品也没有钱来支付租金。奥斯皮塔尔坚持让阿内内圭尔科人卖掉牲口，或者在庄园的田里做计日工，以此抵债，但是地区长官最终做出了对村民有利的判决。1910 年他们一分租金都不用付，而 1911 年他们也可以只支付他们承担得起的数额。

这是一个惊人的胜利，但是阿内内圭尔科人不打算就此罢休。萨帕塔派代表去见迪亚斯总统，要求政府明确肯定村子对有争议土地的所有权。对阿内内圭尔科有利的裁决书送来了，当地长官把它交给了庄园经理和萨帕塔。经理不愿意接受这个结果，但是到了这个时候，他也无能为力了。到了 1910 年年末，萨帕塔和当地的长官——比万科和亚内斯——实际上已经结成了同盟。此时乡下的状况是，当地农户在萨帕塔的率领下，与庄园的农田看守维持了不稳定的武装停战状态。在奥斯皮塔尔把一个有能力保护他们昂贵的机器、灌溉系统和甘蔗的更可靠的地方长官送上台之前，庄园更倾向于避免公开的暴力冲突。

11 月中旬，比万科辞职了，萨帕塔为他举办了一场送别宴会，在那之后，他就离开了莫雷洛斯。[2]但是他的继任者，爱德华多·弗洛雷斯，在为当地庄园效力这方面并不比他强。那几个星期，因为奇瓦瓦州的革命，全国的政府官员都很紧张。他们急于赢得民心，借此保护自己的辖地不受革命的影响。萨帕塔行事更加方便了，于是他进一步扩大了

64

[1] King: op. cit., p. 59.
[2] *Semanario Oficial*, XIX, 49, 3–4.

自己的行动范围。从市镇中心的农民到远在南部的小村子莫约特佩克的农户，人们纷纷加入了他的队伍。许多人给阿内内圭尔科的自卫基金捐了钱，并且接受萨帕塔对各村土地所有权和个人土地份额的裁决。[1] 萨帕塔把庄园围在有争议土地周围的篱笆全都拆掉了，并且与当地农户进行了商议，把土地分给了他们。人们对他们的斗争越来越有信心，萨帕塔的名声也越来越响了。

起义和暴动的消息传得到处都是，新上任的长官终于感到，他得好好考察一下他的辖地上的这些问题了。他带着护卫队出了门，找到了萨帕塔，后者正忙着分配某座庄园名下的土地。一般情况下，这样的冲突中最重要的东西就是火力，这一次也不例外。萨帕塔身边有一百多个带着武器的战士；弗洛雷斯只有十个。弗洛雷斯落了下风，不得不解释他为什么来打扰萨帕塔。他告诉萨帕塔，有传闻说他和他的人加入了马德罗派，正在搞叛乱。萨帕塔否认了这个消息，说他们只是在分配属于他们的土地。在这一点上弗洛雷斯没有抱怨什么；他只问了萨帕塔，如果马德罗派来到这个地区，他是否还能相信萨帕塔他们。萨帕塔保证弗洛雷斯可以信任他，然后弗洛雷斯就离开了，村民继续处理他们自己的事情。

到了1910—1911年的冬天，萨帕塔已成为莫雷洛斯那一地区实际上的领导者了。他控制的地区面积不算大，但是有着巨大的经济价值，因此在战略上非常重要。他和他的追随者的抗争，为其他地区身陷困境的村民树立了一个危险的榜样。而乡村地区的武装停战状态也很可能会在几个地方崩溃。没错，对于种植园主改造莫雷洛斯的长期计划来说，阿亚拉起义——即使它能引发其他地区的抗争——所构成的威胁并不致命，甚至都不算严重。联邦政府总有最后一步棋可走：派来军队，镇压暴动，把起义领袖关起来或者枪毙。即使是19世纪墨西哥声势浩大的

[１]　Sotelo Inclán: op. cit., pp. 217–218.

印第安人起义，[1] 也没能坚持很久。就像过去的这个 6 月在尤卡坦州和锡那罗亚州发生的那样，政府肯定可以把这个小得多的骚乱镇压下去，而萨帕塔如果能活着逃走就不错了——如果马德罗派革命没有胜利的话。但是在 1910—1911 年的冬天，北方的革命运动几乎是奇迹般地联合了起来，政府高官只得苦苦挣扎，试图破坏或者收买它。就在那几个月的混乱中，阿亚拉起义——尽管开始的时候从起因和目标上来看都只是一场地方运动——获得了全国性的意义。

---

[1]　指 16—20 世纪墨西哥原住民与欧洲殖民者及墨西哥政府之间的一系列战争。19 世纪中期，双方之间的斗争尤为激烈。——译者注

第三章　村民加入马德罗革命

"……不久之后，我们见面了……"

革命和婚姻一样：最好的那种都需要经过一些年头，才能有一个好结果。马德罗花了十个月就推翻了迪亚斯。这场胜利来得太快了。

他在 1910—1911 年冬天建立的联盟并不牢固：人们并非志同道合，领导者不能完全服众，这个组织也没有经过什么考验。它松散地集合了一批反对派，这些人从前几乎完全不认识，直到最近才被他们共同的希望联系到了一起。在马德罗派试图夺权之前，他们至少需要两到三年的时间来共同筹划、躲藏和战斗，否则他们的那些虽然互相关联但却各自迥异的起义活动很难协调起来，形成一个政权。在这些起义中，最独特的就是莫雷洛斯起义。

对马德罗来说，从一开始，莫雷洛斯就不怎么重要。在最初的革命计划中，他只给它安排了一个次要角色。他确实希望在那里获得支持，不过这主要是因为他听到了有关埃斯坎东-莱瓦选举的事。对他来说，革命的关键地区在别处。[1]

67　　　马德罗知道，无论是从财力上还是政治上来看，他都无法领导一场大规模起义：这样会花很多钱，而且很可能会失控。所以他最终确定的革命计划仅仅围绕着几个行动中心展开。当他再次进入北部乡村的时候，他计划在普埃夫拉城、帕丘卡和墨西哥城进行三场 *golpe*（突袭）。

---

[1] Roque Estrada: *La revolución y Francisco I. Madero. Primera, segunda y tercera etapas*（Guadalajara, 1912）, pp. 263–266.

革命者与他们在平民和军队中的支持者将"团结得就像一个人一样"，起而斗争，占领那些城市的街道和要塞，迫使政府与马德罗——那时他正在奇瓦瓦州率军高歌猛进——谈判。[1]

革命者能在目标周围的乡村地区争取到的任何支持，都会增强他们在谈判中讨价还价的能力。所以 *la guerrilla*（游击战）是很有意义的。但城市才是关键所在。

所以，莫雷洛斯起义的方向将取决于墨西哥城革命行动的状况。但是，在人们着手为革命做准备的时候，计划发生了变化。马德罗在墨西哥城的代理人阿尔弗雷多·罗夫莱斯·多明格斯发现，在那里成功发动政变的机会非常小。他后来也曾表示，南部的行动才是最关键的。虽然他从来没有公开质疑过马德罗的策略，但是在实际行动中，他改变了工作的重心。在他的领导下，一场地方性的农村起义将包围首都，不断向它施压，迫使它向身在北方的马德罗投降。[2]

不过，莫雷洛斯的角色仍然是次要的。罗夫莱斯·多明格斯关注的是格雷罗州，他希望拿下伊瓜拉城，在联邦军队的增援到来之前切断该州与外界的联系，摧毁那里的几处驻军。如果起义失败了，他们可以在山里藏身，等着北方的革命运动把追击他们的军队引开，然后与瓦哈卡州的起义军配合，在科斯塔奇卡一带活动。至于莫雷洛斯，那里的起义者可以辅助格雷罗州或者普埃夫拉州的行动——这取决于他们把基地设在莫雷洛斯西部还是东部。而当莫雷洛斯仅有的两位能够领导革命的领袖——欧亨尼奥·莫拉莱斯和帕特里西奥·莱瓦——拒绝参加行动的时候，莫雷洛斯的次要地位就确定了。莱瓦借口"健康状况不佳"，莫拉

---

[1]　　Roque Estrada: *La revolución y Francisco I. Madero. Primera, segunda y tercera etapas*（Guadalajara, 1912）, pp. 319–322.

[2]　　Robles Domínguez in *El Hombre Ubre*, November 12 and 14, 1930.

莱斯则诉苦说自己有"重要的家庭事务"要处理。[1]没有什么能指望的人，罗夫莱斯·多明格斯自然就把他的资金和武器装备分配到了别处。

11 月中旬的时候，计划就是这样的。如果继续下去，莫雷洛斯的行动就会一直受到革命军中央的牢牢控制，莫雷洛斯人可能会作为革命军的一部分而更受人们尊重，但也就不会走上自己独特的道路了。在这样井然有序的革命中，萨帕塔也很难成为州领袖。

但是，整个南部的革命计划在距离开始日期还有一周的时候突然崩盘了。11 月 13 日，罗夫莱斯·多明格斯被捕了，进了首都的监狱。和他一起被捕的还有他在墨西哥中部地区的两名最亲密的战友，弗朗西斯科·科西奥·罗韦洛和拉蒙·罗萨莱斯。[2]他们被捕之后，墨西哥城就不再是革命南翼的领导中心了。11 月 18 日，普埃夫拉城的领导中心也受到了破坏。那里的领袖阿基莱斯·塞尔丹[3]在家中遭到了当地警察和联邦警察的袭击，和他的兄弟、另外几名革命党人一起被杀害了。

在这次重大挫折之后，革命党的代表继续在墨西哥城、普埃夫拉城和伊瓜拉之间奔走，但是他们已经失去了真正的领导权，手里也没有什么像样的资源了。于是，各地的革命组织可以走他们自己的道路了，无论是好是坏，他们都要靠自己了。

在这样的情况下，莫雷洛斯能有革命运动出现，就已经很不容易了。从北方的革命司令部传来的信息很少，也不怎么振奋人心；而如果北方没有进行活动，那么在别的地方发动起义则无异于自杀。11 月 20日发生了一件令人失望的怪事——马德罗发现，没什么人在里奥格兰德河与他会合。于是，他沮丧地退回了圣安东尼奥。12 月的大部分时间

---

［1］　Diez: *Bibliografía*, p. clxxxviii. 莱瓦的 "*ataxia locomotriz muy avanzada*"（严重的肌肉运动失调）两年前并没有阻碍他承担竞选州长的繁重工作，也没有在 1912—1913 年妨碍他的政治活动。有关莫拉莱斯 1910 年 10 月在格雷罗州与马德罗派会谈时编造的借口，见 Arturo Figueroa Uriza: *Ciudadanos en armas. Antecedencia y datos para la historia de la revolución mexicana*, 2 vols.（México, 1960）, I, 57.

［2］　Taracena: op. cit., p. 100.

［3］　阿基莱斯·塞尔丹（1876—1910），反连选连任党人，马德罗的追随者。——译者注

里，他都待在新奥尔良，显然把他的革命运动抛到了一边。那几个星期，莫雷洛斯起义者处境不妙，因为他们没有专业的领导者，和正牌的革命者没有牢靠的关系，也没有专项资金。但是他们仍然从四面八方汇聚了起来，打算加入马德罗的斗争。

在普埃夫拉城大屠杀、革命军狼狈撤离里奥格兰德河之后，整个墨西哥都出现了革命低潮。11 月末，在这一低潮中，有一群人开始在巴勃罗·托雷斯·布尔戈斯位于阿亚拉城郊外的家里聚了起来。[1]阿亚拉市镇大部分有政治意识的农夫可能都参加过其中某一次集会，其中有三个人——托雷斯·布尔戈斯、埃米利亚诺·萨帕塔和拉斐尔·梅里诺——一直都在。还有三个外地人也经常参加：来自圣巴勃罗伊达尔戈的卡塔里诺·佩尔多莫，来自特拉基尔特南戈的加夫列尔·特佩帕，还有普埃夫拉州南部的马加里托·马丁内斯。

他们名义上的领导是托雷斯·布尔戈斯。用乡下人的话说，他"知道怎么说话"——怎么向行政长官说明当地的情况。但是真正的领袖其实是萨帕塔，阿内内圭尔科-阿亚拉城-莫约特佩克联合防务委员会的主席，此时掌握了库奥特拉南部地区实权的人。这群人靠他拿主意。

开了几次会之后，这群密谋者认为，他们应该试着与位于圣安东尼奥的马德罗派总部取得联系。他们最想知道的是，传闻中马德罗派向因联邦土地法被滥用而失去土地的"小业主"许下的承诺是不是真的。萨帕塔看到了马德罗的《圣路易斯波托西计划》(*Plan of San Luis Potosí*)，正在研究它的第三条中的一项规定。[2]

这是马德罗革命计划在土地方面的要点，是为了争取饱受迪亚斯土地政策折磨的农户的支持而提出的。"因为一些人不合理地利用了《无主土地法》(*Law of Untitled Lands*)，"马德罗宣称，"无数的小业主，大部分是印第安人，在公共工程部的裁决下、在国家各级法庭的决定下失

---

[1]　Magaña: op. cit., I, 97.

[2]　Sotelo Inclán: op. cit., p. 189. For the document, see Manuel González Ramírez, ed.: *Planes políticos y otros documentos* (México, 1954) , pp. 33–49.

去了土地。我们理应将这些被如此专断地剥夺了的土地物归原主，所以上面提到的裁决和决定将会受到审查。而那些在这种有悖道德的情况下获得了它们［土地］的人，或者他们的继承人，必须把土地归还给原来的所有者，并且为他们造成的破坏支付赔偿。唯一的例外情况是，如果在本计划发布前土地被转给了第三方，那么原来的所有者将会得到赔偿，支付者为土地剥夺过程中的受益者。"[1]

当时，对于阿亚拉的反叛者来说，这个主张看起来很对路，充分保护了村民的权益。没错，他们在莫雷洛斯并不认识多少"印第安人"，但是他们知道，那只是城里人对乡下人的一个称呼。[2]另一件事也没错：马德罗的主张，不像无政府工团主义的煽动家曾经许下的承诺那么激进；他既不是要复兴古老的 *ejido*（村社）[3]传统，也不是要把土地公有化。马德罗认为1857年宪法确立的私有财产体系是理所当然的，他只要求公务人员在执行法律的时候"遵守道德"。[4]阿亚拉人也明白，那也就是大多数村民和牧场工人的全部要求了。莫雷洛斯乡下人尊重

---

[1]　马德罗谈到的《无主土地法》(*ley de terrenos baldíos*)，相关研究见 Orozco: op. cit., I, 587–617; II, 1022–1029。

[2]　说纳瓦特尔语——当地的印第安人语言——的人口只占莫雷洛斯1910年总人口的9.29%。Holt Büttner: op. cit., p. 48. 这些人聚居在六个村子里：索索科特拉、查尔科特辛戈、特帕尔辛戈、阿米尔辛戈、特特辛戈以及特坡斯特兰。见 Othón Flores Vilchis: "El problema agrario en el estado de Morelos"（Facultad Nacional de Jurisprudencia thesis, U.N.A.M., 1950），p. 66, and Robert Redfield: *Tepoztlán, A Mexican Village. A Study of Folk Life*（Chicago, 1930），p. 30。能够用纳瓦特尔语进行阅读的人自然就更少了。在研究阿内内圭尔科流传下来的土地所有权证书时，萨帕塔需要把这些文件从纳瓦特尔语翻译出来，但是他不懂这门语言，所以他派秘书去了库奥特拉北边的特特尔辛戈，那里只有村里的神父——他在他的故乡特坡斯特兰的学校学过这门语言——能看懂这些文件。Sotelo Inclán: op. cit., p. 177.

[3]　墨西哥的村社制度可以上溯至古代阿兹特克社会的氏族公社组织。到了殖民地时期，人们开始使用西班牙语中的 *ejido* 一词指印第安公社的公有土地，包括公社成员的份地和共用的林地、草地。这个词也指拥有这种土地的印第安村落。——译者注

[4]　无政府工团主义者的自由主义党在1906年提出了他们的计划，见 González Ramírez: op. cit., pp. 3–29。

1857 年宪法。对他们来说，那部宪法虽然只是隐晦地废除了土地公有制，但却清楚有力地宣告了一个国家的诞生；而为了这一事业，许多人的长辈亲友都曾冒着生命危险与法国军队作战。虽然许多年来，人们一直受到他们的合法政府的欺诈，但他们从未失去对这部法律的尊重；而马德罗也正是因为承诺了法律上的形式正义而吸引了这些人。在阿亚拉一带，这些想法成了人们行动的动力。只要萨帕塔能确定马德罗是真诚的，他就情愿加入后者那明摆着已经奄奄一息的革命运动，努力让它重获新生。

反叛者还想知道，革命领袖准备让谁来主持莫雷洛斯的行动。没有别的当地团体宣称自己获得了圣安东尼奥的授权；而针对莫雷洛斯的特殊情况，《圣路易斯计划》也没有什么办法。《计划》的第十条规定，在那些于过去两年内举行过"民主选举"的州，选举中的"民选领袖"将被视为已经参加了革命运动，并将担任临时州长（这一条明显与莫雷洛斯、尤卡坦、锡那罗亚和科阿韦拉等州有关：在克里尔曼访谈之后，马德罗曾经怀着浓厚的兴趣关注过这些地方的反对运动）。根据《计划》，*71*"临时州长"将领导该州的革命运动。但是莫雷洛斯的前"民选领袖"帕特里西奥·莱瓦还没有做出决定。如果他最终放弃了领导权，那么谁将获得这一权力？阿亚拉人做事细心，也很尽责，他们害怕担上暴徒的恶名，而为了避免这一结果，他们希望得到正式的革命授权，以及明确的计划。于是在形势紧张的那几个星期，他们通过萨帕塔的联合防务委员会募集了一笔钱，派出了他们的"发言人"托雷斯·布尔戈斯，一路向北，去见马德罗。

托雷斯·布尔戈斯可能是 12 月中旬出发去圣安东尼奥的。一直有人质疑他是否真的到达了那里，是否见到了马德罗。他很可能确实到了，他和马德罗的会面也很可能是真实发生过的。他不是一个会在这样的事情上说谎的人。再说了，也没有人敢向埃米利亚诺·萨帕塔撒谎；

而萨帕塔始终相信托雷斯·布尔戈斯直接从马德罗那里接受了命令。[1]
如果阿亚拉的使者真的在圣安东尼奥见到了马德罗，那么时间肯定是在
12 月末或 1 月初，因为马德罗直到那个时候才从新奥尔良回来，然后
又很快离开，前往达拉斯了。阿亚拉人是幸运的——正是这个时候，由
于革命军最近在奇瓦瓦州取得了胜利，马德罗又重新燃起了革命热情。

　　与此同时，在墨西哥城，种植园主已经感受到了，他们的政治伙伴
变得越来越焦虑不安了。虽然他们仍然相信堂波菲里奥，没有费力气亲
自赶回莫雷洛斯保护自己的财产，但他们还是远程采取了一些预防措
施。他们为种植园的工作人员订购了武器，1 月的时候还开始向埃斯坎
东提供资金，以增强莫雷洛斯联邦警察的力量。[2]

　　于是，阿亚拉的反叛者必须做出决定，他们是要放任种植园主储备
物资、调兵遣将，还是——虽然还没有和革命党正式取得联系——要在
72　他们还有机会的时候发起革命。萨帕塔的决定是等托雷斯·布尔戈斯的
消息。[3] 他悄悄在阿亚拉周围布下了他自己的军队，尽力约束当地首
领——他知道这些人容易头脑发热，而此时他们又非常紧张。但是直到
托雷斯·布尔戈斯回来，他都只能靠自己的个人声望约束他们。在那些
远在莫雷洛斯西北角和西南角的市镇，反叛者早就不受控制了，他在那
里几乎没有什么影响力。即使是在那些他的名声已经为他赢得了权力的
地区（从库奥特拉起，西到尧特佩克，南至霍胡特拉，东边则直到普埃

---

[1]　否认或者怀疑他的这次旅行的有德罗门多、克劳福德和科西奥·罗韦洛，Dromundo:
　　　Biografía, p. 46; Douglas M. Crawford: "The Suriano Rebellion in Mexico, 1910–1919"（M.A.
　　　thesis, University of California at Berkeley, 1940）, p. 18; and Francisco Cosío Róbelo: "Dígale
　　　a Zapata que acabe el circo," *Mujeres y Deportes*, February 6, 1937. 但是德罗门多后来修
　　　订了他写的那部传记，表示托雷斯·布尔戈斯确实见到了马德罗，见 Dromundo: *Vida*,
　　　p. 47。1910—1911 年冬天，科西奥·罗韦洛正在狱中，并没有第一手的消息。克劳福德
　　　使用的材料来源有限，在这个问题上他直接说明了自己没有证据。在圣安东尼奥流亡者
　　　群体中，没有人提过托雷斯·布尔戈斯曾经到访，但是也没人否认他曾经见过马德罗。
[2]　Memorandum on the political situation in the state of Morelos, December 29, 1911, Archivo de
　　　Alfredo Robles Domínguez（henceforth ARD）, Box 7: File 37: Document 5.
[3]　Joaquín Páez: "Cuatro meses de vacaciones con Zapata," serialized in *El Sol de Puebla*, March
　　　26, 1951.

夫拉州），他也指挥不了那里的首领：他们中的很多人出于野心、报复欲、理想、恐惧，正变得越来越没有耐心。

这些首领中最值得注意的是加夫列尔·特佩帕。他曾经是阿拉尔孔家族特米尔帕庄园——就在特拉尔蒂萨潘北边——的工头，在该城和特拉基尔特南戈一带的普通民众中极受尊重。此时他已经 74 岁了，参加过法墨战争和迪亚斯 1876 年的革命；他肯定认识他在霍胡特拉、尧特佩克和库奥特拉见过的大多数人的父亲、祖父、叔父或者叔公。[1] 这位倔强的老人领导着当地的一群同样倔强的牧场工人和村民。对于阿亚拉人来说，把他争取到他们的阵营里来至关重要。但是对于特佩帕来说，与《圣路易斯波托西计划》建立正式联系这种小事并不重要：他只求一战。

特佩帕的反对运动自然激励了霍胡特拉一带的许多前反连选连任党人。虽然这些职业民主党人与马德罗没有联系，但是他们也得到了南方——格雷罗州的维楚科——马德罗派革命者的鼓励。[2] 而此时，可能是因为不知道托雷斯·布尔戈斯的行动，更可能是想通过率先采取行动来独揽莫雷洛斯的革命领导权，他们开始了与萨帕塔竞争的行动。

既然欧亨尼奥·莫拉莱斯不打算采取行动，该城另一位有名的反连选连任党人，卢西奥·莫雷诺，就成了此地的革命带头人。莫雷诺刚从监狱里出来，正适合在莫雷洛斯发动马德罗派革命。他来自特坡斯特兰市镇，在尧特佩克有一些人脉，在霍胡特拉结了婚并安定了下来。[3] 他在上次选举期间的行动，提高了他在反叛者中的威望。凭借他的背景，他可以以霍胡特拉为基地，利用特佩帕及其追随者控制尧特佩克河北岸的战略要地，然后依次拿下特坡斯特兰、尧特佩克，再向库埃纳瓦卡进

［1］ Jesús Romero Flores: "Mil biografías en la historia de México: Gabriel Tepepa," *El Nacional*, December 15, 1946. Magaña: op. cit., I, 136–137. Serafín M. Robles: "Emboscada del Gobernador Teniente Cnel. Escandón," *El Campesino*, November 1952.

［2］ Sergio Valverde: *Apuntes para la historia de la revolución y de la política en el estado de Morelos, desde la muerte del gobernador Alarcón*（México, 1933）, p. 38.

［3］ Diez: *Bibliografía*, p. clxxxviii. Lewis: op. cit., p. 232.

发。他可以在那一带抢先萨帕塔一步，在革命胜利的时候把州首府握在手中。

到了 2 月 7 日，托雷斯·布尔戈斯还没有回来。那一天，特佩帕在特拉基尔特南戈发动了起义。他的周围很快就聚起了一批年轻的支持者，包括弗朗西斯科·阿拉尔孔、蒂莫特奥·桑切斯、赫苏斯·卡皮斯特兰、洛伦索·巴斯克斯、埃米格迪奥·马莫莱霍、皮奥金托·加利斯，还有其他人，他们都带来了自己的一班战士。[1] 特佩帕于是挥师向北，几天之后他和莫雷诺就拿下了特坡斯特兰。他们停留了一阵子，好有时间烧掉市档案馆，洗劫当地长官的房子；然后继续前进，进入山区，在那里建立了指挥部，等待攻打尧特佩克或者库埃纳瓦卡的时机。[2] 他们不靠近全副武装的庄园，州政府显然也没有做什么来镇压他们。[3] 特佩帕一心求战，再度回师南方。

阿亚拉人还在等——尽管在特佩帕和莫雷诺离开之后，特坡斯特兰周围爆发了更多革命活动。贝尔纳韦·拉瓦斯蒂达，那里的前莱瓦派领袖，从金塔纳罗奥回来了，开始向驱逐他的地方长官寻仇。他发现那些人已经逃走了，于是就杀掉了他们的两名亲人，然后在镇郊建立了他自己的司令部。[4] 同时，莫雷诺待在附近的山里，严密监视着尧特佩克和周边富庶的庄园。最近这一带又出现了一位新首领——阿马多尔·萨拉萨尔，一名来自尧特佩克的年轻牛仔，庄园工人。他在 1903—1905 年曾帮助当地村民与埃斯坎东斗争，后来被征入了军队，现在也回来算账了。但是此时没有人发起重大行动。拉瓦斯蒂达和莫雷诺没有什么地方可以去。而萨拉萨尔通过奥蒂略·蒙塔尼奥，一名刚刚获得升迁、来到尧特佩克的前阿亚拉教师，与萨帕塔取得了联系（萨帕塔是萨拉萨尔的

---

[1]　Magaña: op. cit., I, 98. Serafín M. Robles: "Primeros brotes a causa de la Burda Imposición," *El Campesino*, May 1954. Eduardo Adame Medina: "De Villa de Ayala a Chinameca, 1909–1919," ibid., May 1958.

[2]　Lewis: op. cit., p. 233.

[3]　这几个星期，官方没有发布 *trastornos*（动乱）的消息。见 *Semanario Oficial*, XX, 6–9。

[4]　Lewis: op. cit., p. 233.

表弟）；于是萨拉萨尔和阿亚拉人一起等着托雷斯·布尔戈斯从圣安东尼奥回来，向他们汇报事情的进展。[1]

2月14日，马德罗又回到了墨西哥，全国上下的革命热情开始复苏。差不多在同一时间，莫雷洛斯中部地区传出了托雷斯·布尔戈斯回来了的消息。他向萨帕塔确认了马德罗在土地问题上的诚意，也准备好了提名帕特里西奥·莱瓦为本州革命领袖的文件。如果莱瓦弃权——此时看来他肯定会弃权——托雷斯·布尔戈斯将成为革命运动的领导者。他也带来了给其他首领的空白委任书，准备在他们开始行动的那天分发。[2]阿亚拉人正式加入了革命队伍。

接下来的三个星期，他们除了吸收更多的盟友和完善革命计划以外，没有采取什么行动，专心等待着时机到来。但是3月初，北方革命势头强劲，还有几场起义在旁边的格雷罗州爆发了。莫雷洛斯政府也终于开始出动反革命军队了。此时正是庄园收获、加工甘蔗的高峰时期，种植园主计划采取额外措施，保护他们昂贵的机器和已经成熟的甘蔗。3月8日，埃斯坎东州长下令重组并扩大莫雷洛斯的联邦警察队伍。[3]阿亚拉人明白，他们必须采取行动了。

3月10日，星期五，萨帕塔、托雷斯·布尔戈斯和拉斐尔·梅里诺在库奥特拉一年一度的大斋节[4]集市上碰了面。他们在这次会面中敲定了计划最后的细节，然后，第二天晚上，在阿亚拉城按计划开始了行动。他们迅速掀起暴动，解除了村警的武装，在广场上开了一场大会。"发言人"托雷斯·布尔戈斯登上一座小亭子，高声宣读了《圣路易斯波托西计划》——这是莫雷洛斯历史上的第一次。他接着汇报了北部起

---

［1］ Páez in *El Sol de Puebla*, March 26, 1951. Romero Flores: "Mil biografías...: Amador Salazar," *El Nacional*, December 15, 1946. Personal interview with Juan Salazar Pérez. On Montaño, see Magaña: op. cit., II, 80, note 1; *Semanario Oficial*, XVII, 44, 3–4; and Páez in *El Sol de Puebla*, April 2 and 11, 1951.

［2］ Diez: *Bibliografía*, p. clxxxviii. Rafael Sánchez Escobar: *Episodios de la Revolución Mexicana en el Sur*（México, 1934）, p. 167.

［3］ *Semanario Oficial*, XX, 10, 1.

［4］ 基督教的斋戒期，时间是在复活节之前，为期40天。——译者注

义的情况，然后断言革命必将取得 *viva*（胜利），当前的政府必将走向 *muera*（灭亡）。奥蒂略·蒙塔尼奥从尧特佩克赶来参加了这次活动，此刻他换了个说法，高喊了起来——"打倒庄园！村落万岁！"但是没有人在意这里的不同之处；人们情绪高涨，没工夫去分辨政治斗争和社会斗争有什么区别。在欢呼声中，年轻的村民纷纷加入革命军。于是，阿亚拉人在《圣路易斯计划》的指引下正式开始了起义活动。他们组织了一支约有 70 人——来自市镇的各个村落——的队伍，分配了任务，然后骑马向南，进入了乡间。马德罗派革命在莫雷洛斯开始了。

75

第二天，起义军顺着库奥特拉河一路向前（萨帕塔也曾沿着这条河赶他的骡队），到了圣拉斐尔萨拉戈萨牧场。在那里，卡塔里诺·佩尔多莫已经把当地人动员起来了，几乎所有的少年和成年男性都加入了起义军，包括当地的治安官。许多来自其他牧场和村庄的不同政见者也在这里聚了起来。起义军随后骑马向南，到了山里的一处营地。然后，他们一路从途经的村庄和牧场接收人员和马匹，避开城镇和庄园，穿过州界进入了普埃夫拉，在那里把他们的运动开展了起来。[1]

接下来几周的军事活动充分显示，他们对革命有着清晰而合理的规划。虽然——至少在刚开始的时候——起义军由托雷斯·布尔戈斯发布命令，萨帕塔只是革命军的几名上校之一，但战略很有可能是萨帕塔制定的。他们的目标是库奥特拉——从地缘政治上来看，这是莫雷洛斯的核心地区。在那里阿亚拉人能够阻止任何势力控制莫雷洛斯，可以通过谈判得到库埃纳瓦卡，或者直接攻打它，还可以自由地去往墨西哥城，并且保留数条通往南部山区的逃生通道。但是，萨帕塔和其他领导者也清楚，他们的战士装备落后，缺乏经验，打不了对阵战，不管是在库奥特拉还是其他什么地方，不管他们是 *guerrero*（战士）还是 *guerrillero*（游击战士）。为了获得武器、训练他的志愿兵，萨帕塔首先采取了行动，控制了霍胡特拉－耶卡皮斯特拉一线以南的地区。在这个范围内，

---

[1] Magaña: op. cit., I, 98. Serafín M. Robles: "Se Levantaron al Grito de ¡Viva Madero! ¡Muera Díaz!" *El Campesino*, March and April 1952.

起义军可以随心所欲地打小型突袭战，继续等待时机。然后，当莫雷洛斯的联邦军队和警察支队人数大幅减少的时候，或是全数被调走，支援北部更危急的战事的时候，他们就可以不受什么抵抗地拿下那些村庄和城镇。他们可以逐步占领普埃夫拉城和库奥特拉之间跨洋铁路上的关键站点，这样，他们攻下库奥特拉的时候就不会受到来自后方的袭击。最终，当最后一批联邦军队被召回，自库奥特拉向北撤退的时候，这座城市就注定会陷落了。

但是，这一战略实施得并不顺利。出现了一系列意料之外的可怕危机，在整个起义过程中始终让阿亚拉的马德罗派不得安宁。首先是领导权问题，这一问题几乎粉碎了这场尚且稚嫩的革命运动。托雷斯·布尔戈斯的队伍在普埃夫拉州的山中停留了一个多星期，静静地等待时机；与此同时，不断有新成员加入他们。有一位新人颇受欢迎，但也给他们带来了很多麻烦，那就是加夫列尔·特佩帕，他离开了行动不活跃的卢西奥·莫雷诺，回到了这些阿亚拉人——他最初的伙伴——中间。和他一起来的还有他手下的全体年轻首领。萨帕塔特别欢迎他们，因为特佩帕能够提供粗浅但是珍贵的军事经验，帮他训练起义军、策划攻击行动。而且，这个老头子的伙伴中还有洛伦索·巴斯克斯：萨帕塔认识他——他们曾经一起在库埃纳瓦卡被征入军队；他也可以在军事问题上帮忙。[1] 起义军的力量增强了，于是托雷斯·布尔戈斯决定，不再和他的游击战士一起躲躲藏藏，他想率领他们投入战斗。萨帕塔仍然不确定他的战士是否做好了与正规警察部队作战的准备，更不用说跟军队作战了，于是他表示了反对；但是托雷斯·布尔戈斯驳回了他的意见，调兵遣将，准备向霍胡特拉发起攻击。

从军事角度看，这个目标选得很好。这座城市一向是莫雷洛斯反连选连任党的中心；有了当地人的支持，他们似乎能轻松获胜。而且，在这里取得胜利还可以得到额外的好处：胜利之后，他们可以从城里那些

———————————

[1] *El Campesino*, December 1951.

特别富有的商人那里获得贷款，不管是强迫的还是自愿的；这也将确立阿亚拉人在这一带的革命领导地位——这里曾经是像莫雷诺那样的独立革命者的基地。但是在政治方面，这个选择目光短浅，充满危险。虽然托雷斯·布尔戈斯身为掌权的领导人，必须指挥第一次重大行动，但是他不得不高度依赖特佩帕，把他当作事实上的领导人，因为这位老人经常在霍胡特拉活动，对那里很熟悉。然而一旦到了特佩帕的地盘，他手下的人就只听他的命令，不听托雷斯·布尔戈斯的了。如果特佩帕的追随者像阿亚拉诸首领一样，经历过1909年的政治斗争，明白政治联盟和规章制度有多重要的话，这种领导权的瓦解还不会那么致命。但是特佩帕手下的首领没有一个是1909年的莱瓦派活跃分子。他们此时并不考虑怎么建立一个新的世界，他们更关心的是如何打碎那个旧世界。然而，托雷斯·布尔戈斯并不知道他让自己的革命事业遭遇了什么样的危险，还精心制订了行动计划。他指派拉斐尔·梅里诺在霍纳卡特佩克一带活动，吸引敌人的注意力，派萨帕塔在普埃夫拉-莫雷洛斯边境线上巡逻，自己则率领特佩帕的队伍直击霍胡特拉。[1]

77　　埃斯坎东无意中揭示了造反派内部的紧张关系。他管辖的州里爆发了新革命，因此墨西哥城发来了消息，催促他采取行动，态度愈加严厉，于是他拿出了一贯的自信风度，准备展示一下自己的力量。3月22日，埃斯坎东领着库埃纳瓦卡驻军的一队骑兵，以及几名骑警，来到了霍胡特拉，准备保卫这个地区不受报告中所说的那些造反者侵犯。然而，两天后，托雷斯·布尔戈斯的骑兵没有遇到什么抵抗就打进了霍胡特拉以北六英里处的特拉基尔特南戈。埃斯坎东听到了这个消息，再加上有谣言说造反派打算绑架他，于是他吓得一路狂奔，逃回了州首府。他还把他的士兵、警察和当地的所有官员都带了回去。[2]

［1］　Magaña: op. cit., I, 99. *El Campesino*, June 1958.

［2］　Sánchez Escobar: op. cit., pp. 167–168. Diez: *Bibliografía*, p. clxxxix. José Rincón Gallardo Hope: "Episodios de la revolución del Sur," *Revista de Revistas*, January 29, 1933. 最后这名作者是埃斯坎东的助理，陪他去了霍胡特拉。

他们弃城而逃了，权力也就不可能有序地从政府手中转移到革命军手中了。当革命军来到霍胡特拉之后，他们拒绝遵守托雷斯·布尔戈斯禁止抢掠的命令，洗劫了几处商店，其中有一些是西班牙人——他们在这里并不受欢迎——所有的。这可不是那位诚实的阿亚拉人想要的那种变革。因为这种暴力行为，可能也因为他无法控制特佩帕及其追随者，托雷斯·布尔戈斯非常震惊，开始怀疑自己的领导能力。革命军在霍胡特拉召开了 junta（政务会），萨帕塔和梅里诺都来了；托雷斯·布尔戈斯在会上决定辞职。他和他两个年轻的儿子一起离开了，打算徒步走回阿亚拉城。第二天，在路上，他们意外被联邦巡警发现给抓了起来。这三名造反者都被就地枪决了。[1]

起义军此时本可以背叛革命，或者抛弃莫雷洛斯，加入别处的斗争。[2] 因为托雷斯·布尔戈斯辞职的时候并没有指定继任者，他的死让莫雷洛斯的革命领导权问题变得悬而未决了，就和他宣称马德罗任命他为莫雷洛斯革命领袖之前的情形一样。革命军中有大约 15 位首领曾被任命为上校，但是他们谁也不能合法地向其他人发布命令。其中一批起义者（包括特佩帕），在退回普埃夫拉州之后推选萨帕塔为"南方革命最高领袖"（supreme chief of the revolutionary movement of the south），想要以此解决领导权问题。[3] 但是事实上问题仍然存在。其他派别的领袖也想坐这个位子，因为它变得越来越重要了：革命胜利以后（3 月一天天地过去，胜利的可能性似乎越来越大了），革命领袖可能会当上临时州长、州军事长官或者警察局长。此时，莫雷洛斯革命与马德罗之间的联系已经断了，不管谁想当领袖，都必须费一番力气：这个人得让他的同僚相信，他值得他们的支持。

这不是一件靠政治野心或者军事力量就能完成的事情。没有什么机制能强迫当地人支持某个领袖。如果村民对哪个自封的领袖不满，他们

78

---

[1]　Magaña: op. cit., I, 99–100. Diez: *Bibliografía*, pp. clxxxix–cxc.

[2]　这些可能性是真实存在的，并不是人们的假设。See Figueroa Uriza: op. cit., I, 117–118.

[3]　*El Campesino*, July 1958.

就不会加入他的队伍。因此，莫雷洛斯的革命领导权竞争并不是一场斗争，而是一个认识过程：各个地区的首领逐渐明白，这个州里只有一个他们都充分尊敬、愿意合作的人，而他们有责任把自己的追随者交给这个人领导。这个人就是萨帕塔，唯一符合条件的候选人：他是个小农，自耕兼佃，村民会信任他，而同时他又是一个骡马贩子、牛仔、劳工、土匪也会尊敬他；他既是个有责任感的公民，也是一名坚定的斗士。然而他并不是自然而然就成了领袖，通向领导地位的路也不是一条坦途。他后来在给阿尔弗雷多·罗夫莱斯·多明格斯写信时说，在他的支持者面前，他必须非常小心，因为他们追随他，他说，并不是因为他们被谁命令这样做，而是因为他们对他心怀 *cariño*[1]（眷恋）——就是说，他们喜欢他，钦佩他，向他致以崇高而亲切的敬意，对他竭尽忠诚。这是因为他能打动和他一样务实的人，这是特佩帕、梅里诺和其他任何热心革命的人都比不上的。他从来不对人们颐指气使，人们也从来不会与他作对。但是他掌权的过程仍然是缓慢的，而且并不顺畅。

3月末，萨帕塔正在特坡斯特兰一带活动，可能正准备与莫雷诺和其他当地革命者签订一项协议，这时他意外地遇到了一名从墨西哥城来的地下党人，塔库巴亚阴谋团（Tacubaya Conspiracy）[2]的代表；这个地下党准备为马德罗而战，但是打算按他们自己的计划来。萨帕塔让这名代表——奥克塔维奥·马加尼亚——通知墨西哥城的马德罗派，托雷斯·布尔戈斯已经死了，而在马德罗为这一地区任命新的领导者之前，他将暂时在这里继续活动。

在萨帕塔等待马德罗的命令（他一直没有收到这项命令）的时候，他在当地革命中的地位显著提高了：另一名塔库巴亚阴谋团成员——奥克塔维奥的兄弟鲁道夫——在奥克塔维奥离开几天后也来到了莫雷洛斯州。政府已经发现了这个阴谋团，摧毁了他们的组织，逮捕了许多相关

---

[1]　Zapata to Robles Domínguez, June 4, 1911, ARD, 4: 17: 106.
[2]　1911年3月，联邦特区的一批中产阶级激进分子、学生、妇女和工人蓄谋发动起义，目标是推举马德罗为总统。起义者即塔库巴亚阴谋团。——译者注

人士。鲁道夫躲过了拘捕，逃到了南方。他带来了他父亲给塔库巴亚阴谋团的一部分捐款——一万多比索。鉴于他们自己的行动已经失败了，鲁道夫就把这笔钱给了萨帕塔；于是萨帕塔拥有了在莫雷洛斯所有革命派中最强大的经济实力。而且他没有做什么让步就得到了这笔钱。虽然鲁道夫给他看了阴谋团的《政治社会计划》（*Political-Social Plan*）——这个计划比马德罗的《圣路易斯计划》激进得多，萨帕塔对这个计划在土地方面的规定也表示赞同，但是很明显，阴谋团并没有要求他向他们效忠。[1]

在此之后，萨帕塔很快就与马德罗派组织恢复了联系。4月4日，一名来自普埃夫拉州的前医科学生、前阿基莱斯·塞尔丹的追随者、前圣安东尼奥的流亡者，胡安·安德鲁·阿尔马桑，自称马德罗派在南方的全权代表，会见了萨帕塔。会面地点是特佩斯科，普埃夫拉的一个小村子，就在州界线附近。在那里，他宣布萨帕塔为莫雷洛斯的马德罗派领袖。[2]这个宣言到底有什么意义还值得商榷。年轻的阿尔马桑在招摇撞骗和弄虚作假方面很有天赋，而他在这件事中的表现也颇为可疑。他在南方自吹自擂，还拿出了官方的文件。但是就在他离开圣安东尼奥之前，他和马德罗吵了一架；马德罗也很了解他，知道他放荡不羁，不可信赖——用 *discolo*（叛逆者）来形容他再合适不过了。[3]我们仍然不知道他在普埃夫拉和莫雷洛斯的真正任务究竟是什么，但是重要的是，人

80

---

[1] Octavio Magaña Cerda: "Historia documental de la revolución," *El Universal*, July 7, 1950. 他弄混了这件事的日期。Magaña: op. cit., I, 109–10. 有关《政治社会计划》，见 González Ramírez: op. cit., pp. 68–70。该计划的第九条宣布："所有的被现政权强占、分给他们的党羽的财产都将被归还给它们的原主。"第十条许诺提高农场工人的工资。第十一条，"如果业主拥有的土地超过了他们能够耕种或者愿意耕种的数量"，那么他们就得把闲着的土地租给申请租种它们的人，租金是这些土地的计税价格的6%。第十五条，禁止农业和工业中的垄断行为。

[2] Dromundo: *Biografía*, pp. 47–48. Juan Andrew Almazán: *En defensa legítima*（México, n.d., 1958?），p. 19.

[3] José C. Valadés: *Imaginación y realidad de Francisco I. Madero*, 2 vols.（México, 1960），II, 202. On Almazán's early contact with Zapata, see also the interesting comments in Leopoldo Ancona: "El General Almazán y el Agrarismo de Zapata," *Novedades*, October 3, 1939.

们最终接受了他，认为他是——像他自己说的那样——马德罗的"大使"、革命中央领导集团的地方代表。他和萨帕塔建立了看起来颇为正式的联系，这就使萨帕塔的领导权进一步合法化了。

科学家派也在无意中强化了萨帕塔在莫雷洛斯革命军中的领导地位。首先，他们清除了莱瓦父子——莫雷洛斯除了萨帕塔以外仅有的能让马德罗派真正团结起来的人——在革命派中的影响力。为了平定国内暴动，科学家派走投无路，只得逐渐让步，开始更换政府官员，从内阁成员到市镇长官，把他们换成了不容易引起人们反对的知名人物。在莫雷洛斯，他们无法说服帕特里西奥·莱瓦出任州长，但是他们诱使已经退休了的莱瓦将军接受了州军队统帅的任命——这就损害了他们整个家族在当地革命者和改革者中间的名声。然后，为了选出新州长，莱瓦将军与革命者进行了协商，而他选择的商谈对象正是那个宣布支持萨帕塔领导地位的组织，这就进一步加深了他的错误。他与埃米利亚诺、欧费米奥·萨帕塔（刚从贝拉克鲁斯回来）、加夫列尔·特佩帕和曼努埃尔·亚松苏罗（格雷罗州革命军代表）在霍纳卡特佩克见了面，这就在事实上承认了萨帕塔的莫雷洛斯马德罗派领袖地位。而且他也没有迫使对方做出任何让步。[1]

阿亚拉人的力量——特别是在莫雷洛斯的南部和东部地区——不断壮大。每天都有新的首领加入他们的阵营。什么样的人都有：费利佩·内里，一名来自奇纳梅卡庄园的26岁烧窑工；何塞·特立尼达·鲁伊斯，特拉尔蒂萨潘的一名新教牧师；福蒂诺·阿亚奎卡，28岁的纺织工人，来自普埃夫拉州的阿特利斯科；弗朗西斯科·门多萨，40岁的牧场工人，也是个盗马贼，来自切特拉一带，就在普埃夫拉州界旁边；赫苏斯·"独眼"·莫拉莱斯，一个大腹便便、好说大话的酒馆老板，来自切特拉北边的阿尤特拉——19世纪90年代末，萨帕塔兄弟

---

[1]　　Diez: *Bibliografía*, pp. cxc–cxci.

在那里躲避莫雷洛斯警察的时候，他就和他们成了朋友。[1]每个人都带来了一群新援，人数从 50 到 200 不等。

到了 4 月中旬，萨帕塔显然已经是他的战略地区上的最高革命领袖了。他的权力越来越大：他不仅可以让特佩帕和阿尔马桑继续南下，在普埃夫拉-格雷罗边界活动，还能指挥特佩帕手下的首领，把他们和新加盟的普埃夫拉同盟军编入他自己的那支主要由阿亚拉人组成的军队。他又从当地村落和牧场召集了更多的志愿军，然后发动了针对普埃夫拉州的切特拉和伊苏卡尔德马塔莫罗斯——重要的铁路和商业中心——的强大攻势。那里新来的联邦警察和军队没有抵抗就撤离了。4 月 7 日，萨帕塔的马德罗军占领了这些地方。第二天，联邦军队的增援从阿特利斯科带着大炮和机枪匆匆赶来，把革命军赶出了伊苏卡尔。但是革命军在切特拉以及周围的乡村地区重新组织了起来，继续控制着这片区域。[2]这次相对成功的行动，巩固了萨帕塔在这一地区的崇高地位。

然而，在莫雷洛斯其他地区的革命派中，萨帕塔的领导权并不那么稳固。在中央地区，阿马多尔·萨拉萨尔、费利佩·内里和奥蒂略·蒙塔尼奥效忠于阿亚拉派，这些人的行动很成功。从特坡斯特兰到耶卡皮斯特拉，南至特拉尔蒂萨潘，人们也听从萨帕塔的命令，以他的名义招募新兵。但是在西边，从北部的维齐拉克到南部的阿马库萨克，游荡在那些地方的起义者和叛乱分子则完全不听萨帕塔的。占据了库埃纳瓦卡以西和以南地区的赫诺韦沃·德拉奥起码通过萨拉萨尔和阿亚拉人保持了友好的联系，但即使这样，消息也是"堂赫诺韦沃"发给"*señor Emiliano*"（埃米利亚诺先生）的。[3]而同一地区的其他革命领袖，比如

---

[1]　For these biographical tidbits, see Carlos Reyes Avilés: *Cartones Zapatistas*（México, 1928），p. 14; Serafín M. Robles: "Se Incorpora J. Morales, Toma de Chietla, Puebla," *El Campesino*, June 1952; ibid., February 1956; Miguel Ángel Peral: *Diccionario biográfico mexicano*（México, n.d.）; *El País*, August 22, 1911; and the private papers of Porfirio Palacios.

[2]　Magaña: op. cit., I, 101. Manuel de Velasco: "La revolución maderista en el estado de Puebla"（MS, 1914），pp. 67–69. I consulted this manuscript thanks to the generosity of José Ignacio Conde.

[3]　Páez in *El Sol de Puebla*, April 2, 3, 6, 11, 17, 18, 20, and 23, 1951.

和马加尼亚一样从塔库巴亚阴谋团逃出来的米兰达兄弟和他们的父亲，则完全无视萨帕塔；他们转向南方，投靠格雷罗州的强大领袖——后者的势力正在向北扩张。

格雷罗的领袖，维楚科的菲格罗亚四兄弟，是阿亚拉人的有力竞争者。从战略上来看，格雷罗是墨西哥南部的关键地区，而菲格罗亚兄弟非常清楚怎么在那里进行斗争。七年前，在维楚科，四兄弟中最有野心的两位，安布罗西奥和弗朗西斯科，参加了反对当地的波菲里奥派州长的运动，结果安布罗西奥不得不穿过州界，到霍胡特拉避难。[1]他和弗朗西斯科知道，想要控制广阔而多山的格雷罗，革命者必须进行各种各样的交易，很多时候还要和他们所反对的联邦政府做交易。促成交易的最直接的方式就是开进莫雷洛斯，在首都的大门口搞起革命来。地理条件为这条路线提供了便利——莫雷洛斯东南部地势平坦，少有山地。而当地的党派关系也方便了菲格罗亚兄弟的行动。在霍胡特拉，安布罗西奥是个相当成功的农夫，也是颇有势力的鲁伊斯·德贝拉斯科家族稻米磨坊的经理。他和这个地区的大部分商人和种植园经理都见过面，并且给他们留下了深刻的印象；他也曾经在当地的预备役军队当军官，从1903年开始，直到他1908年返乡。他的老朋友们仍然非常尊敬他。[2]而且，他的老朋友之一，福斯托·贝尔特兰中校，最近还担任了霍胡特拉地区的军队指挥官。贝尔特兰同时也是莱瓦将军的参谋长，他不断游说将军本人和当地遵守法律的莱瓦派、种植园主，想让他们和菲格罗亚达成交易，换取停战协定。[3]到了4月中旬，这场交易生效了。莫雷洛斯的种植园主此时已经意识到了，他们周围危机四伏，于是答应付给安布罗西奥一笔可观的费用，请他保护他们的财产。[4]在公众的眼中，萨

［1］　Figueroa Uriza: op. cit., I, 31–35.

［2］　Ibid., I, 41. *Semanario Oficial*, IX, 6, 2. *El País*, January 12, 1912.

［3］　Figueroa Uriza: op. cit., I, 111–112. Diez: *Bibliografía*, pp. cxc–cxci. Figueroa to Robles Domínguez, July 12, 1911, ARD, 2: 8: 36.

［4］　Hector F. López: "El maderismo en Guerrero," *El Hombre Libre*, September 3, 1937, and "Datos para la historia de la Revolución," ibid., September 10, 1937.

帕塔只是莫雷洛斯的"头目之一",但是菲格罗亚兄弟已经成了整个南方地区的重要人物。[1]墨西哥城始终没有给这一带发布革命指令,于是格雷罗和莫雷洛斯革命势力之间的冲突不断升级。

萨帕塔必须采取行动,阻止菲格罗亚。他需要做的事很清楚:只有在革命胜利之前就牢固确立莫雷洛斯的政治独立地位,他才能在胜利之后让这个州保持独立。为此,他必须在两项行动中取得成功——即使这样可能也不够。一项是政治行动:让菲格罗亚或北方革命领导集团正式承认莫雷洛斯革命的独立性。另一项是军事行动,它能够确保第一项行动成功:在迪亚斯开始与马德罗进行商谈的时候,牢牢控制住莫雷洛斯的战略要地。

政治上的承认来得更早,也更容易。4月22日,萨帕塔和安布罗西奥·菲格罗亚在霍拉尔潘——普埃夫拉州的一座小城——见了面。普埃夫拉在这场争斗中保持了中立,所以很适合作会面的地点。[2]马德罗派代表吉列尔莫·加西亚·阿拉贡安排了这次会面。他最近才来到这个地区,刚刚帮菲格罗亚把他们分散在格雷罗东北部的队伍组织了起来,编为"南方解放军"的一部。[3]此时,加西亚·阿拉贡正打算把莫雷洛斯革命军也正式纳入解放军。但是他真正想做的是,在当下,革命的后期阶段,促成将在未来处于领导地位的格雷罗革命和独立自主的莫雷洛斯运动之间的有序合作。他在南方革命军中并没有什么——像罗夫莱斯·多明格斯那样的——影响力,但是有人做这种协调工作总比没有要好。

霍拉尔潘会议的各项决议中,最重要的是正式分配革命权力的那项。萨帕塔和菲格罗亚同意(萨帕塔被任命为革命军上将,和菲格罗亚平起平坐),他们的"纵队",在两位领袖的分别统率之下,可以在共和国的任何地方自由行动。但是,协议明确指出,"当[联合]行动在

---

[1]　*El País*, April 18, 1911.

[2]　Figueroa Uriza: op. cit, I, 120–123.

[3]　Ibid., I, 113–114.

第三章　村民加入马德罗革命　　　　　95

莫雷洛斯开展的时候，联合纵队的最高领袖是 *Señor Zapata*（萨帕塔先生）；如果行动是在格雷罗，最高领袖就是 *Señor Figueroa*（菲格罗亚先生）；如果［联合］纵队在其他州行动，我们将提前决定，上述两位领导者中谁将拥有最高指挥权"。[1]

这份得到了革命派司令部代表批准的协议，对于萨帕塔来说是巨大的胜利。这样一来，他就成了莫雷洛斯的马德罗派长官，而莫雷洛斯运动也正式取得了独立地位。但是这个胜利太大了，来得又这么容易，总让人觉得有些可疑，甚至不祥：菲格罗亚兄弟似乎不太可能信守承诺。

随后发生的事情加深了人们的怀疑。霍拉尔潘协议中有一项在 4 月 28 日攻打霍胡特拉的计划，但是菲格罗亚从种植园主那里收取补贴可不是为了这个。说来奇怪，虽然萨帕塔最近已经确立了他在莫雷洛斯的领导地位，但是在这次进攻中，菲格罗亚的纵队仍然只听他自己的指令。而当萨帕塔着手为行动进行准备的时候，他得到了一些令人不安的消息。大部分消息当时已经广为人知，比如菲格罗亚和当地种植园主以及军队指挥官之间的关系。但是最新的消息更让人伤脑筋。这些消息显示了他们的行动将会有什么样的结果：菲格罗亚和贝尔特兰约定，在发动攻击前的最后一刻，菲格罗亚将撤走他派去增援萨帕塔的所有军士，让萨帕塔独自面对联邦军队的重兵，就此被摧毁。甚至有消息说，菲格罗亚正密谋刺杀萨帕塔。最后一条情报说，贝尔特兰让他的炮兵向东北方向瞄准，而莫雷洛斯革命者就是要在那里发起攻击。收到这条消息后，萨帕塔撤退了。[2]但是，当他把这件事告诉菲格罗亚，要求再次召开会议的时候，菲格罗亚拒绝了，并且发兵占领了霍胡特拉西郊，没有受到贝尔特兰 200 名骑兵的任何抵抗；然后，他在附近的一座庄园召开了会议，擅自宣布了停战。[3]

---

［1］　Article 5, Jolalpan pact. The document is reproduced ibid., I, 121–122.

［2］　Magaña: op. cit., I, 111–112. Carlos Pérez Guerrero: "Por qué el general Zapata no atacó Jojutla en 1911," *El Hombre Libre*, September 8, 1937.

［3］　Figueroa Uriza: op. cit., I, 125–127.

在陷阱的边缘，萨帕塔小心地采取了应对措施。虽然他手下的首领多有抱怨，他们的游击队员也急于求战，他还是撤兵回到了阿亚拉市镇的一处基地。霍胡特拉是富庶之地，但它不是必不可少的：如果攻击它可能会导致他身死、他的革命运动败亡的话，他也可以放弃这个地区。从战略上来看，库奥特拉才是这个州的心脏。他已经从菲格罗亚兄弟那里得到了他所需要的一切——正式承认，于是他留下他们与联邦军队浪费时间，把自己的行动转移到了别的地区。在那些地方，行动一旦胜利，他就是唯一的受益者。

他能感觉到，时间已经不多了。此时全国的革命领袖都去了埃尔帕索，正在与迪亚斯的代表讨价还价。而弗朗西斯科·菲格罗亚正准备去一趟墨西哥城，和堂波菲里奥谈判，达成一项地区性协议。[1] 为了保住阿亚拉人在莫雷洛斯的地位，萨帕塔现在必须占领城镇，而不只是袭击它们。首先他需要明确地、毫无争议地控制库奥特拉。在那之后，如果还有时间，他可以再试着提高运动的声望，但是库奥特拉是必不可少的。

他很快就采取了目的性很强的行动。他把他的 25—30 个主要首领召集到汉特特尔科开了一次会，敲定了战略的细节，也部署好了他的军队。5 月初，革命联军攻下了尧特佩克，占领了四天。萨帕塔也在霍纳卡特佩克打败了联邦驻军，永久占领了那里。这时他在墨西哥城媒体的口中终于成了"莫雷洛斯暴动的**唯一头目**"。在接下来的几天里，他率军北进，始终在库奥特拉以北活动，袭击了普埃夫拉州西部的梅特佩克和阿特利斯科——两个富庶但是防备薄弱的工业城镇。他向富人强征贷款，筹集物资，把缴获的武器和弹药分发给他的战士。然后，革命军攻占华雷斯城的消息传来；此时马德罗正在北部，即将达成一项协定，菲格罗亚兄弟在墨西哥城争权夺势，萨帕塔则在耶卡皮斯特拉扎下了营寨（这个村子在库奥特拉的西北方向 25 英里处），筹划他的进攻行动。[2]

85

---

[1]　Figueroa Uriza: op. cit., I, 129–135.

[2]　Magaña: op. cit., I, 112. Páez in *El Sol de Puebla*, April 24 and 27, May 4 and 5, 1951. *El País*, May 5, 7, 9, and 12, 1911. 强调标记为原作者所加。

萨帕塔打赢了这场仗，但是过程漫长而血腥。种植园主终于迫使政府派来了一支兵强马壮的军队——精锐部队"黄金第五"军团（"Golden Fifth"Regiment）——驻守库奥特拉，保护他们。这正是萨帕塔早些时候想要避免的那种军事考验。但是现在他不能再等了。菲格罗亚可能已经在格雷罗私自签订了停战协议，这只会让萨帕塔在莫雷洛斯的处境恶化。[1]萨帕塔调动了他所有的首领，要求他们支援，从而组建了一支 4000 人的军队，在数字上大大超过对方的 400 人。他的杂牌军大多未经训练、没有纪律而且毫无耐心，但他还是竭尽所能，发动了一场围城战。尽管一支 600 人的联邦军队在他们出色的指挥官维多利亚诺·韦尔塔的带领下赶到了库埃纳瓦卡，也没有帮上他们在库奥特拉的伙伴。[2]最后，在六天的战斗——整场革命中最为惨烈的六个战斗日——之后，联邦军队撤离了，革命军占领了这座已经被摧毁了的城市。[3]那天是 5 月 19 日，距离阿亚拉人在托雷斯·布尔戈斯的带领下开始革命，差一天就到十个星期了。至少萨帕塔现在有了一个稳固的基地——虽然单凭这座城市并不能控制整个州，但是他的机会是最大的。

　　他没有机会取得更多的胜利了。两天后，5 月 21 日，星期日，《华雷斯城条约》（*Treaty of Ciudad Juárez*）签订，内战结束了。5 月 25 日，按照约定，迪亚斯把总统的位子让给了前驻美大使、现外交部部长、满口大话的律师-外交官弗朗西斯科·莱昂·德拉巴拉。就这样，临时政府时期开始了。这一时期将在 10 月的自由选举之后结束，而所有人都认为，马德罗将会赢得那场选举。这个月的最后一天，头发花白的老独裁者在贝拉克鲁斯坐上了一条德国汽船——伊皮朗加号；他再次成了一名普通的墨西哥公民，踏上了流亡的道路，驶向爱德华七世热爱的巴黎。

---

［1］　See Zapata's letter to the editor, *El País*, May 10, 1911.

［2］　George J. Rausch, Jr.: "The Early Career of Victoriano Huerta," *The Americas*, XXI, 2（October 1964）, 144.

［3］　Magaña: op. cit., I, 113–114. Páez in *El Sol de Puebla*, May 8 and 9, 1951. Figueroa Uriza: op. cit., I, 165–167.

　　虽然战斗结束了，但是革命仍将继续，唯一的变化是，此时革命成了官方的政策——不过可能只有萨帕塔和他的首领这样想。他们准备制定的政策大多与土地改革有关。这并不是要没收种植园。革命军其实一直很尊重这些受人憎恨的产业。他们的确袭击了一些庄园，主要是规模大的那些，比如圣加夫列尔和特南戈，目的是获得那里的马匹、武器和弹药。革命军为了报复特南戈的经理，烧毁了一块甘蔗田，洗劫了庄园的宅邸；在普埃夫拉的阿滕辛戈，他们杀了七名雇工。[1]但是大体而言，革命首领还是许下了承诺，让种植园完成收割和碾磨的工作。4月的时候，阿马多尔·萨拉萨尔甚至还委派奇纳梅卡的革命军保护当地正在全力进行的收获工作。[2]革命首领常常会为他们夺取的物品和材料付钱，至少也会写个字据。而只有在极少数情况下，他们才会从常住劳工中招募革命军；这个群体更喜欢生活在安全有保障的种植园里，而且没有证据表明革命军曾经成功动员了这些劳工，让他们揭竿而起，占领他们工作的种植园。[3]像他们的父辈和祖辈那样，组成了马德罗派军队的村民和牧民仍然遵照传统，继续忍受莫雷洛斯的生活方式：他们会给庄园留出它的位置。但是，他们也坚持要有自己的位置：在他们看来，认可村落和牧场的合法地位，使他们的地权受到尊重，这是革命政策的正义性所在。于是，在占领库奥特拉之后，萨帕塔向这一区域的所有村落发布了命令，让人们提出要求，收回自己被种植园占据的土地。而当该市镇的临时长官试图取消这些命令时，萨帕塔坚定不移地捍卫了它们。在接下来的日子里，佃农和贫农武装了起来，占领了莫雷洛斯中部和东部的农田。他们宣布自己拥有这些土地。毫无防备的种植园经理和常住劳工没有别的办法，只能满足他们的革命要求。[4]

　　从表面上看，这场改革是得到了《圣路易斯计划》授权的。根据第

［1］　*El País*, April 8 and 17, 1911. Velasco: op. cit., pp. 68–69.

［2］　Páez in *El Sol de Puebla*, April 18, 1951.

［3］　J. García Pimentel: op. cit., p. 11.

［4］　Teofanes Jiménez to de la Barra, August 18, 1911, AZ, 6: J–3: 6. Antonio Carriles to Juan Pagaza, May 23 and 24, 1911, ARD, 6: 28: 10.

九条，萨帕塔是库奥特拉的合法领导者，至少暂时有权实施第三条——"强占土地的事件"须"提交"给他"审核"，"通过不道德手段获取的"土地将被"归还"给"原来的主人"。而且几乎没有人怀疑，作为莫雷洛斯的革命领袖，他会在每个地区都实行这项土地政策。虽然其他州的革命将领不会采取类似的行动，但是他不为所动。他明白，那些领袖加入革命的理由肯定和他不同。至于他自己，作为阿内内圭尔科-阿亚拉城-莫约特佩克联合防务委员会的主席，他出于某种特定的原因而发动起义，也和他的支持者，那些出于同样的特定原因与他一同起义的人，缔结了严肃的责任关系。既然革命已经胜利了，他就要遵守他们的约定。

但是莫雷洛斯是不是真的属于萨帕塔，阿亚拉党在这个州里重要不重要，都还是问题。因为种植园主的力量仍然很强大，行动也很积极。革命军还没攻占库奥特拉的时候，这些实业家就已经开始搞鬼，想要重新操纵这个州了。起初，他们遇到的问题是如何保卫自己的财产，后来问题越来越严重，变成了怎样才能躲开财政危机，于是他们明白了，他们别无选择。如果土地归村落所有，种植园主必须提起诉讼才能征用土地，那么在夏天，在必须为下一季作物做准备的时候，小农户就会在有争议的土地上种上玉米和豆子，而不是甘蔗。接下来的 1912 年春天就会变得非常悲惨——甘蔗产量降低、磨坊闲置、利润流失，对于投入了大笔资金的商人来说，这可不是什么好前景。万分忧虑地，他们在马德罗派中搜寻，想找一个维护过去的土地所有权制度、让农户提起上诉的人。他们找到了莱瓦-菲格罗亚联盟——这个联盟在霍胡特拉附近建立的时候他们也出了力。莱瓦将军虽然一度估计错了形势，接受了波菲里奥派的任务，但是现在，他准备了一套说辞，表明自己那么做是为了改革的利益，并且宣布自己是个革命者。[1] 在霍胡特拉和库埃纳瓦卡，他有一批老拥护者，其中很多人真心支持马德罗——虽然身为店主或律

---

[1] 身为一名莱瓦支持者，迭斯接受了这一说辞。见 Diez: *Bibliografía*, pp. cxc, cxcii.

师，这些人并不愿意参加战斗，还认为仅凭自己对新政府的同情，就已经比起义者更有资格担任公职了。而菲格罗亚兄弟正在上下活动，准备进入墨西哥城政坛，所以他们接受了种植园主的美意，好让自己上升的道路更通畅些。这些有志者并不是要背叛革命，他们的目标始终是高尚的。只是，他们将革命看作一场政治变动，想让这一变动按照对他们有利的方式进行，这就把他们变成了种植园主暂时的盟友人选。双方的利益交叉在了一起，新的党派成形了。

5 月 17 日，距离库奥特拉被攻占还有两天的时候，莫雷洛斯"体面公民和商人"的代表团与安布罗西奥·菲格罗亚在伊瓜拉进行了会谈，请求后者占领莫雷洛斯，把他们从萨帕塔手中救出来。令人遗憾的是，菲格罗亚拒绝了：他害怕受到还没有与他和解的联邦军队的背后袭击。但是一名革命军下级军官，曼努埃尔·亚松苏罗，介入了谈判。他让菲格罗亚意识到，格雷罗革命军可以通过一些看似不经意的疏忽，间接干预萨帕塔的那些越轨行为。菲格罗亚进而意识到，占领库埃纳瓦卡会给他带来许多好处——比如可以缩短他和墨西哥城之间的距离。想想吧，格雷罗革命军赶在马德罗前面，率先开进首都！于是菲格罗亚松口了，给了亚松苏罗一支 800 人的军队，让他们向北开进，靠近莫雷洛斯的首府。他还派出了另一支小一点儿的队伍去占领霍胡特拉。[1]

事实证明，这个决定是明智的。华雷斯城谈判那天，战争部部长命令莱瓦将军安排莫雷洛斯的停战事宜。第二天，菲格罗亚派首领费德里科·莫拉莱斯和平进入了霍胡特拉，夺取了当地的政权，并通知莱瓦，表示自己接受停战。亚松苏罗也接受了同样的条件，带着他的纵队朝库埃纳瓦卡行进，到了霍奇特佩克。[2]此时萨帕塔还在库奥特拉，仍在忙着打围城战。他无法阻止这些人的行动，愤怒地拒绝了谈判。"你管不了我，"面对莱瓦将军的停战条件，他回答道，"我只听共和国临时总统弗朗西斯科·I. 马德罗的命令……我只能告诉你，如果你不把库埃

---

[1]　Figueroa Uriza: op. cit., I, 173–175.

[2]　Morales to F. Leyva and Castrejón to F. Leyva, May 19, 1911, AZ, 12: 1.

第三章　村民加入马德罗革命　　　　101

纳瓦卡交给我，那么要是你被我抓住了，我就会枪毙你。"[1]他甚至拒绝和由库埃纳瓦卡市政官员组成的和平委员会进行会谈——这些人在他攻占库奥特拉之后前来找他，请求向他投降。结果这些委员在5月21日去了霍奇特佩克，在那里，亚松苏罗热情地向他们提供了"保障"。21日下午，莱瓦将军在又惊又怒的强烈情绪中辞职了，格雷罗人和平占领了莫雷洛斯的首府。[2]第二天，亚松苏罗收到了罗夫莱斯·多明格斯的电报，建议停止争斗，因为《华雷斯城条约》已经签订了。[3]

于是，种植园主重新掌握了当地的控制权。但是更让萨帕塔和阿亚拉人惊讶的是他们的革命领袖的奇怪反应。比如，5月23日，罗夫莱斯·多明格斯（现在已经出狱了，继续担任马德罗派驻墨西哥城的代表）建议萨帕塔"推迟占领"卡尔德龙、奥斯皮塔尔和奇纳梅卡庄园。[4]但是萨帕塔并没有攻击这些地方，甚至都没有威胁过要攻击它们——他只是曾经向奇纳梅卡的经理直言，他对该地区有管辖权。[5]不过，对于阿亚拉人来说，罗夫莱斯·多明格斯对种植园的态度变得这么友善，当然是非常令人不安的。5月24日，多明格斯的个别建议变成了一条通令："对庄园的敌对行为"就是"战争行为"，革命军要"彻底停止"这样做。[6]而5月26日，在停战以来的第一份革命宣言中，马德罗亲口承认，"《圣路易斯波托西计划》第三条中的目标无法彻底实现"。[7]如果革命派在土地改革的目标上有所保留，那么革命在莫雷洛斯是不是真的取得了胜利就很难说了。但是无论如何，阿亚拉人的军事地位都是不稳定的。在为了革命事业真心实意且卓有成效地斗争了几个月之后，他们竟然面对着这样一种可能性：他们深信不疑的领袖可能

---

[1] F. Leyva to the secretary of war, June 3, 1911, ibid., 12.

[2] Diez: *Bibliografía*, p. cxciii. Sánchez Escobar: op. cit., pp. 29–31.

[3] Robles Domínguez to Asúnsulo, May 22, 1911, ARD, 4: 17: 2.

[4] Robles Domínguez to Zapata, May 23, 1911, ibid., 5.

[5] Carriles to Pagaza, May 23 and 24, 1911, ARD.

[6] Robles Domínguez to the Revolutionary chiefs in his zone, May 24, 1911, ARD, 1: 6: 34.

[7] For the document, see Manuel González Ramírez, ed.: *Manifiestos políticos*, 1892–1912 （México, 1957）, pp. 210–213.

会取消他们在这个州的革命领导权，也可能会放弃他们原本打算实施的政策。

事情很快就清楚了：莫雷洛斯革命的命运取决于全国的革命领袖在华雷斯城做出的那个非常不革命的妥协。在那里，马德罗和他的同僚聚在了一起，在两件大事上进行了表决：墨西哥的一个时代结束了吗？如果是这样的话，如果随着迪亚斯的离开，改变将无可避免地在某些地方以某种形态发生，那么堂波菲里奥时代的哪些部分、在多大程度上应该结束？但是，在核心决策者中，没有人清楚应该怎样回答这些问题，可能是因为没人打算明确地回答它们。历史上曾经规划、实施并赢得革命的政团之中，很少有哪个团体像 1910—1911 年的马德罗派高层那样，一心想要维护合法政权的连续性。除了保存旧有的政治形式与惯例以外，他们好像什么都不在乎。迪亚斯的政体，就和他的个性一样，深深地吸引着这些人：他们在这个体系中长大，在他们心底，对迪亚斯治下的"和平"局面，总是隐隐地怀着一丝尊重——和其他墨西哥人一样，他们忍不住认为，迪亚斯是这种"和平"的缔造者。他们想要与迪亚斯时代达成和解，于是，他们没有回答时代如何结束的问题。

他们与政府达成的协议，把他们对这个问题的逃避态度忠实地记录了下来。按道理来说，《华雷斯城条约》本应成为向革命政府转型的蓝图，因为它可以把人们想要的变革落实成明确的规定，也可以依靠强权，把反对意见正式压制下去。然而，这批革命领袖软弱无力，他们竟然接受了德拉巴拉和另外四名波菲里奥时代遗老进入新内阁，把改革变回了一个全凭政治良知解决的问题。[1]这些有良心的好人希望，他们温和的民主不仅能够保证，针对改革问题而进行的协商是凭良心的，还能给这些协商带来好的结果。

他们怀着乐观的心态避开了问题，事实证明这是个致命的错误。德拉巴拉的个性就决定了他坐这个位子并不合适。正如美国大使说的那

90

---

[1]　For a copy of the treaty, see Cabrera: op. cit., pp. 453–454.

样，他是"一个绝对高尚诚实的人，在外交手段和某些更文雅的技艺方面都训练有素，但是……也是个感伤主义者，缺少坚定的意志和分析问题的能力——这些对于在他这样的位子上的人、在这样关键的时刻是非常重要的"。[1]然而，政府中的马德罗派也没有能力主持工作。一个例子是，他们无法在发动何种改革的问题上达成一致。因为没有哪个承担着改革使命的国家领导人真正与旧政权划清了界限，也就没有人对他们自己究竟为什么憎恶旧政府、渴望新政府有明确的概念。在废止《圣路易斯计划》这件事上，他们连一个粗略的行动计划都没有提出来。而且，他们已经激起了全国民众深厚而急切的渴望，所以即使他们有本事靠着个人魅力、高昂的兴致和良好的意愿来好好沟通，在革命问题上达成一致，他们也没有时间这么做了。没有了中央集中发布的一般指示和革命号令，国家政治的根基开始崩塌了。

形式上的问题随即在莫雷洛斯出现了，而仅仅是这些问题就已经让阿亚拉人束手无策了。《华雷斯城条约》完全放弃了《圣路易斯计划》的"政治激进主义"，重新承认了州长、州议会议员、国会议员、地区长官和市镇长官的合法地位。[2]他们不仅不会因为反抗革命而被逮捕或审判，而且，革命者还必须尊重他们的权威——在任命新的临时官员之前。此外，那些曾经在马德罗派军队中战斗过的革命者这时发现，他们在联邦军队中获得一席之地的可能性已经大大降低了。

91 　　比这些政治上的倒退还要糟糕的是，人们的关注重心又回到了墨西哥城。在内战的那几个月中，人们的注意力转移到了奇瓦瓦州，莫雷洛斯不受关注，因而充分享受了行动的自由。于是，民众主义在乡下蓬勃发展起来了。它有具体的诉求，也有一位负责任的、决心坚定的领导者。但是到了5月末6月初的时候，首都再次成了主要的政治——一种自觉进行妥协的政治——舞台；不管是波菲里奥派的老手政客还是马德

[1] Wilson to the secretary of state, May 23, 1911, National Archives（henceforth NA）, Record Group 59: 812.00/1981.

[2] On this point, see the interesting comments by González Ramírez: *Manifiestos*, pp. 219–220.

罗派的新人政治家都无法忽视 80 英里以外富庶的南方山谷里发生的事。于是，很不幸，在这个国家的又一个危急关头，中央的权力争夺叠加在了莫雷洛斯的地方斗争上。保守派和改革者在表面的和解之下你死我活的斗争、每个阵营内部公开的对抗、每个自认为有资格说话的人的不着边际的发言，这些都在莫雷洛斯引起了回响。由此产生的斗争形式极为复杂。但是随着不同的联盟形成、解散，《华雷斯城条约》对当地造成的影响也逐渐变得清晰了：在和平状态下，阿亚拉的革命党没有了机会领导莫雷洛斯。

于是，种植园主确信自己掌握了主动权，变得更加大胆了。停战后不久，加夫列尔·特佩帕就结束了他在库奥特拉的运动，回到了特拉基尔特南戈。他和费德里科·莫拉莱斯很多年来一直有私仇，而他们此时的政治分歧也让一场决斗变得不可避免。在特拉基尔特南戈，特佩帕向几名最富有也最不得人心的霍胡特拉商人——其中一位是鲁伊斯·德贝拉斯科家的姻亲——征收了强制贷款，挑战了莫拉莱斯的政治权威和男人气概。按照约定，特佩帕会到地区中心收取贷款。5 月 25 日，他只带了一小支护卫队就出现在了城中。莫拉莱斯把他抓了起来，立刻枪决了。[1]第二天，托马斯·鲁伊斯·德贝拉斯科——在接下来的几个月他成了莫雷洛斯种植园主的发言人——向罗夫莱斯·多明格斯阐释了这件事在当地的政治影响。[2]

种植园主继续前进。接下来，他们在任命临时州长一事上也取得了胜利。埃斯坎东早就从莫雷洛斯逃了出去，回到了他热爱的英格兰；在那里，他代表墨西哥出席了国王乔治五世的加冕礼。虽然他没有辞职，但是他正式获得了一次六个月的假期，而且人们都知道，他不会再回来

92

---

[1]　Figueroa Uriza: op. cit., I, 198–199. Carriles to Pagaza, May 23 and 24, 1911, ARD. 被征收强制贷款的是小佩德罗·拉马德里，他和费利佩·鲁伊斯·德贝拉斯科是姻亲兄弟。不久之前，鲁伊斯·德贝拉斯科家还串通了埃斯坎东，帮老拉马德里逃了 18000 比索的税。见 Memorandum, ARD。

[2]　Ruiz de Velasco to Robles Domínguez, May 26, 1911, ARD, 1: 6: 44.

了。[1]于是革命派实际上拥有了任命新州长的权力，这是《圣路易斯计划》赋予他们的。问题是，哪个革命派？阿亚拉人认为这一特权是属于他们的。5月26日，萨帕塔来到库埃纳瓦卡，与亚松苏罗商定，组建一个革命参谋团；萨帕塔把他自己的秘书阿夫拉姆·马丁内斯选为了参谋长。[2]到了5月29日，他和马丁内斯已经给罗夫莱斯·多明格斯发了三封电报，询问后者能否提名州长。[3]但是没有迹象显示他收到了回复。同时，亚松苏罗自己也参加了州长提名的协商。他先是提名曼努埃尔·达维拉·马德里为州长，后者是库埃纳瓦卡的一名酒店老板，曾在该城的和平委员会中任职。这位酒店老板拒绝了，但是推荐了胡安·卡瑞昂，莫雷洛斯银行的经理。卡瑞昂和亚松苏罗一样是奇瓦瓦人，他1905年就开始经营库埃纳瓦卡银行，并且和种植园主走得很近。[4]5月31日，这位银行家给罗夫莱斯·多明格斯写信，说自己"很乐意"接受亚松苏罗的邀约，"因为我同情革命事业，也因为我想履行自己的爱国义务"。为了证明他的爱国心，他继而强调萨帕塔似乎无法控制他的追随者，还说库埃纳瓦卡的"重要人物"在听到亚松苏罗将要离开这座城市、把它交给本地的起义军领袖的谣言时，都深感忧虑。他恳求罗夫莱斯·多明格斯让亚松苏罗继续留在这里。[5]6月2日，卡瑞昂就任临时州长，亚松苏罗也留了下来。[6]

种植园主恢复影响力的速度和程度都是惊人的。一个月后，他们利用一项与霍胡特拉有关的地方协议，成功控制了整个莫雷洛斯政府。这种控制虽然是暂时的，而且范围不大，但是对莫雷洛斯政府的发展方向造成了重大的影响。他们领导的联盟控制了莫雷洛斯的首府、南部最富

---

[1]　*Semanario Oficial*, XX, 19, 3. *El País*, May 9, 1911.

[2]　Martínez to Robles Domínguez, May 26, 1911, AZ, 27: 2.

[3]　Martínez to Robles Domínguez, May 28, 1911, ARD, 4: 17: 40. Zapata to Robles Domínguez, May 28, 1911, ibid., 45. Martínez to Robles Domínguez, May 29, 1911, ARD, 1: 6: 92.

[4]　Sánchez Escobar: op. cit., p. 32. *Semanario Oficial*, XIII, 9, 6; 13, 8.

[5]　Carreón to Robles Domínguez, May 31, 1911, ARD, 4: 17: 63.

[6]　Carreón to de la Barra, June 2, 1911, AZ, 17: 8: 5.

有的城镇、三个地区中心，并且对这个州里所有的政府机构都有影响。

对种植园主的这些行动，萨帕塔的公开反应被动得出奇。虽然他无法在霍胡特拉组织反对活动，但是他本可以在库埃纳瓦卡向亚松苏罗发起挑战。库奥特拉落到他手里之后，人们提醒他提防亚松苏罗的行动，催他尽快开进州首府，但是，他并没有把这场危机放在眼里。他说他并不"那么紧张"，他会让"*la gente decente*"（合适的人）去战斗，解决这个问题，然后自己再开进去。[1]但是他肯定知道，有菲格罗亚兄弟在，他就没有什么战斗的机会。他拒绝进行政治活动和军事打击，也就失去了这座城市。

在特佩帕被杀的事上，他也是一样的宽容。除了莫拉莱斯以外，萨帕塔从来不认为任何人有罪，他甚至从来没有花费太大力气报复莫拉莱斯。[2]5月26日，特佩帕被枪杀后的第二天，萨帕塔与莫拉莱斯的伙伴亚松苏罗友善地进行了商谈。[3]而在5月29日，萨帕塔、亚松苏罗和另一名与菲格罗亚有合作关系的革命者，阿方索·米兰达，共同宣布两个革命派之间的分歧已经得到了令人满意的解决。[4]

此外，虽然不喜欢卡瑞昂，萨帕塔也没有试图赶走他。没错，他确实与其他讨厌卡瑞昂的莫雷洛斯领袖交上了朋友，比如赫诺韦沃·德拉奥。当萨帕塔5月26日来到库埃纳瓦卡的时候，他故意没去亚松苏罗迎接他的地方，而是去了德拉奥等他的地方。他在那里见到了德拉奥，一个矮矮胖胖的粗野男人，身上穿的是农夫常穿的白色工作服，与他的战士毫无分别，给萨帕塔留下的印象很深。但是萨帕塔没有抓住机会组织本地反对党，借此与种植园主选择的统治者对抗。他甚至都没有在卡瑞昂上任的时候表示抗议。[5]6月初，他略作尝试，打算把自己的军队

---

[1]　Páez in *El Sol de Puebla*, May 10, 1951.

[2]　Zapata to Robles Domínguez, June 9, 1911, ARD, 4: 17: 132.

[3]　Asúnsulo to Robles Domínguez, May 27, 1911, ARD, 4: 17: 33. Zapata and Asúnsulo to Robles Domínguez, May 27, 1911, ibid., 35.

[4]　Magaña: op. cit., I, 116.

[5]　Páez in *El Sol de Puebla*, May 29, 1951. De la O in *Impacto*, December 31, 1949.

调进普埃夫拉州，离开卡瑞昂的管辖范围，但是也很快放弃了。[1]

这种被动姿态有各种各样的原因。至少萨帕塔仍然控制着库奥特拉，他在那里可以巩固自己的力量。身在库埃纳瓦卡的亚松苏罗是一个热情的年轻人，一名在美国受过教育、爱听拉格泰姆[2]的矿业工程师。他也并不完全忠于菲格罗亚兄弟。他在他们的军队中效力，只因为革命爆发的时候，他正好在格雷罗。[3]他把州首府的阿亚拉党人当作同志，和费德里科·莫拉莱斯在霍胡特拉对他们采取的敌视态度相反，这表明他可能会认同他们对领导权的要求。此外，萨帕塔有稳定的资金来源——养得起他的起义军，也能承担其他革命开销：在 5 月 29 日和 6月 2 日之间，莫雷洛斯银行和国家银行库埃纳瓦卡分行给了他 20000 比索用于军队支出。[4]

最重要的是，在此时的墨西哥，马德罗的欢心似乎才是关键。虽然很多人说这个小个子男人是个梦想家，但他毕竟刚刚领导了 35 年来首次取得成功的起义。就连他的暧昧态度似乎都能证明，他身上还有人们尚未发现的巨大能力。他让美国大使想起了《圣经》中的约瑟，"人们说他是梦想家，但他却成了一个伟大王国事实上的统治者，把他的兄弟都封了王"。[5]而萨帕塔仍然相信，虽然近来有些不祥的征兆，但是马德罗仍然会信守革命"神圣的原则"，兑现他们"解放的承诺"。如果墨西哥的权力中心真的采取了这样的政策，莫雷洛斯的地方运动将会大大受益。所以，萨帕塔非常依赖他和革命政府之间的从属关系，他也格外小心，不让自己因为不守纪律或者礼数不周而冒犯上级——即使在他们像罗夫莱斯·多明格斯那样，在自己的地盘上建立了一个与马德罗派竞

---

[1]　Robles Domínguez to Zapata, June 2, 1911, ARD, 4: 17: 99. Zapata to Robles Domínguez, June 10, 1911, ibid., 135.

[2]　拉格泰姆（Ragtime），一种钢琴音乐风格，起源于美国的非裔社区，1895—1919 年间在美国非常流行。——译者注

[3]　Figueroa Uriza: op. cit., I, 174. King: op. cit., pp. 66–68.

[4]　For the receipts, see ARD, 4: 17: 81–85.

[5]　Wilson to the secretary of state, May 23, 1911, NA.

争的独立派别之后也是这样。尽管频频受到挑衅，萨帕塔还是耐心地等待，希望马德罗在全面了解了莫雷洛斯的土地问题之后，还乡下人一个公道。如果领袖本人管事，为什么还要和他的下属计较？萨帕塔还不知道的是，这位领袖并不管事。

6月7日，马德罗来到墨西哥城，受到了热烈的欢迎。人们为他举办了一场盛大的欢迎仪式——可能是自从90年前迎接独立军以来，首都人举办的最盛大的一场。[1] 第一批来到火车站迎接他的人里就有莫雷洛斯的那位乡村起义领袖。第二天，晚饭过后，两人在马德罗家族位于墨西哥城柏林街的宅子里进行了会谈。在场的还有埃米利奥·巴斯克斯、贝尼托·华雷斯·马萨和贝努斯蒂亚诺·卡兰萨，都是革命联盟的高层领导。[2]

马德罗一开始就提出了请求，希望萨帕塔和菲格罗亚兄弟和睦相处，萨帕塔同意了。然后，萨帕塔清楚直白地陈述了他的情况。"我们想要的是，"他说，意指他和他的追随者，"立刻把土地还给村落，还要实现革命军许下的诺言。"

马德罗拒绝了：土地问题非常复杂，需要小心处理，而且适当的程序也必须得到尊重。更重要的是，他说，萨帕塔应该解散他的起义军。

萨帕塔小心地表达了他对马德罗个人的信任，但是他也对联邦军队是否会始终忠于一个手无寸铁的革命政府——无论是在国家层面还是地方层面——表示了怀疑。他举了莫雷洛斯的例子，在那里，他说，卡瑞昂完全倒向了种植园主。如果这样的事在革命者有军队的时候都会发生，他问，那么"当我们把自己交给敌人领导"的时候会发生什么？显然，萨帕塔没有领会新兴的调和精神。马德罗责备了他：这是一个新的时代，政治应该是有序的，暴力是行不通的。

双方随后的交锋意义重大。有那么一会儿，莫雷洛斯乡下粗人的

---

[1]　马德罗的同伴、历史学家里卡多·加西亚·格拉纳多斯这么认为。见 Ricardo García Granados: op. cit., II, 181。

[2]　For this conference, see Magaña: op. cit., I, 130–134.

焦躁情绪让墨西哥城里那个舒适房间中的气氛变得紧张了起来。萨帕塔站了起来，拿着他的卡宾枪，走向马德罗坐着的地方。他指了指马德罗挂在背心上的金表链。"你看，*Señor Madero*（马德罗先生），"他说，"如果我利用我有武器这一事实，拿走了你的表，占有了它，过了一阵子我们又见面了，我们两个人都有武器，你有权要求我把它还给你吗？""当然，"马德罗对他说，"我甚至还会要求赔偿。""那么，"萨帕塔总结道，"这就是发生在莫雷洛斯人身上的事。有些种植园主靠武力抢走了村子的土地。我的士兵，他们就是那些村子里的人，拿起了武器的农夫，他们让我告诉你，恕我直言，他们要求收回土地，现在就收回。"

马德罗重复了他在这个问题上的承诺。但是这番对话让他非常不安。于是，尽管打乱了他紧张的日程安排，他还是接受了萨帕塔的邀请，准备在 6 月 12 日，下个星期一，访问莫雷洛斯，亲自调查那里的情况。很明显，萨帕塔胜过了种植园主，占了上风。有马德罗本人的支持，他也许可以打败他们，至少看上去还有可能。

第四章　军事行动

"把信任的种子播撒了出去——如果这么说合适的话……"

不管是不是有意的，从战略上来看，迪亚斯在任的最后一招堪称天才之举。通过辞职，他让马德罗赢了这场战役，但是没有让他获得赢下整个战争所必需的经验。这种不彻底的胜利所带来的张力很快就把革命联盟撕裂了。

莫雷洛斯的种植园主敏锐地发现了这种张力，这一发现让他们在马德罗和萨帕塔联合起来的时候也没有放弃希望。他们一如既往地高效、精明，直接打起了马德罗的主意。安东尼奥·巴里奥斯，蔗糖和酒类生产商联盟的主席，两年前埃斯坎东的竞选经理，和马德罗联合发布了一份抗议书，批评莫雷洛斯起义军不主动放下武器。[1] 托马斯·鲁伊斯·德贝拉斯科安排他自己和一群莫雷洛斯商人陪同马德罗访问库埃纳瓦卡。[2] 马德罗刚刚到达，卡瑞昂就在博尔达花园为他摆下了宴席。这场宴会弥漫着浓重的精英气息，于是萨帕塔——莫雷洛斯马德罗派的正式领袖——拒绝参加。[3] 就这样，萨帕塔邀请马德罗来莫雷洛斯，结果却与他的期望恰恰相反。第二天马德罗就启程去了伊瓜拉，再之后那天

---

[1]　Association of Sugar and Alcohol Producers to Carreón, June 12, 1911, ARD, 4: 17: 144. 安东尼奥·巴里奥斯也是拉蒙·科罗纳——圣比森特和奇孔夸克庄园的主人——的律师。See Sánchez Escobar: op. cit., p. 167, and the Memorandum, ARD.

[2]　*El Imparcial*, June 12, 1911.

[3]　Magaña: op. cit., I, 136. *El Imparcial*, June 13, 1911.

去了奇尔潘辛戈，和菲格罗亚兄弟谈了很长时间。[1]

6月15日，马德罗回到莫雷洛斯，结束了他的旅程。这时他已经确信了，萨帕塔没有能力控制他的那支据说极为野蛮的军队。库奥特拉的房屋废墟，一个月前那场耗时六天的可怕战役的证据，在马德罗眼里却变成了萨帕塔允许他的军队烧杀抢掠的证据。[2]于是，回到墨西哥城后，不管又听到了什么有关莫雷洛斯革命派的坏话，他都不会再怀疑了。

重大的政治分歧从个人之间的隔阂中产生了。在库埃纳瓦卡，萨帕塔再次请求在土地问题上采取行动，而马德罗又一次许了几个承诺就打发了他。而且，种植园主和萨帕塔——出于正好相反的原因——都对卡瑞昂当临时州长感到不快，但是马德罗明显更加赞赏种植园主一方推举的人选。在这个时期的关键问题——强制解除2500名革命者的武装并遣散他们——上，萨帕塔的损失更为惨重。他从马德罗那里得到的只是又一个私底下的承诺：马德罗许诺任命他为莫雷洛斯联邦警察的指挥官，他可以把400名追随者带到警察队伍里来；他必须遣散剩下的革命军，而如果这些人再次发起暴动，他有责任镇压他们。[3]接受这些条件就意味着投降，就可能标志着三个月前阿亚拉人发动的这场革命就此走向结束。因为除了和马德罗的关系之外——这一关系现在对他也没什么用——他全部的力量就是他对莫雷洛斯村民和牧场工人的影响力，而这些人似乎只有在那支形成于战斗中的简陋军队里才能发挥力量。解散他的军队、要求他监督他自己的老兵，就是要剥夺他最后的政治资源。萨帕塔并不情愿接受这个协议，但是他孤立无援，只能相信马德罗。于是，他同意遣散他的军队。

6月13日，遣散行动开始了，地点在拉卡罗琳纳，一家位于库埃

---

[1]　Figueroa Uriza: op. cit., I, 201–207.

[2]　*El Imparcial*, June 19, 1911.

[3]　*El País*, June 14, 1911.

纳瓦卡西北郊的工厂。[1]马德罗南行期间，监督这次行动的人是加夫列尔·罗夫莱斯·多明格斯，阿尔弗雷多的兄弟，内政部的特派专员。在他的指挥下，革命军战士在一张桌子前把武器交给州政府官员；在第二张桌子前，他自己、萨帕塔和萨帕塔的参谋长阿夫拉姆·马丁内斯确认他们的身份，并把遣散文件交给他们；然后他们在第三张桌子那里领取遣散费——来自库埃纳瓦卡周围地区的战士每人可以领到 10 比索，来自更远方的每人 15 比索；如果在上交步枪的同时还交了手枪，可以再多领 5 比索。这些钱是由莫雷洛斯州税务官员发放的，罗夫莱斯·多明格斯、萨帕塔和萨帕塔的下属都不能经手。最后一名革命军战士离开之后，政府官员收到了大约 3500 支枪，支付了 47500 比索。这次行动似乎很成功——这也证明了，萨帕塔对他和马德罗达成的协议满怀诚意。

但是，随着种植园主继续游说马德罗，他们连萨帕塔这份地位不高、他自己也并不情愿接受的工作都搅黄了。从一开始，他们就打着"真正的革命"的旗号，反对马德罗任命这位革命首领为莫雷洛斯联邦警察指挥官。为了表示抗议，托马斯·鲁伊斯·德贝拉斯科跟随马德罗去了伊瓜拉；虽然在那里他无法让马德罗收回承诺，但是他没有放弃向后者施压。回到墨西哥城后，他发现萨帕塔的任命不是正式的——马德罗派内政部部长埃米利奥·巴斯克斯，负责这件事的官员，还没有落实马德罗的承诺。他很快就把这件事公布了出来。他把其他种植园主和同情他们的人都叫到了墨西哥城，在 6 月 18 日早上 10 点，召开了"何塞·玛利亚·莫雷洛斯共和党人俱乐部"（José María Morelos Republican Club）集会。[2]那是一个星期天上午，这些虔诚的实业家原本是要去望早弥撒的；但是很多人参加了这场集会，媒体也进行了详细的报道。"我们再也不想祈求什么了"，鲁伊斯·德贝拉斯科向情绪激动

---

[1] Madero to E. Vázquez, June 13, 1911, cited in Charles C. Cumberland: *Mexican Revolution. Genesis Under Madero*（Austin, 1952）, p. 173. Magaña: op. cit., I, 168–169.

[2] *El Imparcial*, June 18, 1911.

的观众宣布。另一名年长的演讲者宣称，"如果所有人都逃避自己的职责，那么我们只能诉诸武力。我们这些老头子，还可以帮年轻人抬着武器，让他们射击"。一个要求政府做出解释的委员会形成了。代表大庄园主的是费尔南多·诺列加，他曾经是莫雷洛斯州的代表，库埃纳瓦卡的议员；还有路易斯·加西亚·皮门特尔，共和国最富有也最文雅的种植园主；代表商人和小农户的是达马索·巴拉哈斯，他开在库奥特拉的商店在围城战中被烧毁了；还有埃米利奥·马萨里，最近一段时间特佩帕在霍胡特拉收取强制贷款的受害者。"我的建议是，"鲁伊斯·德贝拉斯科总结道，"大家都要提好裤子，做好准备。既然马德罗什么都不管，既然没人听我们的……那么我们必须要做的就是和他们对抗。"[1]

在库埃纳瓦卡，萨帕塔把种植园主的挑衅当了真。他认为自己已经是莫雷洛斯警察部队指挥官了，于是，第二天，他要求卡瑞昂州长给他500支步枪和弹药，而当卡瑞昂拒绝之后，他还是拿了这些武器。[2]加夫列尔·罗夫莱斯·多明格斯发来了电报，通知他"我已经按照我们之前商量好的形式写好了州警察局长的任命书"，并且承诺第二天和他见面商讨这件事，以及"其他我们非常关心的事情"，似乎至少暂时确认了他的权力。[3]

种植园主此时已经把萨帕塔骗进了他们挖好的陷阱。墨西哥城的《公正报》（*El Imparcial*）很难说是公正的，但是仍然很有影响力；它把萨帕塔在卡瑞昂那里的遭遇写成了一篇黄色新闻特稿，取名为《萨帕塔是当代的阿提拉》（"Zapata Is the Modern Attila"）。[4]他们谴责了这位革命军首领的许多野蛮行为，其中包括迫使库埃纳瓦卡所有的 *señoritas*

---

[1] *El Imparcial*, June 19, 1911.

[2] *El País*, June 20, 1911.

[3] G. Robles Domínguez to Zapata, June 19, 1911, ARD, 4: 17: 160.

[4] 阿提拉（406—453）是古代匈人的首领，曾多次率兵入侵东罗马帝国和西罗马帝国，有"上帝之鞭"之称，在西方历史上常常被认为是残暴和野蛮的象征。——译者注

（未婚女士）随着州长一起逃出那座城市。[1]但事实上，革命军当时的行动还是比较有秩序的。金夫人，那位有胆识的英格兰女士，在她的贝拉维斯塔旅馆接待了最显要的居民和访客，她就没有什么严重的不满。[2]城里还有许多美国人，他们显然也没怎么抱怨。在其他地区的档案中，人们发牢骚要么是因为革命军借了一匹马没有归还，要么是因为当地有些"在最后时刻才发动起义"的投机家造成了一些破坏。[3]然而，种植园主进行宣传的时机已经成熟了。革命者夺取土地的斗争似乎带有某种原始共产主义色彩。除此以外，莫雷洛斯发生的零星暴力行为也尤其令人印象深刻，仿佛是某种不祥的预兆：这些事件发生在靠近墨西哥城的地方，犯事的是那些在工作时穿着白色宽松衣裤和凉鞋、提着砍刀、肤色黝黑的人——最后这一点清楚明白地显示出，他们属于"下等种族"。这一点是关键。革命中的死伤总是令人痛心的，但是如果杀人者看上去是"白人"，并且像有教养的人那样穿着裤子、靴子和衬衫，他们所做的事就是合乎人性的。杀人的暴徒是"印第安人"，那么他们的行为就是非人而残暴的。

100

马德罗立刻把萨帕塔叫到了墨西哥城，回应种植园主"一场新的暴动已经在莫雷洛斯爆发了"的指控。6月20日，马德罗在家中会见了他。之后，马德罗向记者保证，种植园主夸大了问题，而且他已经把问题解决了。他确实解决了：萨帕塔答应彻底引退，放弃警察部队指挥官的职位，并且同意遣散他所有的追随者——他们都不会成为警察。他保留的最后兵力是一支大约50人的私人护卫队。至于当地围绕着土地发生的争斗，萨帕塔接受了马德罗的承诺——一个经自由选举产生的、受

---

[1] *El Imparcial*, June 20, 1911. 有关萨帕塔的传说就是从这里开始的；人们说他是个野蛮人，一个连续八年在南方强暴妇女、纵酒狂欢、四处抢劫的恶棍。这个故事在邓恩的书里达到了高潮，见 H. H. Dunn: *The Crimson Jester, Zapata of Mexico*（New York, 1934）。

[2] King: op. cit., pp. 62–70, 76.

[3] 提交给阿尔弗雷多·罗夫莱斯·多明格斯的申诉书中，有关萨帕塔军队的抱怨少得惊人。见 ARD, 2: 8 and 4: 17, 这些材料中有关于那个夏天的莫雷洛斯的通信。可以将这些材料与其他州的比较，见 4: 16（米却肯州）、4: 18（瓦哈卡州）、4: 19（普埃夫拉州）、4: 20（克雷塔罗州）、6: 27（格雷罗和瓦哈卡州）。

人们拥护的州政府将"在法律范围内"解决这个问题。[1]有关莫雷洛斯的无政府状态和革命运动的报道，就像它们突然出现那样，突然地消失了。

于是，到了7月初，种植园主已经把阿亚拉党从莫雷洛斯政权竞争者的位置上清除掉了，并且把它的首领逐出了库埃纳瓦卡，赶回了他们的村子。然而，让种植园主沮丧的是，虽然他们成功地阻止了萨帕塔掌权，但是并没有恢复莫雷洛斯从前的秩序。起义军已经解散了，但是联邦军队还没有重返莫雷洛斯，于是当地变得毫无秩序可言。土匪开始在一些地区活动，向村庄和庄园勒索钱财。在马德罗的建议下，卡瑞昂请求内政部部长把其他州的革命军暂时调来莫雷洛斯。[2]但是巴斯克斯——他的部门还正陷于财务和行政管理的混乱中——无视了这位州长一次又一次的请求。

不过，警察的问题只是小事。最让种植园主担心的是，播种的季节已经来了，而整个州里还在不断发生村民暴动。他们本以为解散起义军队就能驱散乡下人的反抗精神，辞退倾向革命的村民也就解除了他们刚获得的强大力量。然而，事情很清楚，遣散革命战士并不能让他们的士气也随之消散。正相反，这群骄傲的老兵仍然充满斗志，政府发给他们的遣散文件也出人意料地增强了他们的革命意识。他们回到了故乡，如同一群获得了难以控制的新力量的传教士。[3]库奥特拉一带的村民仍然拒绝交出他们从种植园收回的土地。[4]同样不肯妥协的还有库奥奇奇诺拉的村民，他们占领了曾经被圣加夫列尔和库奥奇奇诺拉庄园圈占的土地。当地领袖非常大胆地在墨西哥城的媒体上宣布，向"把莫雷洛斯变成了一家大磨坊的专横跋扈的老板们"发动进攻。他们表示，"我

101

---

[1] *El País*, June 21, 1911. *El Imparcial*, June 21, 1911. Magaña: op. cit., I, 164–165. 马加尼亚记录的日期是错的。

[2] Madero to de la Barra, August 15, 1911, cited in Figueroa Uriza: op. cit., I, 225.

[3] For a moving fictional account of this continuing agitation, see Gregorio López y Fuentes: *Tierra*（México, 1933）, pp. 80–91.

[4] Jiménez to de la Barra, August 18, 1911, AZ.

们的村子是墨西加人[1]建立的最古老的村落之一，后来总督政府也承认它"；他们要求马德罗履行"《圣路易斯计划》的正义承诺"，并且保护"我们的维权行动"。[2]休特佩克的村民也公开宣布造反——他们搬到了被科罗纳家族并入圣比森特和圣加斯帕种植园的土地上。如果说科罗纳一家曾经买下了这些土地，休特佩克的领导者在给该家族的律师安东尼奥·巴里奥斯的公开信中说，那场买卖也是"一场强抢整个村落祖产的闹剧"。[3]

此外，许多城镇和乡村都出现了支持萨帕塔出任州长的小浪潮。许多曾经跟随萨帕塔战斗的首领组织了俱乐部，帮他竞选（尽管萨帕塔显然并没有鼓励他们这么做）；有记者哀叹，他们"用虚假的承诺欺骗了那些印第安人"。一名从特帕尔辛戈来到墨西哥城的访客将发生在他的故乡的骚动描述为"lucha de castas"（种族战争）。[4]莫雷洛斯州选举将在8月中旬进行。如果革命军老兵——虽然他们已经复员，散居各处——能够影响选举，他们就会重新组建一个农业党，成为莫雷洛斯政坛上的一支合法的力量。

因此，种植园主还是没有摆脱困境。他们已经拥有了巨大的权力，但这是不够的。只有恢复了对政权的垄断，他们才能再度让莫雷洛斯像他们想要的那样发展。即使村民像以前那样接受了和解，种植园主还是会认为自己遭受了财政和社会地位上的重大损失。最小的缺口也可能是致命的；种植园主不能承担最低限度的革命胜利，不能承认村落也有权存在下去。 这是这一代莫雷洛斯种植园主必然经受的第一次重大危机，而他们接下来几周的行动充分暴露了他们内部的混乱，以及不断加剧的

[1] 墨西加人是墨西哥谷的原住民族群，阿兹特克帝国的统治者，在当地居住的历史可以上溯至大约公元 1200 年。——译者注

[2] *El País*, July 3, 1911. 对于阿兹特克人来说，墨西加是他们真正的名字。

[3] Ibid., July 5, 1911.

[4] *Diario del Hogar*, July 24, 1911. *El País*, July 5, 10, 15, and 18, 1911. See also King: op. cit., pp. 69–70, 74, and Clemente G. Oñate: "Continúo mi aportación de datos para la verdad histórica del zapatismo y demás 'ismos' que cooperaron de la ruina del estado de Morelos," *El Hombre Libre*, September 15, 1937.

忧虑——如果不是恐慌的话。"……我们被人欺负了。"埃曼努尔·阿莫尔因为库奥奇奇诺拉人擅自占据了有争议的土地而感到又愤怒又不知所措，于是他在给马德罗的信中这样写道。"我从来都没想过，一次都没有，"他沮丧地继续写道，"你会考虑那些人的社会主义主张。"[1]

在政治上，种植园主无法在走什么样的道路的问题上达成一致，他们唯一的共识就是卡瑞昂不称职。对于鲁伊斯·德贝拉斯科一家来说，安布罗西奥·菲格罗亚是"唯一配得上革命者之名的人"。[2]令人难以置信的是，一个包括了路易斯·加西亚·皮门特尔、曼努埃尔·阿劳斯和安东尼奥·巴里奥斯在内的委员会来到了库奥特拉，和萨帕塔商量，表示支持他当州长，还说他们想和那些正打算上法庭解决土地问题的村民合作。萨帕塔拒绝考虑这个提议。巴里奥斯随后与帕特里西奥·莱瓦进行了交涉，后者对他表示了感谢，但是也提出了要求：在即将到来的选举中，如果种植园主支持他，那么这一支持不能公开，否则就会妨碍他的竞选。[3]在这几位对手那里碰了壁之后，种植园主再次把目光投向他们自己阵营内部，找到了一个老马屁精——拉蒙·奥利韦罗斯，此人从 1902 年开始就断断续续地在国会和州议会为他们效力。他是阿莫尔家族圣加夫列尔庄园经理的儿子，曾经是个木材大亨，此时正在库埃纳瓦卡的一家破产酒店当经理。据他的种植园主朋友们宣称，他与"大庄园主、劳工和商人"都"同样"有共鸣。[4]他还向阿莫尔一家许下了承诺，如果他当了州长，他们拖欠的税款就不用补缴了。[5]但是奥利韦罗斯并不是个好人选。推举他为候选人相当于公开承认，种植园主在政治方面已经陷入了瘫痪。

---

［1］ *El País*, July 7, 1911.

［2］ *El Imparcial*, June 19, 1911.

［3］ Memorandum, ARD.

［4］ Representatives of the Merchants, Professionals, and Agriculturalists of Morelos to de la Barra（n.d., July 1911?），AZ, 12: 7: 1.

［5］ On Oliveros, see *Semanario Oficial*, VIII, 32, 1; XV, 28, 1; XVII, 32, 1; Valentín López González: *El Ferrocarril de Cuernavaca*（Cuernavaca, 1957），p. 10; Memorandum, ARD.

国家层面上的政治事件也加深了种植园主在莫雷洛斯的困境。7月9日，马德罗解散了反连选连任党，宣布组建新的进步立宪党（Progressive Constitutional Party）。他打算通过重新组织革命运动，加强自己对它的控制——这次重组并不包括他1910年时的两名最重要的副手，弗朗西斯科和埃米利奥·巴斯克斯·戈麦斯兄弟，此时分别是教育部和内政部部长。弗朗西斯科仍然是反连选连任党的副总统候选人，但是现在马德罗想要一个新的竞选搭档，一个更加依赖他的伙伴。这一断裂在这场运动中有着重大的意义，因为埃米利奥和弗朗西斯科不愿意解散反连选连任党——他们在这个党中很有势力。在加紧开展自己的活动的同时，他们也采取了行动，保护旧的反连选连任俱乐部不受影响，让它们始终坚持马德罗－巴斯克斯·戈麦斯革命纲领。于是，在莫雷洛斯，和其他地方一样，马德罗派成员陷入了争吵中。他们是应该始终追随马德罗，无论他把他们领到何处去，还是应该要求他遵守他们原来的约定？有的人——比如莱瓦将军——和进步立宪党建立了合作关系。但是对于再度开始积极参政的安东尼奥·塞达诺来说，这个新政党及其强行更换副总统候选人的行为就是*porquerias*（巨大的侮辱）；他拒绝响应将军"不要给马德罗添麻烦"的号召。为了这次竞选，光是塞达诺自己就在州内散发了大约2000张支持反连选连任党的海报。[1] 革命党内部的这一分歧，长远来看可能会对种植园主有利，但是此时此刻，种植园主认为这是个麻烦：它混淆了他们的判断，他们不知道到底应该跟谁打交道。

更糟糕的是，内政部部长埃米利奥·巴斯克斯开始鼓动叛军老兵，以此巩固他们兄弟的地位。他从来都不赞同马德罗遣散革命军的妥协政策，一直在想办法进行阻止。而现在，既然他已经被马德罗抛弃了，就更没有理由忠实贯彻这项政策了。他无法把起义军召回联邦军队，但是他可以在私下里悄悄地把政府的武器和弹药都控制在自己手中。于是他

---

[１] Sedano: op. cit., pp. 21–22.

采取了行动，特别是在莫雷洛斯。7月初过后，虽然没有建立组织也没有明确提出什么计划，但是那里的起义军老兵已经重新武装了起来——这次的武器比以前的更好。种植园主的处境，就像他们向德拉巴拉总统抱怨的那样，又变得"危险"了起来。[1]

　　然后，7月中旬，墨西哥的局面又复杂了起来。新局势让种植园主先前促成的遣散行动彻底失效，把地方权力斗争的形势变回了初夏时那样。7月12日夜里，驻扎在普埃夫拉城的革命军和当地联邦军队之间的争斗演变成了一场针对革命者的大屠杀。[2]这一恶性事件对莫雷洛斯影响很大，不只是因为它的发生地距离莫雷洛斯很近，也因为阿夫拉姆·马丁内斯——萨帕塔的参谋长——一直作为内政部的特派人员负责那里的革命军队。事件起因是马丁内斯逮捕了普埃夫拉城的几个人：这几个人中有两名州议员，一名联邦众议员，他们涉嫌密谋在7月13日马德罗来访的时候刺杀他。马丁内斯随后也被抓了起来，因为他无视了这些人的议会豁免权。围绕着是否要释放这些议员的问题，一场骚动爆发了：在骚乱中，联邦指挥官派出的军队最终攻陷了革命军在普埃夫拉斗牛场的驻地。五十多人丧生了，其中很多是妇女和儿童。

　　听到马丁内斯被捕的消息以及这件事的前因后果之后，萨帕塔向整个州内与他结盟的革命首领发出了指令，要求他们把军队重新组织起来，在库奥特拉集合，准备向普埃夫拉进发。这项行动没有经过批准，但是事情非常紧急，他们这么做似乎也是理所应当的。如果马丁内斯被捕是因为他破坏了暗杀马德罗的阴谋，而此时马德罗就在普埃夫拉州内，那么这个阴谋可能会继续进行下去。萨帕塔不知道的是，身在普埃夫拉的马德罗谴责了革命军，说他们制造了流血事件，赞扬了联邦军队

---

[1] Representatives of the Merchants, Professionals, and Agriculturalists of Morelos to de la Barra, AZ.

[2] For the events in Puebla, see Magaña: op. cit., I, 170–177, and Francisco Vázquez Gómez: *Memorias Políticas*（1909–1913）（México, 1933）, pp. 314–334. See also Eduardo Reyes to Agustín del Pozo, July 15, 1911, AZ, 28: 15: 1, a very antifederal report on the massacre, which went also to Zapata.

的"忠诚和勇敢";他也不知道，弗朗西斯科·巴斯克斯·戈麦斯派了"值得信赖的"联邦军队守卫这座城市。萨帕塔给埃米利奥·巴斯克斯和马德罗发了电报，说他准备派兵去普埃夫拉。[1] 他立刻就收到了指令，让他待在原地。他遵守了这条命令。然后，在他保证自己会守护好库埃纳瓦卡，不让这座城市陷入暴乱之后，中央政府下令召回了已经派往那里的一支联邦军队。[2] 危机过去了，但是在它的影响下，莫雷洛斯出现了一支做好了战斗准备的可疑的革命军队。

再次遣散这支队伍不会像第一次那么容易。种植园主现在已经清楚地认识到了，有条件的政治协定能够带来多么大的危险。在另一个阵营中，乐观的政治家们认为，在州内留下一个有争议的革命火种颇有意义。而第三群人——革命首领们——在最近的遣散行动中上了一课，他们开始重新考虑，究竟应该为谁效忠。身为他们的领袖，萨帕塔必须替他们发声，把他们的反对意见表达出来。7 月 22 日，他在一份广为流传的颇为大胆的抗议书上签了字，这是在巴斯克斯·戈麦斯兄弟的鼓励下，一群心怀不满的革命军官针对德拉巴拉政府发起的抗议。[3] 对于萨帕塔来说，现在需要证明自己值得信赖的一方变成了政府。在实际工作中，他不会采取激进行动，因为他仍然很依赖马德罗；在再次遣散他刚刚召集起来的军队这件事情上，他也不会做什么手脚。他只是不会像以前那样轻信政府，也不会再毫无条件地解散军队了。

夹在中间的是马德罗和"白总统"（"White President"）[4]——德拉巴拉喜欢人们这样称呼他。马德罗正在竞选总统，他不能让一个起义军首领毁了他调和各方力量的努力，但他也不能让政府对他的革命中最重

---

[1] Vázquez Gómez: op. cit., pp. 335–338. F. Vázquez Gómez to E. Vázquez, n.d.（July 13, 1911?）, AZ, 27: 11.

[2] Zapata to Sánchez Azcona, July 13, 1911, AM. Madero to F. Vázquez Gómez, July 13, 1911, Archivo de Genaro Amezcua（henceforth AA）. Carreón to G. Robles Domínguez, July 14, 1911, ARD, 2: 8: 53.

[3] 这份抗议书的副本见 González Ramírez: *Planes*, pp. 52–53。更早的时候，7 月 11 日，普埃夫拉大屠杀之前，还有过一次抗议，那次萨帕塔没有参加。见 ibid., p. 54.

[4] 德拉巴拉有较强的非政治化倾向，故有这一绰号。——译者注

要的组成部分下侮辱性的最后通牒。至于德拉巴拉，他正代表新近建立的天主教国民党（National Catholic Party）竞选副总统，而要想争取他的党派利益，在党派斗争的问题上他只能装作完全中立。但是无论如何，萨帕塔组织军队的行动并没有经过他的允许，而那些人还像土匪一样非法保留了武装。德拉巴拉也殷切希望政府恢复对事态的控制。

直到8月初，州选举的前几天，各方一直保持了这种离奇的平衡状态。然后，8月2日，埃米利奥·巴斯克斯卸任了内政部部长。第二天，联邦特区长官阿尔韦托·加西亚·格拉纳多斯被提拔上来，取代了他。这一变动是至关重要的。虽然对于马德罗来说，这位新部长"特别值得敬佩，……在各方面……我都推荐他"，但是加西亚·格拉纳多斯其实是个自负而野心勃勃的阴谋家，而且他正打算破坏马德罗的调和政策。[1]他很是看不起马德罗。他曾经是一名经验丰富的战略顾问，在迪亚斯反对党中做事，通过革命掌了权；但他也是普埃夫拉州某个动荡地区的一座大种植园的主人，所以他非常厌恶曾经进行战斗的革命者。[2]他已经发表了公开声明，支持立刻无条件解散革命军，并且，如果有必要的话，他愿意向联邦军队提供帮助，完成这件工作。在莫雷洛斯的问题上，他急着把萨帕塔对经济的影响扫除干净，那种影响在他看来是极为无耻而恶劣的。"政府不和土匪打交道"是他的政策。除非萨帕塔服从内政部的命令，并且立刻解散他的军队，否则他们就会被视作不法之徒，受到联邦军队攻击。

此时马德罗正在普埃夫拉东南部的特瓦坎疗养地休息，仍然梦想各方能够通过互相让步解决分歧。他数次邀请萨帕塔去那里和他商谈，但

---

[1]　Madero to A. Figueroa, August 9, 1911, AA.

[2]　他的庄园，查瓜，位于物产丰富的韦霍钦戈地区。虽然这座庄园的名字混淆不清，但是它是有史料记载的，见 John R. Southworth: *The Official Directory of Mines and Estates of Mexico*（México, 1910），p. 224。这几个月，加西亚·格拉纳多斯非常担心他的这处产业。有关他参与当地政治行动的评论，见 Archbishop of Oaxaca E. G. Gillow to Minister of the Interior Aureliano Urrutia, July 11, 1913, cited in I. C. Enríquez: *The Religious Question in Mexico*（New York, 1915），pp. 12–13。有关革命后这一地区的暴力问题，见 del Pozo to A. Robles Domínguez, June 5, 1911, ARD, 4: 19: 102。

是萨帕塔一直婉言谢绝。萨帕塔公开表示这是因为害怕有人行刺——几位革命领袖聚在一个地方，太容易被一网打尽了。[1] 在普埃夫拉大屠杀之后很快出现的与政府之间的对决，明显让他感到非常不安。他在一封公开信中重申了他与马德罗的从属关系，以及他对后者的忠诚。[2] 但是，他不会因为墨西哥城的政治家在政治秩序问题上提出了什么观点就放弃自己对村落的责任——一个在墨西哥城人看来不合情理但是在莫雷洛斯却非常自然的立场。然而，不管他遵守还是违抗新部长的指令，似乎都会给他的革命招来重大的打击。最后他松口了，把他的哥哥欧费米奥和当时他手下的一名中尉，赫苏斯·莫拉莱斯，派去跟马德罗谈条件。甚至还有流言称萨帕塔会亲自来墨西哥城谈判。有那么短短的一段时间，尽管政府不断发出威胁，但是他们似乎能够通过某种方式达成一致：那些受争议的军队将被解散，莫雷洛斯将迎来和平，而选举将在 8 月 13 日——下个星期三——进行。

　　萨帕塔自己显然很想引退。在这段时间里，他的 32 岁生日前后，他和一位年轻女性结了婚。早在革命爆发之前他就已经开始追求她了。这位女性是何塞法·埃斯佩霍，一个家境小康的阿亚拉牲畜经销商的女儿。牲畜商在 1909 年年初的时候死了，为他的女儿留下了一份不大不小的嫁妆。[3] 在墨西哥乡下，婚姻不只是为了生儿育女，也不只是因为爱情。萨帕塔至少已经有了一个孩子（由另一名女性所生），而且毫无疑问——人们认为男人都会这样——他还会有更多的孩子，由许多他喜欢的女人所生。婚姻是一件更严肃的事：它是一份合同，是人们口中的 *contrato de matrimonio*（婚姻契约），进入婚姻可以让男人在社会中获得 *107* 他的位置。结婚是为了建立合法的家庭（这是件大事），也是为了生育受到承认的后代，确保有新的一代来延续家族之名。一个男人就是通过

［1］　Zapata to Madero, July 28, 1911, AM.

［2］　*El País*, August 6, 1911.

［3］　Serafín M. Robles: "El Caudillo se Casa en la Villa de Ayala, Morelos," *El Campesino*, November 1954. 早些时候，6 月 26 日，阿亚拉市镇长官为他们主持了注册仪式。见 Luis Gutiérrez y Gutiérrez: "Hoy visita a la viuda de Zapata," *Hoy*, March 28, 1953.

这样的方式，在他的邻人中间建立起自己的生活。夏天里有几次，萨帕塔表达了他离开政界的"决定"，透露了他多么渴望旧日的乡村生活，围绕着马匹、集市日、斗鸡、农时、乡村选举和地区交易会展开的生活。他结婚，差不多就是要退回地方社会，重新投身于他的社群。如果事情以萨帕塔预想的方式进行下去，他的政治生活就会回到阿亚拉市镇的范围内，在那里，像他的先人何塞·萨帕塔那样，他会过上一种被那里的人肯定的生活，死的时候受到当地人悼念，然后被下一代人遗忘。

但是接下来发生的事和他梦想的那种平静生活大不一样。种植园主、莱瓦派领袖、菲格罗亚兄弟和墨西哥城的保守派政客都不打算让他实现自己的计划。他们采取了一系列虽然笨拙但是非常有效的行动，准备彻底清除烦人的莫雷洛斯农业党。德拉巴拉——现在他对自己的权力更有信心了——领头做这件事。8月7日，为了阻止萨帕塔有条件地投降（那样他就不能公开拒绝了），他建议卡瑞昂州长不要让萨帕塔来墨西哥城谈判。[1] 8月8日，战争部命令联邦军队向库埃纳瓦卡和霍纳卡特佩克进发，让安布罗西奥·菲格罗亚的联邦警察部队开往霍胡特拉，包围萨帕塔。[2] 第二天，德拉巴拉否认这些军队是去镇压起义的：他们只是要在萨帕塔的队伍再次解散的时候维持秩序，他说。"白总统"（White President）撒了一个无伤大雅的小谎（white lie），因为他给联邦指挥官的命令是"萨帕塔的人可能会因为反对遣散而发起暴动，必须把他们的暴动统统扼杀掉"。[3] 同一天，德拉巴拉任命安布罗西奥·菲格罗亚为莫雷洛斯州州长和军事指挥官，这几乎是在羞辱萨帕塔了。[4] 所有的行动都得到了马德罗的全力支持。他指示菲格罗亚"把［加西

¹⁰⁸

---

[1] De la Barra to Carreón, August 7, 1911, AZ, 16: 2: 14. See also the account de la Barra himself later gave of his decision, related in Dearing to the secretary of state, August 26, 1911, NA, 59: 812.00/ 2318.

[2] Report by Victoriano Huerta to the secretary of war and navy on the campaign in the state of Morelos, October 31, 1911, AZ, 27: 8.

[3] *El País*, August 10 and 11, 1911.

[4] García Granados to A. Figueroa, August 9, 1911, cited in Figueroa Uriza: op. cit., I, 229–230.

亚·格拉纳多斯的］指令当作我的命令去遵守"，让他"把萨帕塔送到他该去的地方——我们已经受不了他了"。[1]

8月9日，萨帕塔和妻子的婚礼正在进行中，他的邻居和众位首领也都在场。他收到了消息：一支一千多人的军队在强硬能干的准将维多利亚诺·韦尔塔的率领下进入了莫雷洛斯。[2]因为他心里重新燃起了对地方生活的热情，所以他结了婚——婚礼安排在阿亚拉城，差不多就是他生日的那天；而如今也是这一热情让他重返政治，因为只有这样做才能保护这种地方生活。他立刻给加西亚·格拉纳多斯和马德罗发了电报，表示抗议。在给后者的电报中他再次表白了自己的敬意和忠诚，并且直白地问道："你是不是对我有什么怨言？"如果马德罗无法让这一切停止，萨帕塔说，那么他希望马德罗能发布一份"坦白而诚恳的声明"。[3]结果，事情并没有停止，他也没有得到什么声明。第二天，卡瑞昂州长取消了原定于三天后举行的州选举，他说是因为"骚乱"。但是所谓的"骚乱"其实是韦尔塔军队刚刚引起的。[4]那天下午，韦尔塔把他的第32步兵营驻扎在了库埃纳瓦卡。

于是，一场真正的战斗开始了。三个星期后，战斗结束的时候，马德罗感到极度尴尬和后悔，而萨帕塔差点儿丢了性命。这两个人都太天真了，他们直到最后都相信自己能阻挡、化解或者终止这场灾难。他们都没想到德拉巴拉和加西亚·格拉纳多斯会把推动、监督军队遣散这样的小事当成一个重要的机会，加以利用，从而侵略并占领莫雷洛斯。这种侵占不是权力的非正式扩张，根本就是军事打击。正如韦尔塔向战争部汇报的那样，"在莫雷洛斯的行动……事实上就是军事占领"。[5]短期来看，这一行动是保守派的巨大胜利，因为它把当地村民从全国革命队伍中分离了出去，而此时正是双方最需要团结协作的时候。

［1］　　Madero to A. Figueroa, August 9, 1911, AA.

［2］　　Report on G. Robles Domínguez's tour of inspection, August 1911, ARD, 7: 37: 22.

［3］　　Zapata to Madero, August 9, 1911, AM.

［4］　　Decree by Carreón, August 10, 1911, AZ, 6: V–2: 52.

［5］　　Huerta's Report, AZ.

不过，在战斗结束之后，莫雷洛斯州内与村民敌对的团体——种植园主和莱瓦派首领——发现他们也吃了亏；虽然他们的损失没有那么惨重，但还是令人感到不安。他们的问题是韦尔塔。这些人先是欢迎韦尔塔来到莫雷洛斯，希望他能"以毒攻毒"——他们一直都期待能有一个这样的人来帮助他们。安东尼奥·塞达诺在给德拉巴拉的感谢信中表示，萨帕塔的库埃纳瓦卡军队"长期威胁着文明社会"，而韦尔塔将会重建当地的秩序。[1]韦尔塔是波菲里奥军队中最好的一员武将，他在南方有过特殊的经历：通过镇压 19 世纪 90 年代格雷罗州的叛乱，他晋升了准将；他也一直密切关注着这年春天格雷罗和莫雷洛斯的革命运动。[2]但是此人精于算计，又无比恶毒，还渴望得到少将的蓝色饰带。此外，在莫雷洛斯战役中，他不仅想借机实现自己的职业发展，还有政治上的考虑。他的领导，贝纳尔多·雷耶斯将军，刚刚决定在 10 月的选举中竞选总统，而雷耶斯手下最活跃的一名官员也作为韦尔塔的私人秘书，陪同他来了莫雷洛斯。[3]因此，韦尔塔在莫雷洛斯发布的任何命令，都不一定是为了种植园主或者莱瓦派的利益。菲格罗亚兄弟通过韦尔塔早年在格雷罗的行动了解了这个人，他们从一开始就看到了这种危险，因而弗朗西斯科不让安布罗西奥接受任命，出任莫雷洛斯州州长。和韦尔塔合作的后果，弗朗西斯科警告马德罗，可能是"致命的"。[4]韦尔塔的拥护者迟早也会发现，他们把他请到这里来，给自己带来了多大的灾难：长远来看，他并没有粉碎本地的革命运动，而是迫使人们发动了一场比以前更激进、更坚定的新运动。

韦尔塔还没在库埃纳瓦卡建立起司令部，就已经开始给政府发回非

---

［1］　A. and E. Sedano to de la Barra, August 12, 1911, AZ, 6: V-2: 40. 另外两位莱瓦派领袖也对德拉巴拉派来联邦军队表示了感谢，见 de la Barra to Castañeda and Patiño, August 19, 1911, AZ, 12: 3: Copybook 7。

［2］　Vicente Fuentes Díaz: *La revolución de 1910 en el estado de Guerrero*（México, 1960），pp. 31–33, 37–47. Rausch: op. cit., pp. 140–144.

［3］　这个人是弗拉维奥·马尔多纳多：*El País*, August 23, 1911。

［4］　F. Figueroa to Madero, August 13, 1911, AA.

常没有军人风度的评估报告了。"这个州的政治状况，"他在 8 月 11 日给德拉巴拉写信说，"很糟，很糟，非常糟……我会和这里的州长保持一致，但是我要毕恭毕敬地向您报告——没有对这位值得尊重的州长不敬的意思——他是 *un hombre de agua tibia*（一个意志薄弱的人）。"[1]

然而，只要安布罗西奥·菲格罗亚不肯接受州长的任命，韦尔塔和德拉巴拉就必须忍受这位意志薄弱的州长。但是他们很快就剥夺了他的一部分权力，让他即使犯错也不会妨碍他们的行动。8 月 11 日，德拉巴拉在韦尔塔的催促下发出了命令，让韦尔塔接管莫雷洛斯的武器和弹药；这些物资此前一直掌握在卡瑞昂手里，但是他无法——按照韦尔塔的说法——"充分保障它们的安全"。[2]第二天，德拉巴拉暂时取消了莫雷洛斯的独立主权。他的借口是，韦尔塔纵队的一部分在穿过库埃纳瓦卡以北地区的时候，遭遇了那里的革命军的伏击。这种纠纷那个夏天在全国都很常见。而且，萨帕塔和这件事没有任何关系。干这件事的是赫诺韦沃·德拉奥手下老兵的独立组织，而萨帕塔直到事情发生之后才得知。[3]然而尽管站不住脚，这个借口仍然发挥了作用。针对卡瑞昂就莫雷洛斯自治权提出的问题，德拉巴拉回答，韦尔塔已经接到了"继续战斗"的指令，因为"联邦部队遭受的攻击"让他"非常愤怒……这些行动会像形势要求的那样，有力而迅速地继续下去，除非萨帕塔的军队无条件投降……并且解除武装……"[4]

没有了民法的约束，[5]韦尔塔就可以继续前进，随心所欲地占领起义军的地盘，扫清与他敌对的势力了。"为了保证这个州六个地区的太平"，据韦尔塔估算，他将需要 600 名骑兵——每个地区中心驻守 100人——外加一支 1500 人的独立纵队。这样他就可以像他在给德拉巴拉

---

[1]　Huerta to de la Barra, August 11, 1911, AZ, 12: 1: 17.

[2]　Huerta to de la Barra, and de la Barra's noted reply, August 11, 1911, AZ, 16: 1: 25.

[3]　De la O in *Impacto*, December 31, 1949. Report, ARD.

[4]　Huerta to de la Barra, and reply, August 12, 1911, AZ, 16: 1: 34.

[5]　此时莫雷洛斯被取消了主权，进入了戒严状态，进行军事化管理，民法暂时失效。——译者注

的信中说的那样，"继续前进，消灭所有的叛军"了。如果人数不够，他警告道，他就不能"保证为这个地区带来和平"。这样的话，莫雷洛斯就会变得和奇瓦瓦州一样；在革命宣告胜利三个月后，这位联邦将军在给他的保守派总统的信中表示，"在奇瓦瓦，我们的军队总能在战役中取得胜利，但是从未获得任何实质性的成就"。[1]他贪婪地盼望"彻底消灭那些给这个州带来了巨大灾难的势力"。

但是，他不能立刻展开行动，因为马德罗又倒向了萨帕塔一方。莫雷洛斯的领袖再一次向马德罗表白了自己的忠心，提出了让联邦军队撤退的请求，而且弗朗西斯科·菲格罗亚也拒绝了与马德罗合作，于是马德罗决定着手调解各方的矛盾。[2]这让德拉巴拉感到又震惊又尴尬。虽然他没有正式授权马德罗进行调解，但是他渴望维护自己公正无私的裁判官形象，所以默许了私下的调停行动。[3] 8月13日，马德罗到了库埃纳瓦卡，第二天，他开始与身在库奥特拉的萨帕塔通电话，进行沟通。那天晚上，马德罗把他们达成的协议用电报给德拉巴拉发了过去。但是，与马德罗的计划不同，这份协议不太可能获得通过。萨帕塔已经听说了，韦尔塔纵队中有莱瓦派的代表，所以他提出了不寻常的严苛条件。[4]他再次声明自己准备引退，并且打算遣散他的军队，但是他想保留一支精锐部队，"在议会选举的时候保护莫雷洛斯的公共安全；议会将与行政机关保持一致，并且遵守法律，它将平息或者解决一直困扰我们的那个问题——土地问题……"他想让联邦军队撤回去，尊重这个州的主权，想要一个能推行革命派土地政策的州长，还想把旧

---

[1] Huerta to de la Barra, August 11, 1911, AZ.

[2] Zapata to Madero, August 12, 1911, AM. F. Figueroa to Madero, August 13, 1911, AA. For a sympathetic account of Madero's efforts, see Ross: op. cit., pp. 188–202.

[3] See de la Barra's public statement of his position, cited in Magaña: op. cit., II, 40–41.

[4] *El País*, August 6, 1911. 此时辅佐萨帕塔的是阿尔弗雷多·克斯内尔，一名来自外州的革命者，与无政府工团主义者有联系。去年7月，克斯内尔曾在特拉斯卡拉与联邦指挥官发生冲突。Ibid., July 6, 1911.

政权遗留下来的、不得人心的地方政府清除掉。[1]德拉巴拉连考虑都不会考虑这些提议。他受到了韦尔塔、卡瑞昂和鲁伊斯·德贝拉斯科一家的轮番恐吓，而且现在还面临着国际问题——革命军袭击了库埃纳瓦卡以北的一座属于美国人的牧场。他向马德罗坚持，他们需要"维护政府的原则"。[2]他们真正的问题只有一个，他不耐烦地坚称，那就是谁会成为州长。既然菲格罗亚还是不愿意，那么，德拉巴拉提出，为什么不让拉蒙·奥利韦罗斯当州长呢？——虽然萨帕塔在前一天的会议中特地提到了奥利韦罗斯，表示了反对。[3]事实上，德拉巴拉非常讨厌和萨帕塔谈判。"真是太烦人了，"他向马德罗抱怨，"这个人祖上就有不听话的传统，他的行为总让我们担心又要有暴乱发生了，而你竟然还允许这样的人保持着［那种］你知道是什么样的态度。"[4]和马德罗争论了一番之后，他准备放手让韦尔塔大干一场。

8月15日，战争部部长何塞·冈萨雷斯·萨拉斯将军使用密码发电报给韦尔塔，声称联邦军队的其他队伍已经从普埃夫拉开往霍纳卡特佩克了，并且让他告诉马德罗，如果萨帕塔当天之内不同意解散军队，他们就会采取行动，从库埃纳瓦卡向尧特佩克进军。[5]那天下午晚些时候，韦尔塔焦急地给德拉巴拉发了电报，如果在第二天早上之前，马德罗还没有达成对他们有利的协议，他就要请德拉巴拉——这也是用密码发送的——给他的75毫米野战炮送来500发炮弹。[6]他计划一收到这

112

---

［1］　Magaña: op. cit., I, 205–211, 215–216. Madero to de la Barra, August 14, 1911, AZ（two messages）, 17: 8: 8 and 10. *El País*, August 16, 1911.

［2］　De la Barra to Madero, August 15, 1911, AZ, 17: 8: 11. For the scare stories, see Huerta to de la Barra, August 14, 1911, AZ, 12: 1: 18, and August 15, 1911, AZ, 14: 3: 4; Jojuda residents to de la Barra, August 15, 1911, ibid., 27; Carreón to de la Barra, August 15, 1911, ibid., 10; F. Ruiz de Velasco to de la Barra, August 15, 1911, ibid., 19. For the American trouble, see Dearing to Mrs. H. L. Hall, August 14 and 15, 1911, NA, 84: Mexico, C8, 15. 美国大使馆的军事专员吉拉尔·斯特文上尉一直陪着韦尔塔，至少陪他到了尧特佩克。*El País*, August 17, 1911.

［3］　De la Barra to Madero, August 15, 1911, AZ, 17: 18: 17.

［4］　Ibid., 12.

［5］　Huerta's Report, AZ.

［6］　Huerta to de la Barra, August 15, 1911, AZ, 16: 1: 24.

些弹药，就对尧特佩克发起一次"大规模行动"。[1]德拉巴拉立刻答复了他，向他保证如果马德罗无法让萨帕塔"明确承诺立刻彻底解除武装"，战争部就会发布相应的指令。[2]第二天早上9点，马德罗满怀信心地离开了库埃纳瓦卡。他刚刚听韦尔塔说，不准备发起针对尧特佩克的行动，他还以为"韦尔塔将军在所有事情上都跟我想的一样"，于是，他出发去了墨西哥城，准备劝说德拉巴拉批准他和萨帕塔达成的协议。[3]10点，韦尔塔纵队的先头部队开始了行动，向尧特佩克进发。[4]

但是，德拉巴拉从墨西哥城发来了指令，再一次叫停了他的行动。作为临时代理总统，他无法当面告诉马德罗，他不接受萨帕塔解散军队的条件。而马德罗派政客也已经开始公开指责"白总统"被党派政治左右、采取偏袒雷耶斯的政策了。于是，在一封"非常紧急"的电报中，德拉巴拉要求韦尔塔停止进军，等到他和马德罗开过行政会议之后再作定夺。[5]韦尔塔在回复中大装可怜，几乎到了可笑的地步。他的军队，他说，"在为共和国政府欢呼之后"，就已经出发去做迎敌的准备了。[6]

113　德拉巴拉有些含糊地向韦尔塔重复了他的命令，让他推迟"所有会被视为进攻的军事行动"。[7]

德拉巴拉的含糊其词其实是一种暗示。韦尔塔心领神会，抓住了这次机会。他的军队继续向尧特佩克行进，进军的名义不是"行动"而是"调动"。[8]他向文官出身的德拉巴拉仔细地解释了它们的意思。他们是要敦促萨帕塔"向最高政府的合理要求无条件投降"。他的军队的"攻击性姿态"，他指出，是"迫使萨帕塔无条件屈服的最强有力的因

[1]　Huerta to de la Barra, August 15, 1911, AZ, 17: 11: 7.

[2]　De la Barra to Huerta, August 15, 1911, AZ, 14: 3: 20.

[3]　Madero to de la Barra, August 15, 1911, AZ, 17: 8: 13. Madero to Huerta, October 31, 1911, cited in Magaña: op. cit., II, 44—46.

[4]　Huerta to de la Barra, August 16, 1911, AZ, 14: 3: 28. 这封电报也是用密码写的。

[5]　De la Barra to Huerta, August 16, 1911, ibid., 54.

[6]　Huerta to de la Barra, August 16, 1911, AZ, 17: 11: 10.

[7]　De la Barra to Huerta, August 16, 1911, ibid., 12.

[8]　Huerta to de la Barra, August 16, 1911, ibid., 13.

素……"他继续给德拉巴拉上课，"……如果不展示政府无可匹敌的力量，谈判就不会有结果，这就是为什么我发动了军队"。如果马德罗的和平谈判"及时"成功了（韦尔塔正在尽一切努力阻止这件事发生），那么他就会把军队撤回来。如果谈判失败了（韦尔塔表示，他相信谈判会失败），那么他就可以把"来自政府的至高无上的意志"强加给萨帕塔。

德拉巴拉"热情地称赞了"韦尔塔的做法。[1]然而，虽然他个人很满意，但是此时并不能摆出这样的政治姿态，因为马德罗准备在8月17日返回库奥特拉，希望和萨帕塔达成协议，而内阁也同意把"进攻性的军事行动"推迟48小时。[2]战争部要求韦尔塔按命令行动。[3]

韦尔塔不情愿地中止了进军，但他还是派军队烧了几座牧场，并且让工兵继续修缮尧特佩克的道路，以便炮车通行。他给德拉巴拉发了电报，要求后者向他确认战争部的命令，并且乞求总统原谅他"粗鲁"的"行事风格"。[4]在用密码写成的回电中，德拉巴拉保证，如果到了那天晚上，还没有来自库奥特拉的好消息，那么，虽然他给了马德罗48小时的调解时间，他也会让韦尔塔"继续执行那些已经开始了的行动"。[5]

向尧特佩克的进军已经引来了当地人的无数抗议。只有库埃纳瓦卡的莱瓦派在开始的时候感谢了德拉巴拉派韦尔塔来到莫雷洛斯。此时特坡斯特兰、特拉亚卡潘、特利斯塔克、哈洛斯托克、圣安德雷斯德拉卡尔、汉特特尔科、耶卡皮斯特拉、萨库阿尔潘德阿米尔帕斯、阿亚拉城、尧特佩克、库奥特拉、阿托托尼尔科、维特斯利利亚、瓦苏尔科、阿米尔辛戈——所有这些小村庄和乡镇的发言人都给德拉巴拉发了电报，告诉他不断进犯的联邦军队对莫雷洛斯的主权和民生构成了威

114

[1]　De la Barra to Huerta, August 16, 1911, AZ, 17: 11: 14.

[2]　De la Barra to Huerta, August 17, 1911, AZ, 14: 4: 28.

[3]　González Salas to Huerta, August 16, 1911, AZ, 14: 3: 26.

[4]　Huerta to de la Barra, August 17, 1911, AZ, 14: 4: 29.

[5]　De la Barra to Huerta, August 17, 1911, ibid., 28.

胁，应该被撤回。[1]莫雷洛斯跨洋铁路的"雇员、工匠和技师"和库奥特拉的红十字会支部也给德拉巴拉发了电报。[2]这些人把他们对当地改革的全部希望都赌在了州选举上，现在却看到军队开进来阻止他们。身在库奥特拉的萨帕塔给德拉巴拉写了一封极为愤怒的信。"人们要求你们尊重他们的权利，"他宣布，"他们想得到关注，他们的声音也应该被听到。仅仅因为他们进行了抗议，并不意味着别人能用刺刀让他们闭嘴。"[3]

对于德拉巴拉来说，比人们的呼声更有力的是墨西哥城最具影响力的马德罗派报纸上的一篇评论。这篇评论支持进行谈判，并且含蓄地批评了"白总统"对莫雷洛斯革命军的偏见。[4]所以，虽然马德罗那天晚上并没有到达库奥特拉，总统还是让韦尔塔停在了原地。第二天，8月18日，那位将军不得不继续等了一整天。他用这一天的时间占据了一个"合适的位置"——特哈尔帕，就在去尧特佩克的半路上。[5]

在这样的压力下，马德罗和萨帕塔似乎比以前更能相互理解了。虽然萨帕塔向他的领袖抱怨，"如果革命没有半途而废，还沿着它承诺的道路，贯彻它的原则，我们就不会被卷入这场争斗"，但他还是再次表达了对马德罗解决问题的诚意和能力的信心。马德罗——他现在也害怕雷耶斯派复活——随即也向萨帕塔保证，自己理解"那些激励着你的情

115

[1] Residents of Tepoztlán to de la Barra, August 17, 1911, AZ, 14: 4: 1. All the following come from the same box and file, and bear the same date. For convenience only the sender and the number of the document are listed. Anti-Reelectionist Democratic Club of Tlayacapan, 2. Residents of Huazulco and Amilcingo, 3. Hidalgo Club and people of Atotonilco, 4. Residents of San Andrés de la Cal, 64. Residents of Jantetelco, 65. Residents of Yecapixtla, 66. Residents of Zacualpan de Amilpas, 67. Pablo Torres Burgos Political Club representing the Ayalan people, 68. Branches of the Liberal Democratic Club of Yautepec, 69. Municipal president of Cuautla, 72. Businessmen of Cuautla, 76. People of Cuautla, 77. Delegates of various villages, 78. Democratic Principles Club of Jalostoc, 79. 所有的文件都被德拉巴拉标注了"不要答复"。

[2] Ibid., 70 and 71. 这些文件也被标注了"不要答复"。

[3] Zapata to de la Barra, August 17, 1911, cited in Magaña: op. cit., I, 217–218.

[4] *Nueva Era*, August 17, 1911.

[5] Huerta's Report, AZ. Huerta to de la Barra, August 18, 1911, AZ, 14: 4: 63.

感"。[1] 17 日晚上，马德罗没有去库奥特拉，因为联邦军队向尧特佩克进军让库奥特拉人群情激愤。[2] 但是当他在第二天早上到达那里的时候，他和萨帕塔的会面是温暖人心的。在库奥特拉火车站，马德罗拥抱了萨帕塔，就和他在普埃夫拉拥抱那里的联邦军队指挥官一样；他还说萨帕塔是他的 *integérrimo general*（最忠诚的将军）。然后，他在库奥特拉花园向人们讲了话，特意颂扬了当地的革命运动，称赞了他们不顾"敌人的毁谤"声援"勇敢的萨帕塔将军"的行为。他号召人们建立一个反对雷耶斯派阴谋的新革命联盟，他说他知道，虽然本地的革命军被遣散了，但是他们永远都会在"我们发出第一声号召"的时候起来响应，并且会"拿起武器，保卫我们的自由"。

下午的会谈也很友好，他们愉快地达成了协议。参加会谈的不仅有萨帕塔和他最亲近的首领，还有他请来的附近村庄的平民代表。马德罗立刻把他们的协议用电报发给了德拉巴拉。这份协议比以前来得更容易，条件也更为优厚。在州长的人选上，萨帕塔和村代表支持现任莫雷洛斯公共教育部部长，米格尔·萨利纳斯，因为他是本地人。但是他们也认可马德罗推荐的人，爱德华多·海伊，忠诚的革命老兵，马德罗的前参谋长，他们可以接受他。在州警察长官的人选上，他们接受马德罗的弟弟劳尔，后者将会从伊达尔戈州带来 250 名已经编入联邦部队的革命军战士。在遣散部队方面，他们会在第二天早上的起义军集会上重新开展这项行动，在内阁的 48 小时时限之内。他们没有在"土地问题"上做文章。代表这些人，马德罗只要求德拉巴拉"让……联邦军队重新在库埃纳瓦卡集合，然后尽快返回首都"。他计划待在库奥特拉，他说，直到联邦军队撤回墨西哥城，"不然的话，我们很难破除人们对联邦军队的不信任，而韦尔塔将军最近的行动恰恰证明了，这种不信任是合情合理的……"

第二天——8 月 19 日早上，在库奥特拉，他们的协议开始生效了。

［1］　Zapata to Madero, and Madero to Zapata, August 17, 1911, AA.

［2］　Madero to de la Barra, August 17, 1911, AZ, 17: 8: 18. *El País*, August 18, 1911.

萨帕塔手下的许多首领从全州各处来到了这里，终于要解散他们的军队剩下的部分了。联邦军队没有撤退，因为德拉巴拉没有承诺他们会这么做，于是马德罗发出了抱怨。但是至少，只要联邦军队待在他们的兵营里，遣散就会继续下去。[1]

在这几个小时中，村民的问题似乎终于开始得到解决了。这与其说是因为和解的条件令人满意，不如说是因为和解这一事实本身就极其重要。因为和解预示着政府愿意让地方力量参与州政治，而这就保证了人们在遭遇不公的时候，可以合法地解决问题。看起来，几天之后莫雷洛斯就会进入和平状态，人们可能会建立一个州土地委员会，一支同情村民的州警察队伍，并迎来一位宣称自己公正无私的临时州长——这样的州长甚至可能会把政府交给萨帕塔，如果人们选了他的话。

事情并没有这样发展。就在那天，遣散正在正常进行的时候，德拉巴拉认定"政府的尊严"遭到了践踏。马德罗暗示，在莫雷洛斯发生的战斗是雷耶斯派的阴谋，这显然让总统感到心烦意乱。马德罗的话自然引发了一些谣言，说他和萨帕塔达成的遣散政策其实是假的——这样的话，如果雷耶斯及其在联邦军队中的追随者在即将到来的总统选举期间造反的话，萨帕塔就可以出兵支持马德罗了。[2]没有证据显示有什么秘密协定存在，但是在当时的情形下，怀疑就可以被当作证据，至少可以作为借口。此外，内阁的 48 小时时限已经到了，而德拉巴拉还是从卡瑞昂和费利佩·鲁伊斯·德贝拉斯科那里收到了有关土匪暴乱的"令人震惊的消息"。[3]虽然这些"严重的骚乱"并不是在萨帕塔的领地——

---

[1]　For these negotiations and communications, see Magaña: op. cit., I, 219–224.

[2]　*El País*, August 21, 1911. These rumors are recorded as an actual conversation in Antonio D. Melgarejo: *Los crímenes del zapatismo*（*apuntes de un guerrillero*）（México, 1913）, pp. 125–127.

[3]　Carreón to de la Barra, August 18, 1911, AZ, 14: 4: 46. F. Ruiz de Velasco to de la Barra, August 19, 1911, ibid., 88. 这些报告的准确性值得商榷，见 Madero to de la Barra, August 19, 1911, AZ, 17: 8: 22 and 29。又见韦尔塔写给德拉巴拉的一封很有意思的信，August 28, 1911, AZ, 12: 1: 20，其中他写道："……虽然我没有获得完整的情报信息，但是这些天里，我认为所有的有关破坏秩序的行为的报告都有些夸张。这就是说，每次有土匪往这里那里移动，就会有谣言说他们有好几百人，甚至几千人。"

库奥特拉一带——发生的，而是在特特卡拉和霍胡特拉地区，在那些地方萨帕塔的影响力一直不大，但是德拉巴拉为了他自己的目的，还是把这些骚乱算在了萨帕塔的头上。现在有必要，他宣布，"着手重建秩序——为此我们不惜任何代价"。他派安布罗西奥·菲格罗亚占领莫雷洛斯南部和西部的城镇；派普埃夫拉的联邦军队开往霍纳卡特佩克，让韦尔塔"根据之前的指令维持治安……"——这些是 8 月 12 日和 15 日为"战争行动"制定的指令。遵照战争部的具体命令，韦尔塔从特哈尔帕拔营向尧特佩克进军。[1]当他的军队逼近这座城的时候，市镇长官举着白旗走出城来，然后中枪倒下了：韦尔塔忠实地贯彻了总统的指令。"人们绝不能说这样的队伍是在和平进军，"马德罗这样评论道，既符合实际又有些事不关己的味道，"这就是战争。"到了晚上，这支庞大的联邦军队在城边的山区扎下了营，而库奥特拉的遣散行动也中止了。[2]

此时，以及这之后的一段时间，马德罗都感到不知所措：这些人肆无忌惮地破坏了他的工作，他不知道该如何解释他们的行为。他感到困惑不安，于是把加夫列尔·罗夫莱斯·多明格斯派去了尧特佩克；他向德拉巴拉呼吁，要求对韦尔塔的行为加以控制，然后，第二天下午，8月 20 日，星期天，他自己也去了尧特佩克。[3]马德罗的亲临，再加上那天墨西哥城爆发的一场声势浩大的马德罗派学生游行，让德拉巴拉再次动摇。为了维护自己公正不阿的名声——他最大的政治资本，他召开了一场内阁会议，再次决定停战 48 小时。当萨帕塔的军队在库奥特拉重新聚集起来的时候，所有的联邦军队都要暂停进军。从伊达尔戈州和贝拉克鲁斯州来的革命警察部队——而不是联邦军队——将监督库奥特拉的遣散行动，然后在那里驻扎下来。[4]在尧特佩克城外，韦尔塔也同意把占领行动推迟 48 小时；在他给战争部的电报中，他说他需要那

[1] Huerta's Report, AZ. De la Barra to Madero, August 19, 1911, AZ, 17: 8: 28.

[2] Madero to de la Barra, August 19 and 20, 1911, cited in Magaña: op. cit., I, 225–227.

[3] Madero to de la Barra, August 20, 1911, AZ, 16: 1: 3.

[4] De la Barra to Madero, two letters both dated August 20, 1911, cited in Magaña: op. cit., I, 238–239.

段时间给炮车修路。[1]

事实似乎再次显示，马德罗在双方之间小心促成的让步能够避免公开的争斗。萨帕塔亲自来了尧特佩克，和马德罗讨论了新的协议条款。这些条款实际上和萨帕塔先前同意的那些一样，而他也再次接受了它们。他立刻下令把军队撤出尧特佩克，然后他回到了阿亚拉城，安排最后的遣散行动。第二天，他们将在库奥特拉发起这次行动，等马德罗到达并检阅军队之后就开始。马德罗后来承认，这项行动并不完美，但是至少他和萨帕塔说服了莫雷洛斯的主要首领放下武器，维护和平。出于对莫雷洛斯革命者的感激，他给萨帕塔和他的 22 名军官写了荐书，为他们的忠诚做了保，事实上也就是承诺他们可以在他的政府中任职。[2]人们同样对他深信不疑，许多因为害怕打仗而逃出尧特佩克的当地人此时又回到了城中。[3]

但是随着这 48 小时的流逝，新的和平希望逐渐变得暗淡了。德拉巴拉不断推迟对爱德华多·海伊的州长任命。在遣散行动进行的第一天晚上，他还给库埃纳瓦卡的驻军派去了一支装备了机关枪的联邦增援部队，为数 330 人。[4]而就在同一天晚上，韦尔塔的军队也开始占领尧特佩克了。萨帕塔手下的首领差点儿就要造他的反了。[5]

8 月 22 日是关键的一天。此时要说服革命军上缴武器已经越来越困难了：他们听到了消息——内政部部长加西亚·格拉纳多斯威胁说无论如何都要起诉他们；他们也不相信，在他们放下武器之后，联邦军队不会攻击他们。[6]而在墨西哥城，德拉巴拉耳边满是卡瑞昂散布的更加夸张的"惊人消息"以及韦尔塔更为言过其实的政治分析，于是他决

---

［1］　Huerta's Report, AZ. 这封电报是用密码写成的。

［2］　For these dealings and communications, see Magaña: op. cit., I, 240–245, 249–253.

［3］　*El País,* August 22, 1911.

［4］　Carreón to de la Barra, and de la Barra's noted reply, August 21, 1911, AZ, 18: 7: 20.

［5］　Madero to de la Barra, August 21, 1911, AZ, 17: 8: 41.

［6］　*El País,* August 23, 1911.

定不再小看遣散这件事。[1]第二次时限到了，莫雷洛斯的革命军手里仍然有武器，不会再有休战了。韦尔塔嗅到了风向的变化，立即发起了攻击。他"以最高的尊重和最大的诚意"向德拉巴拉提出了"补救措施"——"最大限度地削弱萨帕塔的力量，甚至可以绞死他，或者把他从这个国家扔出去"。[2]

8月23日，军队再次开动了起来。其中最有威胁的就是韦尔塔经由尧特佩克开向库奥特拉的队伍。这一行动明显没有得到准许，而且毫无必要，因为联邦军队中的贝拉克鲁斯革命军已经驻扎在库奥特拉维持秩序了。而遣散行动还在继续，所以萨帕塔和他手下的军官非常愤怒。一部分人，包括欧费米奥，想开枪打死马德罗，那个"小矮子"，他们认为他就是个叛徒。萨帕塔知道那将带来怎样的灾难，所以他和当时在场的海伊设法平息了这场骚乱。马德罗无比痛苦地离开了，去了墨西哥城；他相信自己虽然和德拉巴拉有误会，但是仍然可以再一次通过面对面的谈判解决问题。然而，德拉巴拉没有再给他一次机会。当马德罗来到墨西哥城要求会面的时候，总统借口参加内阁会议避开了。最后，马德罗放弃了调和各方的努力，给德拉巴拉写了一封愤愤不平的长信，然后离开首都，去了尤卡坦州，为选举做准备。[3]莫雷洛斯革命派失去了最后一位重量级支持者。

德拉巴拉仍然害怕流血事件，因为他知道一旦发生了，他就无法逃避责任；于是在接下来的几天里，他试图避免革命者和联邦军队——尤其是韦尔塔——之间的直接对抗。于是，萨帕塔赢得了几天宽限期。但是末日已经近在眼前了。安布罗西奥·菲格罗亚把他的军队调进了霍胡

119

---

[1] Carreón to de la Barra, August 20, 1911, AZ, 16: 1: 28.［在这封信中，卡瑞昂抱怨欧费米奥正打算进攻库埃纳瓦卡。马德罗回复说欧费米奥其实正 *sumiso y obediente*（顺从）地待在库奥特拉。见 Madero to de la Barra, August 21, 1911, AZ, 17: 8: 40。］有关其他怨言，见 Carreón to de la Barra, August 21, 1911, AZ, 18: 7: 1, 5, 6, 13, 14, and 20; also Huerta to de la Barra, August 21, 1911, AZ, 17: 11: 16 and 18.

[2] Huerta to de la Barra, August 22, 1911, AZ, 17: 11: 18.

[3] Magaña: op. cit., I, 245–254. 没有记录显示韦尔塔发布了攻占库奥特拉的具体命令，虽然他总的计划是继续进行战斗。

特拉。阿尔诺多·卡索·洛佩斯将军率领的联邦军队从霍纳卡特佩克出发，向库奥特拉开进。和德拉巴拉关系最为密切的墨西哥城日报的编辑开始讨论，莫雷洛斯革命军"应该被遣散，还是被起诉"。托马斯·鲁伊斯·德贝拉斯科起草了针对萨帕塔的指控书；联邦总检察长下令逮捕他。作为回应，萨帕塔在 8 月 27 日发表了他的第一份宣言，《告莫雷洛斯人民书》(*To the People of Morelos*)，为自己辩护，宣称政府是莫雷洛斯动乱的始作俑者。到了这时，菲格罗亚已经处决了大约 60 名当地革命者，并且正在对更多人进行军事审判。在墨西哥城，马德罗试图通过他的兄弟劳尔，为停战做最后一次努力。但是在 29 日的内阁会议之后，加西亚·格拉纳多斯决定"积极追捕萨帕塔"。[1]革命领袖就这样变成了不法之徒。

两天之后，联邦军队包围了库奥特拉，萨帕塔最后一次向德拉巴拉抗议，声明他没有宣布造反，他只保留了一小支马德罗分派给他的个人护卫队，而政府必须为流血事件负责。[2]在这封信的背面，德拉巴拉写下了他的答复："我很遗憾遣散你的军队的行动没有发挥作用，大批土匪出现了。"内阁一决定在莫雷洛斯"彻底清除土匪"，总统就把萨帕塔的下落和弱点告诉了韦尔塔。[3]同一天，卡索·洛佩斯和韦尔塔共同占领了库奥特拉；第二天，9 月 1 日，韦尔塔向南进军，开往奇纳梅卡庄园，萨帕塔从那里逃了出去。[4]

韦尔塔急着抓住他的猎物，于是采取了残酷手段，对付反抗行动。"事实告诉我"，粉碎了阿亚拉城周围的反抗之后，他给德拉巴拉写信表示，"不假思索地坚决采取行动是必要的。这些人都是土匪。"德拉巴拉回电表示同意：韦尔塔可以"自由地"前进。[5]

---

[1] Magaña: op. cit., I, 255–258. *El País*, August 26, 1911. Dearing to the secretary of state, NA, 59: 812.00/2316.

[2] Zapata to de la Barra, August 31, 1911, AZ, 16: 5: 4.

[3] *El País*, August 31, 1911. Huerta's Report, AZ.

[4] Magaña: op. cit., I, 258–259.

[5] Huerta's Report, AZ.

韦尔塔到了奇纳梅卡，不过太晚了，没有抓住萨帕塔。那里的指挥官——菲格罗亚的悍将费德里科·莫拉莱斯——把事情搞砸了，让他逃掉了。莫拉莱斯想把萨帕塔困在庄园里，但却愚蠢地忘记了前门还有守卫。萨帕塔听到了枪声，他了解这座种植园的庭院结构，于是从主楼躲了出去，跑进了后面的甘蔗田中。三天之后，胡安·安德鲁·阿尔马桑意外地在 80 英里以南的地方碰到了他，当时他正骑着驴穿过普埃夫拉的一座小山城，由于一直在四处避难，整个人已经筋疲力尽。[1]

对于很多观察者来说，莫雷洛斯革命的故事已经结束了。马德罗已经把这个问题放到了一边，正紧张地盘算着，在新的争夺国家权力的激烈竞逐中，他可以采取什么行动。萨帕塔躲了起来，他在莫雷洛斯各地的追随者也都逃命去了。到了月底，这里的脏活已经做完了；安布罗西奥·菲格罗亚也被说服了，同意接管行政和军事大权。[2]至于韦尔塔，他占领了全部的六个地区中心，已经开始做扫尾工作了。他用自己独特的风格，一种既华丽又放肆的甜言蜜语，给德拉巴拉写了报告，描述自己穿过莫雷洛斯，在各个城镇驻军，"把信任的种子播撒了出去——如果这么说合适的话"，"在莫雷洛斯的全体人民中间，用共和国政府的步枪和大炮传播了和谐、安定与兄弟情谊"。到了 9 月 26 日，他觉得莫雷洛斯已经"平定"了，而他在那里的任务也已"完成"了。[3]

然而，本该为这一"平定"感到喜悦的种植园主仍然非常沮丧。他们认为自己的麻烦还没有结束，而且他们发现，虽然韦尔塔粉碎了他们利益的直接威胁，却又制造出了一种更为危险的新威胁。他"自由地"把他开进的每座村庄都当作"土匪"窝，于是就这样制造出了"土匪"——那些对他所代表的系统怀着空前强烈的憎恨的人。他对乡下的马德罗派人士的虐待把他们变成了萨帕塔派；这一派人是在 8 月中

[1] Almazán: op. cit., p. 22.

[2] Figueroa to de la Barra, October 4, 1911, AZ, 21: 3: 28. *Semanario Oficial*, XX, 37, 3.

[3] Huerta to de la Barra, September 13, 1911, AZ, 12: 1: 24 and 25.

旬——他到达莫雷洛斯之后——才出现的。[1] 更糟糕的是，通过驱赶、恐吓当地革命者，他迫使他们第一次认认真真地招募了新援，起码向庄园地界上的常住劳工寻求了保护。比如在科科约克，革命者把种植园的 800 名劳工中的 600 人都武装了起来。[2] 最糟糕的是，韦尔塔还没有抓到萨帕塔，而在这个夏天，后者已经成了在整个州内都颇得人心的偶像。所以，虽然莫雷洛斯战役已经正式结束了，种植园主也还是不能在维持秩序方面掉以轻心。其中最有进取心也最富才智的种植园主，小路易斯·加西亚·皮门特尔，为了保护他父亲的产业，组织了私家警察部队。他们家族出钱雇用了 50 名守卫，进行了培训，把他们武装了起来，还聘请了州里最有经验的治安官当他们的指挥。[3]

事实证明，加西亚·皮门特尔的判断比韦尔塔的明智。萨帕塔撤退只是为了重整旗鼓。在普埃夫拉–格雷罗边界的山里，他和阿尔马桑鼓励各地焦躁不安的首领——甚至包括瓦哈卡州的首领——"尽快发起反抗"。[4] 萨帕塔已经在脑子里勾勒出了新革命运动的蓝图，他不无困惑地称它为"反革命"（counterrevolution）。每天都有他的旧盟友——他们在故乡被菲格罗亚手下的警察迫害——再次加入他的队伍，向他提出改进、强化革命军队的建议。9 月 26 日，萨帕塔在"反革命者致共和国总统弗朗西斯科·L. 德拉巴拉"的请愿书里正式提出了他的诉求。萨帕塔和他的首领仍把德拉巴拉视为总统，但是他们宣称莫雷洛斯、普埃夫拉、格雷罗和瓦哈卡的州长是不合法的，要求任命人民拥戴的行政官员和军事指挥官，还要求推迟总统选举，归还"理应属于村落所有的土地、木材和水源"，废除区长制度，赦免政治犯。[5] 阿尔马桑、赫苏斯·豪雷吉和何塞·特立尼达·鲁伊斯亲自把这封信交给了德拉巴拉。

"白总统"同意赦免政治犯，但是拒绝宽大处理那些被控有罪的革

［1］　*El País*, August 17, 1911.

［2］　Huerta to de la Barra, August 26, 1911, AA.

［3］　L. García Pimentel, Jr., to de la Vega, March 15, 1912, AGN, G: 846.

［4］　Zapata and Almazán to Menchaca, September 20, 1911, AZ, 30: 15.

［5］　该文件见附录二。

命者，其中包括革命军领袖萨帕塔。韦尔塔在接到这条通知之后就进入了普埃夫拉东南部，追捕那些"自命不凡得可笑的土匪"。[1]但是在韦尔塔进军的同时，萨帕塔也不断引诱他继续向前。10月初，萨帕塔佯装再次退入南部普埃夫拉腹地，然后掉转过来，带着两三百人快速奔驰，绕过了韦尔塔军队的侧翼。游击队策马狂奔，穿过无人知晓的山间小道，随后突然在莫雷洛斯东部现身，为再次发动袭击做好了准备。而在韦尔塔用军事行动"传播情谊"之后，成群的村民加入了革命；此时，大量种植园劳工也纷纷应征，革命军人数迅速增长到了1500人。这场卷土重来的革命运动极受人们支持，现有的军队和警察——此时由卡索·洛佩斯领导——都无法遏制它。10月10日，革命军逼近库奥特拉。接下来的一个星期，他们向北行军，进入了墨西哥州，到了奥津巴一带。每一天萨帕塔派都在吸纳新战士；10月22日到23日，他们占领了联邦特区的乡村地区，距离墨西哥城中心只有15英里。[2]

萨帕塔回到莫雷洛斯，正好是在总统选举期间，他的回归给当地人带来了在政策方针上进行表态的机会。虽然此时的动荡远比8月迫使州长选举中止的那一系列暴乱严重得多，但是选举仍然正常进行了，而它的结果也宣告了马德罗的进步立宪党候选人在库埃纳瓦卡和库奥特拉区域的胜利，以及巴斯克斯·戈麦斯的反连选连任党候选人在霍胡特拉的胜利。[3]但是民意显然是非常不同的。很多人反对"彻底清除"革命党的政策，于是用脚投了票——加入了村落的革命。

当地人反对韦尔塔的强烈情绪——尽管他在表面上获得了胜利——引起了国会的注意。议员中最有智慧的演说家何塞·玛利亚·洛萨诺意识到，"埃米利亚诺·萨帕塔已经不再是一个人了，他是一个象征。就算他明天自首，［追随他的］那些暴民……也不会投降"。[4]这次动乱最 *123*

---

［1］ Huerta's Report, AZ. Huerta to I. de la Barra, September 27, 1911, AZ, 12: 1: 26.

［2］ *Diario del Hogar*, October 10 and 19–26, 1911.

［3］ *Semanario Oficial*, XX, 41, 1.

［4］ Salvador Sánchez Septién, ed.: *José María Lozano en la Tribuna Parlamentaria, 1910–1913* （2nd edn., México, 1956）, pp. 34–35.

终引起了内阁的震荡，加西亚·格拉纳多斯、冈萨雷斯·萨拉斯和弗朗西斯科·巴斯克斯·戈麦斯丢掉了他们的位子。韦尔塔也遭到了撤换，这无疑终止了他的政治生涯。

马德罗深受震动——这可能是萨帕塔最想要的结果。马德罗在科阿韦拉州的帕拉斯等待就职的时候，发布了一封长长的——而且有些部分并不正确的——公开信，解释为什么萨帕塔拒绝接受政府的命令。信中最重要的一点是，他保证，一旦他上任，萨帕塔就会放下武器。"……他知道，"马德罗说，毫无疑问这里针对的是萨帕塔，几乎是在直接向他喊话了，"我会实现政府早些时候的目标"——他们在 8 月 18 日达成的共识——"我相信这是稳定莫雷洛斯局势的唯一办法。萨帕塔也了解那些目标，因为我在库奥特拉的时候就和他谈过。"[1]

除了圣徒弗朗西斯科之外，另一位马德罗也受到了震动。那就是他的弟弟，政治家古斯塔沃。整个 10 月，阻止马德罗就职的反动阴谋几乎是在明面上进行的；雷耶斯退到了圣安东尼奥，但仍然颇具威胁。针对这些问题，古斯塔沃试图重建曾经的革命联盟。10 月末，他与萨帕塔手下的一名年轻助理希尔达多·马加尼亚在墨西哥城会谈了数次，后者把这个令人振奋的消息送到了南方。[2] 11 月 1 日，菲格罗亚州长在库奥特拉发出通告，赦免所有在两周之内投降的革命者。[3] 各方试图达成一种新的和解。人们有了新的希望：最终所有的分歧都能被化解，而革命同盟将会重新建立。

11 月 6 日，马德罗就任的时候，萨帕塔已经把他的军队召集到了阿亚拉城周围，静静地等候谈判。令人忧虑的消息传到了莫雷洛斯革命者耳中：菲格罗亚作为全国革命的南方代表，陪同马德罗参加了就职典礼。但是让人感到放心的是，加夫列尔·罗夫莱斯·多明格斯 11 月 8 日来到了库奥特拉，他对双方的和解充满热情。墨西哥城的观察者密

---

[1]　　The letter is cited in Magaña: op. cit., II, 38–39.

[2]　　Ibid., II, 63.

[3]　　*El Imparcial*, November 2, 1911.

切关注着事情的进展。根据《公正报》，"匈人首领阿提拉"已经向他的"部落"发布了投降的"谕旨"。[1]

三天后，罗夫莱斯·多明格斯、萨帕塔和他的众位首领共同达成了协议。这项协议将会把格雷罗人排挤出去，把阿亚拉党确立为莫雷洛斯的统治者，逐步撤出联邦军队，任命当地革命军为联邦警察，保障莫雷洛斯革命的土地政策，把革命者过去的反叛活动都定义为合法的抗议行动。[2]

罗夫莱斯·多明格斯准备返程，把他们的协议交给马德罗批准。但是人们此时获知，在谈判期间，州里的联邦军队有一些让人感到不祥的举动。11 月 11 日，趁着革命军聚集在阿亚拉城一带时，卡索·洛佩斯将军近距离包围了他们。更糟糕的是，卡索·洛佩斯不让罗夫莱斯·多明格斯去墨西哥城。这位使者从库奥特拉给马德罗发去了一封用密码写成的紧急电报，乞求他无论如何都不要让萨帕塔受到攻击。"我已经拿到了绝佳的和谈条件，"他汇报道，"联邦军队发动攻击就是要破坏会谈。他们拒绝透露［他们在搞些什么］。"第二天，他躲开了看守他的警卫，去了首都。[3]

那天是星期天，马德罗丝毫没有拖延，立刻在查普尔特佩克的总统官邸会见了他。很难判断他究竟是如何看待这份新协议的。他在 8 月承诺下来而最近又确认过的那些条件，和罗夫莱斯·多明格斯现在交给他的没有什么区别。而且，正如协议表明的那样，萨帕塔的反抗仅仅停留在州的层面上，不是国家行为。但是作为总统，马德罗刚刚获得的权力几乎每天都在经受挑战，所以他不能允许一个地方反叛者和他平等地打交道，即使这么做是有意义的。所以，听完罗夫莱斯·多明格斯的报告之后，他给了后者一封信作为指令，这也为他的

124

---

[1] Magaña: op. cit., II, 63–64. *El Imparcial*, November 8, 10, and 11, 1911. 此时萨帕塔已经向他的军官发布了命令，准许修复铁路、电报和电话线。车站站长和列车员都接到了命令。

[2] For the agreement, see Magaña: op. cit., II, 65–66.

[3] For this and following communications, see ibid., II, 66–78.

回应留下了官方记录：

> ……告诉萨帕塔，我唯一能接受的就是他立刻无条件投降，他手下所有的士兵也必须立刻放下武器。在这种情况下，我会赦免他的士兵进行暴乱的罪行，他可以得到护照，这样他就可以暂时去国外居住。

> 告诉他，他叛逆的态度正在严重地破坏我的政府工作，在任何情况下我都不能容忍这种态度，如果他真的想为我效忠，［服从我］是唯一的途径。

> 让他知道，如果他立刻放下武器，他就无须为他的生命安全担心。

在这些记录之外，马德罗很可能开出了更慷慨的条件，罗夫莱斯·多明格斯也很可能在私下里知会了萨帕塔。[1]但即使是这样，计划还是流产了。因为萨帕塔还没有解散他的军队，所以卡索·洛佩斯将军认为，罗夫莱斯·多明格斯和起义军首领的会谈已经失败了。[2]而当罗夫莱斯·多明格斯返回库奥特拉继续会谈时，将军不让他去革命军在阿亚拉城的司令部。萨帕塔所知道的关于他的和平协议的一切，都来自一名信使——他送来了马德罗要求萨帕塔投降的正式文件，还有一封来自罗夫莱斯·多明格斯的信，在信里他拼命解释，但还是没有把情况说清楚。

当这位信使到达革命军营地的时候，萨帕塔已经在排兵布阵，准备迎战即将来犯的联邦军队了。在马背上他读了那两封信，仿佛——据希尔达多·马加尼亚描述——看到了事情正在像他预想的那样发展。当卡

---

[1] For a consideration of the evidence, see Womack: op. cit., pp. 216–217.

[2] Casso López's Report to the secretary of war, November 30, 1911, Archivo Histórico de Defensa Nacional（henceforth AHDN）, XI/481.5/177, 290–302. For security reasons I was not permitted to consult the original documents in the archive. I owe consultation of notes on them to the generosity of Luis Muro.

索·洛佩斯按照马德罗总统本人的指示（马德罗的另一封信显示了这一点），把他的大炮部署在了距离革命军不到一英里的地方时，罗夫莱斯·多明格斯动人的请求就没有什么意义了。萨帕塔愤怒地赶走了信使。很快大炮就开火了，萨帕塔下令撤退。他和他的护卫队坚持到了晚上，然后穿过联邦部队的包围逃走了。他像以前一样，一路招募难民和游击队员，南行进入了普埃夫拉的山中。

这是最后一次有望成功的调解行动。几天后，罗夫莱斯·多明格斯试图与萨帕塔进行沟通，以达成新的协议，但是没有收到答复。[1]而在整个莫雷洛斯东部，游击队的小规模战斗再次开始了。11 月末，萨帕塔把他最亲近的追随者召集到阿约苏斯特拉，普埃夫拉州东南部的一个山城，在那里他们开了一场政务会，签署了由蒙塔尼奥起草的《阿亚拉计划》(*Plan de Ayala*)。这些聚在一起的首领终于正式宣布反对联邦政府，进行革命。马德罗无能、奸诈而且专制，他们宣称，只有通过暴力，他们才能为村落讨回公道。他们请帕斯夸尔·奥罗斯科来领导阿亚拉革命：奥罗斯科是个民族英雄，此前是圣路易斯革命中最有名的马德罗派指挥官，现在是奇瓦瓦州联邦警察队伍的领导者；他对马德罗忠心耿耿，但此刻也非常焦躁不安。"我决心，"萨帕塔给身在墨西哥城的马加尼亚写信，"同任何事、任何人进行斗争……"[2]

12 月初，可能是在他的兄弟古斯塔沃的建议下，马德罗又派了一个委员会前往普埃夫拉-莫雷洛斯边界上的军营，去见萨帕塔。但是这些委员没有带去新的协议。马德罗曾经在库奥特拉 8 月的危机中、在充满谎言和破碎的承诺的黑暗日子里拥抱过萨帕塔，也曾经把萨帕塔视为他的众多革命将领中"最忠诚的将军"，而现在，对这位首领，委员会甚至连他放下武器后会得到赦免和宽待都无法保证。他们能给他的唯一承诺就是他流亡期间的人身安全。而当萨帕塔回忆起他和马德罗一起

---

[1]　G. Robles Domínguez to Zapata, November 15, 1911, ARD, 7: 37: 42.

[2]　Zapata to Magaña, December 6, 1911, cited in Magaña: op. cit., II, 95–96.《阿亚拉计划》的全文、这一计划的缘起与重要性的论述，见附录二。

努力奋斗的那几个月，那漫长而紧张的几个月，他的怨恨终于爆发了。"我一直都是马德罗先生最忠实的支持者，"他对众委员说，"我做了无数的事情来证明这一点。但是我再也不是了。马德罗已经背叛了我和我的军队、莫雷洛斯的人民，还有整个国家。他的大部分［最初的］支持者不是在监狱里就是受到了迫害。"萨帕塔继续说了下去，他知道清洗运动在他自己的州里正在进行，别的地方一定也不例外，因此他非常愤怒，"没人相信他了，因为他已经违背了所有的诺言。他是我认识的最反复无常、优柔寡断的人"。他们应该对总统说什么？那些委员问。"替我告诉他，"萨帕塔最后撂下一句话，"——让他逃到哈瓦那去吧，因为如果不这样做，他就可以数着日子等，我在一个月之内就会带着两万人打进墨西哥城，我会很高兴地爬上查普尔特佩克的城堡，把他从里面拖出来，然后绞死在公园里最高的一棵树上。"[1]

于是，萨帕塔满怀怨恨和戒心地与全国的革命运动决裂了，而莫雷洛斯革命的第一阶段也就此结束了。这场革命从那时开始独自前行。人们对革命联盟的期待注定会落空，因为马德罗和萨帕塔都誓死效忠于某项事业，也就是革命，但是他们不知道，他们对革命的看法是非常不同的。最开始的时候，革命联盟中没有一个人把"社会革命"和"政治革命"区分开。6月，莫雷洛斯革命面对的致命问题出现之后不久，在墨西哥城火车站等着回家的时候，萨帕塔满怀怅惘地接受了记者的采访。
127 "不能说，"他告诉那个记者，"我是因为贫穷的压力才走上战场的。我有土地，也有马……那些都是我通过很多年的诚实劳动而不是政治斗争挣来的，它们能让我和我的家人过得舒舒服服的……现在我要遣散那些帮过我的人了。"他继续说，"这样我就能退休，过我自己的生活，回家种田。因为在我参加革命的时候，我的唯一目标就是打败独裁政府，而现在我已经实现它了"。[2]

这也是马德罗和其他革命者口中的唯一目标——"打败独裁政府"。

---

[1] *Diario del Hogar*, December 18, 1911.

[2] *El País*, June 22, 1911.

但是问题在于，独裁政府什么时候才算被打败？独裁政府究竟是什么？不同的人在面对这些问题的时候有不同的标准。

革命什么时候才算胜利？对于萨帕塔这个南方乡下人、满腔怒火的一村领袖来说，他的答案很简单：在他们州里的土地问题得到公正的解决之后，或者至少，人们就这个问题制订了计划并采取了行动之后。而马德罗，一个北方人，地主的儿子，性格温和，常常沉溺在美好的幻想中——他想要的比萨帕塔更多也更少：当墨西哥人生活富足、互相友爱的时候，或者至少，当他获得政权的时候。这两个人对革命的期望在本质上是非常不同的。而当他们终于意识到这一点的时候，他们已经无法再依靠任何有组织的政党或者委员会来调解他们、教导他们，帮他们达成一致了。在巨大的压力下，他们不得不靠自己调解双方的冲突。他们非常想信任别人，也想得到别人的信任，这表明了他们完全没有真正的政客那种不动声色地保留意见的本事——他们无法任由别人牺牲，只求自己安全。在一切开始的时候，他们曾经满怀希望，然而到了后来，萨帕塔在任何一次分歧中都怀疑对方背叛，而马德罗能看到所有人的私心，却唯独看不清他自己的。在所有的革命者中，他们两个是最不适合求同存异、进行合作的。

128

第五章　官方革命派的行动

"不只是那些所谓的科学家派……"

革命派在墨西哥城上任了。革命者脱下了卡其夹克，穿起了双排纽扣大衣。但是在莫雷洛斯，战争还在继续。在马德罗的整个任期中，当地的两个革命党都在争斗，想要决定革命究竟要走什么路线。从一开始，遵守法律的那部分革命党人就有很清楚的宗旨：他们依靠来自大城市的赞助者，希望把民众要求进行的改革合法化，并且正式颁布法令。而在12月15日，《家庭日报》发表了《阿亚拉计划》，莫雷洛斯反叛派革命者的宗旨也变得清晰了起来。他们想实现土地改革，不管政府官员打不打算准许他们这么做。就像以前反抗迪亚斯那样，萨帕塔和他的首领发动了反对马德罗的战争；但是这次他们也做出了具体说明：这场斗争是为了给全国的乡下人带来福祉，一无所有的农村家庭将会从充公的庄园中收回他们的土地，或者获赠新的土地，而革命之后建立的政权并不是由发言人而是由真正的革命老兵来主导。在这场斗争中，双方都是为了改变民众的处境，但他们并不属于同一个世界。在斗争中，他们也改变了自己。

129　　直到1912年年中联邦政府恢复莫雷洛斯的自治权，那里进行的这两场革命都是反对党运动——一场忠于政府，另一场则是叛变。对叛变者来说，恰当的策略似乎是很容易制订也很容易实施的。和很多观察者一样，萨帕塔和他的首领显然相信，马德罗很快就会倒台。即使是在那位圣徒的就职典礼之前，他的权力就已经受到了严重的挑战。10月，辞职后的埃米利奥·巴斯克斯去了圣安东尼奥，在那里他和雷耶斯将军见了面；两人显然建立了合作关系，开始谋划暴动。10月31日，墨西哥城中的巴斯克斯派代表起草了他们自己的《塔库巴亚计划》(*Plan de Tacubaya*)，对马德罗提出了批评，宣布拥护巴斯克斯当总统。11月初，墨西哥城警察破获了一起巴斯克斯–雷耶斯派暗杀新总统的阴谋。一个月后，他们又发现，一批与雷耶斯派有关的高级军官也在谋划类似的行动。[1]尽管雷耶斯将军12月中旬重返墨西哥的时候并没有成功发起暴动，还被关进了监狱，但是害他遭受这次失败的巴斯克斯·戈麦斯兄弟仍然是政府的巨大威胁。[2]北方有很多心怀不满的革命派，比如野心勃勃的帕斯夸尔·奥罗斯科，他们或许可以说动他起来造反。眼下的形势充满了希望；萨帕塔和他的首领显然认为他们唯一要做的事就是战斗：把他们的反抗坚持得久一点，直到马德罗倒台，那时他们就可以建立一个符合他们要求的新政府；而如果新政府不能满足他们的要求，那就让它自生自灭。

于是，他们很少费心去管组织问题。发布了《阿亚拉计划》的政务会包括了大部分曾经而且后来仍在莫雷洛斯州内占有重要地位的革命首领，其中除了萨帕塔兄弟之外，还有该计划的作者蒙塔尼奥，以及像弗朗西斯科·门多萨、赫苏斯·莫拉莱斯、何塞·特立尼达·鲁伊斯、阿马多尔·萨拉萨尔、洛伦索·巴斯克斯、埃米格迪奥·马莫莱霍和皮奥金托·加利斯这样的革命老兵。但是这个政务会没有固定的营地，更不用说正规的办公场所了。他们也没有能够管理政务会的各种事务的全职秘书：曾经当过萨帕塔的参谋长的阿夫拉姆·马丁内斯现在还在普埃夫拉城的监狱里；革命运动的智囊蒙塔尼奥此时正打算转型为一名战士；剩下的小助理在各支队伍间进进出出，太不稳定，无法统筹革命运动。而且，当地的一些重要首领还没有加入阿亚拉集团。这些老首领

130

---

[1] 有关《塔库巴亚计划》(这个计划不是塔库巴亚阴谋团的《政治社会计划》)，见 González Ramírez: *Planes*, pp. 55—60。有关暗杀阴谋，见 *Diario del Hogar*, November 9 and December 18, 1911。

[2] Special Report of Private Detectives in San Antonio, January 2, 1912, Archivo General de la Secretaría de Relaciones Exteriores(henceforth AGRE), L–E–857R: File 9(sic, in fact, 3).

第五章 官方革命派的行动 第五章　官方革命派的行动　　　149

包括费利佩·内里、赫诺韦沃·德拉奥、弗朗西斯科·帕切科、赫苏斯·豪雷吉、伊格纳西奥·玛雅和佩德罗·萨阿韦德拉等。他们此时都在进行革命斗争，但是并没有正式接受萨帕塔的领导。而那些已经宣誓拥护《阿亚拉计划》的人也并不都是坚定不移的。1 月初，赫苏斯·莫拉莱斯曾试图与联邦政府进行秘密谈判。在那之后不久，门多萨也解除了何塞·特立尼达·鲁伊斯的武装，把他驱逐出境，并且吞并了他的军队。[1]在这几周里，萨帕塔派在莫雷洛斯的行动并不算是革命，而只是一场乡村暴动。

　　土匪也几乎立刻就开始活动了。这个趋势非常危险，因为种植园很快就要进入收获的季节了，随之而来的是整个地区一年一度的市场繁荣。反叛军不想和别的法外之徒争夺向种植园主收取保护费的机会，他们也不想让强盗伤害那些靠做小买卖挣钱的村民。12 月 20 日，萨帕塔向他的南方解放军发布了命令，让他们"在村子里、田野中和道路上"提供"全方位的保障……尊重并帮助那些在合法的自由选举中受到承认的政府官员"，他不让革命军队和 *pacificos*（平民）"破坏或烧毁庄园的产业，因为它们日后都是村民的财产，也是他们工作的地方"。他还要求军官准许士兵回家收割庄稼、照顾家人。他没有提到土地改革的问题。萨帕塔在命令结尾告诫他的军官："我们的军队应该意识到，我们表现得越好，就会在人民中拥有更多支持者，得到更多帮助，就会更快地取得胜利。"[2]12 月 31 日，他向"我们热爱的村落"发表了宣言，宣称阿亚拉革命派的目标是完全合法的，并且宣布不对"那些用我的旗号来保护他们自己、实施犯罪、滥用权力、互相争斗的人"负责。他宣布："我请求所有支持我的民众和村落大力打击这些人，因为我认为他们是我的敌人，他们想要抹黑我们神圣的事业，阻挡它取得胜利。"[3]

---

[1]　Morales to Madero, January 7, 1912, AZ, 28: 12: 1. Encarnación Muñoz: "Breves apuntes históricos"（MS, 1913）, p. 62, AZ, 31: 1.

[2]　Gonzalo Vázquez Ortiz to O. Magaña, December 25, 1911, cited by Magaña Cerda in *El Universal*, December 10, 1950.

[3]　For the manifesto, see González Ramírez: *Manifiestos*, pp. 505–506.

尽管缺乏组织带来了种种问题，革命军还是一直没有建立正式的政治集团。在财政上，他们靠的仍然是当地人的捐款、少量强制贷款以及与他们有联系的墨西哥城政治家零星的善款。在武器弹药方面，他们只有从联邦军队和巡警那里缴获的装备，而从墨西哥城来的军火贩子也只会不定期出现，给他们提供一些物资。[1] 1月初，有位热心的库奥特拉萨帕塔派代表恳求革命政务会给他一封介绍信，并向他发出指示，这样他就可以"**组织、规范并推广**"革命了。"必须在墨西哥城建立一个中心，"他敦促道，"这个中心将为革命提供指导、突出革命特色并且承担政治责任。"这一安排，他表示，将会让运动"既有力又团结"。[2] 他已经两次请求政务会给他指示了，但是都没有得到答复；也没有记录表明他这次成功了。阿亚拉首领显然对复杂的组织结构没有什么兴趣，不管这种组织是全国的还是地方层面上的。

虽然阿亚拉革命派只是松散地组织在一起，但是他们差点就夺得了莫雷洛斯的军事控制权。此时还有一千多名在卡索·洛佩斯将军带领下的联邦官兵、大约5000名由不同军官领导的骑警留在莫雷洛斯。但是这些人只能控制他们驻扎的那些城市——大多是地区中心和大市镇中心。一些队伍的指挥官——尤其是骑警军官——非常优秀；他们很了解军事指挥的理论——怎样长途追击，怎么在夜间行军，如何进行移动补给。[3] 但是几乎所有的军官和士兵都来自外州（主要是哈利斯科和瓜纳华托），不了解那些他们必须经行的盘曲小道和山沟，也不熟悉本地的村民；对村民的搅扰是不可避免的，而村民随后就向革命军提供了这些军队的情报。[4] 种植园主也为这些士兵和警察造成的开销和破坏而感到颇为恼火。[5] 结果，联邦军队很少踏出他们的驻地。当他们需要冒险出

［1］　Antonio Díaz Soto y Gama: "Un noble amigo de Zapata," *El Universal*, December 13, 1950. *El País*, February 19 and 25, and June 15, 21, and 26, 1912.

［2］　Unsigned letter to Zapata, January 4, 1912, AZ, 28: 12. 文中的强调是引文作者所加。

［3］　General Instructions to Commanders and Officers of Rural Police, 1912, AGN, G: 647.

［4］　Induction contracts of rural police in Morelos, January, 1912, AGN, G: 846, 925.

［5］　*El Imparcial*, December 20, 1911, and January 21, 1912. L. García Pimentel, Jr., to de la Vega, March 15, 1912, AGN.

门的时候，指挥官通常会组织一大群人一起行动，恨不得有一个营那么多。于是，在莫雷洛斯东南部的乡下地区，萨帕塔、门多萨和莫拉莱斯实际上可以带领游击队去他们想去的任何地方。在东北部，北到墨西哥州，远至奥津巴，何塞·特立尼达·鲁伊斯的势力是最大的。因为他一直在那一区域的各个小镇中宣传革命，所以很了解那里的人和地理环境；负责镇压当地革命的警察指挥官差不多已经承认了，自己的工作是不可能完成的。[1] 只有在门多萨解除了鲁伊斯的武装之后，联邦警察才勉强控制住了那个地区。在莫雷洛斯的中心地区，萨拉萨尔和内里像以前一样牢牢控制着他们的地盘；他们袭击那些有联邦驻军的城镇，在乡村地区自由驰骋。而在西北部，在库埃纳瓦卡北边、圣玛利亚和维齐拉克周边的主要村庄中，德拉奥把骑警吓得丝毫不敢抵抗。在他的地盘上没有什么战斗发生，因为就连正规的联邦军队也不敢挑战他。

革命军在莫雷洛斯拥有了巨大的影响力，到了1月中旬，他们的事迹也感染了其他地区对现状不满的民众。在特拉斯卡拉、普埃夫拉、墨西哥、米却肯、格雷罗和瓦哈卡等州，都爆发了声援阿亚拉革命的运动。就这样，南方出现了一场令联邦政府非常难堪的危机，而政府原本就因为帕斯夸尔·奥罗斯科在北方不断壮大的分裂活动而非常头疼了。1月17日，马德罗同意让安布罗西奥·菲格罗亚从莫雷洛斯州州长的位置上退下来，这是为了重新获得当地温和派的支持，也是为了让菲格罗亚把他自己州里的动乱镇压下去。两天后，为了直接应对这一危机，内政部部长宣布在莫雷洛斯、格雷罗、特拉斯卡拉三州以及墨西哥州和普埃夫拉州的13个区域戒严四个月。但是革命仍然在蓬勃发展。1月末，革命军几乎完全占领了库埃纳瓦卡。大约3000人在州首府周围的村子里——从特坡斯特兰到特米斯科再到维齐拉克——聚集了起来；而1月26日，在联邦军队对圣玛利亚的破坏行动失败之后，革命军对整个地区发起了强有力的、显然经过了统筹的进攻。在德拉奥的指挥

---

[1]　Francisco J. Enciso to Reynaldo Díaz, December 23, 1911, AGN, G: 645.

下，他们每天都在战斗，每场战役为时三四个小时，这样持续了一个多星期。观察者站在库埃纳瓦卡的屋顶上，看得入了迷：他们可以看到联邦军队的炮弹在圣玛利亚炸开，也可以看到当村子被点燃的时候，黑烟从山里升起。但是革命军始终保持着攻势，每一天他们都离击垮联邦军队、占领州首府更进了一步。[1]

对于莫雷洛斯州内另外的那群遵纪守法的革命者——他们认为政术比战术更重要——来说，这场危机部分简化了他们的工作，但也在某种程度上把它变得复杂了。这一危机带来的好处是菲格罗亚的离任，这大大增加了他们重新控制州政府、发起改革的可能。菲格罗亚当州长的时候，曾经试图在库埃纳瓦卡建立一个格雷罗小圈子。靠着他的副州长奥雷利奥·贝拉斯克斯和库埃纳瓦卡地方法官鲁佩托·苏莱塔——这两个人都是从格雷罗来的政客——的协助，他打算控制莫雷洛斯，借此实现他们家族在国家政治中的野心。由于当地的革命派也想控制莫雷洛斯，贝拉斯克斯和苏莱塔在为他们的老板建立政治基础时，只能找老埃斯坎东派，以及那些刚刚上任、现在还不想退休的食客。于是，在12月的市镇选举中，格雷罗人只能让他们的仆从拉蒙·奥利韦罗斯来竞选库埃纳瓦卡市镇长官，但是他失败了。1月14日的州长选举，贝拉斯克斯和苏莱塔也无法在当地名流中找到任何可信的候选人，最后只能又推举了一个格雷罗人，而这一人选就连他们在当地的合作者都不能接受。为了恢复菲格罗亚的权威，阻止当地人在州长竞选中获胜，贝拉斯克斯还发起了一场大清洗运动。他从州行政系统中清除了很多新上任的官员，因为他认为他们不可信赖，然后重新安插了许多曾经为阿拉尔孔和埃斯坎东工作的人。他不再给市镇长官发放薪水，害得他们要么背上了不光彩的债务，要么辞了职。虽然他没有真的把哪个市镇长官赶走（就像卡索·洛佩斯在普埃夫拉边界上的三座城镇做的那样），但是他确实清除了一些地方的城镇议员。而且，在他的支持下，警察指挥官也开始迫害

---

[1] *El País*, January 19, 20, 27–29, and 31, February 2 and 4, 1912. *El Imparcial*, January 19, 1912. De la O in *Impacto*, January 21, 1950.

地方政府，甚至不经审判就处决了有疑点的官员。但是这些行动没有发挥什么作用，苏莱塔法官为了州长选举而组织起来的马屁精俱乐部似乎也行将失败，于是菲格罗亚取消了选举——1 月 12 日，就在选举的两天之前。菲格罗亚几天后辞职了，并且离开了莫雷洛斯，当地的守法改革派暂时得到了机会。他们团结了起来，继续强化自己的地位。[1]

他们已经建立了坚实的基础。不仅在库埃纳瓦卡，还有尧特佩克、库奥特拉、霍纳卡特佩克和很多较小的城镇，他们通过最近的市镇选举赢得了权力。他们的代表不属于前波菲里奥派、埃斯坎东派或者莱瓦派：库埃纳瓦卡的新任市镇长官费利佩·埃斯卡萨、尧特佩克的胡利奥·卡德纳斯、库奥特拉的埃韦拉多·埃斯皮诺萨、霍纳卡特佩克的何塞·玛利亚·阿尔卡萨尔都没有积极参加任何政党或者运动的记录。很明显，他们在政治上是新手。他们也不是有钱人：阿尔卡萨尔经营着一家干货食品店，他是这些人里面唯一的富豪。[2] 他们也没有当过莫雷洛斯种植园主的代理人或者律师。这些人都是他们现在治理的城镇的本地人，土生土长，绝非匆匆过客。他们在墨西哥城没有人脉，甚至在库埃纳瓦卡也没有，他们当选，靠的最有可能是当地人熟悉的那套规矩：人们会选择他们尊重的人，他们赞赏的人，有责任感而且忠诚的人。菲格罗亚离开了，这些人就有可能率领他们的街坊邻居取得和平改革运动的胜利了。

新的临时州长，小弗朗西斯科·纳兰霍，也让这些人感觉颇受鼓舞。虽然他不是本地出身（这里的革命者原本希望找个本地人），但他至少是个来自新莱昂州的北方人，而不是又来了个格雷罗人。他是个真挚诚实得出了名的老兵，曾经在北方为了人民的事业而奋斗。他的父亲是个波菲里奥派战斗英雄，他本人在堂波菲里奥时代也曾不顾自己舒适的工程师生活，为建立激进的自由党（Liberal Party）出过力。他因为

---

[1] *Diario del Hogar*, January 5, 6, and 16, 1912.

[2] Ibid., December 11, 1911, and February 28, 1912. *El País*, July 3, 1912. *Commercial Directory*, pp. 168, 199, 224.

煽动人心进了监狱，他的父亲不得不亲自恳求迪亚斯释放他。1910 年的时候，他是一名反连选连任党人——他在马德罗派革命刚开始的几周内就加入了这个党。[1]之后他也没有卸任，继续领导着他自己组织起来的步兵队伍——只有少数几个非常任上校有这样的待遇。此时他来到了莫雷洛斯，和菲格罗亚不同，他公开宣称要为当地人做好事。他想把他的一位老朋友、自由党的联合创始人、无政府主义军官安东尼奥·迪亚斯·索托－伽马争取过来，当他的副州长。索托－伽马拒绝了：政府已经犯下了"极其严重的错误"，他解释道，他们把南方"深刻的社会问题"错误地当成了土匪活动，"打算用俄国人的方式……放一阵乱炮来解决问题"；虽然他并不寄希望于"农业共产主义"，他写道，也不想要"虚幻的绝对公平的乌托邦"，但他也不会做"将资本的受害者折磨至死的战争"的帮凶。[2]不过，纳兰霍州长本人仍然是当地革命派的亲密盟友。他显然已经下定了决心，准备帮助他们平定叛乱，为民众谋福利。

　　一到库埃纳瓦卡，他就认真地研究起了动乱和暴力事件的起因。"我发现，"他后来回忆道，"莫雷洛斯缺少三样东西——第一是犁，第二是书，第三是公平。这里的大庄园、酒馆和显贵也太多了。"尧特佩克没有扩建墓地的空间，库奥特拉没有扔垃圾的地方，这些消息都让这个来自广阔的北方草原的热心肠工程师感到震惊。他和另一个北方人索托－伽马一样，把当地社会中的苦难和压迫视为一个"难题"——并不是有人在蓄意欺负别人，而只是某种特殊的谜题。[3]和在莫雷洛斯各个市镇政府任职的改革者一起，他或许可以"解开"它。

　　通过更为隐蔽的途径，他也得到了援助。马德罗总统的弟弟古斯塔沃悄悄地把萨帕塔的前参谋长阿夫拉姆·马丁内斯从普埃夫拉城的监狱

［1］　Rubén García: *El Antiporfirismo*（México, 1935）, pp. 32–33. Francisco Naranjo: *Diccionario biográfico revolucionario*（México, 1935）, p. 143.

［2］　*Diario del Hogar*, January 25, 1912.

［3］　*El País*, August 5, 1912.

中放了出来，并在 1 月 25 日把他和萨帕塔的另外两位前助理——希尔达多和鲁道夫·马加尼亚——带到了墨西哥城的一场秘密会议上。古斯塔沃承认，萨帕塔有理由怨恨他们，但他仍然坚持"我们有责任再次尝试和解"。事实上，古斯塔沃这么做，并不是爱国心让他变得大度了，而是因为他正在为某些政治问题深感焦虑：一周前，帕斯夸尔·奥罗斯科和马德罗兄弟私下里闹翻了，现在他还要在奇瓦瓦州与他们公开决裂。不管怎样，这场预备会议上达成的协议有助于纳兰霍在莫雷洛斯完成他温和的改革目标。1 月 26 日，马丁内斯和鲁道夫·马加尼亚秘密离开了，前往萨帕塔的营地，把古斯塔沃的新请求——进行谈判、谋求停战——传达给了萨帕塔。[1]

这场给守法革命派带来了好处的危机，很快就变成了对他们的诅咒。纳兰霍无法保护他们的利益，因为反叛派没有给他空间和时间采取行动。对于在战场上战斗的革命者，新州长对他们的同情没有什么意义，对他们来说重要的是他带到他们地盘上来的军队。纳兰霍试图把反叛派从圣玛利亚驱逐出去，实际上就是这一点引发了后者 1 月末对库埃纳瓦卡的大举进攻。虽然反叛派在 2 月初短暂地减缓了攻势，但是德拉奥和其他几位首领，比如刚刚赶来增援的巴斯克斯和萨拉萨尔，发布了一则告示，宣布从 2 月 6 日开始，他们会把所有开进莫雷洛斯的火车都炸上天。[2]同时，马丁内斯在和萨帕塔会谈之后，给马德罗总统回了信，表示他将会再次与他的老领袖一同作战，尽全力帮助他。[3]2 月 6 日，就像他们预先警告的那样，德拉奥和他的盟友继续向州首府推进，势头比先前更为凶猛。城里的联邦军队指挥官拼死一搏，下令立即烧毁圣玛利亚和它周围的树林——革命军的基地就在那里。纳兰霍无法阻止他。2 月 9 日，联邦军队冲进村子，用煤油浇湿人们的住宅和其他建筑，点

---

[1] Michael C. Meyer: *Mexican Rebel. Pascual Orozco and the Mexican Revolution, 1910–1915* （Lincoln, 1967）, pp. 47–52. Magaña: op. cit., II, 108–109.

[2] *Diario del Hogar*, February 14, 1912.

[3] *El País*, February 9, 1912.

起火来，然后撤退。炮弹在树林中轰然炸响，燃起了大火。到了晚上，村庄已经化成了灰烬，周围山上的木头烧得发红，不断冒出黑烟。

就这样，联邦军队又一次让附近的库埃纳瓦卡人看到了可怕的奇观。对于《国家报》（*El País*）——墨西哥城的一份天主教日报——的记者来说，"为了打垮即将摧毁我们至高无上的东西——我们的国家——的萨帕塔主义"，这一行动似乎是值得的。[1]但是对于反叛者（尤其是德拉奥，他年幼的女儿在这场大火中丧生了）来说，这次行动破坏了战争的所有规则。[2]联邦军队离开之后，反叛军回到了这里，重新开始战斗，这场战役预计将持续一个月以上。

因为这个紧急事件，纳兰霍和那些可能会支持他的市议员的希望破灭了。为了避免惨败，新州长不打算重新举行州选举。而为了保持政权的连续性，也因为他当时身边并没有其他可靠的官员，他继续让奥雷利奥·贝拉斯克斯担任副州长。于是，对当地议员的迫害和驱逐也继续了下去。[3]准备提议进行改革的革命者不得不搁置他们的计划。

对于他们来说更糟糕的是，惊慌失措的马德罗总统给莫雷洛斯派来了一位新的军事指挥官，这个人使革命形势恶化了，因此也延长了莫雷洛斯自治权被暂停的时间。这位新指挥官就是准将胡文西奥·罗夫莱斯。多年前，在北部边界上的印第安人战争中，他学会了如何带领军队捣毁反抗运动，而现在，他来到了南方，准备像当时打击部落人那样打击农户和牧民。他曾经经历过莫雷洛斯的暴动：1909 年，在埃斯坎东派选民"数目超过"莱瓦派的那天，他身为一名上校，领导着库奥特拉驻军。2 月 3 日，在和战争部部长谈了很久以后，他告诉记者他是如何看待现状的："我认为，整个莫雷洛斯都被萨帕塔派占领了，那里没有一个人不相信那个暴徒埃米利亚诺·萨帕塔的歪理邪说。"于是，他把种植园主、种植园主的磨坊和农田里的工作人员（包括律师、经理和雇

137

---

［1］　*El País*, February 10, 1912.

［2］　De la O in *Impacto*, January 14, 1950.

［3］　*El País*, February 1, 1912.

工）、和平改革派、默默支持革命军的普通人、独立进行起义的革命者、与萨帕塔联合起义的革命者、在萨帕塔的领导下行动的革命者和萨帕塔那批匪徒混为一谈，统统当成了敌人。罗夫莱斯很有信心，在"较短的时间之内"，他预测道，他就会"削弱那群……正在像野人一样犯罪、偷盗……祸害莫雷洛斯的暴徒的力量"。[1]

一到莫雷洛斯，他就立刻开始了行动。2月10日，遵从他的指令，联邦军队在阿亚拉城逮捕了萨帕塔的岳母、他的姐姐和两个姻亲姐妹，把她们当作人质，带到了库埃纳瓦卡。[2]同一天，尧特佩克的联邦指挥官搜查了市镇长官胡利奥·卡德纳斯的房子。他们找到的证据——一把坏了的旧手枪、六发发了霉的子弹和一些17年前的政治材料——很难给他定罪，但是指挥官命令卡德纳斯辞职，卡德纳斯也就不得不逃亡保命。三天后，指挥官枪杀了14名当地嫌疑人：四名尧特佩克农夫和十名在科科约克种植园（去年夏天革命军给这座种植园的很多劳工发了武器）做工的工人。卡德纳斯公开提出了抗议，库奥特拉的市镇长官埃韦拉多·埃斯皮诺萨也抗议了——他也被迫逃亡了。[3]这些抗议并没有什么用。

罗夫莱斯很快就把他最喜欢的一项政策——"重新安置"（resettlement）变成了常规行动。"重新安置"模仿了最近的古巴独立战争中西班牙人的行动，也学习了英国在第二次布尔战争中和美国在菲律宾的类似手段，它特指的是一场没有边界的战争。1910年，它成了墨西哥军队镇压人民游击队的标准方法。"重新安置"的第一步是把农村的平民从他们的村子和牧场中清理出来，赶到大城镇郊区的集中营里，在那里，联邦政府可以较为方便地监控他们。然后，突击部队就在乡下自由活动，不管遇到什么人，都视为"敌对势力"。到了最后，筋疲力尽、心灰意冷的反叛者投降之后，联邦军队会仔细搜查那些区域，把还

［1］ *El País*, February 4, 1912.

［2］ Robles to the secretary of war, February 11, 1912, AHDN, XI/481.5/178, 90.

［3］ *Diario del Hogar*, February 18, 27, and 28, 1912.

在坚持反抗的人消灭掉。罗夫莱斯使用这个方法的特别之处在于，如果他想让人们从哪个地方撤离，他就会一把火将那里烧掉。"如果，"他后来为自己辩护的时候说，"萨帕塔派回来的时候，除了从居民那里获得生活必需品以外，还能占领那些村落，在房子外面建起街垒，跟联邦军队战斗，那么，彻底摧毁那些萨帕塔派据点，阻止住户向暴徒提供枪支、弹药和食物，就是最符合理性和逻辑的做法。"[1] 于是，几天前圣玛利亚的那场大火，当时还是联邦军队的拼死一搏之举，现在则变成了常规处理方式。

2月15日，罗夫莱斯派出了一支强大的军队去霍胡特拉南部实施他的政策。沿着格雷罗边界线附近的奇纳梅卡河，军队到达了小村子内斯帕 。他们发现那里只剩136名村民了，其中131人是妇女和小孩。把村民赶出家门后，他们点燃了那些摇摇欲坠的房子。"人们哭了起来，哀求军队不要摧毁那些见证了他们的降生的房子，"《国家报》的通讯员报告，"……在人们巨大的恐惧和惊愕中，大火把房子烧毁了，浓浓的黑烟沿着山坡滚滚升起，向躲藏在山里的萨帕塔派宣告，他们已经无家可归了……"所有的内斯帕居民都成了联邦政府的俘虏；他们回到了霍胡特拉，在监视下住在军队的畜栏里。最后罗夫莱斯把他们放了出来，但是不允许他们回到村子的废墟上去，他们还必须每天向霍胡特拉警察报到。

其他联邦军队也"重新安置"了其他地方的人们。圣拉斐尔和蒂库曼被烧毁了。洛斯奥尔诺斯也是——萨帕塔在那里有一个司令部；联邦军队还在那里抓住了洛伦索·巴斯克斯的家人，把他们送到库埃纳瓦卡当了人质，就和他们对待萨帕塔家人的方式一样。同一地区的一座小牧场，埃洛泰斯，也被联邦军队放了一把火。在阿亚拉城，他们烧毁了很多房子。罗夫莱斯和他的上级或许并不否认，就像《国家报》的天主教编辑承认的那样，这些行动是"肆意施暴"。但是，那些编辑也坚持认

---

[1]　*El País*, August 31, 1912.

为，"大力推行有效措施"是必需的。不然，他们认为，"叛乱恐怕会变成长期存在的问题"。莫雷洛斯的实际情况是"可怕的"，那些编辑认为，"那里有一整个军团的萨帕塔主义战士，身经百战；他们的同志成千上万……所以［反叛党］有很多间谍"，除非罗夫莱斯继续实施"彻底摧毁那些为萨帕塔派提供避难所的破烂城镇"的计划，否则莫雷洛斯将会成为"我们英勇的军士的坟墓"。[1]

于是"重新安置"获得了合法性，继续实施了下去。2月20日，罗夫莱斯得知，仍然活跃在库埃纳瓦卡以北的反叛军获得了赶骡人带来的供给，而这些赶骡人曾经经过科阿霍穆尔科和奥科特佩克，于是他把那两个村子也烧掉了。他不敢烧种植园常住劳工的棚屋，但是对那些劳工他就像对待村民和牧场工人一样无情。他在尧特佩克的指挥官又处决了18名科科约克庄园的工人。即使是种植园的高级雇员也逃不过罗夫莱斯的审查。2月底，他逮捕了圣比森特和奇孔夸克的经理和他们的助理，因为他们曾向革命军提供弹药，换取后者的保护。这些人被军事法庭判定有罪，监禁六个月。[2]

虽然这件祸事几乎把守法革命派击垮了，但是他们仍在秘密行动，试图恢复和平和宪政。2月20日，老将军莱瓦来到了库埃纳瓦卡，开始和周边村落的代表谈判。众所周知，他的话对萨帕塔及其手下首领来说没什么分量；而将军自己也宣称"绝对不和萨帕塔、阿夫拉姆·马丁内斯以及其他头目和贼人谈判"。但是与德拉奥和圣玛利亚的革命者休战似乎还是可能的。"大多数印第安人都投身了革命，"将军向媒体解释，"那是因为他们失去了土地。"他的任务，他继续表示，是"和州长一起研究印第安人宣称拥有的产业的所有权问题，秉公处理这些问题"。对于那些除了起义以外没有犯下其他罪行的革命者，他可以赦免他们。[3]

同时，库埃纳瓦卡的社会中坚也开始发布正式声明，要求罗夫莱斯

---

[1]　*El País*, February 17–20, 1912. *Diario del Hogar*, February 18 and 23, 1912.

[2]　Ibid., February 21, 24, 25, and 26, March 2 and 7, 1912.

[3]　Ibid., February 21, 22, 24, and 26, 1912.

不要烧毁某些村落。他们担保，那些地方的居民是绝对忠诚的；他们至少暂时约束了罗夫莱斯的一些行动。其他地区的名流受到了鼓舞，也发布正式声明，为他们的城镇辩护，也得到了类似的临时保障。虽然焚烧和掠夺还在继续，但是有影响力的公民通过这样的方式，仍然能让一些受眷顾的地区免于遭难。[1]

与此同时，遭到罢免的市镇长官正在努力把奥雷利奥·贝拉斯克斯赶下台；他们的行动就快成功了。事情的关键是胡利奥·卡德纳斯公开指控，贝拉斯克斯在莫雷洛斯进行了秘密活动，为危险分子巴斯克斯·戈麦斯兄弟寻求支持。贝拉斯克斯和像他那样的政客"给马德罗先生的政府栽了赃"，卡德纳斯谴责道，"因为这些人绝对不是马德罗派的人"。[2]贝拉斯克斯很快就辞职了；3月2日，纳兰霍的密友，哈科沃·拉莫斯·马丁内斯，接替贝拉斯克斯当了副州长。他几乎立刻就开始尝试和萨帕塔取得联系；就和莱瓦将军想要与德拉奥建立关系一样，他热切希望与萨帕塔打交道。[3]

但是反叛者不会停止战斗。到了这个时候，他们失去的已经不仅仅是土地了。看到自己的家园被烧毁，亲友被枪杀、被监禁，他们觉得自己已经没有义务考虑政府给他们的劝降条件了。除此以外，被罗夫莱斯赶出村庄和种植园的人也来到了反叛者的营地，成了他们的增援，壮大了革命队伍。而当3月初，帕斯夸尔·奥罗斯科终于起来造反的消息传来，他们就更没有理由妥协了：看起来，政府很快就会崩塌，而他们将成为胜利者，骑着马进入州首府。因此，不管是莱瓦还是拉莫斯·马丁内斯都不能说服他们进行谈判。而随着联邦军队和警察退回联邦特区，又被调派到奇瓦瓦，反叛派领袖扩大了他们的活动范围，加快了出击的节奏。整个3月，在维齐拉克一带，德拉奥几乎每天都在和最精锐的联邦正规部队作战。内里和萨拉萨尔也把特坡斯特兰薄弱的驻军围困了整

[1] 　*El País*, February 25 and 28, March 3 and 4, 1912. *Diario del Hogar*, February 28, 1912.

[2] 　*Diario del Hogar*, February 28, 1912.

[3] 　*El País*, March 2, 1912. *El Diario*, September 29, 1912.

整一个月。在躲避骑警的同时，洛伦索·巴斯克斯也在莫雷洛斯中部频频袭击庄园，并取得了成功。而从阿克索恰潘到萨夸尔潘，门多萨掀起了凌厉的攻势。此外，萨帕塔兄弟在普埃夫拉南部和西部也发动了惊人的突袭，对该州的首府造成了威胁。[1]

罗夫莱斯试着夺取工事，但是即使他有时候能攻占某个革命根据地、寻获几支革命军小队并驱散他们，他也无法控制革命的进程，甚至无法让它慢下来。而当奥罗斯科在 3 月 23 日赢得了奇瓦瓦州南部的一场关键战役后，莫雷洛斯的反叛军就变得更加大胆了。这个州基本上已经是他们的了。身在墨西哥城的巴勃罗·埃斯坎东在绝望中给他尚在巴黎流亡的政治导师写了一封信，表示"如果事情像现在这样继续下去，墨西哥肯定会倒退到以前的状态，变成**一个最低等的国家，一个真正的黑鬼王国**"。[2]

对于反叛者来说，4 月是关键。战斗的另外两方处于守势，实际上已经疲于奔命了。北部持续的紧急状况进一步消耗了联邦军队的兵力和莫雷洛斯的给养，于是罗夫莱斯完全放弃了乡村地区，试图只控制主要城镇。而起义军在革命内部的对手，想要合法地改变现状的改革派，已经再也无法迫使陷入困境的联邦政府做出更多让步了。马德罗在他 4 月 1 日给国会的报告中明确表示，直到他在军事上完全控制了莫雷洛斯，他才会准许开展那些关于"由来已久的土地问题"的"调查和行动"。对于南方的问题，他显然非常恼火。"幸运的是，"他说，"这种不成形的农业社会主义——那些莫雷洛斯农夫因为智力低下而只能采取的邪恶的暴力破坏的形式——在我国的其他地区没有得到响应。"[3]恢复秩序的

---

［1］ De la O in *Impacto*, January 21, 1950. Robles to the secretary of war, April 10, 1912, AHDN, XI/481.5/178, 198–212, 229–233, 274–275. G. Sánchez to the inspector general, March 18, 1912, AGN, G: 846. Muñoz: op. cit., pp. 63–68. *El País*, March 29, 1912.

［2］ Escandón to P. Macedo, March 29, 1912, "El Archivo de la Reacción," *El Universal*, October 12, 1917. 强调标记为引文作者所加。

［3］ "Informe leído por el C. Presidente de la República Mexicana al abrirse el cuarto período de sesiones del 25 Congreso de la Unión, el 1 de abril de 1912," *Diario Oficial*, CXIX, 27, 405–413.

可能性不大，这一点大庄园主——他们在最近的收获季节已经遭受了巨大损失——看得十分清楚。当联邦机构开始调查，准备收购土地转售给穷苦农户的时候，一些莫雷洛斯种植园主也提出了请求，打算出售自己的地产。[1]

反叛者仍在竭尽全力坚持进攻，但是，他们不能把在当地已经取得的优势转化为一场决定性的胜利，在莫雷洛斯建立他们自己的政府。他们确实破坏了铁路系统，也确实占领了重要的城镇。4月1日，内里和萨拉萨尔终于占领了特坡斯特兰。4月2日，萨帕塔进攻霍纳卡特佩克，拿下了它。4月6日，萨帕塔、门多萨、巴斯克斯和其他首领联合对特拉基尔特南戈、特拉尔蒂萨潘和霍胡特拉发起了攻击，数次打入了霍胡特拉。但是反叛军无法保卫他们取得的胜利。每一次，联邦军队都卷土重来，再次占领了那些城镇。在霍胡特拉，联邦军队为了报复，杀死了大约50名俘虏。[2] 很明显，反叛军没有足够的弹药进行真正的战斗。靠着从粗心大意的联邦军队和警察那里偷来、从墨西哥城的黑市上买来的弹药，他们能维持游击队的小打小闹，但是他们偷不来、买不到也无法运输足够的弹药来打正规战役。无论何时，联邦军队的子弹永远是比他们多的。

于是战斗持续了一周又一周。这些战斗往往非常血腥，尤其是在维齐拉克一带；联邦军队炮轰了这座城市，然后烧毁了它。4月底，德拉奥和萨拉萨尔再次调来了大约4000名士兵包围了库埃纳瓦卡，甚至架起了大炮，准备攻击它。城里的官员已经打算投降了。[3] 但是这次进攻

142

---

[1]　*El hacendado mexicano*, XVIII, 208（March 1912）, 81; 209（April 1912）, 121; 210（May 1912）, 161. *Secretaría de Fomento: Trabajos e iniciativas de la Comisión Agraria Ejecutiva*（México, 1912）, included in Jesús Silva Herzog, ed.: *La cuestión de la tierra, 1910-1917,* 4 vols.（México, 1960–1962）, II, 168.

[2]　Robles to the secretary of war, April 10, 1912, AHDN. J. Refugio Velasco to the secretary of war, May 26, 1912, ibid., XI/481.5/178, 221–224. Robles to the secretary of war, April 4, 1912, ibid., 234–238; May 7, 1912, ibid., 492; May 19, 1912, ibid., 249–253, 258–263. Magaña: op. cit., II, 133–134.

[3]　*El País*, April 25, 1912.

并没有发生。其他地方的战斗也没有以对反叛军有利的方式解决任何问题。他们仍然只是乡村世界的主人，而那里只能为他们提供社会基础，无法提供政治支持。

5月初过后，反叛派领袖的失败已经清楚了：他们并没有输掉战斗，但是也没有在最有机会的时候赢下它。为了积攒弹药，内里和萨拉萨尔暂时不再打大型战役，也很少再发动袭击了。德拉奥向西北方向移动，进入了墨西哥州，为的也是让他的军队恢复力量。而在一次令人失望的政务会之后，萨帕塔兄弟、蒙塔尼奥、门多萨、卡皮斯特兰和其他首领退到了格雷罗州东部，攻打特拉帕，想要借此获取供给，但是他们不仅没得到，反而失去了不少物资。[1]萨帕塔希望奥罗斯科通过海路把武器和弹药从北方送到格雷罗州科斯塔奇卡的一个小港口。[2]但是奥罗斯科并没有多余的军需品，因为最近美国禁止了向墨西哥运输战争物资的行为，而他显然也从来没有回应过萨帕塔的要求。[3]5月底，一些首领——不包括萨帕塔——再次开始在莫雷洛斯北部和东部积极行动。萨帕塔也给众议院、内阁和外交使团寄了信，宣称"很快"就要对墨西哥城发起进攻。[4]但是这个威胁只是说说而已。曾经有个陆军上尉把联邦兵工厂的几千发温切斯特步枪子弹卖给了莫雷洛斯革命军，但是这个人现在正在监狱里。[5]而且，虽然反叛军可以从四面八方攻入墨西哥城的郊区，但是一旦骑警出现了，他们就会失去优势。此外，这时已经是雨季了，也是耕种的季节，许多反叛军战士返回家乡下地劳作去了。开往库埃纳瓦卡的火车又变得大致准时了。

随着暴力活动放缓，守法革命派不无尴尬但却稳稳当当地占据了州

---

[1]　Muñoz, op. cit., pp. 79–90.

[2]　Zapata to Orozco, May 6, 1912, ARD, 8: 43: 17.

[3]　Meyer: op. cit., pp. 70–71, 73–75, 81–82.

[4]　Robles to the secretary of war, May 25, 1912, AHDN, XI/481.5/178, 513–31. Villar to the secretary of war, May 22, 1912, ibid., 533–534, 539–540. *El País*, May 25, 1912. Wilson to Madero, May 25, 1912, NA, 84: Mexico, C8, 15.

[5]　*El País*, May 25, 1912. See also Alfonso Taracena: *La Tragedia Zapatista. Historia de la Revolución del Sur*（México, 1931）, pp. 27–28.

里的优势地位。这时已经是 5 月初了，纳兰霍州长对己方的力量感到信心十足，于是给马德罗写了一封措辞严厉的长信，要求后者对横冲直撞的罗夫莱斯将军加以约束。他收到了一封语气暴躁的回信，向他指出，在联邦行政长官下令实施"适用于战争时期的……措施"的时候，州长不应该有什么抱怨。但他并没有放弃向联邦政府施压。[1] 5 月中旬，随着奥罗斯科在北部节节败退，纳兰霍宣布，政府很快也会恢复对南方的控制；这并不是他基于军事形势做出的判断，而是他试图恢复宪政权威的政治借口。此时州长、副州长和他们在当地的盟友一面盼望着 5 月 19 日——届时为期四个月的戒严就会结束——的到来，一面着手为州选举做准备。他们以惊人的速度和团结采取了行动，这表明他们在此之前就建立起了牢固的内部联系。而 5 月 19 日那天，随着宪法重新生效，大部分市镇——只有少数例外——都投票选出了选举人团。一周之后，选举人团进行了投票，选出的州议会和国会代表差不多都是改革派人士。对于莱瓦将军来说（他此时在库埃纳瓦卡，快要死了），这是他最后的安慰。[2]

让人意想不到的是，州代表过了一段时间之后才最终就职。部分原因是尧特佩克政府无法进行选举，也可能是因为罗夫莱斯拒绝恢复平民自治。此外，分散在各地的反叛派还在发动袭击，时不时破坏通往库埃纳瓦卡和库奥特拉的铁路。[3] 但是，和解的可能性似乎每个星期都在增大。当罗夫莱斯向容易轻信别人的马德罗保证战争很快就会结束之后，他就被派到了普埃夫拉州。[4] 在 6 月和 7 月初的雨季里，反叛军的状态持续低迷。据从库奥特拉去往墨西哥城的旅行者报告，库奥特拉一带的游击队供给全面匮乏，已经无法照常行动了。美国大使馆的消息也是一样，声称"萨帕塔派因为内部分歧严重，已经陷入了组织不善

144

---

[1]　Testimony of Ramos Martínez, April 2, 1913, AZ, 27: 6.

[2]　*Semanario Oficial*, XXI, 20, 1; 21, 1. Diez: *Bibliografía*, pp. cc–cci.

[3]　*El País*, May 15, 17, and 19, June 28, July 5, 1912. *El Diario*, July 6, 1912.

[4]　Madero to Robles, June 15, 1912, AM.

的困境"。[1]新的内政部部长赫苏斯·弗洛雷斯·马贡相信,与萨帕塔再次展开谈判的时机已经成熟了,于是派出一名秘密使者去了后者的驻地。[2]反叛军还蒙受了其他重大损失:他们的一批重要代表——贡萨洛·巴斯克斯·奥尔蒂斯、阿夫拉姆·马丁内斯、希尔达多·马加尼亚和路易斯·门德斯——在墨西哥城被捕了。他们的文件和供词暴露了一些重要信息,包括有哪些种植园主向他们提供了强制贷款、黑市武器弹药从何处来、反叛派在墨西哥城中有哪些渠道。[3]同时,在莫雷洛斯,纳兰霍和他的同伴强化了他们的组织,完善了他们将要通过立法实现的改革计划。最后,7月12日,虽然比原定时间晚了大约六个星期,而且尧特佩克还是无人代表,但是议员们总算宣誓就职了。和平革命者不再是反对派了,他们进入了政府。

7月17日,新代表齐聚州议会大厦科尔特斯侯爵宫,[4]开莫雷洛斯第22届议会的最后一次会议。[5]和前一年年末选出来的市镇长官一样,几乎所有的代表都只在他们自己的家乡有影响力。他们是城里人,没有土地,也不经营种植园。许多人是在自己家乡开杂货店的;一个特例是欧亨尼奥·莫拉莱斯,他在霍胡特拉拥有一家小工厂。没有哪个人特别有钱或者在州里很出名。也没有人积极参加了1910年到1911年的马德罗派革命。几乎没有人曾经为政府工作过。莫拉莱斯是他们之中最有见识的政客——他是一个经历过莱瓦派运动和反连选连任运动的老兵,1911年还当过霍胡特拉市议会的议员。另外还有两名代表接受过一点儿政治训练:佩德罗·古斯曼,霍纳卡特佩克的候补议员,1904年曾经在那里做过行政长官的书记员;何塞·D. 罗哈斯,特坡斯特兰的代

---

[1]   *El País*, June 12, 1912. Schuyler to the secretary of state, June 17, 1912, NA, 59: 812.00/4232.

[2]   For the envoy's interview with Zapata, see *El País*, August 7, 1912.

[3]   *El País*, June 14, 15, 21, 22, 26, and 27, July 7, 16, and 17, 1912.

[4]   科尔特斯宫位于库埃纳瓦卡,从波菲里奥时期到20世纪后期,那里都是莫雷洛斯州政府的所在地。——译者注

[5]   *Semanario Oficial*, XXI, 29, 1–2.

表，曾经隶属于某个莱瓦派俱乐部。[1]其他人在投机取巧、玩弄权术的复杂游戏中完全是新手。这些新代表在家乡是受人尊敬的杂货商、药剂师、马具商，在库埃纳瓦卡则不为人所知。但是，他们对待权力的态度非常认真，急切地想为那些他们认识的普通人谋求福利。

他们面对的形势仍然非常紧张。从一开始就限制了这些代表的是，他们的任期非常短，9月15日就结束了。他们只有两个月时间在任，不太可能用这点儿时间把所有他们想要的新法律都制定出来。另一个忧虑是，为了选出第23届议会、州长和13位地区法官，新的选举将在8月4日启动。对于这些曾经因为马德罗反对政党领袖操纵选民的宣言而大为激动的现任代表来说，他们是否应该争取连任是一个特别尖锐的问题。如果争取连任的话，他们就是没有原则的人，就会败坏自己的名声。如果不去争取，他们就要面对革命精神涣散、革命事业崩溃的危险。而且，他们到底应该支持谁当州长？他们应该让纳兰霍在选举期间留在他的位子上，帮他们判断新州长究竟应该是谁吗？于是，当前的政治问题，让人们通过立法进行改革的巨大压力再度升级了。而最可怕的是，反叛者手里还有武器。正如萨帕塔对政府的秘密使者说的那样，"莫雷洛斯革命不是地方革命……马德罗不倒台，我们就不会开始和平谈判"。反叛军隔了一段时间没有行动，积累了物资，然后再度开始攻击联邦政府的前哨基地、军队和客车。几乎每天都有袭击发生。议会召开三天之后，德拉奥的反叛军在帕雷斯车站攻击并焚毁了一列火车，就在刚刚越过莫雷洛斯州界的地方，在联邦特区的山地公园中。有大约100人伤亡，其中很多人只是普通乘客；53名护卫队士兵中只有13人幸存了下来。针对这场屠杀，马德罗召开了一次内阁特别会议。会上，内政部部长弗洛雷斯·马贡建议在莫雷洛斯和其他几个州再次实行戒严，并对罗夫莱斯的南方军队进行增援。然而反叛军还在继续战斗。7月末，萨帕塔和赫苏斯·莫拉莱斯眼看就要占领霍胡特拉和尧特佩克

---

[1]　*Commercial Directory*, pp. 224–225, 268. *Semanario Oficial*, XII, 12（Supplement）, 13. *México Nuevo*, January 18, 1909. *El Imparcial*, August 22, 1913.

了；联邦军队差点儿因为内部原因丢掉后面那座城市——当地市民发动了对驻军的反抗。[1]

新代表还是勇敢地开始工作了。为了保护他们的执政基础，他们在7月23日正式要求联邦政府向莫雷洛斯增派军队。两天后他们得到了增援——一支多达400人的军队，其中包括两支炮兵小队。[2]然后，他们决心放弃纳兰霍，另找一位本地出身的临时州长。这件事很棘手，而且非常复杂。纳兰霍不愿意退位，因为他还没有在莫雷洛斯试行自己的改革方案：取消区长制，为城市发展和道路建设征用土地，废除允许连任的宪法条款，在主要城市增设正规警察部队。[3]此外，放弃他就意味着让两位相互敌对的候选人在即将来临的选举中竞争州长的位置，意味着他们的支持者之间的竞争将要打响。这两位候选人，一位是生气勃勃的帕特里西奥·莱瓦，另一位是阿古斯丁·阿拉贡——1909年科学家派在选择埃斯坎东之前曾经考虑过这名知识分子。此时两人已经开始卖力地打起了选战，他们也都知道，在选举期间控制州行政部门有多重要。而在议会中，欧亨尼奥·莫拉莱斯还在满怀热情、长篇大论地争辩，坚持他们应该在过渡时期保留纳兰霍，这显然是因为他害怕，一旦权力争夺战开始，支持阿拉贡的特坡斯特兰派将成为赢家。但是，尽管这些代表之间有分歧，也都冒着巨大的风险，他们还是达成了一项恰当的协议。告别了纳兰霍之后，他们任命了新的临时州长，阿尼塞托·比利亚马尔，一名受人尊敬的特坡斯特兰律师，阿拉贡的伙伴；然后他们也任命了副州长，弗朗西斯科·桑切斯，此人自1909年以来就是忠实的莱瓦支持者。

最后是关键的一步——这项协议和之后的计划都取得了联邦政府的认可。马德罗就联邦军队在莫雷洛斯的行为向帕特里西奥·莱瓦道了

[1] *El Diario*, July 12, 22, and 23, 1912. *El País*, July 19, 21, 27, and 29, 1912. *Nueva Era*, July 26 and 28, 1912. Magaña, op. cit.: II, 139–141.

[2] *Semanario Oficial*, XXI, 31, 2. *El Diario*, July 27, 1912.

[3] *El País*, August 5, 1912.

歉，敦促他在官员滥用权力时主持公道。竞选将在几天后结束，马德罗断言，届时"煽动者将不会再有任何借口继续他们的叛国行为，莫雷洛斯的和平之路将会更加通畅"。[1]不过，对于新议会来说，联邦政府的规定并非完全有利。比如，8月6日，政府再次下令在几个州内实行戒严，其中就包括莫雷洛斯；戒严将在8月25日生效，为期六个月。[2]虽然这项法令没有叫停新议会的工作，但它确实恢复了军事指挥官的某些自由，因而可能会阻碍文官的改革实验。但是总体来说，政府为新议员提供了很多帮助。通过比利亚马尔对马德罗的当面要求和莱瓦给马德罗的书面陈述，他们迫使政府做出了一些对他们有利的让步。

在所有的让步中，最重要的是召回罗夫莱斯将军，改派费利佩·安赫莱斯将军指挥南方的军事行动。安赫莱斯是一名在法国接受过训练的优秀炮兵军官，最近刚被任命为国家军事学院（National Military College）的院长。他没有参加过印第安人战争，更像是一个军事知识分子。他在墨西哥城名声越来越响，人们都认为他是一位受人尊重且颇有教养的军官。他野心勃勃，极有政治头脑，知道如何巧妙地推进自己的政治事业，也知道应该始终保持表面上的谦逊。他不仅不会烧毁村庄，还在来到库埃纳瓦卡的时候公开宣称，自己将"与新州长保持一致……共同与萨帕塔派达成协定"。结果，尽管萨帕塔回绝了，内政部部长弗洛雷斯·马贡还是创造出了一个缓和敌意、寻求停战机会的新渠道。政府，他说，"一直都愿意……和萨帕塔进行谈判"。他不鼓励秘密谈判，就像鲁伊斯·德贝拉斯科正试图和霍胡特拉一带的革命者推进的那种；但他也支持纳兰霍和拉莫斯·马丁内斯的行动——他们还在作为他的代理人寻求和革命军首领私下见面的机会。[3]

联邦政府提供的另一项帮助是对那些继续向革命者支付保护费的种植园主实行更严密的监控。8月1日，联邦军官甚至逮捕了科科约克、

［1］　Madero to Leyva, August 7, 1912, AM.

［2］　*Nueva Era*, August 7, 1912.

［3］　*El Diario*, August 4 and 7–12, 1912. *El País*, August 10 and 11, 1912.

阿特利瓦扬和奥阿卡尔科庄园的三名种植园经理，因为他们向当地的革命军提供了弹药。[1]这样一来，8月初过后，莫雷洛斯的和平改革者已经为他们接下来的工作做好了准备。这个月，他们用一连串精彩的语言和姿态，把他们的革命搬上了舞台。

8月5日，比利亚马尔宣誓就职的典礼上，新的议会主席宣布这场大戏开幕。"致力于解决社会进步问题的……不只是那些所谓的科学家派，"他宣称，"还有我们这些普通的人民代表，我们很了解人民，也感受过人民生活的全部悲苦。"实现"真正的民主"，不需要"很多年或者几代人"，他声称，"……只需要有为祖国效力的诚意，并且不再弃权"。他一方面赞扬 1910—1911 年间莫雷洛斯马德罗派革命者的"英勇行为"，比如萨帕塔的行动；另一方面，他也直截了当地承认现联邦政府的合法性，并且正式建议比利亚马尔通过反叛者的家人劝说他们停止与政府作战。最后他敦促新州长用"他所有的智慧和才干"为［这个州的］命运做出明智选择，实现和平"。[2]就这样，莫雷洛斯 43 年的议会史中最激进的阶段开始了。

引领这一运动的是欧亨尼奥·莫拉莱斯。他的政治实践本来就比其他代表更多，而且去年夏天，他还和墨西哥城的某个女性主义-无政府主义社团建立了联系——显然这让他初步了解了意识形态的运作方式。[3]8月7日，他提出了第一批宪法修正案，他和他在政府中的同伴相信这将解决他们在州里发现的根本问题。莫拉莱斯想要改变 12 项条款，他的目的是确保地方势力控制州政府。他尤其希望对行政权进行削减——埃斯坎东曾经大大扩张了这些权力。他打算把第 16 条和第 60 条改为：州长必须是真正的本地人，参选前不能有连续两年生活在州外的经历（官方事务除外），而且，在成为州长候选人之前的两年，必须一直在州内生活。他准备把第 34 条和第 39 条恢复成埃斯坎东修改它们之

---

［1］ *El País*, August 2 and 3, 1912.

［2］ *Semanario Oficial*, XXI, 33, 1–6.

［3］ *Diario del Hogar*, July 17, 1911.

前的样子，这将重新确认，议会有权在四次会议中都听取州长的正式报告，并且有权任命州财政和税务官员。莫拉莱斯想取缔第 81、82、83 条，以及第 70 条的一部分，废除区长制。他也将修改第 23、61、89 和 95 条，革除选举人团，在州内确立直选制度。[1]

把莫拉莱斯的提案提交到相应的委员会那里之后，代表们的注意力转向了新的改革。这段时间，最激动人心的议题是"我们由来已久的土地问题"——马德罗曾经不无疲惫地这样称呼它。此时两位州长候选人都声称对这个问题很感兴趣。帕特里西奥·莱瓦再次使用了他 1909 年的口号，宣称会重建村社，恢复人们的用水权。而阿拉贡则越来越倾向民众主义，流露出了一些几乎有着颠覆意味的情绪。"在莫雷洛斯，"他公开宣称，"有一群人坚定不移地追随埃米利亚诺·萨帕塔，他们除了改善自己的生活状况之外别无所求 …… 他们所代表的人群对文明也只是一知半解。我们唯一诚实的做法就是坦率地承认，**他们想要的东西是完全合法的**……如果莫雷洛斯的大庄园主非法占有了土地和水源，"阿拉贡发誓，"……我会站在印第安人那边，和劳工站在一起……"[2] 8 月 12 日，选举人团进行了投票，莱瓦轻松赢下了 11 个地区中的十个，但是他的土地改革计划具体会是什么样子还不清楚。[3] 而在私下里，新议员仍在继续争论，如何才能应对他们在乡村发现的问题。人们在这些问题上并没有达成一致，在应对策略上就更不一致了，但是大多数人确实认为，莫雷洛斯的乡民真的受了委屈——这在 1912 年的墨西哥，就已经是革命性的立场了。

联邦政府始终支持这些改革工作——即使是在铁路上又发生了一场屠杀之后。8 月 12 日，在地处尧特佩克和霍胡特拉之间的蒂库曼，阿马多尔·萨拉萨尔麾下的一支反叛军袭击了一列火车，杀死了 36 名联

149

---

[1]　*Semanario Oficial*, XXI, 35, 1–3.

[2]　Mateo Rojas Zúñiga: *La gobernación de Morelos de 1912 a 1916 y la opinión pública. Dos cartas acerca de la candidatura del Ingeniero Agustín Aragón*（México, 1912）, pp. 14–15. 强调标记为引文作者所加。

[3]　*Semanario Oficial*, XXI, 36, 1. For partial returns, see *El Diario*, August 13, 1912.

邦士兵和 30 名普通旅客，其中还有两名从墨西哥城来的记者。墨西哥城中立刻掀起了要求报复的巨大浪潮。[1]但是安赫莱斯将军拒绝扩大冲突。国家宫[2]也要求库埃纳瓦卡的官员宽大处理，没有催促他们再次开始"重新安置"。比利亚马尔发表了宣言，认为反叛者并不是土匪；"不是作为你们的州长，而是作为你们的兄弟"，他敦促各方握手言和。然后他保证，"我们和平而公正的法庭……和作为顾问的政府"将通过"与地主——他们无疑也想维护和平——进行公平合理的协商"来解决"土地问题"。联邦政府还故意发出了一个更加清楚的信号，以此显示他们对当地政府的信任：他们同意把萨帕塔的家人从库埃纳瓦卡监狱放出来。而在内阁中，弗洛雷斯·马贡也支持当地改革派重建村社。[3]

8 月末，莫雷洛斯守法革命者的这场好戏达到了高潮。在暂时接受了欧亨尼奥·莫拉莱斯提出的宪法修正案、通过了有利于城乡小企业的税法之后，代表们开始直面"土地问题"。他们费了很大力气，提出了三项小改革。8 月 31 日，莫拉莱斯，革命立法者的领袖，建议对庄园增收 10% 的税。他的动机，他自己解释道，不是逼迫种植园主向贫穷的农户出售少量土地，而只是想增加市政府的收入。针对土地问题，另一种解决方案是代表特特卡拉地区的议员安东尼奥·萨玛诺提出的。他的提议是，州政府"经过应有的法律程序"征收各座庄园的市场用地，作为公用土地。这一提案赢得了莫拉莱斯的称赞，他强调这将"为村落带来利益，对自由贸易也很有好处"。最后，还有一名代表受到了鼓舞，提议建立一所州立农业机械学院。这三项提案都正式通过了，并且归档保存了起来，供下一届议会考虑。代表们显然已经筋疲力尽了，于是散会了。[4]就这样，莫雷洛斯议会史中最激进的阶段结束了。

与此同时，战场上变得非常平静。这和科尔特斯宫的发言没什么关

---

[1] *El País*, August 13, 1912. *El Diario*, August 17, 1912.

[2] 墨西哥联邦行政机构所在地。——译者注

[3] *El Diario*, August 18, 25, and 28, 1912. *El País*, August 28, 1912.

[4] *Semanario Oficial*, XXI, 36, 2–7.

系，而与比利亚马尔、安赫莱斯、纳兰霍和拉莫斯·马丁内斯的政治策略有关。他们在公开和非公开场合都向反叛军首领和士兵发出了呼吁。虽然没有哪位首领接受了赦免，但是确实有许多游击队员悄悄地返回了他们的村子和牧场。联邦政府没有为难这些人，于是又有很多游击队员学他们的样子回了家。在罗夫莱斯放火烧村的恐怖行为之后，乡下人此时忠于政府，纯粹是出于感激——比如，萨帕塔的岳母曾写信感谢拉莫斯·马丁内斯，表示"我家的女孩都不哭了"。[1]安赫莱斯满怀热情地谈起了这件事，为他的怀柔政策的胜利而深感骄傲。他向记者表示，先前那种导致了"无数村庄"被烧毁的"难以形容的愚蠢"行为，让村民"有太多理由……认为联邦军队和警察是他们最大的敌人"。与此相对，他吹嘘，通过他实行的"理性公正的政策……南部没有再发生叛乱"，他已经把以往需要"军事指挥官"才能解决的问题变成了"警察局长"就能处理好的事。这些话广为流传，惹得韦尔塔、罗夫莱斯和卡索·洛佩斯将军都想把他送上军事法庭，但是实际上安赫莱斯对莫雷洛斯情况的描述还是很准确的。[2]

村民现在不仅不再加入起义了，他们还要求反叛军首领不要在他 151
们周围的地区驻军。众首领既要避免得罪他们的支持者，还要继续革命，所以他们不得不转移到别的州去。8月下旬，德拉奥去了墨西哥州开展行动，萨帕塔和门多萨转移到了普埃夫拉。9月初，萨帕塔试图组织一次针对墨西哥城的联合运动，破坏官方将在本月中旬举行的国庆日活动，但是，尽管他们在特特卡拉和霍纳卡特佩克一带发起了猛烈的攻势，计划还是失败了。[3]反叛者中只有一些小队还留在莫雷洛斯，而他

[1]　Felicitas and Guadalupe Sánchez V. de Espejo to Ramos Martínez, September 22, 1912, AZ, 28: 12.

[2]　*Nueva Era*, August 24 and 25, 1912. *El Diario*, August 24 and 29, 1912. *El País*, September 1, 2, 7, and 8, 1912.

[3]　*El País*, September 2, 1912. *El Diario*, September 3, 1912. Muñoz: op. cit., pp. 112–116. Ángeles to the secretary of war, September 7, 1912, AHDN, XI/481.5/178, 950–951. Ocaranza to the Cuautla chief of line, September 17, 1912, ibid., 980–993, 995–1000.

们中的很多人——就像安赫莱斯宣称的那样——其实就是土匪，并不是革命者。整个莫雷洛斯都没有大型战斗发生。小冲突还在持续爆发，但是联邦军队和乡村骑警通常只需要出动几支小队就可以解决问题。

于是，当第 23 届议会在 9 月 16 日开幕的时候，和平革命者已经在州内拥有了绝对的权威，在社会层面和政治层面都是如此。如果他们细化并扩大他们提出的改革，可能就会确立他们莫雷洛斯合法统治者的地位，而反叛军首领也就不得不停止那里的战斗，投降或者去其他地方寻找支持者。两年后，萨帕塔和德拉奥都表示，这是他们最迷茫的一段时间，他们对最终的胜利几乎完全丧失了信心。[1]

然而，接下来在议会里出现的并不是进一步的改革，而是一种新论调——改革是不可能的。前一届议会代表中，只有两位实现了连任，两个显然不怎么显眼的人。[2] 此时在任的其他代表都是明显比他们的前辈更为保守的革命者。唯一的例外是奥克塔维亚诺·古铁雷斯，他在 1909 年的时候是个有名的莱瓦支持者。其他人都比他冷静，他们同情人们对不公正行为的抗议，但是他们不愿意采取行动，因为他们太清楚随之而来的风险了。这些人中有曾经在库埃纳瓦卡谈判中建立过功勋的政客，比如莱奥波尔多·凡迪尼奥，阿隆索家族的律师，1904—1908 年曾在科尔特斯宫工作；胡安·阿拉尔孔，他 1906—1910 年也在那里工作。代表中还有出身于莫雷洛斯"最优秀的家族"的年轻人多明戈·迭斯。还有贝尼托·塔霍纳和劳罗·阿雷利亚诺，他们有长期在市镇政府工作的经验。[3] 除此以外，还有几个像阿雷利亚诺这样的真正的有钱人，他们不是偏僻小镇的杂货店店主，而是繁华商业城市里的杰出商人。其中至少有两个人拥有生意兴隆的商品农场：莱昂·卡斯特雷萨纳在霍胡特拉旁边有一座占地 800 英亩的水稻种植园，他的替补议员，

152

---

[1] Díaz Soto y Gama: *La revolución*, p. 119.

[2] For the roster, see *Semanario Oficial*, XXI, 36, 1.

[3] Ibid., XII, 33, 1; XV, 32, 1; XVII, 32, 1; 6, 3–4; XIX, 50, 7. *Memoria*（1890）.

伊萨克·弗洛雷斯，也拥有一座 900 英亩的水稻种植园。[1]这些重要人士在库埃纳瓦卡如鱼得水。上届议员渴望成为民众改革的斗士，而这些新代表则渴望成为社会秩序的守卫者。他们有整整两年时间建立自己的声望，为升任联邦众议院代表甚至参议员做准备，于是他们很快就做出了决定：缓行改革，维持现状。

最让他们激动的事是镇压反叛活动，而后者已经在分崩离析了。为了推进这方面的行动，他们默许了许多无视公民权利的军事行动。10月中旬，他们把自己的想法落实成了官方的政策。在质问副州长是否用州政府的资金贿赂反叛军首领、诱使他们投降的同时，代表们突然开始大肆批判联邦政府的"莫雷洛斯的暴力活动已经基本停止了"的说法。塔霍纳特别强调，"因为驻军减少了……所以库埃纳瓦卡人惊慌失措"。在他的坚持下，莫雷洛斯议会请求国会"针对日益严重的叛乱，对莫雷洛斯采取应有的保护措施"。迭斯也公开发表了宣言，声称政府的职责就是维护社会秩序，并且敦促人们寻找"保护社区的方式"。很明显，在被墨西哥城的媒体曝光了他的所作所为之后，比利亚马尔州长就不再恳求革命首领接受赦免了。其他秘密使者也松懈了下来，停止了对反叛者的试探。11 月初，议会再次请求联邦政府"协助"保护莫雷洛斯的"安全"。[2]他们持续不断的施压最终收到了效果。11 月末，新的保守派内政部部长取消了拉莫斯·马丁内斯与反叛者谈判的任务，让他"立刻收尾，来首都述职"。[3]比利亚马尔州长则开始每隔几天就向新部长汇报反叛军的动向，即使他们没有活动也一样要汇报。莱瓦在12 月 1 日接任了州长，也接手了这项任务，几乎每天都进行汇报，一直到 1913 年。[4]

待定的改革提案可没有得到这样的重视。新代表先是把它们委托给 *153*

---

[1]　Southworth: op. cit., p. 218.

[2]　*El País*, October 29, November 9 and 24, 1912. *Semanario Oficial*, XXI, 42, 3–6; 43, 4.

[3]　R. L. Hernández to Ramos Martínez, November 30, 1912, AGN, G: 889.

[4]　For this exchange, including twenty-nine communications between November 29, 1912, and January 7, 1913, see ibid. See also *El País*, November 23 and 26, 1912.

了各特别委员会"研究并提出意见"。和新任内政部部长一样，他们相信"急躁行事"是公德缺失的表现，所以"所有发展，所有计划，都需要一丝不苟的研究，为的是我们不会犯下错误，不会事后后悔"。[1]但是最终收到委员会的报告之后，他们仍然对上一任议员想要解决的"社会进步问题"漠不关心。10月17日，在一次秘密投票中，他们一致否决了授权州政府收购庄园市场用地的法案，他们也否决了建立农业机械学院的提案。10月22日，针对莫拉莱斯的提高种植园税率的法案，他们无限期推迟了表决。直到11月8日，议会开幕六个星期以后，他们才开始考虑莫拉莱斯的宪法修正案。12条修正案中，他们投票否决了最有民主精神的五条，其中一条是关于公民权的，另外四条与直选有关。他们通过了其他的修正案，只做了一些小的增补和说明，为的是加强他们的议会对州政治的控制。[2]

这些绅士只提出了两条改革提案。[3]第一条是迭斯在12月10日提出的，目的是保护某些村庄。他的想法是，在莫雷洛斯禁止"大规模开发林地"，保证"拥有这些林地的村庄能够开发利用它们"。主要的受益者显然是圣玛利亚和周边的村子，那里很多人家靠把木材做成木炭贩卖谋生。

许多代表都支持迭斯的提案。此时的时机似乎也很适合制定这项法律。墨西哥城的一个总统委员会发布了他们的报告，建议归还农村的土地；一名改良主义者出任了公共工程部部长，研究土地问题；在新的国会中，人们还提出了六条改善乡下平民生活的新提案。最让人印象深刻的提案是了不起的路易斯·卡夫雷拉在12月3日提出的，为的是"恢复村社"。[4]联邦政府中爆发了一系列讨论，这些讨论的内容放在以前简直是不可思议的。这些激进的争论不是关于是否应该保护，而是关于

154

---

[1]　*El País*, October 8, 1912.

[2]　*Semanario Oficial*, XXI, 38, 1; 49, 2; 43, 3, 5.

[3]　Ibid, XXI, 51, 2–4; 52, 2–3.

[4]　Fort he commission's report and the bills, see Silva Herzog: op. cit., II, 163–310. For the new minister, see González Roa: op. cit., pp. 223–225.

怎样保护这个国家的乡下穷人免于资本主义企业家的压榨。包括阿瓜斯卡连特斯和瓜纳华托在内的一些州已经在进行土地改革了。而在库埃纳瓦卡，莱瓦州长在他12月1日的就职演说中也表明了他对这一运动的同情："重建村社能够完全解决目前困扰着这个富庶地区的问题。萨帕塔派并不要求重新分配土地［原文如此］。他们想要的，"他说，"我也相信他们有权这样要求——是重新建立村社，把人们被没收的小片田地还给他们。"这种正义行为，他总结道，"……将会让很多倾向革命的人回到农业生产上来。"[1]既然迭斯提倡的林地法案甚至都没有要求归还土地，只是要求在未来有限度地保护资源，并且对甘蔗种植园也没有影响，那么它应该很容易就会得到通过。

但是这条法案没有通过，很大程度上是因为莱瓦州长反对它。这条法案是违反宪法的，莱瓦表示，因为议员没有权力制定有关公共财产的法律。迭斯非常震惊。"我们面对的是一个引发了当前的革命的问题……，"他声明，"如果我们不寻求村落居民的帮助，［反而］让他们遭受企业家的盘剥，那我们永远都实现不了重建和平的愿望……我们有两条路，要么保护那些企业家……要么保护拥有林地的村落居民。"然而，其他代表也有他们的理由。其中一名代表解释，他也想改善村落的福利，但是"听取行政长官的意见"也是必要的。6∶5，议会投票决定，下次会议的时候再考虑这条法案。迭斯没再提出抗议。在为这条法案辩护时，说到最后，他也为自己做了辩护："即使这个计划被否决了，我的良心也是清白的。我已经做了人力所能做到的一切。"

这届议会提出的另一场改革体现在凡迪尼奥12月13日提出的法案中，内容是给那些在1910—1911年革命中蒙受了损失的人减税。很明显，这里的受益者是支付了强制贷款并且没有得到偿还的种植园主，以及霍胡特拉和库奥特拉的一些商人——他们的商店遭到了洗劫。第二天，议会以9∶2的投票结果通过了这个计划，还扩大了它的适用范围，

---

[1]　　Cited in Magaña: op. cit., II, 200–201.

包括了从 1910 年到现在所有在革命中蒙受了损失的人。

于是，在莱瓦和他的守法革命派看来，事实已经证明了，他们建立了一个十分值得尊敬的政府。对他们而言，正如迭斯后来表明的，仅仅是把宪法程序"正常化"，就已经是一个巨大的胜利了。此时，他们相信，他们还有很多年的时间可以找出其他社会问题的答案。他们想要的解决方式并不从政治中来，而是来源于逻辑。这些理性的人认为，他们的计划不可能出错。比如说，虽然马德罗和他们在村社问题上的观点并不相同，但是他的新公共工程部部长却和他们一样；议会闭幕后，莱瓦派塔霍纳去见了这位部长，不过他们的目的并不是和他商量如何让马德罗放任他们不管，而是要查阅部长档案中的地图和文字记载，花时间找出一件事例来说服总统。[1] 库埃纳瓦卡此时充满了希望。那一年，这座城市的圣诞节庆典在老波菲里奥·迪亚斯剧院举行，那是城里最大的建筑。"那个愉快的夜晚，"金夫人后来回忆道，"所有关于战争的忧虑都被丢到了光照不到的地方，士兵和城中居民都沉浸在欢乐中！"[2]

然而在乡下，气氛可就没有那么喜庆了。那里的人并不认为政府对改革的拒绝和拖延显示了什么政治才干或者智慧，反而认定这是他们又一次遭到了背叛的证据。仅仅在议会上提出并维护一条法规，就说自己做到了"人力所能做到的一切"，这在村落领袖——他们曾冒着生命危险劝说反叛军首领去别处行动——听起来非常空洞无力。对于放下了武器、希望以和平方式重新获得土地的农人，政府唯一能做的事竟然只是对他们的悲惨遭遇进行研究，这简直不可思议。在库埃纳瓦卡，守法革命者或许巩固了他们在 9 月获得的政治权威，但是在乡村中，他们从上一届议员那里继承来的对民众和社会的影响力已经消耗殆尽了。

这样失去权威是很危险的，因为反叛军领袖可以借此机会重新获得当地人的支持。而在议会进行表演的整个过程中，他们也一直在行动。其实在这样的情况下，继续战斗并不是理所当然的选择，而直到现在我

［1］　Manuel Bonilla, Jr.: *El régimen maderista*（2nd edn., México, 1962）, pp. 113, 215–216.

［2］　King: op. cit., p. 105.

们也并不清楚他们当时为什么都在坚持。10月初，萨帕塔准备和拉莫斯·马丁内斯在霍拉尔潘进行会谈。[1]据当时的分析人员报告，他可能想暂时休战，但是德拉奥和萨拉萨尔，这两个有屠杀记录在身的人，拒绝和他一同前去谈判。[2]不管怎么样，停战并没有实现——重要的是这一点。10月中旬，一场短暂的、拥护堂波菲里奥的侄子费利克斯·迪亚斯的军事起义在贝拉克鲁斯州爆发了，莫雷洛斯的一部分驻军和军官不得不去那里进行增援；于是反叛军首领开始返回州内，开展行动。当官方进行合法革命的希望在乡村世界中化为了泡影，萨帕塔和他的盟友也就再次获得了村民的支持；反叛军用顽强的战斗证明了，他们才是经得起考验的真正的人民卫士。

很快，他们的军事行动也蓬勃发展起来了。这些将军现在变得精明了，制定出了非常适合莫雷洛斯的新战略，核心计划是让种植园——而不是村落——承担运动的主要开销。11月1日，他们在圣巴勃罗伊达尔戈召开了一次政务会，在会上萨帕塔兄弟、门多萨、蒙塔尼奥、萨拉萨尔和内里在财政问题的细节上达成了一致。他们计划每周向莫雷洛斯和普埃夫拉西南部的所有庄园征税，于是他们分配了各自负责的征税区域，并且通知了种植园主。如果某个种植园主不想缴税，负责的首领就会将他的甘蔗田烧掉。很多种植园主没有付钱。于是，到了1月初，反叛军已经烧掉了阿特利瓦扬、奇纳梅卡、特南戈、特伦塔、桑塔伊内斯、圣何塞和圣加夫列尔的农田，光是这些种植园主的损失就超过了200万比索。但是也有一些种植园主断断续续地缴了税，让革命者有了收入：虽然并不稳定，但是这份收入仍然很可观，这让他们欢欣鼓舞。[3]于是，革命军不仅保住了他们在农村的名声，也获得了更多资金。

革命首领的新战略也带来了新的战术机会，因为他们即使在人力上

[1]　Eufemio Zapata to Ramos Martínez, n.d.（October 1–3, 1912?）, AZ, 27:16.

[2]　*El País*, September 29 and 30, October 1, 3, 5, 6, and 13, 1912.

[3]　Muñoz: op. cit., pp. 126–127. *El País*, October 30, November 12–15, 1912, and January 4, 1913. Mendoza to the Tenango manager, January 16, 1913, and to the Tenango representative, January 19, 1913, AGP.

也不必依靠村庄了。在毁掉甘蔗田的同时，他们也毁掉了许多常住劳工和临时工在收获季节本来会有的工作机会，由此也给他们自己创造了新的潜在兵源。像德拉奥和门多萨这样的首领，他们的常规军队在9月的时候缩减到了100或150人，但是1月过后，他们已经动员了500—1000人的民兵。[1]他们现在策划的行动也比袭击和伏击更强有力；大型的联合进攻再次成了可能。虽然安赫莱斯对镇压对象的分类比韦尔塔和罗夫莱斯的精细，但采取的手段还是一样的——炮轰、烧掉可疑的村庄，把俘虏集中起来一起杀掉。他派出去的军队不再是巡逻队，而是800—1200人的远征军。[2]

随着反叛军力量的恢复，乡下发生了一系列政治动乱，让政府颇为尴尬。每一片燃烧起来的农田都是联邦政府的耻辱。内政部部长禁止种植园主向革命者付钱，甚至还把埃斯坎东和他的经理关押了一阵子，因为他们付了保护费；但不管是他还是战争部部长都无法拼凑出足够的兵力，阻止焚烧农田的行动。狂怒的种植园主陷入了绝境，"一边是剑，一边是高墙"，他们的朋友在《国家报》上这样形容。11月中旬，他们提出向联邦政府缴纳一种特别税，用来组织乡村警察特别行动队；他们的提议没造成什么影响。农田还在继续燃烧，就这样，新的一年到来了。莫雷洛斯这一年的出产原本就不多，而到了1月底，其中的一多半都随着火焰飘到了空中。[3]"简而言之，"费利佩·鲁伊斯·德贝拉斯科

---

[1]　Muñoz: op. cit., pp. 120, 143. *El País*, January 21, 1913. 没有史料直接或者间接表明，这几个星期，萨帕塔派曾经宣布向弗朗西斯科·巴斯克斯·戈麦斯效忠——巴斯克斯是这样说的。1912年12月15日的《圣布拉斯宣言》建议巴斯克斯·戈麦斯出任临时总统，在这份宣言上有"南方解放军总司令埃米利亚诺·萨帕塔"的签名。见 United States Senate: *Revolutions in Mexico. Hearing before a subcommittee of the Committee on Foreign Relations*, 62 Cong., 2 sess.（Washington, 1913）, pp. 871–876. 但是这个签名应该是伪造的，最多是一个没有得到授权的代表擅自签的名。

[2]　*El País*, January 19 and 26, 1913. *Nueva Era*, January 23, 1913. Ángeles to the secretary of war, December 6, 1912, AHDN, XI/481.5/178, 1398–1407, 1417, 1568–1569.

[3]　*El País*, November 12 and 15, 1912, January 14, 24, and 26, 1913. *Nueva Era*, January 10, 1913.

给内政部部长写信,"现在的情形已经让人无法忍受了……"[1]

即使是这样,库埃纳瓦卡政府也没有受到严重的威胁。城中合法革命的政党还在正常运作,它的成员依然满怀信心,领袖也都安然无恙。虽然反叛者在乡村中取得了胜利,但是库埃纳瓦卡和其他大城镇似乎都没有陷落的危险。没错,如果没有墨西哥城里有权有势的保护者帮忙,在莫雷洛斯执政的革命派将会失去立足之地。但是在 2 月初,尽管国都里的争斗还在继续,这种帮助似乎不太可能停止,而保护者似乎也会一直都在。

158

---

[1]　Hernández to the Jojutla commander, January 6, 1913, AGN, G: 889.

第六章　难民的胜利

"代表着法律、正义、公理和道德的一切……"

1913 年 2 月 9 日，破晓之前，墨西哥城的军营中爆发了一场兵变。叛军部队在曼努埃尔·蒙德拉贡将军的领导下，把雷耶斯将军和费利克斯·迪亚斯从监狱里——他们此前因为发动叛乱而被关了起来——放了出来，打算扶植他们重返国家宫掌权。到了中午，忠于政府的将士实际上已经平息了这场兵变。在索卡洛广场的战斗中，雷耶斯将军被击毙了；蒙德拉贡和迪亚斯躲藏在阿拉梅达中央公园西南边几个街区外的一个旧军械库改建的堡垒里，显然也是在劫难逃。但是在上午的战斗中，首都驻军的常任指挥官受了伤，于是马德罗总统任命了一位新的指挥官——维多利亚诺·韦尔塔将军。接下来的几天，在美国大使的纵容下，韦尔塔与迪亚斯、蒙德拉贡暗中交涉，想让这场叛乱取得成功。这些人一边进行协商，一面假模假样地打了一场炮战，破坏了墨西哥城中心城区的大半，害死了几百名无辜平民。这就是令人悲痛的 *Decena Trágica*（十日悲剧）。2 月 19 日，炮声终于停歇，马德罗和他的副总统提出了辞职；而既然韦尔塔的领导雷耶斯已经死了，韦尔塔就成了临时总统；新的费利克斯派内阁也组建了起来。三天后，马德罗和前副总统都被暗杀了。

韦尔塔、费利克斯·迪亚斯和雷耶斯派一度似乎能够组建一个稳定的联盟，从而恢复以前的体系——事情可能还会变得更好，因为那位狡猾并且时常不听劝告的堂波菲里奥不在了，他们或许可以更高效地统治国家。但是他们误判了自己的能力和普通民众的诉求，而这个错误是灾难性的。韦尔塔叛变，马德罗被杀，墨西哥公开上演的这出恶劣大戏从根本上震动了整个国家：自100年前的独立圣战以来，墨西哥人的情绪从未如此高昂，反抗的冲动从未如此强烈，也从来没有建立过这么激进的组织。韦尔塔始终没有恢复马德罗时期的社会秩序，反而加剧了混乱，引发了严重的危机。一场深刻的社会革命在墨西哥爆发了。

和在其他地方一样，这场革命在莫雷洛斯也发端于混乱中。在当政的革命派中，事情的发展尤为曲折。动乱爆发后，相关的电报几乎立刻就送到了库埃纳瓦卡，马德罗也亲自来到了这里，与莱瓦州长和安赫莱斯将军进行会谈。[1] 刚开始的时候，当地政府支持总统。马德罗也对这个州很有信心——他在第二天回到墨西哥城之后就命令安赫莱斯带上两千士兵，跟随他回首都去。但是国都中的暴力事件持续不断，还有许多代表来到州里，煽动人心，贿赂余下的驻军，地方形势也变得越来越扑朔迷离了。政变最后成功了，这让莱瓦和他的追随者感到焦虑不安。可怕的暗杀事件让他们看到自己的政治生涯行将结束，也让他们明白，政治和社会改革的希望已经消失了。在莱瓦的建议下，议会投票决定，不向韦尔塔和费利克斯·迪亚斯表示祝贺。但是，韦尔塔应该只是一个临时掌权者，而且根据最可靠的消息，开明的文官很快就会再度接管政府。到头来，对于当权的革命者而言，更明智的做法似乎是按兵不动，保住自己的位子；他们可以稍后再想办法重新发起一次全国运动，推动改革。很快莱瓦和大部分莫雷洛斯政客就顺从地宣布支持迪亚斯。3月5日，议会投票决定"拥护新政府"。[2]

然而，莫雷洛斯政权内部的其他势力破坏了这个决议。一些北方马德罗派出身的联邦警察不接受这个新政府。联邦特区也有一些反对新政府的异见人士逃到了莫雷洛斯，加入了他们同志的队伍。此外，市镇政

---

[1]　Bonilla: op. cit., pp. 173–174. King: op. cit., pp. 107–111. 金夫人说马德罗在库埃纳瓦卡期间住在她的旅馆里，还说他要求她挂出英国国旗，保护他的安全——她照做了。

[2]　*El País*, March 7 and 13, 1913.

府也开始与当地革命者进行谈判了。[1]

坚持战斗的革命者此时也陷入了混乱。在"十日悲剧"期间，他们大多仍在行动，也取得了很大的进展。但是人们并不清楚，这些进展究竟是以谁的名义获得的。当地反叛军的反抗并不是为了保护正在崩塌的政府。虽然谣言四散，宣称萨帕塔和德拉奥已经下令暂时休战，支援政府派，虽然有些观察者甚至相信，萨帕塔向马德罗提供了避难所，但是根据现有证据来看，这样的事并不曾发生，萨帕塔他们连试都没有这样试过。[2]因为在那些气氛紧张的日子里，众首领无法召开政务会，也就没办法做什么决定。反叛军暂停攻击，可能只是想让尚在州内的上千名联邦士兵撤到普埃夫拉州和墨西哥城——这样他们就可以进入撤空了的城镇和村庄了。所以，当韦尔塔上任的时候，许多反叛军将士也有疑问，不知道他们是不是应该承认新政府。

大部分主要首领对他们应该持何种立场是确定无疑的。他们和过去一样憎恨韦尔塔和费利克斯派，因为他们认为这些人跟马德罗一样都是篡权者，而且比马德罗还要阴险残酷。萨帕塔兄弟和德拉奥很了解韦尔塔，也了解他的外交部部长和代理副总统，德拉巴拉，还有他的内政部部长，阿尔韦托·加西亚·格拉纳多斯。他们不指望从这些老对手那里获得任何理解。在德拉奥收到墨西哥城送来的"会谈"邀请之后，2月27日，萨帕塔向他下达了指示，让他"小心防备……只要敌人出现，我们就要打击他们"。3月2日，他、门多萨、巴斯克斯和另外几个人正式通知韦尔塔，他们的反叛运动将会继续下去。3月4日，他们也向费利克斯·迪亚斯表达了抗议，"反对韦尔塔将军的伪政府篡权"。[3]

但是，他们的队伍中出现了严重的叛变行为。在反叛军占领下的伊

---

［1］ Jesús Romero Flores: *Historia de la Revolución en Michoacán*（México, 1964）, pp. 83–84. Magaña: op. cit., II, 267–272.

［2］ For these legends, see for example Bonilla: op. cit., pp. 215–216.

［3］ Muñoz: op. cit., pp. 146–157. De la O in *Impacto*, January 21, 1950. Magaña: op. cit., III, 25, 90–92.

苏卡尔德马塔莫罗斯，赫苏斯·莫拉莱斯和奥蒂略·蒙塔尼奥愉快地庆祝了政变胜利。蒙塔尼奥很快后悔了，但是莫拉莱斯，身为反叛军阵营里排名第三第四的将领，竟然与韦尔塔的手下达成了协议；他还去了墨西哥城，向人们宣布萨帕塔和其他首领很快也会放下武器。[1]许多小首领，比如西蒙·贝尔特兰、华金·米兰达以及他的儿子阿方索和小华金，也同样达成了协议。[2]前萨帕塔派成员何塞·特立尼达·鲁伊斯也是，在此之前他独立于各党派之外，坚持战斗。其他人也倒向了同样的方向。当他们得知身在奇瓦瓦州的帕斯夸尔·奥罗斯科接受了异常优厚的条件、承认了韦尔塔之后，他们的倾向就变得更明显了；奥罗斯科在《阿亚拉计划》中可是个国家级领袖，于是他们有了充分的理由有样学样。[3]此时很重要的一点是，莫雷洛斯反叛者并没有向这些人大举进攻。他们手握霍纳卡特佩克、特拉尔蒂萨潘、尧特佩克、特坡斯特兰、特特卡拉和其他很多城镇，已经在州里站稳了脚跟。但是团结才是他们的力量源泉，这是绝对不应该掉以轻心的。

还有一些人也想结束当地的革命，不过他们的动机是完全不同的，这使得莫雷洛斯的形势更加混乱了。比如，为了实现和平，费利克斯派的代表涌入了莫雷洛斯各地，寻找和各位首领单独谈判的机会。战争部部长让库埃纳瓦卡的主教帮忙"迅速平定国家"，还派了一名牧师来和德拉奥谈判。老帕斯夸尔·奥罗斯科代表他那个出了名的儿子，直接来到了萨帕塔的司令部。但是当莱瓦及当地的政治家试图进行类似的谈判时，费利克斯派却指责他们是"政府中的萨帕塔主义势力"，说他们阴谋联合反叛者，组织反抗活动。而同时，韦尔塔总统依然不屑做出任何让步。他再次任命胡文西奥·罗夫莱斯为库埃纳瓦卡的军事指挥官，这让人们回忆起，罗夫莱斯是如何"用铁拳和那种叫人看不起的、娘娘腔的花招"和反叛军作战的。就像是要复仇一样，反叛者袭击了一列开往

---

［1］ *El País*, February 27, March 5 and 6, 1913.

［2］ Ibid., February 24, 1913. Magaña: op. cit., III, 87–88.

［3］ Meyer: op. cit., pp. 97–98.

库埃纳瓦卡的军用火车，杀死了 75 名联邦士兵。于是韦尔塔宣布在整个南方再次实行戒严。[1]他还计划把 15000 到 20000 名劳工从莫雷洛斯赶到金塔纳罗奥州，再从其他州引进劳工替代他们，以防万一。他对美国大使透露，这些新劳工"开始的时候可能无法那么高效地完成莫雷洛斯地主派给他们的工作，但是他们至少不认识州里的各种大路和小道……也不那么容易被萨帕塔的承诺诱惑"。"处理"革命首领的"最好的办法"，他后来又对大使说，"是一条价值 18 分钱的绳子，用它把他们绞死就行了"。[2]尽管如此，他仍然有所顾忌，所以暂时还没有允许罗夫莱斯开展行动。

在这样充满争论和矛盾的时刻，就连再次得到了官方支持的种植园主，都无法在他们应该给政府提出什么建议的问题上达成一致。一些人，比如科罗纳、阿劳斯和埃斯坎东——后者自从 1911 年以来就再也没有踏上过莫雷洛斯的土地——支持罗夫莱斯的严刑峻法，认为这是对安全最强有力的保障。他们不断四处游说，力图确保他成功上任，带来足够的兵力，并且一旦来了就长久地守护这里。其他人，像阿莫尔兄弟和加西亚·皮门特尔兄弟，强烈反对恐怖手段，要求政府采取怀柔政策解决问题。在莫雷洛斯种植园主中，只有两位年轻的加西亚·皮门特尔——小路易斯和华金——亲眼见过罗夫莱斯曾经带来的苦痛和灾难，也只有他们明白，罗夫莱斯把村民当作反叛者来打击，这样的做法只会制造出新的反叛者。罗夫莱斯的"措施"，年轻的路易斯断定，"不光愚蠢，而且极为可憎，必定会事与愿违"。但是，他和华金无法说服他们的同伴。虽然种植园主这一群体正处于危机当中，他们却无法团结一致。尽管他们在留学时结下了友谊，后来也一同出入赛马俱乐部、打马球、合伙做生意，甚至还互相结了亲，这些人此时却无法召唤出团结的精神。他们心怀疑虑，各自为政。结果，他们加剧了这个州的混乱，也

---

[1]   Magaña: op. cit., III, 92–93, 100–101, 106–107, 144, 158–159. *El País*, March 2–5, 8, 9, 13, 20, 23, 26, and 27, 1913.

[2]   Wilson to the secretary of state, March 14 and April 1, 1913, NA, 59: 812.00/6849 and 7101.

带来了他们自己的毁灭。[1]

整个 3 月，各种不成熟不稳定的想法在莫雷洛斯共存。一直到了 4
月，没有权力争夺战爆发：人们怀疑莱瓦对新政府不忠，于是他不再担
任州长，转而在国会里谋了一个更安全的不那么显眼的位置；而他忠实
的追随者则适时地组建起了他们的费利克斯派俱乐部。没有联邦援军重
新占领被反叛者控制的城市，因为这个时候韦尔塔的注意力已经转向了
北方的大州——科阿韦拉、奇瓦瓦和索诺拉。那里受人拥护的领袖和异
见派州长掀起了一场可怕得多的反政府运动。而莫雷洛斯的反叛者也暂
停了重大的暴力行动，让仅存的几座仍在运转的种植园收割甘蔗、生产
蔗糖，这样他们才能对它们的产品收税。当然，他们仍然保持着反对政
府的姿态，比如萨帕塔给奥罗斯科和韦尔塔写了公开信，谴责他们的那
笔"妄图绞杀革命的……金钱交易"。最精彩的一幕是，萨帕塔逮捕了
许多前来讲和的使者，包括奥罗斯科的人，并且公开审判了他们。对这
些人质的审判在进入 4 月之后又持续了很久，这就向墨西哥城和摇摆不
定的革命首领强调了阿亚拉反抗运动的原则。在州内各处，反叛军的巡
逻队与小支军队和警察部队时有冲突，但是没有真正的军事行动爆发。
内政部部长加西亚·格拉纳多斯抱怨，萨帕塔和他的首领在争取时间，
观望北方反抗运动的发展。[2]

然而，到了 4 月中旬，在墨西哥城，人们开始在一些关键的决议
上争论不休。在北部，科阿韦拉的卡兰萨州长已经发布了他的《瓜达
卢佩计划》(Plan de Guadalupe)，正式组织起了全国性的"立宪主义"
(Constitutionalist) 运动，准备驱逐韦尔塔，寻找马德罗的合法继任者。
在美国，新当选的总统伍德罗·威尔逊没有发出任何信号，表示他会在
法理上承认这个事实上尚不存在的政府。于是，韦尔塔决定，对他能够

163

---

[1]　L. García Pimentel: op. cit., pp. 2, 5–7. *El País*, March 15, 1913.

[2]　Ibid., March 7, April 4, 10, and 11, 1913. Zapata's letters are cited in Magaña: op. cit., III,
130–137. For the show trial record, see Palafox's charges against Ramos Martínez, March 21,
his charges against the Orozco commission, March 27, and Minutes of Conferences, March 30,
April 1, 2, 4, and 10, 1913, all in AZ, 27: 6.

触及的所有地区采取严厉措施。他终于把值得信赖的罗夫莱斯将军派到了莫雷洛斯。这就让这个州陷入了混乱。而在这种混乱中，这里将发生根本的、不可逆转的变化。

罗夫莱斯在 4 月 14 日到达库埃纳瓦卡的时候，那里主政的莫雷洛斯州州长是莱瓦的得力助手，贝尼托·塔霍纳。第二天，也就是议会召开第二次会议的前一天，罗夫莱斯通知塔霍纳，他手里有来自韦尔塔的"最终决定"——任命罗夫莱斯为州长。塔霍纳拒绝了：这份决议必须经过议会同意才行。而议会代表一致认为罗夫莱斯当州长不合宪法，因为他不是莫雷洛斯本地人。正是为了防止受到这样的干预，他们才在上一次会议中修改了宪法。

第二天，塔霍纳在议会上讲了话。"……只有至高无上的神，"他含蓄地谈到了罗夫莱斯的要求，"才能让我交出人民赋予我的使命。"[1]议会的主席，莱奥波尔多·凡迪尼奥，回应了他的演说，表达了全体议员对塔霍纳的拥护："他从来，"他说，"都不会对任何破坏州主权的行为表示认可……"[2]整个会议厅里只有几名军官没有鼓掌。

议会随后休会了。那天晚上，塔霍纳和其他莱瓦派领袖都在库埃纳瓦卡，他们准备第二天把政府转移到城外西北方向的山中——他们想必认为德拉奥会为他们提供庇护。[3]但是，罗夫莱斯已经把议会的行动汇报给了韦尔塔。半夜，在这些密谋者逃离之前，罗夫莱斯奉韦尔塔的命令，把他们都抓了起来。在军队的押运下，他们立刻被送进了墨西哥城的监狱。其余的那些未被逮捕的莱瓦派成员——比如安东尼奥·塞达诺——逃走了，躲进了首都。莫雷洛斯的合法改革派就此消失了。

罗夫莱斯就这样接管了州首府。随后，第二天早上，他把库埃纳瓦卡的埃斯坎东派余党都召集了起来，宣布他已经镇压了议会的叛乱。他

---

[1]　Diez: *Bibliografía*, p. ccv.

[2]　Cited in [Jan Leander DeBekker:] *De cómo vino Huerta y cómo se fue* (México, 1914), pp. 280–281. *El País*, April 17, 1913.

[3]　Diez: *Bibliografía*, p. ccvi.

借口莱瓦已经宣誓就任联邦众议院议员，莫雷洛斯无人主政，宣布自己将执掌民事和军事大权，直到参议院任命新州长为止。[1]没有官员表示反对；一个月后，尽管有个别人提出了抗议，但是参议院仍然以绝大多数同意的结果批准了韦尔塔总统的临时州长人选——罗夫莱斯将军。[2]

对于陷入绝境的种植园主来说，这个独裁政府的建立虽然是件丑事，却给他们带来了希望。他们和《国家报》的编辑一样，认为莫雷洛斯现在需要"一个能够重新建立秩序的、强有力的军人政府"。4月21日，他们在赛马俱乐部设下了盛大的宴席，款待韦尔塔。韦尔塔在这场宴会上的演讲非常直白，令人震惊。第二天联邦军队的战斗将会在莫雷洛斯打响，韦尔塔宣布。他要求种植园主，这些"受财富之神眷顾的人"，"毫无保留地奉献自己在州内的财产"，以此支持他，"因为我们兄弟的命和我们自己的利益正处在危急关头"。为了确保获得胜利，他告诉他们，他会"采取……极端手段，因为政府将要——这么说吧——减少莫雷洛斯的人口，然后给你们的庄园送来新的工人……"这么做的原因是，他解释道，莫雷洛斯的乡下人"都是萨帕塔支持者……把这〔种人〕清理出去是必要的"。他总结道，"如果碰巧什么不同寻常的事发生了，你们也不要惊讶，因为根据事情现在的状况，我们需要采取法律准许范围以外的手段，这些手段为了保护国家的利益是必不可少的"。但是，这次讲话也给他们带来了希望：在一个月以内，韦尔塔声称，他将"彻底实现和平"。[3]于是，众种植园主热情地回应了他，答应自掏腰包，组织"志愿军"保护庄园，让联邦军队集中力量去追击"那些暴徒"。[4]

然而，种植园主新的希望落空了。韦尔塔预告的那场战役并没有发生。更糟糕的是，韦尔塔向莫雷洛斯乡下人宣战的行为实际上抬高了革命军的地位，使得一度分裂的反对派联合了起来，促使抵抗运动在萨帕

165

〔1〕 DeBekker: op. cit., pp. 282–283. Sedano: op. cit., p. 22. *El Pais*, April 18, 1913.

〔2〕 *El Imparcial*, May 11 and 15, 1913. 抗议者中就包括莫雷洛斯的参议员，何塞·迭戈·费尔南德斯。

〔3〕 *Mexican Herald*, April 23, 1913.

〔4〕 *El Independiente*, April 26, 1913.

塔的领导下继续前进。当地人一旦遇到了麻烦，总会自然而然地向萨帕塔求援，这部分是因为墨西哥城的媒体一贯把萨帕塔塑造成整个南方无人可比的革命领袖，部分是因为他确实是莫雷洛斯这场目标明确、立场坚定的革命运动的最高首领。其余那些拿不定主意的首领现在都仰仗他的领导，村落和牧场的难民、受了惊吓的短工也都听从他的命令。

他们得到的指令是很有条理的。一年以前，萨帕塔的司令部还只有一群临时秘书和助手，乱哄哄地挤在一起，此时已经完全不同了。现在专门负责处理革命事务的是一位新指挥官，曼努埃尔·帕拉福克斯。这个时候，那些在执行任务时被捕的秘书正在墨西哥城的监狱里备受折磨；蒙塔尼奥无视管理工作，一心想当文武双全的英雄。帕拉福克斯就在这样的情况下不声不响地逐渐变成了革命军的总管家。他早年的经历为他坐上这个位子打下了坚实的基础。他曾经在他的家乡普埃夫拉城攻读工程学，也曾在国内许多地方——从瓦哈卡州到锡那罗亚州——的公司中做过推销员和会计。他在那些地方掌握了坑蒙拐骗、精打细算的艺术。帕拉福克斯第一次见到萨帕塔是在 1911 年 10 月。当时他是特南戈种植园的一名雇员，前去贿赂反叛军。萨帕塔差点就把他枪毙了。但是随后萨帕塔就放了他，派他去圣安东尼奥的埃米利奥·巴斯克斯那里执行一项任务。他回来之后，萨帕塔就开始越来越依赖他的管理才能了——可能也依赖他的政治建议。[1] 最近，靠着对前来议和的使者进行公开审判，帕拉福克斯巩固了他在司令部中的地位。他这时只有 26 岁，个子不高，身材单薄，脸上有麻子，但是在他体内跳动着一颗有着强大能量的野心，让他能够把他的领袖的那些繁忙事务打理得井井有条。有他协调各种计划、发布指令，革命行动有序地开展了起来。

罗夫莱斯在库埃纳瓦卡夺权后的第二天，一大早，萨帕塔对霍纳卡

---

[1] E. Marmolejo to Palafox, December 3, 1918, AZ, 30: 19, and December 25, 1918, AZ, 27: 13. Marte R. Gómez: "Notas sobre el Gral. Manuel Palafox"（MS, 1966）. I was able to consult this manuscript thanks to the generosity of its author, who intends to incorporate it into a fortcoming study, "Galería de Secretarios de Agricultura de México."

特佩克发动了一次大型攻击。那里驻扎了大约500名士兵，由伊希尼奥·阿吉拉尔将军领导。36个小时后，城市陷落了。这正是反叛军想要的那种胜利。战利品极为丰厚：330支毛瑟枪、310匹马、马鞍、两架带弹药的机关枪；他们还俘虏了阿吉拉尔将军本人、47名军官以及幸存的士兵。阿吉拉尔和他的人都被带到了革命者在特帕尔辛戈的司令部。为了进行宣传，萨帕塔赦免了他们，条件是他们再也不反抗革命。[1]阿吉拉尔感到极为震惊。这个经验丰富的老无赖发现，他可以在双方之间游走，从中渔利。出于感激，同时也受贪欲驱使，他加入了萨帕塔的队伍，向革命阵营贡献了他可贵的军事训练专业经验。更重要的是，他成了萨帕塔从腐败的联邦官员那里购买武器和弹药的中间人。

革命军的攻势还在继续。4月23日，萨帕塔包围了库奥特拉。5月1日，革命军在墨西哥州-莫雷洛斯州边界上的一座车站里炸毁了一列军用火车：差不多有100名士兵在爆炸中丧生了。5月5日之后，袭击不断地在库埃纳瓦卡周围发生。[2]

面对这样的挑战，韦尔塔很难再推迟行动。但是，由于立宪运动这一显著威胁在北部不断发展壮大，他也很难接受长期向南方分流5000—8000名士兵。他在莫雷洛斯征到的去别处服役的义务兵太少了，不能弥补他对这个州巨大的军事投入。韦尔塔想出的摆脱困境的办法非常巧妙，而且又大胆又残酷，很有他的特色。一方面，他冒险暂时把罗夫莱斯的兵力增加到了5000人。5月9日，罗夫莱斯正式重启了他最喜欢的运动——"重新安置"。在一周内，他下令，所有的村落、牧场和小村庄的居民都必须"重新集结"在最近的地区中心，或是其他几个大城市中的一个。被怀疑为"暴徒老巢"的村落将会被烧毁，夷为平地；任何在乡下被抓住的人，只要没有许可证，都会被草草审判，然后处决。另一方面，莫雷洛斯占用了大量本应在北部作战的军队，而为了做出补偿，韦尔塔准许大幅增加当地征兵的数量。这一增长是可以实现

167

---

[1] Magaña: op. cit., III, 160–161. Muñoz: op. cit., pp. 165–169.

[2] *El País*, April 24, 1913. *El Imparcial*, May 3, 1913. Magaña: op. cit., III, 178–179.

的，因为罗夫莱斯可以在那些被"重新集结"起来的人群中征兵。[1]

　　计划刚开始实行的时候，罗夫莱斯取得了巨大的胜利，每个星期都能逼迫几百名农夫和农场工人应征。他用牲畜运输车把他们送到了墨西哥城。从首都出发，这些"新兵"要么被送往北方，成了那里的战争的炮灰，要么被发往其他缺少人手的州当军事劳工。这次征兵非常特别，在墨西哥历史上几乎没有先例。这不是对付暴徒的常见司法手段，也不是 19 世纪墨西哥一系列政治斗争中采取过的临时征兵制，它更像是政府在镇压索诺拉州和尤卡坦州印第安人叛乱的种族战争中蓄意实行的种族灭绝政策。罗夫莱斯在那些地方学会了这个把戏，此时在莫雷洛斯，他再次把它付诸实践。"嗨，我正要把你们美丽的莫雷洛斯清洗干净，这可是在帮你们的忙。"他告诉愤怒的金夫人，"等我们把这些 *Morelenses*（莫雷洛斯人）除掉以后，这儿将是一个多棒的地方！如果有人反抗，我就把他们吊到树上绞死，就像给树戴上耳环一样。"到了6 月 1 日，他已经抓了大约 1000 人，把他们统统遣送了出去。[2]

　　这次征兵引发了巨大的社会震动。它甚至成了一首民谣的主题，歌名叫"暴君韦尔塔的罪行"（"The Crimes of the Tyrant Huerta"）：

> 征兵，可恨的征兵，
> 在我深爱的那片土地上，
> 在伟大祖国的土地上，
> 播种荒凉。
>
> 工人、手艺人、
> 商人、苦力，
> 被无情地抓住，
> 强征入伍。

---

[1] 　*El Imparcial*, May 5, 9, 10, 11, and 14, 1913.

[2] 　King: op. cit., p. 93. *Mexican Herald*, May 31 and June 1, 1913. Magaña: op. cit., III, 180.

他把他们送到北方，
卑劣的恶人韦尔塔，
让他们在战场上
不公正地死亡。

成千上万孤雏
将永远孤独，
因为他们的父亲已经死了，
因了毫无意义的战争之故。

在哀叹"莫雷洛斯的毁灭"（"The Extermination of Morelos"）时，民谣歌手也提到了罗夫莱斯：

上帝饶恕你，胡文西奥·罗夫莱斯，
太过野蛮，太多暴行，
多么可耻，多么可怖
这就是你在我们这个小地方做的恶事。[1]

这确实是"不同寻常的事"。而尽管韦尔塔已经事先警告了他们，种植园主仍然非常震惊。因为随着罗夫莱斯继续行动，他们发现，他连不彻底的和平都没有实现。他只会一味破坏，不能控制局面。他的"重新集结"政策，正如小路易斯·加西亚·皮门特尔所说，就是"一场闹剧"。联邦军队无法减少农村的人口：当村民发现有军队来驱逐他们的时候，他们就逃到峡谷或者山地中去；等军队把他们的房子洗劫一空，离开之后，他们再慢慢回到村子里来。讽刺的是，加西亚·皮门特尔评论道，唯一把人们真正"集结"在一起的是反叛军：反叛军常常把难民

---

[1] Both songs cited in Merle E. Simmons: *The Mexican CORRIDO as a Source for Interpretive Study of Modern Mexico*（*1870–1950*）（Bloomington, 1957），pp. 121, 293.

组织起来，让他们建立永久营地，躲在一起。[1]于是种植园主因为征兵而失去了许多劳工，因为反叛军而失去的则更多；也没有迹象表明政府会在何时、从何处给他们送来新的劳力。而既然他们还没有组织"志愿军"来进行自卫，军队也不会来守护他们的土地，他们的庄园就仍然是反叛军袭击和征收强制贷款的对象。如果种植园主无法阻止罗夫莱斯，他就会在毁掉这个州的同时，把他们也一起毁掉。

莫雷洛斯种植园主此时认识到了，他们对这个州的命运是有责任的；为了负起责任来，他们申诉了很多次。显然有些人正在设法把罗夫莱斯调到别的区域去，在库埃纳瓦卡任命一个不那么喜欢放火的指挥官。其他人则坚持让他留下，并且要求给他更多增援。他们显然认为他们自己也能加入战斗，至少能保护自己的财产，由此阻止罗夫莱斯造成不可修复的破坏，维持莫雷洛斯的局面基本稳定。6月末，种植园主获得了韦尔塔的准许，可以从他们的雇员中选出30%来：他们将为这些人注册、担保，并且把他们武装起来。在7月初的全国农业代表大会上，他们与内政部签订了正式协议，给种植园保安配备武器和弹药。[2]但是这些计划只是纸面上的。没有什么私家守卫组织了起来、配备了武器，而罗夫莱斯继续横冲直撞，既摧毁了村庄也摧毁了种植园。新来支援他的军官，比如阿尔韦托·T.拉斯加多将军和路易斯·G.卡顿上校，甚至有过之而无不及。

当地人的生活遭到了更加严重的破坏。6月，罗夫莱斯送出去了两千多名新兵，把这些人的家人丢在他的集中营里自生自灭。他还控制了库埃纳瓦卡、库奥特拉和霍胡特拉的市场，这样就可以切断对边远地区乡村的供应，强迫那里的居民也来到他的集中营里。[3]逃到反叛军的山区营地的村民更多，但是那里也被痛苦笼罩了。人们常常得在躲藏之处等上好几个小时才能喝到水；一连几天没有龙舌兰和盐；常常不幸患上

［1］ L. García Pimentel: op. cit., p. 2.
［2］ *El Imparcial*, June 5, 10, 13–15, 25, and July 2–4, 1913.
［3］ Ibid., June 22 and 28, 1912. *Mexican Herald*, June 30, 1913.

疟疾和肺炎；几乎吃不到肉，偶尔能吃到基本上也是生的；几乎完全没有香烟、烈酒和药物；夜里睡觉时常常下雨，他们只能裹着毯子睡在湿漉漉的地上——这就是从罗夫莱斯手中逃脱的人的遭遇。在混乱中，一名从墨西哥城来的记者在现场报道，一个由一群 10—12 岁的孩子组成的"正规军团"到处跟着反叛军拾荒、抢劫，比那些较他们年长的人更加凶残。在蓬特德伊斯特拉，反叛者的遗孀、妻子、女儿和姐妹组建了她们自己的军队，起来造反，"为死者报仇"。领导她们的是个声音嘶哑的人，名叫拉奇娜，过去是龙舌兰酿酒师；她们在特特卡拉地区疯狂地发起了攻击。有的人披着破布，有的人穿着抢来的好衣服；这些穿戴着丝绸长袜和连衣裙、凉鞋、草帽、枪带的女人让整个地区都为之战栗。就算是德拉奥也对拉奇娜非常尊敬。[1] 莫雷洛斯各地的社区都在瓦解。联邦指挥官把一座又一座村子变成了荒地，由此也迫使人们建立了新的组织：社区和家族消失了，它们的碎片被四处游荡的反叛军吸收了。于是，没过几个月，罗夫莱斯和他的心腹就撕碎了地方社会的坚固组织，而这一过程在和平时期原本需要几十年才能完成。

类似的动乱席卷了整个共和国。显然，一场深刻的内战正在进行 中。这是自法国干涉墨西哥以来，这个国家经历过的最暴力、最为影响深远的战争。而在南方，领导民众进行革命的人是萨帕塔，村落的守护者。民谣歌手唱道：

> 再会，卡顿和胡文西奥·罗夫莱斯，
> 再见了，拉斯加多，你这个疯子。
> 把你们的军队给韦尔塔带回去，
> 还有你们那些卑劣的阴谋。
> 告诉他这儿已经没有村子了，
> 也没有暴徒供你们追捕，

---

[1]　*La Tribuna*, May 29, June 3 and 4, 1913.

只有萨帕塔和他的队伍，

一直在这里，等你来对付。[1]

　　在莫雷洛斯及其周边地区，萨帕塔花了很大力气，把人民军队组织了起来。这是此时工作的重中之重。斗争变得极为激烈，当地的一些首领几乎到了道德崩溃的边缘，已经要像打联邦军队一样打自己人了。更糟糕的是，他们欺负其他首领势力范围里的村民，甚至也虐待他们自己地盘上的村民，这就破坏了反叛军的根基。萨帕塔个人严厉谴责这些虐待事件，但是，只有在一支目标清晰、行动协调一致的军队中，他的命令才会真正有效。而在莫雷洛斯之外，萨帕塔又有了新的追随者。随着《阿亚拉计划》在中部和南部各州广泛传播，各地的首领了解了它在土地方面的条款；很多首领——他们的人民和莫雷洛斯人一样失去了土地——宣布追随萨帕塔，其中包括米却肯州的欧蒂米奥·菲格罗亚和米格尔·德拉特立尼达·雷加拉多；格雷罗州——在那里菲格罗亚兄弟已经彻底失去了影响力——的赫苏斯·萨尔加多、胡利奥·阿斯图迪略·戈麦斯、恩卡纳西翁·迪亚斯和埃略多罗·卡斯蒂略；墨西哥州的埃韦拉多·冈萨雷斯、胡利安·加列戈斯和巴伦廷·雷耶斯；特拉斯卡拉的奥诺拉托·陶托和多明戈·阿雷纳斯；还有普埃夫拉、联邦特区、瓦哈卡、伊达尔戈、贝拉克鲁斯，甚至圣路易斯波托西、杜兰戈和奇瓦瓦等州的大批首领——他们都是萨帕塔派，也是《阿亚拉计划》的拥护者。[2]但是，这些支持者分散各地，相互之间没有联系，和莫雷洛斯司令部之间也没有联系，甚至都没有结成同盟。萨帕塔显然不能远程指挥这些人的军事行动，但是如果不从整体出发，给他们发布政治指令，他们很容易就会互相打起来，单独和政府达成协议，或者欺压当地平民，损害革命事业的名声。

　　为了澄清他的政治立场，萨帕塔修订了《阿亚拉计划》。自从 4 月

171

---

[1]　Cited in Simmons: op. cit., p. 293.

[2]　Palacios: op. cit., pp. 117–118.

末以来，他一直在考虑如何改进它，最终，他在 5 月 30 日发表了一份由蒙塔尼奥起草的宣言，对他的修订做出了具体的说明。[1]他宣布韦尔塔是"篡位者……他在位的每一天都越来越清晰地显示出，他和代表着法律、正义、公理和道德的一切格格不入；在某种程度上，他的名声已经比马德罗还差了"。在奥罗斯科的问题上，由于他向韦尔塔的"伪政府"妥协了，于是这份宣言表示，他"配不上"莫雷洛斯革命政府原本赐予他的荣誉——他们本来是要任命他为国家领袖的。在蒙塔尼奥严正的措辞中，奥罗斯科已经变成了"无名小卒，也就是说，他没有任何可取之处"。于是萨帕塔正式成了阿亚拉运动的领袖。

为了建立完善的军事组织，把他们的革命目标表达清楚，他也正式把反叛军高层改组成了共和国中南部革命政团（Revolutionary Junta of the Center and South of the Republic）。他自己，作为反叛军的首领，是政团主席的不二人选。其他成员包括欧费米奥·萨帕塔、蒙塔尼奥、德拉奥、帕切科、萨拉萨尔、内里和门多萨。秘书是帕拉福克斯。[2]几个星期后，萨帕塔派司令部向革命军军官发布了一系列新指令，很可能出自帕拉福克斯之手。和 1911 年 12 月发布的命令一样，这些规章详细地规定了军官对他们的军队以及对他们占领的村子的两大责任。但是和过去的行为准则不同，新规要求军官"向士兵支付工资，或者更好的说法是，在需要的时候帮助士兵摆脱困境"，向有钱的商人和地主征收强制贷款，"根据人民的意愿"更换当地官员，并且每两周向地区首领或者中央司令部汇报他们的行动。这些规定显示，革命在规模和专业性方面都远胜从前。最引人注目的是《阿亚拉计划》第六条中的规定：为了实行土地改革，将权力下放。以前，似乎只有莫雷洛斯革命者的政务会有权审查村民的所有权问题，把土地还给他们；而且政务会只在普埃夫拉

［1］　Zapata to Montaño, April 25, 1913, AZ, 30: 1. For the text of the manifesto, see González Ramírez: *Planes*, pp. 84–85.
［2］　Magaña: op. cit., III, 183.

州伊斯卡米尔帕的一个案例中正式实施了这项权力。[1]但是如今，战场上的军官也可以给向他们出示了所有权证书并要求收回土地的村子提供"道义和物质上的支持"。虽然新规没有提及第七条和第八条关于彻底没收土地的激进规定，但是，这一有限的、集中在土地问题上的权力也是一个明显的标志，它表明革命派对莫雷洛斯主权提出了要求，并且有意把宣言中的政策付诸实践。[2]

在各个地区，新规的实施效果截然不同。一个地区的革命权力如何运作，取决于众多因素，包括该区联邦指挥官和革命首领的脾性、这个地区的战略价值、政府和反叛军司令部的利益以及政治社会环境的具体特点。比如，在莫雷洛斯，各地区反叛军掌权的时间都不长，所以土地改革并没有开展起来。而且，到处都有小村子被反叛军荡平了：住宅被洗劫一空，女人被强暴，马匹和骡子被没收，家畜被赶到黑市上，卖给某个腐败的联邦军官，猪就地杀掉，鸡抓起来带走，晚些时候再吃。然而，尽管这些暴行确实发生过，但是在萨帕塔能够直接控制的范围内，普通人并不太可能在反叛军手里吃到什么苦头。对于各地的首领来说，遵守规则是有好处的，因为他们得向司令部——有一天可能就成了政府——证明他们是有价值的。虽然他们绞死了市镇官员和不肯付钱的商人，但这并没有让各地村民及其家人疏远他们。[3]莫雷洛斯的普通人对萨帕塔怀着深刻而持久的敬意，出于这份敬意，他们还是对自己遭的罪表示了理解。民谣歌手在歌中唱道："在整个南方，人们爱他，情意深厚 / 因为他给了他们正义、和平、进步和自由。"[4]

随着革命进行重组，真正确立了萨帕塔的领导，整个南方革命蓬勃发展了起来。萨帕塔派游击队甚至打到了墨西哥城的近郊。作为回应，罗夫莱斯开始加速推进对莫雷洛斯的恐怖统治。"要把恶势力从根上斩

[1]　Palacios: op. cit., pp. 81–82.

[2]　For these instructions, see Magaña: op. cit., III, 267–268.

[3]　*La Tribuna*, May 31, June 4 and 7, 1913.

[4]　Cited in Simmons: op. cit., pp. 286–287.

断，"新闻媒体解释道，"必须清除萨帕塔派的种子，这样它就不会再次发芽了……"罗夫莱斯制定了政策，下令烧掉更多的村子；烧了大部分小目标之后，他手下的军官拉斯加多和卡顿甚至把耶卡皮斯特拉、霍奇特佩克、阿亚拉城和特帕尔辛戈这样的市镇中心也烧掉了。就和1912年的时候一样，他们还把女人和小孩抓起来当人质，萨帕塔的岳母和她的四个女儿也在其中。她们被指控为间谍，送进了墨西哥城的军事监狱。而"可恨的征兵"仍在继续：7月，约有1300名新兵离开了莫雷洛斯。罗夫莱斯带来的破坏是惊人的。据白十字会[1]工作人员报告，莫雷洛斯"基本上看不出两年前的样子了……富产甘蔗、水稻和那么多其他食品的大种植园都消失了，变成了一堆惨兮兮的灰烬，到处都是被烧毁的田地，偶尔还有一两座烧了一半的被遗弃了的小村子"。[2]有责任心的种植园主再次采取了行动，尽管政府已经公开表示将输入30000名日本人，替代失去的劳工。华金·加西亚·皮门特尔悄悄地向欧费米奥·萨帕塔提出了议和请求。[3]他和其他种植园主迫使新上任的内政部部长答应，让罗夫莱斯允许逃亡的工人返回庄园；他们也获得了政府批准，重新组建"志愿军"。但是他们的努力又一次失败了。[4]随着罗夫莱斯、拉斯加多和卡顿继续他们的暴行，难民不断增多，革命军的人数增加了，决心也更强了。

　　罗夫莱斯意图摧毁反叛军的愚蠢行动的高潮是占领瓦乌特拉，霍胡特拉东南边崎岖山地中的矿区。萨帕塔在那里建立了一个临时司令部，那里也聚集了许多从莫雷洛斯其他地方逃过去的村民和劳工。占领瓦乌特拉不会摧毁萨帕塔派，罗夫莱斯和游击队打了许多年的仗，当然很清楚这一点。那里的地势太险峻了，就算把莫雷洛斯当时所有的联邦士兵

173

---

[1]　白十字会（La Cruz Blanca）是墨西哥大革命期间出现的医疗救助志愿组织。在大革命期间，墨西哥红十字会的服务范围并不包括革命军军士，而白十字会则向所有伤员提供救助。——译者注

[2]　*El Imparcial*, July 7, 8, 12, 14, 15, 19, and 26, 1913.

[3]　Eufemio Zapata to J. García Pimentel, June 28, 1913, AGP.

[4]　*El Imparcial*, July 30, 1913. L. García Pimentel: op. cit., p. 4.

都调来，也不可能把反叛军集中到一个地方歼灭掉。反叛军可以散开，穿过联邦军队的防线逃走，另找一处营地重新建立司令部；他们最多只会丢掉一些补给。但是罗夫莱斯也知道，阵地战的胜利，是获得升迁的最有力保证。整个7月，他都在大张旗鼓地准备进攻。他向记者描述，他将从库埃纳瓦卡调来三支由拉斯加多将军、安东尼奥·奥莱亚将军和卡顿上校指挥的纵队，形成包围之势，而在联邦军队把反叛军团团围住、狂轰滥炸一番之后，萨帕塔派的革命运动就会瓦解。战斗"必然是血腥的"，记者获悉，"因为在瓦乌特拉将没有一块石头留在石头上，不被拆毁"。[1]但是在此之后，罗夫莱斯宣称，"我们将在莫雷洛斯……实现和平"。[2]

174　　8月初，这场著名的战役开始了。一连许多天，报纸上都是关于进攻和"秘密"准备继续进攻的浮夸报道。同时，萨帕塔悄悄地把难民和大部分当地军队向南撤到了格雷罗州和普埃夫拉州。但是这场大戏还没有结束。有一次，卡顿犯了个错，命令他的队伍直接开进了城。他发现城里已经没有人了。他赶快退了出去，继续和其他指挥官一起虚张声势。拉斯加多、奥莱亚和卡顿等着罗夫莱斯发布指令，而后者正忙着焚烧联邦特区的城镇；在等待的时候，他们也没闲着，继续在自己的地盘上焚烧村子和牧场。最后，8月19日，他们一起进入了这座空城。他们在城里发现了老帕斯夸尔·奥罗斯科的尸体，以及另外两名前去议和的使者的尸体——萨帕塔把他们杀掉了，作为报复。他们还声称发现了别的东西，包括萨帕塔派的档案和一处储存了40000支配有弹药的步枪的密窖，但是他们从来没有公开出示过这些东西。"萨帕塔一伙今天已经被彻底打垮了，"罗夫莱斯给韦尔塔发电报说，"真的，莫雷洛斯的战斗已经结束了。"[3]

　　在墨西哥城媒体的报道中，这是一场巨大的胜利。随后，参加了战

---

[1]　这里用了《圣经》中的话，语出《马太福音》24:2,《路加福音》21:6。——译者注

[2]　*El Imparcial*, August 2 and 3, 1913.

[3]　Ibid., August 5, 7, 12, and 17–20, 1913. L. García Pimentel: op. cit., pp. 5–6.

斗的军官和士兵纷纷获得了晋升。卡顿上校成了将军。罗夫莱斯升到了陆军军官的最高等级，少将。甚至种植园主也相信他们的祈祷奏了效，保佑罗夫莱斯成功镇压了暴动和革命。在库埃纳瓦卡，社会地位最高的一群人匆匆地建立了一个党——这些人包括拉蒙·科罗纳、安东尼奥·埃斯坎东和老路易斯·加西亚·皮门特尔，以及他们随时待命的仆从，拉蒙·奥利韦罗斯。几个月以来的头一次，这个城市办了"一场高雅的'soirée'（法语：晚会）"。罗夫莱斯确实成功地控制了莫雷洛斯。连增援在内，他统领着那里的 7000 军士，这让他能够重新在军事上控制六个前地区中心。而通过恢复区长制，任命各地长官，他把这种控制伪装成了政治行为。[1] 那些"受财富之神眷顾的人"将会因此而感激他。

　　但是在乡下（在那里联邦军队仍然像大海中的砾石一样，被革命运动包围着），革命还没有平息。萨帕塔和其他首领被迫离开瓦乌特拉，只是把他们的行动转移到了别的地方而已。这些天来，萨帕塔派的运动范围远至尤卡坦州的梅里达——那里的行动是由被强征的莫雷洛斯士兵发起的。而在离革命中心更近的地方，包括莫雷洛斯各地、联邦特区以及墨西哥、特拉斯卡拉、普埃夫拉、格雷罗、米却肯等州，萨帕塔派的常规部队继续掘毁铁轨、清除联邦前哨部队、袭击城镇。于是，尽管罗夫莱斯在莫雷洛斯扎下了根，革命仍在墨西哥中部和南部的大片地区蓬勃发展。到了 8 月底，联邦一方的失败就很明显了。罗夫莱斯再一次证明了他在一年前就已经证明了的东西——靠着足够的人员和火力，他能保护被乡村包围的城市，但是他无法吓倒城市之外的人，让他们循规蹈矩。他最大的成就就是让斗争双方陷入了胶着状态，这除了对他自己有利以外没有任何意义。而韦尔塔可不是那种会接受"当地人生性顽固"这样的借口的领导人。这位残酷无情的总统很可能问过罗夫莱斯，就像莫雷洛斯民谣歌手在歌里问他的那样，"生活在那里的人有什么问题／

---

[1]　*El Imparcial*, August 21, 22, and 26, 1913. 他任命的官员中包括欧亨尼奥·莫拉莱斯，霍胡特拉市镇长官，也是分区区长。

竟然让你无法取得胜利？"[1]

此外，罗夫莱斯的失败发生在一个对于政府来说尤为艰难的时期。韦尔塔近来巩固了自己的行政大权：他清除了内阁中的费利克斯派，并把费利克斯·迪亚斯任命为特使，派去了日本。但是，他仍然非常需要美国的认可——做不到这一点，欧洲的银行家就不会向他提供贷款。而威尔逊总统仍然相信这位墨西哥临时总统在德行和政绩方面都不配得到这样的恩赐。他刚刚召回了为韦尔塔说话的美国驻墨西哥大使，派来了一位"私人代表"，约翰·林德，调查墨西哥的情况。韦尔塔从他的外交部部长那里得知，这位"秘密代表"在到达墨西哥之后很快就断定，这个政府既不合法也没取得什么实绩。这位代表掌握的证据是，墨西哥北部出现了组织完善的立宪运动，而中部和南部则遍布蓬勃发展的抵抗运动。所以，要想得到美国的认可，墨西哥政府必须满足对方开出的严苛条件：在全国范围内宣布停战，承诺尽快进行自由选举，而且韦尔塔不能参加选举。韦尔塔不会考虑这些条件，不管替代选项是什么。他已经计划好了在 10 月 26 日举行选举，而虽然他公开宣称自己不会参选（也不会继续当总统），他也不想向美国政府低头。这种拒不服从的态度让威尔逊总统恼恨不已。8 月 27 日，他就墨西哥问题在国会做了演讲，176 强调韦尔塔无法恢复墨西哥的秩序，敦促那里的美国人立刻离开。[2]

在美国方面不断增大的压力之下，韦尔塔已经无法继续承担罗夫莱斯这支开销巨大但却没什么用的军队了。现在他要把所有的精锐进攻部队集中在北部，因为那里的政治和军事威胁最大。在南方，他打算缩小军队规模，只留下防御性的驻军。9 月 4 日，战争部部长把罗夫莱斯召到墨西哥城，开了一场长会，在那之后，罗夫莱斯宣布他将休假两个星期。之后是更多的会议，让他没有什么时间休息。而到了 9 月 13 日，

---

[1] *El Imparcial*, August 23 and 25, 1913. Magaña: op. at., III, 230–232. Song cited in Simmons: op. cit., p. 293.

[2] For an account of the agent's activity in Mexico, see George M. Stephenson: *John Lind of Minnesota*（Minneapolis, 1935）, pp. 208–329.

他的假期被无限期延长了：他被撤销了莫雷洛斯州州长和军事指挥官的职务。取代他的是阿道弗·希门尼斯·卡斯特罗准将，一年前，他曾作为安赫莱斯的手下在莫雷洛斯供职。[1]他的任务是把莫雷洛斯的胶着状态维持下去——以一种不那么暴力也不那么昂贵的方式。

他这样做了，这让商人、种植园主和难民都松了一口气。[2]在希门尼斯·卡斯特罗的领导下，留在州里的三四千联邦士兵的指挥官实际上变成了各市警察局的头头。这些部队不适合进行常规战争，也很难承受游击队的小型战役。他们偶尔会派几支队伍到乡下去烧些什么，但通常还是躲在地区中心。军官靠侵吞州和市镇的公款、出卖政府财产来获利，士兵则成天纵饮龙舌兰或者温啤酒，打台球，并且因思念北方的村庄——他们就是从那里被征来的——而日渐憔悴。[3]这项策略在一定程度上奏效了。驻军的力量刚好足够强大，而且各支队伍都相距不远，在这样的情况下，革命军如果发动攻击，就会在人员和弹药方面付出高昂的代价。在村庄的废墟上，在田野、山地和溪谷中，革命军几乎可以随心所欲地行动，在这里向一座种植园收租金，在那里抢劫一列火车；但是针对大城镇，他们只敢搞突然袭击。

游击战很快使萨帕塔陷入了危险的困境。和共和国其他地方的革命领袖一样，他显然明白，韦尔塔10月26日的选举可能是非常关键的。*177*如果韦尔塔坚持到了那个时候，如果他遵守诺言，不参加竞选，赢得选举的可能会是科学家派和宗教保守主义者，而这位新总统可能会获得美国的认可。但是，如果革命派打算在那之前就把韦尔塔打倒，或者至少掀起一场严重得会让政府取消选举的全国暴乱，他们就不能只是坚持原来的行动，而是必须要做得更多。在韦尔塔最终倒台之后，南方的革命党人则需要更牢固地控制住他们的地盘，而单单是发动突然袭击并不能

---

[1] *El Imparcial*, September 5, 13, and 23, 1913.

[2] Ibid., September 25, 1913. L. García Pimentel: op. cit., pp. 1, 3, 6. J. García Pimentel: op. cit., p. 13.

[3] Diez: *Bibliografía*, p. ccviii.

让他们实现这一点。他们需要占领城市，对首都造成威胁，甚至进入首都。所以，既然在莫雷洛斯无法实施比突然袭击更复杂的战术，那么这个地方就不再适合作萨帕塔派行动的中心了。在南方一带争夺地盘和地位的新一轮斗争中，合适的战略基地变成了格雷罗州北部。于是，9月末，萨帕塔把他的司令部搬到了那里。因为阿亚拉革命已经在整个南方广泛地开展起来了，所以他在那里领导革命和在莫雷洛斯是一样的。

最迫切的问题是，他是否有时间在选举之前发起一场大进攻。要发动这场运动，他需要把手下的各支队伍组织起来，至少要搞出一个正规军队的基本框架，并且要在少于一个月的时间内完成。即使没有最后期限，这项工作也是很难的，因为每位首领都非常珍视他们亲手组建的那个"团体"，把他们的士兵当作家人。尽管如此，一到格雷罗，萨帕塔就——靠着他的秘书帕拉福克斯的帮助——开始进行工作了。

10月4日，司令部向中南部解放军（Liberating Army of the Center and South）发布了——可能又是出自帕拉福克斯之手的——新指令。为了消灭革命军队中的宗派势力，建立正规的军事等级制度，从而巩固萨帕塔的领导权威，这些指令详细地规定了军队的组织结构。比如，首领将直接任命下士和中士，"这样他们……能够更加精确而迅速地调遣士兵"；任何下级军士都要服从上级，不管他是不是属于后者的队伍；在战斗或行进的时候，士兵要待在他们指定的小队中，不能和其他士兵混在一起，"因为这样会造成混乱，让人搞不清楚状况"；在战斗或者撤退过程中，任何离开了自己岗位的士兵都是逃兵，而如果他们离开自己的小队是为了执行任务，就必须有书面的命令。此外，进入村庄、收缴贷款和发放薪水的流程都有了更加明确的规定。关于抢劫和以其他形式迫害民众的禁令也更加严厉了。而关于改革的内容则比上次指令中的规定还要模糊：首领有权中止他们对某地政府的保护（也就是有权更换当地官员或者没收财产），但是只能在"有证据表明，这些革命敌人为邪恶的非法政府提供了帮助"的情况下才能进行，这就意味着，人们在处置

178

这些"敌人"的时候要把他们往好处想。[1]此时萨帕塔和帕拉福克斯显然认定,他们的战略需求并不是瓦解这个地区,而是要增强革命在各个方面的号召力,起码要减少它引起的反对意见。

不出一个星期,墨西哥城就发生了一系列意外事件,缓解了萨帕塔面对的紧急状况。10月9日,受立宪主义者弗朗西斯科·比利亚将军最近攻占托雷翁——科阿韦拉州南部的铁路枢纽——的鼓舞,众议院里尚存的马德罗派激进分子在政府内部制造了一场危机。他们对一名马德罗派参议员一天前消失、疑似被杀的事件表示了抗议,并且警告韦尔塔总统,如果他再次纵容针对国会的暴行发生,他们就要"去能够保证国会安全的地方召开会议"。[2]他们隐晦地威胁要去立宪派战线后方的某个城市,这就迫使韦尔塔采取了行动。第二天他就解散了国会,下令逮捕110名议员,直到选出新的政府之前,他都掌握着独裁大权。于是,一切都清楚了:他注定会失败,因为他已经毁掉了一切能让美国认可选举结果的机会。这就给了全国各地的革命派机会,他们此时可以较为从容地组建联盟,推进他们的运动了。

在南方,萨帕塔很快就明白了已经发生的这些事的重要意义。10月19日,他在莫雷洛斯南部与帕拉福克斯和其他顾问见了面,同意派使者和北方的主要革命首领会面,准备"联合"起来;他们也打算派使者和美国打交道,要求后者承认革命联盟的交战地位。[3]第二天他发表了《告全国人民宣言》(*Manifesto to the Nation*),宣布"胜利即将到来,斗争就要结束了"。[4]10月24日,他给身在华盛顿特区的弗朗西斯科·巴斯克斯·戈麦斯写信,委托后者在白宫代表南方革命党,要求美国提供用来购买弹药的贷款。[5]他激动得太早了,也太急着行动了:韦

---

[1]　Zapata to the forces under his command, October 4, 1913, AZ, 12: 8: 1.

[2]　DeBekker: op. cit., p. 367.

[3]　Service record of Luis Íñiguez, May 2, 1913, to September 16, 1915, AZ, 27: 17. Zapata's appointment of ambassadors, October 29, 1913, AZ, 28: 17: 1.

[4]　Cited in Magaña: op. cit., III, 252–257.

[5]　Zapata to F. Vázquez Gómez, October 24, 1913, AZ, 27: 6.

尔塔直到九个月后才辞职，使者一直没有离开格雷罗，而巴斯克斯·戈麦斯也一事无成。但是萨帕塔的判断是正确的：10月的危机确实是一个转折点。

北方的革命党吸引了政府的注意力。借此机会，萨帕塔运动在南方逐渐成形了。萨帕塔的策略非常合理，机智地利用了格雷罗的政治地理条件和通信系统。伊瓜拉是从墨西哥城来的铁路的终点，从这里去州首府奇尔潘辛戈得艰苦跋涉两三天，穿过疟疾肆虐的巴尔萨斯河地区，然后再翻过山，最后才能到达。遵照萨帕塔的命令，莫雷洛斯的主要首领——比如德拉奥、萨拉萨尔、内里和门多萨——在他们各自的领地上和联邦军队缠斗。萨帕塔自己则驻守在莫雷洛斯南部的司令部，领导那里以及普埃夫拉州南部的行动，分散敌军的注意力，同时也秘密协调着格雷罗州的军队。他在莫雷洛斯州内和莫雷洛斯-格雷罗-普埃夫拉边界一带制造威胁，把联邦军队牵制在伊瓜拉，如此即可切断奇尔潘辛戈与外界的联系，一举占领它。这样的一场胜利带来的声望——此时革命军离攻下其他南方各州首府还差得很远——以及在那里缴获的武器和弹药，能够为同时进行的另外两场进攻助力：一场在阿卡普尔科，从那里他可以通过海路与北方进行联系；另一场攻打伊瓜拉，整个地区的关键城市。而且，有了伊瓜拉，他就可以把这个国家中部和南部的革命军队联合在一起，在整个莫雷洛斯发起大决战，并且打到墨西哥城去。

在组建军队的过程中，萨帕塔几乎没有遇到什么政治上的障碍。格雷罗州中部和北部的主要首领——萨尔加多、迪亚斯、戈麦斯和卡斯蒂略——都已经正式承认了萨帕塔派司令部的权威。不管是真诚地拥护阿亚拉运动，还是只想顺应潮流，此时他们都接受了萨帕塔事实上的领导。另一位重要的格雷罗首领，驻扎在科斯塔奇卡南部的胡利安·布兰科，很快也加入了他们。布兰科曾经受马德罗派州政府派遣，和格雷罗的萨帕塔派打过仗，而在韦尔塔夺取政权之后，他就加入了当地的立宪派。但是11月23日，他也签字同意了《阿亚拉计划》。接下来的几

周，他、其他盟友和萨帕塔一起制定了合作的条款。[1]1914 年 1 月 18
日，布兰科和代表萨帕塔的蒙塔尼奥在前者自己的司令部里签署了协
议，确认他对萨帕塔效忠。[2]只有莫雷洛斯的首领不服管束。比如门多
萨，由于声东击西的袭击耗费了他的人力和弹药，他显然颇为不满。为
了推动门多萨地盘上的革命运动，萨帕塔甚至不得不派去另一位更听话
的首领，伊格纳西奥·玛雅。[3]门多萨怒火中烧，于是开始和华金·加
西亚·皮门特尔谈判，准备投降。[4]不过他们一直没有达成交易。无论
如何，萨帕塔的军队始终都没有背叛他。他建立起来的革命联盟十分引
人注目，许多联邦士兵都转投到了他的阵营中。

180

萨帕塔计划的最大障碍是缺少军事补给。为了让分散各处的首领忠
心不二，为了把他们急于求战的追随者武装起来，也为了在漫长的战线
上开展相互配合的日常行动，萨帕塔需要更多武器和弹药，单靠突然袭
击、小偷小摸和在黑市上进行小额采购是不能满足这一需求的。但是，
北方革命军从来没有给他们运来这种物资，在美国的巴斯克斯·戈麦斯
也没有。在萨帕塔派司令部，人们像着了魔一样，到处搜寻武器弹药，
不管多小的储备都不放过。就像老何塞·萨帕塔从称病的居民那里索取
武器，用来抵抗法国人那样，现在埃米利亚诺·萨帕塔也在要求各方势
力提供武器，对抗韦尔塔。"我听到了消息，你把一些战争物资藏起来
了，"他给一个不受他领导的首领写信，"我建议你立刻给我送来六支步
枪……如果你不这么做……我就下令没收 50 头属于你的牲畜，把它们
运到我的司令部来。"[5]

整个 1 月和 2 月，人们都在认真地准备针对奇尔潘辛戈的行动。萨
帕塔在和其他格雷罗首领协商建立联盟的同时，也详细说明了忠于他的

---

［1］　Zapata to Blanco and Montaño, December 26, 1913, AZ, 30: 1.

［2］　Cited in Magaña: op. cit., III, 294–295.

［3］　Palafox to Mendoza, November 11, 1913, AZ, 27: 17.

［4］　Mendoza to J. García Pimentel, December 19, 1913, AGP.

［5］　J. Zapata to Narcizo Medina, February 9, 1867, ASI. Zapata to Andrés Figueroa, January 25,
　　　1914, cited in Figueroa Uriza: op. cit., II, 566–567.

首领将要采取的行动，以及他们可能要面对的意外状况。[1]莫雷洛斯的首领明白，他们得同时发起攻击，这样一来，联邦指挥官在一天内就不可能搞清楚，这些攻击或者其中的某一场是不是动真格的，就不得不在三个或者四个地区中心同时打防卫战。而格雷罗北部的重要城镇已经被革命军攻陷并且永久占领了。[2]革命军行动的警报很快传遍了整个战争部，但是政府手里并没有什么增援可以派过去。[3]到了2月底，革命军

181已经准备好了。受萨帕塔指派负责这次攻击的赫苏斯·萨尔加多召集各位首领，开了政务会，地点在库埃特萨拉，攻击目标西北方向的一座山城。[4]他们在那里敲定了每支队伍要承担的任务的最终细节。

　　3月9日，布兰科的军队在州首府的南边就位了。西边是萨尔加多的军队。北面是卡斯蒂略。3月12日，萨帕塔也来了，还从普埃夫拉和莫雷洛斯带来了约2000人的增援，并且在奇尔潘辛戈东北方向几英里处的蒂斯特拉建起了临时司令部。此时革命军有大概5000人，对抗由恶名昭著的卡顿将军率领的约1400名联邦士兵。两天之后，遵照萨帕塔的命令，革命军包围了城市。即使是在这样的紧急情况下，战争部也无法派出增援部队；一批霍胡特拉驻军在3月12日发动了兵变，使得整个南方地区的防卫工作陷入了瘫痪。[5]萨帕塔计划在3月26日发起最后进攻；但是3月23日格雷罗领袖迪亚斯就带着他的军队来了，急于求战。他无视命令，直接发动了猛攻，其他军队也跟了上去，冲破了联邦军队的防线。第二天一大早，革命军就控制了城市中心。[6]就像阿卡普尔科的美国领事给华盛顿发电报时说的那样，"这个地区进行了

［1］　Zapata to Montaño, February 3, 1914, AA.

［2］　Magaña: op. cit., III, 291–292, 298–299, 304–305. Figueroa Uriza: op. cit., II, 569–579.

［3］　*El Independiente*, March 3 and 12, 1914.

［4］　Magaña: op. cit., III, 309–310.

［5］　*Mexican Herald*, March 14–18, 1914.

［6］　For varying descriptions of the battle, see Magaña: op. cit., III, 310–315; Figueroa Uriza: op. cit., II, 583–586; Custodio Valverde: *Julián Blanco y la revolución en el estado de Guerrero*（México, 1916）, pp. 48–49; and Daniel R. Trujillo: "Memorias Revolucionarias de un suriano Zapatista," *El Legionario*, March 15, 1958.

迄今为止最关键的一场战斗，结果，奇尔潘辛戈陷落了"。[1]

　　带着他的军官、六百多名士兵以及大量给养，卡顿沿着通往阿卡普尔科的路逃走了，不过萨帕塔派首领布兰科和伊格纳西奥·玛雅警觉地追了上去，他最终在 40 英里以南的一个叫埃尔林孔的村庄投降了。他手下的联邦士兵大多是被强征入伍的，革命军解除了他们的武器，然后就放他们走了，其中许多人加入了革命军队。但是军官——卡顿将军和另外 43 名军官——被带回了蒂斯特拉的萨帕塔派司令部。萨帕塔决定把他们送上军事法庭，进行审判。一部分人被释放了，但是那些被认定为煽动者的人则被判了死刑并被处决了。卡顿将军也在这批人中间。4月 6 日早上，他在奇尔潘辛戈的公共广场上被枪决了。[2]

　　在进行审判的同时，萨帕塔派司令部在蒂斯特拉召集了格雷罗州主要革命首领，开了政务会。根据《阿亚拉计划》第十三条，他们要任命一位临时州长。在布兰科将军和萨尔加多将军之间，他们选择了萨尔加多。萨尔加多自称"临时政府领导"，他 3 月 28 日就任，然后立刻就开始清理并且重新组织州行政系统。

　　萨尔加多和布兰科还在继续征战，把政治事务留给了他们信得过的下属处理。布兰科向南进发，把阿卡普尔科的美国领事吓得申请了（并且也得到了）一艘美国军舰，离岸而逃。[3] 萨尔加多则挥师向北。到了4 月 8 日，他的军队已经攻占了伊瓜拉。在接下来的几天，他们得到了霍胡特拉的联邦军队叛兵的增援，攻占了塔斯科和布埃纳维斯塔德奎利亚尔；萨尔加多甚至还给米却肯州和墨西哥州的革命军派去了增援。[4]

　　这时，萨帕塔已经回到了莫雷洛斯指挥革命行动。他的军事行动资源已经大大增加了。所有在奇尔潘辛戈和埃尔林孔缴获的大炮、机关枪、步枪、弹药和政府资金都被恭恭敬敬地送到了他的司令部。[5] 虽然

---

[1]　　Edwards to the secretary of state, March 30, 1914, NA, 59: 812.00/11356.

[2]　　The trial proceedings and results are in Magaña: op. cit., IV, 11–18.

[3]　　Edwards to the secretary of state, April 2, 1914, NA, 59: 812.00/11395.

[4]　　Magaña: op. cit., IV, 18–22.

[5]　　Figueroa Uriza: op. cit., II, 586–587.

萨帕塔必须向众位格雷罗首领提供补给，从而保证不出乱子，但是他仍然为莫雷洛斯和普埃夫拉保留了一份相当可观的物资。就这样，他的军队获得了装备，士气大振，他迫不及待地展开了攻势。革命政府在格雷罗就任的那天，他向莫雷洛斯首领发表了宣言，敦促他们继续进攻，并且提醒他们很快就要给司令部做汇报了。4月初，德拉奥袭击了墨西哥州南部，门多萨和欧费米奥·萨帕塔攻占了莫雷洛斯东南部和普埃夫拉南部的种植园和村庄。萨帕塔给远在米却肯州的首领也送去了他制定的对墨西哥城发起攻击的指令。[1]到了4月中旬，革命军事实上已经控制了莫雷洛斯所有的村庄、牧场和小城镇，而且每天都在向地区中心发起进攻。[2]还没有被他们攻占的庄园只剩加西亚·皮门特尔家的特南戈和圣克拉拉了。在那里，小路易斯和华金·加西亚·皮门特尔实际上已经组织起了一支私家卫队（由一名法国军官带领的十名日本士兵），自始至终，亲自上阵，保护他们父亲留下来的家产。这在莫雷洛斯的种植园主中是独一无二的。但是，在革命军发动进攻的前夕，即使是这两个勇敢的年轻人也陷入了绝望。路易斯垂头丧气地等着革命军前来攻击他们，尽管他去了当地的教堂忏悔、领受圣餐，也无法从中得到慰藉。他深感苦闷，只有在更深地沉浸在琐屑庸俗的娱乐活动中的时候，在"开始听闹哄哄的留声机唱片的时候"，才会稍稍振奋一点儿。"爱国演讲、历史剧、歌曲和音乐——这邪恶的机器播放着可怕的节目，我曾经鄙视它们，然而现在，它们似乎"，在他巨大的苦痛中，"……成了最好的消遣"。[3]他知道自己无法改变命运，已经做好了放弃州里祖产的准备。

　　然而，萨帕塔派再一次陷入了缺少弹药的困境。即使是奇尔潘辛戈的战利品也不够让他们打好几场大战役。一支三四千人的革命军队包围一座城市五天，需要多达20万发子弹，在南方很难找到这么大规模的物资。北方革命军所在地区的农产品——牲畜和棉花——更有市场价

[1] Concha de Villarreal: "El indio tarasco decapitado por agrarista," *Todo*, November 4, 1937.

[2] Magaña: op. cit., IV, 168–171. L. García Pimentel: op. cit., pp. 11 ff., 51–58.

[3] Ibid., p. 64.

210　　　　萨帕塔与墨西哥大革命

183

值，而且那里与美国军火商联系方便，所以他们很早就跨越国境，开辟了稳定的贸易渠道。这让他们能够策划并且坚持长期战斗。但是萨帕塔没有什么值钱的东西可以出售，也没有一个稳定的市场让他卖东西。萨尔加多在格雷罗矿区铸造银比索，但是根本不够维持州政府和地方经济的运转。而先前曾付给他们保护费的种植园主现在已经没有什么甘蔗让他们保护了，也就不再付钱了。

为了满足常规战争对物资的巨大需求，萨帕塔先是在 10 月尝试向美国人贷款，但是从巴斯克斯·戈麦斯那里，他并没有发现美国有打算帮忙的迹象。然后，革命军在格雷罗州发起攻势的时候，他虽然很忙，还是派官员去见了墨西哥城的美国代表：一名官员去见美国总领事，另一名去见秘密代表约翰·林德本人，打算诈取一些资金，用来购买弹药。这些工作甚至在林德 4 月初回到华盛顿之后还在继续。有一次，萨帕塔为了让林德向他提供贷款，还承诺不向墨西哥城进军——他其实也没有能力进军。但是林德只是建议萨帕塔去找红十字会寻求慈善资助。[1] 即使萨帕塔能够得到贷款，从美国买到了子弹，其实也不可能把成吨的铅经过 1500 英里陆路从边境送过来——最后 500 英里还得靠骡子运。于是，没有稳定的物资供应，萨帕塔无法在战斗中保持原有的节奏，对墨西哥城的攻势也减弱了下来。此时唯一可行的策略是让莫雷洛斯和普埃夫拉的游击队保持攻势，等待机会。

然后，机会来了——这对南北方的革命者来说都是一件意外的幸事，就像六个月前议会解散一样突然，一样至关重要。4 月 21 日，威尔逊总统进行了一次推翻韦尔塔的拙劣尝试，他指挥美国军队占领了贝拉克鲁斯的港口。接下来的一个星期，正值"十日悲剧"纪念期间，中部和南部各州的联邦军队都被调入了联邦特区，进行紧急增援。莫雷洛斯的联邦军队从六个地区中心里的四个——霍纳卡特佩克、库奥特拉、尧特佩克和特特卡拉——撤了出来，这些城市很快就落入了包围着它们

184

---

[1]　Stephenson: op. cit., pp. 265–266.

的萨帕塔派手中。[1]最后，加西亚·皮门特尔兄弟也放弃了。听到贝拉克鲁斯的消息后，年轻的路易斯感到，"有太多东西联合起来对付我了，让我深切地体会到了无能为力的愤怒"。他知道自己必须离开了，于是径直去了种植园的教堂，"把还值点儿钱的东西藏了起来"。在教堂里，他后来回忆，"我忍不住跪下，哭得像个已经下了最后的决心的人……"在"巨大的痛苦"中，他把自家地盘上仅剩的几个人召集了起来，在4月24日那天加入了一支联邦纵队，一路向北，离开了这个州。[2]在整个莫雷洛斯，旧秩序和旧时代最后的残留在消失，而革命者正在不断涌入。库埃纳瓦卡的守备力量被大大削弱了，当地的指挥官敦促所有的外国人离开这座城市，并且命令全体美国人离开：他宣布他再也不能保证他们的安全了。[3]

　　虽然墨西哥政府和美国政府都不想打仗，而且他们都知道也不太可能打仗，但是韦尔塔在面对公众时还是为了自己的目的，把美国的干预描述成了全面侵略的第一步。在他的支持下，墨西哥城媒体上爆发了爱国主义怒潮，这在世纪之交的新闻业中是很典型的。"当墨西哥人切断外国猪的喉咙的时候，"一则报道的标题鼓吹道，"教堂里的赞美诗将会高声响起。"[4]对于很多人来说，美国水手和海军在贝拉克鲁斯登岸让他们非常震惊，也让他们想起了温菲尔德·斯科特将军1847年登岸的事——那次以墨西哥人受辱而告终。[5]革命首领对这件事还不知情；韦尔塔则向他们明确表示，他将赦免他们，并且建议双方联合起来，集中全国的力量赶走"扬基兰迪亚的猪"。[6]

185

---

[1]　Magaña: op. cit., IV, 171–174.

[2]　L. García Pimentel: op. cit., pp. 66–79.

[3]　King: op. cit., p. 135.

[4]　*El Independiente*, April 23, 1914.

[5]　1847年，美墨战争（1846—1848）期间，温菲尔德·斯科特将军率军占领了港口城市贝拉克鲁斯，经过一系列战役，最后占领了墨西哥城。他的军事行动促成了美墨双方签订《瓜达卢佩—伊达尔戈条约》，根据条约，美国获得了加利福尼亚、内华达、犹他、新墨西哥、科罗拉多、亚利桑那、堪萨斯和怀俄明的大片地区。——译者注

[6]　扬基兰迪亚，拉丁美洲人对美国的蔑称。——译者注

韦尔塔派的使者很快就来到了莫雷洛斯各大首领的营地。4 月 24 日，联邦军官请求德拉奥向政府投降，协助他们对抗美国人。两天之后，德拉奥从华金·米兰达和他的儿子小华金那里收到了同样的请求；他们曾经是革命者，后来变成了韦尔塔派。类似的一位信使赫苏斯·莫拉莱斯也把一份类似的提案送到了门多萨的营中。但是没有哪个萨帕塔派首领接受了这些使者的提议。每位首领都向此时位于特拉尔蒂萨潘的司令部报告了他们收到的消息，请求萨帕塔做出指示。德拉奥甚至自作主张，把米兰达父子当作叛徒抓了起来，送到司令部接受审判。门多萨也对莫拉莱斯做了同样的事。特拉尔蒂萨潘坚决反对与韦尔塔合作。在那里，韦尔塔派的专员甚至没办法把他们带来的提案交给革命党。帕拉福克斯派了他自己的信使去库埃纳瓦卡，会见新上任的军事指挥官，看看政府是怎么说的。萨帕塔宣布，发生在贝拉克鲁斯的事情让他"热血沸腾"，但是他不会考虑和韦尔塔合作。如果美国人真的入侵了墨西哥，他说，他会保卫共和国——但是他会作为阿亚拉革命的领袖单独行动，和联邦军队没有关系。革命者在墨西哥城的许多朋友——比如安东尼奥·迪亚斯·索托 – 伽马——向南方司令部报告，声称美国人只是采取了有限的行动；这让萨帕塔派坚信，他们的决定是正确的。在军事法庭上，帕拉福克斯判定米兰达父子和莫拉莱斯犯了叛国罪，把他们枪决了。萨帕塔向格雷罗州和普埃夫拉州的首领发出了号召，下令继续在南方开展斗争。[1]

　　他的计划仍然是攻入联邦特区，进而攻入墨西哥城——如果可能的话。萨帕塔的策略说明，他对墨西哥政治的真实构造有了清楚的认识。经过了三年的革命，他看得很明白：不能寄希望于其他任何党派实现只有他和他的首领一直在为之奋斗的那些改革。他的军队的名称完美地显示了他对内战的认识：北部、东北部和西北部立宪军分队（Constitutionalist Divisions of the North, Northeast, and Northweast）都

［1 ］　Magaña: op. cit., IV, 183–184, 188–196.

从属于一支并不存在的国民军，而萨帕塔的中南部解放军（Liberating Army of the Center and South）则是这个地区的独立组织。萨帕塔此时意识到了，莫雷洛斯村民的安全，靠的不是联邦政府的善意，而是这个州的领袖在全国的影响力，而对他来说，获得全国影响力最可靠的方法，就是带领他的军队规规矩矩地战斗，攻占国家首都。

此时在莫雷洛斯，联邦军队只在两个地方还有驻军，即霍胡特拉和库埃纳瓦卡。5月初，革命者通过一场压倒性的战斗，清除了霍胡特拉的驻军。参战的1200名联邦士兵最后大多带着武器和弹药加入了革命军阵营，还有不到90人跌跌撞撞地逃回了库埃纳瓦卡。州首府是一个更难攻克的地方。那是崎岖群山中的一座天然要塞，周围峡谷深陷，经得住任何战术的考验——除了围攻。5月末，萨帕塔下令包围库埃纳瓦卡，6月初，这座城被封锁了起来。他把这个州里最后的联邦军队围困在了那座城里；这支军队偶尔可以获得一些增援，松一口气，也能得到生活必需品，但是他们毫无突围的希望，也无法造成任何威胁。[1]

与此同时，萨帕塔把余下的革命军队调入了联邦特区，展开了行动。在散布于特区南部的山村里，萨帕塔派军队几乎每天都会出现，消灭各地的联邦军队小队，取得当地民众的支持，招募新兵。[2] 6月10日，萨帕塔命令南方首领把他们的军队除了后防部队以外的部分都集结起来，"继续向共和国首都进军"。[3]到了6月底，墨西哥城的美国特使认为，萨帕塔派马上就要占领这座城市了。[4]

在接近胜利的时刻，萨帕塔派首领又遇到了一个新的诱惑，即有条件地占领首都。当北方的立宪军取得了萨卡特卡斯的关键胜利之后，当西部的立宪军向瓜达拉哈拉进发、给联邦政府造成威胁的时候，韦尔塔派代表开始在南方寻找新的机会。韦尔塔派的高层政客对北部运动怀着

---

[1]　　Magaña: op. cit., IV, 217–229. See also King: op. cit., pp. 152–202.

[2]　　Magaña: op. cit., IV, 206–208.

[3]　　Headquarters circular, June 10, 1914, AA.

[4]　　Canada to the secretary of state, June 23, 1914, NA, 59: 812.00/12323.

巨大的恨意：这部分是因为恐惧，因为北方人非常富裕、有序而且团结，如果他们掌了权，韦尔塔派就无法控制他们了；另外也因为这些政客憎恨北方运动的领袖——卡兰萨州长，老波菲里奥派成员，他背叛了他的出身，但是在革命阵营中还是爬到了领导位置上。然而韦尔塔派的代表也看不起萨帕塔派，认为他们更矮小、皮肤更黑、更土气，管他们叫"印第安人"。韦尔塔派明白，他们已经不可能取得胜利了，于是就开始哄骗南方的乡巴佬和他们签协议，让南方人掌权，分裂全国革命，由此保住自己的核心地位。但是，萨帕塔拒绝跳入他们的圈套。可能是在帕拉福克斯的建议下，他在 7 月 1 日向他统率的首领发布了命令，要求他们在发表任何声明之前都必须经过司令部审批，"避免受到恶意解读、出现严重的错误、原本的意图被歪曲等情况；如果有了这样的问题，人民的运动就会遭到破坏"。[1] 萨帕塔派司令部和立宪党人总部立场一致，要求政府无条件投降。

　　最后，又失败又丢脸的韦尔塔在 7 月 15 日辞了职，乘坐载过堂波菲里奥的同一条船——伊皮朗加号——开始了流亡生涯。但是他的政府还在，军队也不肯放弃作战。在一场显然是最后一搏的争斗中，弗朗西斯科·卡瓦哈尔登上了总统的位置。临时总统卡瓦哈尔曾经在波菲里奥时期当过最高法院的法官，他也曾经代表迪亚斯政府协商并联署了臭名昭著的《华雷斯城条约》，这让这个国家的革命者很不信任他。他抛出的诱饵是一份新的和解条约。

　　没有革命者上钩。虽然萨帕塔在立宪军从西面逼近的时候失去了大部分谈判资本，但他一如既往地坚持反对议和。7 月 17 日，当革命派代表慌慌张张地从墨西哥城赶来，向他报告了韦尔塔的退位，以及城里的人们对他将攻陷并且洗劫首都的"巨大"恐惧时，他毫不犹豫地表示，他不会承诺放过那座城市。他计划，他对使者说，立刻动员两万人，开向首都。最多三天，他宣称，他们就会占领这座城市。他的军官

---

[1]　Headquarters circular, July 1, 1914, AZ, 27: 21.

都受严厉的军令约束，不可劫掠，但是在政治上，他不会做出任何让步。[1]"我最好再重复一遍，"他对他的首领说，"不管是哪个政府，如果它不把国家的最高权力无条件交给革命军的话，我们就不会和它做任何交易。"[2]为了证实他的话，第二天他开始进攻米尔帕阿尔塔，墨西哥城南郊的一座重要城镇，它在两天之后陷落了。

7月19日，萨帕塔和他的主要首领发布了《阿亚拉计划批准法案》（*Act of Ratification of the Plan de Ayala*），慎重地正式确认了他们的立场。188 他们声称要"改善最广大的墨西哥人民的经济状况——这是我们的第一要务"，并且会"始终反对那种把一切都降格成政府官员的简单更替的无耻的伪革命"，就这样，他们正式拒绝承认任何不由这个国家伟大的人民军队的领袖组成的政权。"即使要以他们的血和生命为代价"，他们也会坚守三项具体使命。第一，在《阿亚拉计划》关于土地的规定"上升为宪法条文"之前，他们不会"停止斗争"。第二，把帕斯夸尔·奥罗斯科赶下台，将萨帕塔选为全国的革命领袖。第三，直到"韦尔塔主义的仆从和旧政权的其他人物"从所有机关消失，一个"由献身于《阿亚拉计划》的人、立刻将土地改革付诸实践的人组成"的新政府建立，南方首领才会认为"他们的任务完成了"。[3]对于帕拉福克斯来说，这份文件是他们的运动的根基。他建议萨帕塔在革命者中间广泛传播这份法案。[4]

虽然末日将近，卡瓦哈尔和他的同伙仍然希望能和萨帕塔做一笔交易。比如，一名老政客代表某个国防公民委员会给萨帕塔写了信。他向萨帕塔保证，卡瓦哈尔支持《阿亚拉计划》，尤其是那些关于土地问题的条款！作为对这一点和其他慷慨让步的回报，他只要求萨帕塔搁置敌

[1]　Zapata to the chiefs, officers, and soldiers under his command, July 14, 1914, ARD, 12: 34A: 1.

[2]　Santiago Orozco to the chiefs, officers, and soldiers of the Liberating Army of the Center and South, July 17, 1914, AZ, 27: 21.

[3]　Act of Ratification of the Plan de Ayala, July 19, 1914, ibid.

[4]　Palafox to Zapata, July 24, 1914, AA.

意，派代表来签订一份条约。[1]卡瓦哈尔本人也向萨帕塔驻墨西哥城的代表提出了同样的虚假条件。而他某天早上刮脸的时候，有两名年轻学生来采访他，他还许下了惊人的诺言：他会把首都交给萨帕塔，包括那里的兵工厂和驻军。作为交换，他只要求萨帕塔承诺，尊重城中居民的"生命和财产"。他向这两个男孩保证，南方首领和卡兰萨不可能和睦相处；他没好气地说后者"仗着过去的功绩骄傲自大，不可一世"。[2]

　　然而，在萨帕塔派司令部，这些短暂出现的求和表示并没有激起人们的热情。萨帕塔仍然期望他的军队靠自己的力量攻进城市——这可能需要把市中心的暴动和城郊的突击结合在一起。[3]而帕拉福克斯则敏锐地追踪着萨帕塔派代表的行动，保证"革命不会受到任何形式的损害"。[4]虽然立宪军此时已经穿过瓜纳华托，进入了克雷塔罗，立宪派的谈判砝码随之日益增加，但是萨帕塔仍然激烈地反对谈判。唯一一次经过他同意的谈判是和一批军官进行的——比起政治家来，他显然更信任这些人。他直接向他们派去了使者，一名进过国家军事学院的可靠的革命者。8月10日，他还发布了一条法令，赦免没有伤害过平民的军官，以及所有的普通士兵。[5]

　　此时，立宪军已经离墨西哥城非常近了，因此萨帕塔最多只能和他们联合占领这座城市了。但是，令人惊讶的是，他完全没有得到参与这项行动的机会。这是因为城里的政客最后决定只和卡兰萨的代表打交道，而萨帕塔无法阻止他们这么做。8月13日，在特奥洛尤坎，墨西哥州中北部的一座小城，战争部的官员把联邦军队指挥权移交给了立宪军的最高将领，阿尔瓦罗·奥夫雷贡，现场甚至连一名萨帕塔派观察员都没有。《特奥洛尤坎条约》瞬间揭示了革命的残酷真相。墨西哥人民

[1]　Samuel Espinosa de los Monteros to Zapata, July 25, 1914, ARD, 12: 34A: 2. For the other concessions, see Womack: op. cit., pp. 312–313.

[2]　Magaña: op. cit., IV, 208, 210–213.

[3]　Zapata to Heliodoro Arroyo, July 26, 1914, AA.

[4]　Palafox to Ángel Barrios, August 7, 1914, AA.

[5]　Cited in Magaña: op. cit., IV, 209–210.

主要靠着自己的力量、经过 18 个月的艰苦战斗，刚刚获得了关键的胜利，但是他们在这场胜利中只是外围势力，不是真正的参战者，他们和胜利者之间有着合作关系，但是并没有建立联盟。现在，他们的问题是，这些几乎是他们照着自己的样子选出来的各路领袖能不能联合起来，保护他们的胜利果实。

条约可能否认了萨帕塔派的功绩，但是无法让他们真正消失。没错，萨帕塔错过了一次很好的政治机会；但是至少，通过避免不光彩的议和，他虽然失败了，却获得了巨大的光荣。显然，萨帕塔派协助推翻了韦尔塔，把革命、革命的探索和希望与国家历史的进程结合在了一起。事实上，国都里的所有人都能看到，萨帕塔派无疑就像他们在 8 月夜晚点燃的营火，在南方的山中发出了光亮。

第七章　乡下人不承认立宪党

"他们就是一群杂种。"

18个月的内战过后，墨西哥城又一次落到了革命派手中。从索诺拉州到恰帕斯州，人们先是迟迟疑疑，然后变得兴高采烈，庆祝和平再次到来。就像一场地震发生，或是一个奇迹降临一样，和平终于来了。街角的行吟诗人也唱起了和平的歌。[1]

在所有的州里，莫雷洛斯可能最有理由松一口气。它富庶的乡村已经毁了。只有几座甘蔗种植园出售了收获的一点儿东西，这还是靠着萨帕塔的帮助；其他种植园主只能看着他们的生意"几乎瘫痪"。[2]这个州的地区中心，甚至它的首府，都成了鬼城——住宅和商铺空空荡荡，被火烧毁，没了屋顶，只剩下破裂、损坏、被烟熏黑的墙壁。在村子里，夏天的野草在幽静的废墟上疯狂生长。仅仅是去年，莫雷洛斯就损失了超过五分之一的人口。[3]

虽然和平已经来了，但是一切并没有恢复平静——在莫雷洛斯和其他所有州都是这样。墨西哥的革命领袖再一次证明了，他们无法为了共同的人民革命事业而携手合作。先前，他们和马德罗在革命是什么的问题上争吵；现在，韦尔塔下台之后，他们争执的问题只剩下了怎么管理

191

---

[1]　See the songs cited in Simmons: op. cit., pp. 132–133, 521.

[2]　*El hacendado mexicano*, XX, 231（February 1914）, 41; 232（March）, 81; and 233（April）, 121.

[3]　Holt Büttner: op. cit., p. 23.

和守护革命。尽管如此，他们仍然分歧严重。

两大政党互相搏斗，争夺权力。双方都是立宪运动中的党派。其中一派支持贝努斯蒂亚诺·卡兰萨州长，"立宪运动之父"，此时这场运动的最高领袖。另一派是聚集在弗朗西斯科·比利亚周围的反对派。比利亚曾经是个土匪，后来成了这个国家最有权势的革命将领，"北方的半人马"（"Centaur of the North"）。从表面上看，比利亚派和卡兰萨派非常相像。他们都有军事组织：比利亚的队伍是著名的北方义军，卡兰萨的是东北和西北军团。这些队伍似乎仍然是各种互相矛盾的元素的杂合，两边都有前马德罗派的人，也都很多革命暴发户，甚至还有老科学家派和雷耶斯派。一名来访的美国记者只能通过查探他们谁得到了华尔街的支持，才能把他们分辨出来。[1]

但是，正像这个美国人感受到的那样，除了权力以外，还有很多事情正处于危急关头。在选择加入哪个党派的时候，一名年轻的墨西哥记者发现了二者之间的区别。他对比利亚主义的评价——他最终加入了这一派——准确地揭示了它的特点。"*Descontentadiza*"，他这样形容它，"*libérrima, inconsciente, arrolladora*"——焦躁不安又难以取悦、自由自在、混混沌沌、势不可当。[2]比利亚派的力量来源于自然天性而非政治立场，他们是天生的暴乱分子。这些来自北方的流浪者无法为他们的民众主义赋予真正的意义。牛仔、赶骡人、土匪、铁道工人、小贩、流亡劳工，这些比利亚派成员没有明确的阶级利益，也没什么乡土情怀。而对于费利佩·安赫莱斯将军这样野心勃勃的投机者来说，这种乱象是一个机会。安赫莱斯拒绝承认韦尔塔。他加入革命，是因为他想成为革命的军事领袖，日后或许还能当上总统。他发现最容易操纵的司令部就是比利亚的，因为别人都不能也不想操纵它；于是他在那里搞起了阴

---

[1] Lincoln Steffens: *Autobiography* (New York, 1931) , p. 715. 在他看来，这是比利亚的污点。
[2] Martín Luis Guzmán: *El Águila y la Serpiente* (9th edn., México, 1962) , pp. 213–214.

谋。[1] 然而即使是他，也无法给比利亚主义指出一个清楚的方向。比利亚就是"不合规则"这个词的化身，而他的追随者都把他当作榜样。

另一方面，卡兰萨派具有形式上的合法性，这是他们这一派的根基所在。他们的高层领导和地方干部都是新兴的民族主义企业家，他们远比比利亚派更谨慎。如果他们去劫掠财物，那不是为了找乐子，而是动真格的。卡兰萨派将军搜刮来的财富是那些流浪汉做梦都想不到的，而且这些财富是受到保障、得到官方承认（这是最重要的！）并且被社会接受的。为了获得这些财富，他们制定了清楚明确的政策。首先他们要彻底清洗政府，这就是为什么他们担心安赫莱斯，他们怀疑他会为了获得权力而和他的老战友串通起来。然后，他们会组织自己的政府，建立完善的改革系统，帮助他们取得胜利，也就是赢得总统选举。

萨帕塔派在这场竞争中处于边缘。和比利亚主义类似，他们的运动是民众主义的、非官方的。但是他们的党——脱胎于独立的阿亚拉革命——在政治上极为团结。虽然被孤立了起来，并且缺少资源，但是萨帕塔派早就在莫雷洛斯的农村里下了坚实的基础，申明了他们保卫村庄的目标。而最近招募的新人又把他们和一种严格而激进的意识形态紧紧联系到了一起。这些新兵是墨西哥城的知识分子，曾经是无政府工团主义世界工人之家（House of the World Worker）[2] 的成员——韦尔塔在 1914 年 5 月取缔了这个组织。这些世界工人在变成法外之徒的同时，还陷入了分裂状态。很多人转入了墨西哥城地下工作，后来加入了卡兰萨派，把工人组织了起来，建立了红营（Red Battalions）。[3] 其他人要

---

[1] Luis Fernando Amaya C.: *La Soberana Convención Revolucionaria, 1914–1916* (México, 1966), pp. 17–18, 24–25. Basilio Rojas: *La Soberana Convención de Aguascalientes* (México, 1961), p. 61.

[2] 世界工人之家（Casa del Obrero Mundial）是一个社会主义和无政府工团主义的工人组织，1912 年成立于墨西哥城。其创始人之一是安东尼奥·迪亚斯·索托 – 伽马。该组织致力于促进工人教育和社会转型，在 20 世纪初墨西哥工人运动中处于核心地位。——译者注

[3] 红营是墨西哥大革命期间立宪派建立的城市工人组织。卡兰萨建立这一组织主要是为了对抗萨帕塔和比利亚的农民义军。——译者注

么向南逃入了莫雷洛斯，要么和逃到莫雷洛斯的人保持了密切联系——前者比如安东尼奥·迪亚斯·索托－伽马、拉斐尔·佩雷斯·泰勒、路易斯·门德斯、米格尔·门多萨、洛佩斯·施韦特费格尔和奥克塔维奥·雅恩。南来的这些人都是一身都市派头的激进分子，并不遵循某条特定的无政府工团主义路线。佩雷斯·泰勒、门德斯和门多萨·L.施韦特费格尔主要关注城市工人阶级的问题，可能有模糊的马克思主义倾向。雅恩是来自法国的工团主义者，据说曾经参加过1871年的巴黎公社。而索托－伽马，一名年轻的律师，曾参与组织了1899年的自由主义运动和1912年的社会主义党（Socialist Party），热情拥护托尔斯泰和克鲁泡特金同情农民的信条。[1]但是，这些职业革命者共同提出了一个理论，用时下的新词来说就是"土地和自由"（"land and liberty"）。在

193萨帕塔派司令部，帕拉福克斯收留了他们，给他们分派了各种秘书工作。索托－伽马带头推敲提炼各种想法；当时出现的 *agrarismo*（土地改革）学说和 *agraristas*（土地改革者）热潮多半就是他的成就。于是，1914年夏秋，土地改革对于萨帕塔派来说变得越来越重要；它不只是国策的一个必要部分，而是拥有了至高无上的地位，甚至成了萨帕塔派唯一的政策。萨帕塔自己和当地的首领其实没有太大的野心：他们从来没有改变过《阿亚拉计划》谦逊的口号，"改革，自由，公正，法律"（"Reform, Liberty, Justice, and Law"）。但是他们坚持维护地方权益，这显然也肯定了他们的新成员严格的土地改革要求。

在击败韦尔塔之前，这个国家的主要首领就已经开始为新一轮的斗争做政治上和军事上的准备了。在奇瓦瓦州，比利亚和安赫莱斯已经退出了战斗，专心增强自己的力量。而在中部和南部，立宪党人和萨帕塔派在战场上的非正式合作——这种同志之间的协作一度在米却肯州、墨

---

[1]　Rosendo Salazar: *La Casa del Obrero Mundial*（México, 1962）, pp. 145–149, 187, 212–215. Miguel Mendoza L. Schwerdtfeger: *¡Tierra Libre!*（México, 1915）. 作者对索托－伽马的采访。

西哥州和联邦特区发展得尤其蓬勃——也很快就停止了。[1]

　　卡兰萨派表示得很明白，他们拥有国家统治权。在联邦军队向奥夫雷贡投降的那天，8月13日，萨帕塔派巡逻队发现，联邦军队并没有从他们驻守的联邦特区南部的小镇中撤出——直到立宪党人到这些人的岗位上来替代他们的时候，他们才离开。[2]萨帕塔派不知道的是，这是逐字逐句地实施了奥夫雷贡那一天早些时候在特奥洛尤坎谈成的投降协议。[3]就这样，卡兰萨派封锁了萨帕塔进入国都的路。

　　萨帕塔派首领不太可能为这种敌意感到惊讶。他们已经听说了，立宪党人清除掉了北部仅有的几名拥护《阿亚拉计划》的首领。[4]萨帕塔自己也从不隐藏他不听从一身贵族气派的卡兰萨差遣的事实。早在1913年5月，他在公开场合提起的就不仅仅是卡兰萨了，而是数位首领，说他们都是"北方武装运动"的领袖。[5]1913年10月，他就已经注意到了"卡兰萨派运动"不同寻常的诉求。[6]当他派"大使"和北方人筹建联盟的时候，他不仅把他们派去了卡兰萨的司令部，也派去了另外六位首领那里。1914年2月，一名立宪党代表和萨帕塔会谈了几次，敦促他"与卡兰萨将军［原文如此］[7]保持一致，或者更进一步，毫无保留、无条件地承认他。迈出这一步"，该代表向萨帕塔保证，"你很快就会看到，你和你的党将达成你们在政治和土地方面的愿望"。但是，立宪派下的这些功夫都没有什么效果——他们做出的其他努力结果

194

［1］　Magaña: op. cit., IV, 275–292. Romero Flores: op. cit., pp. 124–125. I. Thord–Gray: *Gringo Rebel*（Mexico, 1913–1914）（3rd edn., Coral Gables, 1961）, pp. 380–387.

［2］　Magaña: op. cit., IV, 240. Thord–Gray: op. cit., p. 388.

［3］　See Articles 3 and 4 of the Evacuation and Dissolution Conditions, in Juan Barragán: *Historia del Ejército y de la Revolución Constitucionalista*, 2 vols.（México, 1946）, I, 600–602. See also Obregón's general orders to Lucio Blanco, whose troops relieved the federals in the villages south of Mexico City, in Armando de María y Campos: *La Vida del General Lucio Blanco*（México, 1963）, p. 104.

［4］　Manuel Palafox: "La paz que Carranza propuso a Zapata," *El Universal*, June 28, 1934.

［5］　*El Imparcial*, May 1, 1913.

［6］　Zapata to F. Vázquez Gómez, October 24, 1913, AZ.

［7］　卡兰萨是文官，没有军衔。——译者注

也是一样。"他们听到了我的话，"代表后来悲叹道，"但是并没有听我的，最后还是拒绝了我们。""你看，"萨帕塔对他说，"都没有人承认 *Sr. Carranza*（卡兰萨先生）了，连比利亚都不承认他。"[1] 到了战争的最后阶段，收到了无政府工团主义者和陷入绝境的保守主义者送来的有关卡兰萨丑行的报告后，萨帕塔更加坚持他的立场了。他不光不承认卡兰萨的最高领袖地位，他告诉一名卡兰萨派使者，赫拉多·穆里略（世界工人知识分子，他的另一身份——画家阿特尔博士——更为知名），他现在还坚持认为，"共和国的所有革命者都应该接受《阿亚拉计划》"；根据《阿亚拉计划》，他，萨帕塔，应该是最高革命领袖，而全国政务会将指派一名临时总统。[2] 在那之后，萨帕塔的秘书，帕拉福克斯、索托－伽马和雷纳尔多·莱科纳，很快也向其他卡兰萨派使者表明了他们对卡兰萨的谴责态度，说他是"有害分子"和"资产阶级……他不可能承认《阿亚拉计划》"。[3] 在他们的影响下，萨帕塔甚至对卡兰萨个人的诚意也产生了怀疑。卡兰萨到达墨西哥城的第二天，萨帕塔就给卢西奥·布兰科——立宪军级别最高的三四名将军之一——写了一封言辞坦率的信："我老实告诉你，我很难相信这个卡兰萨。我在他身上看到了巨大的野心，还有某种愚弄民众的倾向……"[4]

195　　卡兰萨派拒绝让萨帕塔派进入国都，萨帕塔派也不允许卡兰萨派侵入他们的地盘。在那段日子里，有一次，一支约有 300 人的立宪军队伍在给他们北方军队的骒马搜寻牧草时，把一大群牲畜赶到了查尔科附近的高地上。当地的萨帕塔派指挥官把这些人包围了起来，解除了他们的武器，把他们当作犯人送到了尧特佩克的南方军队司令部。司令部释放了士兵，但是军官还是被扣押了起来。[5]

　　此外，萨帕塔派和比利亚——卡兰萨最危险的对手——有来往，这

---

[1]　G. García Aragón to A. Robles Domínguez, August 5, 1914, ARD, 9: C: 24.

[2]　Minutes of the conference between Zapata and Dr. Atl, July 28, 1914, AZ, 27: 21.

[3]　Unsigned report to A. Robles Domínguez, n.d.（early August 1914?）, ARD 11: 31: 32.

[4]　Zapata to Blanco, August 21, 1914, AZ, 27: 21.

[5]　Magaña: op. cit., IV, 242.

并不是秘密。比利亚刚刚在立宪运动中崭露头角，萨帕塔就认为他是和卡兰萨同一级别的首领。在七位首领中，比利亚是他第一个派"大使"去见的人。1913 年 11 月，他们还开始私下联络。因为缺乏资金，萨帕塔派的"大使"无法出访北方，但是希尔达多·马加尼亚还是自掏腰包去了那里。前一年，马德罗掌权期间，年轻的马加尼亚曾在墨西哥城监狱和比利亚一起度过了几个月。那时，他教给了比利亚基本的读写知识，与后者建立了友谊。他也向比利亚阐释了《阿亚拉计划》的意义。[1] 所以当马加尼亚绕道贝拉克鲁斯、哈瓦那和新奥尔良，来到马塔莫罗斯的时候，他自然将比利亚视为北方最有可能成为他们的盟友的人。[2] 他没有遇到什么障碍。卡兰萨那时正在索诺拉州，这个国家的另一端。领导塔毛利帕斯和新莱昂——马加尼亚必须穿过这两个州才能见到身在奇瓦瓦州的比利亚——的革命将领是卢西奥·布兰科，他曾经没收了一座当地的庄园，把它分给了劳工，由此赢得了同情村民的名声。布兰科的参谋长是马加尼亚的儿时好友，弗朗西斯科·穆希卡。这些都让马加尼亚满怀希望。11 月 16 日，比利亚在华雷斯城取得了大胜，随后，马加尼亚很快就赶到了那里，与他会面。很难搞清楚比利亚的"社会"责任感有多强，但是至少，对于他的支持者马加尼亚来说，他的话听上去是很真诚的。卡兰萨曾经建议，废除奇瓦瓦自马德罗派政府时期开始实行的仅有的几项土地改革措施；比利亚拒绝了：他甚至还计划建立一个州土地委员会，继续推进这些改革。他也赞扬了其他同情村民的北方首领，比如在他的故乡杜兰戈州活动的卡利斯托·孔特雷拉斯和奥雷斯特斯·佩雷拉。而虽然他从来没有见过他的 *compañerito*（同志）萨帕塔，但是他热情支持后者建立"有原则的革命派"联盟。为了证明他对这件事很有兴趣，他开始与萨帕塔通信。[3]

196

1914 年 3 月，比利亚派代表拜会了萨帕塔，后者认真地听他们讲

---

[1]　Magaña: op. cit., II, 146–164.

[2]　For his account of the trip, see ibid., III, 271–274.

[3]　For the conference, see ibid., III, 284–288.

了话：他们带来的消息颇为激动人心，可以让南方各大首领联合起来，组成一个总军政府。[1] 到了8月中旬，比利亚派使者在萨帕塔司令部受到礼遇的消息已经在墨西哥城四处流传了。一名曾经和马加尼亚进行过会谈的比利亚派成员还特意前来请求萨帕塔"展示出自己坚决反对卡兰萨的态度"。[2]

然而，卡兰萨派阵营中的许多首领也希望与萨帕塔达成谅解。这批人是激进派，很欣赏他为了发动土地改革而进行的斗争。此外，他们也害怕他和比利亚联盟可能会带来严重后果。如果比利亚-萨帕塔轴心真的建立了，它将会妨碍立宪党人获得权力，结果可能会让某个精明的保守主义集团借机掌权。他们尤其担心费利佩·安赫莱斯，因为他一度效忠于联邦政府，在那里还有许多熟人。然而这些首领不敢和他们的最高领袖讨论萨帕塔的问题——就算是要谈如何阻止萨帕塔崛起也不行。对于卡兰萨来说，萨帕塔的"乌合之众"和埃米利奥·巴斯克斯1912年的"狂暴之徒"是一样的，都不比奥罗斯科那帮叛徒好多少，而他们也都和奥罗斯科联合对抗过马德罗；因此，他坚决拒绝以任何方式与莫雷洛斯运动建立联盟。[3] 但是，在比利亚和萨帕塔之间的关系逐渐发展的时候，卡兰萨派在中部和南部的发言人为了把萨帕塔争取到他们这边，或者至少让他离比利亚远一点儿，已经自作主张地做了他们自己力所能及的事情。7月27日，卡兰萨的私人秘书给萨帕塔写了信，向他提供军事物资，以换取他对最高领袖的支持。[4] 然后就是阿特尔博士在尧特佩克的采访了。

这些卡兰萨派成员之所以怀着希望，主要是因为萨帕塔还没有正式与比利亚结成联盟。南方革命与奇瓦瓦运动的关系仍然是冷淡而谨慎

---

[1] García Aragón to A. Robles Domínguez, August 5, 1914. ARD.

[2] Marte R. Gómez: "La Reforma Agraria en las filas villistas" (MS, 1965), pp. 33–34. I consulted this manuscript thanks to the generosity of its author.

[3] Alfredo Breceda: *México Revolucionario, 1913–1917*, 2 vols. (Madrid, 1920; México, 1941), I, 435.

[4] Zapata to Alfredo Breceda, August 21, 1914, AZ, 27: 17.

的。萨帕塔也并不完全反对卡兰萨派，在米却肯、格雷罗、墨西哥和普埃夫拉等州，他仍然和他们相安无事。但是，这并不代表他支持他们。这只是因为萨帕塔不相信其他的国家领导，而在他信任某个领导者以前，他会保持独立。"革命来了又走，"2月的时候，他对卡兰萨派代表说，"但是我会一直推进我的运动。"比利亚能接受这种立场，甚至还会持鼓励的态度。但是卡兰萨永远不可能容忍，更不用说承认它了：独立的革命运动破坏了他统领所有反对韦尔塔的合法运动的大权。随着萨帕塔在南方的行动节节胜利，卡兰萨变得愈加恼怒，愈加固执。他的下属想要实施和解方案也越来越难了。

战争结束后，正式的联盟还是没有建立起来——尽管卡兰萨派已经切断了萨帕塔进入国都的道路，由此第一次让人们看到了比利亚和萨帕塔联盟的可能性。尽管双方[1]都心怀怨恨，但是人们暂时还是能够相互理解的。没有革命领袖像卡兰萨这样牢牢控制着自己的队伍，粗鲁行事，不顾下属的感受。然而，在公开宣布己方决定之前，许多卡兰萨派首领仍然认为正常的沟通是必要的——不管是为了让改革派军官看到，和萨帕塔打交道是不可能的，减弱敌方军官的决心，还是真的要看看是否还有什么机会进行政治调解。萨帕塔派领袖也做出了回应，因为他们有相似的理由——团结自己的队伍，分化另外一方，给和平一个机会。而民众也渴望和平。于是，谈判开始了。

在奥夫雷贡占领墨西哥城之后，卡兰萨派和萨帕塔派几乎每天都在进行会面。卡兰萨在特拉尔内潘特拉等候、准备进入国都的时候，自称萨帕塔派代表的阿尔弗雷多·塞拉托斯采访了他和其他领袖，答应把他们的提案带给萨帕塔。两名德拉奥的幕僚也以个人身份与最高领袖见了面。[2]他们的来访给卡兰萨留下了深刻的印象，于是他写信给萨帕塔，建议进行"私人会面"，地点随萨帕塔挑。[3]此时有一批卡兰萨派官员

[1] 指卡兰萨派和萨帕塔派。——译者注
[2] Magaña: op. cit., IV, 247–251.
[3] Carranza to Zapata, August 17, 1914, AZ, 27: 17.

第七章 乡下人不承认立宪党   227

正在墨西哥城谋求和萨帕塔进行谈判，其中领头的是卢西奥·布兰科。他认识到了革命分裂的危险性，于是，8月17日，他和另外四名卡兰萨派将军在严格保密的情况下见了面，决定派一名密使去南方。这名使者要把布兰科个人的礼物——一支镶金的0.44英寸口径柯尔特左轮手枪——送给萨帕塔，还要向萨帕塔保证，立宪派首领会迫使卡兰萨实行土地改革。[1] 然后，8月18日，阿特尔博士再次介入，代表布兰科给萨帕塔写了一封安排会面的信。

198 虽然一直在沟通，但是他们并没有建立相互和解的基础，他们的交流甚至也没有缓解双方之间的紧张关系。在通过《瓜达卢佩计划》宣布自己拥有行政大权时，卡兰萨的态度非常坚决。他想要和平，但是他不会妥协。此时他正在为比利亚党掌权后墨西哥的存亡而忧虑，而他眼中的萨帕塔只是比利亚唯恐天下不乱的破坏活动的同谋。萨帕塔不管做什么都是邪恶的，即使卡兰萨也提出过类似的计划也不行。"这种分割土地的行为是荒唐的，"卡兰萨对德拉奥的使者说，全然不顾他自己也曾宣称，土地改革不可避免。对于卡兰萨来说，重要的是，改革应该源自于官方，简直就应该由墨西哥城里的政府办公室发起。在他看来，萨帕塔派只是乡下的叛党，都是些突然发迹的农工，根本连政府是什么都不知道。虽然他们曾和韦尔塔作战，但是他们也曾经支持过奥罗斯科，反对马德罗。他警告某个萨帕塔派委员会，除非南方人放下武器，否则他就会把他们"当作土匪"，向他们发起进攻。[2]

萨帕塔的顽固毫不逊色。他的心病也是临时政府的建立——这个政府将会控制新的联邦和州政府的选举。如果卡兰萨当了总统，萨帕塔有充足的理由相信，他会压制南方革命，禁止土地改革。在萨帕塔眼里，只有根据他的《阿亚拉计划》建立的政府，才能保证土地改革计划的最终颁布和实施。这不是因为《计划》第三条的修正案宣布他为革命的 *Jefe Supremo*（最高领袖），而是因为第十二条规定了他将如何被取

---

[1] Thord–Gray: op. cit., pp. 395–398.

[2] Magaña: op. cit., IV, 261–270.

代——一个由全国广大人民军队的首领参加的总政务会将任命临时总统。和卡兰萨一样，萨帕塔在他的计划得到认可之前不会妥协。他的秘书一直在向他提供关于卡兰萨的报告，这些信息进一步坚定了他的看法：北方的最高领袖，报告里说，是一个盗窃成性、野心勃勃的老 *cabrón*（混蛋），身边围着一群专搞阴谋、不关心普通人疾苦的律师。[1]

以一种委婉的轻蔑口气，他拒绝抬高他派去会见卡兰萨的代表的身份，不肯把他们视为他的正式代表。在给卡兰萨本人的信中，他写道，"那些和你接洽的人不能代表我，我在墨西哥城根本就没有代表"。他指出，"虽然你说人民运动的胜利已经来了"，但其实"直到以《阿亚拉计划》为旗帜的革命进入首都"，胜利才是真的到来了。他表明，对于卡兰萨和其他北方首领来说，接受南方的计划"十分必要"。至于卡兰萨提议进行的私人会面，萨帕塔说他已经准备好了："为了进行会面，"他总结道，"我建议你到尧特佩克城来，我们在那里可以畅所欲言……"[2]

萨帕塔派司令部经常发布反对未来最高领袖的宣传信息。萨帕塔给比利亚写信，说卡兰萨想当总统的野心"非常危险"。这个老家伙的贪欲会引发一场新的战争，他说："因为我们这些支持《[阿亚拉]计划》的革命者不会容许它受到丝毫的愚弄。"[3]在墨西哥城，一名萨帕塔派代表向巴西公使表示，他的领袖"永远不会承认卡兰萨"。[4]而阿马多尔·萨拉萨尔则签署了一份言辞混乱的奇怪宣言；宣言可能是蒙塔尼奥写的，他在文中公开表达了自己的疑虑：卡兰萨先生已经拥有了共和国的临时政府[，]但还没有就他对我们的总司令埃米利亚诺·萨帕塔的态度发布任何坦诚的、没有保留的宣言……"[5]8月23日，萨帕塔给威尔逊总统写了一封长长的公开信，第一次试图吸引美国人的注意；

---

［1］　A. R. Serratos to Magaña, October 1, 1914, AZ, 27: 7.

［2］　Zapata to Carranza, August 17, 1914, AA.

［3］　Zapata to Villa, August 21, 1914, AZ, 27: 17.

［4］　Canova to the secretary of state, August 21, 1914, NA, 59: 812.00/12959.

［5］　To the Liberating Army of the Republic of Mexico, August 23, 1914, ibid., 13006 1/2.

在信里他谴责了"V. 卡兰萨先生和他野心勃勃的政治家集团"。[1]两天后，他再次给比利亚写信，表示革命首领"建立临时政府的时候到了"。如果卡兰萨不这么做，萨帕塔夸口说，那么"70000名举着毛瑟枪的战士"将会把战争打到底。[2]不过，在私下里，他并没有低估卡兰萨派的力量。大概是这个时候，索托－伽马乐观地向他预测，卡兰萨会在至少一两年后变得无足轻重。萨帕塔不同意，"需要长得多的时间，"他预测道，"卡兰萨手下的将军才会怒气冲冲地弃他而去。"但是不管需要多长时间，他都会坚持到底。[3]

然而，各方对和平的要求仍然强烈。墨西哥城媒体发布了卡兰萨派和萨帕塔派交换意见的流言，为这种要求推波助澜。[4]最重要的是，首都的美国领事代表也试图让他们进行会谈。这些人的努力确实间接促成了双方仅有的几次正式谈判。

几个月以来，美国人一直想要促成萨帕塔派和立宪党人和解，从而在韦尔塔倒台之后，"确保双方进行合作，实现并维持和平"。[5]8月23日，卡兰萨向一名代表约翰·西利曼"暗示"，"美国政府的斡旋可能会发挥作用，促成萨帕塔和他的会面"。[6]几乎可以确定的是，卡兰萨认为美国人应该把萨帕塔请到墨西哥城来，这就要求萨帕塔在政治上放低身段，或者在外交上丧失名誉。第二天，卡兰萨公开通知西利曼，他会接受他提出的建议，和萨帕塔"进行会面"。[7]这是个很"微妙"的"问题"，这名代表知道，但是他小心地把它解决了——他让一名美国红十字会代表向萨帕塔传达了他进行会谈的愿望。这名红十字会代表，查尔斯·詹金森，在8月25日"与萨帕塔进行了长时间的秘密会谈"。但是

[1]　Zapata to Wilson, August 23, 1914, AZ, 27: 17, and NA, 59: 812.00/12998 1/2.

[2]　Zapata to Villa, August 25, 1914, AZ, 27: 17.

[3]　Personal interview with Soto y Gama.

[4]　*El Liberal*, August 18–20, 1914.

[5]　Lind to the secretary of state, April 3, 1914, NA, 59: 812.00/11396.

[6]　Silliman to the secretary of state, August 23, 1914, ibid., 12967.

[7]　Silliman to the secretary of state, August 24, 1914, ibid., 12986.

他的报告很是令人沮丧。萨帕塔对卡兰萨"明显怀着敌意",詹金森发现。虽然南方领袖坚持"卡兰萨和他之间的会谈势在必行",但是他反复强调,会谈的地点"必须在他自己的军营"。詹金森还发现,"比利亚的使者正在萨帕塔那里","他们享受了最高的礼遇",他评论道。不过,他还是认为"萨帕塔很可能会稍稍妥协,接受美国的提议,在一个离墨西哥城更近的地点举行会谈,除此以外就别无可能了"——这一点无疑让卡兰萨非常失望。8月26日,尽管"不方便讨论细节",西利曼和詹金森还是向卡兰萨陈述了这些观点 。

卡兰萨此时的处境颇为尴尬。是他要求美国人介入的,所以他也不能对这一结果表示不满。然而,他对外国插手墨西哥事务极度敏感,所以也不想让美国政府的代表实际介入他和他的国内对手的谈判。于是,本着弯而不折的原则,他赌了一把。一方面,他不否认,美国可能会进行调解。虽然他再次拒绝了在尧特佩克会见萨帕塔,而且虽然就像西利曼说的那样,他"仍然轻视萨帕塔",但他确实做出了表示:如果其他 201
的沟通方式都失败了,他会让美国总统派人居间调停。另一方面,他也保留了自己首先和萨帕塔达成协议的权利。[1]就这样,他亲自过问谈判事务,恢复了墨西哥对会谈的主导权。

他很幸运,刚刚见过萨帕塔的卡兰萨派代表此时送来了一份充满希望的报告。报告的作者是胡安·萨拉维亚,前自由党人,前《家庭日报》——《阿亚拉计划》最初就是在这份报纸上发表的——编辑,安东尼奥·迪亚斯·索托-伽马的老朋友。经联邦特区警察长官准许,他和他的助手拉蒙·巴雷内切亚去了库埃纳瓦卡,"和萨帕塔将军商谈统一南北方军队的事情,从而开创我们祖国亟须的和平局面"。[2]一到莫雷洛斯,萨拉维亚就抓住机会,把萨帕塔、他的司令部和他的军队细细

---

[1]　　Silliman to the secretary of state, August 26, 1914, ibid., 13015.

[2]　　For this conference, see Sarabia's report of the arrangements between Ramón R. Barrenechea and Emiliano Zapata, August 25, 1914, ARD, 11: 31: 64, and Sarabia to John Kenneth Turner, January 26, 1915, cited in Carlos Basave del Castillo Negrete: *Notas para la historia de la Convención Revolucionaria*（*1914–1915*）（México, 1947）, pp. 76–93.

考察了一番。没有什么给他留下深刻印象的东西。南方军队战备充足（主要依靠他们在库埃纳瓦卡缴获的战利品），但是，尽管萨帕塔夸下了海口，萨拉维亚还是发现，他们只有 15000 人的能动部队，而且缺乏训练和组织。帕拉福克斯"完全掌控"了司令部中的参谋人员，但是在萨拉维亚看来，他似乎是个"非常平庸的乡下人（各方面都是）"。萨帕塔本人在他的追随者眼里"就像救世主一样"，但是"在教育和政治方面"，萨拉维亚断定，"他一点儿概念都没有……他太骄傲了……"但萨拉维亚还是认为，他们有理由满怀希望。他认为司令部的其他秘书——索托－伽马、路易斯·T. 纳瓦罗、赫纳罗·阿梅斯夸和蒙塔尼奥——都颇为明智，也听得进别人的劝告，"这几位是我的好朋友……［他们］在具体实践中会为和平做出努力"。

甚至萨帕塔，他相信，也可能会对合理的要求做出回应。当阿梅斯夸告诉他的领袖，萨拉维亚带来了安东尼奥·比利亚雷亚尔的信的时候，萨帕塔马上就产生了兴趣。他知道比利亚雷亚尔是索托－伽马在自由党里的同志，他也从马加尼亚那里听说了，比利亚雷亚尔作为新莱昂州的革命州长最近实行了土地改革。就在四天前，他刚给比利亚雷亚尔写了信，赞美他是"爱国者、值得尊敬的人……知道怎样捍卫人民的事业"。[1] 此时，在萨拉维亚面前，他再次"高度评价"了比利亚雷亚尔，以及路易斯·卡夫雷拉和卢西奥·布兰科。在阿梅斯夸的建议下，他没有咨询帕拉福克斯就在书面上授权了萨拉维亚，让他邀请比利亚雷亚尔、卡夫雷拉和布兰科来库埃纳瓦卡开会。萨帕塔在信中表达了他"最美好的祝愿"，希望他们能"与坚持同样原则的革命者欢聚一堂"。

总的来说，萨拉维亚向卡兰萨汇报，"与［萨帕塔］进行一场令人满意的谈判""并不困难，更不是不可能"。他建议最后再派一个委员会去莫雷洛斯，并且建议让卢西奥·布兰科和比利亚雷亚尔当委员。他进而建议，卡兰萨派甚至可以答应萨帕塔的要求，召开全国革命政务

---

[1]　Zapata to Villarreal, August 21, 1914, cited in Magaña: op. cit., V, 16–17.

会，任命临时总统，因为卡兰萨派人数那么多，他们完全可以控制这场会议。而如果最后的和平努力失败了，他说，他们也不用打很长时间的仗，就可以耗尽萨帕塔派的物资，迫使他们投降。

卡兰萨还是一如既往地多疑，但是，为了不让美国人染指他的事，他不得不进行谈判。事实上，会谈的条件已经是他能得到的最好的了：因为萨帕塔派已经发出了邀请，所以他不用亲自参加会谈，只要把萨帕塔要求会见的使者派过去就可以了。于是，他组建了委员会。他多疑地没有派布兰科去见萨帕塔，他也不让代表们做出任何让步。但是民众非常兴奋，因而没有人注意到他的这些保留。8 月 27 日，委员会起身去了南方。委员会成员有卡兰萨此时最亲近的文职顾问路易斯·卡夫雷拉，还有比利亚雷亚尔，由中间人萨拉维亚陪同。在《自由报》(*El Liberal*) 的革命派编辑看来，此行"几乎必然会达成一个好结果"。阿特尔博士在《自由报》上发表了文章，热烈称赞了他自己一个月以前与萨帕塔进行的"长时间会谈"，他也表示，这些"顽强而不可战胜的"南方战士应该得到"全国人民的尊敬"。"我坚信，"他宣称，"……安东尼奥·I. 比利亚雷亚尔将军和路易斯·卡夫雷拉律师明天就能给首都和……全国的民众带来好消息；要想实现和平与公正，这个消息是必不可少的。"[1]

这只是他的空想。当卡兰萨派到达库埃纳瓦卡准备谈判的时候，他们对所见所闻的震惊反应立刻就表明了，达成共识的可能性非常小。因为当他们来到已成废墟的州首府，他们就进入了一个与墨西哥城不同的世界。库埃纳瓦卡已经被莫雷洛斯的普通乡民占领了，他们在那里扎了营，把它变成了他们自己的地盘。乡下人的所有好处和缺点都在这座城的各个角落中充分体现了出来。让立宪党人不舒服的是，他们无法分辨出谁是首领，谁不是：除了零星的几个 *charros*（牛仔），萨帕塔派领袖和他们的追随者一样，穿着莫雷洛斯所有乡民都穿的凉鞋和白色工

---

[1]　*El Liberal*, August 28 and 29, 1914.

作服。他们中的很多人不会读书，也不会写字。当他们在集会上表达自己的观点时，用的往往是某种简单平易的风格；他们的出众之处不在口才，而是一种笨拙的勇气：他们讲话非常真诚，常常不着边际、不合语法，有的时候还会突然非常直接地说出自己的想法。

对于卡兰萨派使者来说，最糟糕的是当地革命者对他们的怀疑。这些使者老于世故，习惯了应付各种场面和阵仗，也习惯了政治家的社交礼节，但是此时，他们觉得自己被阿亚拉革命者对当地运动坦率而强烈的自豪感冒犯了。"只有一种情况能让萨帕塔派相信革命胜利了，"卡夫雷拉和比利亚雷亚尔后来汇报道，"那就是《阿亚拉计划》的各个方面都得到了承认……《阿亚拉计划》非常重要，我们相信，为了让〔南方〕革命者觉得〔他们的〕计划已经成功了，我们必须要表明，我们接受它。"[1]

受邀使者感受到的敌意，一部分是萨帕塔派司令部故意表现出来的。帕拉福克斯的权威在他的助理建议进行会谈的时候受到了损害，但是此时他已经恢复了对司令部的控制，也恢复了他毫不妥协的政策。对他来说，把权力让给萨帕塔的对手卡兰萨，就是在帮助他自己的对手——卡兰萨派司令部里的参谋——建功立业，他不会再这么慷慨了。在最近的几个月里，他对指挥权产生了强烈的渴望。他的签名以前很朴素也很清楚，现在变得巨大、饱满而膨胀。小曼努埃尔·帕拉福克斯成了一个在全国都举足轻重的人，最起码是潜在的部长人选。如果他能把事情安排好，羞辱卡兰萨，加速卡兰萨派的分裂，他肯定能在革命内阁中占一个席位。

支持他羞辱卡兰萨派代表的是南方阵营里的一个新人，阿尔弗雷多·塞拉托斯。这位萨帕塔派新成员的目的显然也是谋求升迁的机会。他已经介入了卡兰萨和萨帕塔之间的关系，在两位领袖面前他都假称自己代表另一位领袖。塞拉托斯曾经是个马德罗派成员，也是索托 – 伽

---

[1]　For this report to Carranza, see Magaña: op. cit., V, 82–90.

马的朋友，他不喜欢帕拉福克斯的为人（"又任性又残暴"，他后来这么形容帕拉福克斯），但是当时他掩下了自己的厌恶之情，鼓励帕拉福克斯采取行动。他可能是比利亚派的一名密探：他曾是伊达尔戈州——费利佩·安赫莱斯的大本营——政治军事界的名人，后来也和安赫莱斯密切合作过，最后回到了北方，加入了比利亚的军队。[1]无论如何，他此时的所作所为都是为了加深卡兰萨和萨帕塔之间的对立。不过，莫雷洛斯人的排外情绪实际上并不是帕拉福克斯和塞拉托斯这些外乡人引起的。

人们此时心怀疑虑，背后的真正原因是，整个莫雷洛斯正笼罩在恐惧之中，而这种恐惧的源头是外乡人曾经在这里犯下的暴行，以及对本地人的背叛。人们的感受——甚至也包括他们的弱点——再次在萨帕塔这位莫雷洛斯领袖身上体现了出来。萨帕塔知道他与比利亚雷亚尔和卡夫雷拉的会面有多重要。它给了他和他的追随者希望：他们或许可以把他们实施的地方改革与某种全国系统结合在一起。但是，正是这场会面的重要性让他感到忧虑。莫雷洛斯的普通人以某种奇特的方式，选择了让他们最有信心的领袖：而这也就意味着，萨帕塔身上的责任也是最重的。他全心全意地忠于人民，为了信守承诺，连自己的生命都不吝惜。但是，人的勇敢和怯懦往往是相伴而生的；萨帕塔害怕——不是为了自己而害怕，而是害怕自己，怕自己不知不觉地背叛了他的战友以及战友托付给他的人民对他的信任。这就是为什么他痛恨墨西哥城：为什么在 1910 年，被军队放回来之后，他放弃了他在迪亚斯女婿的墨西哥城马场前途远大的工作，回到了阿内内圭尔科，为什么 1914 年萨帕塔派代表向卡兰萨表示，他们的领袖不会去首都进行会谈。对于萨帕塔而言，墨西哥城就像他手下的代表说的那样，是"政客的老巢，阴谋的中

---

[1] Jesús Hernández Bravo: "El General Serratos Combatió a Zapata y Hoy lo Defiende," *El Hombre Libre*, May 28, 1937. Alfredo Serratos: "El General Serratos Refuta Unas Apreciaciones," ibid., June 2, 1937, and "Bocetos para la historia: el abrazo Villa–Zapata," *El Universal Gráfico*, November 24 and 25, 1952.

心"。[1]萨帕塔本人在谈到政治家的时候一向口无遮拦。"那些 *cabrones*
（混蛋）！"后来在和比利亚谈话时，他这样形容那些人。"他们一看
到有什么小机会，就立刻想要分一杯羹，就开始围着下一个即将得势
的大人物拍马屁！这就是为什么我要打击所有的 *cabrones*。我忍不了他
们……他们就是一群杂种。"[2]如果说他会去墨西哥城，他的代表对卡兰
萨表示，"那只可能是在受情势所迫、非去不可的时候，而且他不会做
不必要的停留"。但是现在墨西哥城的人来找他了。他能凭自己这个普
通马贩子的判断力，看清楚隐藏在协议中的阴谋吗？正如帕拉福克斯提
醒他的，北方人以前可从来没有像现在这样"关注"过《阿亚拉计划》
的"社会意义"。他肯定也满腔怒火地回想起了三年前的另一个 8 月的
一系列议和事件。卡兰萨派使者可能是非常友好的，但是他们终归是外
来者，而且他们来到这里是要讨论高层政治的。于是萨帕塔离开了这
座城。

　　于是，8 月 27 日星期四下午，卡夫雷拉、比利亚雷亚尔和萨拉维
亚到达库埃纳瓦卡的时候，他们得知，东道主已经离开了——去了特拉
尔蒂萨潘，库埃纳瓦卡以南 65 英里处的一个树荫笼罩下的宁静小城，
霍胡特拉周围暑气蒸腾的稻田里的一处凉爽绿洲。他没有解释自己为什
么离开。他会回来的，几位使者得知，*mañana*（在未来的某个不确定
的时刻）。

　　就这样，当卡兰萨派的谈判代表前来了解如何赢得萨帕塔派的支
持、让后者远离比利亚并且阻止新的内战爆发的时候，他们进入了一个
真空地带。站在自己的立场上，卡兰萨派代表认为，这种真空的出现只
有一个原因——莫雷洛斯人已经精疲力竭了。一名卡兰萨派代表报告：
"一些有一定地位的萨帕塔派首领……决定，如果他们的领袖萨帕塔不
和卡兰萨先生进行谈判的话，他们就会放弃他；他们已经非常厌倦这种

---

[1]　　Magaña: op. cit., IV, 251.

[2]　　See the stenographic record of the Villa-Zapata interview, printed in González Ramírez:
　　　　Planes, pp. 113–121.

漫长而残酷的战斗了……"在萨帕塔派军队中，这位代表汇报道，"人们贫弱交加，因而极度渴望和平"。[1]萨拉维亚也在报告中提到了普通士兵的"疲惫，以及想要回到家乡安安稳稳地工作的愿望"。有许多萨帕塔派成员问过他，他说，卡兰萨派的人有什么目的，"因为他们想要休息。这些人自然不想背弃自己的信仰，但是确实能在他们身上发现当逃兵的倾向，他们有这种倾向是因为他们发现自己处境悲惨；而他们之所以没有逃走，是因为害怕被行刑队枪毙——他们的领袖萨帕塔会毫不客气地这样做"。[2]自耕农和农场工人认为他们打过的仗已经够多了，已经没有什么正义的事业值得继续战斗、再浪费一个播种季节了，于是他们变得精力不振、士气低落——这就是席卷库埃纳瓦卡的怀疑情绪下面的暗潮。普通民众担心自己遭到背叛，但是他们也担心会有新的战争爆发。

在等待萨帕塔回来的时候，卡夫雷拉和比利亚雷亚尔同意进行非正式会谈。第一次会谈是在他们到达的那天晚上。没有当地的萨帕塔派军队首领参加——这似乎给会谈蒙上了不祥的阴影；出席的人只有帕拉福克斯、塞拉托斯、索托–伽马、阿梅斯夸和几名刚刚招募进来的秘书，其中至少有一位（阿尔弗雷多·卡隆医生）曾经为费利佩·安赫莱斯工作过。[3]卡兰萨派代表发现自己处境不妙，他们的行事方式也随之变得谨慎了起来。然而，萨帕塔不在，帕拉福克斯控制了整场会谈。他刚说了几句话，萨拉维亚就看出了他"专断、居高临下又狂妄自大的性格"。卡夫雷拉和比利亚雷亚尔的每个差错——甚至一些没出错的地方——都被帕拉福克斯看成了他们妄图进行欺诈的证据。他控制了会议的走向，显然非常愉快，因为第一次成为全国观众面前的主角而忘乎所以了。

卡夫雷拉和比利亚雷亚尔插不上嘴。卡兰萨和立宪派将军必须"无

---

[1] García Aragón to Robles Domínguez, August 5, 1914, ARD.

[2] Sarabia's Report, ARD.

[3] Federico Cervantes: *Felipe Ángeles en la Revolución. Biografía* (*1969–1919*) (3rd edn., México, 1964), p. 173.

条件服从"《阿亚拉计划》,帕拉福克斯坚持。直到他们"服从"("帕拉福克斯用的就是这个词",萨拉维亚说,而不是拥护),萨帕塔才会考虑进行正式的会谈。卡夫雷拉和比利亚雷亚尔小心翼翼地回答,他们可以接受计划的"原则",特别是那些关于土地改革的原则,但是他们暗示,还有一些《阿亚拉计划》没有处理的全国性问题。为什么不发起一场大会,起草一份普遍的革命纲领,把萨帕塔派对土地革命的要求和其他的合法革命计划结合在一起呢? 帕拉福克斯自己在一个月后也提出了非常相似的主张,他向墨西哥城的一位支持土地改革的作家承认,《阿亚拉计划》无法为这个国家的所有问题提供解决方案,它只能作为国家革命政策的一部分。[1]但是此时,他拒绝向卡夫雷拉和比利亚雷亚尔妥协。恰恰相反,他"顽固得失去了理智",要求对方全盘接受《阿亚拉计划》,"一个词、一个逗号都不能改"——据萨拉维亚回忆,这是他的原话。否则,他警告道,萨帕塔派会对卡兰萨发起进攻。人们提醒他,新的内战会给国家带来巨大的灾难,然后,帕拉福克斯开始极力淡化这场战争的罪恶。他挥舞着一张纸,据他说那是"比利亚将军送来的宣布服从《阿亚拉计划》的信"。他声称在那场战争中只有卡兰萨会受创,而这一判断在日后看来是个可怕的错误。

到了星期五,萨帕塔还是没有回来,帕拉福克斯又召开了一次会议。这次他想把他们的会谈结果正式确定下来。既然比利亚雷亚尔和卡夫雷拉代表卡兰萨,那他就代表萨帕塔:他正式要求使者提供他们的代表资格证明。他们解释了自己是怎么机缘巧合地来到这里的(应萨帕塔在萨拉维亚的敦促下发出的间接邀请),也诚实地声明他们只是卡兰萨的"非官方代表",所以没有正式的证书或命令。不过他们确实有卡兰萨的口头授权,可以和萨帕塔本人私下决定某些问题。这个消息,卡夫雷拉和比利亚雷亚尔后来报告,"似乎让对方有些惊讶,并且颇有些失望"。但是帕拉福克斯继续激情洋溢地高谈阔论:"对于南方革命者来

---

[1] Palafox to Antenor Sala, September 3, 1914, cited in Magaña: op. cit., IV, 313–315.

说，和平的唯一根基，"使者们又听了一遍，"是……立宪党人绝对服从《阿亚拉计划》的全部内容……"

星期六中午前后，萨帕塔终于回来了。但是，仍然不太可能进行真正的谈判。萨帕塔、他的首领和参谋与使者一起吃了晚饭，南方人公开展现出了对卡兰萨派的敌视态度。萨帕塔本人，萨拉维亚记得，非常"矜持、害羞"；但是一名与他结了盟的首领，来自锡那罗亚州的高大魁梧的黑人，胡安·班德拉斯，指责卡兰萨派攻击了他在查尔科周围的军队，而帕拉福克斯则追忆起了自己一年前起诉韦尔塔特派员时的"严厉"态度，这让萨拉维亚感觉到，他也可能会把现在这批使者枪决。萨拉维亚看得出来，萨帕塔越来越生气了。

然后，正式的会谈开始了。人们没有召开南方首领的总政务会，也没有进行真正的谈判。那天下午，他们聚在位于莫雷洛斯银行里的临时司令部，参加的人有萨帕塔、帕拉福克斯、塞拉托斯和班德拉斯，以及卡夫雷拉、比利亚雷亚尔和萨拉维亚。在萨帕塔和帕拉福克斯、塞拉托斯私下谈话时，卡兰萨派使者等了三个小时，期间班德拉斯还故意找比利亚雷亚尔的麻烦，想和他打一架。最后萨帕塔回到了使者的面前，脸上带着"无疑是狂怒的表情"。针对卡夫雷拉的外交声明（卡兰萨想要进行私人会面，这样两位领袖就能达成某种共识），萨帕塔回答道，他和所有人都能好好相处（"如果相处得不好，我们就撕破脸，打一仗解决问题"），而如果卡兰萨想见面，他就得来库埃纳瓦卡。

发作之后，萨帕塔几乎没再说话。帕拉福克斯取而代之，重申了人们都听熟了的那些要求，即卡兰萨在《阿亚拉计划》上签字，同意它的全部条款。萨帕塔发了几次言，都是对帕拉福克斯的主张表示支持。随着会议继续，萨帕塔变得越来越恼火：他为了革命奋斗了三年半，而如今这场革命无关紧要的是非问题竟然还要被拿出来讨论，可能就是这个想法激怒了他。他在会谈中唯一一次主动发言是当所有的与会者都同意，为了缓和联邦特区的紧张局势，卡兰萨派将把他们在墨西哥城以南占领的村庄正式移交给萨帕塔派，同时也交出霍奇米尔科，首都自来水厂的所在地——这是萨帕塔派的重大收获。据卡夫雷拉和比利亚雷亚尔报告，萨帕塔"极力"反对这个提案，拒绝他们的"恩惠"。不过帕拉福克斯和塞拉托斯还是说服了他，接受了这个提议。

那天晚上大约 8 点 30 分，会谈结束了。这场会谈彻底把卡兰萨派使者难住了。而更多的难事还在后面。萨帕塔派承诺了给这批使者发放通行证，让他们能够在当天晚上穿过火线回到墨西哥城去，但是到了星期天的凌晨 2 点，他们收到通知，必须等另一场会议结束后才能离开。第二天早上，萨拉维亚向他的朋友索托 – 伽马和阿梅斯夸发了一通抱怨，这才终于拿到了通行证，于是使者们怒气冲冲地回去写他们的报告去了。

他们这下明白了，"北方革命和南方革命之间"的"冲突""即将到来"。他们只能强调，萨帕塔终于明确提出了四个"避免战争"的条件。卡兰萨和他的将领必须签署《阿亚拉计划》。霍奇米尔科将属于南方人。卡兰萨必须从行政首脑的位子上退下来，或者和一个来自萨帕塔方面的代表——很可能是帕拉福克斯——进行合作，而"重大的决定、公共职位的任命都要与后者的意见达成一致"。当这三个要求都得到满足之后，新的正式会议将在萨帕塔派司令部召开，把《阿亚拉计划》中关于选举和土地问题的条款付诸实践。这些条件显然是不可接受的；卡夫雷拉认为卡兰萨只可能同意萨帕塔派颁布土地改革法令的含蓄要求。但是，这批使者至少得到了一份关于南方立场的清晰而权威的声明。

但是，为什么这一立场如此"无理"又如此"可怕"，他们仍然不知如何解释。卡夫雷拉、比利亚雷亚尔和萨拉维亚是土地改革的坚定拥护者。在他们自己的党中，他们也曾替阿亚拉运动辩护，认为那是一场真正的人民革命，而萨帕塔是它的合法领袖。但是在莫雷洛斯，他们得到的只有侮辱。比利亚雷亚尔认为这不是萨帕塔的错。就像他给南方领袖写信时说的那样，似乎"所有的困难、所有的不让步、所有的战争威胁主要都是从帕拉福克斯先生那儿来的"。[1]卡夫雷拉也向一名美

---

［1］　　Villarreal to Zapata, September 5, 1914, AZ, 27: 21.

国代表表达了相似的看法，"萨帕塔已经厌倦战争了，但是……他的私人秘书［帕拉福克斯］……强行加上了这些条件"。[1] 而在与一位支持社会主义的美国友人交流时，萨拉维亚的评价变得不留情面了："萨帕塔是个蠢货，"他写道，"……虽然他似乎真心想要改善普通人［原文如此］，但实际上，他最后还是不知不觉地被帕拉福克斯和塞拉托斯那种狡猾的恶棍利用了……"不过这些只是他们的感受，不是理性分析。重要的是，萨帕塔把帕拉福克斯的长篇大论当成了自己的独立宣言，并且对与会者提出的请求置之不理。萨拉维亚在无意中承认了，他搞不清楚到底发生了什么："我曾对［萨帕塔］和他的人民满怀期待，"他在给他的美国友人的信中写道，"但是当我不幸近距离了解他们的时候，我见到的东西却和我的期待完全不同。"

事实上，这次会议对参与其中的每一名萨帕塔派成员都有着特别的意义。对于帕拉福克斯和塞拉托斯来说，这些谈判可能是一个加深萨帕塔派与比利亚派之间关系的机会，他们可以借此推进他们自己的事业。对于其他的萨帕塔派成员，比如索托-伽马和阿梅斯夸来说，这是一个把三个主要阵营——比利亚、卡兰萨和萨帕塔阵营——中"有原则的革命者"和他们信奉无政府工团主义的幕僚重新联合起来的机会。而对于当地许多革命领袖来说，这些谈判证明了，孤立主义是最好的政策。但是对于萨帕塔——可能对于大多数的莫雷洛斯乡下人也是一样——来说，这些会谈只是与卡兰萨几个月来充满挫折的沟通过程的重要组成部分。

从最后这一点来看，谈判的结果早就注定了。最高领袖卡兰萨在莫雷洛斯农夫和农场工人中连一分一毫的支持都得不到。他是波菲里奥国会里的参议员，一个臃肿的老男人，面色发红，戴蓝色的有色眼镜，蓄着布朗热式的胡子，只会用坐椅子的姿势骑马——他在政治上已经过时了。他现在可能是个反叛者、革命者，但是他生活在另一个世界中——一个已经存在了很久的文明世界，由干净的亚麻、早餐托盘、高层政治

---

［1］　Belt to the secretary of state, September 3, 1914, NA, 59: 812.00/13095.

和置酒冰桶组成的世界。萨帕塔的世界自然是库奥特拉这种乡镇,游说者得使出超凡绝伦的厉害手段,才能说动他支持卡兰萨——那也得靠着意外的大好运气才行。在第二次发生在 8 月的危机中,正像第一次那样,莫雷洛斯的乡下人通过萨帕塔来行动;而当他们对卡兰萨感到厌恶、怀疑和失望,因而开始退缩的时候,作为他们中的一员和他们的领袖,萨帕塔也退缩了。没错,对他来说,在这个时候明确地反对卡兰萨就是鼓励比利亚挑起另一场战争,一场比刚刚赢下来的那场惨烈得多的战争。但是在此时的莫雷洛斯,和像卡兰萨这样的一个人结盟是不可能的。对于萨帕塔派——这个群体包括州里的所有人——来说,库埃纳瓦卡的会谈从来不是协商,他们只是假托这些会谈而最终确认了他们的希望和恐惧。

这些谈判的失败——卡兰萨在 9 月 5 日公开拒绝了萨帕塔提出的条件——还是没有催生出莫雷洛斯革命和比利亚革命之间的联盟。个别卡兰萨派成员仍在试图道歉,或者进行争辩,想要化解萨帕塔派对他们的敌意:卡夫雷拉和比利亚雷亚尔都给萨帕塔写了信,努力解释他们如何被误解了,以及为什么被误解了,并且向他保证他们没有恶意。[1] 美国驻墨西哥城的领事代表也仍在为了实现和平而努力。为了避免激怒卡兰萨(他抱怨美国此前的介入让萨帕塔膨胀了),他们向国务院提出了要求,也收到了指令:"告诉萨帕塔,我们的政府真诚地希望他与立宪主义者进行会谈并建立合作,推行人们需要的改革。"[2] 但是这些提议都没用。萨帕塔下定决心自行其是,而如果说墨西哥城还有几位领导者没有注意到库埃纳瓦卡事件的重要性,萨帕塔很快就释放了一个新信号,摆出了走自己的路的姿态。9 月 8 日,他在库埃纳瓦卡的司令部发布了一

[1] Zapata to Cabrera, September 19, 1914, AZ, 27: 12. Cabrera to Zapata, September 23, 1914, ibid. Zapata to Cabrera, October 4, 1914, AZ, 27: 7. Villarreal to Zapata, September 5, 1914, AZ.

[2] Silliman to the secretary of state, September 5, 1914, NA, 59: 812.00/13116, and Bryan to the Brazilian minister, September 7, 1914, ibid., 13117.

项法令，实行《阿亚拉计划》的第八条。[1]

这一条款规定，直接或者间接反对阿亚拉革命的人，他们的财产将被收归国有。它同时适用于城市和乡村的财产。解放军的将军和上尉要发起行动，市镇政府则要向南方司令部提交当地资产的清单和措置计划。乡下的产业会被移交给需要土地的村落，或者用来抚恤革命烈士的遗孤和遗孀。城市产业的收入则会被用来建立服务于小农户的信用机构，也会为革命烈士的遗孤和遗孀支付养老金。至于"田地、树林和水源"，革命政府会把它们国有化并重新分配，它们无法以任何形式被售卖或者"让渡"，它们的合法所有权唯有通过继承才能转移。

在莫雷洛斯，《阿亚拉计划》的部分内容已经生效了。在可以施行 *211*
计划的地方，随着萨帕塔派首领重新占领城镇和地区中心，村民也重新占据了有争议的土地。[2] 很明显，自从《计划》最初颁布以来，萨帕塔正式向他的军官提出的所有要求都是为了莫雷洛斯的复苏。当然，萨帕塔派首领其实已经毫不客气地没收了一系列产业，有些他们不得不没收，有些只是因为他们可以这样做，但是萨帕塔从来没有批准过这样的行为。而此时，宪法仍在废止状态，又有了一群激进的司令部参谋，他已经准备好继续行动了。在库奥特拉（此时那里的管理者是欧费米奥·萨帕塔），由在当地受到尊敬的农人组成的土地委员会很快就组建了起来，开始进行他们的革命工作。[3] 在萨帕塔派建立新政府、执掌州务之前，这些工作只在当地有意义，但是它们显示了，即将建立新政府的首领在它身上寄托了什么样的期待。而关于城市产业的部分也给墨西哥城拉响了警报，让人们看到了，一旦萨帕塔派占领了首都，事情会变成什么样。

这种一贯的不合作——在库埃纳瓦卡提出不现实的条件、国有化的法令——充分显示了萨帕塔对卡兰萨不屈不挠的反抗。此时萨帕塔对

---

[1]　Cited in Magaña: op. cit., V, 102–103.

[2]　Trinidad Paniagua to Zapata, August 2, 1914, AZ, 27: 17.

[3]　Eufemio to Emiliano Zapata, September 19, 1914, AZ, 27: 12.

卡兰萨的反对态度极为坚决，就连陷入绝境的前联邦军官和奥罗斯科 – 韦尔塔派指挥官都开始请愿，要求加入南方军队，或者与他们建立合作关系。其中最引人注目的是本哈明·阿古梅多、伊希尼奥·阿吉拉尔和何塞·特立尼达·鲁伊斯。他们表示，立宪主义是"白宫发起的恐怖行动——他们只想从这片我们热爱的土地上榨取财富，这些财富原本属于我们被鲜血浸透的祖国"。而在赞颂萨帕塔对立宪主义的"伟大的反抗"时，他们问他，如果他们在贝拉克鲁斯州掀起叛乱，他会如何看待他们。这些人承认，他们已经有了自己的计划和行动方案，准备把被美国人占领的港口夺回来。[1]胡安·安德鲁·阿尔马桑也向萨帕塔提出了请求，宣布自己将长期为南方革命运动效力，并且恳求萨帕塔原谅他曾经加入过韦尔塔的队伍。[2]到了 9 月 12 日，美国领事代表发现，萨帕塔和卡兰萨已经不可能再进行谈判了。[3]在此前的一周，萨帕塔派和卡兰萨派事实上已经开始在墨西哥州的特南戈和普埃夫拉州的阿特利斯科交火了。[4]

然而，在这场危机中，萨帕塔在是否要使用军事手段落实他们的诉求的问题上犹豫了。首先，靠他们自己的力量赢下战争是不可能的。他手里有很多缴获的武器和弹药（200 万发子弹，二三十门配备了炮弹的、实际可用的大炮），但是他只有 15000 名战士，人数太少了，而且战术仍然杂乱无章，不能进行常规战役；在游击战中，他也没能取得进展。[5]而且，他的军队内部也出现了分歧。在库埃纳瓦卡，德拉奥痛恨帕拉福克斯在他的地盘上行使权力，于是发出了威胁，表示要根据他自己的原则处理他认为重要的事情。[6]此外，如果萨帕塔只能通过与其他革命派联盟才能为他的改革赢得机会，那么他究竟应该与谁一起协商全

---

[1]   Argumedo, Aguilar, and Ruiz to Zapata, September 10, 1914, AZ, 27: 12.

[2]   Almazán to Zapata, September 19, 1914, AZ, 28: 7: 1.

[3]   Silliman to the secretary of state, September 12, 1914, NA, 59: 812.00/13166.

[4]   *El Liberal*, September 12, 1914.

[5]   Sarabia's Report, ARD.

[6]   De la O to Palafox, September 26, 1914, AZ, 27: 12.

国的革命政治事务，这个问题还不清楚。他暂时仍然倾向比利亚。但是他不能肯定，卡兰萨派主要将领是会对他们的最高领袖尽忠，还是会抛弃他，转投比利亚，建立新的联盟。他希望后面这种情况发生；而如果他现在就发起进攻的话，事情可能会变成前一种情况。所以，虽然萨帕塔已经公开与卡兰萨决裂了，但是他并没有直接诉诸武力，挑战卡兰萨。不过为了可能会这样做的那天，他也有所准备：他回应了前联邦军官和韦尔塔派的请求，准许他们加入他的阵营，条件是他们在《阿亚拉计划》上签字，接受他的司令部的领导；他会在普埃夫拉用到这些老雇佣兵，而到了最后，攻打墨西哥城的时候，也用得到他们。[1] 但是目前他只是坚守阵地，想要达成一项可靠的协议。9 月中旬，他把希尔达多·马加尼亚派到了北方，与比利亚进行会谈，也让另一名代表，曼努埃尔·罗夫莱斯，与卡兰萨派首领在墨西哥城继续磋商。[2]

　　卡兰萨曾经承诺，很快就要在墨西哥城召开一场革命会议。这件事越来越受萨帕塔关注。卡兰萨计划利用这场会议，确立立宪党的权威地位；但是正如曼努埃尔·罗夫莱斯向萨帕塔报告的那样，有几位重要的卡兰萨派首领，比如奥夫雷贡和布兰科，也在为和平事业而奔走，想把会议扩大为一个涵盖了比利亚派和萨帕塔派的革命总政务会。[3] 整个 9 月，争论焦点在于谁将控制这场大会。萨帕塔拒绝考虑接受邀请。[4] 不过他还是与那些试图组织公开会议的首领保持了联系：部分通过马加尼亚，后者不仅见到了比利亚，还给自己在墨西哥城的卡兰萨派中的朋友写了信；部分通过另外一名代表，莱奥瓦多·加尔万，此人参加了想要调解争端的卡兰萨派成员的政策讨论会。[5] 10 月 1 日，参会者在墨西哥城第一次碰面，10 月 10 日，在阿瓜斯卡连特斯，人们再度集合起来，召开最高革命大会（Sovereign Revolutionary Convention）；马加尼亚在

213

[1]　Zapata to Argumedo, Aguilar, and Ruiz, September 21, 1914, AZ, 27: 12.
[2]　Railroad pass for Magaña to Torreón, September 12, 1914, ibid.
[3]　Robles to Zapata, September 13, 1914, ibid.
[4]　Zapata to Paulina Maraver, October 3, 1914, AZ, 27: 7.
[5]　Magaña to Columba C. de Magaña, October 5, 1914, ibid. Amaya C: op. cit., pp. 67–68.

会上做了报告，阐述了大会的新特色。[1]

这是一场经过了革新的会议。它不受卡兰萨的控制，甚至完全不支持他。在阿瓜斯卡连特斯的一百多名代表中，只有几个人还忠于那位最高长官。大部分都是像奥夫雷贡这样的立宪党人，他们已经认定了，只有抛弃他们的领袖才能拯救革命和国家。和他们一同出席的还有 37 位比利亚派成员。参会人员非常关注莫雷洛斯的问题。10 月 12 日，领头的比利亚支持者，费利佩·安赫莱斯，提议正式邀请萨帕塔派加入。第二天，安赫莱斯安排了一名据他说是萨帕塔派将军和代表的观察员在会议厅里旁听。[2] 10 月 14 日，与会者宣布，大会是这个国家的最高权力机关。第二天，他们委派安赫莱斯前往库埃纳瓦卡，亲自邀请南方人。虽然萨帕塔很小心，没有答复，但是司令部的秘书已经急哄哄地为去往北方做起了准备。

10 月 17 日，安赫莱斯一行——包括安赫莱斯本人、拉斐尔·布埃尔纳、卡利斯托·孔特雷拉斯和吉列尔莫·卡斯蒂略·塔皮亚——到达了墨西哥城。他们在那里和卢西奥·布兰科谈了很长时间。两天后，他们起身去了阿尔弗雷多·塞拉托斯管辖下的库埃纳瓦卡，当天晚上到达。安赫莱斯在那里找的第一个人是卡隆医生，后者带他去见了帕拉福克斯。他们立刻安排了一场与萨帕塔的会面，时间就在第二天中午。[3]

214 这是萨帕塔和安赫莱斯第一次见面。萨帕塔记得，安赫莱斯是马德罗派去莫雷洛斯的最后一名军事指挥官，当时他的行动非常克制，因此萨帕塔对他尤为热情。关于他们的邀请，他解释道，他得去问他手下各位首领的意见。对于地方革命派而言，派代表参加大会显然是个重大行

---

[1] Magaña to C. C. de Magaña, October 10, 1914, AZ, 27: 7.

[2] 阿瓜斯卡连特斯大会最初几天的记录，见 Barrera Fuentes: op. cit., I, 84–277。那位光荣的观察员吉列尔莫·圣埃利亚 – 桑蒂瓦涅斯是安赫莱斯自己找来的，他其实是个比利亚派的代表，相关证据见 Santaella y Santibáñez to Hipólito Villa, October 23, 24, and 26, 1914, AZ, 27: 7。

[3] For this mission and minutes of the interview between Ángeles and Zapata, see Magaña: op. cit., V, 198–204.

动，而在这个问题上，他无法自己做出决定。在等待各位首领答复的时候，萨帕塔与比利亚的"格雷中校"[1]见了面。他不想派他正式认可的代表参加由卡兰萨派主导的会议，他对安赫莱斯说，即使他们是独立的卡兰萨派成员也不行。大会的代理主席是比利亚雷亚尔，因为他在库埃纳瓦卡8月的会议中扮演的角色，萨帕塔对他心怀不满。直到大会接受《阿亚拉计划》，萨帕塔说，他才会承认大会是合法的。但是，他想知道，在没有发言人出席的情况下，他如何能在大会上发声，让人们为他的计划投票？而如果他不承认大会的合法性，他又如何让他的发言人出席，"为他发声、为他投票"？或许他可以先派一个"专员团"，然后，如果事情顺利，再派"代表"。

10月22日，库埃纳瓦卡司令部正式开了会。人们就要决定这场深深扎根于莫雷洛斯人的骄傲与悲哀中的革命的命运了，但是会议的人员构成很奇怪。再一次，除了萨帕塔本人，没有莫雷洛斯的主要军队首领参会。再一次，几乎所有的代表莫雷洛斯革命运动的萨帕塔派"长官"都是秘书，是那些舞弄笔杆、数字和辞令的人。而且其中只有一个莫雷洛斯本地人。莫雷洛斯首领这样放弃权力的原因仍然不明。或许正是他们对当地运动的关心阻止了他们，让他们无法认真地参与国家事务。身为普通村民，他们一定感觉到了，不该把阿亚拉革命交给一个像大会这样不稳定的联盟。而他们虽然已经成了墨西哥的重要人物，有责任为整个国家做贡献，但是他们害怕自己没有这样的能力。他们显然认为，唯一负责任的做法，就是让那些自称做大事的专家的人去做大事，而他们则应该去保护自己的那些小地方。他们和萨帕塔一样，害怕自己辜负人民，于是他们就把这样做的机会让给了那些他们从心底一直鄙视的知识分子。

这次帕拉福克斯没有作声，而是看着别人替他实现他的计划。大部

---

[1]　指伊沃尔·托德-格雷（1878—1964），瑞典冒险家、水手、军人、作家，曾在世界各地参加过13场战争。1913—1914年，他参加了墨西哥革命，加入了比利亚的军队。——译者注

分的话都是安赫莱斯说的。一开始，他概述了他和萨帕塔商量好的、萨帕塔一方的立场：要想让他们承认大会的最高权威，卡兰萨必须辞职，而大会也必须准许——安赫莱斯小心地表述——"可以说是完全属于农村的、南方革命所代表的那个派别"派代表参会。萨帕塔派认为后面这一点意味着大会正式拥护《阿亚拉计划》。有与会者问，如果大会有可能不通过这个计划，为什么他们还要派代表出席大会。安赫莱斯受了窘，回答得含含糊糊，因为他不想承诺，大会将直接完全接受《计划》。为了回避这个问题，他说了一堆虚张声势的话，强调墨西哥需要"不惜任何代价"追求和平。否则，他警告道，美国共和党如果在 1916 年大选中获胜了，就会"干涉墨西哥"——这至少是一个在远方威胁着他们的恶魔。不过即使共和党届时真的获胜了，距离那一天也还有一年半的时间。

众秘书妥协了，萨帕塔也准许他们这么做。在会议记录的最终稿中，有一句用打字机打出来的话——"大会必须承认《阿亚拉计划》"。然而最后五个字被划掉了，用的就是与会者签字的那支笔；取代这五个字的是写在两行字中间的另外八个字："《阿亚拉计划》的原则"。[1] 这样一来，大会就可以先随随便便地接受南方人的原则，稍后再决定在实际情况中它们究竟意味着什么。而在此基础上，萨帕塔派按照萨帕塔此前的计划，选出了他们的"专员团"。

一共有 26 人，领头的是保利诺·马丁内斯，团员包括胡安·班德拉斯、索托－伽马、希尔达多和鲁道夫·马加尼亚、莱奥瓦多·加尔万、阿梅斯夸、卡隆医生、曼努埃尔·罗夫莱斯，以及另外 11 个参加了这场库埃纳瓦卡会议的人。奥蒂略·蒙塔尼奥也被提名了，但是他正在病中，所以没有接受任命。[2] 人们再次看到，尽管南方革命发源于莫雷洛斯，但是"专员团"中的本地人非常少。在将要启程去北方的人之

---

[1]   Minutes of the meeting in Cuernavaca, October 22, 1914, AZ, 27: 7.

[2]   Zapata to the secretary of the Convention, October 22, 1914, cited in Magaña: op. cit., V, 230–231.

中，唯一一名真正本地出身的专员是加尔万，一名特坡斯特兰律师。

在阿瓜斯卡连特斯，大会派满怀希望地等待着，但是他们很快就失望了。因为萨帕塔并不打算让他们的讲和任务顺利完成。10 月 23 日，南方革命专员团挤在安赫莱斯等人来的时候乘坐的汽车里，离开了库埃纳瓦卡。第二天，他们在墨西哥城坐上了火车，但是这趟车直接穿过了阿瓜斯卡连特斯，没有停站。萨帕塔的专员团向北绕了 100 英里，经过了萨卡特卡斯，直接到了比利亚位于瓜达卢佩的司令部。马丁内斯在那里与比利亚的顾问达成了一项协议；其他的萨帕塔派成员也看到了比利亚对南方革命的关心，于是他们消除了疑虑，还领到了一笔津贴。[1] 如果萨帕塔此举是想搞"勾结外国势力"[2]那一套，他根本就不会在开会时搞那些议会联盟的幌子。作为人民军事运动的领袖，他是要与比利亚的人民军事运动公开联合起来，把革命进行到底。

10 月 26 日，萨帕塔派专员终于在阿瓜斯卡连特斯现身了，第二天早上，大会就为他们举办了一场颇为正式又激动人心的欢迎仪式，把他们请进了开会的剧院。然后，专员团团长保利诺·马丁内斯上台发表了讲话。他称赞萨帕塔和比利亚是"这场英勇斗争的……真正代表……他们都是印第安人"，然后他表明了南方的立场。他实际上声明了，他和他的同伴想让大会放弃革命中立的伪装，变成比利亚－萨帕塔军事轴心用来对抗卡兰萨的政治工具。[3]这是安赫莱斯在背后耍的花招——这样他既可以在名义上满足萨帕塔派的要求，又能借助比利亚派的力量坐上总统的位子。

在此之后，萨帕塔派不断发起攻势，试图控制大会。在马丁内斯发言之后，应人们的要求，索托－伽马也走上了讲台。在南方司令部，这位激进的年轻律师生活在帕拉福克斯的阴影里，久受冷落，这次他自

216

[1]　Martínez to Zapata, October 28, 1914, AZ, 27: 7, the first of two letters of this date.

[2]　为了在墨西哥推进革命，比利亚与"外国势力"尤其是美国联系较为紧密。而且这次比利亚和萨帕塔进行合作也得到了美国的支持。——译者注

[3]　For his speech, see Barrera Fuentes: op. cit., I, 505–509.

然紧紧抓住了机会，大放异彩。在他的长篇即兴发言中，他确立了自己萨帕塔派民权保卫者的形象。他阐释了墨西哥的历史，抨击了卡兰萨，侮辱了国旗，还像克鲁泡特金赞美俄国人那样有力地颂扬了墨西哥人民。他的发言引发了巨大的轰动。听众的热烈反应数次打断了索托－伽马的讲话，还差点儿造成人员伤亡；在他讲完之后，人们的喊声震动了整幢大楼，那是献给比利亚和萨帕塔的欢呼。[1]

让大会接受《阿亚拉计划》比引起轰动更难一些。因为立宪党人仍然占了大多数；虽然他们想看到卡兰萨被清除出权力中心，但他们也不想看到比利亚或者萨帕塔取代他。但是马丁内斯利用巧妙的妥协策略和索托－伽马的口才，设法谋成了一项协议，让他可以在萨帕塔面前吹嘘自己的功劳。[2] 在 10 月 28 日的会上，经过了一整天的混乱争论之后，他让大会"在原则上"同意了《计划》的第 4、6、7、8、9 和 12 条。

马丁内斯的成就，就其本身而言，并不是什么巨大的胜利。两个月以前，卡夫雷拉和比利亚雷亚尔就已经"在原则上"同意了第 6 条和第 9 条——两个关于土地改革的条款。但是，这次投票的背景让南方的这场胜利有了重大的意义。当时，阿瓜斯卡连特斯大会是墨西哥事实上的政府，它通过了《阿亚拉计划》的条款，即使只是在原则上，也是这个国家历史上政府第一次对关于农村福利的政策表示认可。四年前，代表大地主利益的科学家派几乎完全控制了政府高层的决策；然后，在马德罗的治理下，土地改革派仍然被视为不入流的社会工程师。现在，政府宣布，保障农村穷人的特殊权利是它的职责——单单是这一点就显示了，革命把公众的正义感提高到了哪里，给他们带来了多么大的进步。而推动这种变化的就是莫雷洛斯的革命派。

即使这样，萨帕塔也明白，实际上他并没有得到什么好处。对他来说最危险的一点是，虽然大会还没有抛弃卡兰萨，但是他已经部分承认了大会的最高权威。所以，当马丁内斯要求萨帕塔任命他为全权代表

---

[1]　For his speech, see Barrera Fuentes: op. cit., I, 509–514.

[2]　Martínez to Zapata, October 28, 1914, AZ, 27: 7, the second of two letters of this date.

时，萨帕塔回复说自己不能这样做。直到大会明确决定清除卡兰萨之前，他说，他都不能说他的专员团是代表团，不能这样完全承认大会的最高权威。[1]

10月30日，大会派依照他的要求，采取了行动。领头的专员奥夫雷贡和安赫莱斯建议解除卡兰萨最高领袖和行政首脑的职务，并且任命临时总统。代表们闹哄哄地争论了很久，然后，在一次闭门会议上，以112∶21的投票结果达成了决议。于是，大会开始实施新的方针，表面上保持独立，实际上支持比利亚。在接下来的几天里，与卡兰萨的切割完成了。11月4日，在庆祝卡兰萨撤出墨西哥城的时候，马丁内斯和其他专员愉快地向萨帕塔报告，"北方军队表现得令人钦佩，这证明了他们是我们真正的盟友。我们的胜利应该归功于他们长久不变的支持"。[2]

然而，这一"胜利"给莫雷洛斯带来的影响并不怎么令人振奋。人们很快发现，就像比利亚对索托 - 伽马所说的那样，比利亚派准备"再打几仗"；而且，比利亚和安赫莱斯只想控制像奥夫雷贡这样的独立卡兰萨派，并不打算和后者分享权力，但是这样只能让后者再次团结在卡兰萨周围；最终人们发现，他们被卷入了一场不得不参加的战争。[3]早在11月10日比利亚就给萨帕塔写信，宣称"战斗的时代已经来临了……"[4]大会派的战争部部长也向南方司令部下达了指令，"对普埃夫拉城和普埃夫拉州发起进攻"。[5]莫雷洛斯的军队首领让秘书把他们和比利亚牵连到了一起，由此，他们把自己的人民送进了一场并不属于他们的战争。

在这个新联盟中，萨帕塔派明显感到不适。11月24日深夜，最后

218

[1]　Zapata to Martínez, November 2, 1914, two letters of this date, both cited in Magaña: op. cit., V, 240–243.

[2]　Martínez et al. to Zapata, November 4, 1914, AZ, 30: 8.

[3]　Antonio Díaz Soto y Gama: "Francisco Villa," *El Universal*, August 24, 1938.

[4]　Villa to Zapata, November 10, 1914, AZ, 30: 8.

[5]　José I. Robles to Zapata, November 10, 1914, ibid.

一批卡兰萨派成员从墨西哥城撤出之后，第一批南方军队悄悄地、几乎可以说是尴尬地缓行进入了首都。他们不确定自己在那里的角色，所以没有洗劫城市也没有搜刮民财，而是像一群走失了的孩子一样，在街上漫步，敲门询问有没有吃的。一天晚上，他们听到街上传来巨大的喱嘟喱嘟声——一辆载着消防队员的消防车经过。在他们眼中，这个奇怪的机器看上去和敌军的大炮没什么区别，于是他们向它开了枪，杀死了12名消防员。萨帕塔自己内心也并不平静。11月26日晚上，他到达了首都。先前，卡兰萨派首领来到墨西哥城的时候，住的是位于市中心的私家豪宅，那些正在逃亡中的科学家派成员的房子；而萨帕塔则窝在距离火车站——开往库奥特拉的火车就是从这个车站出发的——只有一个街区的一所肮脏、阴暗的小旅店里。人们邀请他去国家宫，参加为了向他表示敬意而举行的庆典，但是他不想去。记者采访他，他也没说几句话。11月28日晚上，比利亚派来到了墨西哥城北部郊区，准备与他会合，他却起身回了莫雷洛斯。[1]

　　萨帕塔非常警觉，对他的新盟友心怀疑虑。库埃纳瓦卡的一名比利亚派代表甚至报告称萨帕塔恢复了独立状态。美国领事官员也感到不安：他们希望出现一个强有力的比利亚–萨帕塔联盟，恢复墨西哥的秩序。于是，12月2日，一名可靠的比利亚派首领（罗克·冈萨雷斯·加尔萨）、驻比利亚司令部的美国特使（乔治·卡罗瑟斯）、胡安·班德拉斯和塞拉托斯来到了库埃纳瓦卡，劝萨帕塔改变态度，对比利亚友好一些。这些人送来了比利亚的私人信件，并向萨帕塔保证，比利亚很有诚意。他们也承诺，他在墨西哥城会很安全。他们还向他强调，他需要和比利亚达成真正的"理解"。最后，萨帕塔同意在12月4日回来参加一场会议，不过不在墨西哥城，而是在他的领地上——通往

[1] Cardoso to the secretary of state, November 29, 1914, and Silliman to the secretary of state, November 30, 1914, NA, 59: 812.00/13940 and 13939. *El Sol*, November 28, 1914. *El Nacional*, November 30, 1914.

墨西哥城路上的一个地方，霍奇米尔科。[1]

这场精心筹备的会议按计划举行了。这是萨帕塔和比利亚之间的第一次会面，人们希望它预示着一个光荣的革命联盟的建立。和萨帕塔一起来的有他最重要的几位秘书、他的哥哥欧费米奥、他的表哥阿马多尔·萨拉萨尔，甚至还有他的姐姐玛利亚·德赫苏斯和他的小儿子尼古拉斯。霍奇米尔科淹没在鲜花和五颜六色的飘带中，装饰一新，好像要举办集市一样。学童唱着歌，当地的乐队奏起了小夜曲。正午时分，比利亚带着一小支护卫队来了。蒙塔尼奥发表了"热情的欢迎辞"，据在场的一位美国代表报道，还给了比利亚一个 *abrazo*（拥抱）。然后，他把北方的半人马介绍给了南方的阿提拉。一番问候之后，两位领袖去了当地的学校，爬上楼，在一间拥挤的屋子里坐了下来，开始谈判。

据美国代表观察，这两个人"明显不同"。比利亚"高大，强壮，大约重 180 磅，脸色红润得像个德国人，戴一顶英格兰［木髓］盔[2]，身着厚厚的棕色毛衣、卡其色裤子、绑腿和沉重的马靴"。在他旁边，萨帕塔看上去就像是从另一个国家来的人。他比比利亚矮得多，美国人注意到，"可能重 130 磅左右"，肤色黝黑，面颊瘦削，"巨大的 *sombrero*（阔边帽）[3]有时会遮住他的眼睛，让人看不到它们……他身着一件黑色短大衣，一条大大的淡蓝色丝绸颈巾，显眼的淡紫色衬衫，一条绿边白色手帕和另一条五颜六色的花手帕轮换着用。他还穿了一条黑色的紧身墨西哥裤，裤腿的外缝缀着银色的纽扣"。美国人看到，比利亚"没有戴任何首饰"，但是"萨帕塔左手戴了两枚小小的老式黄金条戒"。萨帕塔的姐姐坐在他边上，美国人把她错认成了他的妻子。"她身上穿戴的每样东西估计都不超过五美元。她的手指上戴满了老式

［1］　Cobb to the secretary of state, December 6, 1914, NA, 59: 812.00/13966. Serratos in *El Universal Gráfico*, November 25, 1952. Villa to Zapata, December 1, 1914, AZ, 27: 2.
［2］　一种最初由木髓制成的遮阳帽，由菲律宾的萨拉阔帽（遮阳斗笠）改良而来，19 世纪中叶之后成为许多殖民地军队的制式头盔，也成为一些殖民国家（比如英国）本土仪仗队配发的帽盔，后来也从军队推广至政府高层以及民间。——译者注
［3］　墨西哥的传统宽边遮阳帽。——译者注

条戒，看上去更像是铜的而不是金的，她戴了一打多这种戒指。"她旁边是萨帕塔的儿子，在整场会议期间都在睡觉，"穿着一条松身白棉布裤子，同样材质的衬衫，都是家里自制的，质量很差"。

有半个小时的工夫，两位领袖坐在那里，"尴尬地沉默着"，"偶尔开口，说一些无关紧要的话，就像一对乡下的恋人一样"。萨帕塔"似乎一直在仔细观察比利亚"。直到比利亚提到卡兰萨有多么"盛气凌人"的时候，他们才来了劲儿。"我一直都这么说，"萨帕塔冲口而出，"我一直跟他们说，卡兰萨就是个婊子养的。"他们怒骂那位老领袖，开他的玩笑，随意聊了大约一个小时。帕拉福克斯、塞拉托斯和冈萨雷斯·加尔萨时不时说几句话，对他们表示赞同。萨帕塔要了白兰地，而比利亚虽然滴酒不沾，只要了水，但是当萨帕塔递给他一杯酒，"为他们的兄弟联盟"干杯时，他勇敢地喝了一大口。他"差点儿呛死。他的脸扭曲了，眼泪涌了上来，哑着嗓子要水喝"。喝了水，缓解了喉咙里火辣辣的感觉之后，他让萨帕塔也喝点儿水。"不，"萨帕塔礼貌地拒绝了，"来吧，把酒喝掉。"确实，两人明显不同。

然后，这场非正式会议结束了，比利亚、萨帕塔和帕拉福克斯退进了另外一个房间。他们用了一个半小时，讨论如何摧毁普埃夫拉和贝拉克鲁斯这两个州里残留的卡兰萨派。比利亚吹嘘他的军备，慷慨表示要向萨帕塔提供继续战斗所需要的一切。然后，他们吃了晚饭，发表了讲话。美国代表松了一口气。他看到了两位领袖之间"充分理解"的迹象，"为尽早在墨西哥实现和平带来了希望"。[1]两天后，北方义军和中南部解放军高高兴兴地正式开进了墨西哥城，共同占领了它。摄影师在国家宫拍了一张照片，供后人观瞻；在照片上，比利亚兴高采烈地坐在总统宝座上，面露笑容，萨帕塔在他左边，神情严肃。

团结合作的幻象很快消失了。12月9日，萨帕塔离开了墨西哥城，去普埃夫拉州指挥战斗，而他正是在这场战役中看到了事情的真

---

[1]　Canova to the secretary of state, December 8, 1914, NA, 59: 812.00/14048. González Ramírez: *Planes*, pp. 113–121.

相。在路上，他从墨西哥城一名机警的情报员那里获知，前波菲里奥派、费利克斯派、韦尔塔派和前联邦官员都在不懈努力，想要挤进革命阵营。"目前，我们还是不得不和这些人妥协，"据该情报员汇报，有三名阴谋家都这么说，"但是很快情况就不一样了。安赫莱斯是我们的人，比利亚在他的手里。至于萨帕塔，他是个野人，我们必须除掉他……"[1]而比利亚的行为让这份报告更可信了。他在霍奇米尔科庄严承诺的大炮直到很晚的时候才送来，还是在萨帕塔反复要求之后才送来的；而且萨帕塔派不得不靠人力和骡子搬运它，穿过两座巨大的火山——波波卡特佩特火山和伊斯塔西瓦特尔火山——之间的山道，因为比利亚没有提供运输大炮的机车。[2]当萨帕塔在普埃夫拉城外等着大炮运过来的时候，他得知了更严重、更可怕的背信行为：12月13日，墨西哥城的比利亚军官杀害了他派驻大会的首席代表，保利诺·马丁内斯。

12月15日，萨帕塔和平占领了普埃夫拉城——大炮一到，卡兰萨派就撤走了。但是，即使是在轻松胜利的狂喜中，萨帕塔也没有掩饰他的顾虑。他给比利亚写了一封信，以近乎斥责的口气谈到了那些频频出现的消息，"我们的敌人正在积极活动，企图分裂北方和南方，……因为这一点，我觉得我有必要建议你，在这件事情上尽最大的努力保持谨慎"。[3]虽然萨帕塔知道占领普埃夫拉的战略重要性，但他还是回到了莫雷洛斯，显然满怀困惑和厌恶。

到了这个月末，备受称道的比利亚-萨帕塔联盟的失败就已经是公开的事实了。虽然大会仍然作为一个政治机构运行了下去，但是萨帕塔实际上已经放弃了他对它的军事责任，在特拉尔蒂萨潘定居了下来，享受退休生活。跟随他战斗的莫雷洛斯军队也跟着他回到了故乡，对四处

---

[1]　　Dolores Jiménez y Muro to Zapata, December 9, 1914, AZ, 27: 19.

[2]　　Cronista de la Revolución: "Sobre Veracruz," *Excélsior*, July 21, 1929. *La Opinión*, December 19, 1914.

[3]　　Zapata to Villa, December 16, 1914, AZ, 27: 19.

征战的荣耀失去了兴趣。留在普埃夫拉的主要兵力是一群前奥罗斯科派军士，领头的是胡安·安德鲁·阿尔马桑，他和他的亲信阿古梅多和阿吉拉尔一起，与当地的费利克斯派达成了协议，还把韦尔塔派官员从监狱里放了出来。虽然比利亚派首领愤怒地向萨帕塔派司令部表示了抗议，虽然帕拉福克斯自己也敦促萨帕塔更严格地监管他们的雇佣兵，但是，萨帕塔并没有在莫雷洛斯州外采取什么措施，口头上和行动上都没有。[1] 在墨西哥城，帕拉福克斯首当其冲，颇受比利亚派憎恨。那位在12月4日看到了"充分理解"的美国代表现在看到，"[比利亚]和萨帕塔之间的决裂已经不远了，而那一天到来的时候，*Señor Palafox*（帕拉福克斯先生）将会是第一个被比利亚处理掉的人"。[2]

小心地，有条有理地，卡兰萨派将军估量着他们的对手之间的不和，发动了攻势。到了新一年的1月4日，奥夫雷贡已经在普埃夫拉城郊区布好了军队，第二天，一场恶战过后，他占领了这座城市。就这样，他开始了真正的战斗，准备打垮比利亚——卡兰萨派眼中除了萨帕塔以外最大的威胁。直到奥夫雷贡和他的同志把比利亚派消灭掉，他们才有希望建立一个新的政权；在此之后，南方的麻烦就会缩小，变成一场烦人的地方动乱，他们就可以在有空的时候随手处理掉它。在接下来的几个月，这场可怕的战争在北方肆虐，而莫雷洛斯却风平浪静——这是自四年前战斗开始以来这个州首次迎来和平，也是五年后战争结束之前的最后一次。那里的人们此时可以进行他们自己的革命了。

［1］　　Palafox to Zapata, December 21, 22, and 23, 1914, AZ, 27: 19.

［2］　　Canova to the secretary of state, December 30, 1914, NA, 59: 812.00/14131.

第八章　村落革命

"……紧紧抓住 *jefe Zapata*（萨帕塔长官）战马的尾巴……"

此时的莫雷洛斯与世隔绝，却变成了一片新垦地。流离失所、穷困潦倒的人们其实已经在这个州里居住了许多个世纪，然而直到现在，他们才打心里认为自己是这里的主人。他们并不是在征服、清理、铲平和安顿一片刚刚收复的领土，而是要在上面重新建立起一个社会。和其他移民和拓荒者一样，他们断断续续地前进：他们的奋斗有的时候是出于迫切的生存需要，有的时候是为了自己不肯放弃的梦想。但是，在这个动荡的社会中，他们前进的方向却始终不变：建立民主市镇，构建乡村社会，让每家每户都能在如何支配当地资源问题上说得上话。

在墨西哥中部和南部，自古就有乡民自由联盟的乌托邦想象。在很久以前——那时距离西班牙人到来还有很长时间——它就以各种形态出现，唤起村民的热情。它最近一次出现是在萨帕塔派的队伍中：讽刺的是，莫雷洛斯的乡下人在军旅中才搞清楚了平民生活应该是什么样的。中南部解放军是"人民的军队"，而对于在这支军队中战斗的男人来说，对于作为他们军中私人伴侣的女人来说，他们的"人民"身份比"军人"身份更重要。他们更乐意仰仗他们村长的领导，而不是革命军队的军官。开始的时候，游击战争的最初几年，他们在为谁效忠这一点上没有遇到什么问题，因为村长和革命军军官通常是同一个人，或者是近亲，或者是老朋友。但是在推翻韦尔塔的大战中，随着正规军队的架构建立起来，原本业余的战士开始变得职业化，指挥官和当地的平民领袖之间的联系也减少了。虽然村议会通常会与军队进行合作，但是普通战士在究竟为谁效忠的问题上出现了分歧，或者至少，他们的答案已经和过去不同了。不过，战争持续的时间不够长，不足以让解放军强化它的军国主义倾向。军队和村领袖反倒搞出了一个联合指挥链：军队长官把他的命令下达给村领袖，或者那些和他一起战斗过的副官，后者接着把命令传达给各自的追随者。这一指挥中介系统通常能够缓解各种势力之间的紧张关系。[1]

至于各村之间或是当值的村代表之间的紧张关系，内战本身就缓解了它们。在战争开始之前，各村领袖对彼此的家族声望至少已经有所了解了，而共同的战斗也在他们之间催生了凝聚力。来自圣玛利亚和维齐拉克这样一向敌对地区的人们，为了保护对方而战死沙场，这让幸存者深受感动，紧紧地团结在了一起。

在1913年和1914年之间形成于莫雷洛斯的革命军队与比利亚和奥罗斯科的游击队完全不同，它并不是一个独立自主的军事组织，而只是这个州各个市镇的武装联盟。在1914年的夏末，和平再次到来的时候，村民重新建立了当地的平民社会。一到能够选举临时市政和司法当局、申报周边地区资产所有权的时候，他们就立刻这么做了。他们甚至拒绝让铁路人员砍掉他们的树当枕木或燃料，也不让他们取水给机车用。[2]墨西哥城里的大会派官员深受其扰，在他们看来，这就是执拗又迷信的农民干的事儿。但是村民自己则以另一种方式看待问题：铁路和大庄园的旧合同已经失效了；木材和水现在都属于他们。这些乡下人一直都是革命军的支持者和参与者，他们认为自己理应因为革命胜利而受益。更重要的是，他们在战争中也学到了，军队指挥官应该尊重

225

---

[1] On the traditional character of the Zapatista movement, see François Chevalier: "Un factor decisivo de la revolución agraria de México: 'el levantamiento de Zapata' (1911–1919)," *Cuadernos Americanos*, CXIII, 6 (November 1960), 165–187. On the Zapatista army, see Gómez: op. cit., pp. 114, 133, and Carlos Pérez Guerrero: "Cómo vivían los bandidos Zapatistas," *Mujeres y Deportes*, February 6, 1937.

[2] Robert E. Quirk: *The Mexican Revolution, 1914–1915. The Convention of Aguascalientes* (Bloomington, 1960), p. 206. Palafox to Zapata, December 21, 1914, AZ, 28: 19: 1.

他们；如果当权者不这样做，就该由愿意这样做的人掌权。整个州的乡村领袖都支持这种新出现的强硬态度，这是防止当地出现独裁者最强大的力量。

萨帕塔和他的大多数首领都和人们一样，对平民自治满怀期望。他们没有忘记自己是谁——他们是村落的儿子，是农工、佃户和牧场工人。他们最初获得权力就是在当地的议会。他们的虚荣心也很简单，带着乡下人的气息。整个墨西哥的有志政客这时都在穿卡其布衣服，但是没有哪个莫雷洛斯革命者会这么穿。要是一个莫雷洛斯首领想让自己看起来高雅，就像萨帕塔在霍奇米尔科那样，他就会穿得像是要去地区市场赶集似的，满手戒指，衣服颜色花哨，缀着闪亮的银纽扣。莫雷洛斯革命军中唯一配备制服的是阿马多尔·萨拉萨尔的私人护卫队，他们穿绿色的 *charro*（墨西哥骑手）服。[1] 当地首领一直以来最看重的就是同村人对他们的尊敬。身为村民，他们按照《阿亚拉计划》的规定，用最快的速度建立了一个平民政府，选德拉奥为临时州长。德拉奥有军事任务，脱不开身，于是各首领经过无记名投票，选出了新州长，洛伦索·巴斯克斯。巴斯克斯准备发起一系列常规选举，选出州长、州议会、州高等法院和市镇机关。[2]

一般来说，取得胜利的军队很少能在前线上顺利解散，而在莫雷洛斯，军队造成的问题也一直没有消失。不断有怨言传到巴斯克斯州长耳朵里——当地军官欺辱市镇长官，嘲弄公务员，拒绝放弃他们已经被收归国有的领地。3月中旬，巴斯克斯不得不向萨帕塔求助，希望他给予"道义上的支持"，来对抗"某些盘算着坏主意的人"，这些人"错误地

---

[1]　Marte R. Gómez: *Las comisiones agrarias del sur*（México, 1961），p. 87.

[2]　José Urbán Aguirre: *Geografía e Historia del Estado de Morelos*（2nd edn., Cuernavaca, 1963），p. 252. Amado Cháverri Matamoros: "El Archivo de Zapata," serialized in *La Prensa*, September 27, 1935. 萨帕塔告诉索托-伽马，他希望举行一场秘密投票，选出新州长，取代德拉奥。进行秘密投票的原因是，他不希望用政治手段解决问题——不希望有争吵，也不希望他或者其他首领的态度影响人们的看法。萨帕塔告诉索托-伽马，他投给了弗朗西斯科·帕切科。作者对索托-伽马的采访。

相信［这个州的］权力必须掌握在某个除了打打杀杀以外一无所长的革命者的手中"。[1]

但是这种恶行是偶然出现的个人行为，也并不代表领导者的意愿。莫雷洛斯首领平常几乎从不通过政务会来做决定。他们仍然是乡下人的伙伴，仍然只会和领头的那个伙伴——萨帕塔——在他特拉尔蒂萨潘司令部的议事厅里谈事情。遇到严重的紧急事件的时候，可能会有很多首领聚在那里，进行咨询、寻求建议或者接受命令。不过幸运的是，1915年莫雷洛斯并没有发生什么严重的紧急事件，甚至都没有哪位首领离开家乡去参加战斗。虽然有人滥用职权，但众首领仍和萨帕塔一样，认为自己应该对村落而不是对军队尽责。为了保护新政府，巴斯克斯要求萨帕塔让革命指挥官听从市镇政府的领导，让他们把没收的财产交给州政府，并且协助——以传统的村治安队或者州警察的形式——组织一支"公共安全护卫队"。为了"让行政机构正常运转，维持州内所有村落的秩序与安宁"，萨帕塔同意了巴斯克斯的要求。

萨帕塔已经训斥过了干涉村务的军队首领。在他亲自解决地方问题的时候，就像他以前不止一次地做过的那样，他的参与仅限于执行村民自己达成的决定。比如土地改革的时候，有一次，人们需要划定尧特佩克和阿内内圭尔科的土地之间的界线。他陪同这一区域的土地委员会去了乡下，来到一道 *tecorral*（石篱）边。两个村子的代表都已经聚在那里了。附近最年长的老人也作为顾问一起来到了现场。多年以来，这些长者一直在竭力保护他们的社区；据委员会的一名年轻成员回忆，萨帕塔"尤其恭敬地"听了他们的判断。随后，作为阿内内圭尔科的村长，解放军的总司令，他向即将开始调查的农学家发出了指令。"村落说这道石篱是他们的界线，"他对他们说，"那就是你们要给我划出来的界线。你们这些专家有时候总想着画直线，但是界线必须是这道石篱，即使你们必须要花六个月把它的里里外外都量一遍……"[2] 此外，很重要

---

[1]　Vázquez to Zapata, March 14, 1915, AZ, 28: 18: 1.

[2]　Gómez: *Las comisiones*, pp. 76–77.

的一点是，萨帕塔一直没有组建州警察队伍：和过去一样，执法权仍然属于村委会。

当地人也发现了，这些军队首领非常负责。他们尤其信任萨帕塔，认为他是一个能够拨乱反正的英雄。在普埃夫拉州界附近的高山上，一个与世隔绝的小村子里，索托-伽马的兄弟孔拉多——当时他正在为州土地委员会工作——遇到了一位老妇人。他甚至不确定她能不能听懂西班牙语。他问她，对萨帕塔将军有什么看法。"你想让我们说什么，"她回答道，"——我们这些山里的穷印第安人要紧紧抓住 *jefe Zapata*（萨帕塔长官）战马的尾巴，跟着他往前走。"[1]

于是，人们终于有了真正实现地方民主的机会。虽然军队首领仍然掌握着巨大的权力（外出战斗的时候，他们会把权力交托给自己的心腹），但是他们从来没有像波菲里奥时代的长官那样，享有高度制度化的权力，限制人们的自由。而虽然萨帕塔不能帮人们解决所有问题，因为不一定什么时候能联系到他，但他仍然是受人尊敬的首席大法官。莫雷洛斯的革命团体从来没有成熟到可以不再争论新政府和军队首领之间的问题的地步，但是至少他们的争论是真诚的，他们也很清楚自己的权力是从哪儿来的。从一开始，莫雷洛斯革命就是乡村领袖审慎思量的产物。他们想要依靠革命运动恢复这个州的村落的完整，为当地人赢得参与那场席卷全国的进步运动的权利。马德罗在 1910 年 11 月发起革命后，莫雷洛斯的乡村领袖经过了好几个星期的认真考虑和分析，才来到了他的身边。而他们最终加入他的队伍，也是因为一系列经过考量的实际原因——为了重新得到乡下的土地，保护村子的安全。稍后，在他们因为马德罗拒绝遵守承诺而发起抗议的时候，他们提出了一个公开的计划，定义了他们自己的反抗运动。虽然马德罗极受欢迎，但是仍然有许多村民主动或被动地支持莫雷洛斯的革命首领。在反抗韦尔塔的战斗中和战后，莫雷洛斯首领对当地村落的关心可以说是他们的责任，但是，

---

[1]　Díaz Soto y Gama: *La revolución*, pp. 262–263.

他们对泛泛而谈的宏大计划的抗拒其实是一以贯之的：只有在村庄里，他们才能自在地生活；他们并不关心别的事情，把它们都留给了秘书处理。这场运动的优势和它的弱点都与他们坚持的这种地方主义有关。

村落里重新建立了权力机关，为莫雷洛斯的土地改革提供了基础。而改革反过来也通过把农业资产集中在村落手中而强化了后者的力量。正如帕拉福克斯在 1914 年 9 月宣布的那样，"土地分配将会遵照各个村落的传统和习惯……也就是说，如果某个村子想实行公社制度，我们就在那里实行公社制度，如果另一个村子想分割土地，承认［个人的］小产业，我们也就那么处理"。[1] 于是，当地社会最传统的组织成了权力和人民生计的来源。

萨帕塔派的改革从传统中汲取了能量，这和卡兰萨派的土地改革不同。1915 年 1 月 6 日，卡兰萨签署了一项法令。根据这项法令，各州当局将负责把土地临时分配给申请者。不过，由于战争的原因，当局可能既受军队控制又受民间力量影响，当权者可能是他们辖区的本地人，也可能不是，他们可能会无视当地的"传统和习惯"，也可能不会。卡兰萨明确表示，改革不是"为了让传统社区重新焕发活力"，也不是"为了照老社区的样子建立新的社区"，而"只是为了把土地……交给那些目前缺少土地的悲惨的农户……"他还具体说明，"土地产权不是村落公有的，而是要分给农户，让他们拥有土地的 *pleno dominio*（完全所有权）……"实际负责征收和重新分配土地的是一批野心勃勃的将军，他们鄙视旧传统，决心要用新的方式取得成功。结果，严重的贪污问题出现了。卡兰萨派首领把改革带来的利益紧紧地抓在手里，一年之后，卡兰萨不得不在另一条法令中宣布，军队"只有在行政机关的行动可能会陷入困境"的时候才能进行干预，而且即使到了那个时候，也必须遵从行政长官的特别指令，为了一定的目的、在一定的时间内行动。但是，在卡兰萨派的地盘上，掌权的仍然是实业家。在他们手里，土地改革是

---

［1］　Cited in Magaña: op. cit., IV, 314.

为了建立新的国家经济体制，让他们自己的事业能够繁荣发展。[1] 而对于萨帕塔派来说，国家的责任就是维护地方生活的尊严。莫雷洛斯即将建立的政府不是官僚和将领命令的产物，而是乡村领袖合作的结果。

1915 年，莫雷洛斯土地所有权革命有序开展了起来，这很大程度上是曼努埃尔·帕拉福克斯的功劳。受他的野心驱使，他和其他土地改革支持者一起进入了大会派政府，他在那里作风强硬，独断专行，迫使政府批准了地方改革。这似乎只是他伟大的政治生涯的开端。萨帕塔派占领了墨西哥城后，帕拉福克斯就进入了一个充满荣耀、无比威严的世界，踏上了这个国家的各路英雄最重要的舞台。那时他才 29 岁。人们 仍然不知道这个细心、狡猾而认真的小个子男人将要如何安排他的命运；他的私人档案据说已经烧掉了，他的大多数同伴不是死掉了，就是在诋毁他，少数几个活下来的心腹朋友要么对他的事守口如瓶，要么对他表示怀疑；但是，他很可能觉得自己是个伟大的改革者，站在一个经由 19 世纪中期的不朽人物贝尼托·华雷斯和梅尔乔·奥坎波上溯至受到启蒙思想召唤的共和国开国元勋的伟人序列中。在首都，他表现得好像有意要吸引历史学家的注意似的。在工作中，帕拉福克斯行动大胆、手段巧妙，再加上他这个人意志坚定、生性骄傲，又有太多的任务要完成，所以他一有机会就会采取行动。他派自己信任的助手圣地亚哥·奥罗斯科管理南方的司令部，他本人则在霍奇米尔科会议之后，在墨西哥城建立了一个新的萨帕塔派司令部。他的办公室位于科斯莫斯酒店（"墨西哥城最好的国际饭店，位于圣胡安德莱特兰大街 12 号，配备两部电话机"），他就在那里卖力工作，推进土地改革运动。

没过几天，帕拉福克斯就当上了大会派内阁的农业部部长，成了政府中级别最高的萨帕塔派成员。在他受到任命的那一天，记者问他现在是否打算——像在他之前的官员那样——"研究土地问题"。"不，

---

[1]　For these decrees, see Manuel Fabila, ed.: *Cinco siglos de legislación agraria en México, 1493–1940*（México, 1941）, pp. 270–274, 280–281. For a short commentary on the 1915 decree, see Eyler N. Simpson: *The Ejido: Mexico's Way Out*（Chapel Hill, 1937）, pp. 56–62.

señor（先生），"他回答道，"我不会把时间花在那个问题上。我已经充分研究过了土地问题，现在我将为实现［改革］而献身……"[1]

美国代表立刻就注意到了他，认为他是个惹祸精。有位代表打算造访一座位于萨帕塔派领地上的美国人所有的庄园，向他索要安全通行证；然而，"他对我说"，这名代表报告，"他不能让我去那里，因为所有的房地产都会被分割，土地会分配给穷人"。代表向他解释，那处产业是美国人的。帕拉福克斯的回答令人震惊："他回答道，不管它是美国人的还是随便什么外国人的产业，都没有区别，这些产业都会被分割……"代表答应了他的上司，准备继续汇报有关帕拉福克斯的消息。"我可以预见，"他写道，"他注定会给外交部部长惹来很多不必要的麻烦。"到了 12 月末，这名代表认定，"不管是美国人还是中国人的产业"，帕拉福克斯都会对它们进行分割，于是他提交了一份结论性的报告。"他实在让人受不了，"代表表示，"他疯狂的社会主义观点也无法以一种对他的国家有利的方式解决问题。"代表幸灾乐祸地预测，一旦比利亚和萨帕塔决裂，比利亚就会"解决"帕拉福克斯。[2]

1 月初，帕拉福克斯把他的部门组建了起来。除了成立全国农村信贷银行（National Bank of Rural Loans）、指挥建立地方农业学校（Regional Schools of Agriculture）和一所国家农业设备厂（National Factory of Agricultural Implements）以外，他也开始审阅村落的土地请愿书。1 月 14 日，他在农业部里建立了土地分配特别办事处。他甚至给远在伊达尔戈州和瓜纳华托州的村民送去了指令，让他们重新获得了土地所有权。[3]

帕拉福克斯一找到技术员，莫雷洛斯的土地改革就开始实行了。这些技术员是国家农业学院（National School of Agriculture）即将毕业的

---

［1］　"Hace 50 años," *Excélsior*, December 14, 1964.

［2］　Canova to the secretary of state, December 17 and 20, 1914, NA, 59: 812.00/14122 and 14131.

［3］　Silliman to the secretary of state, January 13, 1915, ibid., 14195. *La Convención*, January 5, 6, 14, and 15, 1915.

1914届学生，自愿去莫雷洛斯工作。1913届毕业生去了奇瓦瓦州，在比利亚派司令部效力，但是各种各样的个人原因把1914届毕业生带到了南方。索托－伽马的另一个兄弟伊格纳西奥在这所学校教书。学生们喜欢他，也很尊敬他，他对莫雷洛斯革命的热情深深地影响了他们。而在革命开始前，这个班里最年长的学生阿方索·克鲁斯碰巧在锡那罗亚州认识了帕拉福克斯。现在克鲁斯是这位部长的助理，于是他把自己的同学招进了萨帕塔派的队伍里。

1月中旬，大会正式指派了95名年轻的农学家，组成了一批土地委员会，在莫雷洛斯、格雷罗、普埃夫拉、墨西哥等州和联邦特区"调查并分配土地"。有23人要去莫雷洛斯——他们分成了六组，每组负责这个州的一个前行政区。最后，有五名被派去莫雷洛斯的委员没有接受任命。但是莫雷洛斯是距墨西哥城最近、最安全而且最激动人心的地方，所以许多被派到别的州的人也来到了这里。于是，1月31日，41名年轻人带着他们的三脚架、水准仪和测量链在库埃纳瓦卡露面了。他们到得比预期时间早，部分是因为急于开始工作，部分是因为害怕卡兰萨派——后者已经重新占领了墨西哥城，并且把大会也赶到了库埃纳瓦卡。

为了保证各地区办事处正常运行，帕拉福克斯与35名暂时在莫雷洛斯流亡的土木工程师和军事工程师签下了合同。这些人包括孔拉多和伊格纳西奥·迪亚斯·索托－伽马（后者是一名备受尊敬的年轻农学家）、费利佩·桑蒂瓦涅斯和费利佩·卡里略·普埃尔托（普埃尔托后来很有名：他当上了尤卡坦州州长，行事颇为激进）。另外还来了四位前几年毕业于农学院的农学家，帕拉福克斯也聘用了他们。很快，他就把他们和刚毕业的学生组织成了各区的委员会，给他们分配了各种各样的任务。[1] 为了监管他们的工作，他指派阿方索·克鲁斯为州内土地改革行动的负责人。

231

[1]　Gómez: *Las comisiones*, pp. 18–21, 44, 50.

各个委员会大小不一，这取决于有多少年轻助理与该地区会长和副会长一同工作。特特卡拉委员会有九人、霍纳卡特佩克和尧特佩克有八人、库埃纳瓦卡七人、库奥特拉六人、霍胡特拉五人。基层工作人员队伍相当稳定：到了这年的年末，每个委员会至少都换了一次会长，但是只有霍纳卡特佩克那组更换了助理。[1]

委员会很快就开始工作了。来自库埃纳瓦卡以外地区的委员用马车把他们的仪器运到了几个前地区中心那里。当地的萨帕塔派指挥官给他们分配了市中心附近的房子，用来办公和住宿。那些房子大部分是富人遗弃的旧豪宅，现在变成了国有财产。一些房子配有家具，一些没有；但是众助理的士气非常高涨——尽管他们的生活中几乎没有女孩子；萨帕塔和帕拉福克斯也要求当地的指挥官保护这些委员会，协助他们完成工作。[2]

刚在住处安顿下来，助理就整理好了他们的设备，会长也贴出了告示，宣布他们已经准备就绪，可以开始工作了。许多村子已经占领了他们与种植园争夺的那些土地，有的还占了比那多得多的土地，但是他们很快就接受了委员会认证土地所有权的要求。村落的第一批代表来到了委员会，要求对他们的土地进行调查，于是年轻的工作人员两人或三人一组，出发去见村落领袖。他们要调查被当地农人称为 *la mapa*（地图）的东西，也就是村子的土地所有权证书，这东西很古老，往往可以上溯至总督时代。然后，委员们就会带上一支帮他们搬运设备、清理灌木丛的工作队，"就像进行军事活动一样"，来到乡下，研究如何划定土地的界线。这不是一件容易的差事。被他们用作参考的 *la mapa* 常常提到"一块大石头""一棵茂盛的无花果树""一座圆乎乎的山"或"一道

232

---

[1] Gómez: *Las comisiones*, pp. 190–195. 桑蒂瓦涅斯是尧特佩克委员会中的土地问题代表，同一委员会中还有马斯特·戈麦斯。卡里略·普埃尔托是库奥特拉委员会的代表，这个委员会中还有菲德尔·贝拉斯克斯，当时是一名助理，现在是墨西哥工会主席。至于索托－伽马兄弟，孔拉多去了格雷罗，是伊瓜拉地区的代表，伊格纳西奥则领导着农村信贷银行。

[2] Ibid., pp. 51–57.

深谷"。助理们常常需要询问当地的长者，而即使这样也得不到准确的结果。有的时候，当地人故意说得很含糊，因为这样可以贪心一点儿，多占些土地。村落首领知道，种植园现在已经完全没有抵抗之力了，哪个村子最强势，哪个村子就能得到最多最好的土地。在这样的情况下，如果有村子不去抢占好地，那才是怪事。但是总体而言，各村领袖的行为似乎还算克制。一般来说，他们也是真的不知道怎么回答助理们的问题。至少，他们承认委员会在土地问题上的权威，还把自己手里的地图交给了他们。

仍然会有严重的冲突。虽然委员会在调查中尊重了当地的传统，但是村子之间仍然存在一些无法解决的问题，只有双方做出妥协才能缓解。种植园主可能在几十年前霸占了某个村子的土地，然后把这些土地租给了另一个村子的农户，租了许多年。那么现在如何处理这些土地？遇到这种问题的时候，助理就会把相关各方召集起来，开一场政务会，希望他们能有和解的态度。然而这些村子极为多疑，派来参会代表的同时往往也会派来他们的军事首领和当地的一些恶棍。如果村子的代表认为政务会对他们村不公，他就会拒绝接受它的裁决。他会告诉委员会，"我们才不会受这种气"，然后他会退出谈判，在家乡人的欢呼声中凯旋。[1]

这个时候，委员会可能会求助于更有声望的权威人士，也就是地区革命长官，甚至萨帕塔将军本人，也可能会继续进行他们受争议的调查。虽然第二条路很可能把他们卷入敌对村庄之间的暴力争斗，但是他们更倾向于把向高层求援作为万不得已的时候使出的最后一招。于是，他们能做的就是尝试继续进行协商。一段时间之后，这些年轻人的勤勉和显而易见的诚意赢得了村民的信任。"这些 ingenieritos（工程师）不是花花公子，"当地农夫说，"他们能像我们一样走一整天的路，到了晚上他们还要在纸上写写画画。"[2]

---

[1]　Gómez: *Las comisiones*, pp. 62–69.
[2]　Ibid., pp. 71–78.

委员会对特米斯科和圣玛利亚之间的土地争端的处理，大大增加了乡下人对他们的好感。整个州的乡下人都知道库埃纳瓦卡以北的庄园和村落之间的斗争。在波菲里奥时期的最后几年，庄园取得了在日后看来具有决定性的一场胜利。而在内战中，村落实际上已经被夷平了。但是库埃纳瓦卡委员会做的第一件事就是把历史上属于圣玛利亚的土地还给了他们。村民摆下宴席、发表演讲，热情地款待了这些工程师。2月19日，人们举行了正式的土地归还仪式。[1]曾经住在这里的人回来了，圣玛利亚重新获得了生机。这件事非常出名，它是一个信号，让其他村民知道，他们可以放心——委员会将承认他们的土地所有权。[2]

调查完村子的边界、把附近庄园的土地分配给村子之后，地区委员会就会让村子自行处理剩下的问题。根据1914年9月8日颁布的法令的第六条，村庄可以以集体所有的形式拥有土地，只分配耕种权，也可以自行把所有权分配给各个小农户——具体形式由村庄决定。州和联邦政府在这些事情上都无权插手。萨帕塔希望，帕拉福克斯也宣布，由"各个村落的传统和习惯"决定当地的产权制度。[3]联邦政府保留的唯一权力是阻止土地所有者——不管是公家还是私人——出售或出租他们的土地。这样可以防止他们受到村里狡诈的政客和投机商的联合压榨。如果贪欲是无法完全消除的，那么政府能做的至多就是给人们的权利设限，不让他们沦落为欲望的受害者。显然，没有当地农户反对这条禁令。

于是，莫雷洛斯的村落获得了重生。六个委员会在州里工作了几个月，调查并划定了那里几乎所有的一百多座村子的边界，把大部分耕地、大片的树林和灌溉设施都给了村落。[4]他们定下的规则——或者说

---

[1] "Informe que rinde el Jefe de la Comisión Agraria en el Distrito de Cuernavaca ... February 19, 1915," *El Nacional*, November 20, 1932.

[2] Gómez: *Las comisiones*, pp. 64–65.

[3] 萨帕塔拒绝采取意识形态化的方式来进行土地改革。相关评论见 Díaz Soto y Gama: *La revolución*, pp. 272–274。

[4] For an account of the various commissions' work, see Gómez: *Las comisiones*, pp. 64–78.

一系列规则——在当地牢牢地确立了起来，成了常规制度。到了3月初，萨帕塔通知现任大会派总统，罗克·冈萨雷斯·加尔萨，"与土地问题有关的事务已经彻底解决了，州里的各个村子，根据保护它们产权的证书，已经获得了那些土地……"随后发生在村民和村落之间的争端，他宣布，将由农业部部长负责，要么由部长本人直接裁定，要么通过特别委员会或者民事法庭进行裁决。[1]*234*

村庄领地范围之外的土地仍然归帕拉福克斯部长处理。他可以将这些土地视作种植园主的私产，不去动它们，或者在支付补偿金之后以公众利益的名义征用三分之一，或者宣布它们是某个革命敌人的财产，彻底没收。有些种植园主异想天开，认为通过阿谀奉承、提供资金和专业技术，他们或许可以收回他们的庄园，至少收回一部分。"如果我的消息还算灵通，"1914年10月，华金·阿莫尔在墨西哥城给萨帕塔写信，"鉴于莫雷洛斯严重的贫困状况，你不会不高兴看到种植园恢复运转"。他只要求萨帕塔给他的投资创造"最寻常的条件：你表示同意，并向我提供保护和帮助，这样我们才能开展工作"。他顺便也想问一下，萨帕塔能不能把他的种植园主同仁伊格纳西奥·德拉托雷－米耶尔、曼努埃尔·阿劳斯、罗穆阿尔多·帕斯克尔和何塞·帕加萨从墨西哥城的监狱里放出来，让他们也为莫雷洛斯的复苏效力。[2]但是，帕拉福克斯"疯狂的社会主义观点"让墨西哥城的观察者大吃一惊：他保留了所有未被村落占领的土地的控制权。显然，他连补偿金都没付，就直接没收了余下的土地。仍有种植园主和种植园律师不肯相信当地的革命首领也会做出这种他们认定是发疯的行为，但是他们很快就认识到了自己的错误。一名美国领事痛心地给华盛顿写了信，表示"[我与帕拉福克斯谈话]几天后，据报道，拉蒙·奥利瓦雷斯[原文如此][3]，一个在美国和英格兰接受了教育的墨西哥上等人，美国俱乐部的成员，就被莫雷洛斯

---

[1]   Cháverri Matamoros in *La Prensa*, September 27, 1935.

[2]   Amor to Zapata, October 21, 1914, AZ, 27: 7.

[3]   这里应为奥利韦罗斯（Oliveros）而非奥利瓦雷斯（Olivares）。——译者注

的萨帕塔派州长——臭名昭著的赫诺韦瓦［原文如此］[1]·德拉奥在库埃纳瓦卡附近残忍地杀害了……"[2]

帕拉福克斯也没收了磨坊和酒厂。这些厂子已经"完全毁掉了"，萨帕塔自己也承认：联邦军队在1913—1914年的战争中没有毁坏、偷走的部分，后来也被村民和难民拿走了。但是萨帕塔和帕拉福克斯都想让磨坊恢复运营——不是作为私人企业，而是公共服务部门。继续种植甘蔗的村民可以把他们的产品送到那里进行加工，流亡的劳工也可以重新在那里落脚，赚一份工钱。而且政府也可以靠磨坊增加财政收入。于是，帕拉福克斯一上任，人们就开始修复工厂、组织工人、调动役备了。3月初，四座莫雷洛斯磨坊——特米斯科、奥斯皮塔尔、阿特利瓦扬和萨卡特佩克——再度投入了生产。负责这些厂子的是当地出身的将军，分别是德拉奥、埃米格迪奥·马莫莱霍、阿马多尔·萨拉萨尔和洛伦索·巴斯克斯。他们把获得的微薄收益交给了司令部，用来支付萨帕塔所说的"军医院、营房、急救车队的补助款、在战场上捐躯的革命者的遗孀的救助金……"，"许多大笔开销"。萨帕塔确定，莫雷洛斯的财富迟早会超过从前，到时候"我们再来看看怎么花钱是最好的"。[3]

其他不属于革命派的旁观者也这么想。3月中旬，大会派军队重新占领了墨西哥城，大会作为中央政府重新回到了那里，在那之后，这类想法就愈演愈烈了。各种各样的骗子、投机商、推销员和小商贩都被吸引到莫雷洛斯来了。正是因为帕拉福克斯在州内实行了消灭种植园主、促进经济复苏的政策，他们才发现这里有利可图。这些一流的掠夺者完全看得出来，这位部长剥夺了旧有产者的资产，但是他们不相信他会把这些财产交给公众所有。根据这些人笃信的道理，只要有酬金或者回扣，帕拉福克斯必然会把土地交给新的有产者私人所有。对于他们来说，国有化看起来新奇，但只是用一批有产者替代了另一批而已。

---

[1] 德拉奥的名字是赫诺韦沃（Genovevo）而非赫诺韦瓦（Genoveva）。——译者注

[2] Silliman to the secretary of state, January 13, 1915, NA, 59: 812.00/14195.

[3] Cháverri Matamoros in *La Prensa*, September 27, 1935.

在这批人之中，最活跃也最顽固的是一个最近 20 年都生活在墨西哥的新英格兰人，休伯特·L.霍尔。他是个商人，摩门教徒，非常熟悉墨西哥的情况，给见过他的美国人都留下了很好的印象。有代表曾经报告，"……他完全值得信任，是一个有着高尚品格的人……斯穆特参议员非常了解他……"[1]霍尔对莫雷洛斯特别感兴趣。有一段时间，他在库埃纳瓦卡经营一家旅店，到了 1910 年，他获得了圣玛利亚周围林区的土地；第一个向美国大使馆抱怨美国人在莫雷洛斯的产业遭到了破坏的人就是霍尔夫人，她在 1911 年 8 月提交了报告。[2]然后，起义爆发了，霍尔不得不放弃他在莫雷洛斯的投资。1913 年 3 月，萨帕塔派看上去可能会接受和解的时候，他试图组织一家公司"分配土地"，以此弥补自己的损失。他打算给萨帕塔这家公司价值 5 万比索的股票，给其他大首领每人 1 万比索的股票。[3]不过这个计划失败了，而在接下来的战争中，霍尔看到，他在墨西哥的发展前景也遭受了巨大的破坏。但是，当革命派在 1914 年年中获得胜利的时候，霍尔意识到，他可以利用重建时期的混乱形势，靠他的人脉关系赌一把，说不定可以骗来大笔财富。他回到了美国，让国务院相信他是"萨帕塔的私交好友"，差点儿骗到了给南方司令部看的外交文书，还为他返家的旅程拿到了官方津贴。只是因为萨帕塔的警告——"这位先生到他的营地来并不安全"——他才没有到南方司令部来。[4]但此时霍尔志在必得，他回到了莫雷洛斯，假装自己是个外交官，表现得和以往一样轻松自如，脑袋里盘算着新的诡计。

他的诡计就是解放军合作垦殖团（Liberating Army Cooperative Colony）。这是一间价值 18 万比索的私营公司，200 名创始人将要分 30 期按月认购这些股份。创始人就是主要的革命首领和秘书，"他们曾经

[1] Lind to the secretary of state, March 23, 1914, NA, 59: 812.00/20609 1/2.
[2] Dearing to Mrs. H. L. Hall, August 14, 1911, NA.
[3] Magaña: op. cit., III, 97.
[4] Bryan to the Brazilian minister, August 28, 1914, NA, 59: 812.00/13015. Silliman to the secretary of state, August 29, 1914, ibid., 13040.

为了人民的自由而无畏地战斗"，而现在霍尔要把他们召入"教育并救赎那些被解放了的人的伟大事业中"，"开拓土地，合作经营，依靠政府的帮助建立灌溉设施、工业和制造业，让大量劳动者找到工作"。具体来说，创始人要领导一家在土地肥沃的库埃纳瓦卡山谷中拥有超过64000英亩良田的大型农业联合公司。这家联合公司将会占据曾经属于特米斯科、奥圭拉、圣比森特和阿特拉科穆尔科庄园的土地，霍尔期望帕拉福克斯部长把这些土地交给这家公司，以此表示他对他们的"认可"。他们将在这些土地上大规模采用最新的耕种和放牧方式。同时，他们还要建立农业学校和实验站、合作集市、商店、仓库、马厩，并出版周报。公司股票中，将会有一股给每个在垦殖团里劳作的家庭的家长，一股给每对已婚夫妇，一股给每个已经长大了的孩子，一股给每位寡妇。如果还有另外200名革命者也想建立附属垦殖团，他们完全可以这样做；而如果周围的土地不够，他们可以从邻近的庄园或者村落抢得土地，"这都是理所当然的，并不会损害他们的权益"。霍尔想把第一个垦殖团社区建在库埃纳瓦卡周围，"这是南方伟大革命的摇摇篮［原文如此］[1]，我们想用这种无私而有益的方式，纪念并延续革命的精神和高尚理想"。

237　　真正被霍尔骗进这家公司的首领和秘书显然不多，这些人也不算重要人物。3月，他发布了第一份传单（也是唯一的一份），宣称有70名创始人已经加入了，其中包括帕拉福克斯、蒙塔尼奥、洛伦索·巴斯克斯、莱奥瓦多·加尔万、圣地亚哥·奥罗斯科、赫纳罗·阿梅斯夸，以及安东尼奥和伊格纳西奥·迪亚斯·索托－伽马。但是，这些人里面只有伊格纳西奥·迪亚斯·索托－伽马在霍尔主持的垦殖团组织委员会和临时董事会中任了职。身为这两个组织的秘书，这位年轻气盛的农学家撰写了这家公司的宣传文案。可能只有他真正参与了这个项目。霍尔把这份广告翻译成了英文，还把索托－伽马的一些最狂野的大话改

---

[1]　应为"cradle"（摇篮），但霍尔写成了"craddle"。——译者注

得更加夸张了。比如，原文说"大会军队其他的所有主要首领"已经注册成了创始人，霍尔写的则是"邀请函已经送到了埃米利亚诺·萨帕塔将军和 *Ejército Libertador*（解放军）所有的主要官员那里"，请他们参加。但是，显示这些首领、其他被提到的首领曾与霍尔会过面的证据并不存在，更不用说他们签名注册的誓约了。

4月初，在墨西哥城，霍尔亲自拜访了帕拉福克斯。"为了公民在经济、道德和教育方面的利益和进步，墨西哥政府正在实施伟大的人道主义事业，"这位优秀的摩门教徒宣称，"我想帮忙。特别是土地问题，我已经研究了许多年，对这个问题无论是在理论还是实践方面都很有兴趣。我邀请了许多最优秀的公民，和我一起组成一个合作垦殖组织，与政府一起劳动、协作，在共和国的那些适合这样做的地方，首先是南方革命的摇篮、有着突出的农业特征的莫雷洛斯州，我们已经从一百多位军政府的最高长官、官员以及农业、手工业和商业团体那里收到了积极热情的答复，他们强烈要求尽快开始这项工作，而为此目的，我们已经组织了一个临时团体，采取必要的行动，迈出第一步，满足人们的愿望。"然后他要求拨给他土地。这个要求，他相信，"与加拿大、澳大利亚、阿根廷、巴西和美国政府给殖民者提供的特许和招商政策相比是完全合理而且适度的"。身为干这种事的老手，他提醒帕拉福克斯，"在墨西哥的开拓和移民问题上，有经验的研究者已经达成了共识；他们认为，**要想取得成功，只能在这里采取大规模的行动，而且很大程度上必须依靠政府支援和培植……**"[1]

然而帕拉福克斯的答复并不"积极"，也没什么"热情"。他显然没有正式拒绝霍尔，但他也没有把霍尔要求的土地给他。而且，帕拉福克斯也开始调查，想搞清楚霍尔到底是不是美国派来的代表。4月中旬，他从华盛顿得知，"霍尔不曾、现在也没有受到国务院的聘用，不能以

---

[1] For all the documents relating to the Hall episode, see Lind to the secretary of state, March 23, 1914, NA. 文中的拼写和语法问题都是霍尔的，强调标记也是霍尔加的。

任何形式代表它”。[1] 于是霍尔就再也没有在莫雷洛斯的事务中出现过了。村民的土地改革还在迅猛进行——身在特拉尔蒂萨潘司令部的萨帕塔为这项事业的发展提供了保障。另一位美国代表 4 月 16 日与萨帕塔见过面，随后向政府汇报，“他相信富人的财产应该被没收，分配给穷人；他认为这样做是对的”。[2]

当地革命基础牢固，措施有力，甚至可以独立发展，不受萨帕塔派政治家在墨西哥城不断变化的命运影响。3 月中旬，回到首都之后，帕拉福克斯和索托－伽马继续与大会的比利亚派主席罗克·冈萨雷斯·加尔萨进行激烈的斗争。比利亚派不仅反感萨帕塔派对权力的要求，以及他们对社会改革的激情；最让他们耿耿于怀的是，南方革命军对卡兰萨派的打击不够有力。萨帕塔派反过来抗议，声称他们无法制造、购买或者从比利亚那里得到足够的弹药，也就无法发动常规战役，而且无论如何，他们理应在政策制定的过程中享有平等的地位；他们认为最恶劣的是，比利亚派在土地问题和其他问题上逃避社会改革。然而，萨帕塔派面前有一个重大问题：他们害怕比利亚派会撤回北方，弃他们于危难之中。为了让比利亚派留在这里，萨帕塔派其实一直在监视他们的盟友：他们任命希尔达多·马加尼亚为联邦特区长官，阿马多尔·萨拉萨尔为墨西哥城驻军的指挥官。4 月初，帕拉福克斯要求冈萨雷斯·加尔萨拨款，为南方军队发放制服，总统拒绝了，并且试图利用这件事把帕拉福克斯从内阁中排挤出去。在索托－伽马的努力下，双方停止了争斗，但是帕拉福克斯仍然对总统怀着强烈的敌意，于是，5 月 1 日，冈萨雷斯·加尔萨强迫他辞职了。这个消息激怒了萨帕塔，他来到墨西哥城——这是他最后一次来到首都——要求恢复帕拉福克斯的职位，无果。一个月后，在索托－伽马的操纵下，冈萨雷斯·加尔萨在大会选举中失败，一位更没有实权的新行政长官就职了，帕拉福克斯

239

---

[1]　Bryan to Duval West, April 12, 1915, AZ, 28: 6.

[2]　Duval West, Report to the President, May 11, 1915, NA, 59: 812.00/19181.

也回到了他的位置上。[1]不过墨西哥城里的这些机关算计并不能引起萨帕塔的兴趣，这也是为什么它们一直在继续，从未停止。而且，它们也没有对莫雷洛斯产生影响。州里的人正在走自己的路，不需要外面的赞助者和保护人。在莫雷洛斯，革命开足了马力，向前推进。

到了春天，人们开始收获了。这是村落改革后结出的第一批果实。农户收获的不再是种植园主的甘蔗或大米，而是传统的粮食，玉米和豆子。随着雨季来临，巴斯克斯州长给各市镇政府发放了50万比索——这是大会提供的贷款——用来借给当地农户，让他们赊购种子和农具。到了6月中旬，记者发现，州里所有的土地都种上了庄稼，主要也是玉米。[2]

萨帕塔并不赞同这一发展方向，因为这会让磨坊闲置。至少从1911年以来，他就预料到了，经过重组的庄园可能会成为公共财富的丰富资源，而近来与农学家的谈话更让他确信，磨坊应该作为"国家工厂"继续运转。他知道，农户耕种甘蔗，收获以后卖给磨坊，这样可以赚到钱，也可以存下积蓄、购买新产品、使用新服务。于是，他订购了零部件，修复了受损的机器。又有三座工厂重新开业了。负责的仍然是本地首领——莫德斯托·兰赫尔掌管埃尔蓬特，欧费米奥·萨帕塔管理库奥特利斯科，毛里利奥·梅希亚，萨帕塔的外甥，负责夸维斯特拉。稍后，圣克拉拉也在门多萨的领导下重新开业了。此时在技术方面帮助他们的是农村信贷银行（Rural Loan Bank）的农学家，而这些专家遵循的是伊格纳西奥·迪亚斯·索托－伽马颇有创意的指令。萨帕塔敦促村民种植经济作物，不要种蔬菜。"如果你们继续种辣椒、洋葱和番茄，"他对阿亚拉城的农夫说，"你们就永远不能摆脱一直以来的贫困状态。这就是为什么，你们必须像我建议的那样种甘蔗……"他把

[1]　For an account of these struggles based on González Garza's archive and favoring him, see Quirk: op. cit., pp. 211–223, 232–252. For a Zapatista version, see Palafox to Zapata, March 28, 1914［sic, 1915］, AZ, 27: 10; Palafox to Zapata, April 13, 1915, AZ, 30: 6; A. Díaz Soto y Gama to Zapata, May 17, 1915, AZ, 28: 23: 1; Palafox to Zapata, June 25, 1915, AZ, 27: 1.

[2]　*La Convención*, May 20 and June 17, 1915.

240

钱和种子有条件地赠予村民，这的确说服了他们中的一部分人重新开始种甘蔗。[1]

但是大部分农户还是选择继续种蔬菜。比起重建庄园，他们显然更愿意种植并售卖村落传统的主要食物。夏天，莫雷洛斯的地区市场上满是人们熟悉的豆子、玉米、鹰嘴豆、番茄、洋葱、辣椒，甚至还有小鸡。墨西哥城此时正在饥荒的边缘，与此形成对照的是，莫雷洛斯的普通人和 1910 年相比显然拥有更多的食物，而且实际价格更低。食品产量非常大，尽管大会派货币持续注入莫雷洛斯市场，那里也几乎没有出现通货膨胀的迹象。在 *fondas*——供革命军官、当地工作人员和城市难民吃饭的简陋乡村小酒馆——里，年轻的土地委员会委员只需要四比索就能轻松负担一整天的花销。[2]

当地的紧张状况显然得到了缓解，革命的莫雷洛斯也显现出了它的特点：当人们选择种植什么作物的时候，他们同时也选择了自己想要建立什么样的社区。他们不欣赏追名逐利的人，不愿意永远追求成绩和收获，也不想过充满机遇、变化和发展的生活。他们更想要他们能够掌控的生活，一家人过着朴素兴旺的日子，认识的人也过着朴素兴旺的日子，而且大家都生活在同一个地方。对于——比如说——实验性的改革，他们只会在确定有效的时候才会尝试，也就是说，到了它已经不再是实验的时候再尝试。他们获得的收益，只有在他们找到了合乎规矩的使用方式之后，才会得到他们的重视。

即使在政府工作人员中间，1915 年莫雷洛斯的风气也有着强烈的乡民特色，土气而质朴，好像有意要这样似的。在服装风尚上，当时流行白色宽松衣裤——南方农夫的工作服。司令部的秘书穿这些衣服并不

[1] Serafín M. Robles: "El Zapatismo y la Industria Azucarera en Morelos," *El Campesino*, August 1950. Porfirio Palacios: "Todo es según el color. ... El problema del azúcar y la visión de Zapata," *La Prensa*, February 19, 1944.

[2] Gómez: *Las comisiones*, pp. 39, 59–60. 大会派货币通过向南方军队支付的款项进入了莫雷洛斯，见 Francisco Ramírez Plancarte: *La Ciudad de México durante la revolución constitucionalista*（2nd edn., México, 1941）, pp. 450–455。

只是因为喜爱，也是因为这样穿是安全的。访问库埃纳瓦卡的时候，北方同盟的革命者换下了他们的卡其军装；不然的话，一旦他们在离中央广场比较远的地方游荡，就会招来辱骂甚至攻击。任何穿着西装裤、衬衫和靴子的人都是 catrín（花花公子）。在语言中，语气亲近的第二人称成了主流，乡下的俚语和方言广为流行：小伙子或者男孩是 vale（字面意思就是票据），射击就是 quebrar（打破），el gusto（乐子）指的是特技马术和套牛，敌人是 los Carranzas（卡兰萨家的），pobre（贫穷）说成 probe，somos（我们是）成了 semos，fue（他曾经是）说成 hue。在娱乐方面，这里没有进口的高级烈酒，也没有国外来的演出，只有一些本地的消遣方式，和战前没什么两样——温啤酒和 resacado（纯朗姆酒），斗鸡，还有马背上的"乐子"。

此时，这个州的中心在特拉尔蒂萨潘。这是一座山谷中的宁静小城。沿着山谷向南，就是霍胡特拉的一片片稻田。城里耸立着暗绿色的月桂树，把广场和街道笼罩在永恒不变的阴影中。风突然掠过树顶的时候，树下的谈话停歇下来，在宁静中，人们能听见曲曲弯弯的溪流和运河的潺潺水声。在这个度假胜地，萨帕塔不仅建起了他的司令部，还安了家。正如来到这里与他会面的美国代表看到的那样，这个州里所有的农户都把他视为"救星和父亲"。[1] 这里不像墨西哥城，没有人成天炫耀他们没收的奢侈物件，没有人乐颠颠地挥霍缴获的财富，也没有成群的居家有电话、出门有豪车的官僚，人们只是日复一日有分寸地处理着当地的工作。白天，萨帕塔待在城北边一座老碾米厂的办公室里，在那里听取人们的请愿，把它们转给在墨西哥城的帕拉福克斯，或者自己亲自处理；他也在那里决定战略政策、发布命令。到了晚上，他和他的助手一起在广场上消闲，他们喝酒，谈论斗鸡和赛马；有时候，也有农夫凑过来，与他们一起喝一杯啤酒，谈论雨水和农作物的价格。这时候，萨帕塔总会慢慢地抽一支上等雪茄。到了夜里，他和当地的一名女性一

---

[1]　West, Report, May 11, 1915, NA.

起睡在他的营房里。在特拉尔蒂萨潘他至少生了两个孩子。[1] 8月的时候，为了庆祝他的生日，城里的人们举办了一场嘉年华，当地的少女表演了一系列节目——"游行、演讲、劳动赞歌、华尔兹、讨论会、演讲、游行、诗朗诵、演讲、幻想曲、讨论会、儿童喜剧、独角戏和演讲、唱国歌……"[2] 在这个避风港里，萨帕塔沉溺在他的美梦之中。他想在城南边山坡上的教堂旁边建一座陵墓，作为他和他最亲近的首领的集体墓地。在特拉尔蒂萨潘，他找到了这场革命的精神家园。

这一年最盛大的娱乐活动是尧特佩克的一场斗牛表演。萨拉萨尔在那座城市的火车站对面建了一个小 *plaza de toros*（斗牛场）。表演者是胡安·西尔维蒂，有名的 *novillero*（见习斗牛士），后来成了墨西哥最好的 *toreros*（斗牛士）之一。与他搏斗的是伊格纳西奥·德拉托雷－米耶尔的两头年轻的托卢卡良种公牛。革命首领从全州各地赶来了，其中有些人还是坐卧铺车来的。萨帕塔当然也从特拉尔蒂萨潘赶了过来。他和萨拉萨尔甚至还在斗牛表演开始的时候扮演了一个小角色，在公牛周围骑马绕圈奔跑，躲避它们的攻击，帮那些为西尔维蒂做 *banderilleros*（斗牛士助手）的笨拙的劳工消耗牛的体力。[3]

在1915年莫雷洛斯的所有社交活动中，没有比这场斗牛表演更高雅的了。这是因为没有什么精于享乐的人在那里组织或者参加活动。精致文化的拥护者早就已经离开了那里，去了大都市；有些人离开的时候很害怕，而另一些人则兴高采烈，比如蒙塔尼奥，因为他当上了大会派政府的教育部部长。唯一一名仍然留在州里的老富翁是德拉托雷－米

---

[1] 萨帕塔至少生了五个儿子和四个女儿。他和妻子何塞法生了两个孩子，费利佩和玛利亚·亚松森，这两个孩子都在幼年时夭折了。见 Herminia Aguilar: "Doña Josefa Espejo, Vda. de Zapata," *El Campesino*, May 1950。其他孩子是 "*hijos naturales*"（私生子）。活到了成年的有尼古拉斯，生于 1906 年；欧亨尼奥，可能生于 1913 年；玛利亚·埃莱娜，可能生于 1913 年；安娜·玛利亚，生于 1914 年；迭戈，生于 1916 年；玛利亚·路易莎，可能生于 1918 年；马特奥，生于 1918 年。见 Gill: op. cit., pp. 69–74。

[2] Felicitación Que los Vecinos de Tlaltizapán ofrecen al St. Gral. Emiliano Zapata ... August, 1915, AZ, 28: 5.

[3] Gómez: *Las comisiones*, pp. 121–123.

耶尔。墨西哥城监狱把他放了出来，但是他手里没什么钱，还被软禁在了库奥特拉。最近的有戴洪堡帽[1]的时髦青年、披毛皮围巾的淑女出现的地方在莫雷洛斯州界的另一边（在阿梅卡梅卡，墨西哥州的一个铁路枢纽）：有个犯罪团伙在那里私刑处死了一对打扮入时的夫妇。[2]莫雷洛斯革命有它自己的根源，又在运动的前线上，因此人们非常多疑，不容易接纳那些看上去不属于这里的人，更不用说对他们热情慷慨了。当地人艰苦战斗了很长时间，为的就是恢复他们的乡村传统。而在这个以农业为主的州里，他们希望别人家和他们自己家一样，都过着乡民生活。这种排外情绪，这种有意为之的粗鲁风格，这种对城市生活方式的刻意忽视之中，包含着他们的处世之道。他们这么做是因为城里人总是给他们带来坏消息，就算是乡下的狗也知道要冲城里人叫。

于是，当莫雷洛斯终将失败的最初征兆在北方出现时，当地人浑然不知，萨帕塔派中的其他成员也几乎毫无察觉。这些预兆出现在一系列 243 消息中：卡兰萨派将军奥夫雷贡连续三次大败比利亚。前两次发生在 4 月初，在塞拉亚，第三次是 6 月初，在莱昂；三次都在瓜纳华托州，墨西哥城西北方向的盆地，一处战略要地。奥夫雷贡在莱昂丢掉了一只手臂，但此时他俨然已经成了一位战术大师。萨帕塔听到了这些消息，但是他并没有开辟第二条战线。在首都，帕拉福克斯和索托－伽马也没有为大会依靠的军队遭到溃败而感到忧虑；他们此时操心的是即将提交的土地改革议案。[3]

无论如何，危机还是来了。7 月 11 日，卡兰萨派军队在巴勃罗·冈萨雷斯的统率下占领了墨西哥城。大会在混乱中退到了托卢卡，继续自命为国家政府。萨拉萨尔手下原本驻扎在墨西哥城和联邦特区的莫雷洛斯军队也撤到了南方。六天后，冈萨雷斯又撤出了首都，这是因为他要

---

[1] 一种半正式的毛毡帽子，其特点是冠部中央有一个凹痕，帽筒装饰有丝绸帽带，帽檐上翘。传统的洪堡帽多为黑色或灰色。——译者注

[2] Gómez: *Las comisiones*, p. 102.

[3] Palafox to Zapata, June 25, 1915, AZ.

开往伊达尔戈州，保护奥夫雷贡和贝拉克鲁斯州之间的通信渠道不因比利亚军队的进攻而中断。在他离开之后，萨帕塔派军队潜回了墨西哥城。但是几乎可以肯定的是，冈萨雷斯想什么时候回来就可以什么时候回来：虽然比利亚的残余部队还在战场上，但是这个国家军事力量的天平已经明确地倒向了卡兰萨派一方。

南方人终于看到了这些信号。身为外人，困在莫雷洛斯的年轻的土地委员会委员最先放弃了幻想。他们难过地取消了回首都度假的计划。[1] 萨帕塔本人也终于采取了行动。为了拖住冈萨雷斯，阻止他回墨西哥城，7月30日，萨帕塔带领6000人在墨西哥城东北方向猛烈攻击了一支1700人的卡兰萨派队伍。同时，他们在整个地区都发起了攻势。但是，他们仍然无法阻止卡兰萨派前进。8月2日，冈萨雷斯重新进入了首都，这次他留了下来。[2] 莫雷洛斯的商人也开始拒绝使用大会派发行的货币了。[3]

244 但是，莫雷洛斯人还是没有警觉起来。萨帕塔回到特拉尔蒂萨潘休整，期间还风风光光地办了生日宴会；他明显更为关注托卢卡大会的行动，而不是他自己摇摇欲坠的军事地位。[4] 当时人们正在华盛顿组织一场美洲国家之间的会议，意在解决墨西哥问题；萨帕塔受帕拉福克斯和索托－伽马影响，相信这场会议将会导致卡兰萨倒台，并且认为卡兰萨派首领很快就会重新加入大会。[5] 如果是这样，他就不需要浪费弹药和兵力了。

但是，时间一周一周地过去，萨帕塔地位的下降越来越明显。随着比利亚一座接一座地失去北部的关键城镇，随着美洲国家之间会议的失败，萨帕塔再次采取了行动。为了从后方破坏卡兰萨派，他向联邦特区

---

[1] Gómez: *Las comisiones*, pp. 119–120.

[2] See Pablo González's official report on his operations from July 17 to August 2, 1915, cited in Barragán: op. cit., II, 611–617.

[3] Pacheco to Zapata, August 5, 1915, AZ, 28: 5: 1.

[4] Zapata to Palafox, August 26, 1915, ibid.

[5] Soto y Gama to Zapata, August 17, 1915, AZ, 28: 6: 1.

和墨西哥州发起了强有力的进攻。9月末，他甚至攻占了内卡哈的发电厂，掌握了整个首都的电力来源。但是他无法长期占领那里，也无法长期占领任何一座落到他手里的城市或村庄。不管战斗发生在哪里，卡兰萨派军队都能把萨帕塔派击退——自1910年以来，从来没有哪个指挥官能够这样牢牢地控制墨西哥谷。在普埃夫拉和墨西哥州，当地的一些萨帕塔派首领开始接受卡兰萨派政府的赦免，这让莫雷洛斯众首领极为焦虑。[1]这个州已经不再与世隔绝了。这里的革命派现在处于防御地位。

10月10日，流亡中的大会在托卢卡进行了最后一次分裂，比利亚派成员和总统逃向了北方。大会中的萨帕塔派成员逃回了库埃纳瓦卡，在那里，在帕拉福克斯的领导下，他们把残余人员重新召集了起来，宣布自己是墨西哥革命唯一的正式代表。他们的豪言壮语很快就遭到了巨大的打击。10月19日，威尔逊总统进一步在事实上承认了卡兰萨政府。他也全面禁止向墨西哥运输武器，除非是给卡兰萨一方的。美国的决定在政治上确立了墨西哥新的权力格局，而卡兰萨派军队已经在军事上开创了这一局面。这也标志着五年内战之后墨西哥的再度统一。卡兰萨终于成了墨西哥的最高统治者。虽然卡兰萨派还不能控制整个国家，但是他们有能力阻止其他党派取代他们。他们对墨西哥的统治开始了。

然而，在莫雷洛斯，人们仍然持怀疑态度。此时北方的运动已经有了坚固的基础，但是莫雷洛斯的首领对这一点毫无概念。他们仍然认为卡兰萨只是旧政权的遗留物，又一个想要恢复波菲里奥统治的傲慢地主。尽管卡兰萨获得了"威尔逊先生"的承认，他们还是怀疑，他能否获得他身边那些真正的革命将领的支持。在过去的五年中，他们见过各路统治者被遗弃、被背叛，所以他们认为，卡兰萨不可能统治太久。到目前为止，他们已经抵抗并且推翻了三个联邦政府，每一个都明显比卡兰萨的政府强大。所以他们的策略和以前一样：在南方积极搞突袭，给

245

---

[1]   "Para la historia," *La Prensa*, September 22, October 31, November 3 and 19, 1931. (Henceforth citations of this series will refer only to the date of *La Prensa*.) Silliman to the secretary of state, September 27 and 30, 1915, NA, 59: 812.00/16135 and 16333.

政府形象制造负面影响，并且诱导有抱负的忠义人士起来反抗。

　　萨帕塔派秘书也没有重视卡兰萨的突然崛起，虽然他们的理由并不那么充足。此时，大会位于库埃纳瓦卡，体现着莫雷洛斯政府的意志，这就给执拗地相信着他们的当地人带来了希望。农业部部长帕拉福克斯完全控制了大会，不允许人们做出任何妥协。而随着他和索托－伽马失去权力，他们在政策上变得更加固执了。1915—1916 年出现了和 1914 年一样的紧张形势，这次情况更为夸张，但是没有当年那么戏剧化——萨帕塔不再过问重大的政治问题了，而帕拉福克斯则顽固地坚持与卡兰萨对抗。

　　10 月 26 日，帕拉福克斯面向全国发布了一份——可能出自索托－伽马之手的——宣言。这是南方第一次对卡兰萨的新政府做出正式回应，他们也介绍了自己全面的《政治社会改革计划》(*Program of Political and Social Reforms*)；一个月前托卢卡大会投票通过了这份计划，现在库埃纳瓦卡的余部对它稍作改动，当作他们自己的宣言发布了出来。这是一份很有意思的草案，它包含了在大会派看来为了拯救国家而有必要进行的一些根本变革。去年 12 月，卡兰萨派发布了一份类似的计划；而与之相比，萨帕塔派的计划包含了一系列更为详细的改进措施。这份计划也承诺，他们将颁布有关土地、劳动力、市镇、离婚、教育、税收和采矿权的法律；这些法律有的比卡兰萨派的法令更为严格，有的更温和。[1] 当天帕拉福克斯就履行了其中的一项承诺，发布了一部激进的土地法，给了农业部部长控制城乡财产和自然资源的巨大权力。通过这部重要法律，农业部将成为一场席卷墨西哥的重大国有化改革的核心机构。[2] 但是，这份介绍性的宣言是一个重大失误，暴露了他们对墨西哥的实际情况有着多么荒唐的错觉——原本他们提出的改革措施可

---

[1] Manifesto to the Nation, October 26, 1915, AZ, 28: 5: 3. The text of the program of reforms is also in González Ramírez: *Planes*, pp. 123–128. For Carraza's promises, see ibid., pp. 158–164. For a study of decrees, see Nettie Lee Benson: "The Pre–constitutional Regime of Venustiano Carranza, 1913–1917" (M.A. thesis, University of Texas, 1936), pp. 96–128.

[2] 这部法律的全文见附录三。

能还算有吸引力。南方的秘书一面猛烈抨击卡兰萨的"倒霉党派""与大地主达成了令人难以置信的臭名昭著的协议",一面明确表示他们"愉快地"接受"制造商、贸易商、矿主、实业家,各种有进取精神的积极元素,这些元素将为工业发展开辟新的道路,为大批工人提供工作……"但是,"hacendado（庄园主）不一样",他们严肃地表示,"他们是土地的垄断者,自然财富的篡夺者,国家苦难的始作俑者,把人当役畜的声名狼藉的奴隶贩子,这些庄园主不事生产,游手好闲——［萨帕塔派］革命不能容忍这样的人"。南方的计划"非常简单",他们最后宣称,"就是与庄园主战斗到底,充分保障其他社会群体的权益"。

这是人们在 1911 年或者 1913 年的时候会使用的一套说辞,到了1915 年年底已经不适用了,而且除了忠诚的萨帕塔派革命者以外,没有人会被这些话打动。因为在这套话语中被视为坏人的老地主在墨西哥已经没有权力了。此刻这些人中的大多数都在监狱里或者流亡路上备受折磨。这个阶级几乎已经消亡了。没错,在莫雷洛斯之外,这个国家的农村并没有占据什么重要地位,而管理着它们的各州和各地区长官现在也不太可能掀起一场土地革命,因为,多亏了卡兰萨,他们现在成了新的地主。至于工商业中的野心家,他们已经有了一个可以依靠的政府。他们在政府中上下疏通,对官员施加压力。到目前为止,这个政府把他们伺候得很好。于是,新的政权实际上已经形成了,而且它又团结又稳固;卡兰萨代表的不是阿莫尔、埃斯坎东、加西亚·皮门特尔家族,而是北方那些聪明残忍的年轻政客,革命军的领导者。面对危机,莫雷洛斯村民无法采取他们熟知的对策,只能在黑暗中摸索。南方秘书对这场危机毫无概念。而他们的无知无觉也让当地的首领更加顽固了。

因此,莫雷洛斯地方革命并不是突然崩溃的,而是在一系列苦涩而充满困惑的狼狈挣扎中慢慢失败的。萨帕塔在秋天发起了一系列进攻,袭击了从瓦哈卡州到伊达尔戈州的大片地区。他的军队积极地投入了战斗,比比利亚需要他们的时候积极得多。但是,这些袭击没有扩大他们的领地,也没给他们带来好名声。他们甚至都没有让政府的声誉受损。政府军的将领反而逐渐占领了莫雷洛斯周围越来越多的土地。[1]此外，由于美国的禁运令，弹药日益短缺，而这些袭击战又消耗了大量弹药。在阿特利瓦扬庄园，萨帕塔有一座简陋的军火厂，人们在那里重新装填废旧毛瑟弹壳和点 30-30 弹壳，把他们从墨西哥城城郊电车上、发电站里偷来的铜质电缆分成小块塞进铅弹。但是这种弹药供应是不定时的，供应量也不够。[2]与此同时，北方的比利亚派军队彻底崩溃了，政府的注意力重新集中在了南方。11 月底，政府宣布了与萨帕塔派"最终"决战的方案，决战地点"就在他们的藏身处……莫雷洛斯"。[3]这个州陷入了自革命开始以来前所未有的孤立状态，很快就会被包围。年轻的土地委员会委员纷纷开始申请许可证，准备离开。他们又害怕又绝望，其中一个人开始酗酒，其他人没等通行证到手就偷偷逃回了首都。[4]

萨帕塔试着加强对本地资源的保护，以此进行抵抗。他解除了战争部部长帕切科对那家军火厂的管理权，把它收归了司令部。[5]他给军队下达了命令，禁止萨帕塔派和卡兰萨派领地进行贸易，"什么都不能买卖"，不管是不是基本必需品——"只要是对敌人有帮助的东西，我们都要从他们手中夺走"。[6]他还开始从各位首领手中收回磨坊，把它们交给农村信贷银行直接管理。[7]然而，即使是在这些"国家工厂"迎来了第一次小丰收、可能会带来一些财政收入的时候，他仍然情绪低落。他想把这笔收益分给在这些工厂里工作的劳工："谁知道，"他对他的秘书说，"他们以后会遭遇什么？"他怀着负罪感坚称，即将来临的灾难不是他的错，"而是注定会发生的事情"。[8]

---

[1] *La Prensa*, November 17, 21, and 24, 1931.

[2] Ibid., October 10, 1931.

[3] Ibid., November 28, 1931.

[4] Gómez: *Las comisiones*, pp. 138–159.

[5] Zapata to Pacheco, November 7, 1915, AZ, 31: Copybook 2.

[6] Headquarters circular, February 9, 1916, AA.

[7] Gabriel Encinas to Mendoza, January 25, 1916, AA.

[8] Palacios in *La Prensa*, February 19, 1944.

政府的赦免令，自从 8 月发布以来，大大加重了当地首领的压力。一位首领可能会强迫另一位交出武器和军队，如果他怀疑后者要叛变的话。但是，就像萨帕塔用斥责的语气提醒的那样，过度的警觉只会"加深首领之间的私人仇怨……我们应该不惜任何代价避免这样的事发生"。[1] 德拉奥害怕投敌的电报员破坏他的军事行动，于是他试图控制自己地盘上的电报公司。[2] 而在一场争夺一门大炮的纠纷中，他的手下杀掉了萨帕塔派最勇猛善战的战地指挥官，安东尼奥·巴罗纳。[3] 在东南地区，门多萨感到自己受到了严重的冒犯：一方面是敌方首领不断进犯，而另一方面，当他不顾萨帕塔的命令，在当地任命了一名新首领之后，有人发表了评论，暗示他不忠。[4] 而在前线，那些与萨帕塔派结了盟的首领实际上已经接受了政府的赦免。最让人心烦的是，这些叛变者大多来自帕切科在墨西哥城和联邦特区的军团，这个军团守卫着莫雷洛斯的北大门。这些人都是最近才归附萨帕塔的；帕切科作为大会派政府的战争部部长，调来了一大批这样的人。而他们现在叛变了，就像他们当时归降一样迅速。其中一个人的叛变造成了严重的损失。这个人是比森特·纳瓦罗，一位强硬而狡猾的首领，守卫着孔特雷拉斯关口。他接受了赦免，于是卡兰萨派长驱直入，向南开到了拉西玛，到了莫雷洛斯的门槛上。[5]

　　不过，当地出身的高级首领仍在反抗。他们建立了三四个大本营，召集了 2000—3000 人，联手打到了联邦特区、普埃夫拉州中南部，以及墨西哥州南部。如果某个首领手下有前联邦官员，那么他就能从敌方的前联邦官员那里获得秘密援助。特别是在普埃夫拉边界上，那些友好的敌军官员会向他们出售物资、传递情报，还会在私下里促成休战，让

[1]　Zapata to L. Vázquez, November 15, 1915, AZ, 31: Copybook 2.

[2]　Zapata to de la O, December 11–12, 1915, ibid.

[3]　*La Prensa*, December 5, 1931. Gómez: *Las comisiones*, p. 91.

[4]　Mendoza to Zapata, January 4, 1916, AZ, 27: 5.

[5]　*La Prensa*, November 3, 10, and 19, and December 8 and 29, 1931. Meléndez: op. cit., I, 369–370.

248

第八章　村落革命　　　285

战役转到别处去打。[1]在西南方，卡兰萨派从阿卡普尔科推进，占领了奇尔潘辛戈、伊瓜拉，进入了莫雷洛斯，但是随后德拉奥就用一场漂亮的反击战把他们赶了回去。他和赫苏斯·萨尔加多径直冲进格雷罗州，扫荡了那里的驻军；他们的野战部队还在那里重新种上了"优质且利润丰厚的"农作物。到了12月底，德拉奥已经把仗打到了阿卡普尔科一带，卡兰萨派的大本营。在城市地区以外，据当地的美国领事报告，卡兰萨派"完全不能有效地控制局面"。[2]在1915年年末和1916年最初几个星期，莫雷洛斯革命者在该州周围展开了极为激烈的反抗，让政府吹嘘的围剿萨帕塔派"藏身处"的行动无法进行。"只有最底层的印第安人才能够安全通过那些防线，"新来的美国代办说，"其他任何人这么做无疑都会有生命危险。"[3]

但是，政府加强了攻势。1月底，政府加强了它自己的土地改革宣传：国家土地委员会，它承诺，将会"开展行动，把村社土地归还或发放给村落"。[4]2月1日，主管战争事务的副国务卿宣布，将有2万名新援加入已经派到南方的1万人队伍。他还发出了威胁，声称要用政府最近刚刚获得的一批小型飞机给萨帕塔派"致命一击"。[5]他的部门也终于采取了措施，打算把前联邦官员从有碍行动的岗位上清除掉。[6]

又一次，萨帕塔派发布了一份气势汹汹的《告全国人民宣言》（*Manifesto to the Nation*），公开做出了回应："这场同胞相残的战斗中流出的血……已经染红了祖国的大地。"而这场战斗的唯一原因，司令部

[1] Confidential memorandum, n.d.（late 1915–early 1916?），AGRE, L–E–794: 31［sic, 19］: 20. Confidential report, n.d.（late 1915–early 1916?），ibid., 32. J. G. Nava to César López de Lara, October 29, 1915, ibid., 34.

[2] Edwards to the secretary of state, November 3, 1915, and January 25, 1916, NA, 59: 812.00/16834 and 17256.

[3] Parker to the secretary of state, November 18, 1915, ibid., 16896.

[4] *El Demócrata*, January 23, 1916.

[5] Ibid., February 1, 1916.

[6] Estado Mayor del General Vicente Segura: *Historia de la Brigada Mixta "Hidalgo," 1915–1916*（México, 1917），p. 23.

的秘书痛斥，是"那个一肚子病态激情而毫无良知的人无止境的野心"；他们说的是贝努斯蒂亚诺·卡兰萨，还有他周围的那群马屁精。[1] 即使是在私下交流中，南方人谈到相关话题时情绪还是非常高涨。帕拉福克斯向萨帕塔吐露心声，表达了他的愿望："在不远的将来，等我们控制了墨西哥城和这个国家的其他地区……我们就可以像我一直希望的那样，建立一大批土地委员会，到共和国的每一个州去开展工作。"[2]

但是众位首领并不那么坚定。政府持续发力，决心平定南方，这让他们做出了较为消极的判断。人们不确定，是应该继续有原则地施行暴力（这样可能会促使卡兰萨派重犯韦尔塔和罗夫莱斯在这个州的罪行），还是应该与他们谈判，承认卡兰萨，换取和平和地方自治。这一选择对于驻守西北地区的首领来说尤为艰难，因为卡兰萨派一旦发起攻击，他们就会最先受创。那里的最高长官是帕切科，他的大本营在维齐拉克。许多边远地区的首领已经不再支持他了，他也丢掉了很多防守要地。而随着卡兰萨派的强大军团在拉西玛集结起来，他必须做出决定，是要和他们做交易还是着手准备和他们作战。他的选择将决定卡兰萨派是大摇大摆地开进莫雷洛斯，还是必须为每一座山每一道山谷而战斗。帕切科是个神秘主义者：他做的一切，他说，都是上帝命令他做的。[3] 现在他将听从神谕。

2月20日，萨帕塔准许帕切科与巴勃罗·冈萨雷斯将军进行秘密谈判，后者领导着拉西玛的立宪派军队。[4] 人们并不清楚，萨帕塔的目的是开启和平谈判，促成当地的休战，还是买通冈萨雷斯；不过可能是后一种情况。[5] 同样不清楚的还有，帕切科是听从了萨帕塔的指令，还

250

[1] Manifesto to the Nation, February 7, 1916, AZ, 27: 2.

[2] Palafox to Zapata, February 7, 1916, ibid.

[3] Personal interview with Soto y Gama. Octavio Paz: "Trágico fin del General Pacheco," *El Universal*, December 3, 1933.

[4] *La Prensa*, July 7, 1932. Zapata to Pacheco, March 4, 1916, AZ, 31: Copybook 3.

[5] For a contrary view, see Rafael Alvarado: "Zapata intentó asesinar al General Pablo González," *Todo*, November 5, 1942.

是从一开始就独立行动。实际上，这两位首领可能都不清楚自己究竟在干什么：他们准备根据冈萨雷斯的反应，提出不同的计划。

然后，德拉奥和他的副手巴伦廷·雷耶斯发现帕切科和冈萨雷斯有联系。德拉奥和帕切科是老对头了，因为他们出身的村子——圣玛利亚和维齐拉克——之间有世仇；近来他们之间的争斗也愈演愈烈了。[1]德拉奥有充分的理由怀疑和嫉妒。而雷耶斯显然希望自己能取代帕切科，接手他的军队。他们警告帕切科不要叛变。

帕切科立刻向萨帕塔抱怨，声称德拉奥和雷耶斯在找他的麻烦。萨帕塔转而通知两位首领，是司令部授权帕切科"和敌人沟通谈判"的。这些谈判，他向他们保证，是为了"了解卡兰萨派将军巴勃罗·冈萨雷斯和其他——在如何对待我们的革命事业的问题上——支持他的将军的目的"。迄今为止发生的事情，帕切科都向司令部做了汇报，萨帕塔说，而且他们将支持帕切科，"只要他［和卡兰萨派将军］的会议是为了革命的利益，并且在没有破坏《阿亚拉计划》的原则的前提下获得了一些好处"。[2]

然而，帕切科的行动很快就表明了，仁慈的主做出了和德拉奥的猜测一样的安排。帕切科已经停止了战斗；此时他原本应该正在和冈萨雷斯讨论一些需要小心处理的问题，但他却粗暴地向萨帕塔抱怨，他的军队没有得到好报酬。"如果你能让财务总管照顾一下我的军团的出纳员……让每天奋勇杀敌、远离故乡的［我的战士］……有钱买玉米，不会遇到困难，"他写道，"我会非常感激。"[3]而在3月13日，没有遭到任何攻击，他就突然撤出了维齐拉克，向南退到了昆特佩克。卡兰萨派立刻行动了起来，没受到什么反抗就一路穿过了维齐拉克，到达了拉克鲁斯。库埃纳瓦卡就在七英里之外，那里的人们知道，一场轰炸就要来了。透过望远镜，卡兰萨派军官看到那里的窗外挂出了宣告投降的白

251

［1］ Zapata to de la O, January 8, 1916, AZ, 31: Copybook 2.

［2］ Zapata to Reyes and to de la O, March 4, 1916, AZ, 31: Copybook 3.

［3］ Pacheco to Zapata, March 11, 1916, AZ, 27: 3.

旗。3 月 18 日，冈萨雷斯本人也来到了拉克鲁斯，视察他的军队位于莫雷洛斯首府旁的高地上的阵地。[1] 在那之前，疲惫的大会派成员已经逃到了南部的霍胡特拉。德拉奥阻挡了冈萨雷斯前进，暂时守住了战线。但是从战略上看，现在他们已经无法保护莫雷洛斯了。

令人难以置信的是，帕切科并没有受到惩罚。即使在昆特佩克市镇长官证实了德拉奥长期以来对帕切科叛变的指控之后，萨帕塔仍然对他不离不弃。3 月 23 日，他向帕切科保证，"直到今天"他都不相信那些指控他叛变的谣言；他还警告德拉奥，在他彻底调查清楚这件事、证实帕切科确实犯了罪之前，不许动手。[2] 帕切科大受鼓舞，他抱怨德拉奥不仅虐待他的战士，还洗劫了库埃纳瓦卡。[3] 但是当他在南部调兵遣将，显然打算从侧面袭击霍胡特拉、抓捕大会成员的时候，他的运气到头了。德拉奥的一支巡逻队在米亚卡特兰抓住了他，把他枪毙了。萨帕塔让帕切科的军士保留了武装，把他们分配给了其他的首领。[4]

还没等人们搞清楚这一损失究竟意味着什么，另一个更大的打击就来了。4 月 16 日，阿马多尔·萨拉萨尔在完成了对尧特佩克西部的侦察，返回城中的路上，因为被敌人的流弹击中颈部而丧生了。那一刻，仿佛因为死亡的到来而非常震惊，他直挺挺地坐在鞍上；直到他的阔边帽滑了下来，他的助手才看到发生了什么事情。[5] 于是，在萨帕塔派迄今为止遇到过的最可怕的敌人向他们发起进攻的前夜，他们已经失去了两名高级首领，他们最好的指挥官。

与此同时，冈萨雷斯把他的军队开进了莫雷洛斯一带。他和新政权其他的高层政治家、将领一样，急着想要终结南方的问题。他们已经把立宪会议（Constitutional Convention）排上了日程，打算在会上把卡兰萨的改革法令合法化。但是如果国家没有大致平定下来，他们就不能好

[1]　*El Demócrata*, March 21, 1916, Meléndez: op. cit., I, 370.

[2]　Zapata to Pacheco and to de la O, March 23, 1916, AZ, 31: Copybook 3.

[3]　Pacheco to Zapata, March 27 and 28, 1916, AZ, 27: 3.

[4]　Zapata to I. P. Zabala, April 13, 1916, AZ, 27: 4.

[5]　Meléndez: op. cit., I, 371–372. Gómez: *Las comisiones*, pp. 123–124.

好为会议做准备。此外，比利亚刚刚惹出了一场国际危机：他残暴地洗劫了美国新墨西哥州的哥伦布市，引得美国派出了军队，前来讨伐他；在修改宪法的前夕，卡兰萨派不能让曾经的比利亚-萨帕塔联盟重新出现，即使只是有可能重现也不行。[1] 冈萨雷斯麾下此时有 3 万名装备精良、士气高涨的士兵；为了他自己的名声，他决心打一场令人印象深刻的大胜仗。在霍胡特拉，似乎是要团结当地的军队，顽固的大会派成员再次发布了他们 10 月 26 日的改革宣言和计划。[2] 但是，幸存下来的莫雷洛斯首领决定不再欺骗自己了。他们知道，这个州很快就会再次变成战场；他们也已经开始把军队和平民撤出村子了。[3]

4 月 27 日，冈萨雷斯在三玛利亚镇建立了司令部，继续开展行动。到了 4 月 29 日，政府军在库埃纳瓦卡周围就位了。5 月 2 日早上 6 点，冈萨雷斯下令开始了最后的行动。在一场短促而激烈的进攻战之后，州首府陷落了。[4] 萨帕塔从特拉尔蒂萨潘赶来指挥这场保卫战，但是只来得及在库埃纳瓦卡陷落前匆匆撤退。在接下来的两三天里，州里其他的主要城镇几乎都落到了政府军手中。战争部甚至还派来了一架飞机，轰炸萨帕塔派的营地。5 月 6 日，冈萨雷斯向战争部部长奥夫雷贡报告，战斗实际上已经结束了。[5] 解放军手里现在只有霍胡特拉、他们的特拉尔蒂萨潘司令部以及零零落落的几座村子。他们匆忙采取了补救措施，贿赂卡兰萨派指挥官，但是也没什么用。[6]

进入莫雷洛斯的时候，卡兰萨派军队就像是以前的联邦军队转世再生了一样。这些军士不是来解放当地人民的，而是来征服他们的。

---

[1] On the crisis, see Clarence C. Clendenen: *The United States and Pancho Villa. A Study in UnConventional Diplomacy*（Ithaca, 1961）, pp. 234–269.

[2] Manifesto to the Nation, April 18, 1916, AZ, 27: 4.

[3] Zapata to municipal presidents, March 30, 1916, AZ, 27: 3.

[4] *El Demócrata*, May 10, 1916.

[5] Ibid., May 5 and 8, 1916. Oscar Lewis: *Pedro Martínez. A Mexican Peasant and His Family*（New York, 1964）, p. 101.

[6] Letters fom Almazán, Eufemio Zapata, and Maurilio Mejía to one commander, General Vicente Segura, in Puebla, and his replies, are in Estado Mayor: op. cit., pp. 104–119.

当地人成了卡兰萨派的敌人，最多只能享受战俘的待遇。卡兰萨派占领库奥特拉之后，把当地的教区牧师当作萨帕塔派间谍绞死了。[1]5月5日，冈萨雷斯下令，州里的所有人都必须交出自己的武器：继续持有武器将会招致"最严厉的惩罚"。5月8日，在休特佩克，卡兰萨派将军拉斐尔·塞佩达抓了225名犯人，举行了一场即决审讯，把他们都枪毙了。[2]

在恐惧中，卡兰萨派行军路上的村子里的平民纷纷逃走了。他们或是向南逃到格雷罗，或是向西进入火山高地，一路上，为了减轻负担，他们不得不把随身带的东西丢在道旁。他们挤进暂时安全的小村子，比如霍胡特拉西南方向的特维斯特拉。这个小村子"看上去像个集市"，5月初，一名观察员报告，"但它是一个充满了痛苦和怒火的集市。人们的脸上都是狂怒。他们几乎什么话都不说，但是每个人都激烈反对立宪派，批评的话都已经涌到嘴边了。这些流民一边讨论新闻，一边相互询问各种道路和村庄的信息，关注着那些最险峻的山里的小村落，那些从没听说过也难以到达的地方——他们也许可以把自己的家人送到那里躲起来……"[3]

到了5月中旬，卡兰萨派已经向墨西哥城运送了约1300名俘虏。有一些人是战士，有些不是。据首都的军事指挥官本哈明·伊尔将军宣称，这些人都要被送到尤卡坦去：不只是他们，未来所有的俘虏都会被送过去。在那里，伊尔将军表示，他们会有"在民事和军事当局的监督之下……工作的机会"——这将把他们变成"对社会和他们的家庭有用的人"。[4]

在莫雷洛斯的军事力量更替的时刻，身在特拉尔蒂萨潘的萨帕塔拼命挣扎，试图把市镇警察组织起来，维持当地的秩序。[5]但是接受了这

[1]   Porfirio Palacios: "Zapatismo vs. Gonzalismo," *Todo*, December 24, 1942.

[2]   *La Prensa*, May 5, 1932. *El Demócrata*, May 10, 1916.

[3]   Anonymous memorandum on events around Jojutla, May 4, 1916, AZ, 27: 5.

[4]   *El Demócrata*, May 16, 1916.

[5]   Circular to municipal presidents and assistants, May 31, 1916, AZ, 30: 12.

种任务的警察只会把他们自己的家人变成卡兰萨派最先攻击的对象。入侵的卡兰萨派把村民看成不法之徒，在他们眼里，这里的权力更替必须是暴力的。6 月中旬，又一次压倒性的进攻之后，冈萨雷斯的军队拿下了特拉尔蒂萨潘，缴获了大批战利品。他们还处决了 286 个人——据当地的丧葬记录显示，其中有 132 个男人、112 个女人，还有 42 个小孩，男女都有。[1] 常规战争已经无望取胜了，于是，萨帕塔、他的首领以及跟随他们的人退入了险峻的群山中。

　　随着卡兰萨派开进萨帕塔派的首府，莫雷洛斯的这场革命似乎已经彻底失败了，村民自发进行改革似乎是一个彻头彻尾的错误，而只有接受墨西哥城的领导，改革才能在莫雷洛斯发生，并且持续下去。如果是这样，人民革命就只存在于妄想之中。如果是这样，《阿亚拉计划》就只是乡巴佬的大话，萨帕塔就不是一位有洞察力的领袖，而只是一个胆大而愤怒的傻瓜。

254

255

---

［1］　　Palacios: *Zapata*, p. 230. *El Demócrata*, June 15, 1916. *La Prensa*, June 25, 1932.

第九章　游击队幸免于难

"……为了与敌人进行斗争……"

可怜的金夫人！她此时成了难民，疲惫焦虑，流落到了人满为患的贝拉克鲁斯州，她年轻的女儿成了每个路过的革命军军官的猎物，而她自己则开始不断地做同一个噩梦。有时候，她觉得自己的神经就要崩断了。白天她通常比较平静，但是到了晚上，在梦里，这位寡妇总会看到她在库埃纳瓦卡的房产被毁掉；她"无能为力地站在一边，尖声叫喊"，眼睁睁地看着萨帕塔派拆毁她心爱的贝拉维斯塔旅馆，还"有条有理地把石头叠了起来，堆成了一座金字塔"。[1]

自从丈夫死后，她就在库埃纳瓦卡的那家旅馆上"投入了一切"。它的命运，她带着一种维多利亚式的纯真[2]说道，就是她的命运；而现在，1916年的夏天，她不能忍受这种自己已经失去了一切的"可怕想法"。她知道立宪党人的军队最近占领了莫雷洛斯，这让她想到，如果她在那里的产业可以修复，她也许就能挽救自己的生活。她回去了，但是库埃纳瓦卡呈现出一幅可怕的景象："曾经舒适幸福的家园只剩下坍塌在地、布满弹孔的黑墙，桥被毁了，通往城镇的路被切断了，到处都是可怕的战斗留下的印记……我的理智知道一切会变成这样，"她说，"但是我的心还没有做好准备。我们开车穿过寂静的街道，经过荒废的

---

[1]　For her account, see King: op. cit., pp. 5–6, 263–299. 引号内为原文。

[2]　在维多利亚时代（1837—1901），"纯真"是社会期待女性拥有的主要品质之一。——译者注

空房子；一个人影都看不到。一条狗在垃圾堆上嗅着，我们一接近就逃走了。车轮哐啷作响，在一片空无中引起了奇怪的回声……我啜泣着：'这里没有人了！人到哪里去了？人到哪里去了？'"她的旅馆，就像她害怕的那样，已经毁了。"我引以为傲的豪华餐厅里已经空无一物了，"她后来回忆，"——什么都没了，只有猪和鸡快活地生活在那里。"

有三天的时间，她陷入了一种无法抑制的亢奋状态，急切地想要重建她的产业，几乎已经到了歇斯底里的边缘。然后，她孤注一掷，要求冈萨雷斯将军准许她开始这项工作。然而她发现，将军"有他自己的烦恼"。由于萨帕塔派还在继续战斗，冈萨雷斯迫切希望"用他能够采取的任何方式"摧毁那些"难以捉摸的敌人"。金夫人的小情绪让他感到厌烦。"现在不是说重建的时候，Señora King（金夫人），"他喊道。"破坏的工作还没完成呢。""但是我们的家！我们的家当！"金夫人哭号道。"哦，Señora，"他几乎是愤怒地说，"那都是过去的东西了。都结束了。"

在一阵眩晕中，她走回了寂静的广场。她被毁掉的旅馆曾经就矗立在那里。她感到"我已经和我那坐落在山谷中的家一起毁灭了"。"这，"她认定了，"就是罗莎·金的结局。"在城市边缘，州政府大楼旁边的小山上，她顺着铺着鹅卵石的街道向下看，目光掠过下面的河沟，然后越过山谷看到了北边和东边的山。她开始回忆自己的童年，也开始思索她所有的努力都是如何失败的。最后，一阵近乎疯狂的绝望情绪虏获了她。她向群山大叫，"你们也死了吗？"回声悠悠传来，就像是山在对她呼喊。

在这一刻，她突然想起，山里是有人的——她在城里没有遇见的那些普通人。她立刻想到，他们"捍卫自由和故土"的斗争有多么古老。他们一直在战斗，并且会继续战斗下去，就像这些山一样"强悍、坚定、持久"，这个想法鼓舞了她。藏在山里的人的影像在她的心头倏忽闪过，"他们扛着步枪，跟着他们的领袖，在石缝中挖野菜，寻找藏身之处"。"然后，"她后来回忆道，"我明白了，我还没有死。"她和那些乡下人之间、和这个世界之间有着某种联系，虽然她失去了财产，但是这种联系依然存在。她回到了墨西哥城。在接下来的几个月里，尽管灾难还在继续发生，但她觉得自己已经变得坚强了起来。

　　她恢复了，莫雷洛斯的革命军也是。在历时 18 个月的为当地人民谋求福利的勉力尝试中，这场激情燃烧的革命达到了顶峰。而五年的革命历程也在莫雷洛斯的乡下人中间催生出了强烈的共同体意识。他们曾经一起对他们自己的改革满怀热望，也一起承受了冈萨雷斯入侵所带来的巨大灾难。"看上去，"特维斯特拉难民群的观察员回忆道，"……就像是一家人在那里重聚起来了。每个人说话时都满怀着信心。人们互相帮助。从来没有见过面的男男女女像老朋友一样亲密地谈话。"有的人留在了格雷罗，比如一个特坡斯特兰人，他确信"［莫雷洛斯］已经没有希望了，我会被杀掉，［我的妻子和孩子］也会死掉"。[1] 但是大部分人，在把家人安顿在"难以到达也从没听说过的地方"之后，还是回到了这里，"为了夺回被敌人践踏的土地"，特维斯特拉的观察员描述道，"继续战斗"。在革命中，人们明白了，莫雷洛斯是他们的，并且只属于他们。对于他们来说，占领了莫雷洛斯的卡兰萨派就和此时还在北方的美国军队一样（他们相信，就像萨帕塔现在公开指责的那样，那些美国人是卡兰萨请来对付比利亚的），并不属于这里。[2] 据金夫人判断，出于爱国之心，人们并不尊敬与他们格格不入而又声名狼藉的卡兰萨政权，全心全意地反对它。于是，7 月初，萨帕塔和其他首领返回莫雷洛斯、组织抵抗运动的时候，村民再次在他们周围团结了起来——这次比以往还要认真，还要坚定不移。到了这时，他们宁愿战死，也不愿放弃自己的故乡了。

　　在 1916 年年中的莫雷洛斯，进行反抗的风险是很大的。因为如果巴勃罗·冈萨雷斯能够确立立宪派对莫雷洛斯的统治，他很可能会在墨西哥城得到一个重要职位。他渴望得到官方的肯定，而且他手里有 3 万名士兵，可以帮他赢得这种肯定。革命前，他在新莱昂州和科阿韦拉

---

［1］　Lewis: *Pedro Martínez*, p. 102.

［2］　Manifesto to the Mexican People, May 29, 1916, AZ, 27: 5.

州度过了早年生活，自那时起，他就想要成功，也渴望得到承认。他6岁就成了孤儿，14岁开始沿街叫卖，甚至还在美国待过一段时间。然后，在科阿韦拉的一座农场小镇，他成了一个小商人，也开始涉足政治活动。1911年的时候他加入了革命，为马德罗而战。他的一生，有时谨慎有时鲁莽，要的就是他现在的这个机会。[1]他唯一的问题就是害怕失败，这种恐惧让他大脑麻木，让他变蠢——他这个人有多么野心勃勃，就有多么愚蠢。到了1916年，冈萨雷斯已经变成一个神情严肃、过分刻板的呆子了，他常常惹人注目地戴着烟色玻璃眼镜和懒散的斯特森毡帽[2]；他有个坏名声——唯一一名连一场战役都没赢过的卡兰萨派少将。冈萨雷斯官居高位是因为卡兰萨提拔他，而卡兰萨这么做是因为他需要一个控制得住的将军，以此平衡他无法控制的奥夫雷贡的力量。冈萨雷斯太蠢了，以至于从短期来看，这种愚蠢竟然成了一种潜力。不过总体来看，他偶尔也可以成功运用战术，虽说是个蠢材，但也有灵光一现的时候。虽然他的运气迄今为止一直不好，但是在莫雷洛斯会转运也说不定。

他已经完成了初步行动：他出色地调兵遣将，铲除了州内的大会机关。市镇政府、州政府和大会的全国办事处——这位卡兰萨的忠实支持者认为它们都是不合法并且反动的，于是他把这些机构都取缔了。大会颁布的所有法规也都被他废除了。帕拉福克斯发布的重新分配土地所有权的法令当然也被废除了。

在此之后，冈萨雷斯转而履行他"最高的职责和确定的目标"，"在整个州里重建秩序，恢复日常工作"。对于一个自称立宪党人的革命者来说，他在这方面的表现很奇怪。他没有恢复莫雷洛斯的宪法——胡文西奥·罗夫莱斯在1913年把它废止了——反而像罗夫莱斯那样，正式

---

[1] José Morales Hesse: *El General Pablo González. Datos para la historia, 1910–1916*（México, 1916），pp. 9–18.

[2] 墨西哥牛仔常戴的一种宽沿高顶的毡帽，帽顶下凹，两侧帽檐微微上翘。后来发展成了美国牛仔帽。——译者注

在莫雷洛斯实行了军事独裁。他在库埃纳瓦卡的军队司令部就是州长办公室。同样，在其他主要城市中，他手下的军队指挥官也攫取了当地的行政大权。有些村子里没有驻军，也没有军事特遣队，地区军队指挥官就派代表去管理这些地方，而这些代表只对指挥官负责。8 月中旬，冈萨雷斯被新州长——迪奥尼西奥·卡瑞昂将军——取代了，但是卡瑞昂也是个军事独裁者。[1] 于是，尽管共和国的其他地方都进行了市镇和议会选举，但是莫雷洛斯没有，而且那里的民事法庭也一直关闭着。冈萨雷斯也没有通过社会改革推行他所代表的革命。据他自己吹嘘，他的最大成就，是"让人们的生命和利益得到了尊重，建立了市政机关、学校、为人们服务的供应站和商业设施，等等，等等"。[2] 7 月中旬，他下令在库埃纳瓦卡建立州土地委员会，遵照 1915 年 1 月 6 日卡兰萨法令中的指示运行。他还表示，各地的委员会将很快在前地区中心建立起来。[3] 但是这样一来，他仅仅表明了自己拥有处置州里所有农场的财产的权力。他显然没有用这种权力把土地暂时归还或者发放给提出申诉的村子，虽然他可以这么做。只有他在阿克索恰潘一带的下属，比森特·塞古拉，批准了村子收回土地的要求。[4]

冈萨雷斯推行的立宪主义实际上是对莫雷洛斯的掠夺。这项行动让他收获颇丰。州北部的山中有大量的木材。有记者表示，莫雷洛斯的山谷中植被丰茂，一片翠绿，到处都是新种下的粮食作物。[5] 冈萨雷斯自己也说，这里肥沃的草原养育了大群的牲畜——光是特拉尔蒂萨潘一带就有超过 1000 头。此外，在最近的甘蔗丰收中，人们收获了大量的糖和酒，这些货物还存放在萨帕塔派重建起来的磨坊中。碾磨机也在庄园里。最后，那里还存放着萨帕塔派不得不放弃的军需物资。机车、棚车、大炮和弹药可能已经被运回战争部了，但是其他物资在私人买家那

---

［1］ *El Demócrata*, August 21, 1916.

［2］ Manifesto to the Natives of Morelos, July 9, 1916, AZ, 28: 4: 1.

［3］ *El Demócrata*, July 25, 1916.

［4］ Estado Mayor: op. cit., pp. 34, 41, 45–46, 95–101.

［5］ *El Demócrata*, June 15, 1916.

里非常抢手。比如，在特拉尔蒂萨潘，战利品有六棚车的纸、三车煤和其他矿物、5000 桶爆破粉、大量炸药、硝酸甘油、导火索、雷管、硝酸、鞣料、一车硫黄、50 吨铜、五棚车用来制造弹壳的机器、几台印刷机和 100 张兽皮。[1] 这些都是在战争中缴获的物品，而在接下来的几个月，在冈萨雷斯的管理之下，它们都消失了——然后又在墨西哥城的市场上重新出现了。冈萨雷斯、他的大部分参谋和下属都分了一杯羹。对他们来说，莫雷洛斯之战是一个以爱国之名收取贿赂的绝佳机会——这是最让人无法抗拒的那种。通过把权力变现，他们剥夺了萨帕塔派"土匪"的宝贵资源。这就是冈萨雷斯在莫雷洛斯推行的革命，一件被他自己形容为"为了社会重建和进步"的"工作"。

对于打算在这样的社会改革中保护莫雷洛斯的村民来说，冈萨雷斯很快就让他们看到了，他们可能会遭到什么样的报复。7 月初，在萨帕塔派发动了袭击并且几乎摧毁了立宪派在圣卡塔里娜和特坡斯特兰的驻军之后，冈萨雷斯向人们发出了警告。显然，当地人帮了袭击者的忙，至少当了间谍，为他们通风报信。如果这些人或者其他村民再一次阻挠他那"仁慈而有益的事业"，冈萨雷斯宣布，他们就是逼他"对这个州的所有村落采取异常严厉的态度"。他不能容许战败的敌方士兵躲在村子里，藏身在"虚伪地声称自己热爱和平"的人们中间。于是，他宣布，村民必须和立宪派指挥官合作，把萨帕塔派交出来。否则，所有人都要"承担重大的责任"，并且"立刻受罚，不准进行任何形式的申诉"。[2]

萨帕塔派还是组织起了反抗行动。在战略上，他们解散了原来的 2 万人的半正规军队。即使是 2 万正规军也阻挡不了冈萨雷斯的军团，而在最近的战斗中，萨帕塔派又遭受了损失，他们现有的弹药甚至不能让他们军队的三分之一武装起来、执行大中型的行动。无论如何，没有了山谷中的农产品，当地的革命派已经养不起打阵地战的庞大军队了。于

---

[1]　*La Prensa*, June 25, 1932.

[2]　Manifesto to the Natives of Morelos, July 9, 1916, AZ.

是，他们恢复了打游击的战略。他们把军队分成许多活动范围很大的小队，每支小队 100 或 200 人；他们以山里的临时营地为根据地，对各自负责地区的地形和人民非常熟悉。要养活这些人更容易一些，而且他们也很难被发现。从 7 月初开始，游击队发起了一系列袭击和伏击行动，让冈萨雷斯非常难堪。在圣卡塔里娜和特坡斯特兰的大屠杀之后，又有一支异常庞大的、由 1000 人组成的军队闯入了联邦特区，袭击了从阿胡斯科直到米尔帕阿尔塔的地区，缴获了价值不菲的军需品，然后撤退了。7 月 16 日，在特拉亚卡潘，萨帕塔军与一支立宪派军队战斗了七个小时。一天之后，200 名萨帕塔派士兵攻击了特拉尔蒂萨潘的驻军。一个星期后，又有一支 200 人的军队再一次袭击了驻军。[1]

并不是所有的老首领都会真正投入到战斗中去。有些人名义上抵抗，实际上只在根据地磨磨蹭蹭，把缺少弹药当作他们拿不定主意、不作为的借口。更糟的是，他们还勒索周边地区的村民，要求他们提供补给，甚至还允许土匪到他们的地盘上来。不管有什么理由，他们的失职都让萨帕塔感到厌恶。他试着羞辱那些落后的首领，刺激他们去战斗——这既是为了抚慰那些被他们惹恼的村民，也是为了干扰立宪党人的统治。8 月中旬，他公开指责"懦夫和利己主义者……他们退回城里、营地上，要么向各个村落敲诈勒索，要么享受他们以革命之名而获得的财富"，还"让不称职的人当了官、升了职"。他们和以前的联邦军官一样坏，他宣称，"[他们]已经成了国家的负担，造成了巨大的花销，却没有带来任何好处"。他还声明他们不配领导"武装斗争，我们是为了人民的利益而战的，不是为了建立一个新的有闲无能的阶级……"他宣布，5 月 1 日以来，也就是从立宪党人占领莫雷洛斯的那场大战开始，在迎敌之时没有得到允许就撤退的指挥官，应该因品行不端被开除军籍。一起被开除的还有部分"首领、军官和士兵，这些人不与敌人战斗，反而向村落里的公民举起了武器，抢夺他们本来就不多的生活资

261

[1] *El Demócrata*, August 8 and 20, 1916. *La Prensa*, July 9, 14, and 21, 1932.

料";他还开除了不服现行指令、拒绝恢复行动的首领。这些人必须把武器、弹药、参谋人员、护卫队和士兵交给司令部。他们做出的升职和任用决定将会交给司令部的秘书重审。[1]

第一个遭受这种羞辱的是洛伦索·巴斯克斯。自从 1911 年以来，不管是在议会里还是在战场上，巴斯克斯一直都是萨帕塔最信任的首领之一。但是在立宪党人入侵的最关键的几个星期里，他的表现让人们对他产生了严重的怀疑。他、蒙塔尼奥以及后来被处决的帕切科抱怨，莫雷洛斯正在落入的败局是由大会派尤其是帕拉福克斯和索托－伽马造成的，这些人阻碍了萨帕塔派与立宪党人达成谅解。然后，帕切科被处决之后，巴斯克斯把帕切科手下的两名参谋官收进了他的营中，据说这两个人曾和其他人一起说服了他们的老首领，让他在面对冈萨雷斯时不战而退。[2]而且，在 6 月的战斗中，巴斯克斯原本应该守住霍胡特拉周围的防线；但是，他坚持得不够久，没有为萨帕塔争取到足够的时间筹集物资、把平民从特拉尔蒂萨潘撤出来。之后，他没有重新组织他的军队，也没有发动袭击。于是，8 月 15 日，萨帕塔因为他"人所共知的懦弱"，下令开除了他的军籍。随后，没有从格雷罗州返回莫雷洛斯的首领也被开除了。其中包括莱奥瓦多·加尔万，一名将军，前大会代表之一。[3]

时间到了 1916 年的秋天，萨帕塔派还有约五千人在战场上。可能还有两千到三千多人的现役后备部队，可以替代伤亡将士或者轮换疲兵。虽然立宪派提出可以赦免他们，并且提供了报酬，但是人们还在继续战斗，其中大部分首领仍然是那些从一开始就和萨帕塔站在一起的人。在西南部，特特卡拉、蓬特德伊斯特拉一带，佩德罗和弗朗西斯科·萨阿韦德拉一直威胁着立宪派的驻军和巡逻队。在南部，霍胡特拉

262

---

［1］　Decree of August 10, 1916, AZ, 28: 4: 1.

［2］　Declaration of Inocencio P. Zabala, April 14, 1916, AZ, 28: 5. Meléndez: op. cit., I, 375.

［3］　General Order of August 15, 1916, AZ, 28: 4: 1. General Order of January 13, 1917, AZ, 30: 13.

一带，行动最敏捷的游击战士是欧蒂米奥·罗德里格斯、加夫列尔·曼塞拉和莫德斯托·兰赫尔。在瓦乌特拉，萨帕塔有他自己的司令部。在东南，霍纳卡特佩克一带，门多萨和以前一样与敌军频繁交战。福蒂诺·阿亚奎卡以普埃夫拉州的托奇米尔科为根据地，照常在东北地区继续活动。在墨西哥州 – 莫雷洛斯边界线上，奥津巴和阿梅卡梅卡周围，比森特·罗哈斯、埃韦拉多和巴尔多米亚诺·冈萨雷斯经常打到战略重镇里去。在库奥特拉一带，西德罗尼奥·卡马乔实际上已经让立宪派驻军陷入了瘫痪。而从那里到尧特佩克，南到特拉尔蒂萨潘，欧费米奥·萨帕塔、埃米格迪奥·马莫莱霍、赫苏斯·卡皮斯特兰和胡安·萨拉萨尔发起了一次又一次的袭击。在尧特佩克以北，特坡斯特兰附近，行动最积极的首领是蒂莫特奥和马里亚诺·桑切斯，以及加夫列尔·马里亚卡。在西北部和西部，深入联邦特区和墨西哥州，南到格雷罗州，在那里战斗的是德拉奥的军队，他手下的首领巴伦廷·雷耶斯、拉斐尔·卡斯蒂略和胡利安·加列戈斯频频率兵出击。[1]立宪派一直抓不到这些人，也无法让他们停止战斗。

此外，萨帕塔派的战斗仍然有着鲜明的萨帕塔派色彩。萨帕塔收到了诱人的条件，劝说他加入费利克斯派革命——这一运动是费利克斯·迪亚斯2月回到墨西哥之后在贝拉克鲁斯州和瓦哈卡州发起的。[2]由于那些支持迪亚斯的流亡者——其中有几名前莫雷洛斯种植园主——向他提供了资金援助，他很快就在国内赢得了无数反对卡兰萨的领袖的支持，他们和他建立了隶属关系。到了1916年年中，他的运动已经成了墨西哥最重要的反对派运动。[3]费利克斯派、立宪党人和墨西哥城的美国外交官都认为，萨帕塔也会加入他们。[4]然而，虽然许多革命派迅

---

［1］ Meléndez: op. cit., I, 372–373.

［2］ Zapata to Mendoza, April 6, 1916, AZ, 31: Copybook 4.

［3］ For a Felicista account of Díaz's 1916–1917 adventures, see Luis Liceaga: *Félix Díaz*（México, 1958）, pp. 362–462.

［4］ James L. Rodgers to the secretary of state, June 23, 1916, NA, 43: American–Mexican Joint Commission: Rodgers dispatches（henceforth AMR）: Box 9: 408.

速加入了迪亚斯的队伍，虽然萨帕塔派正在最需要帮忙的时候，萨帕塔还是很快就拒绝了和迪亚斯建立联系。在普埃夫拉州，萨帕塔与此时已经变成了费利克斯派的雇佣军——比如伊希尼奥·阿吉拉尔和胡安·安德鲁·阿尔马桑——有军事合作关系，但是他不允许他们进入莫雷洛斯，也从未配合过他们的行动。为了澄清自己的政治立场，他给他手下的首领送去了通知，告诉他们迪亚斯回来了，并且禁止他们"以任何方式"承认他。[1]在意识形态上，莫雷洛斯革命仍然是一场以实现《阿亚拉计划》为目标的运动。

针对萨帕塔派的复兴，冈萨雷斯的反应无疑是非常愚蠢的。他准备像他曾警告的那样，对村落"采取异常严厉的行动"，即使那里已经没有人正面反抗他了。而正是他采取的这一措施，把他变成了莫雷洛斯历史上最臭名昭著的人物——胡文西奥·罗夫莱斯——精神上的直系继承人。自9月15日——墨西哥独立日前夜——开始，他下令把州里所有的农户集中在主要城镇里，准备放逐他们。他的命令是对村落这一社会组织的再次宣战。与此形成鲜明对比的是，就在同一天，几乎其他所有的州都进行了市镇选举，建立了地方自治制度。而同时，对莫雷洛斯的掠夺还在继续。对于他们的受害者来说，*los Constitucionalistas*（立宪党人）已经变成了 *los Consusuñaslistas* ——"养长了指甲"搜刮民财的人。

萨帕塔很好地利用了对方的这一失误，破坏了冈萨雷斯以及他在莫雷洛斯推行的革命的声誉。9月15日，萨帕塔颁布了一部关于市镇自治权的一般法。这部法律由司令部秘书孔拉多·迪亚斯·索托－伽马和他的助手撰写，正式兑现了大会派改革计划中的一系列承诺。这部法律开头的五条与卡兰萨颁布的关于市镇制度的简短法令对应。它宣布："对于民主机制而言，自治权是首要的也是最重要的，没有什么比所有地区的公民都应当拥有的权利——自主安排日常生活中的事务、以最符

---

[1] Circular, June 7, 1916, AZ, 28: 4: 1.

合当地利益和需求的方式解决问题——更自然、更值得尊重。"萨帕塔废除了联邦和州对城镇议会在行政和财政方面的所有控制。这样，他在事实上废除了区长制。他还规定进行直接选举。但是，在其他 13 条条款中，这部法律明显比卡兰萨派的法令更倾向地方自治主义。在这些无疑深受南方革命鼓舞的部分中，萨帕塔发现了一个被卡兰萨完全忽略了的威胁。除非公民直接参与城镇的"重要事务"，他警告道，否则，当地权贵就会控制选举，把他们的朋党选进议会，这样"只会建立新的专制政权……取代旧的行政长官"。为了阻止随之而来的"滥权、丑闻和不道德的交易，为了让所有公民共同决定最重要的公共事务，比如土地的转让与获得，薪俸和开销的核准，以及照明、铺路、蓄水、导水和其他公共工程完工之后的庆典"，他规定了公民控制城镇议会的几种方式。只有当地的居民才有资格投票或者出任公职。官员的任期只有一年，并且必须等到两年之后才能再次参加竞选。市镇预算方案，市镇产业的买卖，与市镇有关的合同、贷款和债务问题，都必须经由公开的总政务会通过；这个政务会有自由选举出来的行政委员会，人们将对问题进行充分讨论，并坚持多数决原则。只要有一小群公民联名提议，任何时候都可以要求获得详细解释，而通过向革命司令部递交请愿书，召开总政务会，他们甚至可以组织弹劾听证会。[1]

为了进一步破坏立宪派的名声，萨帕塔在一项关于州和市镇财政收入的法令中，向当地的村落提供了财政支持。卡兰萨连提都没有提过城镇议会的收入，而萨帕塔派秘书则申明了，根据"建立真正的自治"的原则，村落必须有"足以满足他们需要的资金和资源"。他们也不像卡兰萨派秘书后来所做的那样，让州政府全数收走所有的税金，然后再决定返还给城镇的数额。萨帕塔派严谨地规定了哪些税收来源属于州，哪些属于市镇政府。在为后者保留的 14 种来源中，有当铺、酒厂和新近出现的加油站。其中最重要的一点是，市镇有权每月向当地杂货商、屠

264

---

[1]　General Law on Municipal Liberties, September 15, 1916, AZ, 28: 2: 1.

户、面包店主和其他"生活必需品"供应商征收营业税。在这一授权条款中，萨帕塔派秘书也精明地规定，只要战争还在继续，并且没有州政府存在，城镇议会就可以把联邦税和州税都装进自己的口袋。[1]

这一时期，萨帕塔在策略上做出了一项调整，维系了村落对他的支持。虽然他继续以打游击的形式行动，但是现在，在选择攻击对象的时候，他的考虑更多是政治方面的，而不是军事方面：在能让墨西哥城为之震动的地方，他加大了攻击的力度，而在普通村庄周围则减少了战斗。这个变化意味着，萨帕塔终于接受了比利亚在北方坚持的斗争方式。比利亚只用两三百人就发动了一系列令人震惊的袭击行动，比如打到了美国的那些。他让卡兰萨的新政府陷入了非常危险的境地：到了9月末，美国军队仍然留在墨西哥，撤军的谈判仍在拖延中。[2] 至少从5月以来，卡兰萨就一直害怕萨帕塔会在南部发起类似的攻击，害怕他用引人注目的猛攻证明，政府就是一个骗局。[3] 整个夏天，萨帕塔都在挣扎，想在莫雷洛斯重新平衡他的行动。他并不喜欢恐怖主义式的夸张表演；但是，一名来自普埃夫拉城的代表在9月27日给他写了一份长长的报告，他在报告中找到了充足的理由，让他下决心尝试这种戏码。那位代表，奥克塔维奥·帕斯，承认卡兰萨的军事领导大体上没什么问题，但是坚持认为他的政治处境极为危险。卡兰萨最近发起的立宪会议选举注定会让他身边的那批野心勃勃的首领陷入分裂。而如果美国掌握了这个政权内部出现问题的决定性证据，就很可能不会再承认它了。如果共和党的候选人"哈格斯"[4] 赢得了接下来的总统选举（据帕斯报告，赔率是1∶5），那么美国不承认这个政府的可能性就更大了。帕斯建议袭击火车和普埃夫拉城，他表示，这将和比利亚在北方的破坏行动一

---

[1]　Law on State and Municipal Incomes for the State of Morelos, September 18, 1916, AZ, 28: 2: 1.

[2]　Clendenen: op. cit., pp. 270–295.

[3]　Cándido Aguilar to J. L. Rodgers, May 22, 1916, NA, 43: AMR: 9: 369.

[4]　共和党候选人名为查尔斯·埃文斯·休斯（Charles Evans Hughes），帕斯误写成了哈格斯（Hugges）。——译者注

样，在国际上制造出轰动效应。[1]

10月1日，萨帕塔第一次公开表示，他在考虑一种新的行动方式。在《给墨西哥人民和外交使团的说明》（*Exposition to the Mexican People and to the Diplomatic Corps*）中，在抱怨卡兰萨的政治经济政策、把即将召开的立宪会议斥为一场邪恶的骗局之后，他暗示，"没有一条通信线路可以说是控制在卡兰萨派手里的"。[2]他几乎立刻就发起了一次给首都的外国代表留下了鲜明印象的行动。10月4日，在被美国代办形容为"几个月以来……立宪党人和萨帕塔派之间……最激烈的"一场战斗中，萨帕塔派占领了霍奇米尔科的抽水站，这座抽水站是首都的水源。一个星期后，另一支军队向圣安赫尔的郊区发起了进攻，那里距离墨西哥城中心只有八英里。[3]

整个秋天，萨帕塔派都贯彻了这样的行动模式——搁置莫雷洛斯州内的战斗，在墨西哥中部和南部的关键地区加大行动力度。在普埃夫拉、特拉斯卡拉、伊达尔戈、墨西哥、米却肯、格雷罗和瓦哈卡各州，当地的那些多少有点儿萨帕塔派倾向的团伙发动了无数次袭击。攻击的对象很少是乡下的村庄，动机也很少是挑战当地的驻军。他们越来越频繁地在铁路沿线以及磨坊、工厂和矿区周围行动，目的是吸引外国领事的注意。[4]

即使萨帕塔新的工作重心落在了莫雷洛斯之外的革命运动上，他仍然密切关注着尚在州内的游击队。他不给他们任何借口留在营地上休息，而是敦促他们学埃韦拉多·冈萨雷斯和巴伦廷·雷耶斯等首领的样子——这些首领每个星期都在墨西哥州和联邦特区发起两三次袭击。更重要的是，萨帕塔敦促他们和村落保持良好的关系。虽然有时他也会训斥市镇官员，因为对方无视游击队的合法要求，但是他认为最重要的

266

---

[1]　O. Paz, Report, September 27, 1916, AZ, 28: 2: 1.

[2]　Exposition to the Mexican People and to the Diplomatic Corps, October 1, 1916, ibid.

[3]　Parker to the secretary of state, October 5 and 12, 1916, NA, 59: 812.00/19449 and 19530.

[4]　Meléndez: op. cit., I, 373.

是，在战场上战斗的人要保持对住在村子里的人的同情心。[1]他向他的首领发布了指令，要求他们尊重交战地区的居民和产业，在所有城镇中都要建立市政和司法机关，并且要保证让当地官员"不受任何干扰"地进行工作。[2]他特别小心地避免引起首领之间的对立，因为他们的争斗可能会把无辜的村民卷进来，而这些村民日后可能会因此而拒绝给从战场返回的、需要帮助的战士提供草料、食物和住处。[3]

萨帕塔强烈要求他的军队遵守纪律，于是众首领也在各自管辖的区域发布了指令。在托奇米尔科营地，驻扎在那里的福蒂诺·阿亚奎卡命令周边村落各支军队的首领，把偷东西、侵犯当地居民权利的人当场枪毙。可疑的人则要扭送到他的司令部。[4]阿亚奎卡的举措给他赢来了莫雷洛斯司令部的赞誉。[5]

与此同时，冈萨雷斯已经开始不耐烦了——这种情绪是非常危险的。他的梦想——建立完善的专业军事管理体系——破灭了。而随着清除萨帕塔派的行动陷入僵局，保住面子都成了问题。每个星期他都不得不报告，又有村子被反抗者夺走了，又损失了一百多名立宪派军士。[6]他手下的指挥官遭受了挫折，就把怒气随机发泄到了他们遇到的人身上。9月30日，赫苏斯·瓜哈尔多上校处死了180名特拉尔蒂萨潘居民，男女老少都有。这些人是萨帕塔支持者，他宣称，因为他们不肯支付他征收的强制贷款。[7]

掠夺还在继续，和以前一样疯狂。看样子，一切搬得动的东西最后都会出现在墨西哥城的市场上。一天，三名军官造访了身在首都的金夫人，他们要求她指认他们刚刚从一批来自库埃纳瓦卡的货物中买下的浴

---

[1] Zapata to Ignacio Sagredo, October 23, 1916, AZ, 28: 2: 2. Zapata to Mendoza, August 5, 1916, AA.

[2] Circular to Chiefs of the Liberating Army, October 9, 1916, AZ, 30: 12.

[3] Zapata to Mendoza, November 13, 1916, AZ, 28: 2: 3.

[4] Instructions to Chiefs of Detachments, October 10, 1916, ibid., 1.

[5] Revolutionary Information Service, October 26, 1916, ibid., 2.

[6] *La Prensa*, September 27 and October 4, 1932.

[7] Palacios in *Todo*, December 24, 1942.

缸。她陪他们去了中央火车站旁边的仓库。是的，她对他们说，这些浴缸是贝拉维斯塔的。这些军官大大松了一口气：他们买到了好东西！金夫人表示抗议，说浴缸是她的，她想把它们要回来。军官们拒绝了。他们只是，他们解释道，"没收"了她已经"丢弃"了的东西。[1]

几个月后，在给另一地区的同事写信时，莫雷洛斯司令部的一名秘书回忆起了立宪军的暴行。他的痛苦显然还没有消退。"谁都想不到，"他写道，"会有比韦尔塔的手下还坏的恶棍……你来看看吧，"他请求道，"——村落完全烧毁了，树林刨光了，牲畜被偷了，村民用汗水浇灌的作物也被敌人收走了……他们把这些东西装进火车，用了一长串车厢才装完，然后把它们运到首都卖掉。"至于把人们集中到城市里的政策，他的评论很短但是非常尖锐："就算罗夫莱斯再混蛋 1000 倍，和现在比起来都不算什么。"为了荡平乡村世界，他说，立宪军就像在赶"猪群"一样，把人们赶到装货的平台上，然后用棚车和运牛车把他们运到了墨西哥城。到了那里之后，立宪军把他们分开，送到铁路站场周围的贫民窟；他们彻底陷入了赤贫。留在州里的人的遭遇也没有好到哪里去。"我看着三四个人拖着一张犁；他们的牲畜被卡兰萨派抢走了，所以他们只能这么耕地。这种事，"秘书表示，"太让人难受了。"[2] 几年之后，莫雷洛斯村民回忆起 1916 年的入侵者时仍然满怀极度强烈的仇恨，甚至把这些人和 1912—1913 年的联邦军队混淆在了一起，把他们自 1911 年以来遭受的所有不幸都算在了卡兰萨派的头上。[3]

民谣歌手只能用苦笑来表现当地人深深的绝望——

> 看在上帝的分儿上，贝努斯蒂亚诺，改变你的计划吧，
> 告诉你的士兵，在搞袭击的时候，别砍杀

---

[1] King: op. cit., p. 302.

[2] Juan Espinosa Barreda to Alberto Paniagua, March 30, 1917, AZ, 28: 1: 3. 金夫人在墨西哥城里的难民中发现了她以前的仆人，见 op. cit., pp. 301–302。

[3] See, e.g., Lewis: *Pedro Martínez*, pp. 84–86.

那些可怜的猪啊，牛啊，鸡啊，火鸡啊。

告诉他们，水罐不是萨帕塔的人

茶壶不是，盘子不是，煎锅也不是

黄油模、玉米粉、生面团，

我们存起来的种子、披肩、餐具，都不是萨帕塔的人啊。[1]

　　但是，萨帕塔派在不断发起袭击的过程中变得更加大胆了。11 月，通过针对墨西哥城-库埃纳瓦卡铁路发起两次惊人的恐怖袭击，他们把冈萨雷斯逼到了极限。11 月 7 日，在联邦特区的霍科站附近，他们炸毁了一列南行开上阿胡斯科山的火车。在墨西哥城，忙碌的人们听到了爆炸声和随后的枪声，他们向南边的山坡望去，可以看到燃烧着的火车残骸上冒出的滚滚浓烟。大约 400 名乘客——包括军人和平民——在这场屠杀中丧生了。[2]冈萨雷斯当时正在首都参加奥夫雷贡和卡兰萨的某些需要特别谨慎处理的政治行动。他难堪得要命，下令正式调查这次袭击事件，并且回到了库埃纳瓦卡，开始亲自探察。11 月 11 日，他在州首府发布了一项严酷的命令。"任何人，"他宣布，"如果直接或者间接协助了萨帕塔派，或者帮助了任何一个反立宪主义的党派，都会被交给行刑队，确认身份之后立即枪决。"并且，任何人，如果在大道小路上被发现没有携带由库埃纳瓦卡的立宪派总部颁发的安全通行证，或者"没有令人信服的理由"就在铁路附近活动，或者没有在指定的城镇重新定居，或者把自己的安全通行证给了别人，或者为其他以欺骗手段获取安全通行证的人进行了担保，都会被立即执行死刑。[3]冈萨雷斯的威胁没什么效果。几天后，在同一座山上更高一点儿的地方，萨帕塔派又炸毁了一列火车。死伤人数也是非常惊人的。墨西哥城的居民再一次见证了冈萨雷斯的无能——他连保护首都地区都做不到。美国代办也充分

269

---

［1］　Cited in Simmons: op. cit., pp. 147–148.

［2］　*El Demócrata*, November 8 and 9, 1916. Taracena: *Mi vida*, p. 395.

［3］　*El Universal*, November 14, 1916.

认识到了立宪派在南方的失败。[1]

冈萨雷斯大发雷霆，但是他非常无助。虽然他手里有3万人，他的任务还是失败了。他从战争部部长奥夫雷贡那里也榨不出什么新援来，因为后者需要把他能够调动起来的所有军队和物资投入更重要的行动——在奇瓦瓦州追捕比利亚，在瓦哈卡州抓费利克斯·迪亚斯，还要严密戒备仍然留在墨西哥国土上的美国远征军。冈萨雷斯只能在私底下骂骂咧咧，说奥夫雷贡故意在人员和资金方面亏待他，可能还想打倒他，说萨帕塔派都是"野人……残忍凶暴、令人作呕的色情狂……本质上就是罪犯和懦夫"，不可能公平地进行战斗。[2]

在库埃纳瓦卡，冈萨雷斯只好安于自己失败的现实。他尽职尽责地让立宪派的政治滑稽戏继续下去，在这场戏中他的手下赢得了当地的"选举"，代表莫雷洛斯参加了12月1日召开的立宪会议。作为最近建立的官方政党——自由立宪党（Liberal Constitutionalist Party）——的支部，库埃纳瓦卡、库奥特拉和霍胡特拉的驻军从司令部里选了三名军官，作为他们的正式代表，并另选了三名代表轮换他们。其中只有霍胡特拉的代表阿尔瓦罗·阿尔卡萨尔上校是莫雷洛斯本地人：这位政治家出生于霍纳卡特佩克的一个古老的商人家庭，1911年，他曾在当地的镇议会中任职。其他的都是北方人，来自索诺拉、新莱昂、科阿韦拉等州。自由立宪党的指挥官们提名卡兰萨为总统。而在考虑了让他们之中的一位——古斯塔沃·埃利松多将军——当州长之后，他们也提名了卡兰萨出任那个职位。[3]但是冈萨雷斯对他自己在莫雷洛斯究竟有多大实权已经不抱幻想了。他与手下的将军讨论了他们在这里的运动，随

---

[1] Parker to the secretary of state, January 10, 1917, NA, 59: 812.00/18161.

[2] Pablo González: "Verdades para la historia," in *Partido Reconstrucción Nacional: Recopilación de Documentos y Algunas Publicaciones de Importancia*（Monterrey, 1923）, pp. 239–243.

[3] *El Universal*, November 9 and 18, and December 5, 1916. See also S. Valverde: op. cit., pp. 183–184, and Gabriel Ferrer Mendiolea: *Historia del Congreso Constituyente de 1916–1917*（México, 1957）, p. 168. On the origins of the Liberal Constitutionalist Party, see Eugene M. Braderman: "A Study of Political Parties and Politics in Mexico since 1890"（Ph.D. dissertation, University of Illinois, 1938）, pp. 156–159.

后，11 月 22 日，他公布了新的计划；这项计划说是要加强这里的行动，其实是要撤退：他下令，从联邦特区的孔特雷拉斯直到库埃纳瓦卡，铁路两边 500 米以内的地带都要被清空，同时，还要把司令部搬回墨西哥城。[1]

实际上，冈萨雷斯已经抛弃了莫雷洛斯军事总指挥卡瑞昂，任后者自生自灭。但是，卡瑞昂不想什么都不做地看着一切结束。据美国代办观察，他手下的指挥官就像其他地方的指挥官一样，"似乎已经完全放弃了战斗，把他们的时间都花在了政治活动和贪污受贿上"。[2]他们尤其急切地想要侵吞即将收获的玉米带来的利益。同时，立宪军日渐衰弱。他们本来就饱受疟疾折磨，力量大大减弱；此时，因为在接近热带的气候下食用杧果之类的水果，他们又遭遇了另一场瘟疫——痢疾。而随着冬天到来，伤寒在联邦特区出现了，然后传到了莫雷洛斯。运到库埃纳瓦卡的少量吗啡和奎宁都流到了黑市上，又被私下转售回了首都。到这时为止，冈萨雷斯领地上的军医院已经收治了 7000 名染病、疲惫、营养不良且士气低落的士兵。还有一些状况更悲惨的士兵躲进了停在铁路侧线上的棚车或者临时的棚屋里。一些士兵死在了街上。[3]

收获季节过后，萨帕塔突然再次在莫雷洛斯发起了进攻。12 月 1日，在特拉尔蒂萨潘，他重建起来的司令部中，他发起了针对库埃纳瓦卡、尧特佩克、霍胡特拉、特伦塔庄园、霍纳卡特佩克、阿克索恰潘、帕索德尔穆埃尔托以及普埃夫拉州的伊苏卡尔德马塔莫罗斯、切特拉和阿特利斯科驻军的联合突袭。衰弱的立宪派守军屈服了。霍胡特拉和特伦塔第一天就陷落了，萨帕塔派让 500 名倒霉的士兵丧失了战斗力。其他地方仍然在包围中，库埃纳瓦卡和伊瓜拉之间的铁路也停运了。接下来的几天，冈萨雷斯在墨西哥城发布了报告，声称他的军队已经把萨帕

---

[1]　*La Prensa*, November 22 and December 1, 1932.

[2]　Parker to the secretary of state, November 8, 1916, NA, 59: 812.00/19793.

[3]　Partido Reconstrucción Nacional: op. cit., pp. 243–244. *La Prensa*, October 11, November 19, and December 6, 1932.

塔派从许多村子里打跑了，但是他口中的这些驱逐行动一个比一个离联邦特区近。[1]

12月末，立宪军开始从莫雷洛斯撤出，把他们能带的都带走了。他们离开之后，萨帕塔派就回来了，打了几场血腥的伏击战，最终重新占领了主要城镇。1月7日，他们开到了霍纳卡特佩克，第二天攻进了尧特佩克。到了1月10日，他们又一次占领了库奥特拉。在接下来的一个星期里，他们进入了特特卡拉，然后是米亚卡特兰，然后是库埃纳瓦卡。[2]他们没有取回什么物资，但是他们收回了自己的州。

有几个星期，特拉尔蒂萨潘被狂喜占据了，人们产生了不切实际的幻想。在当地的人们看来，立宪主义行将崩溃，冈萨雷斯的撤军就和韦尔塔倒台时联邦军队将军撤军一样。索托－伽马匆匆发布了一个计划，其内容是解放军再次占领墨西哥城时将要实施的经济和财政措施。[3]奥克塔维奥·帕斯此时身在圣安东尼奥，也对联邦军队的撤退做出了错误的判断。他给司令部送去了报告，宣称"我们的胜利已成事实"，敦促萨帕塔派立刻从库埃纳瓦卡出发，挥师北进，抢在潘乔·比利亚前头打到首都去！[4]1月中旬，美国解除了对战争物资的禁运，随后，萨帕塔又签署了一份《告墨西哥人民宣言》（*Manifesto to the Mexican People*），宣布"卡兰萨主义带来的满是恐怖和鲜血的噩梦已经结束了"，并且向国人再次保证，南方人对所有群体——除了地主以外——都"宽宏大量"。[5]司令部还发布了一份新的国有化法令。[6]而解放军也在理论上经历了剧烈的正规化改革——他们改革成了由现役、预备役和后备役三支队伍组成的军队，设定了从小队到师团的各个级别，增加了工程兵和

271

［1］ *La Prensa*, December 29, 1932, and January 7, 1933. Meléndez: op. cit., I, 373–374.

［2］ Revolutionary Information Service, January 10, 1917, AZ, 30: 13.

［3］ Measures of Economic and Financial Order, January 10, 1917, AZ, 27: 18.

［4］ Paz to Soto y Gama, January 15, 1917, AZ, 29: 13.

［5］ Manifesto to the Mexican People, January 20, 1917, AZ, 30: 13.

［6］ Decree on Nationalized Goods, January（n.d.），1917, AZ, 28: 10: 3.

医务兵，以及军事法庭。[1]

　　事情很快就清楚了：他们的判断错得离谱。冈萨雷斯彻底垮掉了，但这并不意味着政府也会失败。就在这段时间，立宪会议开幕了，通过这场会议，卡兰萨派证明了，他们的党在根本上仍然团结有力。而通过讨论社会福利改革，并且把它写进宪法，他们显示出了自己强烈的国家责任感。他们甚至还在萨帕塔派提出的土地改革主张里插了一脚。会上有代表主张以激进态度保护村落利益，其中一位来自普埃夫拉州：路易斯·T.纳瓦罗，1913 年的时候，他是一名马德罗派代表，为了躲避韦尔塔的追捕曾在萨帕塔派队伍中获得庇护，和他们一起在莫雷洛斯和普埃夫拉战斗了 18 个月；而现在，1917 年，他在卡兰萨派的大会上维护了萨帕塔派的名誉和事业。[2]在制定宪法第 27 条时，激进派占了上风，允许村子作为社会组织持有财产，保障村落在新秩序下的合法地位。在军事上，卡兰萨派实际上已经提高了他们在莫雷洛斯以外的南方地区的地位。在格雷罗州和普埃夫拉州，他们把当地有影响的人士组织了起来，建立了仅由少数骨干人员组成的政府。在特拉斯卡拉州，像莫雷洛斯人那样失去了土地的村民曾经发起一场类似的土地改革运动，并在 1915 年宣布支持萨帕塔；但是立宪党人和当地的领袖多明戈·阿雷纳斯做了一笔交易。1916 年 12 月 1 日，在普埃夫拉州的韦霍钦戈附近，阿雷纳斯接受了"人道主义和爱国主义的邀约"，把他的军队和立宪军"联合"了起来。作为回报，他当上了准将，他手下的军官也都获得了头衔和军权。阿雷纳斯军团开始在圣马丁特斯梅卢坎驻军，也开始从战争部领取薪水和物资；特拉斯卡拉州的村民获得了临时许可，他们对已经占领的土地的所有权暂时得到了承认。萨帕塔很快就宣布阿雷纳斯背叛了《阿亚拉计划》，但是他无法撼动那位特拉斯卡拉首领的地位。[3]

［1］ Decree to the Liberating Army, January 31, 1917, AZ, 30: 13.

［2］ Luis Sierra Horcasitas: *Patria. Obra Histórica–Revolucionaria. Primera Parte*（México, 1916）, pp. 65–68. *Diario de los Debates del Congreso Constituyente,* II, 1080–1084.

［3］ Act of Surrender of General Domingo Arenas to the Government of Venustiano Carranza, December 1, 1916, AA. General Orders of December 15, 1916, AZ, 28: 2: 3.

通过这笔交易，还有其他交易，立宪党人加强了他们对这个国家的控制。2 月初，墨西哥的最后一批美国军队回到了美国。萨帕塔派重新占领了莫雷洛斯，但是并没有取得胜利；他们只是幸存下来了而已。

2 月，萨帕塔和他的首领修正了他们的计划。他们没有集中力量进入联邦特区或者攻打普埃夫拉城。与此相反，他们把成群的将士部署在了进入莫雷洛斯的要道上，在这个州的周围建起了一道防线。这道防线看上去极其坚固，冈萨雷斯试都没试过攻破它。2 月初，冈萨雷斯离开首都南行，最远到了三玛利亚镇，视察周边地区的几处立宪军前哨基地。他在那些寒冷多雾的高地上度过了三个星期，透过云层俯视库埃纳瓦卡山谷，默默沉思。虽然他宣布他将很快"发起行动"，但是他也承认，他无法让火车在南方驰骋。而当他在 2 月末返回墨西哥城的时候，他连之前留在那些基地上的警戒部队都带回去了。[1] 在军事上，萨帕塔派已经把莫雷洛斯变成了一片泥潭。冈萨雷斯本可以率军大举攻回州内，但是这样只会更深地陷入泥淖中。萨帕塔派居于守势，但是他们至少是安全的。

首领和秘书们此时重启了他们在卡兰萨派入侵之前就在进行的工作，把莫雷洛斯州重建为村落的联合体。他们这样做，部分是为了更牢固地掌握他们这场运动的群众基础，部分是要向墨西哥和墨西哥以外的观察者表明，也向他们自己确认，只有他们才是真正尊重村落的革命者，而相比之下，卡兰萨派的土地改革就是一场骗局。别处的反对派革命者在陷入了和他们相似的困境之后，要么与政府达成了协议，要么沦为土匪，变成雇佣兵，或者加入了费利克斯派，遗忘了他们发动起义的初衷。但是在莫雷洛斯，人们保护当地乡村社会不受破坏、正常运行的决心仍然非常坚定，一如既往。在六年的奋战之后，那里的革命首领显然已经无法想象他们的战斗还能有什么别的目的了。至于秘书们，他们仍然相信自己的判断，他们的忠心也没有动摇。

---

[1]　*El Demócrata*, February 8, 15, and 27, 1917. *La Prensa*, February 16, 1933.

如果说萨帕塔派没有变，当地人的生活状况可是变了——变得更糟了。最惊人的变化是，庄园消失了。常住劳工要么早就逃走了，要么被驱逐、被强征入伍或者应征当兵去了；地里长着玉米和杂草，房屋受到损坏、被烧毁，磨坊也被拆掉了。种植园已经不再是生产中心了，甚至连居住的中心都不是。在1917年的莫雷洛斯，它已经变成了废墟，成了只有蜥蜴和考古学家才会造访的地方。另一个变化发生在村子里，不太明显但是同等重要。村里还有人家，但是许多人并不是本地人，对这里几乎毫不了解；他们逃到这里避难，然后留了下来，过着充满恐惧的生活。在村子周围，田地空旷，没有作物，上一年的玉米秆还站在那里，早已干枯了，在冬天的阳光里呈现出灰黄的颜色。牧场上没有牲畜。也没有猪和鸡像从前一样踱过萧条的、铺着鹅卵石的乡村街道。只有女人和小孩偶尔出来跑腿，从一座破破烂烂的房子里出来，匆匆跑进另一座。曾经的地方领袖都不在了，有的被杀了，有的遭到了驱逐，还有的躲了起来。在苦难和社会动荡中，土匪再次出现了——每当莫雷洛斯到了这种时候，这些人肯定不会缺席。萨帕塔派已经无法让村落依靠自身的力量进行改革，进而重建这个州了。他们也不能指望陷于瘫痪的市镇议会领导莫雷洛斯走向复兴。此时的村落，没有衰落但是仍然活跃的庄园提供的工作机会，没有当地资源可以使用，也没有当地领袖可以信赖、追随；乡下人需要领导，但是他们现在无法领导自己。萨帕塔派必须向他们提供帮助。

萨帕塔派向村落提供了领导机构——一个由萨帕塔在1916年11月末提议创立的办事处。当时，他感觉到，传统的力量在很多村子里都不复存在了，他也预见到了立宪派离开之后会出现的混乱状况；他曾向索托－伽马抱怨，"那些帮我把房子点燃的人现在却不愿意帮我把火扑灭了"。他敦促索托－伽马和其他秘书去村落巡访，向人们解释，"如果说我发起了武装起义，那不是要保护土匪，也不是要打着革命的旗号侵犯人民的权益，而是为了充分保护村落的权利不受任何首领和武装部队的侵犯"。[1] 11 月 28 日，索托－伽马在特拉尔蒂萨潘正式建立了这个办事处，革命宣传与团结咨询中心（Consultation Center for Revolutionary Propaganda and Unification）。最初的工作人员有 15 人，包括索托－伽马、帕拉福克斯、蒙塔尼奥、马加尼亚兄弟、恩里克·博尼利亚、普鲁登西奥·卡萨尔斯·R、安赫尔·巴里奥斯和莱奥波尔多·雷诺索·迪亚斯。

这些顾问的职责和萨帕塔的描述差不多——帮助村落再次找到它们的方向。他们要在村子里教课，讲解革命军和平民双方的义务；要向大众解读、阐释司令部的宣言、法令和通告；也要调解各位首领之间、首领和村落之间以及不同村落之间的争斗。他们还要利用这些经验，指导司令部制定法律、实施改革。最重要的是，他们要在所有的村子里组织受革命党控制的次级政务会，革命原则捍卫协会（Associations for the Defense of Revolutionary Principles）。[2]

12 月 12 日，索托－伽马、希尔达多·马加尼亚和恩里克·博尼利亚在托奇米尔科建立了第一个协会。[3] 在接下来的几个星期里，普埃夫拉州西南部、莫雷洛斯中部和东部也成立了许多新协会。它们是萨帕塔党在各地的支部，也是许多村子里有史以来的第一个既不隶属于军队又不依附于神权的民间团体。协会会员没有正式的权力，他们也接受了严格的命令，不干涉市镇政府的事务；但是，事实上他们控制了地方社会。在理论上，每个协会由四名官员和六名有投票权的成员组成，每四个月由村落直接选举产生。协会会员离任之后一年内禁止再次参选。候选人必须是"革命派，或者至少支持革命所捍卫的原则"。其他条件是拥有当地的居民身份、已成年、有读写能力并且没有剥削当地人的记

---

[1]　Antonio Díaz Soto y Gama: "Cargos infundados contra Zapata," *El Universal*, May 4, 1955.

[2]　Basic Rules for the Consultation Center for Revolutionary Propaganda and Unification, November 28, 1916, AZ, 28: 2: 3.

[3]　Foundation of the Tochimilco Association for the Defense of Revolutionary Ideals, December 12, 1916, ibid.

录——不管是因为担任了公职还是受到了"旧政府……的影响"。[1]但是，只有几个村子还能找出十个满足这些条件而且不在解放军中的人，有40个这样的人——一年的选举就需要这么多——的村子就更少了，所以协会会员人数并不多。几乎在所有的协会里面，领头的人都是几兄弟或者堂表兄弟，他们没有离家去打仗，但还是颇受当地人尊敬。这些人总共占了大约一半的席位，每到改选他们就互相轮换。

协会会员有许多职责。其中包括参加"各级政府的选举、推举能够保护村落权益的候选人、劝说公民履行他们的选举义务并且组织他们进行选举"。结果，协会会员控制了1917年和1918年莫雷洛斯各市镇的不定期选举，对普埃夫拉州的常规选举可能也有——不那么明显但是真实存在的——影响。[2]

在日常事务中，协会会员发挥了政治委员的作用。他们最主要的任务就是确保军队尊重地方政府。他们调解了市镇官员和驻军军官之间的大量纠纷。这种冲突往往是针对当地资源——农作物、牧场、役畜和空地——的控制权的。因为人们频频迁徙、移居，现在要说谁最有资格占用某片土地或者某群牛就变得更加困难了。如果有人出面做证，某个村的人曾经使用过某件有争议的物品，那就已经是村落拥有那件物品的最有力的证据了。而革命军去年除了步枪以外并没有使用过别的东西，但是按理说，他们也应该获得供给，或者得到养活他们自己的工具；他们的长官也在力保他们的利益。于是，这两个对立的组织相互较力，双方都想保护自己的成员，也都公开宣称是为了革命。为了具体说明村民和游击队员各自的权利和义务，托奇米尔科的协会会员组织镇议会和阿亚奎卡司令部进行了协商。会员们身负特殊职责——履行革命在"土地问

---

[1] Rules for the Associations for the Defense of Revolutionary Principles, May 23, 1917, AZ, 29: 10.

[2] Many documents on the activities of various associations in 1917 are in AZ, 28: 3, 20, and 22. For the Puebla elections, in which an ex–Zapatista candidate for governor ran strongly around Atlixco and Izúcar de Matamoros, see Porfirio del Castillo: *Puebla y Tlaxcala en los días de la revolución*（México, 1953）, p. 260.

题"上的承诺，于是，他们在 12 月 21 日促成了一份明显有利于村落的协议。这份协议成了整个萨帕塔派辖区里其他村落处理问题的样板。此外，各地会员频频通信，汇报各自的工作情况。政治委员之间产生了一种温暖的同志情谊；他们开始觉得，自己是革命真正的守护者。[1]

他们最重要的成就是让普通村民看到了自己参与的这一斗争的伟大意义。随着协会的建立，各会员承担了大部分原本属于咨询中心的公民教育职责——为地方大会解读并阐释司令部的通知、处理邻里矛盾、请人宣讲革命知识。他们也承担了改革公立学校的职责。会员工作的动力，就像他们后来在章程中声明的那样，就是"让宣传进入人们的内心，让他们把好的理念灌输给他们的孩子和亲属，让他们对革命感兴趣，懂得诚实的劳动者的幸福依靠革命胜利，墨西哥人物质生活水平的提高靠革命胜利，社会政治自由和权利、道德与智识的进步都要靠革命胜利"。在条件极度受限的情况下，这些会员取得了巨大的成就，这是冈萨雷斯连试都没试过的。整个冬天，靠着小额私人捐款和他们"建议"城镇议会收取的特别税，他们在 15—20 个村子里建立或重建了小学。到了 4 月中旬，托奇米索尔科、萨库阿尔潘和汉特特尔科的会员甚至建立了成人夜校。在托奇米索尔科，他们还要为成人开设一所职业学校。[2]学生从萨帕塔派学校得到的学问是粗浅的，但仍然很有价值。此外，对于乡下人来说，在课堂上听老师讲，仍在进行的反抗运动是为了祖国也是为了穷人，萨帕塔派是民族英雄——这种经历也是令人难忘的。

再次占领莫雷洛斯之后，萨帕塔很快就开始组织政府，增强村落的力量。他颁布的第一部法律是帕拉福克斯制订的新计划，在每个村子里建立一个特别的土地管理机构，"在土地、木材和水源问题上……代表并保护……村落"。帕拉福克斯承认，"太古时代"，一些村子就已经有

---

[1]　Tochimilco agreement, December 21, 1916, AZ, 30: 12. President of the Alpanocan association to the president of the Tochimilco association, February 26, 1917, AZ, 28: 3: 1.

[2]　Circular No. 12, April 17, 1917, AZ, 28: 21.

了处理土地问题的代表，现在他打算把这个职位变成正式的"有专门工作人员和详细规定的职责"的办事处，独立于市镇议会之外。每个村子，他宣称，都必须通过直接选举产生至少两名代表，（无偿）任职一年，与镇议员的任期同步。被提名者必须年满 25 岁，"极为诚实"，必须是他参选的村子的本地人，并且至少在过去五年内都在当地生活。曾经担任过代表的人只有在两个任期之后才能再次参选。办事处与市镇议会没有关系；在办事处工作的官员承担了管理村落的公共财产——村社——的巨大责任，负责租赁空地，把田地分派给各家各户，发放改变河道或开采当地某片树林的许可证。按照帕拉福克斯的设想，办事处最重要的职责是保护"村社的土地所有权证书和地图"，因为那是村子得以生存的真正凭证。[1]于是，通过加强当地人对当地经济的控制，萨帕塔永久保障了在他看来对他的人民来说最重要的传统。

这些想法很快就制订成了详细的计划，获得了革命派的正式批准。3 月 1 日，特拉尔蒂萨潘召开了一场包括军事首领和行政秘书的大型政务会。他们在咨询中心开了三天会，讨论各种各样的革命问题，以及他们应该尝试实施的策略和方针。根据现存的唯一记录，讨论是自由进行的，而且非常激烈。在一些问题上，尤其是战略联盟的问题上，会议推迟了决定。[2]在其他问题上，人们明确达成了共识，其中似乎就有如何管理莫雷洛斯的问题。革命派暂时不会建立全国政府，取代已经不复存在的大会。高层指令会从特拉尔蒂萨潘司令部——帕拉福克斯已经把它划分成了农业部、战争部、教育和司法部、财政部以及内政部——下达；但是这些指示仅仅是宽泛的建议，并不是自上而下的命令，各地也可以根据具体情况自行决定。萨帕塔派关注的重心将是市镇事务。

---

[1] Law relative to Representatives of the Pueblos in Agrarian Affairs, February 3, 1917, AZ, 28: 10: 1. 大约五个星期后，立宪派农业部部长做出了相似的决定：在农业改革中，他授权各地土地委员会——而不是市镇当局——掌管村社的所有权证书。见 Fabila: op. cit., pp. 315–316。

[2] Fortino Ayaquica: "Cómo perdió la vida el general Domingo Arenas," serialized in *El Hombre Libre*, September 8, 1937.

在接下来的几个星期里，特拉尔蒂萨潘发布了三部基本法，目的都是增强村落的力量。第一部是萨帕塔在 3 月 5 日颁布的法令，它规定了村子和革命武装部队双方的权限。通过修订去年 12 月的托奇米尔科协议，他向地方官员授予了对于一个处于包围之中的州而言可以说是巨大的权力。主要是村落选举当地政府、保留自己的法庭和警察的权力。在他们的管辖范围内，市镇政府可以将任何拿不出任职证明的首领、军官或者士兵"逮捕、解除武装并押送到司令部"。除了游击队活动区村民的传统任务——充当信使和向导、在战斗期间给军队送食物和补给、救助伤员、埋葬死者、把他们自己农场的土地提供给驻军——以外，村民无须为军队做什么。相比之下，军队的特权被大大限制了。军官仅仅有权与市镇政府订约，要求后者提供食物、牧草，给行进途中的驻军和部队提供住处，并有权把背叛《阿亚拉计划》的人送上军事法庭。革命军指挥官必须充分尊重村民。当他们活动范围内的村落选出了政府之后，他们必须彻底停止干预平民之间的纠纷。特别是，他们必须尊重市镇对土地、水和木材的分配，并且"接受村落的决定和习俗"。他们不能私自要求村民提供任何形式的服务和帮助。他们也不能向村民收取租金，因为后者耕种的土地是自己的。这部法律着重加以限制的自然是村领导最关心的一项权力：军队人员不能"圈占村落的土地，也不能圈占曾经属于古老的庄园的土地，因为军队中的每一个人，不管他是不是首领，都只有权拥有在土地分配中［受村民赠予而］获得的那部分土地"——否则他就要上军事法庭。[1]

第一部法律发布还不到两个星期，第二部基本法也问世了，确立了莫雷洛斯的政治体系。在这部法律中，萨帕塔和他的秘书规定，市镇是政府的核心单位。但是，他们也意识到了，村落"现在实际上已经互相隔绝了"，常常陷入"对抗、仇恨和互不理解"，于是他们建立了一个新的办事处，充当"*municipios*（市镇）之间联系的纽带"。这就是地区主

279

---

[1] Law on the Rights and Obligations of the Pueblos and the Armed Forces, March 5, 1917, AZ, 28: 3: 2.

席制（district presidency），与索诺拉州和萨卡特卡斯州 25 年前曾经实行过的民选区长制（elective prefectureships）相似：当公民票选市镇官员的时候，他们也会投票选出地区主席，后者将会确保他治下城镇的议会工作有序、负责。[1] 在州行政体系内部，级别最高的是州长；像从前一样，革命首领把他选出来，让他临时执政，而他必须与一个由三位成员组成的州长顾问委员会保持一致，该委员会也是由众首领任命的。在同一部法律中，萨帕塔派司令部还规定了，人们可以通过官方以外的渠道定期参与政务。这项改革是他们自己的创举。他们设定了各个等级的政务会：每个月的 15 日，村民在村落里开会，他们选出的代表在 20 日那天在市镇中心开会，而受命的市镇代表则在每个月的第一天在地区中心开会。通过这样的方式，萨帕塔派希望让当地人长期直接参与政务。[2]

不到一个月后，萨帕塔发布了第三部基本法，这是一部 32 页的适用于莫雷洛斯各城镇议会的组织法。司令部的秘书表示，"在到处都陷入了混乱的时刻……市镇政府在工作中必定会遇到严重的问题，这主要是［因为］……现在议会中的大部分人缺乏行政实践"，于是，他们具体说明了新官员应该如何开展工作。他们详细地描述了市镇的领土构成，政府绝对的公正性，边远村落中市镇协管机构的建立方式，市镇长官、议员、助理和雇员的各种权力，还有他们在行政、财政、卫生、安全、教育、司法、娱乐等方面的职责。[3]

实际上，1917 年萨帕塔派建立莫雷洛斯政府的行动并不完善，也没什么条理。没有地区主席选举的记录，也没有村、市镇或者地区政务会的会议记录。而且，革命首领显然从来没有任命过临时州长和州长顾问委员会。为了使他颁布的法令有效，萨帕塔不得不发出一则又一则

280

---

［1］ For the Sonoran and Zacatecan precedents, see Moisés Ochoa Campos: *La Reforma Municipal, Historia Municipal de México*（México, 1955）, pp. 315–316, 322–323.

［2］ General Administrative Law for the State of Morelos, March 17, 1917, AZ, 28: 1: 2.

［3］ Organic Law for Town Councils for the State of Morelos, April 20, 1917, AZ, 28: 21: 2.

通知——命令军队首领不要没收农夫带回州里的牲畜，授权镇议会给普通公民发放携带武器的许可证，"保证他们的安全，让他们能够自卫"，把当地的流氓吸收进革命军，阻止恼怒的军官伤害不听话的平民，反复劝说指挥官和市镇政府建立学校和法庭。[1]但是，至少大部分城镇议会在大部分时间内都维持了正常工作。确实有一些强硬又牢牢掌握了权力的当地官员向司令部提了意见，并且以对村落有利的方式解决了问题。虽然州里没有形成什么真正的政策，但是重新出现了一些清晰的统治模式。尽管创造这些模式的是萨帕塔派秘书，但它们还是植根于本土，不受外力干预地自然发展。就像 1915 年的时候一样，它们属于普通民众，并不依附于军队。

同时，在莫雷洛斯周围的战线上，斗争还在继续。每个星期都有袭击和伏击发生。而在州界之外，战线的四角上，血腥的战斗频繁爆发——西南方向是在伊瓜拉一带，东南角则在切特拉和伊苏卡尔德马塔莫罗斯周围，东北是乔卢拉和奥津巴，西北在拉西玛。[2]为了发动对普埃夫拉城的攻击，萨帕塔尽心竭力，因为攻占这座城市将会给政府重重一击。他的密探告诉他，城里的人对政府非常不满，而且他们缺乏弹药，如果他能集中兵力坚持攻击五个小时以上，他就能拿下它。[3]他和特拉斯卡拉人多明戈·阿雷纳斯谈判了几个星期，想把他争取回来，让他的军团加入普埃夫拉战役。[4]一名在萨帕塔和阿雷纳斯之间调停的费 *281*

［1］ Circular on the rights of the citizenry, February 14, 1917, AZ, 28: 3: 1. Circular to municipal presidents, March 2, 1917, AZ, 23: 3: 2. General Orders of March 5, 1917, AZ, 28: 1: 1. Circular to chiefs, March 17, 1917, ibid. Circular to chiefs, March 18, 1917, ibid., 2. Circular to municipal presidents, March 12, 1917, ibid., 1. Circular on schools, March 28, 1917, ibid., 2. Circular on courts, March 28, 1917, ibid. 一般在乡下社区，在学校问题上，人们抱怨最多的是学校妨碍了他们的孩子干活。See the municipal president of Atenango del Río to headquarters, June 3, 1917, AZ, 29: 13.

［2］ Meléndez: op. cit., I, 374. *La Prensa*, March 25, April 6, May 4 and 16, and June 1, 1933.

［3］ Paz to Zapata, October 27, 1916, and January 15, 1917, AZ, 29: 13.

［4］ Zapata to D. Arenas, March 7, 1917, AZ, 28: 1: 1. M. Caraveo to Zapata, March 23, 1917, ibid., 2. Zapata to D. Arenas, April 13, 1917, AZ, 28: 21: 1. Ayaquica in *El Hombre Libre*, September 6 and 8, October 4, 6, and 15, 1937.

利克斯派首领甚至建议萨帕塔扩大攻击范围。"在南方各州广泛发起攻势,"他写道,"也就是说,同时攻击几个城镇,这样我们很快就能把卡兰萨[像迪亚斯和韦尔塔那样]送到伊皮朗加号上去了。"[1]最终,萨帕塔并没有攻打普埃夫拉城,更不用说向更广大的南部地区发起进攻了,但是他的军队显然在普埃夫拉城西边和北边的战略要地上掌握了主动权。为了保护乔卢拉城,立宪派不得不把它改造成了一座堡垒。[2]

萨帕塔派幸存了下来,这让冈萨雷斯很没面子。3月11日,国会和总统选举在全国各州开展了起来,除了莫雷洛斯,冈萨雷斯行动区域的中心。[3]但是他仍然无法从战争部那里榨出新的物资和增援部队。尽管在5月1日,他的对手奥夫雷贡从战争部部长的位置上退了下来,接下来却发生了对他更不利的事。由于这一部门的政治意义突出,卡兰萨总统直接接管了它的职权。考虑到他的那些一贯的成见,这只能让战争部的管理更为混乱,效率更低下;而此时冈萨雷斯甚至都不能再抱怨上边的人破坏他的行动了。[4]战争部副部长一向无法约束他的文员,也控制不了此时已经被编为国家军(National Army)的战士。野战指挥官们在小酒馆寻欢作乐,根本不想上战场,他们假报战况,虚造伤亡名单,日常训练就是杀出去抢劫。冈萨雷斯就这样艰难维持了几个月。针对军官的腐败问题,他有时候严厉斥责他们,有的时候则睁一只眼闭一只眼。他还无耻地宣称自己在南部取得了一连串的胜利——这些胜利如果真的实现了,他早就穿过莫雷洛斯打到危地马拉去了。这位倒霉的将军眼睁睁地看着他的政治机遇渐渐流失了。他常常去墨西哥城近郊的集市上散心,但是也没有得到多少安慰。媒体总说萨帕塔派在东躲西藏,但也总会冷不丁地宣布,又发生了一场针对火车或者警戒部队的袭击。尽管据政府发言人报告,有几百名萨帕塔派成员投降了,但是卡兰萨还是

---

[1]   Caraveo to Zapata, March 26, 1917, AZ, 28: 1: 2.

[2]   *La Prensa*, April 25, 1933.

[3]   Ibid., March 11, 1933.

[4]   Gabriel Ferrer Mendiolea: "Los secretarios del Presidente Carranza," *El Nacional*, June 29, 1954.

向国会施了压，要求扩大他们在交战地区的行政权。[1]最后，萨帕塔派的强大生命力让冈萨雷斯泄了气。他无法破坏也无法镇压他们的运动，只能在 7 月 7 日接受了两个月的休假安排，去美国"处理个人事务"。[2]

虽然萨帕塔派恢复了元气，但是莫雷洛斯并没有迎来和平。当时萨帕塔派显然也正处在严峻的困境中。他们幸存了下来，正是这一点给他们带来了新的危机，因为虽然他们已经在莫雷洛斯实施了改革，并且很好地维持了下去，但是他们此时必须找到继续斗争的理由。他们不再能轻易认定卡兰萨很快就会倒台、他的政权即将瓦解了。毕竟卡兰萨主持了国家选举，在墨西哥城和除了库埃纳瓦卡之外的所有州首府都建立了正规的政府机构。他加剧了人们的不满情绪，但还不算致命。4 月，美国向德国宣战之后，因为他的中立主义外交政策，他似乎陷入了危机；但是，萨帕塔从自己派驻圣安东尼奥的代表那里得知，战争反而成了卡兰萨的权力保障。[3]萨帕塔派自然会提出抗议，反对卡兰萨在 5 月 1 日就任总统，但是北方的众位将军早就算清了效忠卡兰萨的好处，梦想着不用起义就获得权力，而萨帕塔派无法让他们打消这个念头。[4]司令部的秘书或许认为卡兰萨政权即将崩塌，但是征战了五六年的首领对这个政权的命运有着不同的判断。于是，根本的问题出现了。

老兵应该放下武器，承认政府吗？他们可以拿多明戈·阿雷纳斯当例子，考虑这个问题。阿雷纳斯接受了立宪派"联合起来"的邀请，保障了他的领地的和平与自治，而在那里的乡村中，他获得了前所未有的尊重。对于莫雷洛斯的首领来说，虽然他们憎恨阿雷纳斯的叛变，但是他的成就仍然令人印象深刻。而新宪法中有关公共财产的规定似乎为他们提供了真实可靠的保障，如果他们在莫雷洛斯仍然拥有权力，他们就

---

［1］　*La Prensa*, June 22, 1933.

［2］　Ibid., July 8, 1933.

［3］　Zapata to Arenas, April 5, 1917, AZ, 28: 1: 1. Magaña to Zapata, April 25, 1917, AZ, 28: 21: 2. Zapata to Magaña, April 27, 1917, ibid. Magaña to Zapata, May 4, 1917, AZ, 29: 10. Paz to Zapata, May 23, 1917, AZ, 29: 13.

［4］　Protest Before the Mexican People, May 1, 1917, AZ, 29: 10.

可以在那里实施土地改革。此外，等他们承认了政府，从后者那里获得了资金和补给之后，他们总是可以再次发动起义的——其他许多首领就是这样做的，他们现在也在敦促阿雷纳斯这样做。

　或许他们应该加入费利克斯·迪亚斯的队伍？由于卡兰萨前一年宣布了制定新宪法的计划，特别是新宪法现在已经生效了，堂费利克斯一直宣称自己是 1857 年宪法的古典自由主义思想的捍卫者。他的运动更受欢迎，也更受人尊敬；纽约的那些有钱的流亡者还在资助他。如果卡兰萨失败了，费利克斯派看上去最有可能引领一个新政府。而且迪亚斯此时宣称自己代表的古典自由主义事业，就是许多莫雷洛斯首领的父亲和祖父曾经为之奋斗的事业。在他们和中南部其他州的许多首领看来，他对新兵和盟友的吸引力越来越大了。

或许他们应该继续独立行动？如果是这样，他们这些以村民的名义战斗的人该如何向后者解释，为什么一直有人牺牲？作为独立军队，他们应该无视全国各地其他重要的不同政见者吗？他们应该与这些人建立联系吗？要提出什么条件？他们应该向所有的盟友提出同样的条件，还是应该根据各地情形变化？谁去协商？

1917 年，萨帕塔派首领和秘书越来越需要回答这些问题，他们身上的压力也越来越大了。在特拉尔蒂萨潘司令部，人们提出了各种各样的对策。萨帕塔和其他首领显然不想理会这些问题，希望它们自动消失。但是众秘书敏锐地觉察到，如果他们提出的意见被领袖采纳了，可能会给自己带来巨大的政治机遇，于是他们不断加压，施展招数，想把自己的想法变成政策。他们的每一个举动都会引来人们的怀疑。只有萨帕塔亲自过问，为嫌疑人担保，人们对叛逃变节的恐惧才能缓和下来。

对于所有人来说，这种重压都是难以承担的。对于一部分人，尤其是那些处境不妙的人来说，这就是无法忍受的。自从去年 8 月被开除军籍之后，洛伦索·巴斯克斯已经在司令部里煎熬了几个月，实际上受到了软禁。他仍然敬重萨帕塔，他的老战友，1911 年以来的老领导，但是帕拉福克斯和索托 - 伽马让他又害怕又反感；他们教唆他的长官与他反了目，他向其他的首领诉苦道。[1] 1917 年年初，正当当地的革命派让莫雷洛斯重获生机的时候，他逃向了南方，到了格雷罗州边界上的一个小镇——布埃纳维斯塔德奎利亚尔。那里聚集了一群受到放逐或是正在自我放逐的萨帕塔派成员。接下来的几个星期，他在另一名失败者奥蒂略·蒙塔尼奥那里找到了共鸣。和巴斯克斯一样，这个发了福、梳着蓬巴杜油头[2]的教师一直对萨帕塔忠心耿耿，但他已经被司令部淘汰出局了。萨帕塔喜欢他，但是从来没有真正尊敬过他。蒙塔尼奥话太多了，又很少说到点子上。他是无政府主义者，实证主义者，也是一个牧民，他常常让萨帕塔觉得无聊，或者让他发笑。此外，他写的东西很不好懂。他的写作风格最适合表达哲学冥思，并不适合日常通信。最糟糕的是，他很早就证明了自己在政治上靠不住。1912 年，他曾建议萨帕塔退出战斗，逃之夭夭：他可以戴暗色眼镜伪装自己，萨帕塔可以把唇髭剃掉。阿亚拉领袖并不喜欢蒙塔尼奥在慌乱中提出的建议。他回答道，因为他"不是同性恋，不是斗牛士也不是修士"，所以他不会剃掉胡子，更不要说丢下他的追随者了。[3] 1913 年，韦尔塔政变期间，蒙塔尼奥差一点儿就承认政府了——他当时辅佐的首领赫苏斯·莫拉莱斯事实上已经那么做了。1915 年到 1916 年，他与帕切科、巴斯克斯联系紧密。到了 1917 年年初，他已经成了——用他早些时候形容马德罗的话来说——"一个'零社会影响''零政治影响'的无名小卒"。为了把他从特拉尔蒂萨潘清除出去，索托－伽马任命他为咨询中心驻格雷罗州代表。[4] 于是，蒙塔尼奥和巴斯克斯这两个不受尊敬的人开始讨论，他们是否应该放弃革命。

　　5 月初，一场叛乱在布埃纳维斯塔德奎利亚尔爆发了。这场叛变非常混乱。叛变者要求承认卡兰萨，然而即使是最近的国家军队也离

284

---

[1]　　Personal interview with Palacios.

[2]　　一种把大量头发在额头上方高高卷起、固定的发型，这部分头发有时会卷到侧面和后面。——译者注

[3]　　Antonio Díaz Soto y Gama: "El Caso de Montaño," *El Universal*, May 18, 1955.

[4]　　Soto y Gama to Montaño, January 5, 1917, AZ, 30: 13.

得太远了，帮不上他们的忙。而他们又在"尊重他人的权利就是和平"（"Respect for the Rights of Others is Peace"）的口号下战斗：这是自由派的一句旧格言，所以又和费利克斯派扯上了关系。只有两件事是清楚的：叛变者拒绝接受特拉尔蒂萨潘司令部的领导，而他们的头头——不管他乐不乐意——是洛伦索·巴斯克斯。萨帕塔很快采取了行动，平息兵变。5月5日，他下令进攻布埃纳维斯塔。镇压行动进展得很顺利，5月7日，司令部宣布，巴斯克斯因犯叛国罪而被绞死了。[1]

但是，接下来发生的事更令人痛心。据布埃纳维斯塔的犯人指控，蒙塔尼奥是他们的智囊，是他提出了那个口号，并且建议发起暴动。几乎可以确定的是，六个星期以来，他至少去过两次布埃纳维斯塔，虽然他并没有出现在叛乱的现场，但是检举者出示了一些信件，声称是他写的，这就把他和巴斯克斯联系了起来。[2]最能显示蒙塔尼奥有罪的是，叛乱期间以及之后，他没有去特拉尔蒂萨潘汇报工作，而是去了发生暴动的城市。在距离那里很近的地方，忠诚的萨帕塔派成员抓住了他。蒙塔尼奥表示抗议，声称自己是无辜的。但是帕拉福克斯和索托–伽马着手处理了这件事，他们要求尽快起诉他。

萨帕塔推迟了行动，很明显，他不想起诉他的老朋友。其他首领大多也无法相信蒙塔尼奥犯了罪，而且无论如何，他们都倾向于原谅他。[3]但是，几天后，萨帕塔还是做了他不得不做的事：组织军事法庭，审理蒙塔尼奥的共谋叛国案。主持法庭的是帕拉福克斯，占据了其他席位、承担了别的职务的大多也是蒙塔尼奥的敌人和对手。萨帕塔自己无法接受这个不可避免的裁决。他告诉司令部主管司法的秘书，不管蒙塔

[1] Martín Demófilo Moreno: "Con fantásticas inexactitudes no se escribe la historia de un pueblo," *La Prensa*, July 16, 1930. Meléndez: op. cit., I, 375. Zapata to Victoriano Barcenas, May 5, 1917, AZ, 29: 10. Revolutionary Information Service, May 7, 1917, ibid.

[2] Montaño to Zapata, March 18, 1917, and Zapata to Montaño, April 3, 1917, AZ, 28: 1: 2.

[3] Moisés Bejarano: "Breves Apuntes Sobre la Muerte del Gral. Otilio E. Montaño" (MS, n.d., 1960?), p. 5. I consulted these notes thanks to the generosity of Juan Salazar Pérez. Bejarano was part of the squad guarding Montaño.

尼奥犯了什么罪，只要比法庭已经提出指控的那个罪名轻，他都会原谅他。然后，5 月 15 日，审判开始的那天，他离开了特拉尔蒂萨潘，直到审判结束才回来。[1]5 月 18 日凌晨 1 点，革命法庭判定这个小个子教师有罪。稍后，在上午，蒙塔尼奥最后一次发表了演讲，宣称"司令部里的政客"搞出了一个"无耻的阴谋"，陷害了他，他从来没有一刻背叛过《阿亚拉计划》，那个他自己亲自起草的计划，而萨帕塔竟然如此软弱，放任他的仇人毁掉了他，但是莫雷洛斯的人民最终会把公正还给他。最后，他想要一名神父。要求被拒绝之后，他勃然大怒，但又毫无办法，只得在他的判决书和一份长长的正式抗议书上签了字，和他的家人告了别。[2]正午时分，他被行刑队处决了。即使是法庭，也觉得有必要对他们的判决做出解释，并且表示遗憾。[3]

其他首领以其他的方式垮掉了。3 月的一场战役中，30 名国民军战士被俘，巴伦廷·雷耶斯亲手把他们全都枪毙了。[4]在库奥特拉周围，萨帕塔派军官不顾上级命令，把卡萨萨诺、卡尔德龙、奥斯皮塔尔和夸维斯特拉的磨坊废墟都拆掉了。更糟的是，他们随后还把废金属走私到了普埃夫拉和联邦特区的全国政府统治地区，在那里把它们高价——也就是"一战"期间的价格——卖掉了。这些狡诈的军官中有卢西亚诺·卡夫雷拉，阿亚拉人，曾经在革命之前守护阿内内圭尔科，也曾在马德罗派起义最初的日子里加入了巴勃罗·托雷斯·布尔戈斯和萨帕塔的行列。[5]欧费米奥·萨帕塔试图取缔这种非法贸易，但是他自己也到了崩溃的边缘。他从来都不像他弟弟那么坚强，而在 1915 年之后，萨帕塔派的后退让他彻底无事可做了。他因为借酒浇愁而出了名，又成天吵吵闹闹，激烈谴责他的同志。1916 年 5 月，他指责门多萨"精神失

［1］　Zapata to Gregorio Zúñiga, May 15, 1917, AZ, 29: 10.
［2］　Bejarano: op. cit., p. 8. "El testamento político de Otilio E. Montaño," *Excélsior*, January 21, 1919.
［3］　Revolutionary Information Service, May 18, 1917, AZ, 29: 10.
［4］　Serafín M. Robles to Zapata, March 13, 1917, AZ, 28: 1.
［5］　Eufemio to Emiliano Zapata, May 29, 1917, ibid.

常，……在乔装打扮，四处躲藏……"。[1] 1917 年 1 月，他给另一名革命者写信，说对方"在各种意义上都是一个文盲"，要求对方为怠慢他而道歉，还警告说如果他得不到道歉，"我会让你知道我的砍刀能做出什么来"。[2] 3 月，他甚至羞辱了他的弟弟——他讽刺地问后者，是不是应该允许当地的恶霸随心所欲地偷东西。[3] 6 月中旬，他最后一次发了一通脾气。他对他最重要的下属西德罗尼奥·卡马乔的父亲大发雷霆，殴打了这位老人。为了报复，6 月 18 日，卡马乔在街上开枪打了他，当天晚上他就死了。卡马乔带领他的军队移师东北，进入了国民军占领区，接受了政府的赦免。[4]

就这样，1917 年夏天，尽管莫雷洛斯革命卷土重来了，但仅仅是为了团结在一起，革命者就要苦苦挣扎，忍受内部斗争带来的剧痛。萨帕塔派收复了莫雷洛斯，并对它进行了重组，但这并没有改变他们与墨西哥城里的势力相互隔离、对后者充满敌意的状态。而正因为他们是真诚的革命者，不是土匪，也不想把一切都毁掉，他们无法仅仅从暴力争斗中获得继续前行的动力。虽然还有 12—15 名主要首领活着，还忠于革命事业，虽然他们仍然在养育了他们的这个州周围的阵线上不屈不挠地战斗，并且，虽然他们在村子里还深受人们拥护，但是此时，他们内部的矛盾空前激烈。在一个被革命者统治的国家里，他们是非法革命者，而他们已经无法在运动的目标和策略上达成一致了。到底应不应该革命？到了做出关键决定的时候了。

287

［1］ Eufemio Zapata to Mendoza, May 12, 1916, AZ, 27: 5.

［2］ Eufemio Zapata to an unnamed person, January 8, 1917, AZ, 30: 13.

［3］ Eufemio to Emiliano Zapata, March 28, 1917, AZ, 28: 1.

［4］ Figueroa Uriza: op. cit., II, 741. E. González to Zapata, June 19, 1917, AZ, 29: 13.

第十章　起义军改革

"……我们无法忘却的萨帕塔将军倒了下去
再也没有站起来。"

蒙塔尼奥和欧费米奥死后，萨帕塔对特拉尔蒂萨潘给他的行动意见失去了信心。"他平常就是沉默寡言的性格，"一名年轻的司令部卫兵后来回忆，"这时变得阴郁、易怒、暴躁，还有些神经衰弱，发展到了某种地步，即使是他护卫队里的人，听到他叫他们，都会感到害怕。"[1]但是，尽管深陷悲痛之中，他还是很快听从了一些建议。这些建议来自托奇米尔科，提出的人是希尔达多·马加尼亚，那里的高级秘书。马加尼亚是个主和派。

还是个小孩的时候，马加尼亚就知道，要想解决他们家族不合时宜的生活所带来的问题，他必须宽宏大量。他出生的地方，米却肯州的萨莫拉，在他长大的 19 世纪 90 年代和 20 世纪头十年是一座繁荣的现代城市。萨莫拉地处一道"肥沃得惊人"的山谷中，被"富有而多产的庄园"包围——这些庄园大量出产烟草、谷物、甘蔗、水果和牲畜；这里的人口在 1910 年已经达到了 26000 人。当地人特别引以为傲的是他们的三座大酒店、电气照明系统，以及开往火车站和城郊农村的电车。但是萨莫拉也是，就像马加尼亚的弟弟后来回忆的那样，"墨西哥最狂热的州里最狂热的城市"。那里的人不只是天主教徒，还是教权主义者，他们并不把教堂和教会视为避难所，而把它们当作自己宗教热情的辉煌

288

---

[1]　Bejarano: op. cit., p. 4.

纪念碑。对他们来说，宗教与其说是一种崇拜形式，不如说是一种装腔作势的方式。在反抗法国武装干涉墨西哥的战争期间，萨莫拉人在法国人占领他们的城市时欢呼雀跃，因为法国人把他们从自由派手中救了出来，后者可是要把他们降格成共和国的普通公民，与其他人平起平坐。这种虚荣的温床是教区神学院，城里唯一的中学。自从 19 世纪 30 年代以来，萨莫拉的父亲们不断地把自己的儿子送到那所学校去，与其说是为了让他们成为教士，不如说是让他们沉浸在拉丁语、哲学和"神学的科学"中，向他们灌输正统的信仰，让他们因此而感到骄傲。[1] 马加尼亚家的许多孩子都在那里上过学，希尔达多和他的兄弟——就像正经的天主教男孩会做的那样——也在那里接受教育。但是，他们的父亲孔拉多的思想在萨莫拉颇为罕见；他对他的儿子言传身教，激励他们向学校教授的东西提出挑战。

为了像他的父母希望的那样成为神父，孔拉多·马加尼亚自己也上过萨莫拉神学院。但是他拒绝接受先辈的教导，蔑视那些把脸刮得干干净净、身着黑袍的老师，毕业后就开始做生意了。到了 19 世纪 90 年代，他成了城里最大的商人之一，坐拥 800 头骡子，从塔巴斯科到科利马，到处都有他的生意。让他的萨莫拉同乡最为惊骇的是，他满怀骄傲地自称自由主义者。他感兴趣的不是马克西米利安和法国人的那段历史，而是曾经的反教权主义的民族主义者——比如贝尼托·华雷斯和米却肯人梅尔乔·奥坎波——的故事。他还给自己的长子起名为梅尔乔。身为忠诚的自由主义者，他以支持墨西哥城和各州被迫害的反对派媒体为荣，订阅了 25—30 份激进报纸，还把它们分发给他的朋友。1906年，华雷斯的百年诞辰纪念日那天（对于大部分萨莫拉人来说都是灰暗

[1]　T. Philip Terry: Terry's Mexico. *Handbook for Travellers*（México, 1909）, p. 149. José Bravo Ugarte: *Historia sucinta de Michoacán*, 3 vols.（México, 1964）, III, 170–174, 179–181. Eduardo Ruiz: *Historia de la guerra de intervención en Michoacán*（2nd edn., México, 1940）, pp. 48–50. José Guadalupe Romero: *Noticias para formar la historia y la estadística del Obispado de Michoacán*（México, 1860）, pp. 107–109. Jesús Romero Flores: *La revolución como nosotros la vimos*（México, 1963）, pp. 50–51.

的一天），孔拉多·马加尼亚把当地他认识的所有牛仔、牧场工人和赶
骡人都召集到了一起，进城游行。这场游行在对波菲里奥政权的抗议中
达到了高潮。对他来说，神学院的宗教热情不是他让儿子在那里接受教
育的原因，反而是不利因素。因为他深信教育的力量，他才把儿子送了
进去。他把别人家出不起学费的孩子也送去上了学，也是出于同样的理
由——为了让他们得到萨莫拉仅有的那点儿启蒙教育。[1]

在这些因素的影响下，希尔达多·马加尼亚还是长成了一个坚强、
健康的人。他学会的东西是调解：不是妥协、放弃原则或者互相让步，
而是要在相互冲突的多种诉求中找到各自的缘由，承认每个诉求都是合
理的，寻找共识的基础，把异议化为和谐。他天生擅长辩论，但是他参
加辩论并不是为了赢，而是为了调和双方的意见。在他兄弟的眼中，虽
然他在他们家的十个孩子中排行第八，但他总像是最年长的一个——
"这种人的特性"，一个认识他的美国人后来评论道，"就是趋于保守，
精明谨慎。"他的父亲也注意到了他的能力，认为这是一种管理才能，
于是把他送到了费城的商学院。[2]

和他父亲一样，希尔达多成了一名自由主义者。1908年，马加尼
亚一家搬到了墨西哥城，在那里他和他的兄弟在父亲的帮助下，投入了
当时正在兴起的反迪亚斯运动。他们加入了带有无政府工团主义倾向
的俱乐部，结果卷入了1911年3月的那场未遂的塔库巴亚阴谋团运动。
为了逃脱法律的惩罚，他们去了南方，加入了离他们最近的革命运动，
也就是萨帕塔的莫雷洛斯革命。从那时起，他们一直对这场发源于阿亚
拉的革命忠心耿耿，领头的就是希尔达多。

但是，在革命中，希尔达多仍然渴望建立联盟。从1911年夏天开
始，他就致力于平息那些在他看来只是误会的争端。他尽力协调萨帕

---

[1] Personal interviews with Octavio Magaña Cerda.
[2] Carlos Reyes Avilés: "Gildardo Magaña. Breves Datos Biográficos," in Meléndez: op. cit.,
II, 470. William Gates: "The Four Governments of Mexico. Zapata—Protector of Morelos,"
World's Work, April 1919, p. 657.

塔派和各方的关系，先是马德罗派，1913—1914 年是北方立宪派首领，1914—1915 年是比利亚、安赫莱斯以及大会派，旨在减少猜忌，对联盟进行改革。每一次他都失败了，但是他调和矛盾的意愿从未停歇。1916 年，他不在特拉尔蒂萨潘，因为那里的人相互中伤，矛盾激烈；他去了托奇米尔科，在那里他才能在比较清静的环境中工作。他勉力约束当地首领的行动，保护村落不受革命军过多的侵扰。他个子很高，声音嘶哑，娃娃脸，极年轻又极为谦恭有礼，看起来不像能和那些老首领抗衡的样子，但是在同龄人中他算是非常成熟的，别人也震慑不了他，于是他成了这个地方真正的仲裁官。负责劝说多明戈·阿雷纳斯回归萨帕塔派阵营的人就是他。[1]而他此时给他的领袖萨帕塔的建议是他短短 26 年生命中全部智慧的结晶，非常能代表他的特色——在政府内部寻找盟友。

与其他势力建立联系——这种想法对萨帕塔没什么吸引力。莫雷洛斯革命中出现过的重大背叛行为全都是打着这种旗号进行的。此外，他派代表去美国和古巴已经有一年了，他们还是一无所获。萨帕塔派胡安·埃斯皮诺萨·巴雷达去圣安东尼奥寻找资金，用以购买武器和弹药，但是，只有当地的一名疯疯癫癫的律师亨利·本·克莱因给了他们承诺：他们将得到资金，也可以利用克莱因的影响力。克莱因是个新教牧师，也是个狂热的禁酒主义者；他想让萨帕塔赢，这样他就能在墨西哥全面实行禁酒。但是，他从来没有履行过他的诺言。[2]继埃斯皮诺萨·巴雷达之后，奥克塔维奥·帕斯也去了圣安东尼奥，暗中监视其他墨西哥流亡者，向萨帕塔汇报美国的政治动向。帕斯送回了详尽的情报，但是他没有找到真心拥护、同情革命的新盟友。[3]在古巴，迄今为止，赫纳罗·阿梅斯夸一直都让人非常失望。1916 年 4 月，萨帕塔

290

---

[1]　Ayaquica in *El Hombre Libre*, October 15, 1937.

[2]　Cháverri Matamoros in *La Prensa*, September 12, 13, and 16, 1935.

[3]　Zapata to Paz, April 15, 1916, Archivo de Octavio Paz (henceforth AP). Paz to Diódoro Arredondo, December 21, 1916, AP. Paz to Palafox, January 15, 1917, AP.

派他去美国进行宣传，购买武器和弹药。一个月后，他却在哈瓦那出现了，直到 1917 年年中都待在那里，没有送回任何消息。[1]为了在墨西哥境内组织行动，萨帕塔也招募了其他特工，比如卡洛斯·M. 佩拉尔塔，代号"阿特尔"，主管墨西哥城内萨帕塔派的情报活动；还有阿尔弗雷多·米兰达，他是"德尔塔"，监视着普埃夫拉城。但是，资金一断，他们的情报就没了；米兰达甚至还接受了政府的赦免。[2]因此，在特拉尔蒂萨潘，这个与政府重新建立联系——而且还要和立宪派联系——的建议听起来简直大逆不道。

　　然而，由于这是来自马加尼亚的建议，萨帕塔很快就同意了。他信任马加尼亚，后者虽然并非村民出身，也不是莫雷洛斯人，但是在过去的谈判中从来没有背叛过当地人的利益。并且，萨帕塔已经认识到了，总有一天，他不得不和像奥夫雷贡这样的人打交道，而他在那样做的时候也不必觉得良心有愧：7 月，他授权发布了《为阿尔瓦罗·奥夫雷贡干杯》（"A Toast to Alvaro Obregón"），向这位索诺拉首领最近对卡兰萨政府发表的批评表示敬佩。萨帕塔的决定把莫雷洛斯革命带到了一条全新的行动路线上。他会留在特拉尔蒂萨潘，想办法把当地的革命者团结在一起，而他的代理人马加尼亚将坐镇托奇米尔科，试图从其他的阵营中为他们找到朋友。[3]

291

　　还有一个地方可能会为他们提供帮助，他们此前还没有利用过这一资源。这就是墨西哥城的莫雷洛斯人聚居区，那里现在已经没什么种植园主了，主要是自 1914 年起加入卡兰萨队伍的老莱瓦派。帕特里西奥·莱瓦、安东尼奥·塞达诺、贝尼托·塔霍纳、多明戈·迭斯、米格尔·萨利纳斯的儿子莱昂、曼努埃尔·马萨里——这群流亡者内部纷争重重，而且他们从心底不喜欢萨帕塔。但是，他们仍然热爱故乡，想把

---

［1］　Service record of Genaro Amezcua, April 1910 to May 1920, AZ, 12: 5.

［2］　Cháverri Matamoros in *La Prensa*, September 16, 1935.

［3］　［Genaro Amezcua:］*Méjico Revolucionario a los pueblos de Europa y América, 1910–1918* （Havana, n.d., 1918?）, pp. 88–89. Reyes Avilés: *Cartones*, pp. 42, 53.

它从苦难中拯救出来；而且他们在政府中有熟人。如果萨帕塔让马加尼亚向他们求助，他们可能会帮他的忙。[1]但是，正因为这些人是莫雷洛斯人，所以他们是萨帕塔的对手，他很不愿意请他们参与本地事务。此外，他也不想要卡兰萨的帮助，而是想把卡兰萨从总统的位置上赶下来。

此时，马加尼亚暂且避开了费利克斯派，虽然在财力和策略上，他们都是政府最强大的敌人。萨帕塔期望马加尼亚组织的革命与费利克斯·迪亚斯及其身在纽约的亲信发起的保守运动没有什么相同之处，马加尼亚也很小心，没有留下任何与他们联系的痕迹，更不要说接受他们的领导了。他在普埃夫拉州西部和南部继续进行萨帕塔-费利克斯派联合军事行动，但是，在宣传的时候，他一直声称这完全是萨帕塔派的斗争。

8月中旬，萨帕塔派开始与比利亚和埃米利奥·巴斯克斯建立联系。帕斯曾经在圣安东尼奥监视过巴斯克斯，认为他比他的弟弟更可靠，"特别是在土地问题上"。于是，萨帕塔向他表达了"问候"。他想恢复他们1912年的那种暧昧的合作关系，所以只是催促巴斯克斯继续为"我们共同的理想"努力，并要求他协助帕斯。对比利亚，萨帕塔的要求更为具体。虽然比利亚在军事方面已经无法挑战政府了，但他仍然在奇瓦瓦州，逍遥法外，仍然是政府的潜在威胁；而且，萨帕塔认为，比利亚对这个计划中的联盟来说是不可或缺的。他要求比利亚签署一份新的《告全国人民宣言》(*Manifesto to the Nation*)，以显示革命阵营的团结；这份宣言将在9月1日发布。就是否要任命埃米利奥·巴斯克斯为他在华盛顿的代表，他也询问了比利亚的意见。[2]

292　　与此同时，马加尼亚也准备与普埃夫拉州的国民军指挥官进行沟通。这位指挥官是塞萨雷奥·卡斯特罗将军，和卡兰萨一样是科阿韦拉州人；卡兰萨毫无保留地信任他。但是，卡斯特罗也是一位关注土地问

---

[1]　　Mazari: "Bosquejo," p. 123. Sedano: op. cit., pp. 24–25.

[2]　　Zapata to E. Vázquez and to Villa, August 18, 1917, AZ, 29: 13.

题的首领，"一个有原则的革命者"，1914 年马加尼亚在蒙特雷与他见过面。马加尼亚找到的中间人是爱德华多·雷耶斯，普埃夫拉人，驻扎在阿特利斯科。自从 1911 年年中以来，雷耶斯不时与邻州莫雷洛斯的革命党联系。马加尼亚已经让他认识到了爱国运动的意义是什么，于是，此时他冒着巨大的风险，再次与他们进行磋商。8 月 20 日，他和马加尼亚开始通信，讨论如何与卡斯特罗将军开展谈判。[1]

这一新尝试差点儿在开始之前就以灾难收场了。最近六个星期，马加尼亚一直在等多明戈·阿雷纳斯宣布再次回到萨帕塔派队伍当中，后者在 6 月初的一次秘密会面中这样承诺过。马加尼亚和阿亚奎卡不停地抱怨阿雷纳斯拖延行动，阿雷纳斯随即抛出了各种借口，最后通知他们，他想和他们再次会面，讨论起义的计划。他邀请他们 8 月 30 日正午在圣佩德罗科阿科见面，那座小村子就在托奇米尔科以北，在波波卡特佩特火山山坡上。在那附近，他们带着助理和护卫队在约好的时间碰面了。阿亚奎卡本来就已经非常怀疑阿雷纳斯了：他听说，后者打算把他和马加尼亚抓起来，不管是死的还是活的，都要送到普埃夫拉城去。此时，他和马加尼亚亲耳听到了这个消息——阿雷纳斯建议他们像他一样接受赦免。会谈立刻就变成了愤怒的大喊大叫。护卫队在他们周围移动，寻找位置，准备射击。然后，他们开火了。阿雷纳斯近距离向马加尼亚开了枪，没有打中。马加尼亚朝阿雷纳斯猛击了一拳，与这个瘦高的、只有一只手的特拉斯卡拉人扭打了起来，最终把一柄猎刀捅进了他的肚子。阿雷纳斯还是挣脱了出来。他跟在他的助手后面，试图逃跑，萨帕塔派护卫队开枪打死了他。马加尼亚立刻动身，去了特拉尔蒂萨潘，向萨帕塔汇报了这件事。[2]

但是，《告全国人民宣言》还是在 9 月 1 日如期面世了。它有三个主要观点：卡兰萨是伪革命者；共和国真正的革命派仍然在为"在《阿亚拉计划》中最为具体地呈现出来的，[一个引人注意的逗号]原则"

[1]　　Statement of services of Eduardo Reyes, April 17, 1919, AZ, 30: 36.

[2]　　Ayaquica in *El Hombre Libre*, November 3, 5, 8, 12, and 15, 1937.

而奋斗；新政权将在路易斯·特拉萨斯、伊尼戈·诺列加、恩里克·克里尔和伊格纳西奥·德拉托雷－米耶尔等 *latifundistas*（大庄园主）产业的废墟上建立起来。[1]最后这一点是最重要的。这些大庄园主的名字出现在这里并非偶然。他们都曾经是旧政权中的重要人物，现在他们流亡纽约，给费利克斯派运动捐了许多钱。[2]这份宣言实际上让革命者进行了公开表决。在上面签了名的人不仅站在了卡兰萨的伪革命政府的对面，也站在了费利克斯·迪亚斯的伪反对派的对面。

整个秋天，这些工作持续开展，没有取得引人瞩目的成就，但是也没有遭受巨大的挫折。萨帕塔自己也特别关注这项计划。帕拉福克斯发起了一场运动，打击潜入莫雷洛斯的卡兰萨派间谍，这场运动最终可能会连累马加尼亚，而萨帕塔阻止了帕拉福克斯，鼓励马加尼亚尝试建立新的联系。他特别建议马加尼亚去找比森特·塞古拉，这位卡兰萨派指挥官去年曾经把土地分给了阿克索恰潘周围的村子；他也让马加尼亚联系卢西奥·布兰科，后者正在得克萨斯州的拉雷多流亡。[3]他还把年轻的奥克塔维奥·马加尼亚派去圣安东尼奥执行秘密任务，监督帕斯的工作。最后，他把南方的宣传材料送到了身在哈瓦那的阿梅斯夸手中，后者在那里把它发表了出来。[4]

战争部慢慢反应了过来，重新向南方发起了进攻。对于卡兰萨和他手下的谋士来说，很难分辨萨帕塔派在普埃夫拉州尝试进行的协商究竟

---

[1] Manifesto to the Nation, September 1, 1917, AZ, 29: 13.

[2] Liceaga: op. cit., pp. 406, 426. 墨西哥流亡团体政治活动的分布很有意思。最保守的一批人去了巴黎和比亚里茨，他们认为他们为之奋斗的事业已经失败了，所以也不怎么给它捐钱。就好像他们自己也被解放了一样——他们不再有责任领导一个"印第安人"国家，而他们本来也以这个国家为耻。科学家派的实业家们虽然有钱，但是没有什么政治影响力；这批人主要在纽约活动，他们的行动是最能看到效果的。破产律师、政客、记者和打手大多出没于加勒比海沿岸和美国西南部的墨西哥人聚居区。有关这个问题的大量信息（1918 年和 1919 年）见 AGRE, L–E–837: 12。

[3] Circular to municipal authorities, September 10, 1917, AZ, 28: 10: 1. Decree against traitors, September 20, 1917, ibid., 2. Palafox to Mendoza, October 16, 1917, AZ, 29: 1. Zapata to Magaña, November 3, 1917, ibid. *Excélsior*, September 13, 1917.

[4] Amezcua: op. cit., pp. 100–102, 106–115, 119–128, 138–147, 151–159.

意味着某种更为复杂的策略，还是显示出了投降的倾向。[1]但是，不管怎样，他们的回应就是用战争来解决问题。和1916年那时候一样，国家军队准备包围莫雷洛斯，然后收住口子，把萨帕塔派困在中间，不给他们留下逃生的机会，然后"一劳永逸"地摧毁他们。[2]行动的命令先是到了卡斯特罗将军那里，但是消灭萨帕塔主义能够带来的回报太大了，于是，冈萨雷斯很快又接手了。雨季结束之后，为了自己的政治生涯，他催促手下的众位将军尽快行动起来。然而即使是这样，也没什么人采取行动。他们仅仅进入了莫雷洛斯的东部地带，而且那也主要是西德罗尼奥·卡马乔还有西里洛·阿雷纳斯的功劳：前者曾经是萨帕塔派成员，杀了欧费米奥·萨帕塔之后加入了国家军队，后者是多明戈的哥哥，正想为他的兄弟报仇。库奥特拉一带的萨帕塔派首领缺少弹药，发动不了有效的反抗运动，于是他们一面开火扰乱敌人的判断，一面撤退了。11月19日，一番激烈的炮轰之后，冈萨雷斯常规部队的将军们开进了库奥特拉。两周之内，他们还拿下了霍纳卡特佩克和萨库阿尔潘。

墨西哥城里的卡兰萨派欢呼雀跃。终于，他们认为，冈萨雷斯真的在莫雷洛斯发动了一场决定性的战役，并且会很快让这个州恢复秩序。他们仍然幻想着从那些老庄园里面获得财富——这一前景尤其让他们感到激动。新近创刊的日报《至上报》（*Excélsior*）表达了乐观的"希望——在很短的时间内，可能在下次收获之前，我们就能从各家磨坊获得大量蔗糖……"冈萨雷斯也相信，他即将取得巨大的成功。他的计划，他宣布，是重建"甘蔗种植园"。虽然他对土地改革略过不提，但也没有遭到农业部的抗议——帕特里西奥·莱瓦已经在那里当了两个月的土地局局长了。[3]

但是，国家军队没有继续前进的动力。随着战事陷于停顿，墨西哥

[1]　*Excélsior*, August 11 and 14, 1917.

[2]　Ibid., October 4, 1917.

[3]　Ibid., December 3, 1917. *Boletín Oficial de la Secretaría de Fomento, Colonización e Industria*, II, 7（October 1917）, i.

城媒体只能一周又一周地牵强解释说决定性的行动不是上一次，而是下一次。卡马乔仍然控制着库奥特拉一带，但是并没有向尧特佩克或者特拉尔蒂萨潘继续前进。阿雷纳斯回到了他更熟悉的地区。西尔韦斯特雷·马里斯卡尔将军只从格雷罗州开到了莫雷洛斯边界，无法占领蓬特德伊斯特拉，也无法进入这个州。身在普埃夫拉州的卡斯特罗和墨西哥州的萨尔瓦多·冈萨雷斯也没有联合起来发起进攻。[1]

295 马加尼亚冷静地推进他的外交活动。最有希望的仍然是他和爱德华多·雷耶斯共同筹划的、与卡斯特罗建立联系的会谈。但是，他也没有放松与其他潜在同盟者进行协商的努力。12月初，他与阿尔弗雷多·罗夫莱斯·多明格斯建立了通信关系；后者当时是一名联邦代表，国家政治中的重要人物。[2]

月中的时候，他的行动背后的理念突然变得清晰了起来。科阿韦拉州爆发了一场动乱，起因是州长选举中败选的候选人不肯接受自己的失败。参与暴乱的是一批声名显赫但是现在受人憎恶的当地领袖，其中也有曾经得到人们信任的国家军队指挥官。牵涉其中的还有像卢西奥·布兰科这样的流亡者，他原本就是科阿韦拉人，此时利用这个机会潜回了墨西哥。出于对科阿韦拉叛乱的同情，也可能和他们有共谋关系，贝拉克鲁斯州的国家军队也发起了暴动。[3]动乱的消息传来后，萨帕塔派在特拉尔蒂萨潘和托奇米尔科的司令部立刻开始与各方通信，陷入了忙乱中。马加尼亚给圣路易斯波托西的叛军写信，敦促他们与其他"有益于革命的势力……步调一致地"联合起来，并向他们保证，这是"这个国家绝大多数革命者"的意愿，"我们已经和这些革命者进行了沟通"。萨帕塔本人也写了信，鼓励伊达尔戈州的某个对政府不满的人与科阿韦拉的反叛者联合起来。他密切关注着这一系列事件，还叮嘱马加尼亚，让

---

[1]　*La Prensa*, October 19, 26, and 28, November 23, and December 2 and 16, 1933.

[2]　A. Robles Domínguez to Magaña, December 11, 1917, AZ, 29: 1.

[3]　*La Prensa*, December 14, 1933. María y Campos: op. cit., p. 203. Revolutionary Information Service, Bulletin 5, January 3, 1918, AZ, 29: 8.

他着力与逃亡中的卢西奥·布兰科，以及特拉斯卡拉州的国家军队指挥官，佩德罗·莫拉莱斯建立联系。[1] 萨帕塔派司令部迅速发布了两份激动人心的宣言，《告革命派宣言》（*Manifesto to the Revolutionaries*）和《告人民宣言》（*Manifesto to the People*），旨在呼吁革命派联合起来。科阿韦拉的暴动证明了，第一份宣言指出，阻挡革命最终建立人民政府的就是卡兰萨自己。《阿亚拉计划》现在只是"乡下人"的旗号，而不是彻底消除共和国的苦难的法典。关于临时总统的人选，萨帕塔明智地没有提名，也没有反对任何人。总统将通过由全国的革命首领组成的新政务会获得权力，他承诺道。在第二份文件中，司令部秘书精准地利用了政治家群体对最近的国会选举中政府滥用职权行为的厌恶情绪。他们把卡兰萨塑造成了一个老波菲里奥党人，说他永远都不会实施他所承诺的改革，再一次强调了他个人对于反复出现的混乱局面的责任。"每个人"，这份宣言声称，"无论是军人还是平民，是社会改革者、纯粹的自由民主主义者、诉诸行动的社会主义者还是对革命理想怀着柏拉图式情感的人"，都渴望建立革命联盟，为墨西哥带来和平。"唯一的障碍"就是卡兰萨。[2]

但是，在技巧高超的宣传背后，萨帕塔派在这些运动上寄予的希望太不合实际了。科阿韦拉州的叛军将领无法让他们的军士追随他们进行暴动。贝拉克鲁斯州的兵变也失败了。忠于政府的官员还把托卢卡的一场声援科阿韦拉的颇有威胁的叛变扼杀在了萌芽状态。到了 1918 年 1 月初，这次事件对政府就没有威胁了。在全国上下心怀不满的政治家和军队指挥官中间，还有零星的针对卡兰萨统治的抗议和暴乱活动继续蔓延；在格雷罗州，马里斯卡尔将军差点儿就造反了。但是，没有哪场运动造成了重大的影响。[3]

296

---

［1］　Magaña to S. and M. Cedillo, December 25, 1917, AZ, 29: 1. Zapata to Azuara, December 26, 1917, and to Magaña, n.d.（late December 1917?），ibid.

［2］　To the Revolutionaries of the Republic, and To the People, December 27, 1917, ibid.

［3］　*La Prensa*, January 6, 1934. Zapata to Magaña, January 18, 1918, AZ, 29: 8. *Excélsior*, January 20–30, 1918. Braderman: op. cit., pp. 167–169.

马加尼亚和萨帕塔仍在努力推进他们的事业。多亏了萨帕塔派出色的间谍活动，马加尼亚获得了有关正在席卷政府内部的激烈斗争的详细信息。政府中存在着对索诺拉州出身的将军奥夫雷贡和伊尔的严重不满——他们在自由立宪党中紧缩开支，与高层文官比如罗夫莱斯·多明格斯联合了起来，在议会中让反对派占据了多数；另一方面，巴勃罗·冈萨雷斯退出了自由立宪党，逐渐开始与奥夫雷贡其他的主要对手合作，而这些人"毫无保留地"忠于卡兰萨。马加尼亚最知道怎么在这种争吵中找出重点、解读各种复杂信息了。他向萨帕塔清楚地解释了这一切，后者理解了，并且要求他继续提供更多信息。也就是说，马加尼亚和萨帕塔在与科阿韦拉反叛军保持联系的同时，为了保证他们未来推翻政府时能够得到更多帮助，仍然希望能够找到更强大的盟友。[1]

同时，马加尼亚也在忙着实施另一项策略——把萨帕塔派停战条件递交给卡兰萨本人。2月，通过卡斯特罗和战争部副部长，他把他的提案交给了总统。萨帕塔派想在前线实现停战，并且要求政府承诺，不再对前线周边的国家军队占领区里的村镇进行军事化管理；这是"一切寻求和平的行动的初步基础"。作为回报，他们保证不攻击国家军队，并且为穿越火线的商人和平民提供保护。在这一理解的基础之上，他们将真诚地进行协商，恢复"南方"的正常秩序。整个备忘录都在向卡兰萨暗示，萨帕塔派军队将会保持组织完整，并且将继续控制莫雷洛斯。简而言之，如果卡兰萨承认这个州的地方革命派的合法性，他们就会承认他的政府。[2]马加尼亚提出的条件其实和卡兰萨曾经许诺给多明戈·阿雷纳斯的一样。然而，对于总统来说，阿雷纳斯只是个地方小头目，很容易处置，而萨帕塔可是声名远扬，代表了墨西哥发展的希望和人们要求进步的态度。他身上承载的这些东西激荡着整个国家，而在卡兰萨看

---

［1］　Magaña to Francisco Coss, January 14, 1918, and to Zapata, January 19, 20, and 23, 1918;
　　　　Zapata to Magaña, January 26, 1918, and to Luis Gutiérrez, Jesús Dávila Sánchez, and Coss,
　　　　January 28, 1918, AZ, 29: 8.

［2］　Memorandum for the undersecretary of war and navy, February（n.d.）1918, AZ, 30: 36.

来，这些都是不正当的。对于他来说，承认萨帕塔就是给那些"损害人民利益"的改革创造机会。"我从来都不是一个革命者，现在不是，以后也永远不可能是，"卡兰萨在几个星期之后表示，"我是一个热情的立宪主义者，我因为重建了宪政制度而感到自豪。该做的事我都已经做了。"[1] 他没有拒绝马加尼亚的提议；很明显，他根本就没有屈尊去回应它们。

2月，萨帕塔派寻找盟友的行动变得更加急迫了。此时让萨帕塔和马加尼亚感到烦心的是，有个好打听的旅行者正在他们的领地上游荡，写了一系列报告；此人曾经是个美国财阀，后来成了一名信奉神智学[2]的考古学家。这个人是威廉·E. 盖茨，他在墨西哥表面上是在进行研究，实际是在搜寻关于墨西哥时政的资料。盖茨很了解墨西哥，尽管他了解的方式有些不同寻常。从约翰·霍普金斯大学毕业的时候，他在1886届毕业生中成绩垫底，他觉得很丢脸，此后便一心扑在了他在克利夫兰州的生意上，与世隔绝；然后，他读到了布拉瓦茨基夫人的《秘密教义》[3]，这使他了解了"古老的美洲"的奥秘。私下里，在敛集财富、收藏神秘书籍的同时，他还钻研玛雅象形文字和历史。快到1910年的时候，他已经接近50岁了，仍然未婚；他离开了克利夫兰，搬到了圣迭戈城外的一个热闹的神智学信徒聚居区，专职开展他的研究。他终于成了一个真正的霍普金斯人：他在神智学信徒开办的古典学院当上了美洲考古学和语言学教授，在哈佛大学皮博迪博物馆的期刊上发表了一篇关于玛雅人的文章，为日内瓦的人类学大会撰写了一篇关于语言的

---

[1] *Evolución*, March 30, 1918, cited in Braderman: op. cit., p. 166.

[2] 神智学（Theosophy）是19世纪后期建立于美国的宗教，借鉴了古代欧洲哲学（如新柏拉图主义）和亚洲宗教（如印度教和佛教）。神智学认为一个古老而神秘的"大师"团体创制了该教的早期教义，这些"大师"中包括东西方最重要的宗教人物——耶稣、释加牟尼、老子、孔子，等等。神智学宣扬单一神圣的绝对存在，宇宙是这个绝对的外在反射。神智学认为人类生命的目的是精神解放，并声称人类灵魂受业力推动，在身体死亡后经历轮回。——译者注

[3] 海伦娜·布拉瓦茨基（1831—1891），俄罗斯神智学家、哲学家、作家，神智学的创始人。《秘密教义》出版于1888年，是她的主要作品之一。——译者注

概念的论文，协助创立了圣迭戈博物馆，为和平而祈祷。1916 年他还为威尔逊——霍普金斯校友[1]——投了票。1917 年，盖茨还进入了国际事务领域。他近来认识了一位家住北边的圣莫尼卡的新朋友，H. L. 霍尔，就是曾经在莫雷洛斯建立解放军合作垦殖团的那位。这位朋友和他一样，是个住在加州南部的上了年纪的朝圣者，也像他一样是个老资格的拉丁美洲专家。盖茨向这位新朋友坦白了他解开现代墨西哥的秘密的愿望。这在他的设想中并不是窥探他国机密，而是在为他的祖国及其邻国做贡献。"这不是为了利益"，他后来坚称，"我没得到什么利益。这是因为我关心印第安人，[并且我认为自己有]不可推卸的责任"，把关于他们的事实"交给政府处理"。1917 年 6 月，他给战争部部长牛顿·D. 贝克（霍普金斯 1892 届毕业生）写了信（十年前，他还是克利夫兰的进步派公设律师的时候就认识贝克了），告诉后者，自己要去旅行。一个月后，"倾向于支持卡兰萨"的盖茨到了尤卡坦州。[2] 然而，看到了当地的卡兰萨派州长如何治理这个州之后，他非常生气。这个州长其实是个"布尔什维主义者"，这位神智学信徒断定，是"墨西哥世界产业工人联盟"[3] 的头目。盖茨开始讨厌卡兰萨，并且开始收集对后者不利的证据。在墨西哥城，他成了国家博物馆（National Museum）的一名体面的教授，并且，32 年来的第一次，给他们那届毕业生的班

---

[1]　指托马斯·伍德罗·威尔逊（1856—1924），美国第 28 任总统。1883—1886 年威尔逊在约翰·霍普金斯大学攻读哲学博士学位。——译者注

[2]　On Gates, see *The Johns Hopkins University Register, 1885–1886 through 1909–1910*; Emmett A. Greenwalt: *The Point Loma Community in California, 1897–1942. A Theosophical Experiment*（Berkeley, 1955）, pp. 119–120; J. McKeen Cattell: *Leaders in Education. A Biographical Directory*（New York, 1932）, p. 344; and William Gates: "The Four Governments of Mexico. Creole, Mestizo, or Indian?" *World's Work*, February 1919, p. 385. See also his correspondence with Baker in United States Senate: *Investigation of Mexican Affairs. Report and Hearings before a subcommittee of the Committee on Foreign Relations*, 66 Cong., 1 sess., 2 vols.（Washington, 1920）, I, 310–328, and his correspondence with Hall in the *New York Evening Post*, August 5, 1919.

[3]　世界产业工人（IWW）是一个国际工会联合组织，1905 年成立于美国芝加哥。——译者注

长写了一封信，和后者谈了他的事业。他在墨西哥城还和英国大使谈了话，后者建议他采访萨帕塔。[1] 于是，1918 年 2 月初，骄傲狂妄的盖茨来到了托奇米尔科，面见马加尼亚。他和革命当局进行了会谈，用的是西班牙语。马加尼亚听信了他的大话，以为他是一名坚定的威尔逊主义者、美国战争部部长的密友、大学教授。最让马加尼亚心动的是，盖茨承诺在华盛顿替萨帕塔派说话。于是，马加尼亚把他送去了特拉尔蒂萨潘。[2] 在那里，盖茨把一个坏消息告诉了萨帕塔：第一次世界大战很快就会结束，卡兰萨也肯定会倒台，在那之后，墨西哥如果再发生冲突，美国就不会放任不管了。

虽然他的身份是自己吹出来的，而且他表现得非常真诚，但盖茨其实是个不错的外交官。在他起草的申明了美国对墨西哥政策的协议中，他给萨帕塔和其他革命者指了一条路：在战争结束之前，他们自己把联盟建立起来。而如果他们做不到这一点，他宣布，那么"以人类的名义，我们绝不能允许墨西哥自我毁灭"。他煞有介事地承诺，他将协助威尔逊"阻止"军事行动"发生"。但他也提醒萨帕塔，"务必不要让墨西哥为了自我救赎而引来外部干预"。

萨帕塔相信了盖茨的消息。这次和 1914 年、1916 年美国实际干预墨西哥的时候不一样，仅仅是这个警告就已经让他感到非常担忧了。早些时候，他认为外国佬的花招要么与他无关（1914），要么就是直接支持卡兰萨（1916），不管他的判断对不对，反正南方人都不需要调整自己的战略。但是现在，这位美国教授让他看到了严重的威胁，他甚至都不想让前者把事情解释清楚。当盖茨试图读完协议草案，反复强调"墨西哥绝不能继续自我毁灭"的时候，萨帕塔让他闭嘴。"我连听都不想听"，他说。[3] 但是，他抓住了美国人表达的这种危险的慷慨态度中的重点：他必须加倍努力，把联盟建立起来。除非他和其他反叛者、异见

[1] *The Johns Hopkins Alumni Magazine*, VI, 3（March 1918）, 292.

[2] Magaña to Zapata, February 2, 1918, AZ, 29: 2.

[3] Ibid.

者尽快组织起来，否则就会有两种可怕的危机等着他们。要么他们的追随者会被卡兰萨抢走（卡兰萨将会利用美国即将带来的威胁，把所有派系团结在他自己的身后），要么，卡兰萨倒台，人们陷入混乱，不知如何是好，于是被美国——至少暂时地——攫取国家主权。这两种可能性都让萨帕塔深恶痛绝，事实上都是叛国。会谈后，盖茨继续向南行进，去瓦哈卡州采访那里的反叛者；留在莫雷洛斯的萨帕塔意识到了自己新的责任——维护"国家尊严"。

2月8日，特拉尔蒂萨潘向解放军首领和军官发布了一则通告。在宣告胜利临近的例行公事的序言之后，通告宣布，因为"全体革命派人士的联盟是和平的基础，是我们的理想尽快取得彻底胜利的必要条件"，所以，任何国民军只要加入萨帕塔派一方，"从现在开始，像好伙伴那样帮助我们"，萨帕塔派军队就会为他们提供充分的保障。两天之后，两年以来的第一次，萨帕塔派了一名特使和其他州的反叛者进行交涉。这名特使要去瓜纳华托州和萨卡特卡斯州，把当地革命派的"准则和行动"统一起来。2月14日，萨帕塔开始定期与身在哈瓦那的阿梅斯夸通信。月底，他授予了马加尼亚"全权，与所有的正在或曾经在'立宪主义'队伍中就职、曾经或正在呼吁在革命阵营内建立联盟的首领和军官联系"。[1]

发出建立联盟的呼声之后，萨帕塔派很快就重新阐释了他们的革命计划。3月中旬，他们发布了一份重要宣言，《告共和国的革命者》（*To the Revolutionaries of the Republic*），其中甚至没有提及《阿亚拉计划》。他们的诉求很简单，就是要团结起来，所以没必要让人觉得他们有比建立联盟更迫切的要求。在"这次正式而明确的新邀请"中，萨帕塔呼吁全体革命者"把小分歧放到一边，见面，讨论问题，达成一致"。同一天，司令部发布了另外一份宣言，在工厂和采矿中心传播。这是一封给

300

---

[1]　Circular to Chiefs and Officers, February 8, 1918, AZ, 29: 2. Zapata to Albino Guerrero, February 10, and to Magaña, February 25, 1918, ibid. Zapata to Amezcua, February 14, 1918, AZ, 12: 5.

"城里的兄弟"的邀请函，请他们加入"你们乡野中的兄弟"，共同反抗卡兰萨。宣言的最后匆匆提到了"我们的原则的胜利，《阿亚拉计划》中受人拥护的原则的胜利"——但是并没有要求工人接受同样的原则。好像签署这两份宣言中的任何一份都会过度暴露一个人的倾向似的，萨帕塔派不敢向那些首领提出这样的要求——这样那些人可能还会同情他们。司令部也发出了一份套用信函，在信中萨帕塔邀请"____先生"为了推翻总统而秘密与他们进行合作。共同取得胜利之后，他们会开始进行土地改革，解放普罗大众，等等。这份信函也没有提到《阿亚拉计划》。3 月 24 日，萨帕塔签署了一份法令，表示解放军将会接收投降的国民军，承认他们现有的军衔，不管他们是最近才加入卡兰萨的，还是从一开始就跟随着他。[1]

这种替临时盟友着想的新路线也是为了吸引费利克斯派——这些人的斗争仍然是形式最丰富、群众基础最广泛的。此时与堂费利克斯紧密合作的是曼努埃尔·佩莱斯，他控制了坦皮科的油田，从美国和英国的公司那里榨取财富；还有圣路易斯波托西州的华金·希门尼斯·卡斯特罗和塞迪略兄弟；新莱昂州和塔毛利帕斯州的胡安·安德鲁·阿尔马桑；米却肯州的何塞·伊内斯·查韦斯·加西亚；贝拉克鲁斯和普埃夫拉州的马塞洛·卡拉韦奥、佩德罗·加瓦伊、罗伯托·塞胡多、康斯坦丁诺·加兰和伊希尼奥·阿吉拉尔；瓦哈卡州的何塞·伊内斯·达维拉和吉列尔莫·梅克苏埃罗；恰帕斯州的阿尔韦托·皮内达。[2] 然而，正是因为费利克斯派实力强大，这些人很难打交道。萨帕塔派或许可以把他们争取到革命反对派一边，但是他们也可能会倒向保守派。马加尼亚不得不和费利克斯派在普埃夫拉州进行军事合作，但是他警告萨帕塔，不管在哪里，都不要和那些人达成政治协议。和他们结盟就是变成他们

301

---

[1]　To the Revolutionaries of the Republic, and To the Workers of the Republic, March 15, 1918, AZ, 29: 4. Zapata to—, March 15, 1918, ibid. Decree to the Inhabitants of the Republic, March 24, 1918, ibid.

[2]　Liceaga: op. cit., pp. 420–421, 430–438, 456–457. E. David Cronon, ed.: *The Cabinet Diaries of Josephus Daniels, 1913–1921*（Lincoln, 1963）, p. 214.

的帮凶，而这，据他判断，将会毁掉南方的革命事业。在这一点上萨帕塔并不太担心。虽然他也不想和费利克斯派有正式的隶属关系，但是，他很珍惜与后者建立更紧密的军事联系将会带来的战略可能性，他此时也非常看重革命联盟——其中包括费利克斯派——的国际影响力。"让我们的代表去协商吧，"他回复马加尼亚，"我们只需要在他们做得太过分的时候，对他们的做法加以限制或否定。"[1]

4月，与费利克斯派达成谅解变成了一件更加诱人的事情。那个月爆发了四场激烈的反政府叛乱。发动叛乱的是普埃夫拉州和特拉斯卡拉州的西里洛·阿雷纳斯、塔毛利帕斯州的路易斯·卡瓦列罗，以及佩德罗·莫拉莱斯在特拉斯卡拉的军队、西尔韦斯特雷·马里斯卡尔在格雷罗州的军队。每场叛乱都有自己独特的根源，但是它们都多少带有费利克斯派色彩。马加尼亚仔细研究了一番，然后给萨帕塔送去了他对这些事件的解读。[2]如何从这些暴动中得到好处？在莫拉莱斯和阿雷纳斯的地盘上，萨帕塔派能够直接对人们产生影响；秘书们还用纳瓦特尔语[3]撰写了一系列宣言，在特拉斯卡拉和普埃夫拉的村子里传播，祝贺当地首领对卡兰萨进行了反抗，哄劝他们与萨帕塔建立新的联盟——这是整个萨帕塔派革命中唯一"与印第安人有关"的事件。[4]但是，要想控制塔毛利帕斯和格雷罗的叛乱，让它们服务于萨帕塔派的目的，他们得和当地的领袖打交道，而那些人已经倒向堂费利克斯了。

虽然心怀疑虑，萨帕塔最后还是派出了一位大使，前往费利克斯派的主营地。他选择了雷纳尔多·莱科纳，索托－伽马的朋友，一名可信的年轻秘书，从1914年起一直在司令部工作。莱科纳在4月底出发，

---

[1]　Magaña to Zapata, April 11, 1918, and Zapata to Magaña, n.d.（mid–April 1918?）, AZ, 29: 3.

[2]　Magaña to Zapata, April 27, 1918, and Revolutionary Information Service, Bulletin 1, April 28, 1918, ibid.

[3]　指墨西哥的一系列方言，受古典纳瓦特尔语（7—16世纪晚期墨西哥中部到哥斯达黎加西北部大部分地区的通用语）和西班牙语的影响。——译者注

[4]　Manifesto to the Pueblos in Arenas's zone of operations, and Manifesto to the Chiefs, Officers, and Soldiers of the Arenas Division, April 27, 1918, AZ, 29: 3.

带着他们3月发布的宣言和法令、其他宣传材料和一份特别邀请，一路向东，请各方代表来莫雷洛斯，开一场大会，"在同一面旗帜下"制订联合起来的计划。

　　本着同样的精神，4月25日，萨帕塔在特拉尔蒂萨潘签署了一份意义非凡的文件。这是一份新的《告墨西哥人民宣言》（*Manifesto to the Mexican People*），在大众宣传方面堪称杰作。作者是孔拉多·索托-伽马，他在这份宣言里把自己的主张用极为甜美诱人的政治辞令包装了302起来。"革命将要走向何方？手拿武器站起来的人民之子想要什么？"他问道。作为回答，他温和地重申了已经被普遍接受的革命目标——"为了解救原住民，把他们的土地还给他们，从而把他们的自由也还给他们；为了把田野中的劳动者——现在他们是大庄园的奴隶——变成自由的人，让他们拥有一笔小小的财产，掌握自己的命运；为了改变城市工人在经济、智识和道德方面的处境，保护他们不受资本家的压迫；为了废除独裁制度，为墨西哥人民赢得充分而实际的政治自由。"他建议采取的措施听起来更温和——"要注意细节，为每个问题寻找解决方案，同时不要忘记一些地区的特殊情况，以及某些群体特有的需求。要做到这些，全国的革命者就必须团结一致，同时也要把每个人的想法都纳入考虑"。为了阻止"新的排外团体或者新的魅力型领袖"控制革命运动，英勇的孔拉多建议采取"以下实行起来方便简单的措施：在革命军占领共和国首都之后，召开一场由全国的革命者——无论属于哪个派系或者打着什么旗号——共同参与的政务会……在这场大会上，我们将听到民族的声音……在临时革命政府建立之后，议会可以——作为真正为广大民众发声的机关——有意识地按照民意解决国家的问题"。

　　关于萨帕塔派的新政治立场，孔拉多只做了一些暗示。他先是提到了"反动派的圈套和诡计"，但是没有批评新的1917年宪法，也没有赞颂1857年的旧宪章；这就把萨帕塔派和费利克斯派区分了开来，但是并没有让他们彻底分离。他猛烈攻击卡兰萨个人，但是承认全体"可敬的"革命者的合法权利，甚至还向现在虽然憎恨卡兰萨但是仍然效忠于他的那部分革命者表达了敬意：他没有说各方应该像结婚一样紧密结合在一起，但他鼓励萨帕塔派与忠于革命的其他反对派保持某种暧昧关系。他还是没有提到《阿亚拉计划》，甚至都没有提到"南方"，谈到"革命"的时候始终把它作为一个整体，但是他反复谈论"一些地区"和"某些群体"的"特殊需求"，而且每次都把土地改革拿出来作为主要的革命目标。通过这些话，他表明了，为了让他们在莫雷洛斯的革命事业得到承认，萨帕塔和他的首领将会承认政府。这与萨帕塔派代表

303 1915 年在大会上发表的激进宣言相去甚远，离帕拉福克斯 1914 年夏天强迫卡兰萨派使者接受的那些条件就更远了。实际上，这在全国范围内来说相当于废止了《阿亚拉计划》，在一定程度上倒退到了 1911 年 9 月时的立场：那时萨帕塔还没有把他的革命视为推动整个共和国社会改革的力量，而只是把它当作一场地方运动，只为了在法庭上为村落争取正义。而此时，他为之苦苦奋斗了差不多七个年头的计划，留下的唯一痕迹只有末尾的那句口号——"改革，自由，公正，法律"。为了维护这些权益，为了和平，为了这个他最在乎的地方的人们，为了让这个国家做好准备，抵抗他所惧怕的外国干涉，萨帕塔放弃了独立，宣布他已经做好了准备，开展"和睦和友爱……的工作"。[1] 在接下来的面向全国的宣言中，他再也没有提过他曾经的《阿亚拉计划》。

宣言从特拉尔蒂萨潘送到了托奇米尔科。在那里，阿亚奎卡和一名来访的费利克斯派首领，卡拉韦奥，在上面签了名。马加尼亚派出了代表，从那里出发，带着宣言的复本去了墨西哥城，然后进入了东部和东北部的费利克斯派势力范围。人们开始把莫雷洛斯革命重新并入全国运动了，这是 1911 年以来最为认真的一次尝试。由于托奇米尔科直接掌控着这项事业的方向和节奏，所以萨帕塔对那里的司令部的组织工作非常关注。马加尼亚微微感到不快，不过他还是向他的领袖保证，他会维持司令部正常运转。[2] 但是萨帕塔最关注的还是外交事务，就像他曾经关心村落恢复地权问题那样热切。

---

[1] Manifesto to the Mexican People, April 25, 1918, AZ, 29: 3.

[2] Zapata to Magaña, May 2, 1918, and Magaña to Zapata, May 4, 1918, AZ, 27: 15.

特拉尔蒂萨潘仍然关注着各地的动乱。由于冈萨雷斯前一年的行动让莫雷洛斯陷入了贫困，1918 年年初，村民的收获极为微薄。这个州遭受的巨大苦难和破坏让盖茨联想到了被战争蹂躏的比利时——"这里就是兰斯、伊珀尔和圣康坦的缩影"。[1] 而此时，随着雨季的到来，村民正在进行播种，小心翼翼地守护着下一季收获的希望。萨帕塔努力保护他们不受军队勒索。[2] 但是小偷和强盗也在这个困难时期冒了出来，于是，村民也发动了自己的力量，进行抵抗。他们在革命原则捍卫协会中获得了经验，学会了积极保护自己的权益。为了自卫，他们建立了组织，拿起了武器，把侵略者统统赶了出去——不管对方是谁。误伤是不可避免的。虽然莫雷洛斯也有这种情况，但是最严重的事件发生在 4 月末的普埃夫拉，托奇米尔科以南地区，那里新近举行了协会选举。[3] 播种期间，阿梅卡克村频频遭受敲诈和骚扰，那里的自卫队员忍无可忍，对卡拉韦奥手下的、已经加入联盟的费利克斯派队伍开了枪。那天究竟发生了什么，各方后来的说法都不一样。阿梅卡克人说，在他们拒绝向那支入侵队伍的指挥官提供他所要求的食品和草料之后，他命令士兵闯入市镇政府大楼，夺取补给品。于是，当地政府采取了行动，进行自卫，他们汇报道；双方都开了火，各有伤亡，然后费利克斯派逃走了，村民也一路紧追了下去。而另一方面，那个倒霉的军官宣称，在他带着士兵和平地来到阿梅卡克的时候，他们无意中听到了"他们来的人不多，我们把他们干掉吧"这样的话。当他和市镇行政助理一起吃饭时，他说，他听到了枪声，冲出去之后就看到了村民正在屠杀他的士兵。他不知道他有多少士兵被杀了。[4]

不管谁的话是真的，这件丑事都让萨帕塔非常难堪。阿梅卡克村在阿亚奎卡的领地上，阿亚奎卡准备把村里所有人都送到特拉尔蒂萨潘，

304

---

[1]　　Gates in *World's Work*, April 1919, p. 657.

[2]　　Decree on the Rights of the Pueblos, March 5, 1918, AZ, 29: 4.

[3]　　Dromundo: *Biografía*, p. 168. Reports from Alpanocan and Tepanapa locals to Tochimilco central, April 13 and 29, 1918, AZ, 29: 3.

[4]　　Magaña to Zapata, May 2, 1918, AZ, 27: 15.

接受严格的调查。那些愤愤不平的士兵，他承认，并不是当地人，而是和卡拉韦奥一样从奇瓦瓦州来的；但是如果村民今天抗拒外来者，他警告道，"他们明天就会对我们自己的军队做出同样的事情"。另外一名愤怒的首领要求解除全体村民的武装，"如果他们获准使用武器进行被动防御，保护他们的利益，那么他们也会主动攻击［我们］"。[1]萨帕塔试着调解，把卡拉韦奥派到格雷罗州去执行任务，只把犯事的村子里"最受尊敬的公民"召到司令部来，并且敦促马加尼亚不要让托奇米尔科周围的情形恶化。但是，需要很长时间的交涉才能修复他们与受了委屈的村民之间的关系，也需要三周以上的时间劝说卡拉韦奥到格雷罗州去，不要报复村民。[2]交火事件发生两个半月之后，萨帕塔仍然得处理这件事引起的纠纷；他肯定村民有携带武器的权利，但是必须要有许可证，而且携带武器必须是为了自卫或者保护《阿亚拉计划》。六个星期后，他向自己领地上愤怒的村民发出了"爱国主义的号召"，再次确认了人们面对"坏人和坏革命者"时进行武装防卫的权利。[3]

特拉尔蒂萨潘的司令部里也有大麻烦。最大的一件麻烦事是曼努埃尔·帕拉福克斯被开除了。过去一年，萨帕塔最关心的问题是外交政策，帕拉福克斯对他的领袖也就没有什么影响力了。更糟糕的是，他也失去了萨帕塔的尊重。帕拉福克斯在调解工作中没有用处，因为他生性傲慢，也因为他曾经当面侮辱过其他阵营的人，而萨帕塔现在正想和那些人打交道；不仅如此，人们回想起来，他似乎是萨帕塔派此时困境的根源：他们可以因为很多事而责难他，包括 1914 年与比利亚灾难般的合作，他们与立宪党中一些值得尊敬的首领的疏远，以及他们长久以来的名声——最顽固的革命派。2 月的时候，盖茨发现帕拉福克斯在特拉尔蒂萨潘的处境有些异常。"遇到政治问题、墨西哥本地问题或者国际

305

[1] Ayaquica to Zapata, May 2, 1918, and T. Cortés Cabrera to Magaña, May 1, 1918, AZ, 27: 15.

[2] Magaña to Caraveo, May 4, 1918, and to Zapata, May 5, 1918, and Zapata to Magaña, May 7, 16, and 23, 1918, ibid.

[3] Circular to municipal authorities, July 16, 1918, AZ, 30: 23. Patriotic Appeal to All Pueblos Deceived by the So–called Government of Carranza, August 22, 1918, AZ, 27: 9.

问题的时候，"据他观察，"帕拉福克斯都不在——他都在忙着处理别的事。只有出现了关于土地所有权、农作物、灌溉等实际操作问题的时候，他才会出现。"美国人就帕拉福克斯的降职提出了疑问，萨帕塔也证实了他的猜想。帕拉福克斯被抛弃了，不得不降职去料理当地改革的具体事务。盖茨造访司令部的那天，他几乎都没有坐下吃饭。盖茨后来回忆道，"饭前帕拉福克斯讲解了灌溉的各项工作、他们的农业信贷银行、怎样配合农户的耕作过程逐步向他们提供贷款、如何密切关注农作物的售卖情况并收回贷款。这些工作是为了教育村民，让他们经济独立；他把它们安排得很好。他说了很久，饭菜都凉了"。盖茨礼貌地称赞，这些改革"符合最现代的发展方式"。可怜的帕拉福克斯满足了，他向索托 - 伽马炫耀，"这位 *señor*（先生）说这是世界上最好的制度"。这时候，他忍不住宣称自己是《阿亚拉计划》的实际撰写者。春天过后，帕拉福克斯崩溃了。他似乎对自己的性别身份颇感困惑，因此举止失检，在司令部里成了人们鄙视的对象。萨帕塔差点儿就把他枪毙了。多亏了马加尼亚警告萨帕塔，在蒙塔尼奥之后再一次处决首领未免太过分了，萨帕塔的态度才缓和了下来；他把这个一蹶不振的小个子男人送到了托奇米尔科，交给了马加尼亚，"你觉得他还能给你帮什么忙，就让他做些什么吧"。[1]

没有什么地方问题能够转移萨帕塔在结交新朋友、建立联盟等事务上的注意力。在处理阿梅卡克和帕拉福克斯带来的问题的同时，他还在和马加尼亚探讨，他们应该邀请哪支反叛军加入他们的联盟，召唤哪些流亡者回到革命运动中来，鼓励哪些联邦代表起来造反。[2] 费利克斯派也开始对莱科纳的访问做出回应。萨帕塔派还收到了盖茨在墨西哥城的朋友送来的信，说那位"学者"已经和美国高层官员谈过话了，后者将会调整美国对卡兰萨的政策。这完全就是吹牛：盖茨 5 月回美国的时候，只在华盛顿和心烦意乱的战争部部长贝克"谈了几分钟的话"，后

306

---

[1] Gates in *World's Work*, April 1919, pp. 658, 660. Zapata to Magaña, May 26, 1918, AZ, 27: 15.

[2] Magaña to Zapata, May 16 and 19, 1918, ibid.

者只说了些客气话，没有向他承诺任何东西。但是萨帕塔和马加尼亚不可能知道这些，所以他们相信了他的话。[1]

　　整个夏天，随着议会选举临近，萨帕塔派谈判的内容变得更加具体了。他们给卡兰萨的各路反对者送去了许多函件、任命书和请求信，要求他们在宣言上签字；这些反对者包括比利亚和他在美国的代理人、大大小小的费利克斯派成员以及其他独立反对派。[2]7月中旬，从圣安东尼奥回来的奥克塔维奥·马加尼亚向萨帕塔报告，帕斯的状况非常糟糕，不仅酗酒，还对流亡者的政治活动毫不关心；他也汇报了，与他先前得到的情报相反，"关心土地问题"并和美国人有合作关系的巴斯克斯·戈麦斯并不是律师埃米利奥，而是医生弗朗西斯科。在这之后，萨帕塔大大放松了对政治盟友的要求。"照我的想法，现在重要的是，"他在8月初给希尔达多·马加尼亚写信，"推举出来几个会尽力做事的人。先尽力去做，然后我们再考虑怎么去解释这一切。"虽然他承认，那位医生"不是好人"，但是他也认为他"在政治方面非常敏锐，能做一些事情"。没等对方回复，他就向马加尼亚重申了他的观点，"要找到思想毫无问题、没有［不堪回首的］历史的人……几乎是不可能的"。他想找已经掌握了人脉的革命者当他的代理人和盟友，"因为他们务实，了解政治的方方面面，也知道如何审时度势"。[3]接下来的一个星期，他在写给费利佩·安赫莱斯、埃米利奥和弗朗西斯科·巴斯克斯·戈麦斯的信上签了字，敦促他们联合起来，在北方掀起革命，促使华盛顿承认他们的交战地位。[4]

　　8月中旬，当自由立宪党在选举中失去了议会多数席位之后，萨帕

［1］　Manuel Peláez to Zapata, May 21, 1918, and Zapata to Magaña, May 23, 1918, AZ, 27: 15.

［2］　Among these are Zapata to M. Díaz Lombardo, May 28, 1918, ibid.; to J. Cabrera, July 4, 1918, AZ, 30: 23; to S. Salazar, J. J. Baños, G. Olarte, M. Romero, J. Carrera, and L. Salazar, July 12, 1918, ibid.

［3］　Report to Zapata, July 10, 1918, ibid. Zapata to G. Magaña, August 4 and 6, 1918, AZ, 30: 20.

［4］　Zapata to E. Vázquez, August 11, 1918, and to F. Vázquez Gómez, August 12, 1918, ibid. Zapata to F. Ángeles, August 11, 1918, AZ, 27: 9.

塔终于与所有的不同政见者中最重要的那一位——奥夫雷贡——直接通了信。他送去了两封可能出自索托－伽马之手的信，鼓励奥夫雷贡发动起义。在第一封信里，他提醒奥夫雷贡，"反动派恐吓我们，扬言要让革命像雪崩一样崩溃"，他要求后者"像个战士那样，把自己的革命事业"推向高潮，和他们一起"解放这个国家"。在第二封信中他把卡兰萨斥为独裁者，坚持认为建立联盟是纯粹的爱国主义行为，并且再次请求"迄今为止仍然和我们保持距离的革命者，与我们建立可贵的合作关系"。在同一个星期内，他也签署了给奥夫雷贡在墨西哥城的首席助理阿龙·萨恩斯的信，以及给前议会的自由立宪党代表的信，向他们表示了祝贺，并且邀请他们南来——如果政府迫害他们的话。马加尼亚在托奇米尔科遇到了一名正在那里避难的前国家军队军官，在1915年与比利亚的大战中，此人曾经在奥夫雷贡手下任职；马加尼亚也让他给他的老长官写了信，向后者保证，萨帕塔派非常尊重他。[1]

奥夫雷贡没有发动起义。他从未收到那些写给他的信，也没有书面回复萨帕塔派；他的助理倒是收到了给他们的信，但是也没有回复：即使奥夫雷贡打算在稍晚的什么时候跟萨帕塔进行磋商，他也不能留下这一计划的书面记录——卡兰萨会派间谍找到它，把它公布出来。但是萨帕塔没有泄气，他再次向弗朗西斯科·巴斯克斯·戈麦斯寻求了帮助：8月底，他任命巴斯克斯·戈麦斯为他的密使，派他去了美国。如果盖茨的话是真的，那么巴斯克斯·戈麦斯就能说服美国政府，承认革命派联盟的交战地位。[2]

卡兰萨很可能知道，萨帕塔与他的反对派和仇敌进行了沟通。巴勃罗·冈萨雷斯当然也知道——他是卡兰萨派"死忠"人士中领头的将军，而且就在他的辖地范围内，马加尼亚还在与卡斯特罗和雷耶斯进行

---

［1］ Zapata to Obregón, August 17 and 24, 1918, and to Sáenz and to the Liberal Constitutionalist deputies, August 24, 1918; Leonel Ramírez to Obregón, August 22, 1918, AZ, 30: 20.

［2］ Reyes Avilés: *Cartones*, p. 56, n. 1. Zapata to F. Vázquez Gómez, August 30, 1918, AZ, 30: 20 and 27: 9.

谈判。冈萨雷斯仍然和以前一样，很是看不起萨帕塔。但是，他无法阻止萨帕塔派进行谈判。在军事方面，如果他发动军队，攻打托奇米尔科或者特拉尔蒂萨潘，就会分散与费利克斯派作战的守备部队和突击部队的力量。不过，反正这几个月是雨季，大炮和骑兵即使发起了攻势，到了下午也会停歇下来。在政治方面，冈萨雷斯也是进退两难。如果他禁止卡斯特罗接受马加尼亚的提案，就是放弃了诱使马加尼亚和阿亚奎卡接受赦免的机会——他可是很想要这个机会的。遭受了挫折的冈萨雷斯对墨西哥城的一名已经退休了的萨帕塔前助理进行了试探，想让后者回到莫雷洛斯，把萨帕塔引到他的埋伏圈里来。但是这个人拒绝了他的要求，还试图给南方发出警告，冈萨雷斯不得不把他关了起来。[1]因此，国家军队在莫雷洛斯州周围和州内的战线上几乎没有什么行动。没错，据国家军队的军官汇报，战斗时常发生，"比熙德[2]生前和死后打过的所有的仗还要多"，一位前战争部副部长讽刺道。[3]而尽管萨帕塔、德拉奥、门多萨和阿亚奎卡在普埃夫拉、格雷罗、墨西哥等州和联邦特区都发起了行动，国家军队指挥官也没有发动反击。[4]秋天过后，与一年前相比，他们并没有在库奥特拉和霍纳卡特佩克周围占领新的地区。

整个秋天，萨帕塔派都在继续努力，发起更多的谈判。信使给费利克斯派、弗朗西斯科·巴斯克斯·戈麦斯、正在莫雷洛斯的国家军队军官、其他地区已经加入同盟的革命者，以及再一次地，给奥夫雷贡，都

---

[1]   Manuel N. Robles: "Lo que supe de la muerte del General Emiliano Zapata," *La Prensa*, September 19, 1955.

[2]   罗德里戈·迪亚斯·德维瓦尔（1043—1099），人称熙德（El Cid），贵族，曾征服并统治瓦伦西亚。他的故事在中世纪被写成了史诗《熙德之歌》。——译者注

[3]   *Excélsior*, June 15, 1918.

[4]   Ibid., September 8, 9, and 24, and October 20 and 23, 1918. Zapata to Magaña, August 6, 1918, AZ, 30: 20. Memoranda of the U.S. military attaché, September 14 and November 4, 1918, NA, 59: 812.00/22245 and 22361.

送去了托奇米尔科和特拉尔蒂萨潘的信。[1]并不是所有的表示支持联盟的回复都能引起萨帕塔派的兴趣。比如费德里科·科尔多瓦的回信（科尔多瓦是现在已经脱离费利克斯派的曼努埃尔·佩莱斯派驻普埃夫拉的代表）。9月中旬，科尔多瓦给马塞洛·卡拉韦奥（卡拉韦奥此时也效力于佩莱斯，而非堂费利克斯）送去了墨西哥城某些不具名的 *señores*（先生们）的消息：白宫现在认为，没有哪个与政府对立的革命派能够靠自己的力量"控制局面"；如果各革命派能在佩莱斯的领导下团结起来，这些"先生"就能帮他们弄到军需品和 5000 万美元的美国贷款；而作为贷款担保，佩莱斯将会抵押坦皮科一带"他自己领地上的所有油井"。卡拉韦奥接着把这份报告给马加尼亚送了过去，附上了评论，"显然外国佬和佩莱斯达成了协议……"马加尼亚很快就把萨帕塔颇为冷淡的回复送了回去。在承认佩莱斯是"真诚而自觉的革命者"、重申了自己建立"牢固而稳定"的革命联盟的愿望之后，萨帕塔回复道，"我们必须以十分必要的谨慎和不可或缺的灵活手段，恰当地完成这件工作。我们的目标是，不再有人对我们维护的大众利益心怀偏见，也不再有人轻视国家尊严——这是人们一直小心保护着的东西"。总之，他拒绝了佩莱斯的邀请，重申了他自己的主张。[2]但是他们收到的其他回复颇为振奋人心。萨帕塔仔仔细细地读了一些回信，然后在 9 月末任命阿尔弗雷多·罗夫莱斯·多明格斯为他在墨西哥城的"总代表"；10 月初，马加尼亚公布了这一任命决定，同时也发布了 3 月 15 日和 4 月 25 日的宣言、其他宣传材料，以及萨帕塔派与英国公使团进行接触的简报。罗夫莱斯·多明格斯的任务和巴斯克斯·戈麦斯一样，只是低调一些，

---

[1]　A few among these letters are Zapata to C. Galán, M. Carvanzo, and R. Cejudo, September 1, 1918; to S. Cedillo, F. Vázquez Gómez, L. Caballero, L. Gutiérrez, and Almazán, September 5, 1918; to Obregón, September 17, 1918; Magaña to J. A. Castro, September 7, 1918, AZ, 30: 26; Zapata to E. Figueroa, August 5, 1918, ibid., 20; to Cal y Mayor, October 12, 1918, ibid., 25. L. F. Bustamante: "Dizque Don Pablo no Autorizó la muerte de Emiliano Zapata," *El Universal Gráfico*, November 10, 1937.

[2]　Caraveo to Magaña, September 20, 1918, and Magaña to Caraveo, September 24, 1918, AZ, 30: 26.

并且是在革命的后方；他的任务就是让外国势力承认反叛军队的交战地位。[1]

随着冬天到来，萨帕塔的信中出现了一个极为不安的新调子。此时他要面对很多当地出现的问题。这几个月，西班牙流感在全世界肆虐；10月初，它在墨西哥城出现，然后迅速传播到了南方。那里有着疾病传播的最佳土壤——人们长期以来疲劳不堪，没什么东西吃，用水条件恶劣，还要不断迁徙。最贫穷的村民都住在山里，很多首领也在那里扎营；冬天山中刺骨的寒冷损害了几千人的健康。在城镇里，尸体堆积起来的速度比人们埋葬它们的速度还要快。到了12月，库奥特拉就只有150—200名平民了。在库埃纳瓦卡避难的人也不到5000。而在远离城镇的乡下地带，情况就和欣嫩子谷[2]差不多。男女老少一连许多天躺在临时搭建的棚屋里，冻得发抖，没有食物，无人照料，直到一个接一个地死掉。为了活下去，聪明人会丢下死者，逃到格雷罗去，到巴尔萨斯河以南气候较好的地方去。国家军的巡逻队发现，许多村子被人们遗弃了，彻底陷入了"死一般的寂静"。这样的消息让墨西哥城里的卡兰萨派得到了某种残酷的慰藉。"西班牙流感"，一篇报道的标题称，"继续平定莫雷洛斯"。[3]死亡和迁徙让这个州在1918年失去了四分之一的人口，单从数字上看并没有韦尔塔1914年造成的破坏那么严重，但是从人口比例上来看，这场劫难带来的损失无疑比16世纪的大瘟疫[4]以来的任何一次灾难都惨重。病患中有许多萨帕塔派士兵，以及托奇米尔科

310

---

[1] Zapata to Robles Domínguez, September 25, 1918, and Magaña to Robles Domínguez, October 2, 1918, AZ, 30: 25.

[2] 指耶路撒冷西南边的谷地，在《圣经》中是异教徒进行献祭的不洁之地。在汉语《圣经》中被译为地狱。——译者注

[3] *Excélsior*, November 26, 1918. See also ibid., October 25, November 1–10, and December 3, 9, and 11, 1918; Manuel Mazari: Breve estudio sobre la última epidemia de influenza en la ciudad de México (México, 1919), p. 21. S. Valverde: op. cit., p. 186; Manuel Arvide Rendón: "Labor desarrollada en el Sur en 1918," *El Legionario*, June 1953. Holt Büttner: op. cit., pp. 22–23.

[4] 指1576—1578年间发生在南美洲新西班牙殖民地（今墨西哥）的流行病疫情。疫情病因不明，共造成了700万—1750万人死亡，是人类历史上致死人数最多的流行病之一，也是墨西哥历史上最严重的疫情。——译者注

的全体参谋人员；虽然主要的秘书都还活着，但是他们中的大多数也有好几个星期不能工作。此外，萨帕塔最近损失了一些特工，以及军火走私贩子，这些人在墨西哥城和托卢卡被捕了。他的首领手里既缺少身体强健的士兵，也缺少供给和弹药。而且，帕拉福克斯和另一名秘书恩里克·博尼利亚突然逃出了托奇米尔科，去了西里洛·阿雷纳斯营中；他们似乎已经下定决心背叛革命了。[1] 另外，冈萨雷斯还在南部发起了一场新的战役。但是，在这些困难背后，不断向萨帕塔紧逼而来、愈演愈烈、把他逼到希望和绝望的边缘的，是他对世界大战结束的忧虑——盖茨在 2 月的时候预告的威胁是否会成真？美国会不会再次出兵干涉墨西哥？

　　11 月末，萨帕塔给身在得克萨斯州的费利佩·安赫莱斯写了信。法国——安赫莱斯曾经在那里读书——或许能帮助他们约束美国人。安赫莱斯能不能利用他和福煦元帅[2]的"亲密友谊"，萨帕塔婉转地问，说服福煦，用他"强大的道德影响力"，支持"墨西哥人民的事业"？两个星期后，他向马加尼亚吐露了自己内心的恐惧。和以往一样，萨帕塔在自认为不了解的问题上非常谦卑，他让马加尼亚和索托 - 伽马考虑，如何"与协约国进行协商，制订有利于共和国和革命的计划——如果你们认为这样做对我们的事业有利的话"。他认为这项工作是极为重要的，"因为在我看来，一旦欧洲和美国之间的问题解决了，美国就会向我们猛扑过来，给我们的民族造成巨大威胁"。[3] 于是，盖茨曾经暗示的那个艰难的选择再次出现了——是加入卡兰萨，保卫国家，还是默许外国势力控制墨西哥。同时，萨帕塔让马加尼亚继续与卡斯特罗和雷耶斯好好谈判。在他们这一时期的通信中，对——费利克斯派那样的反动派和卡兰萨派"死忠"那样的政府官员中的——"突出反动分子"的攻击变

311

---

[1]　*Excélsior*, October 15, 1918. Magaña to Zapata, November 3, 1918, AZ, 30: 21.

[2]　指费迪南·福煦（1851—1929），法国陆军元帅。——译者注

[3]　Zapata to Ángeles, November 21, 1918, AZ, 30: 21. Zapata to Magaña, December 8, 1918, AZ, 30: 19.

得越来越多了。萨帕塔派公开打出了爱国主义的旗号，号召其他派别与他们合作。"如果和平不能在很短的时间内实现，"马加尼亚警告卡斯特罗，"如果我们墨西哥人不能像兄弟一样相处，那么，由于欧洲战争已经结束了，美国这个巨人的双手也闲下来了，我们可能会遭受最可耻的干涉，至少会让我们彻底丧失国家主权。"[1]他们不是在耍花招，拿爱国之情做交易，而是在诚恳地劝告对方。

冈萨雷斯——卡斯特罗始终忠于他——分明选择了另外一种方式看待他和他的属下对国家的责任。在莫雷洛斯，他把这些责任简化成了重建卡兰萨派官僚系统。12月初，雨季结束了，萨帕塔派在人数、健康状况以及人员和物资储备等方面都被大大削弱了，而政府则在新一届国会中巩固了自己的力量。于是，冈萨雷斯开始加速推行他的军事行动。他从库奥特拉、霍纳卡特佩克和莫雷洛斯周围的战线上调来了11000名士兵，很快就占领了四座重要城市——尧特佩克、霍胡特拉、库埃纳瓦卡和特特卡拉。散落各处的萨帕塔派军队试图抵抗，但是没过几天他们就不得不四散逃走，撤进了山里。

这一次，冈萨雷斯以一种更为专业的方式，在莫雷洛斯推行立宪主义革命。为了确保他们对当地的控制，他在四五十座城镇和村庄里驻了军，并且加紧修好了铁路。为了满足墨西哥城里人对他的统治的好奇心，他任命了市镇政府官员，让一些人继续出任原职，用更可靠的人替换掉其他的官员；人们开始猜想他将任命谁为临时州长和地方法官。为了确保他手下的将军在维持当地秩序的工作中获得利益，他抢占了许多种植园，然后让将军们从政府手中租用它们。为了让未来的投资者和企业家放心，他着手制定莫雷洛斯人口恢复政策，宣布共和国任何地方的劳动者都可以免费乘车到莫雷洛斯来。他表示，他的意图是"重建这个

---

[1] Magaña to Castro, December 3, 1918, AZ, 30: 19. See also Magaña to Castro, November 3 and 10, 1918, and to Reyes, November 10, 1918; and Reyes to Magaña, November 9 and December 8, 1918, ibid.

曾经极为繁荣富庶的州"。[1]他也占领了特拉尔蒂萨潘。萨帕塔偶尔还会发起战斗，或者偷偷溜回城中。但是，自从 12 月中旬开始，他就一直在逃亡。德拉奥、门多萨和其他首领的情况也是一样。

　　躲藏期间，萨帕塔派遇到了新的诱惑。11 月，帕拉福克斯在阿雷纳斯派的地盘上发布了《告南方人宣言》（*Manifesto to the Southerners*），敦促他们抛弃自己的领袖，加入他独立发起的土地运动。他宣称自己已经争取到了埃韦拉多·冈萨雷斯的支持；他将与冈萨雷斯结盟，继续为《阿亚拉计划》战斗——他把计划的口号改成了"土地和自由"（"Land and Liberty"）。他也提到了其他盟友，阿雷纳斯和卡拉韦奥，但是他没有说明的是，这两个人现在都是佩莱斯的追随者。[2]帕拉福克斯本人在萨帕塔派中的名声仍然极差，但是至少，通过他的介绍，除了萨帕塔以外的所有首领都能加入一个更有前途、石油资源丰富的革命派。而另一方面，卡斯特罗在 12 月中旬曾向马加尼亚，"还有所有的那些像你一样真诚奋斗的人"提出过赦免他们。由于卡斯特罗与总统联系紧密，这个承诺实际上来自卡兰萨本人。如果萨帕塔派真心爱国，卡斯特罗暗示，他们就会重新加入全国革命，保护政府不受敌人侵害，并且试着从内部改变它。在形式上，他解释道，他不能赦免他们，"除非你们无条件投降"，但是"我仍然向你们保证"，他继续表示，"一旦〔赦免令〕生效了，我们就会绝对保障你们的生命、家人和利益安全"。[3]根据这些条件，萨帕塔派成员只要不在莫雷洛斯向冈萨雷斯投降（不管冈萨雷斯嘴上怎么说，都可能会起诉然后枪毙他们），而是改在普埃夫拉州向卡斯特罗投降（卡斯特罗一直非常尊敬他们），就能重新获得权力，在政府中工作。

　　然而，萨帕塔派组织并没有受到影响。没有哪个老资格的莫雷洛斯

---

［1］　For the military operations and the reorganization of the state, see *Excélsior*, December 3, 7, 9, 11–14, 16, 21–22, and 26, 1918.

［2］　For the manifesto and a cursory Carrancista analysis, see ibid., January 24, 1919.

［3］　Castro to Magaña, December 19, 1918, AZ, 30: 19. See also Reyes to Magaña, December 8, 1918, and Magaña to Zapata, December 10, 1918, ibid.

革命主要首领叛变，与萨帕塔断绝关系，接受另一位领袖的领导。虽然帕拉福克斯给一些南方首领送去了私人信件，请求他们加入他，但是，尽管面临困境，他们仍然毫不动摇，在回信里羞辱了他。"……像你这样性别错乱的可怜鬼，不配说自己是我们这样真正的男人的朋友。"毛里利奥·梅希亚怒斥道。埃米格迪奥·马莫莱霍倒是没有那么傲慢，但也同样粗鲁地拒绝了他："把你的谎言说给不认识你的人吧，因为在莫雷洛斯，我老实告诉你，你吓不到谁，特别是你现在还变成了那个蠢样子……我太了解你了，你就是个不知感恩的阴谋家，你当然会……说那个给了你恩惠和关怀的人的坏话。我们现在看清楚了，你根本不配得到他的关怀。"[1]也没有哪位重要的地方首领向国家军队投降，甚至都没人把他们的行动暂时转移到普埃夫拉去。在这场可怕的危机中，从八年前开始就一直在一起的首领们——萨帕塔、德拉奥、门多萨、阿亚奎卡、赫苏斯·卡皮斯特兰、弗朗西斯科·阿拉尔孔、蒂莫特奥·桑切斯、加夫列尔·马里亚卡、佩德罗和弗朗西斯科·萨阿韦德拉、塞费利诺·奥尔特加、马加尼亚、梅希亚和马莫莱霍——仍然忠于彼此。冬天的时候，他们的确失去了一些小首领和许多士兵，那些人接受了冈萨雷斯和卡斯特罗的赦免；他们队伍的规模变得非常小，甚至连游击战都无法继续进行了。但是，人们还是忠于他们，接受了赦免的军队也并没有完全背叛他们——除了唯一的例外，维多利亚诺·巴尔塞纳斯带领的一支杂牌军，但是这支队伍来自格雷罗，所以这也确证了，莫雷洛斯的革命军始终是忠诚的——他们都没有配合国家军队，出卖自己过去的同志，更不要说协助镇压行动了。相反，众军士悄悄地回到了家乡，照管他们零星的几处庄稼，就和莫雷洛斯被占领前一样。与各首领的撤退一样，这些人的投降也是有战略意义的。他们在田野中、在村庄里等待着再次起来斗争的机会。同时，只要有机会并且力所能及，他们就会继续为他们的老首领服务。他们向后者提供了食物、住处和情报。正是这些人滋养

---

[1] Mejía to Palafox, November 27, 1918, AZ, 30: 21. Marmolejo to Palafox, December 3 and 25, 1918, AZ, 30: 19 and 27: 13.

了当地的革命，让它存活了下来。

　　萨帕塔仍然与马加尼亚定期联系，他们的谈判也没有停止。墨西哥城和普埃夫拉城的代表送回的消息加重了萨帕塔对美国干涉的忧虑，所以他坚持让马加尼亚在和卡斯特罗谈判的时候反复强调爱国主义。[1]他准许马加尼亚发布宣言，支持墨西哥城的无产者联盟，并且与周边地区的反叛者保持通信联系。但是，此时他最关心的是他们和还没有发动起义的卡兰萨反对者之间的联系：他们要说服这些人在美国采取措施反对卡兰萨之前行动起来，把他赶走。萨帕塔给身在哈瓦那的阿梅斯夸送去了长长的报告和宣传材料，在那里也传播了他尚未公布的最新主张，"要重新建立民族革命党，就必须要驱逐卡兰萨"，并且重申了他的承诺——届时萨帕塔派将会与自由立宪党和其他"有先进理念的人"合作。[2]

　　关于墨西哥石油法案的问题，美国给卡兰萨送来了一系列外交信件，谴责的态度越来越明显，这对于萨帕塔的行动计划来说，既令人振奋，同时也不是个好兆头。马加尼亚收到了这些信的复制件，把它们转发给了萨帕塔。这些信对萨帕塔派有利，它们表明卡兰萨身为总统危害了国家安全，爱国者必须尽快把他赶走；然而，这些信也以某种不同寻常的方式隐晦地警告了萨帕塔派——如果他们加大火力，攻击卡兰萨，同样也会引来美国的行动。[3]但是萨帕塔没有动摇。在他的催促下，马加尼亚起草了一份大胆的《新年告墨西哥人民宣言》（*New Year's Day Manifesto to the Mexican People*），指出卡兰萨是墨西哥所有内忧外患的唯一根源。萨帕塔再次抨击了卡兰萨在州选举和议会选举中的滥权行

---

[1]　Report from Atl（Carlos Peralta），n.d.（December 1918?），AZ, 30: 19. Zapata to Magaña, December 13, 1918, ibid.

[2]　Zapata to Magaña, December 17, 1918; to H. Aguilar, December 25, 1918; and to Amezcua, December 15, 25, and 30, 1918, ibid.

[3]　Magaña to Zapata, December 31, 1918, ibid., and January 5, 1919, AZ, 30: 24. For the American notes, see United States Department of State: *Papers Relating to the Foreign Relations of the United States, 1918*（Washington, 1930），pp. 687–792.

为，并且赞美了自由立宪党，他公开表示，卡兰萨在战争期间的中立主义是错误的，他保护了"独裁主义者的利益"，参与了"帝国主义对民主的镇压行动"，损害了"法国和英国的利益"，最糟糕的是，"在石油的问题上"主导制定了"迎合德国首相的法律"。由此而来的冲突，萨帕塔宣布，"罪魁祸首只能是卡兰萨"。只有抛弃他，萨帕塔断定，"我们才能再次掌握自己的命运"。[1]

1月，萨帕塔派的行动方针再次发生了变化。马加尼亚断定，卡斯特罗从来都没有背叛卡兰萨的打算，只想说服萨帕塔派接受赦免，于是他中断了与卡斯特罗和雷耶斯的谈判。他对弗朗西斯科·巴斯克斯·戈麦斯的兴趣立刻重燃了起来。他给哈瓦那写信，要求阿梅斯夸给身在圣安东尼奥的巴斯克斯·戈麦斯写信，统筹他们进行宣传、发表声明的工作。[2]他也给在1月末回到了特拉尔蒂萨潘的萨帕塔送去了信件、一份巴斯克斯·戈麦斯提出的革命计划，以及一份来自圣安东尼奥的报告。报告里说，那里的许多流亡者，包括安赫莱斯、比利亚和比利亚雷亚尔，都支持巴斯克斯·戈麦斯；这位久负盛名的医生"常常和威尔逊总统［在凡尔赛宫！］进行交流，后者完全信任他、支持他"。马加尼亚建议任命这个"富有才华的人"为革命最高领袖，在他的领导下团结所有的非法革命派。在巴斯克斯·戈麦斯的计划里，马加尼亚只发现了两处漏洞。这些漏洞很明显——没有提及把土地、木材和水源还给村落的问题，也没有表达清楚，革命派不会重新实施1857年宪法中的那些与"革命原则"抵触的部分。马加尼亚适当地修订了这个计划，并且，他相信巴斯克斯·戈麦斯"出于自身利益的考虑"，为了得到这个职位，会同意他的这些改动。他没有等萨帕塔回复就给巴斯克斯·戈麦斯送了信，暂时认可了计划的修正案。[3]

［1］ Magaña to Zapata, January 5, 1919, and Manifesto to the Mexican People, January 1, 1919, AZ, 30: 24.

［2］ Magaña to Castro, January 14, 1919, and to Amezcua, January 15, 1919, ibid.

［3］ Magaña to Zapata, January 31, 1919, ibid., and to F. Vázquez Gómez, February 1, 1919, AZ, 30: 29.

2 月 4 日，萨帕塔回复了马加尼亚，明显松了一口气。总算不用再怀着负罪感、顶着压力，领导整个国家的革命了：他终于可以回到地方领袖的位置上，满怀骄傲地继续工作了。他很"高兴"让巴斯克斯·戈麦斯当最高领袖，他写道，"特别是，你很清楚，除了看到我的人民幸福、完全拥有他们自己的劳动成果以外，我从来没有别的心愿"。第二天，他签署了与巴斯克斯·戈麦斯缔约的——可能是马加尼亚用打字机写出来的——长信。这封信显然是给美国人看的，里面连一点点帕拉福克斯 1915 年坚持的"极端社会主义思想"都没有，反而热情宣扬了制造业、商业、矿业、石油业、金融业和农业的"创业精神"。土地改革的主张只隐晦地出现了一次，要求满足"墨西哥人民为了建立小产业而产生的土地需求"，但是这封信清清楚楚地保证，"我们不鼓励任何形式的无意义的激进主义……那种行为往往会在农业发展中遏制私有制的巨大能量"。在萨帕塔的宣言中，唯一合法的限制措施是用来约束"破坏社会各方自由竞争的垄断企业"的。[1]

他很快给比利亚和佩莱斯送了信，把他的决定告诉了他们，并且敦促他们也承认巴斯克斯·戈麦斯。这位医生是"一位老资格革命者，有教养，而且正直"，他提醒他们，"他的信念深厚而坚定，他本人在外交界也广为人知"。2 月 10 日，他签署了由马加尼亚撰写的《告墨西哥人民和革命者宣言》。"去年 3 月 15 日和 4 月 25 日的宣言显示，我们已经为联合革命打下了基础；现在，为了让这一事业圆满成功"，他正式宣布，提名巴斯克斯·戈麦斯为萨帕塔派"革命最高领袖"候选人。和当时人们写给 1920 年总统竞选的各位候选人的颂词一样，这份宣言不停地赞美 *El Doctor*（那位医生），后者在墨西哥人民眼中越发像个改革者了，"简而言之……他就是把墨西哥人团结起来的纽带"。很快司令部又

---

[1]　Zapata to Magaña, February 4, 1919, and to F. Vázquez Gómez, February 5, 1919, AZ, 30: 29.

发布了一则公告，大意是一样的。[1]

　　与此同时，巴勃罗·冈萨雷斯还在努力，想要实际控制莫雷洛斯。他逐渐从先前的失败中吸取了教训，施行策略的时候比以前更加小心了。他现在已经是 1920 年总统选举的黑马候选人了，可不能再搞砸了。于是，尽管他已经牢牢控制住了除了特拉尔蒂萨潘以外的所有重要城镇，他还是避开了德拉奥的势力范围，唯恐后者的恐怖行动让他下不来台。他把库奥特拉当作基地：那里和墨西哥城之间的铁道线比库埃纳瓦卡铁路更安全，周围的农田也更便于巡查。冈萨雷斯把他的军队的司令部设在了那里，将它定为州首府。他任命了新州长，这个人是他的一名助理，何塞·G.阿吉拉尔上校。他雇用战俘重建了这座城市，每天发给他们 55 分钱，并向他们提供食物。2 月底，他从那里返回首都，向媒体宣布"莫雷洛斯的大部分庄园已经开始运转了，让许多人有了工作……"他也让他手下的将军过上了很好的生活："在人们较为关注的地方，"他吹嘘道，"圣伊内斯、夸维斯特拉、圣卡洛斯、阿特利瓦扬、卡尔德龙、特内斯特潘戈、萨卡特佩克、特伦塔、圣何塞维斯塔赫莫萨、埃尔蓬特、奥斯皮塔尔和其他几座种植园，都在持续运转。它们都将迎来大丰收……"他一直没有在州里重建土地委员会，也没有正式或非正式地表明是否打算这么做。1919 年就和 1911 年一样，那些在田里劳作、为迎接夏天的降雨做准备的农人，在法律上大多是佃农和日工。但是，冈萨雷斯的宏大计划里只有"这个州的繁荣时代"，他想推进的是某种令人感到似曾相识的历史进程，而这些普通人的命运只是历史发展的细枝末节。他在《至上报》的朋友报道了这里发生的事情；报道的标题用的是一种让人回想起科学家派编辑的风格，"莫雷洛斯回归有序的生活"。[2]

---

［1］　Zapata to Villa and to Peláez, February 9, 1919; Manifesto to the Mexican People and Revolutionaries, February 10, 1919; Extra Bulletin, February 14, 1919; Magaña to C. Aguilar and to L. Ibarra, February 15, 1919, and to Ángeles, February 16, 1919, AZ, 30: 29.

［2］　*Excélsior*, March 1, 6, and 12, 1919.

即使是冈萨雷斯不在的时候，国家军队对莫雷洛斯的控制仍然占了上风。在库埃纳瓦卡周围，古斯塔沃·埃利松多将军与德拉奥达成了非正式停战协议。在别的地方，萨帕塔派首领行事也很低调。在仅有的值得记录的小冲突中，国家军队暂时钳制住了移动中的萨帕塔派队伍。萨帕塔派军队的投降一点一点地进行着。在一片平和中，当地的经济也在继续复苏。随着新的铁路和马车道开通，与联邦特区和普埃夫拉州之间的贸易也重新开始了。集镇再次变得热闹了起来。发展速度最快的是库奥特拉，那里很快又有了大约 4000 名居民，不到 1910 年人口的三分之二，但是在此时的情况下已经很多了。3 月初，国家军队指挥官在大斋期的第二个星期五举办了盛大的市集，作为这座城市复兴的标志。八年前，萨帕塔、巴勃罗·托雷斯·布尔戈斯和拉斐尔·梅里诺就是在大斋节市集上做出了他们的最终决定，加入了马德罗革命。[1]

但是，在政治上，冈萨雷斯的占领行动再一次陷入了停滞。三个月过去了，虽然国家军队付出了巨大的努力，还是连一位萨帕塔派主要首领都没有降服，也没有抓到。更让人泄气的是，一些首领有时候其实就住在城里，还时不时地公开露面。"想让你的马参加库奥特拉集市的比赛吗？"梅希亚给身在霍纳卡特佩克的门多萨写信问道。"集市上还可以斗鸡，我们需要好公鸡。你能给我们弄几只来吗？"[2]萨帕塔派的司令部也还留在托奇米尔科，只有在受到威胁的时候才转移到附近的小村子——托奇米索尔科——去。

最让冈萨雷斯懊恼的是，众所周知，萨帕塔仍然在逃。2 月末，一支战斗力很强的国家军队把他赶出了霍胡特拉东南的基地；他们一路跟着他到了霍纳卡特佩克，然后沿着州界线向托奇米尔科追去。但是，萨帕塔仍然领导着他的首领，指挥他们在这个地区的行动，要求他们尊重

---

[1] *Excélsior*, March 13 and 19, 1919. Meléndez: op. cit., I, 376. Dromundo: *Vida*, pp. 259–260. Memorandum for Chief of Naval Operations, Weekly Report for Week Ending March 10, 1919, NA, 45: Subject File W–E–5: Box 654.

[2] Mejía to Mendoza, January 25, 1919, AZ, 30: 24.

他们所依靠的乡民。"索要食物的时候,"3月初,他指导他们,"你们得说好话,而且不管你们要什么,都得有礼貌,一定要表示感谢……你们表现得越好,"他总结道,"我们就会越快取得胜利,让所有的村落都站到我们这边来。"他很得人心,人们把他保护得密不透风。没有人出卖他,尽管传闻说会有一笔数额巨大的赏金。相反,每个镇上都有他的密探,向他汇报国家军队的行动。库奥特拉的酒保和妓女对他尤其有帮助,因为他们和那里的国家军队司令部的工作人员有联系。[1]

在山区避难所中,萨帕塔和马加尼亚继续进行他们具有颠覆性的外交活动。帕拉福克斯造访了佩莱斯位于坦皮科附近的司令部,于是马加尼亚派代表警告了佩莱斯,让他不要听那个叛徒的话。佩莱斯回复了马加尼亚,向他提供了50000比索和弹药。3月10日,马加尼亚把他的兄弟奥克塔维奥派去了墨西哥城,"与阿尔瓦罗·奥夫雷贡将军的总统竞选工作人员进行会晤"。3月17日,萨帕塔签署了一封给"公民卡兰萨"的态度强硬的公开信。在这封可能出自索托-伽马之手的信中,"第一次也是最后一次",萨帕塔面对的不是"共和国的总统"("我并不承认他"),也不是一位"政客"("我不信任他")。他面对的是"一个墨西哥人,一个有感情和理性的人,我相信这个人总有什么时候会被打动(即使只是片刻),被母亲的痛苦、孤儿的苦难、祖国的忧患和热望所打动"。语言简单,指向明确,调子轻蔑又冷静,观点激进而可靠,这封信对卡兰萨派政府的谴责令人印象深刻。在匆匆提到了巴斯克斯·戈麦斯可能会组织革命联盟、寻求和平之后,这封信最后提出了对卡兰萨的请求:它要求他,身为"一名爱国者,一个男人",为了国家的利益而退位。在接下来的几天里,马加尼亚把这封信的复制件送到了与他们结

---

[1]　Magaña to Zapata, March 2, 1919; Zapata to Magaña, March 3, 1919; and Circular, March 4, 1919, AZ, 30: 32. Elías L. Torres: "No te descuides, Zapata," *Jueves de Excélsior*, April 8, 1937.

了盟的非法革命者那里，并且在首都和其他大城市里四处散发。[1]

萨帕塔的不懈努力让卡兰萨派越来越恼火。1920年总统竞选的选战已经打响了（虽然卡兰萨说它"不成熟"，想要取消它）；人们也持续不断地发起挑战总统权威的抵抗运动，给他的政治声望造成了破坏，也妨碍了他控制他的继任者。佩莱斯、迪亚斯和他们的同伴还在武装反抗卡兰萨，比利亚仍然在奇瓦瓦州逍遥法外，安赫莱斯回到了国内，协助比利亚，塔巴斯科州又因为州长人选问题爆发了暴力冲突，但是最让卡兰萨生气的还是萨帕塔。他完全可以把其他人斥为反革命分子，或者宣称他们只想和他争夺权力；他们很危险，但是本质上与墨西哥的新秩序和新发展无关。然而萨帕塔不同，众所周知，这个受人爱戴的不法分子是乡下人权利的代言人。萨帕塔的象征意义让卡兰萨在接下来的选举中面对着不可否认的道德挑战。

在海外，萨帕塔派的存在也让政府感到难堪。外国人分不清萨帕塔派和其他各路叛军，但是他们认为，萨帕塔派仍然存在，这要么说明卡兰萨不受人们欢迎，要么就是他不够强大，不配得到外国的认可。而卡兰萨既不受欢迎也不强大的观点已经在美国广为流传了，这多亏了威廉·盖茨。1月，盖茨在颇有影响的杂志《北美评论》(*North American Review*) 上发表了一篇文章，谈到了他最近的旅行。事实上，盖茨透露，卡兰萨的统治并不是正当的："我们发现德国首相和世界产业工人联盟和他站在一边"，这个国家的军队"就像是比利时的德国人，或是俄国的布尔什维克一样"。而相比之下，他只在萨帕塔、费利克斯·迪亚斯和其他反叛者控制的地区见过"幸福的人民"。这些首领发起了一场"联合政治革命，意图恢复宪政政府，清除社会主义法令，让墨西哥重新获得国际社会的尊重"。盖茨特别向萨帕塔派表达了敬意。"墨西哥

---

[1] C. Aguilar to Magaña, March 4, 1919, AZ, 30: 32. On Obregonista–Zapatista contacts, see Octavio Magaña Cerda: *Yo acuso a los responsables, El pueblo que nos juzgue* (México, 1961), pp. 26–34, and Hill to Obregón, April 20, 1919, cited in González Ramírez: *Planes*, pp. 263–264. Zapata to Carranza, March 17, 1919, AZ, 30: 32. reprinted in Palacios: *Zapata*, pp. 258–266. Statement of Gildardo Magaña, November 20, 1924, AZ, 25: 3.

革命（其实是萨帕塔在 1909 年掀起的，在马德罗之前）直到莫雷洛斯山里的农民获得他们应有的权利的时候才会结束，"他宣布，"他们是难以战胜的。"虽然这篇文章的描写不切实际，叙述又很有误导性，但是它细节生动而详尽，信息丰富而新鲜，论证有力，因而成功地吸引了人们的注意，而这正是盖茨想要的。2 月，他开始在《世界商业》（The World's Work）月刊上分五部分连载另一部作品。在充满暗示性的标题"墨西哥的四个政府"下，他阐述了他的观点：卡兰萨既专制又软弱，他的对手才代表了墨西哥人民真正想要的东西。2 月末，《文学文摘》（Literary Digest）的编辑给盖茨的第一篇文章做了总结，认为只有萨帕塔才有把土地归还给"印第安人"的"真诚意愿"。墨西哥的报刊编辑把这篇文章拿来发表在了他们自己的报纸上——有的编辑这么做是因为看到这篇文章非常高兴，有的是出于警觉。他们也把帕拉福克斯给他们送来的消息——萨帕塔派提名巴斯克斯·戈麦斯为最高领袖——当作重要新闻刊发了出来。于是，对于卡兰萨来说，萨帕塔成了一个大麻烦。3 月中旬，总统对他的记者朋友们援引的《纽约时报》（The New York Times）社论表示非常赞同："莫雷洛斯秩序的建立，甘蔗种植、制糖业和整个农业的恢复，对话、教育与和平生活的复苏，这一切只有在**萨帕塔**最终垮台、永久消失或者死掉之后才能进行……绝对不能赦免他。"[1]

于是萨帕塔派可以稍稍乐观一些了。在盖茨的大力推广下，他们虽然在战斗中处于劣势，但仍然是革命政治中的重要派别。如果他们团结在一起，坚持下去，根据他们一直以来的计划，他们可能很快就能看到卡兰萨垮台，然后，在差不多十年的斗争之后，他们终将取得当地革命的胜利，一场得到新的国家领导人承认的胜利。在最后时刻，马加尼亚、托奇米尔科的其他秘书和助理突然谨慎了起来，他们打算暂缓军事

---

[1] William Gates: "Mexico To-day," *North American Review*, CCIX（January 1919）, 68–83, and in *World's Work*, February–June 1919. "Mexico To-day a Storm-Center of Misery and Danger," *Literary Digest*, LX, 8（February 22, 1919）, 50–54. *The New York Times*, March 18, 1919. *Excélsior*, March 19, 1919. 强调标记为原作者所加。

行动，在胜利前夕避免被捕或阵亡。他们会继续在书面上行动，就像他们为萨帕塔撰写的给盖茨的信里说的那样：他们感谢盖茨为"南方革命""主持公道"，请他与巴斯克斯·戈麦斯联系，继续宣传革命。[1]但是他们认为现在进行武装斗争太冒险了。他们让萨帕塔躲起来，等待危机爆发。

萨帕塔的想法和他们不同。从一开始，他就一直在战场上领导人们战斗，他不能理解为什么到了最后，他反而要后退。这一方案违反了他的意愿，而且在政治上也有风险。在这个时刻，革命阵营的团结是最重要的东西，他的消失难道不会引起其他首领的分裂吗？他怎么能让门多萨、阿亚奎卡和萨阿韦德拉——更不要说德拉奥了——对他始终怀有敬意，如果他们不能确切地知道他还活着，如果他们不能在战斗中见到他或者听到他的消息？而且，他从库奥特拉的密探那里获知，最近他们有望在莫雷洛斯掀起一场轰轰烈烈的军事政变。报告表明，巴勃罗·冈萨雷斯和南部最优秀的骑兵军官——第五军团的指挥官赫苏斯·瓜哈尔多上校——之间出现了严重的分歧。3月中旬，冈萨雷斯命令瓜哈尔多在瓦乌特拉一带的山区执行打击萨帕塔派的行动。几个小时后，他发现这位英俊的年轻军官正在当地的一家酒馆里痛饮狂欢。瓜哈尔多想从后门溜走，但是冈萨雷斯派人跟着他，把他抓了起来。虽然瓜哈尔多对冈萨雷斯极尽忠诚，虽然身为科阿韦拉人，他盼望着彻底击败"支持萨帕塔的垃圾"（用他的总统的话来说），虽然他曾经因为公开宣称自己渴望与萨帕塔来一场一对一的战斗，在当地非常有名，冈萨雷斯还是把他丢进了监狱。这件事成了丑闻。听到了这个消息后，3月21日，萨帕塔写了一封信，派信使偷偷送给瓜哈尔多，邀请后者加入"我们的军队，你在这里会得到应有的尊重"。[2]据密探汇报，在受了惩罚之后，瓜哈尔多回到了战场上，但是心里对他的将军极为怨恨。进一步与他进行协商

---

[1]　Zapata to Gates, March 24, 1919, AZ, 30: 32.

[2]　Zapata to Guajardo, March 21, 1919, AZ, 27: 14. For Guajardo's troubles, see "Carranza autorizó la muerte de Zapata, dıce Pablo González," *Novedades*, October 28, 1942.

可能会获得巨大回报，这是萨帕塔无法抗拒的。如果瓜哈尔多和他的军团叛变，萨帕塔派可能会再一次控制莫雷洛斯的主要城镇——就像1911 年民族危机爆发时那样。托奇米尔科小心行事的策略不能让萨帕塔改变主意。他不想隔着一段距离和瓜哈尔多打交道，也不想一面躲藏一面和后者联系。司令部的其他人可以按他们自己的想法去做事，但是在 3 月末，他向那里的众位外交官和秘书道了别，怀着热切的希望回到了莫雷洛斯，准备采取行动。"我记得很清楚，一切就像昨天一样，"大约十年后，一名年轻的助理写道，"他带着更大的干劲投入了战斗，满怀新的激情；他似乎认为自己肯定能把这件大事做成。"[1]

4 月初，萨帕塔被杀了。一切都发生在一场伏击中。在他返回莫雷洛斯的路上，这场伏击就已经准备就绪了。他给瓜哈尔多的信没有送到后者手里，而是落到了冈萨雷斯的办公桌上。这封信给了冈萨雷斯将计就计的机会。他让瓜哈尔多假意顺从萨帕塔，直到把他抓住为止，无论死活。如果抓到活的，冈萨雷斯就会召开军事法庭，公开处决他。冈萨雷斯知道，萨帕塔已经对政府造成了巨大威胁，这种影响不是处死他就能消除的，不管那场处决安排得有多巧妙。但是，放任他在乡下肆无忌惮地游荡则会带来更大的问题。美国媒体上关于萨帕塔的消息，萨帕塔派拥护巴斯克斯·戈麦斯的新闻，萨帕塔在公开信中对卡兰萨派的嘲讽——这些东西已经激怒了总统；而在最近几次与卡兰萨的会面中，冈萨雷斯觉察到，如果他除掉了卡兰萨在南方的敌人，卡兰萨将会深深地感激他。设圈套杀死萨帕塔会让一个早已失去民心的政权进一步丧失名誉，但是卡兰萨也可以宣称，这一事件证明了他的实力，他还可以借此让人们看到，反抗是徒劳无益的。

3 月末，在库奥特拉，手握萨帕塔写给瓜哈尔多的信，冈萨雷斯开始了他的阴谋。首先，他再次确认了卡兰萨的意思。得到了政府的许可之后，他下令释放了瓜哈尔多，把他送回库奥特拉的司令部候审。他向

---

[1]　Reyes Avilés: *Cartones*, pp. 45–46.

瓜哈尔多交代行动安排的时候，还在司令部的军官餐厅中演出了一场羞辱他的好戏。一天晚上，整个晚饭时间冈萨雷斯都让瓜哈尔多在外面等候，到了喝咖啡的时候才下令让他进来。他让其他军官和客人离开，然后平静地谴责他年轻的同事，说他不仅是一个醉醺醺的糊涂虫，还是个叛徒。萨帕塔的信就是证据！瓜哈尔多，冈萨雷斯在二十多年后愉快地回忆道，当时就惊呆了。他一定觉得他的整个政治生涯——如果不是他的整个人生的话——就要不公正地结束了。他一向为自己的军事才能颇感骄傲，但是这次监禁狠狠地伤害了他，而此刻他在羞耻和绝望中呻吟着，忍受着强烈的痛苦。瓜哈尔多的眼泪都被逼出来了，冈萨雷斯才动了恻隐之心，向他交代了行动计划。瓜哈尔多无助地接受了这个计划，给萨帕塔写了回信。如果萨帕塔向他许下承诺，他就会在合适的时候，把他的人和物资都带来。[1]

于是，双方开始相互试探。4月1日，萨帕塔再次写了信，为瓜哈尔多这么快就表示配合而感到又惊又喜。他对瓜哈尔多的"信念"和"坚定的想法"表达了真诚的敬意，而不只是礼貌的奉承。他很欣赏这位国家军军官身上的某种既强硬又潇洒的特质。他试探性地要求瓜哈尔多在这个星期五，4月4日，掀起兵变。第一步，他想让瓜哈尔多把维多利亚诺·巴尔塞纳斯及其手下抓起来，送上革命派的军事法庭，因为在萨帕塔派成员中，只有巴尔塞纳斯一伙在接受了赦免后帮助政府军镇压了他们以前的同志；这伙人当时在霍纳卡特佩克。瓜哈尔多立刻回了信，以自己的名誉担保，答应做好这件事，但也找了一个合理的借口，要求再等几天。有2万发子弹会在4月6日到10日之间运到库奥特拉，他说，他得在起义之前拿到这些弹药。但是他没说的是，押送这些弹药的就是冈萨雷斯，此时后者正在首都和卡兰萨开会；瓜哈尔多这么做，很可能是因为，他不敢在他的领袖不在场的情况下采取行动。[2]

---

[1] Guajardo to Zapata, n.d.（March 30, 1919?），AZ, 27: 14.

[2] Zapata to Guajardo, April 1, 1919, and Guajardo to Zapata, April 1, 1919, ibid. *Excélsior*, April 7, 1919.

萨帕塔的回信亲切有礼，但是他仍然坚持要求不要拖得太久。他派了一名助理，费利西亚诺·帕拉西奥斯，去瓜哈尔多在奇纳梅卡的营地打探消息，向他汇报事情的进展。帕拉西奥斯没有发现可疑之处，他让萨帕塔放心，瓜哈尔多"满怀热情，而且非常坚定"。据这位助理报告，瓜哈尔多手下有五百多人，如果有了足够的弹药和援军，他们应该可以轻松拿下霍纳卡特佩克。[1]萨帕塔仍然有些焦躁，不过还是接受了瓜哈尔多的延期请求。

到了4月7日，星期一，一切都准备就绪了。弹药运到了。冈萨雷斯回来了。萨帕塔得到了其他革命派的承诺，也发布了针对霍纳卡特佩克、特拉尔蒂萨潘和霍胡特拉的具体作战指令。为了转移敌人对莫雷洛斯的注意力，萨帕塔派在这一天袭击了普埃夫拉州的乔卢拉。当天晚上，在库奥特拉，瓜哈尔多做了最后的准备工作，第二天早晨，他终于宣布反对政府。他离开库奥特拉的时候，当地的一名曾经被俘、靠交保释金获释的萨帕塔派成员，欧塞维奥·豪雷吉，还给萨帕塔写信推荐了他。[2]

遵照萨帕塔的命令，瓜哈尔多直接来到了霍纳卡特佩克。那里的一些国家军队军官也加入了他的伪兵变，他们在4月9日早上一起以萨帕塔的名义占领了这座城。瓜哈尔多按照他和萨帕塔的协议，逮捕了巴尔塞纳斯和他手下的叛徒。但他随后就把他们枪决了。[3]

萨帕塔带着他的护卫队来到了帕斯托尔站，霍纳卡特佩克以南的跨洋铁路上的一座小火车站，等着瓜哈尔多到来。他的密探已经听到了瓜哈尔多在要花招的传言，但是萨帕塔克制住了自己的疑心。收到霍纳卡特佩克的消息之后，他命令瓜哈尔多前来见他。按约定，他们每人都会

[1]　Zapata to Guajardo, April 2, 1919, AZ, 27: 14. Palacios to Zapata, April 3, 1919, AZ, 30: 36.

[2]　Palacios to Zapata, April 7, 1919, ibid. Zapata to Guajardo, April 6, 1919, cited in Palacios: *Zapata*, pp. 273–275. *Excélsior*, April 9 and 10, 1919. Jáuregui to Zapata, April 8, 1919, AZ, 27: 14.

[3]　Report of the events that ended in the death of Emiliano Zapata, March–April 1919, ibid. Salvador Reyes Avilés to Magaña, April 10, 1919, AZ, 30: 36.

带一支 30 人的护卫队。那天下午大约 4 点 30 分，两人在帕斯托尔见面了。萨帕塔带着他的 30 个人，而瓜哈尔多带来了一支 600 人的纵队，还有一架机枪。然而萨帕塔仍然非常友好，给了瓜哈尔多一个 *abrazo*（拥抱），祝贺了他，还接受了他的礼物——一匹名叫"金 A"（Golden Ace）的栗色上等好马。他们一起向南走了几英里，到了特帕尔辛戈。萨帕塔心里仍然有疑虑，于是，晚上他几次邀请瓜哈尔多到他的营地来，和其他莫雷洛斯首领一起吃晚饭——这样他可以向瓜哈尔多施压，也可以试探他。他的计划落空了。瓜哈尔多借口肚子疼，没有参加，最后还要求在那天夜里返回奇纳梅卡，确保冈萨雷斯不会抢走他留在那里的弹药。萨帕塔同意了，他们约好第二天一大早在奇纳梅卡见面，商讨下一步怎么办。瓜哈尔多离开了，萨帕塔在通往奇纳梅卡的路上的山中营地里过了一夜。此时他的增援已经到了，一共 150 人；瓜哈尔多要抓住他并不容易。[1]

4 月 10 日，刚过黎明，萨帕塔和他的护卫队就骑上马开始赶路了。萨帕塔对这一带非常熟悉。奇纳梅卡庄园坐落在库奥特拉河边，就在阿亚拉城以南 35 英里处。这是他 1911 年加入马德罗革命队伍之后最先占领的地方之一。那天后来的时候，他还回忆起，在那年夏天的困难时期，他差点儿就在那里中了圈套，丢了性命。曾经有许多次，他骑马经过这些乡间小道：当他还是个年轻人的时候，他经过这里，前往市场和牲口拍卖会，而在最近八年中，身为反叛者、革命者、不法之徒，他在这里躲藏、打猎。他认识每条小路、每条小溪和每道篱笆。4 月清晨的乡村非常凉爽，空气清新。雨季已经来了，人们也开始了播种工作。到 8 月他就满 40 岁了。在他所有的孩子里，他只认得年龄最大的那个，尼古拉斯，现在 13 岁了；他几乎从来没有照管过他。那天没有任何征

---

[1]　Palacios: *Zapata*, pp. 276–278. The base of this account is the notes of Adrián Castrejón, a chief in Zapata's escort. For Guajardo's Official Report to General Pablo González, Chief of the Corps of the Army of Southern Operations, April 14, 1919, see *El Universal*, April 16, 1919.

兆，只是一个平常的星期四；要和瓜哈尔多打交道了，人们有些焦虑，但是他们已经习惯了这种交杂着信任、恐惧和希望的紧张气氛。上午大约 8 点半的时候，他和他的队伍下了山，到了奇纳梅卡。

在奇纳梅卡庄园外，背靠庄园正面，有一排各种各样的商铺。萨帕塔和瓜哈尔多在其中一间里面举行了会谈。萨帕塔的护卫队在墙内休息。但是，他们关于弹药和军事行动的谈话很快就被打断了：有人报告，国家军队在这个区域出现了。萨帕塔迅速指挥瓜哈尔多守卫庄园，然后把他自己的部下编成了巡逻队，派他们出去侦察。他自己也率领一支巡逻队，外出巡查。他们没有发现敌人的踪迹，不过萨帕塔还是设立了岗哨，然后回到了庄园附近。这时是下午 1 点半。此时墙内只有瓜哈尔多的军队；唯一的例外是萨帕塔的助理帕拉西奥斯，他正在和瓜哈尔多商谈，想从后者的那批弹药中支取 12000 发子弹。萨帕塔等在外面。他被邀请进入庄园，和瓜哈尔多共进晚餐，达成最终协议，但他还是选择继续等待。然而，随着瓜哈尔多的军官不断发出邀请，玉米饼和啤酒听上去似乎变得更加诱人了。这一天开始得很早，他们骑马奔波了很久，路也并不好走。到了 2 点，萨帕塔越来越不耐烦了；最后，2 点10 分，他接受了邀请。他骑上了瓜哈尔多前一天送给他的那匹栗色马，带上了十个人，进了庄园的大门。

"我们十个人按他的命令跟着他，"一名当时在现场的年轻助理那天晚上向马加尼亚汇报，"其余的人留在［墙外的］树下，安心地在树荫里休息，卡宾枪都堆在了一边。［瓜哈尔多的］守卫站成了队列，看上去好像要向他致敬。号角响了三声，向他表示敬意；最后一声消散的时候，总司令到了门槛前……那些拿着武器的士兵甚至没给他拔出手枪的时间，他们近距离扫射了两次，我们无法忘却的萨帕塔将军倒了下去，再也没有站起来。"

"太令人震惊了，"助理在他的报告中继续说道，"叛徒瓜哈尔多的兵……站得到处都是，差不多有 1000 人，都在向我们开火。很快抵抗就没用了。一方面，我们只有几个人，还因为失去了领袖而惊慌失措；另一方面，敌人有 1000 人……他们利用了我们慌乱的自然反应，疯狂地攻击我们……悲剧就是这样发生的。"帕拉西奥斯也在这个圈套中被杀了（当大门那里的士兵开始扫射的时候，他的东道主在庄园中射杀了他），两名在最后时刻守在萨帕塔身边的护卫队员也死了。幸存者为了保命，逃到了绍塞斯，以南几英里的一处营地。[1]

他们一直没有机会取回萨帕塔的尸体。他的身体还没碰到地面，瓜哈尔多的士兵就遵照命令一拥而上，把它拖到了庄园里面。两个小时之后，瓜哈尔多把这具尸体放在一头骡子的背上，紧张地带着他的纵队启程返回库奥特拉了。大约 7 点半，杀戮的阴霾让周围的群山都暗淡下来的时候，纵队经过了阿亚拉城；有人打了电话，向前方汇报了这个消息。在司令部，冈萨雷斯觉得这一切太顺利了，他简直无法相信这是真的。谁能确知，萨帕塔没有把他们的把戏反转过来，现在不是他正押送着瓜哈尔多的尸体，准备向原本打算暗杀他的人发起攻击？如果瓜哈尔多真的叛变了怎么办？冈萨雷斯调兵遣将，做好了准备。但是，9 点过后没多久，瓜哈尔多的纵队就顺利到达了库奥特拉。这群人从南方的黑夜里走了出来，排成一列，进入了城中；马蹄嗒嗒，铃声叮当，经过墓地和"村落之主"教堂，最后，前排士兵在加莱亚纳街上一家面朝主广场的商店前停了下来。冈萨雷斯和他手下的军官走出门来，瓜哈尔多让人把尸体扔到了路面上。冈萨雷斯用手电筒照亮了尸体的脸。真的是萨帕塔。冈萨雷斯立刻回到了他的办公室里，"极其满足"地给卡兰萨发电报，声称瓜哈尔多已经实施了 *el movimiento preparado*（精心策划的行动）。他建议凭这件大功提拔瓜哈尔多为准将。与此同时，在你推我挤、闹哄哄的人群中，萨帕塔的尸体被抬到了当地的警察局。在那里，人们最终确定了它的身份（欧塞维奥·豪雷吉是见证人），也拍了照片

---

[1] Palacios: *Zapata*, pp. 279–282. Reyes Avilés to Magaña, April 10, 1919, AZ. 在大门口被杀的还有两名助理，阿古斯丁·科尔特斯和卢西奥·巴斯蒂达。起初人们报告，卡斯特雷洪、希尔·穆尼奥斯·萨帕塔和塞费利诺·奥尔特加也被杀了。不过事实上这几个人只是受了伤，赫苏斯·卡皮斯特兰也是。

作为证据。[1]

第二天，报纸上出现了巨大的红色标题，把这条新闻传遍了墨西哥城。卡兰萨派编辑和政府走得很近，因此对"著名的阿提拉"的死感到欣喜万分。这些人认为，"这场胜利"与冈萨雷斯"显然非常相衬"，建议人们向这位"享有盛誉的军人"致以"热情的祝贺"。他们满怀希望，认为共和国"清除了一个有害分子"。他们有意重复了官方的观点，即"嗜血的祸首"的灭亡就是萨帕塔主义的灭亡，也是"朝着成功平定这个国家的一个重要地区……迈出了一大步"。为奥夫雷贡说话的记者讲的故事则比较简单，也比较克制。在一篇题为《他是个传奇，也是个普通人》的报道中，《民主报》（*El Demócrata*）的编辑在向瓜哈尔多、冈萨雷斯和总统表示祝贺的时候明显有些闷闷不乐。在他们看来，这次行动不过是卡兰萨派"巧妙策划、大胆执行的诡计"。对萨帕塔本人他们则格外仁慈。虽然他们拒绝承认他"伟大的才能和品格"，但是，他们并没有说他是强盗和恶人。他们承认"在当地人心中，他已经成了一个神话"。村落追随他，他们解释道，是因为他给了他们"在面对古已有之的压迫时保护自己的方法……这种方法早就存在了，只是一直隐而未现；当他发出起义的呐喊时，他就把它从民众中召唤了出来，就像从空气中凝结出滚滚乌云一样"。要想打破萨帕塔的神话，他们总结道，就要发起改革，摧毁那些成就了他的不公正现象。[2]

私底下，这件事惹恼了许多有名的革命者。军官们尤其不满——瓜哈尔多和他的同伙竟然靠着这场阴谋获得了擢升。一些人甚至向总统提出了抗议，并把他们的怨言透露给了媒体。[3]另一些革命者不太在乎这个问题，但却因为不知道到底应该支持哪一方而备感痛苦。政府总务处的一名年轻的助理，赫苏斯·罗梅罗·弗洛雷斯，后来回忆起他那天早

---

［1］ Report of the events ... , March–April 1919, AZ. *Excélsior*, April 11, 12, and 14, 1919. Copy of the certificate of the identification of the corpse of Emiliano Zapata, April 11, 1919, AZ, 30: 36.

［2］ *Excélsior*, April 11 and 12, 1919. *El Universal*, April 11 and 12, 1919. *El Demócrata*, April 13, 1919.

［3］ *El Universal*, April 16, 1919.

上看到报道时的情景。他和他的上司，弗朗西斯科·穆希卡将军，都认为自己是"极左派"。他们都是 1916—1917 年立宪会议的代表，两人都支持激进的土地、劳动和教育法令；穆希卡操控了投票，把改革写进了宪章——在这件事上，他一直是关键机构里的关键人物。虽然 1911 年年初穆希卡曾经自告奋勇，要求向萨帕塔发起攻击，但是这些年来，他一直对萨帕塔长期的不懈战斗深感敬佩。而且，他也无法否认，他和马加尼亚兄弟曾是儿时好友——他们的父亲曾经资助他在萨莫拉神学院读书，并且帮助他成了一名反对派报人。罗梅罗·弗洛雷斯同样对南方的土地改革派深为同情，而且他也是米却肯人，也认识马加尼亚兄弟。听到了暗杀的消息，他觉得这个时代"一片黑暗"。那个星期五的早晨，他和穆希卡待在他们的办公室里，"受到了巨大的冲击，几乎说不出话来"。这次暗杀事件让他想起去年冬天可怕的流感疫情，"悲伤和恐惧交织，笼罩了一切"。当他看到政府吹嘘他们背信弃义的行为时，他的忧郁一下子变成了对当权者——"狡诈的暴徒"——的狂怒。[1]

在库奥特拉，冈萨雷斯花了星期五和星期六两天时间，为尸体举办了宣传活动。他甚至用摄像机记录了星期六晚上尸体在库奥特拉墓地下葬的过程。这个场面，他认为，将会消除人们所有的怀疑，让他们看清楚死了的人到底是不是萨帕塔——这将让还在顽抗的萨帕塔派泄气，让村民心灰意冷，不再维护他们。几千人，包括萨帕塔的两个姐姐，从周边的村落赶来看他的尸体。这些"普通人"排队来到棺材旁边，停留片刻，向里面望去；他们，一名《至上报》记者写道，"从头到脚都在颤抖"。让他们战栗的可能不是——像这位记者竭力想要相信的那样——对"祸首"的恐惧；他们颤抖，是因为他们惊恐地发现，自己犯了罪：许多年前他们找到了一个人，要求他保护他们；他保护了他们，而现在

[1] Summerlin to the secretary of state, April 16, 1919, NA, 59: 812.504/176. Jesús Romero Flores: "Evocación luctuosa de Emiliano Zapata," *El Nacional*, April 10, 1956, and *La revolución*, p. 166. Armando de María y Campos: *Múgica. Crónica Biográfica*（México, 1939）, pp. 12–16. Personal interview with O. Magaña. For Múgica's earkt gesture against Zapata, see Múgica to Madero, June 24, 1911, AM.

他们看到他死了。消息传出了库奥特拉，传遍了整个州，痛失领袖的巨大冲击也随之传了出去。"这让我极其痛苦，"一个特坡斯特兰人后来回忆道，"就像我自己的父亲死了一样。"[1]

4月16日，冈萨雷斯发布了宣言，禁止人们继续哀悼。"萨帕塔已经死了，萨帕塔主义也完了。"他强调道。"萨帕塔就是个强盗，"他在回应奥夫雷贡派最新发布的社论时这样宣称，而现在那些想要把他美化成"烈士"的人则是"无耻的政客"。人们认为，"个人的死亡无关紧要，因为理想永生"；冈萨雷斯则声明，这是"可怕的亵渎"。为了证明"只要［有关萨帕塔的］记忆还在，就没有哪种真正高尚的理想能够维持下去"，他还嘲讽了《阿亚拉计划》。"埃米利亚诺的追随者在他的教导下机械地重复这些话，他们只能用它来掩饰自己的无知和幼稚……这些胡言乱语都是空话，是对科学家和政党领袖的诅咒，只能显示出它的作者思想的空虚……"最后，用威胁的口气，他要求曾经支持萨帕塔派的村落老实点儿，不再向强盗提供帮助。"从今天开始，我们将用一句格言来指导政府的行动，绝不动摇，"冈萨雷斯总结道，"那就是——守规矩、好好工作的人，得到安全和保障；麻烦精和造反派，受到严惩，以儆效尤。"[2]

让冈萨雷斯失望的是，这次刺杀行动带来的震动并没有摧毁当地人的精神。谋杀后的第二天，就有人在库埃纳瓦卡博尔达花园里的一根柱子上刻下了一句话，"南方的反叛者宁肯站着死不愿跪着生"。[3]那场惊世骇俗的葬礼和冈萨雷斯口中的威胁也没有让人们泄气。和罗梅罗·弗洛雷斯一样，莫雷洛斯的乡下人感到非常愤怒。很多人不相信萨帕塔已经死了。奇怪的故事开始流传起来。一个故事说萨帕塔太聪明了，根本没有被那个陷阱骗到，他只是派了一个长得和他很像的下属去了那次要

［1］　*Excélsior*, April 13, 1919. Lewis: *Pedro Martínez*, p. 108.

［2］　*El Universal*, April 17, 1919.

［3］　Frank Tannenbaum: *Peace by Revolution. An Interpretation of Mexico*（New York, 1933），p. 139.

命的会面。无论如何，这个故事继续讲道，公开展览的那具尸体也不是萨帕塔的。萨帕塔右边脸颊上有一颗痣，或者胸膛上有一个胎记，或是套马的那只手的小指没有指尖，或是身上有冈萨雷斯展出的那具尸体没有的某种东西，任何东西。几天后那位领袖就会再次出现了，一如往常。然后，更奇怪的故事也开始流传了。他死去的那天骑的那匹马，瓜哈尔多送给他的那匹栗色马，此后一直无人骑乘，在山间自由驰骋。看到它的人说它现在变成了白色，白得如同一颗星星。甚至还有人觉得自己好像看到了萨帕塔骑在马背上，独自一人，奔入格雷罗的深山中，奔向南方。人们相信他还没有死，这是因为他们想要借此安慰自己，安抚自己因为不再战斗而产生的羞耻感，平息自己内心的痛苦——他们让他背负起了他无法承担的巨大责任，是他们的信任杀死了他。然而，这种安慰并不能治愈他们。尽管乡下人竭力在新的秩序中生存下去，但是悲伤带来的痛楚并没有消散。虽然充满怀疑和痛苦，他们还是宁愿相信这种不可思议的传闻；归根到底，这是他们忠于领袖的方式，尽管他已经死了。

但是，强权即是公理，冈萨雷斯的计划收到了很好的效果。他牢牢地控制住了莫雷洛斯。在主要城镇里，商人和店主回来了，为和平欢欣鼓舞，根本不想抱怨什么。城里和乡下的穷人都被严密监管了起来，无法公开表示抗议，更不要说暴动了。人们普遍认为，萨帕塔派组织很快就会瓦解。就像要为这段故事画上句号一样，卡兰萨同意给诱捕萨帕塔的军官和兵士升职。瓜哈尔多不仅升上了准将，还获得了 5 万比索奖金，他高风亮节地把一部分钱分给了参加刺杀行动的人。命令送到了普埃夫拉州的联邦官员手中，要求他们逮捕雷耶斯上校，那位知道了太多机密的中间人，现在他们可以除掉他了。[1]

330

[1]　Palacios: *Zapata*, pp. 285–287. Testimony of G. Magaña on behalf of E. Reyes, October 20, 1920, AZ, 30: 28.

第十一章　萨帕塔派继承莫雷洛斯

"这是他们内部的事。"

马德罗在 1910 年发起的大革命，经过了十年才结束。革命起初是一场温和的运动，如果议会和政府官员与革命者进行谈判，周旋一番，可能很快就会平息。但是科学家派担心，向革命者妥协会带来问题，于是他们让韦尔塔剿杀革命运动，保护正常的政治生活。在一连串的抗议和叛乱运动中，革命者组建了军团，拿起了武器。1914 年，革命取得了胜利，革命派成了国家的领导者，他们的分歧只是内部的问题。但是，革命在民众中激发出了强大的激情，就算是 1917 年的激进宪法也只是暂时解决了问题。没错，革命在那时实际上已经结束了。除了卡兰萨，主要的公众人物都是在七年前还毫不知名或者无足轻重的人。军队是新的，整个政府机构差不多也是全新的。学校、报纸和国家自豪感也是新的。农业，墨西哥的立国之本，也掌握在了新人的手中。然而，卡兰萨虽然领导着革命走了这么远，却无法建成一个真正的革命政权。这位留着胡子的地主、波菲里奥时期的参议员、60 岁看起来就和迪亚斯80 岁的时候一样的总统，无法让革命成为墨西哥人的关注中心，也无法让革命者振奋精神，为革命事业而奋斗。在整个卡兰萨政府里，新的国家领导者普遍怀有一种近乎绝望、厌倦、犬儒的焦躁感；即使有人摆出了官方的态度，维持着表面的和平，他们也不是心甘情愿这么做的。直到一位人民英雄成为总统，直到普通人能在领袖身上找到他们自己的生活被放大了的影子，人们才能重燃对革命的希望，才会再次投身革命。如果这个人一直没有出现，整个革命事业可能就会彻底失败。1920

年就是他该出现的时候了。

在那年春天的一场短暂爆发的叛乱中，墨西哥的新一代领袖巩固了自己的力量，推翻了卡兰萨。暴动中，那位人民英雄出现了，他强硬、狡黠，身材较战争期间肥胖，但是一如既往地机敏，穿三件套西装，挂着表链，衣冠楚楚，不断后退的额发抹得光光滑滑，没有右臂，脸上惯常带着痛苦而紧张的表情，但又总是在讲笑话——这就是阿尔瓦罗·奥夫雷贡。和1910年的危机一样，1920年的风波是关于政权更替的，所以只和最高层的政治家有关。街头歌手准确地描述了当时的情景：

> 人们非常平静
> 看着这场闹剧。
> 他们平静地说，
> "这是他们内部的事。"[1]

与上一次不同，这次危机没有引起整个国家的崩溃。然而，尽管权力只发生了轻微的变动，造成的影响仍然是巨大的。奥夫雷贡当上了总统，墨西哥革命就此重新回到了正确的轨道上。

在奥夫雷贡的革命中，莫雷洛斯革命派代表该州，扮演了至关重要的角色。奥夫雷贡根据官员和流亡者对待他的方式——是抵抗、无视、承认还是加入了他的队伍——来决定，日后将会给哪些人特别照顾，让哪些人经受打击。而这一决定则左右了，民族革命运动的地方权力机构将会掌握在什么样的政党的手中。1919年过后，直到1920年年初，莫雷洛斯一直没有建立奥夫雷贡派的政权，无论是合法的还是非法的。但是，在1920年的最后一搏中，所有人都在积极行动，寻找自己的位置，也就在无意中为一场关键的会面做了准备。

1919年，控制莫雷洛斯的仍然是立宪派，发出的命令说到底都是

---

[1]　Cited in Simmons: op. cit., pp. 162–163.

卡兰萨或者冈萨雷斯的命令。虽然 6 月 20 日，冈萨雷斯把他的司令部从库奥特拉迁到了普埃夫拉城，但是他留在莫雷洛斯的指挥官是他最可靠的伙伴，比如弗朗西斯科·科西奥·罗韦洛、埃斯塔尼斯劳·门多萨、福尔图纳托·苏亚苏亚和萨尔瓦多·冈萨雷斯这样的将军，他们大多是北方人，也大多是忠诚的巴勃罗派。而在新一轮的立宪派改革中，他们的直接下属不再是北方参谋官了，而是莫雷洛斯本地人；这些人自从 1913 年起就不在那一带活动了，但是至少他们最初是从那里来的。这些人是老莱瓦派，曾经被人们遗忘，现在卷土重来，再次在政府里谋到了工作。6 月 17 日，在库奥特拉，贝尼托·塔霍纳暂时回到了他六年前丢掉的州长位子上。州长以下的职位则被相应的更陈腐的人占据了，其中有些人最近刚从墨西哥城、普埃夫拉州、格雷罗州回来，其他人则是在莫雷洛斯过了一段避世隐居生活——这种曾经对健康有好处的生活现在已经变得毫无必要了——之后，又复出做了官。[1] 但是，这些人的当地出身并不意味着莫雷洛斯将会独立自主。对于联邦政府来说，从 1913 年开始，莫雷洛斯在法律上就一直没有自治权。现任的文职官员都是被任命的，连应该由选举产生的官员——比如市镇长官——也是被委派来的：卡兰萨自己决定了地区中心城市长官的人选，塔霍纳则任命了其他城镇和乡村的领导者。监管这个官僚系统的是冈萨雷斯的助手，前州长、新任副州长，阿吉拉尔上校。他们没有发布议会选举和正式州长选举的计划。因此，接下来的革命已经不再是当地的产物了，而是移植来的，是赞助者和他们的地方代理人之间的又一次愉快合作。

就职典礼结束一个星期后，塔霍纳在一份《致莫雷洛斯居民宣言》中公布了他的想法。他的使命，他说，是"努力复兴我们这个州，让它重新变得繁荣、伟大，一如既往……总之就是要重建它"。这件工作非常困难，他承认，因为"这个州的逆子将它带上了邪路……，玩弄了它的善意，欺骗了它对自由的渴望，利用了人们真诚的信念"；但是凭

---

[1]　S. Valverde: op. cit., pp. 233, 236.

着"立宪主义者的理想",他承诺进行"调和以及……重组"。他特别感兴趣的,他强调道,是"社会改革"。为了实现这个目的,他提出的不是一个"计划"而是四种"措施"。在财政问题上,他提出"调解政策,追求资本和税收之间的和谐"。在法律事务上,他建议停止"所有的偏见……并且清除所有的个人影响","满足人们对公正的渴望"。在政治上,他从"巴勃罗·冈萨雷斯将军发起的行动"中得到了灵感,"[这些行动]将为州里各城镇建立议会做好准备,从而更进一步,实现莫雷洛斯的自治"。而"我将全心全意",他表示,办好公立学校:"民众的启蒙"是"我最大的愿望"。他宣布,"我会不遗余力,不惜任何代价,与……无知作斗争,那是我们物质和精神落后的根源,也是专制独裁政府得以形成的唯一原因"。他发誓要阻止"精明的教权主义"对学校的渗透,虽然,他向他的受众保证,他的意思不是要推行"红色激进自由主义"。最后他"正式向所有 Morelenses(莫雷洛斯人)一视同仁地发出呼吁",请他们和他一起,改变"我们这个不幸的州,让它像凤凰一样,在灰烬中重生,让它再次伟大、强盛、受人尊敬"。对"莫雷洛斯人中的领土收复主义者,对那些仍在坚持着无谓的斗争的人",他特别呼吁,希望他们收起"反叛的态度",在"重建事业中"与他携手合作。冈萨雷斯任命他的原因在宣言的结尾处显现了出来:他呼吁人们向他效忠,因为他是"这个州的儿子,你们的兄弟"。

尽管含混、晦涩、啰唆反复而且前后矛盾,这份宣言还是为塔霍纳的管理工作提供了可靠的指导。上任三天后,他就采取了第一项行动。为了重建莫雷洛斯州财政部,他的政府的"重要根基"和检验它的"试金石",他颁布了《财政法通则》(*General Fiscal Law*)——只在埃斯坎东 1910 年 5 月通过的同一部法律的基础上稍稍修改了一下。这样,他宣布,"我们追求的目标就实现了"。[1]

然而与此同时,萨帕塔派首领并没有把塔霍纳、冈萨雷斯和卡兰萨

---

[1]　*Periódico Oficial del Estado de Morelos*, 3rd Ser., No. 1, pp. 1–4.

放在眼里；他们仍然在战斗。沉浸在萨帕塔率领他们革命的回忆中，铭记着他多年以来脚踏实地的战斗，他们在经受了他的死带来的冲击之后，再次付出了巨大的努力，坚持斗争，一如既往。暗杀事件发生五天之后，莫雷洛斯的一处萨帕塔派军营发布了《致墨西哥人民宣言》。这份宣言宣布，萨帕塔派有"三个任务：完成改革者的使命，为烈士的鲜血复仇，追随英雄的脚步"。它追忆了独立战争如何在伊达尔戈神父[1]和莫雷洛斯将军[2]死后继续，同时也宣布共和国"受压迫的大众"已经接受了"分配土地、保障民生的原则"，声称他们的胜利（这"只是个时间问题"）将会改变"所有的墨西哥人……把他们从奴隶变成反叛者，从被世间苦役扭曲的贱民变成自由人，让他们得到历史的尊重"。在最后的致辞中，"在整个国家面前"，他们重申了"我们忠于革命事业的誓言"。最后的话几乎已经变成了哽咽，反抗运动九年以来的疲惫、悲伤、沮丧和绝望喷涌而出，化成了一个早已不新鲜了的警告："我们会和卡兰萨残暴的独裁统治战斗到最后。他们无德、腐败，比波菲里奥·迪亚斯的政权还要无耻，比弗朗西斯科·[莱昂·]德拉巴拉的统治还要虚情假意、不择手段，比那个杀人犯韦尔塔的政府还要愚蠢伪善。"先是马加尼亚，然后是门多萨、赫苏斯·卡皮斯特兰、佩德罗·萨阿韦德拉、阿亚奎卡、德拉奥，还有其他老兵，34名大大小小的首领和秘书在这份宣言上签了字，显示了萨帕塔派的团结。[3]

　　萨帕塔派的反抗不只是口头上的。由于人们对萨帕塔的死大为愤慨，并且觉得自己也有责任，所以萨帕塔派仍然能够获得乡下人提供的保护、物资和情报。暗杀事件后的几个星期，靠着当地人的秘密援助，他们甚至以恐怖行为向政府和国家军队实施了报复。特别是国家军队的军官，他们感到自己像动物一样，遭到了"神秘袭击"，"被跟踪、被追

---

[1] 指米格尔·伊达尔戈-科斯蒂利亚（1753—1811），墨西哥独立之父，民族英雄，曾取得神父职位。——译者注

[2] 指何塞·玛利亚·莫雷洛斯（1765—1815），墨西哥革命家，1810年参加墨西哥独立战争，1911年，伊达尔戈神父死后，莫雷洛斯担任了独立战争领导人。——译者注

[3] Manifesto to the Mexican People, April 15, 1919, AZ, 30: 36.

捕"。在霍胡特拉，一天夜里，萨帕塔派恐怖分子开枪打中了市镇长官，差点儿就杀死了他；他谨慎地回到了墨西哥城就医。[1]

萨帕塔派首领完全不打算停止反抗，所以，他们此时很想知道，谁将领导他们的运动。夏天，萨帕塔派经历了他们自己的领导权更替危机。对于他们来说，竞争的回报是丰厚的——获胜者将继承萨帕塔的衣钵，有权在接下来总统选举期间的动荡时局中决定萨帕塔派的策略，指挥南方军队抵抗美国干涉，还会在革命最终胜利时受益。出于责任和野心，众首领积极争夺领导权，毫不在意对手的感受。但是，他们从来没有陷入分裂，更没有落到内斗的地步。从头到尾，这场危机同样只是他们"内部的事"，是他们自己的探索——如何才能像把雏鸟安全地带回家那样，把革命领上正轨。

领导权的主要竞争者是马加尼亚和门多萨，这两人代表了两种极其不同的策略。门多萨今年48岁，是此时尚在世的萨帕塔派将军中最年长的。他是一位真正的勇士，自从1911年4月起，一直率领着军队积极战斗。南方革命斗争最艰难的那些日子是他的黄金时代；和平时期，对于其他首领是着手解决民事问题的时候，对于他则是扩大、强化军队的机会。虽然他也有助理和秘书帮他写信，虽然他们也会在政治上给他提建议，但是他和其他革命阵营以及反革命阵营都没有建立真正的政治联系。此时他在乎的东西仍然与以前一样，就是战斗；他始终做足了准备，随时都能进行战斗，或者设法逃走。对于门多萨来说，领导革命运动就是要维护它的完整与独立。他的秘书可能会进行谈判，甚至会签订协议，但是他们无法保证他会一直遵守协议，或者好好利用它——这样一来，他们的运动还是不能正常进行。而如果把萨帕塔派领导权交给此时28岁的马加尼亚，结果将会非常不同。马加尼亚不仅一定会把他和萨帕塔开启的外交谈判继续下去，而且作为一名政治家，他有着鲜见的才能，在墨西哥的新统治阶层中也有许多来往密切的熟人——他比

---

[1]　*El Demócrata*, April 25, 1919.

萨帕塔或者任何一位萨帕塔派首领都更能清楚地感知到他促成的那些协议中的力量平衡，也能把它们继续维持下去，从中为人民争取最大的利益。在所有的萨帕塔派成员中，马加尼亚是那个能把莫雷洛斯的地方革命与新生的国家政权联系在一起的人。

在萨帕塔死后的混乱中，两人的竞争立刻开始了。正是那天晚上，目睹了刺杀过程的助理把正式报告交给了身在托奇米尔科的马加尼亚，这就是隐晦地承认了马加尼亚的革命领导权。但是，第二天，这名助理也给门多萨送去了正式报告。他发现"莫雷洛斯州的〔萨帕塔派〕军队仍然……没有人领导"，于是他公开建议门多萨立刻开始暂时统领他们，并召开政务会，选出新的领袖。"鉴于你是高级将领，取得了广受承认的功绩"，他给门多萨写信表示，"我认为所有的同志都会接受你的领导。"[1]让事情变得更复杂的是梅希亚写给门多萨的信，建议他把莫雷洛斯的首领都叫到托奇米索尔科去，"这样我们就可以重新团结起来，也许能在一些事情上达成一致……"

马加尼亚迅速行动了起来，争夺革命的领导权。4月14日，在托奇米尔科的一场会议上，他、阿亚奎卡以及他们的下属同意，应该"尽快"召开一场政务会，在新的总司令人选上"明确达成一致"，而在那以前，各地首领应该在他们各自的区域内行动，托奇米尔科司令部将"继续工作……就像萨帕塔活着的时候那样"。第二天马加尼亚给许多首领送去了通知，要求他们"尽快"加入他的阵营，或者派来"获得了正式授权的下属"。4月17日，梅希亚再次写信给门多萨，强调召开政务会是眼下"最迫切的需要"，恳求他和他的首领"最晚在21日"到托奇米索尔科来。[2]

门多萨不打算妥协。虽然他说他会参加政务会，但是他一直推迟行期。他死守着自己位于圣米格尔伊斯特利尔科——特帕尔辛戈以南、莫雷洛斯–普埃夫拉边界上的一座小村子——的营地，连道歉信都没有

〔1〕 S. Reyes Avilés to Mendoza, April 11, 1919, AZ, 30: 36.

〔2〕 Circular, April 15, 1919, and Mejía to Mendoza, April 17, 1919, ibid.

写。起初，他之所以磨磨蹭蹭，可能是因为恐惧，不想去阿亚奎卡——他积怨最久的也是他最害怕的对手——的地盘，也可能是不想费力气把莫雷洛斯首领召集起来，或者只是对领导权交替的各种程序感到厌烦。[1]但是他的拖延正好有助于削弱马加尼亚在体制上的权威。而到了5月初，他很明显是在有意拖延，实际上已经到了叛变的程度。5月5日，马加尼亚觉得有必要提醒门多萨，在选出新的首领之前，托奇米尔科司令部仍然是"解放军的最高权力机关"，和萨帕塔生前一样。5月7日，他发布了另一则通告，宣布巴斯克斯·戈麦斯已经同意出任革命联盟最高领袖，要求人们向他宣誓效忠，并且再次请求大家提名萨帕塔派总司令候选人。[2]但是门多萨继续自行其是。一些与他来往密切的首领直接与巴斯克斯·戈麦斯通了信，告诉后者萨帕塔已经死了，要求他发布命令，进行领导权交接。[3]门多萨自己不想回应5月7日的通告，因为那就意味着承认马加尼亚至少可以代表萨帕塔派与巴斯克斯·戈麦斯进行沟通。他也不想提名总司令候选人，或者派代表去参加大会。与他站在一起的是梅希亚，而就在三个星期前梅希亚还在敦促门多萨守规矩呢。

在其他莫雷洛斯首领中间，马加尼亚还是获得了强有力的支持。5月17日，赫苏斯·卡皮斯特兰对马加尼亚的通告做出了答复，承认巴斯克斯·戈麦斯的领导，提名马加尼亚为总司令。另外五名与卡皮斯特兰交好的首领很快也这样做了。5月23日，马加尼亚又发布了一份通告，巧妙地为自己参选造了势，坚称"我们现在比任何时刻都需要团结"，还说萨帕塔一直认为内斗就是"对革命事业的背叛"。如果萨帕塔派不能团结起来，他暗示，他们就会分裂成许多阵营，他们的土地改革

[1]　Magaña to Mendoza, April 15 and 17, 1919, AZ, 30: 36. Soto y Gama to Mendoza, May 4, 1919, AZ, 30: 35.

[2]　Magaña to Mendoza, May 5 and 7, 1919, ibid.

[3]　Joaquín Camaño and others to F. Vázquez Gómez, May 5, 1919, ibid.

主张也就变得无关紧要了。他继续呼吁人们尽快召开政务会。[1]

　　但是随着马加尼亚离权力越来越近，他也激起了一些反对的声音。梅希亚公开站到了他的对面。梅希亚从来都不是个稳重含蓄的人，还因为生性热情而被取了个 *el mulato*（混血儿）[2]的外号，而自从他的舅舅[3]死后，他就变得更加古怪了。5 月中旬，他不断鼓动拿不定主意的首领提出异议，怂恿持不同意见的首领表明反对态度。5 月 25 日，在他的阿克索恰潘营地上，他们向马加尼亚发布了正式的宣言，表示"依我们的愚见，这个［举行政务会的］号召并不成熟，也不切实际……"他们的理由没什么说服力：有许多逃亡首领忙于军事"行动"，因此大部分人无法参加马加尼亚的会议（不过倒是可以参加他们自己组织的那场会议），而一个决议如果不是由大多数人投票产生的，那就是无效的，还会引起分裂。不过糟糕的理由也好过没有理由，无论如何，他们至少把自己的要求——马加尼亚放弃身为秘书的大部分特权——提了出来。虽然托奇米尔科司令部将会在组织和人员方面维持原状，但是反对派希望马加尼亚在"所有重要事务"上都要征询"我们军队的主要首领"的意见。他们特别要求"办事处一旦收到了来自最高长官的信件……或是在这个国家的各个地区率兵战斗的同志写来的信，都要通知我们；写给他们的回信也要给我们一份复件"。最先签名的是梅希亚和门多萨。不过，就连卡皮斯特兰都在这份宣言上签了名，可能是害怕如果他不做些什么，让萨帕塔派迟些决定他们的领袖到底是谁，运动就会公开分裂。[4]

　　马加尼亚态度软化了——别的秘书很少会这样。他没有强迫对方表态，而是——特别是考虑到 6 月 1 日奥夫雷贡宣布参选后全国各地都爆

---

[1]　Capistrán to headquarters, May 17, 1919, and Z. Ortega, B. Abúndez, V. Aranda, F. Alarcón, and F. P. Saavedra to headquarters, May 19, 1919, AZ, 30: 35. Circular, May 23, 1919, ibid.

[2]　这是拉丁美洲人对"黑白混血儿"的刻板印象。许多人认为异族通婚的后代游走在不同族裔之间，热情不羁。——译者注

[3]　指萨帕塔。梅希亚是萨帕塔的外甥。——译者注

[4]　Mejía and others to Magaña, May 25, 1919, AZ, 30: 35.

发了冲突——选择等待。奥夫雷贡在索诺拉州发布了他的宣言，他不仅反对卡兰萨指定继任者，还彻底而巧妙地重新定义了全国层面上的政治斗争的意义。他的核心观点是，墨西哥只存在过两个政党，自由党和保守党，"二者的思想倾向截然相反"。此时只有一个政党还在积极行动，也就是自由党："它的思想倾向是很先进的，但是它分裂成了无数团体，这些团体之间只有细微的差别……"而保守派还想依靠那些已经背叛了自己的原则的革命者，重获权力。此时的政治斗争因而不是一心想当总 338统的两个对手之间的小打小闹，而是一场至为严峻的考验，所有真正的革命者都应当齐心协力，维护他们共同的胜利果实，保卫革命的权力机构。这则宣言强烈暗示，他们希望获得某一部分革命者的支持，而在"无数团体"中刚好就是这一部分革命者还被当作不法分子，还在因此而备受煎熬。萨帕塔派显然属于奥夫雷贡打算团结的自由派。奥夫雷贡指责保守派蓄养"打手"，制造了"大量牺牲者，……点燃了群众的怒火"，这就把矛头直接指向了卡兰萨和冈萨雷斯，也缅怀了死在瓜哈尔多手上的那位烈士。马加尼亚在这份宣言中看到了真正的希望，于是他让阿梅斯夸在古巴把它发表了出来。[1] 如果他能避免莫雷洛斯内部发生争执，让其他地方的观察者相信萨帕塔派仍然活跃，并且把他的人脉修复好，那么在接下来几个月的困难时期中，他起码还有可能与联邦政府进行谈判。

此时，门多萨在他自己的地盘上大权独揽，表现得就像当上了萨帕塔派总司令一样。怂恿他任意妄为的是他的秘书，阿图罗·德洛伊，一个籍籍无名的年轻人，显然是个普埃夫拉城人，曾经给帕拉福克斯当过助手。6月，德洛伊开始与周边的首领单独通信，把这个的策略告诉那个，好像他现在要统筹萨帕塔派行动一样。6月13日，门多萨擅作主张，攻击了他的营地附近的一个不肯接受他的领导的村子，把全村人都

---

[1] For the manifesto, see Luis N. Ruvalcaba, ed.: *Campaña Política del C. Álvaro Obregón, Candidato a la Presidencia de la República, 1920–1924*, 5 vols.（México, 1923）, I, 40–59. Magaña to Amezcua, June 24, 1919, AZ, 30: 34.

杀了，还烧掉了所有的房子。6月30日，为了增强向他效忠的村子的力量，抵抗其他首领的入侵，他批准村民拿起武器，进行自我防御。当巴勃罗·冈萨雷斯向他的领地上的村落发出宣言，警告他们不要藏匿逃亡的萨帕塔派分子时，发出"反对宣言"的并不是托奇米尔科，而是圣米格尔伊斯特利尔科。7月中旬，门多萨指责阿亚奎卡试图收买他的首领、侵犯他的地盘上的村落，差点儿就对阿亚奎卡出了兵。多亏了阿亚奎卡和马加尼亚极为温和的回信，毁灭性的争斗才没有爆发。[1]

萨帕塔派陷入了混乱和焦虑，这让全国的反对运动领袖都看到了一个诱人的机遇。对于后者来说，萨帕塔派运动如今可是个好猎物。虽然这一运动没有什么军事价值，但是它的名字本身就是巨大的政治资产，任何有希望当总统的政治家如果得到了它，都会提高自己的知名度和声望——对于法外之徒将会立刻生效，而对于守法者，效果将在1920年显现出来。整个夏天，人们搞出了各种各样复杂的诡计，想要吞并这场运动，至少抢到它的控制权。显然，没人敢去试探马加尼亚，那位最精明的谈判专家。但是对于萨帕塔派的其他成员来说，接受外人领导变成了一个越来越有诱惑力的选项。

从7月初开始，身在库埃纳瓦卡城北山中特佩特营地的德拉奥不断收到奥夫雷贡派送来的信。发信者奥雷利奥·卡尔沃上校是墨西哥城监狱的一名逃犯，此时正躲在阿胡斯科山里。他到底是受命行动还是自作主张，仍然是奥夫雷贡派的秘密，但是对于他们来说，和一位有能力切断墨西哥城–库埃纳瓦卡铁路的领袖达成谅解，是颇为明智的做法。虽然卡尔沃犹犹豫豫，迟疑不决，不过身为一名逃犯，他显然并没有亲自前来，说服德拉奥承认卡兰萨。而虽然德拉奥心存怀疑，他也没有阻止卡尔沃联系他。[2]

为萨帕塔派运动出价最高的是曼努埃尔·佩莱斯，他仍然是坦皮科

[1] Cháverri Matamoros in *La Prensa*, October 1, 4, 8, and 9, 1935. Ayaquica and Magaña to Mendoza, July 22, 1919, AZ, 30: 39.

[2] De la O in *Impacto*, January 21, 1950.

一带的反叛军首领。为了在全国范围内与他在反叛运动中的主要对手费利克斯·迪亚斯抗衡，佩莱斯需要在南部发展盟友和信徒；去年9月，他就开始和萨帕塔派讨价还价，想要获得他们的支持。虽然萨帕塔当时就拒绝了他，但是佩莱斯还是保留了未来再次与萨帕塔派进行谈判的机会：当帕拉福克斯在新年之际造访他的营地时，佩莱斯对待"那个叛徒"的方式"极为无礼"。[1]到了1919年年中，佩莱斯把卡拉韦奥派去了奇瓦瓦州之后，伊希尼奥·阿吉拉尔就是他在普埃夫拉州南部唯一的伙伴了，他需要南方的支持，这一需要比以前更为迫切。于是，他再次把目光投向了萨帕塔派。为了在萨帕塔派队伍中推广他的革命主张，他派阿吉拉尔及其手下在普埃夫拉城和伊苏卡尔德马塔莫罗斯活动。向萨帕塔派举荐他的人则是那位至少曾经是萨帕塔派成员的臭名昭著的曼努埃尔·帕拉福克斯。萨帕塔死后，帕拉福克斯在佩莱斯的阵营中变得有用了起来，因而也开始受欢迎了。自从4月中旬开始，帕拉福克斯一直在给萨帕塔派的边缘人物写信，鼓励他们不要放弃，也不要转而支持费利克斯·迪亚斯。[2]6月，他给莫雷洛斯和普埃夫拉的首领发出了通告，声称他正在瓦哈卡山里为已故的萨帕塔执行一项任务，要求他旧日的伙伴们提供帮助。马加尼亚警觉地采取了行动，试图清除这个破坏因子。在一份长长的通告里，他重述了帕拉福克斯被逐出司令部的令人不快的故事，说他不可能得到萨帕塔的信任。[3]但是，他已经无法彻底消除这件事造成的影响了。差不多就在这个时候，帕拉福克斯回到了佩莱斯的营地上，而就像他当然会宣称的那样，一些莫雷洛斯首领已经不再愿意奉马加尼亚为指挥了，这就在马加尼亚的新旧对手之间制造了一种奇怪的伙伴关系。而有了帕拉福克斯，佩莱斯就有了一名最得力的助手，指点他如何利用萨帕塔派各位首领的弱点。通过他，佩莱斯不仅掌握了让

340

---

［1］　C. Aguilar to Magaña, March 4, 1919, AZ.

［2］　Palafox to Sabás Crispin Galeana, April 15, 1919, AZ, 27: loose documents. 收信人加莱安纳当时在格雷罗州的特拉帕活动，与当地的费利克斯派有合作。见 Liceaga: op. cit., p. 523。

［3］　Circular, June 30, 1919, AZ, 30: 34.

萨帕塔派成员向他宣誓效忠的最好机会，还很有可能成为全国的萨帕塔派最高长官——萨帕塔派还在为流亡中的巴斯克斯·戈麦斯保留着这个头衔。

佩莱斯派的阴谋开始于佩莱斯7月末写给马加尼亚的一封冷冰冰的信。他礼貌但是颇为强硬地反对萨帕塔派对巴斯克斯·戈麦斯的承诺，认为直到革命者在军事上建立起了"实质性的联盟"，才能任命最高长官；最后，通过推迟建立这一联盟，也就把他承诺向萨帕塔派提供的经济和军事援助都推迟了。[1]他倒不如直接问马加尼亚，让萨帕塔派承认他要多少钱。这个赤裸裸的最后通牒使马加尼亚的外交工作陷入了瘫痪。

7月25日，阿吉拉尔派驻伊苏卡尔的代表把佩莱斯派的触角直接伸到了门多萨的阵营里。他向德洛伊传达了帕拉福克斯的问候，通知他佩莱斯已经派帕拉福克斯去了南方，"与众首领见面，组织军队，向他们提供战争物资，并且让［我们的］士兵知道他要开始给他们发放薪水了"。这位代表也带来了佩莱斯的承诺，"我将给你们需要的一切"。德洛伊准备给帕拉福克斯回信，建议召开一场会议，当面决定细节问题。[2]

圣米格尔伊斯特利尔科的回复让佩莱斯派小小兴奋了一下。7月29日，刚升任将军的德洛伊答复了帕拉福克斯，要求对方兑现承诺。8月4日，门多萨给佩莱斯在南方的私人代表费德里科·科尔多瓦写了信，询问佩莱斯打算什么时候送来他所承诺的物资，以及把它们送到什么地方。很明显，德洛伊和门多萨都没有把他们的交易告知马加尼亚。显然也没有别的首领加入他们。

341　　佩莱斯派立刻向门多萨一派献起了殷勤，每个人都使出了自己的看家本领。8月10日，帕拉福克斯在写给德洛伊的一封长信中宣布，他打算"把南方的各派力量联合起来"，继续进行土地改革。他进行了一

---

［1］ Peláez to Magaña, July 22, 1919, AZ, 30: 39.

［2］ Cháverri Matamoros in *La Prensa*, October 8, 1935.

番言辞激烈的控诉，陈述了革命破产的原因，祖露了自己心里仍在作痛的妒忌、失望和怨恨情绪。萨帕塔太喜欢"好马、斗鸡、俗艳女郎、纸牌游戏和醉人的烈酒"了，帕拉福克斯发作道，没有精力领导他理应领导的革命运动。1914年之后，他批评道，萨帕塔就变得"了无生气，懒懒散散……那位已过世的领袖失去了他的活力和才能，都是因为他和22个女人之间过度的堕落行为——他连应付那些尤物的时间都不够，更没有时间处理南方革命的事务了"。接下来，通过一系列阴谋诡计，他怒斥道，马加尼亚在司令部争权夺势，挑起各派不和与分裂，还差点儿就暗杀了他——这就是为什么他逃走了。巴斯克斯·戈麦斯也是他讽刺的对象，在他口中变成了"没有哪个德高望重的革命者"重视的、已经过时了的人，唯一的支持者只有马加尼亚。他在信的结尾呼吁萨帕塔派转而拥护他的版本的《阿亚拉计划》，大概也要支持他选择的最高长官。在附言中，帕拉福克斯还让德洛伊提醒门多萨，萨帕塔曾经"冒犯"过他。相比之下，费德里科·科尔多瓦的信没那么令人反感，只是着重强调团结合作，选出"一位好长官"，也就是费利佩·安赫莱斯或者曼努埃尔·佩莱斯。他在给门多萨的信中写道，9月，佩莱斯将亲临南方，"带来足够让这些地区继续行动的物资"。与此同时，阿吉拉尔在当地的代表也继续向德洛伊汇报情况。[1]

　　但是8月过后，这个计划还是失败了。最后，不管是德洛伊、科尔多瓦、阿吉拉尔还是帕拉福克斯，都无法诱使门多萨放弃他为之奋斗了那么久的地方革命。如果他不会慢慢滑向——到目前为止还和他属于同一党派的——马加尼亚，那么他就更不会为佩莱斯这个彻头彻尾的外人出头了。在8月20日给帕拉福克斯的回复中，德洛伊拒绝让门多萨承诺与他们合作。德洛伊承认，旧的《阿亚拉计划》需要改革，帕拉福克斯的版本可能会满足"一些革命土地改革派"的要求，但是他坚持认为，革命内部的争斗将会带来危机，他也暗示，帕拉福克斯将会加重这

[1] Cháverri Matamoros in *La Prensa*, October 4, 7, and 8, 1935. Córdova to Mendoza, August 14, 1919, AZ, 30: 3.

种危机。"我和弗朗西斯科·门多萨所做的一切",他写道,学他的领袖的话,"都是为了团结。"在这之后,虽然阿吉拉尔的密探还在继续向德洛伊提供消息,但是佩莱斯派已经不再写信来了。[1]

此时,马加尼亚发起了行动,想要解决这场危机。8 月末,他号召在 9 月 2 日召开一次大会。为了让莫雷洛斯众首领放心,他特意把会面地点设在了卡皮斯特兰在瓦乌特拉的营地。这一次,人们很快就达成了一致,顺利得让人难以置信。瓦乌特拉大会如期召开了。虽然国家军队的巡逻队仍在活动,但是三十多名首领还是带着他们的护卫队和参谋团赶来了。其中有从特佩特来的德拉奥的代表,从托奇米尔科来的代表团,包括马加尼亚、阿亚奎卡和索托-伽马本人;梅希亚和门多萨没有参加,但是他们的副手都来了。讨论进行得很快。9 月 4 日这天,距萨帕塔被杀已经过去了整整 21 个星期,经过了这段难挨的日子,革命老兵再次集合了起来,投票选出了新的总司令。候选人一共有五名,蒂莫特奥·桑切斯、梅希亚、德拉奥、卡皮斯特兰和马加尼亚,代表着萨帕塔派运动的各个派别、团体和地区。在投票中前三位各获 1 票,卡皮斯特兰得到了 11 票,马加尼亚则赢得了大多数——18 票。这场选举非常自由,阿亚奎卡队伍里的四名代表中有一位把票投给了卡皮斯特兰,三位投了马加尼亚;而梅希亚和门多萨的所有首领都选了马加尼亚。然后,投票者宣誓尊重大多数人的决定。于是马加尼亚正式成了萨帕塔的继任者。[2]

他立即开始组织宣传活动,说服缺席的反对派首领接受他的领导,并且宣布萨帕塔派再次开始参与国家政治。官方的宣言——出自索托-伽马和一名年轻助理卡洛斯·雷耶斯·阿维莱斯之手——在 9 月 5 日发布了出来。"南方的革命刚刚迈出了一大步,"他们宣布,言语间明显松了一口气,"刚刚取得了一个美妙的成果,比战场上的 100 场胜利都要

---

[1] Cháverri Matamoros in *La Prensa*, October 4, 8, and 9, 1935.

[2] Magaña to Mejía, September 2, 1919, AZ, 30: 38. Record of the Huautla junta, September 4, 1919, ibid.

重要：我们在总司令选举中达成了一致，选出了我们的军事和政治指挥官。"这次达成一致，沉浸在喜悦中的秘书们写道，证明了萨帕塔的死没有让革命事业"像一具没了头的身体那样瓦解"。相反，他们热烈赞扬，"南方还在继续战斗，和我们的领袖在世时一样，有序地推进革命运动；这一运动由崇高的理想指引，因为团结而力量强大，而我们对革命的目的也有清醒的认识，毫不犹豫地迈向伟大的目标——通过占有土地来解放乡下人"。当然，为了安抚门多萨和其他老首领，他们也得体地承认了，马加尼亚不是萨帕塔。但是，如果他们好好制定政策，他们暗示，他可以做到死去的领袖通过个人魅力做到的事。无论如何，他们坚持认为，承认瓦乌特拉选举的结果，就是萨帕塔教给他们的那些原则的最好体现。"签名者最大的愿望，"索托－伽马和他的助理在悼念中结束了宣言，"就是通过向他们兄弟的胜利表示祝贺，激励后者在所有的细节问题上追随我们的榜样，领会那些光荣、严肃而坚定的教导，继续在不朽的埃米利亚诺·萨帕塔为我们指明的道路上前进。"[1]

马加尼亚特别向门多萨发出了呼吁，希望与他和解。这位老人还是很恼火；他在 9 月 10 日给司令部回信，声称"许多首领"向他表示了他们对瓦乌特拉会议的不满；他还声称，直到其他不同政见者对会议的决定表示同意，他才会接受它。[2] 但是马加尼亚仍然坚持要求他表示支持。马加尼亚也得到了曾经的游击队的领导权——这些队伍主要来自门多萨麾下；他批评他们在退回村落后虐待那里的平民，并且命令他们向司令部申请携带武器的许可证。[3] 卡皮斯特兰也在设法安抚这位老人。9 月 24 日，门多萨勉强让步了。他相信，他说，马加尼亚的"崇高原则和优良品质"，决心放弃自己的"野心和叛变行动"，还安慰自己"历史将会给予每个人他应得的奖赏"。他正式承认马加尼亚是

---

[1]　　Manifesto to the Revolutionaries of the South, September 5, 1919, AZ, 30: 38.

[2]　　Magaña to Mendoza, September 5 and 7, 1919, and Mendoza to Magaña, September 10, 1919, ibid.

[3]　　Circular to municipal presidents, September 20, 1919, ibid.

"总司令"。[1]

　　但是，他们之间的分歧并没有消失，因为门多萨仍然保护着梅希亚，而梅希亚还在搞阴谋。虽然没有证据表明梅希亚是否与佩莱斯、帕拉福克斯或者科尔多瓦共谋，但是他的行动非常可疑：他继续诽谤最高长官巴斯克斯·戈麦斯，并且与阿吉拉尔和西里洛·阿雷纳斯保持了联系。他公开批评瓦乌特拉会议的选举，而在大部分萨帕塔派首领准备再次团结起来之后，他还不停地强调这些首领之间的各种分歧。有一次，他去了瓦乌特拉，发现卡皮斯特兰和他的副手不在，他竟然趁机煽动当地村落反抗他们的领袖。多亏当地人拖住了他，挫败了他的阴谋：卡皮斯特兰及时赶了回来，把他吓跑了，避免了一桩极为令人难堪的丑闻发生。[2] 由于梅希亚不断挑衅，另一名萨帕塔派旧将，阿德里安·卡斯特雷洪，甚至向马加尼亚暗示，应该一枪崩了他。"……得严肃看待这个问题了"，他给马加尼亚写了一封极不通顺的信，信里只有一个句子意思清楚："我们必须采取行动，尽最大可能避免未来发生更大的骚乱，把问题一次解决清楚。"[3] 但是，这个问题太复杂了，马加尼亚无法通过武力解决。如果暗杀梅希亚，那就和卡兰萨派暗杀他的舅舅一样，将会证实政府散布的萨帕塔派正在分崩离析的消息，还可能会让门多萨反悔，再次公开宣布独立。

　　最后，这场争端以马加尼亚想要的和平方式私下解决了。事情的关键是卡皮斯特兰在 9 月末给门多萨写的一封信；那是一份长长的、手写的请求书，满是错字，但是诚恳、慎重，因而很有说服力，让门多萨彻底接受了瓦乌特拉选举的结果。卡皮斯特兰在信中表示，他听说，门多萨在马加尼亚的继任者问题上再次开始犹豫了——"这个消息如果是真的，将会毁掉我们，把我们革命者的身份变得没有价值，让这九年

344

---

[1]　Capistrán to Mendoza, September 20, 1919, and Mendoza to Magaña, September 24, 1919, AZ, 30: 38.

[2]　Capistrán to Magaña, September 29, 1919, ibid.

[3]　Castrejón to Magaña, September 24, 1919, ibid.

的磨难和爱人的牺牲毫无意义"。卡皮斯特兰也给他"出色的朋友和伙伴"带来了令人欣慰的消息：会议的代表如何认为门多萨是"我们的老首领，我们爱他，尊敬他"，以及他们在决策的时候怎样考虑了他的意见。在选举问题上，卡皮斯特兰的话最令人信服。"身为一个受尊敬的人、你真诚的教友，我向你保证，"他说，"［选举］是以完全合法的形式进行的。"没有威胁，也没有人用枪指着别人，强迫别人签字。"你觉得，我们有可能接受那样一位强塞给我们的领袖吗？""全世界都在看着我们，"他坚称，"他们要看看我们配不配继承那份伟大事业，那份自从可敬的米格尔·伊达尔戈－科斯蒂利亚神父为我们亲爱的祖国发出自由的呼声以来，墨西哥最光荣、最伟大的爱国者开创的事业。"他想和门多萨见面谈谈，消除误会。他坦率地要求门多萨"别管那些为了自己的野心而欺骗你、让你对一切都产生偏见的人"。他直言不讳地指出，梅希亚就是当前争端的祸首。第二天，他还向马加尼亚抱怨了梅希亚，说梅希亚在他的地盘上搞破坏，他暗示，如果门多萨不打算约束梅希亚的话，他就要采取行动了：他已经发动了他的人，他说，让他们做好了远征的准备。[1]但是，应卡皮斯特兰的请求，门多萨来了。一个星期后，两位首领已经充分讨论过了当地的问题，他们给司令部写信，明确地谴责了梅希亚的阴谋。他们的信清楚明白地承认了马加尼亚的领导地位，梅希亚也就闭嘴了。在回信中，阿亚奎卡和马加尼亚向门多萨表明，他 345们将会在他们的阵营内部压制反对他的阴谋。[2]

于是，萨帕塔派的继任危机在它出现六个月之后结束了。多亏了马加尼亚，他们的组织还在，没有遭到什么破坏。10月中旬，马加尼亚欢欣鼓舞地发表了《告共和国革命者宣言》(*Manifesto to the Revolutionaries of the Republic*)，在宣言中，他以过来人的权威口吻，号召全国人民"团结一心、统一步伐"。在临时总统人选的问题上，他

---

［1］ Capistrán to Mendoza, September 28, 1919, and to Magaña, September 29, 1919, AZ, 30: 38.

［2］ Capistrán, Mendoza, and P. Casals R. to Magaña, October 6, 1919, AZ, 30: 4. Ayaquica to Mendoza, October 10, 1919, and Magaña to Mendoza, October 12, 1919, ibid.

再次提名了萨帕塔派的最高长官，弗朗西斯科·巴斯克斯·戈麦斯——
"他是一个沉稳从容的人，文质彬彬，毫不好斗，在地区和派系争斗中
都保持了中立"，这个人将会"调和争端"。[1]马加尼亚口中的巴斯克
斯·戈麦斯的德行，实际上就是他自己的品质。他把当地首领再次团结
了起来。虽然他们没有紧密地捆绑在一起，但这并不是一场与革命信念
无关的交易，也不是一个临时组织。他让所有的精神紧张的首领深受感
动，促使他们达成了一致，劝导他们形成了共识，而通过这些行动，他
也证明了，即使没有萨帕塔，他们仍然可以相互信任。由于冈萨雷斯还
是抓不住他们，这些团结在一起的革命者仍然是当地和全国革命政治中
的重要力量。[2]

　　到了秋天，这种信任对于萨帕塔派来说变得极为重要。当时，由于
欧洲战争的结束，国际问题逐渐严峻了起来，让墨西哥人满心恐惧。这
个问题就是来自美国的直接威胁。加速危机爆发的是 10 月 19 日美国领
事官员威廉·O.詹金斯在普埃夫拉城失踪的事件。[3]詹金斯失踪两天
后，费德里科·科尔多瓦通知美国使馆，声称自己遵照佩莱斯的命令绑
架了詹金斯，以此证明卡兰萨派连大城市都保护不好。10 月 26 日，詹
金斯再次现身，安然无恙。这件事本来可以到这里就结束：虽然詹金斯
和他在美国国会的朋友都非常愤怒，但是美国国务卿兰辛做出的官方
回应则相当温和。然而，卡兰萨刚刚把自己选定的候选人塞进总统选
举，因此他选择重新包装这个故事，借此提高自己的威信。在他的指使
下，普埃夫拉官员很快指责那位美国官员自导自演了这次绑架事件，借
此抹黑卡兰萨；言下之意就是卡兰萨的力量太强大了，连美国都被他
激怒了，反对他无异于叛国，而卡兰萨派才是国家主权唯一的坚定捍

346

[1]　　Manifesto to the Revolutionaries of the Republic, October 15, 1919, AZ, 30: 38.

[2]　　*Excélsior*, October 21 and 29, 1919.

[3]　　Ibid., October 20, 1919. For a discussion of this incident from a diplomatic perspective, see Charles C. Cumberland: "The Jenkins Case and Mexican-American Relations," *Hispanic American Historical Review*, XXXI, 4（November 1951）, 586–607. Unless otherwise noted, the subsequent quotes from Mexican and American officials come from this article.

卫者。11 月 15 日，詹金斯被捕了，短暂关押了一段时间，接受讯问。美国"极其惊讶并且深为关心"，兰辛表示。四天之后，詹金斯再次被捕，并且被关进了监狱，等待审判。到了 11 月 21 日，这场危机发展到了高潮，墨西哥城的报纸都用上了巨大的红色标题，报道了这条重要新闻。[1] 对于墨西哥人来说，事情的发展趋势似乎是很清楚的。在过去的六个月中，美国大部分重要报刊都表达了对墨西哥政府的敌视情绪。7、8 月，美国众议院规则委员会听证会上的证人，其中包括威廉·盖茨，都严厉批评了卡兰萨，敦促美国政府对墨西哥进行善意干涉。而自 9 月以来，行事激进的共和党参议员艾伯特·B. 福尔在他的外交关系专门小组面前就墨西哥问题举行了数次听证会：他们最好的证人都主张动用武力，保护美国在墨西哥的投资。几名共和党州长最近连任了，这也显示，外国佬已经陷入了暴怒之中。[2] 此时，兰辛部长发出警告，声称墨美关系将会受到"极其严重的影响"，而墨西哥将为这种影响"全权负责"。不管詹金斯事件是不是伪造的，它都是美国再次发动干涉的绝佳借口。在这场危机中，墨西哥的各路领袖饰演了不同的角色——官员、罪犯和流亡者。统领莫雷洛斯的政客和将军只要忠于他们所依靠的政府，自然就维护了国家的利益。但是萨帕塔派首领则必须承认，他们的党派利益和国家利益之间存在区别，只能选择其中之一，并且还要与选择了另一方的伙伴对峙——这是非常令人痛苦的。只有相互信任，人们才能通过这场考验。

马加尼亚采取了主动，带领萨帕塔派悄悄地做起了准备，打算向政府提供帮助。为了与卡兰萨斡旋，他请求卢西奥·布兰科协助他的行动。萨帕塔派很喜欢布兰科，他们会满怀深情地回忆起他支持土地改革

---

[1]　E.g., *El Universal*, November 21, 1919: "Jenkins Case About to Provoke International Conflict."

[2]　United States House of Representatives: *Appointment of a Committee for Investigation of Mexican Situation. Hearings Before the Committee on Rules*, 66 Cong., 1 sess., 2 parts（Washington, 1919）. *Investigation of Mexican Affairs*, I, 3–744. *Excélsior*, November 6, 1919.

的名声，他在 1914—1915 年对南方的宽大政策。布兰科最近刚被卡兰萨召了回来，在军队中与奥夫雷贡抗衡。11 月初，布兰科为马加尼亚争取到了护照，也打开了他和卡兰萨的沟通渠道。国际争端一变得严重起来，马加尼亚就给总统办公室写了信。从实际出发，"考虑到詹金斯事件以及我国目前总体上的困境"，他准备投降。"我希望，"他写道，"与政府谈判，在我们如何结束反叛、开始合作的形式上达成一致，从而尽快让国家彻底实现和平。"[1]

这是一个了不起的举动。虽然美国干涉的危机即将来临，但是其他的非法革命派首领大多还在继续进行叛乱。在奇瓦瓦州，比利亚没有表态，显然不想和解也不打算抵抗。佩莱斯的意向也不明显；参议员福尔听证会上的证人很快就表示，佩莱斯属于"墨西哥人里面优秀的一类，……对美国人很友好"。[2] 至于费利克斯派，他们最清楚持续不断的颠覆运动意味着什么，但是他们也没有对联合反美事业表示支持：他们甚至还增加了军事行动，特别是在贝拉克鲁斯州一带。[3] 众领袖拒不让步的做法并不会让人们感到陌生，这是他们的政治传统决定的，这种传统和此地的社会矛盾一样古老：最大、最可恨的敌人是内部的敌人，而外部的援助则是天赐良机。但是，马加尼亚对他的祖国有新的认识。这种观念在墨西哥出现也不过是最近 75 年的事，到了他这一代领导者中才盛行起来：最大的敌人永远是外国人；在民族危急的时候，与国内的对手之间进行正式的、真正的合作是唯一负责任的做法；如果有人把外部势力引入了内部竞争，破坏了竞争的神圣性，这种行为是不能原谅的。所以，马加尼亚采取了新的策略。如果他帮卡兰萨的忙，他或许可以为阻止美国干预墨西哥出一份力，还可以让他的党派获得合法地位。要是萨帕塔还活着，萨帕塔派的策略不可能这么灵活。直到最后，萨帕

---

[1]　Blanco to whom it may concern, November 11, 1919, AZ, 30: 4. Anonymous（from the text, clearly Magaña）to the chief clerk in charge, n.d.（November 23, 1919?）, AZ, 30: 32.

[2]　See the testimony of William F. Buckley, December 6, 1919, in *Investigation of Mexican Affairs*, I, 840.

[3]　Liceaga: op. cit., pp. 590–592.

塔才终于明白，保护莫雷洛斯的乡村世界并不等于保卫国家，而在重大危机发生的时候，地方的问题是次要的。但是，在他的心里，这两种斗争到头来都是同一回事。如果是萨帕塔的话，他可能不会针对詹金斯事件采取什么行动：他也许会让马加尼亚向政府保证，他们会跟外国佬打仗，但是除此之外，他不会同意"停止造反"。只有马加尼亚才能证明，348萨帕塔派已经清醒地认识到了，他们终归是墨西哥人。

11 月 27 日，布兰科通知卡兰萨，"由于国际局势相当紧张"，马加尼亚已经隐藏身份进入了墨西哥城，希望私下会见卡兰萨。卡兰萨答应第二天上午见他。11 月 28 日上午 9 点，布兰科、他的助理和马加尼亚来到了卡兰萨家。到了那里之后，布兰科和助理在前厅等候，萨帕塔的继任者秘密会见了卡兰萨和他的参谋长，年轻的准将胡安·巴拉甘。马加尼亚宣布，三个星期后巴拉甘在备忘录中写道，"考虑到他……从送到他营地的报纸上得知的……当前国际形势的问题，并且考虑到，他虽然是个反叛者，但是首先是一个墨西哥人，……他决心把他领导的武装人员重新团结起来，寻找搁置敌意的最好方式"。如果墨西哥人在战争爆发之后还在打内战，"他认为，这是没有爱国心的行为"。

卡兰萨随后问他："你想要什么？""我只要承诺，"马加尼亚回答，只要政府尊重他和他手下首领的人身和财产安全、公民权利和政治权利，只要他们的联盟得到承认。在卡兰萨听来，马加尼亚只想保障他们的个人利益，于是他欣然摆出仁慈的样子，向马加尼亚承诺"提供各种各样的保障……此外"，这位总统继续说道，"如果你需要军队协助你完成工作……，你也可以用我的军队"。马加尼亚拒绝了这个提议：他如果带着国家军队回到莫雷洛斯，"可能会带来与我的计划相反的结果"。为了澄清他的立场，他提醒这位老人，"在采取任何其他措施之前，我需要与我们党派的主要领导交换意见，和他们达成一致，找出一个在当前状况下可以采取并且应该采取的解决方案"。他提出这个计划不是为了冒犯卡兰萨，那样做必然会，他说，让人怀疑他的诚意，所以他也希望卡兰萨不要提出羞辱性的建议。总统不想为小事争吵，于是告诉他的客人，他认为怎样最好，就怎样做。"如果任何预料之外的事情发生，"

他提议，"你可以和巴拉甘将军沟通，他现在负责处理这件事情。"这次会面以双方发表相互尊重的声明而结束——就其目的而言，这是一次成功的会面。[1]

349　　与此同时，在普埃夫拉城，阿亚奎卡公开现身，投案自首。他和当地的一位首领——一名与他合作的佩莱斯派成员——一起，向记者宣布，他掌握了能够解开詹金斯事件之谜的情报。他在报纸上看到了关于这个事件的报道，以及它引发的国际争端；而他作为一个墨西哥人，"这个身份高于一切"，他无法，他说，"在国家主权受到侵害的时候保持沉默……"他的情报立刻被那位佩莱斯派首领送到了美国大使馆，它否认了詹金斯参与策划了绑架事件——这表明政府应该释放他。阿亚奎卡和那位佩莱斯派成员随后回到了山里，但是留下了几位代理人，着手办理投降的事；11月29日，巴勃罗·冈萨雷斯亲自来到了普埃夫拉，准备与他们进行会谈。[2]

　　这个时候，墨西哥与美国的争端已经到了武装冲突的边缘。11月28日，兰辛部长看到了消息——华盛顿爆发了针对墨西哥大使的骚乱。由于詹金斯还在狱中，兰辛宣布，"这个国家〔美国〕的耐心几乎耗尽了，差不多已经到了极限，美国人民愤怒的浪潮可能会阻碍进一步的外交谈判，迫使我们的关系断裂，而这种断裂几乎必然带来战争……这个国家将竭尽全力，战斗到底。"第二天，他给墨西哥城送去了一封傲慢无礼的信，指责墨西哥政府"恣意无视"美国人的感受，并且要求对方立刻释放詹金斯一家。美国媒体也在头条新闻和编者评论中为这场危机煽风点火。12月3日，事情发展到了高潮。那一天，在参议院，福尔提交了一份他和某位国务院代表刚刚炮制出来的议案。他们要求参议院预先批准国务院在美国与墨西哥"即将发生的争端"中的行动，还想让参议院要求威尔逊总统收回对卡兰萨的承认，"切断目前存在于这个

---

〔1〕　Statement of Juan Barragán, December 15, 1919, AZ, 30: 37. For a contemporary version of the meeting, see *Excélsior*, November 30, 1919.

〔2〕　*El Heraldo de México*, November 28, 1919. *El Universal*, November 30, 1919.

政府和卡兰萨的伪政府之间的所有外交关系"。[1]这份议案被转到了外交委员会，等候许可。美国似乎马上就要再次干预墨西哥了，这次比1914年和1916年的时候都要坚决、大胆、危险得多。墨西哥城媒体宣称，美国飞机和战船已经准备好发起进攻了。[2]

12月4日，阿亚奎卡与冈萨雷斯的谈判进行得很顺利，于是他进入了阿特利斯科，准备投降。和他一起来的还有另外几名萨帕塔派首领和秘书，以及250名武装人员。第二天，他们上交了武器之后，冈萨雷斯承诺完全赦免他们，给了他们每人20比索和通行证。阿亚奎卡随后返回了托奇米尔科，出任了市镇长官。有谣言说，其他萨帕塔派首领很快也会跟随马加尼亚和阿亚奎卡的脚步，向政府投降。[3]

就在这个时候，国际争端开始缓和了。12月4日，兰辛指示外交委员会，不要按照福尔议案中关于切断墨美关系的部分行动。12月5日，普埃夫拉官员准许詹金斯保释出狱。12月8日，读了福尔声称美国需要采取强硬态度的备忘录之后，病中的威尔逊总统宣布，"如果这样的议案在国会获得通过"，他会"非常担心"。[4]但是，在墨西哥，詹金斯一案仍在审理中，美国议员和新闻编辑的话还在那里不祥地回荡着，所以，那几个星期，和平看起来依然很遥远。而随着危机继续发展，分散各处的起义军首领仍在继续接受赦免，对政府表示支持。在莫雷洛斯，12月初，几乎每天都有萨帕塔派小队自首。那些还在紧张地躲藏着的首领则派来了使者，表明他们也有支持政府的意愿。到了月中，冈萨雷斯司令部的官员宣布，在莫雷洛斯州和普埃夫拉州，有二十多名最高级别的萨帕塔派长官已经投降了，其中包括德拉奥、门多

[1] Congressional Record, 66 Con., 2 sess., Vol. LIX, Part I, p. 73. 该国务院代表是亨利·弗莱彻，美国驻墨西哥大使，他当时正在华盛顿开会。See *Investigation of Mexican Affairs*, I, 843C.

[2] *El Demócrata*, December 3, 1919.

[3] *El Universal*, December 5, 6, and 24, 1919. *Excélsior*, December 6 and 9, 1919.

[4] Cited in James H. Callahan: *American Foreign Policy in Mexican Relations*（New York, 1932）, pp. 578–579.

萨、赫苏斯和普罗库洛·卡皮斯特兰、阿德里安·卡斯特雷洪、蒂莫特奥·桑切斯和加夫列尔·马里亚卡这样的老首领。他们中的大多数，比如德拉奥和门多萨，实际上并没有下山，但是下了山的人都受到了热情的欢迎；当地政府甚至打算任命赫苏斯·卡皮斯特兰为霍胡特拉或者霍纳卡特佩克的市镇长官。到了 12 月 21 日，公开放下武器的首领太多了，冈萨雷斯甚至认为南方已经完全平定了，于是他宣布，普埃夫拉的南方司令部将在 1 月 1 日关闭。[1]萨帕塔派为了维护政府对莫雷洛斯和普埃夫拉的统治而做出了努力，这生动地证明了，马加尼亚说过的话是真的——他们最热爱的是他们的祖国。

但是，人们也慢慢看清楚了：危机已经结束了。萨帕塔派发现，他们的运动陷入了尴尬的境地。一些首领——比如德拉奥、门多萨和马里亚卡——仍然是罪犯，他们还有武器，并且仍在躲藏，而现在已经没有理由接受赦免了。其他首领，比如马加尼亚、阿亚奎卡和卡皮斯特兰，已经成了立宪政府公开的支持者，甚至还当上了官；他们的转变出人意料，也广为人知。出于爱国心，他们承认了政府，但是在新的环境中，当一切归于平静，他们的爱国行为看起来却更像是在政治上认可了卡兰萨。冈萨雷斯总结他在南方的行动的时候，就是这样描述的。叛军投降，他暗示道，并不是为了他们的国家，而只是因为他的征讨行动节节胜利，迫使或者敦促他们停止了战斗。"美国领事詹金斯的意外事件……在平定莫雷洛斯这件事上没有任何意义。"他写道。[2]而既然领头的萨帕塔派成员已经陷入了卡兰萨派的包围中，他们就不可能轻易脱身了。虽然卡皮斯特兰和阿亚奎卡在他们自己的势力范围内还比较自由，身在墨西哥城的马加尼亚实际上已经被软禁在家中了。[3]

萨帕塔派与政府之间的关系，虽然是有所保留的，仍然给他们带来了严重的问题。这并不是说得到赦免的首领可能会在卡兰萨倒台的时候

---

[1] *El Universal*, December 16, 24, and 25, 1919. *Excélsior*, December 17, 1919.

[2] Ibid., December 18, 1919. *Partido Reconstrucción Nacional*: op. cit., p. 50.

[3] Soto y Gama to Paz, March 26, 1920, AP.

跟着下台——他们可以在最后的时刻趁乱逃走，加入即将掌权的新政党。而且，由于私人情谊对他们还有影响，他们也不会和那些尚未放下武器的同志反目，让他们的运动彻底崩溃。他们的问题是，经过戏剧化的投降行动，他们不仅和卡兰萨派政府建立了关系，也和卡兰萨派的具体政策牵扯到了一起——这就在村镇里损害了萨帕塔派革命的声名。

在政治方面，尽管秩序恢复了，卡兰萨派还是不允许莫雷洛斯州自治。12月4日，塔霍纳州长发布法令，宣布1920年和1919年一样，市镇长官和议员将完全通过任命产生。尽管人们随即进行了请愿，要求进行市镇和州政府选举，而且官方也在媒体上承诺将会这么做，但是选举还是没有举行。[1]卡兰萨派只打算进行一次投票——总统选举。但是，为了确保卡兰萨派的总统候选人获得这个州的支持，他们加强了对行政机构的控制。他们罢免了副州长阿吉拉尔上校，安插了一个更精明可靠的科阿韦拉人，何塞·玛利亚·罗德里格斯，后者着手把各市镇长官纳入了一个高效的选举工作系统中。

在经济方面，卡兰萨派承诺进行土地改革，但是只在某些方面进行，并且只服务于他们特定的革命目的。塔霍纳发现，自从1914年以来，当地的田产交易就没有公开记录了，于是他制定了新的契约登记法。对于过去五年内曾经在这个州里购买、出售或者继承了房地产的人，按合同规定支付、收取租金或在土地上劳动的人，或者只是想要确认自己对当地某处土地有所有权的人，州长指定了一段时间（10月15日到12月30日），在这段时间内他们可以支付税款，让所有权正式生效。[2]但是，这项法令并没有让村落得到保护，反而使它们更加穷困，并且让种植园主再度得了势。11月初，路易斯·加西亚·皮门特尔、德拉托雷-米耶尔和阿劳斯的继承人以及其他老富豪开始向联邦政府施压，要求赶走那些从政府手中租下了莫雷洛斯种植园的将军，以及从他们手中转租的第三方，并且迎回1914年之前拥有这些土地的种植园

---

[1] *Periódico Oficial*, 3rd Ser., No. 9, p. 4. *El Heraldo de México*, December 11, 1919.
[2] *Periódico Oficial*, 3rd Ser., No. 8, p. 3.

主。因为他们质疑了冈萨雷斯手下将军的德行，还威胁到了后者的财产，他们在《民主报》上立刻获得了奥夫雷贡派的支持。《民主报》刊发了一篇社论，谴责"军事化的制糖业"。这是错的，作者宣称，政府不该强占庄园，也不应该把它们租给军官：那些人把磨坊当作军营来管理，对待工人像对待士兵一样，而且还不维护磨坊里的机器。把庄园还给它们的旧主人会更好，他敦促道，那些人因为他们的"利益……和特殊的经历"，会"义不容辞地把它们带上成功之路，最大限度地给技师和劳工创造赚钱的机会"。[1]卡兰萨派也发现了这一要求中蕴含的政治能量。为了获得种植园主的支持，至少联手对抗他们共同的敌人，卡兰萨准许他们返回种植园。从12月到1月，拥有大量土地的流亡者回到了莫雷洛斯。如果他们——像加西亚·皮门特尔的儿子华金那样——正在海外流亡，可以通过总统秘书获得归国的许可证，后者将把这件事交给内政部的第三办事处处理。[2]

卡兰萨派在莫雷洛斯毫无顾忌地推行他们的政策。1月19日，为了确保中央政府对当地政治的领导，罗德里格斯取代塔霍纳，当了州长。[3]与此同时，种植园主正忙着修补他们的庄园。虽然没什么人像小路易斯·加西亚·皮门特尔那样大胆，亲自来到"这些神佑之地"指挥工作，但是他们都派了代理人到田野中来，急切地推进他们的行动。问题是很棘手的。没有巨额资金（种植园主已经拿不出这笔钱了），他们如何才能在雨季开始之前买好种子，修复损毁的房屋、碾磨机和灌溉渠，为眼前短暂的收获季节、夏天的耕作和下一年的大丰收雇用人手，同时还要保持经济独立？当地人口已经缩减到了1910年时的55%，他们如何在这里找到人手，又该怎样吸引农业专家到这个满目疮痍的地方来？不过，在墨西哥，没有比这些种植园主更富创造力、更有进取心的人了。他们迅速地取消了他们的债务人赎回抵押品的权利，廉价出售了

---

[1]　*El Demócrata*, November 10 and 12, 1919.

[2]　L. García Pimentel, Jr., to his mother, February 25, 1920, AGP.

[3]　Urbán Aguirre: op. cit., p. 252.

从佃户那里收来的玉米，这样，他们很快就拿到了一笔现金。这些人相互合作，凑出了一笔钱，以备不时之需。他们买了大量的劣质种子，一小部分好种子，满足了播种的需要。他们补充了被偷的设备，只修复了最重要的机器和灌溉渠——剩下的部分留到以后再说。他们把土地低价租出去一年，让这些地得到了耕种，也让他们的所有权获得了承认；第二年他们就可以提高租金了。小路易斯和他的工头一起拼命工作，每天干12小时，"像个黑人似的"；种植园主就是这样为了他们热爱的事业辛勤劳作。无论如何，他们再度拥有了赖以生存的土地，而且——正如年轻的路易斯对他的父母所说的那样——"这些其实是非常好的土地"。种植园主仓促上阵，拼命工作，而随着时间一周周地过去，他们取得了突出的进展。"过时的方法与铁路结合在了一起，"路易斯表示，"真是件奇怪的事。但是从这件怪事里长出了翠绿的甘蔗秆。"最重要的是，种植园主大多靠自己的力量恢复了生意，没有落到托拉斯（这些机构是为了吞并普埃夫拉州的各种产业而建立的）手中；他们也没有欠外国人的钱。路易斯高高兴兴地许诺给墨西哥城加西亚·皮门特尔家的孩子送瓜果；他像其他的种植园主一样，认为莫雷洛斯的甘蔗庄园"前景乐观"。

在村子里，种植园主的卷土重来激起了民愤。这比卡兰萨派将军的所作所为还要令人愤恨。将军们管理种植园的时候，虽然给人们带来了沉重的负担，但他们只是在军事上占领了种植园，管理方式并不明确，实际上不可避免地应政府的要求——可能也有民众的要求——而有所调整。而在种植园主这里，州政府似乎已经正式承认了他们对这些土地的永久所有权。种植园主能感觉到人们对他们的憎恨。霍纳卡特佩克一带的人，年轻的路易斯向他的父母哀叹道，"实在是非常恶劣，忘恩负义。他们很多人是来求我的，[但是]"其中只有一个女人"向我问了好，也问候了你们"。在他看来，当地人由于害怕萨帕塔派报复，不敢表现出对他——那位慷慨大方的老地主的儿子——的喜爱。但是他也暴露出了自己对当地人的恐惧：只是去特南戈然后再回来的这一段路，他就要带上一支军队保护自己。更糟糕的是，村民提出了很多关于他们对土地、木材和水源的权利的"问题",让他不知所措。其中,路易斯抱怨道,"有一些是老问题,其他都是新出现的"。他用确定无疑的口吻向他的父母保证,"激进萨帕塔主义(militant Zapatismo)已经灭亡了,剩下的萨帕塔支持者数量很少,而且无足轻重"。但是他也感受到了莫雷洛斯的紧张气氛,并且因为村民很快就会要求建立村社而满腹牢骚。他发现,"萨帕塔主义没有灭亡,也不会灭亡;它会变成和平萨帕塔主义(pacific Zapatismo),继续存在下去。这儿的人骨子里就有偷窃的因子,没什么东西也没什么人能把那种东西从他们体内清除掉"。[1]

种植园主的力量不断恢复,而与此同时,萨帕塔派首领沉寂的时间越长,他们在村子里的威信就越受损害。这不仅破坏了他们的运动,还影响了整个莫雷洛斯革命的进程。因为如果他们在公众中失去了信誉,那么当地唯一的植根于乡村的政党就消失了,而这就意味着,要在乡村中建立新秩序,就只能强迫人们接受它,这就和旧秩序没什么区别了。对于莫雷洛斯来说,萨帕塔派1920年的发展方向极为关键,这是解决1910年提出的最为重要的、至今仍然困扰着人们的革命问题的最后阶段。是否会有本土的革命,甚至,在全国的革命中莫雷洛斯还能不能有所影响,也都是问题。

在混乱中,莫雷洛斯州外的反对派再次搞起了阴谋。佩莱斯派仍然是行动最积极的,而且这次他们还派来了新的代表,采取了更圆滑的新外交策略。事情是从1月初开始的,佩莱斯派首领拉斐尔·皮米恩塔来到了加夫列尔·马里亚卡在特特卡利塔附近的藏身处,承诺从墨西哥城定期向他供应武器和弹药。和前一年夏天帕拉福克斯的做法不同,他没有要求马里亚卡许下什么政治承诺作为报答;他只宣布,佩莱斯想要恢复1857年宪法,并且也打算进行土地改革,而这其实就是此时萨帕塔派建议实行的全部措施。马里亚卡不确定应该如何回复。出于忠心,他给马加尼亚写了信,请后者给他指示,但是并没有得到回复。然后,

---

[1] L. García Pimentel, Jr., to his mother, January 22 and February 25, 1920, AGP.

"我仍然抱着为我们的革命事业而战斗的坚定信念，但是我孤立无援"，他后来这样解释道，他接受了这个提议。他甚至还告诉了皮米恩塔，埃韦拉多·冈萨雷斯位于墨西哥州东南部山里的营地怎么走；皮米恩塔计划把供给品带去那里分发。[1] 在其他萨帕塔派成员那里，费利克斯主义的吸引力更大：1月的时候，有二十多个精神紧张的小首领向贝拉克鲁斯州的费利克斯派司令部提出了要求，接受了后者的任命，变成了费利克斯派军官。1月18日，四名莫雷洛斯的萨帕塔派将军亲自造访了贝拉克鲁斯的营地，接受了堂费利克斯的领导。[2] 德拉奥待在他的特佩特军营中，但也和奥夫雷贡派的卡尔沃上校保持着联系。

然而，马加尼亚还没有放弃。他曾经与帕拉福克斯和门多萨对抗过，已经证明了自己不是那种为了不惹麻烦而放弃斗争的人。正因为他知道真正的和平是什么样的，在卡兰萨派把他软禁起来的时候，他才会烦躁不安。他在1月初得知，卡兰萨派和其他反对派发布的有关他的宣传信息让许多首领惶惶不安，他们需要"指导"，"把现状解释清楚"，于是，他准备逃出一片死寂的墨西哥城，重新回到乡野中战斗，为达成真正的和平协定建立基础。[3] 1月11日，他援引了关于"反动派"试图贿赂南方"意志坚决而满怀善意的革命队伍"的新报道，通知卢西奥·布兰科，他将动身去阻止"那大大损害了我们队伍的阴谋"。一贯精于算计的他没有和布兰科断绝联系，而是派了代理人，一名一直在帮萨帕塔派办事的普埃夫拉律师，让他继续与布兰科和巴拉甘将军周旋；此外，他答应与布兰科用密码通信，并给后者送去了解密方法。[4] 1月末，他回到了普埃夫拉山中，又一次成了不法之徒。像以前一样，他不重视军事行动，而是把精力集中在外交上。他和已经获得赦免的阿亚奎卡合作，又任命赫纳罗·阿梅斯夸和巴斯克斯·戈麦斯为萨帕塔派代

---

[1]　　Mariaca to Magaña, January（n.d.）and March 13, 1920, AZ, 30: 15 and 16.

[2]　　Liceaga: op. cit., pp. 596–597.

[3]　　J. Ramos to Magaña, January 2, 1920, AZ, 30: 15.

[4]　　Magaña to Blanco and to Felipe T. Contreras, January 11, 1920, ibid.

表，派他们参加即将在美国举行的流亡者会议。[1]

马加尼亚的归来鼓舞了莫雷洛斯革命者的士气。萨帕塔派成员向政

府或者费利克斯派投降的浪潮停止了。马加尼亚明智地没有反对佩莱斯派首领皮米恩塔，后者在接下来的几个星期把他承诺的军事补给偷运到了马里亚卡的营中。同时，秘书们力图再次把萨帕塔派联合起来。3月初，索托－伽马在特拉尔蒂萨潘秘密重建了萨帕塔派中央办事处——他和当地市镇长官一直在悄悄地运作这件事。他计划每个月在那里举行萨帕塔派阵营全体秘书和助理的会议，"以此完全统一革命派在各种全国性问题上的准则"。萨帕塔派应该尽快达成一致，索托－伽马在向门多萨的参谋发出邀请时建议，"因为我们为之奋斗的事业很快就要取得胜利了"。[2]萨帕塔派名义上的最高长官仍然是巴斯克斯·戈麦斯，后者在墨西哥城的代表恳求马加尼亚对他尽忠，不要误入歧途，与佩莱斯结盟。到了3月中旬，二十多名莫雷洛斯首领已经准备好了为巴斯克斯·戈麦斯而战，这些人中有老首领德拉奥、门多萨、马里亚卡、弗朗西斯科·阿拉尔孔、佩德罗·萨阿韦德拉、巴伦廷·雷耶斯、塞费利诺·奥尔特加、比森特·阿兰达、埃韦拉多·冈萨雷斯和萨比诺·布尔戈斯。他们凑出了一支由2500名游击队员和1500名预备役战士组成的队伍。在军事会议上，马里亚卡和德拉奥主持分配了皮米恩塔带来的补给。马里亚卡向马加尼亚表示，只要他一声令下，他们就会开始行动。[3]四个月的分裂和忧虑之后，萨帕塔派再一次成了当地乃至全国政治中的一支力量，这主要是马加尼亚的功劳。

这正是他们重整旗鼓的最好时机。因为在3月中旬，卡兰萨派总统候选人开始为6月的选举进行演讲的时候，国家权力继承危机爆发了。

---

［1］ Magaña to Amezcua and to F. Vázquez Gómez, January 30, 1920, AZ, 30: 15. 马加尼亚任命的第三位代表是奥古斯廷·阿里奥拉·巴拉德斯，一名激进的墨西哥城编辑。

［2］ Soto y Gama to Mendoza, March 3, 1920, AA.

［3］ Severo Leal to Magaña, February 29, 1920, AZ, 29: 7. Soto y Gama to Amezcua, March 23, 1920, and S. Burgos to Amezcua, March 24, 1920, AA. "Mexico, "Mexico, Estimate of the Military Situation, March 5, 1920," NA, 45: 658. Mariaca to Magaña, March 13, 1920, AZ.

奥夫雷贡、巴勃罗·冈萨雷斯和卡兰萨派之间的争斗一天比一天墨守成规、装模作样。流亡者、反抗者和叛乱者则紧张地暗中行动。

马加尼亚以 28 岁这个年纪少见的果断，率领萨帕塔派革命改旗易帜。以更为少见的洞察力，他猜对了应该向谁宣誓效忠——奥夫雷贡。奥夫雷贡在南方的私人代表胡安·C. 塞尔图切准将一提出要求，马加尼亚就照做了。在给莫雷洛斯、格雷罗、墨西哥、普埃夫拉乃至米却肯等州的首领发布了指令之后，他亲自执行了奥夫雷贡派交给他的一项任务，地点在南方最具战略意义的地区，米斯特克德尔谷关口，普埃夫拉、瓦哈卡和贝拉克鲁斯三州的交界处。这是迪亚斯的地盘，50 年前就是堂波菲里奥的大本营，而现在是他的侄子堂费利克斯的基地；直到 3 月末，这附近仅有的萨帕塔派队伍都只能打着费利克斯派的旗号采取行动。但是马加尼亚来了，他重新收编了当地的首领，把他们组织了起来，宣布向奥夫雷贡效忠，为他在危急关头守住这片土地。[1]

新的联盟很快就在莫雷洛斯建立起来了。3 月 27 日，警察把墨西哥城的七十多位知名奥夫雷贡派成员关进监狱——其中有五名联邦代表——六天之后，卡尔沃受命亲自来到特佩特，向德拉奥汇报，表示在首都人看来，德拉奥似乎已经投降了。"明天，"德拉奥回答，"我会向他们证明我没有变节。"第二天，在三玛利亚镇，他炸毁了一列开往库埃纳瓦卡的客车。幸存者中有一位是美国大使馆的助理武官，德拉奥把他抓了起来，当作人质。一天后，他派兵攻入联邦特区，洗劫了米尔帕阿尔塔，获取了物资。"奥夫雷贡将军想和你做朋友"，卡尔沃向德拉奥保证。"那么你给我带来了什么信物证明你说的话呢？"这位粗野的小个子首领问道，催对方提供军需品。卡尔沃领会了他的暗示，承诺"为

---

[1]   Palacios: *Zapata*, p. 294. Liccaga: op. cit., p. 608. 直到 3 月 1 日，塞尔图切都是奥夫雷贡手下的重要人物；3 月 1 日，他从人们的视线中消失了，去"完成一项任务"。见 Ruvalcaba: op. cit., II, 354. 有关塞尔图切的更多信息，见 Ricardo Calderón Serrano: "Un soldado de la Revolución," *El Nacional*, January 22, 1947.

你供应武器和弹药"。几天之后，物资就开始运送了。[1]佩莱斯派的皮米恩塔受到了冷落，在这场新交易中只能占据一个次要的位置，最后变成了德拉奥的参谋长。

4月初，整个国家都爆发了危机。卡兰萨最后一次采取了拙劣的行动，企图控制反对派：他硬要指派一位忠诚的卡兰萨派将军为索诺拉州总司令，而索诺拉是奥夫雷贡党的大本营。4月2日，战争部副部长命令正在为竞选进行巡回访问的奥夫雷贡返回墨西哥城：据传他与最近蒙赦的一名费利克斯派首领相互勾结，准备发起颠覆行动；因此，他得在军事法庭上做证。4月6日，奥夫雷贡出了庭，发现自己不仅是证人，还很可能变成被告。4月10日，索诺拉的奥夫雷贡派州长和议员宣布该州脱离联邦政府控制。在墨西哥城，警察已经准备好逮捕奥夫雷贡和他最亲密的助手本哈明·伊尔了。4月11日，在查普尔特佩克一家时髦餐厅里的私宴上，奥夫雷贡获取了巴勃罗·冈萨雷斯的信任，后者仁慈地在他的事情上表示了中立。4月13日，法庭准备指控奥夫雷贡的那天，他早早地逃出了首都。[2]大决战开始了。

从一开始，萨帕塔派和奥夫雷贡的关系就非常亲密。奥夫雷贡和伊尔都逃向了南方。虽然奥夫雷贡化装成了铁路工人，乘火车穿过莫雷洛斯到了格雷罗，暂时不必请求莫雷洛斯反叛者提供帮助，但是伊尔只到了首都的南郊，所以他现在就需要萨帕塔派帮忙。在逃亡的那一天，星期二，他给德拉奥写了信，提出了他们进行救援的时间和地点。然而，萨帕塔派离得太远了，无法在他指定的时间赶到，他不得不躲藏在米斯科阿克城外的一个采砂场中。星期四，德拉奥回复了他，向他表示祝贺，承诺第二天就派出后来被他称为"自杀探险队"的队伍去接应他。"各位首领已经接受了命令，向我们的同志提供各种帮助，给你们应有的关怀，"德拉奥向伊尔保证，"而我会留在这里，把一切都准备好。"

---

［1］　Ferris to the secretary of state, March 29, 1920, NA, 59: 812.00/23531. Summerlin to the secretary of state, May 12, 1920, NA, 45: 659. De la O in *Impacto*, January 21, 1950.

［2］　Ruvalcaba: op. cit., III, 7–222.

卡尔沃把伊尔送到了一个萨帕塔派能找到他的地方；周末，巴伦廷·雷耶斯带着 500 名突击队员进入联邦特区，到了孔特雷拉斯附近，接到了这些奥夫雷贡派成员。星期天，在返程的路上，探险队遇到了一支由200 名联邦士兵组成的纵队，卡尔沃和另外八个人在炮火中丧生了。但是第二天，在拉西玛的一处营地，雷耶斯还是把伊尔安全地交给了德拉奥。[1] 星期二，4 月 20 日，奥夫雷贡出逃一个星期之后，马加尼亚发表了正式声明，欢迎新的反叛者。这份声明可能是由索托－伽马执笔的，开头是一小段写给迪亚斯、韦尔塔和卡兰萨时代的挽歌，然后语气一转，激情洋溢地赞美"可敬的立宪主义者，奥夫雷贡和他的同伴……今天，他们又一次来到了战场上……欢迎你们，兄弟！……接受兄弟们热情的拥抱吧，我们在英雄辈出的山里，我们在面朝太阳死去的雄鹰的巢窠中间，我们知道如何让自由的火焰永续不灭，让墨西哥人对自由的渴望绵延不绝……我们已经团结了起来，所以我们一定会取得胜利"。作者活力满满地为他自己在众议院的初登场做了铺垫，在声明的结尾，他吹响了"胜利的号角"。他忍不住描绘了最后一幅画面："和平的白 *359* 旗"徐徐展开，人们看到了"1793 年法国的那句格言——自由，平等，博爱"。[2]

马加尼亚也和已经获赦的萨帕塔派成员取得了联系。他给身在托奇米尔科的阿亚奎卡送去了报告；阿亚奎卡回信表示，这些报告"大大地鼓舞了我，现在我相信，我们能够取得革命事业的胜利"。阿亚奎卡向马加尼亚保证，他已经和当地的国家军队指挥官达成了协议，"在合适的时候，我将投入战斗"。作为马加尼亚的"朋友和同志"，他也派回了一名信使，向马加尼亚口头报告了"你应该知道的其他许多事情"。[3]

同时，仅仅用了一个星期，奥夫雷贡派的起义就发展成了一场全国

---

[1]　De la O in *Impacto*, January 21, 1950. *El Liberal*, April 19 and 22, 1920. *El Universal*, April 20, 1920. *El Demócrata*, April 18–21, 1920.

[2]　*El Demócrata*, May 13, 1920.

[3]　Ayaquica to Magaña, April 15, 1920, AZ, 27: 6.

大暴动。奥夫雷贡很快就从格雷罗北部——那里的官员在他逃亡时为他提供了避难所——给他在全国各地的伙伴和潜在盟友发出了加密电报。索诺拉州政府随即发出了一份正式声明，不承认卡兰萨的政权。4月15日，索诺拉的国家军队指挥官也宣布，不再听从卡兰萨的调遣。接下来的几天中，出现了一批支持他们的人，包括锡那罗亚、米却肯和萨卡特卡斯等州的政府官员和军队统领，以及其他州的一些职位较低的官员。在东北部，曼努埃尔·佩莱斯率领他的军队，加入了这场新运动。4月20日，格雷罗州州长、议员和军队总指挥官也正式否认了联邦政府。同一天这样做的还有和奥夫雷贡一起在格雷罗避难的墨西哥工党（Mexican Labor Party）领袖。[1]

此时，莫雷洛斯的官员也渴望加入奥夫雷贡派。虽然罗德里格斯州长仍然坚定地效忠于卡兰萨，但是众市镇长官已经悄悄地脱离了他的控制，几乎全都表示支持新叛党。而州里的军事指挥官，库埃纳瓦卡的弗朗西斯科·科西奥·罗韦洛将军和库奥特拉的萨尔瓦多·冈萨雷斯将军，都是中立的巴勃罗派，表现得简直像要鼓励人们在他们地盘上造反似的。4月14日收到奥夫雷贡的消息之后，科西奥·罗韦洛就不再采取什么行动了。冈萨雷斯也停了下来。尽管政府命令科西奥·罗韦洛追击德拉奥和伊尔，他也没有行动。于是，叛军自由自在地在联邦特区南部和莫雷洛斯北部活动，招募村民加入战斗，承诺给他们配备武器，每天发一个比索，还允许他们"随意"抢劫；为了打击他们，战争部最后不得不把古斯塔沃·埃利松多将军从墨西哥州调了过来。4月21日，冈萨雷斯从库奥特拉撤了出来，不再过问这座城市的防务。同一天，战争部副部长亲自访问了库埃纳瓦卡，检阅了当地的驻军，发现科西奥·罗韦洛已经把大部分军队南撤到了蓬特德伊斯特拉，以那里为根据地，他们既可以攻击奥夫雷贡的队伍，也可以加入他们。虽然在副部长次日返回墨西哥城之前，科西奥·罗韦洛向他表了忠心，但是莫雷洛

---

[1]　　Figueroa Uriza: op. cit., II, 824–836. Ruvalcaba: op. cit., III, 350–353.

斯的国家军队仍然无所作为，那里的安全状况也进一步恶化了。[1]

4月23日，索诺拉州的叛军首领发布了《阿瓜普列塔计划》（*Plan of Agua Prieta*），奥夫雷贡派的起义达到了高潮。这是为整个国家制订的正式政治计划，它要求驱逐卡兰萨派，任命索诺拉州州长阿道弗·德拉韦尔塔为临时总统，举行新的选举，重新建立政府。于是墨西哥有了两位最高行政长官，墨西哥城的卡兰萨和索诺拉的德拉韦尔塔，政府支持者和反对派必须决定谁才是合法的那一个。在这个问题上，反对派支持者成群增加，尤其是在军队中。就像卡兰萨的财政部部长路易斯·卡夫雷拉看到的那样，"这不只是一场起义，而是……一次真正的军事打击"。[2] 在接下来的一个星期里，动乱发展成了一场轰轰烈烈的全国运动。

这件事让莫雷洛斯成了主流革命运动的一部分。《阿瓜普列塔计划》发布的消息传到库埃纳瓦卡后，罗德里格斯州长匆匆召集了市镇长官，开了政务会，打算宣布向卡兰萨效忠。但是这群官员反而宣布支持奥夫雷贡和索诺拉人。科西奥·罗韦洛终于忙活起来了：他向奥夫雷贡及其同伴表示了祝贺，免了罗德里格斯的职，并且下令给全州各市镇的民兵团分发武器。[3] 有些村子还没有确定是否要归附奥夫雷贡派，他们害怕这样做会影响他们和萨帕塔派的关系，于是派信使拜访了马加尼亚的普埃夫拉司令部；而马加尼亚建议他们全力支持这场起义。于是，萨帕塔派老兵成了奥夫雷贡的支持者，再次开始了行动。随着他们占据各个村子的重要位置，或者再度加入他们老首领的队伍，回到战场上，南方解放军又一次成形了。

[1]　*El Demócrata*, April 21, 22, and 26, 1920. *El Liberal*, April 24 and 25, 1920. Joaquín D. López: "Rectificación al General Francisco Cosío Róbelo," *El Universal*, December 29, 1930.

[2]　For a copy of the plan, see González Ramírez: *Planes*, pp. 251–255. For declarations of support, see Clodoveo Valenzuela and Amado Cháverri Matamoros: *Sonora y Carranza*（2nd edn., México, 1921）, pp. 299ff. For Cabrera's remark, see *El Demócrata*, May 3, 1920.

[3]　S. Valverde: op. cit., p. 237. For an account sympathetic to Rodríguez, Urbán Aguirre: op. cit., pp. 223–225.

当地起义如火如荼地进行了起来。4 月 25 日，战争部副部长剥夺了科西奥·罗韦洛的军衔，因为他"缺少军人精神"，但是这也无济于事。同一天，星期日，巴勃罗·冈萨雷斯逃出了首都，这就给各地的巴勃罗派发出了信号。星期一，奥夫雷贡自伊瓜拉向北行进了一小段路，科西奥·罗韦洛从库埃纳瓦卡向南，他们在蓬特德伊斯特拉愉快地重逢了，并且达成了协议。萨尔瓦多·冈萨雷斯缺席了这次会面，但是也宣布与他们结成了同盟。星期二，科西奥·罗韦洛正式宣布支持索诺拉人，他那 5000 名装备精良、弹药充足的军士也接受了奥夫雷贡的领导。星期三，埃利松多将军，受战争部委派前往库埃纳瓦卡粉碎叛乱的巴勃罗派成员，也加入了他们。那天还有一名政府派将军占领了库奥特拉，但又绝望地撤了出去，退回了首都。到了 4 月末，这个州里所有的团体组织都加入了奥夫雷贡派；这些团体包括所有的国家军队，所有的 26 个市镇政府和民兵团，以及所有的萨帕塔派组织。种植园主们又一次逃走了。[1] 对还没拿定主意的村民，马加尼亚重申了他 5 月 1 日发布的《给南部地区村落的通告》(*Circular to the Pueblos of the Southern Region*) 中的提议。"以一种特殊的方式，"他建议，"所有支持我们的事业的人，向可敬的革命者提供道义和物质支持。这些革命者中也有新的同志，他们因为卡兰萨派的谎言而感到幻灭，所以重返战场，为革命胜利贡献自己的力量。"奥夫雷贡即将掌权，但是马加尼亚显然已经筋疲力尽了；他在通告的结尾发出了警告："今天和昨天一样，我们会是那些和我们站在一起的村落的朋友。但是，如果有人忘记了不朽的埃米利亚诺·萨帕塔，不遵循他留下的光荣革命传统，我们也会惩罚他们。"[2]

5 月 2 日早上 7 点 15 分，奥夫雷贡和他的助理乘火车喜气洋洋地离开了伊瓜拉州，向北进发，返回首都。经过莫雷洛斯的时候，他们在萨卡特佩克停下了，伊尔、萨尔瓦多·冈萨雷斯、德拉奥、皮米恩塔、

---

[1]　*El Demócrata*, April 26 and 28 and May 2, 1920. *El Liberal*, April 26–29, 1920. *El Universal*, May 9, 1920. Francisco Cosío Róbelo: "Rindiendo Cuentas," ibid., December 27, 1930.

[2]　Circular to the Pueblos of the Southern Region, May 1, 1920, AZ, 30: 18.

雷耶斯、马里亚卡和其他首领正在那里等着他们。他们来到附近的霍胡特拉，在马萨里家族的宅子中稍作休整，举行了会议，为即将发动的向墨西哥城进军制订计划和应急策略。德拉奥为这迟来的、无比甜蜜的成功而飘飘然了，简直无法控制自己。"共和国的一半江山都在我的口袋里了。"他对奥夫雷贡说。那天下午，这群人又去了库埃纳瓦卡。在那里，科西奥·罗韦洛和埃利松多设下了一场欢迎宴会，奥夫雷贡在金夫人的老贝拉维斯塔旅馆的阳台上，面向一大群全神贯注的观众讲了话。[1]起义在这个国家的其他地区也在蓬勃发展，所以奥夫雷贡派无疑很快就会进入联邦特区，而在他们的队伍中，萨帕塔派反叛者级别并不高。

新的南方联盟仍然面对一系列威胁。墨西哥城的卡兰萨派还在试图抵抗，他们派出了一两架飞机去轰炸拉西玛、三玛利亚镇的叛军基地，以及库埃纳瓦卡火车站；但是这些行动也无济于事，叛军还在继续集结，准备发起进攻。[2]在遥远的圣安东尼奥，被抛弃了的巴斯克斯·戈麦斯绝望地恳求马加尼亚，不要接受奥夫雷贡，不然就是，他抱怨道，"接受了卡兰萨主义——只是没有接受卡兰萨本人而已"。这位流亡者的哀号飘荡在风中，就像那位阿兹特克诗人君王[3]——巴斯克斯·戈麦斯曾经借用他的名字作为自己的化名——的歌声那样，忧伤而无力。[4]和只比他大一岁的卡兰萨一样，这位医生的政治生涯已经走到了尽头。马加尼亚连理都没理他。马加尼亚能看到，巴斯克斯·戈麦斯所有的令他赞赏的政治才能，奥夫雷贡身上都有，而且后者年轻、充满活力，很快就要当上总统了。于是，他忠诚地追随着奥夫雷贡。其他萨帕塔派成

[1] Ruvalcaba: op. cit., IV, 56. Mazari: "Bosquejo," pp. 117, 126. De la O in *Impacto*, January 21, 1950. Gustavo Casasola: *Historia Gráfica de la Revolución Mexicana, 1900–1960*, 4 vols.（México, 1964），II, 1381.

[2] *El Demócrata*, May 4, 1920. *El Liberal*, May 3, 1920. Urbán Aguirre: op. cit., pp. 225–226.

[3] 指内萨瓦尔科约特尔（1402—1472），前哥伦布时期城邦特斯科科的君主；他同时也是一名诗人，用古典纳瓦特尔语写诗。——译者注

[4] Netzahualcóyotl to Magaña, May 4, 1920, AZ, 30: 18.

员也是一样。联合起义军在前进中不断吸收力量，变得越发壮大；他们穿过联邦特区南部的常绿森林和山地公园，从山上下来，到了开阔的中央谷地中。

最后，5月7日，卡兰萨和他仅剩的支持者逃出了首都，准备逃到贝拉克鲁斯去。那时，奥夫雷贡在德拉奥的军队的护送下，正等在霍奇米尔科。第二天，他们一起向北行进，到了塔库巴亚，继续等待；与此同时，奥夫雷贡的代表在城里安排各项事务，准备迎接他。有记者问奥夫雷贡："你相信与南方建立的联盟会持续下去吗？"他的回答充分显示了他的政治才能，诚实而坦率，既婉转又确切地表达了他个人的意愿。"我相信这是肯定的，"奥夫雷贡说，"而且它将会给那个地区带来许多好处。"[1]5月9日，奥夫雷贡作为胜利者，再度进入了墨西哥城，德拉奥骑马紧随左右。四天后，马加尼亚和索托－伽马也来到了首都，身着黑色西装，头戴黑帽子，像两个规规矩矩的政府要员。在照片里，在他们的伙伴抛撒的五彩纸屑中，两人沉默地紧握着庆典的花束。[2]对于这些萨帕塔派成员来说，他们的磨难已经结束了。

很快并且很巧妙地，奥夫雷贡和他的索诺拉同伴组织起了他们的政府。他们受到了一件丑事的影响：在普埃夫拉州，卡兰萨为了摆脱追兵（其中包括当地的萨帕塔派），丢下了他乘坐的火车，退到了州北部地区崎岖的群山中；5月21日，他在那里被护卫队中的叛徒暗杀了。[3]奥夫雷贡派领袖仍然表现得沉着冷静，无可指摘。他们镇定地对背叛行为表示了憎恶，逮捕了凶手，然后继续进行他们的工作。卡兰萨的葬礼在墨西哥城举行的那天，5月24日，在他们的安排下，议会选出了阿道弗·德拉韦尔塔，作为临时总统；德拉韦尔塔获得了224票，对手巴勃罗·冈萨雷斯只有28票。5月26日，曾担任索诺拉州起义军总指挥官

---

[1]　*El Universal*, May 9, 1920.

[2]　Ibid., May 10, 1920. *El Demócrata*, May 13, 1920. Casasola: op. cit., II, 1394, 1403–1404.

[3]　A. Barrios's Report to Magaña, May 16, 1920, AZ, 30: 18. *El Demócrata*, May 17, 22, and 23, 1920. *El Universal*, May 17 and 23, 1920. *Excélsior*, May 19 and 20, 1920. For a sensitive novel about this episode, see Fernando Benítez: *El rey viejo*（México, 1959）.

的普卢塔科·埃利亚斯·卡列斯将军掌管了战争部。四天后，德拉韦尔塔来到了首都。6月1日，他宣誓就任，临时执政期为六个月。[1] 政权过渡非常顺利，连那些从骨子里就不信任政客的街头歌手都对他们刮目相看。有歌手这样评论：

> 都是一个党了，
> 也没人瞎闹了，
> 朋友们，再也没有战争了，
> 我们一起好好干呵！

他甚至还做出了预测——街头歌手近来已经很少这么放纵自己了：

> 人们会投票给
> 奥夫雷贡将军，
> 因为他是唯一一个
> 能控制住野心的领导人。[2]

　　萨帕塔派成员在迅速巩固的新政权里非常显眼。6月2日，2万名《阿瓜普列塔计划》支持者列队穿过索卡洛广场，接受检阅，其中就有莫雷洛斯的军队。黝黑矮胖的德拉奥和有头有脸的新领导者一起站在国家宫的阳台上，他身边是似笑非笑的巴勃罗·冈萨雷斯；在阳光下，德拉奥皱起了眉头。从某个角度来看，他几乎和萨帕塔一模一样，后者这时已经死了一年多了（如果被杀的是德拉奥，萨帕塔活了下来，那么此时萨帕塔可能就在那里，德拉奥的位置上，同样不舒服地皱着眉头；他被马加尼亚劝来参加奥夫雷贡的重要活动，但是他可能会担心什么时候他就得再次起义了——马加尼亚就不会担心这一点）。游行之后，人们

---

[1]　*El Universal*, May 24 and 25, 1920. *El Demócrata*, June 1 and 2, 1920.

[2]　Song cited in Simmons: op. cit., p. 168.

在国家宫装饰华丽的大厅里拍了官方照片。德拉奥耐着性子拍了一张，他的副手巴伦廷·雷耶斯在他的右边，巴勃罗·冈萨雷斯和其他将军在左边。人们都找到了自己的位置，摆好了姿势。只有德拉奥直勾勾地盯着镜头，带着掩饰不住的怀疑神色，就像萨帕塔拍照时一直做的那样。莫雷洛斯人中的翘楚竟然不知道拍照的时候怎么摆姿势。但是无论如何，那里坐着一位地方领袖，与这个国家的最高领导者平起平坐。在那年夏天盛大的庆祝宴会中，代表那个群山以南小州人民的不是种植园主家的某位律师，而是一座村庄的长官，那儿的大部分村民都靠兜售木炭为生。[1]

　　萨帕塔派不只是来昭示自己的存在的，也是来争取权力的。6月2日，战争部部长卡列斯正式把萨帕塔派解放军——在那之前这支军队一直是奥夫雷贡麾下的非常规部队——编入了国家军队，作为南方师（Division of the South）；德拉奥和马加尼亚也成了少将。[2]在政治上，马加尼亚尤其可以派上用场，因为他和许多阵营的首领都有长期的联系，这些首领有的已经在政府里担任了职务，有的还没有被收编进来。对他自己手下的还在战斗的首领，他向他们讲清了新政权的性质，说服了最后的顽抗分子，比如门多萨，让他们完全接受了新政府。对那些曾经属于萨帕塔派、现在加入了费利克斯派并且还在反叛的首领，他表示，他可以赦免他们。他和索托－伽马很快跟安东尼奥·比利亚雷亚尔这样的归国流亡者恢复了密切联系。最有用的是马加尼亚与比利亚派驻圣安东尼奥的代表之间的往来，这促进了总统与比利亚的谈判——总统希望比利亚投降，就此引退。政府在实行一个"伟大的计划"，马加尼亚给圣安东尼奥拍电报，表示"比利亚雷亚尔将军和南方

365

[1]　　Casasola: op. cit., II, 1432, 1434, 1464. *El Demócrata*, June 20, 1920. *El Heraldo de México*, June 25, 1920.

[2]　　Ibid., June 4, 1920. *El Universal*, June 4, 1920. Palacios: *Zapata*, p. 295.

革命党很荣幸能够居中斡旋"。[1]被这份请求——以及其他人的请求——打动，7月28日，比利亚终于在和平条约上签了字，这就使奥夫雷贡派成了唯一一个能够统一整个国家的革命派。索托－伽马是地位仅次于马加尼亚的萨帕塔派官员，因为他与激进知识分子和专业人士之间很早就有联系，而这些人现在是政府内外政治活动中的关键因素。在奥夫雷贡的保护下，索托－伽马把他在1914—1915年大会里的亲信重新组织了起来，也吸收了新成员，于6月13日建立了全国土地党（National Agrarista Party）。他在莫雷洛斯、格雷罗、普埃夫拉、特拉斯卡拉、墨西哥、伊达尔戈、圣路易斯波托西、杜兰戈、瓜纳华托、哈利斯科和奇瓦瓦等州的伙伴也在当地建立了俱乐部。在8月的议会选举中，只有七名土地党人获得了众议员席位，但是，通过索托－伽马与奥夫雷贡的关系，他们实际拥有的权力是以他们的人数应得的权力的十倍。10月，索托－伽马出任了众议院第二副议长，12月，另外两名土地改革支持者当上了第一和第二副议长；土地党人也在重要的委员会中担任了职务，处理国书、宪法问题、外交关系以及土地事务。[2]

对莫雷洛斯而言，马加尼亚和索托－伽马在农业部的势力最为重要。该部的临时部长是比利亚雷亚尔，而在奥夫雷贡12月1日出任总统之后，比利亚雷亚尔也成了正式部长。马加尼亚和索托－伽马早早就宣布了，他们相信比利亚雷亚尔的"革命责任感"，此后也一直向他施加很大的压力。在工作中他确实帮了他们。他免除了帕特里西奥·莱瓦在农业部土地局的领导职位，任命了巴伦廷·伽马，索托－伽马的亲戚，五年前担任过大会的商务部部长。伽马立刻任命赫纳罗·阿梅斯

[1] P. Martínez to Magaña, June 2, 1920, and Mendoza to Magaña, June 6 and 15, 1920, AZ, 30: 22. G. Lozano Sánchez to Magaña, July 2, 1920, ibid., 31. Magaña and Soto y Gama to Villarreal, May 16, 1920, ibid., 18. Magaña, A. Barrios, and O. Paz to M. Díaz Lombardo, June (n.d.) 1920, ibid., 15.

[2] Vicente Fuentes Díaz: *Los partidos políticos en México*, 2 vols.（México, 1954–1956）, II, 24. *Directorio de la Cámara de Diputados del XXIX Congreso de los Estados Unidos Mexicanos* （México, 1921）, pp. 12–34, 53–70.

夸——他从哈瓦那回到了墨西哥——为他在莫雷洛斯的正式代理人。[1]
得到了索托－伽马领导的土地党人的公开进言和支持，比利亚雷亚尔
366
在 1920 年推出了首批大规模土地改革的重要措施——6 月 23 日的《未
开垦土地法》（*Uncultivated Lands Law*），10 月 6 日的《全国土地委员
会通告》（*National Agrarian Commission Circular*），还有 12 月 28 日的
《村社法》（*Ejido Law*）。[2] 于是，对莫雷洛斯的村落来说，索托－伽马
和马加尼亚就是他们在政府高层的代表。地方和中央政府之间的联系从
未像 1920 年 5 月中旬这样直接：霍纳卡特佩克一位不知名的萨帕塔派
上校给奥夫雷贡发电报，抱怨加西亚·皮门特尔一家欺压这座城市周边
的农人，短短两天之后，奥夫雷贡就发来了回电，"很荣幸"向他提供
帮助。而且不管有多曲折，抗议和请愿的渠道都是通畅的，直达政府的
管理部门。正如索托－伽马向门多萨报告的那样，奥夫雷贡派的高层
人士"听我们说话，关注我们"。[3] 即使村民不一定能得到"许多好处"，
他们也已经获得了保护自己不受有权有势的人欺负的机会，而且他们感
到，自己身上的负担将会大大减轻——与 1910 年相比，这是革命性的
变化。

　　1920 年，萨帕塔派在他们的大本营几乎拥有绝对的权力。他们的
领袖是德拉奥将军，州军事指挥官。"他是个大家长，"记者表示，"他
有一种让人联想起耶路撒冷牧首[4]的神态。"[5] 德拉奥身边的是新被任命
为州长的何塞·G. 帕雷斯医生，他 7 月 10 日刚刚宣誓就任；他是伊达
尔戈人，但是最晚从 1918 年开始，他就是莫雷洛斯萨帕塔派中最重要
的医务人员。副州长是卡洛斯·M. 佩拉尔塔，曾经的"阿特尔"——

---

［1］　*Boletín Oficial de la Secretaría de Agricultura y Fomento*, V, 5–8（May-August 1920），ii, iv.

［2］　Personal interview with Soto y Gama. For comments on the importance of these laws, see Simpson: op. cit., pp. 81–88, and Frank Tannenbaum: *The Mexican Agrarian Revolution*（New York, 1929），pp. 185–186, 330.

［3］　S. Robles to Obregón, May 19, 1920, and Obregón to Robles, May 21, 1920, AZ, 30: 18. Soto y Gama to Mendoza, July 1, 1920, AA.

［4］　指耶路撒冷正教会的领袖。——译者注

［5］　Francisco Bulnes: *Los grandes problemas de México*（2nd edn.; México, 1956），p. 58.

1917 年，他是萨帕塔派墨西哥城情报组织的首领。然后是莫雷洛斯的三名众议员，首先是索托 – 伽马在当地的代表，莱奥波尔多·雷诺索·迪亚斯，特拉尔蒂萨潘人，从 1911 年 4 月起一直为萨帕塔派战斗；然后是他选出来的两名助手，马里亚诺·蒙特罗·比利亚尔和弗朗西斯科·德拉托雷，都是萨帕塔派司令部培养出来的；只有参议员贝尼托·塔霍纳是个例外。[1]和他们地位相当的是阿梅斯夸，主管州农业部的事务。然后是各地的 *Defensas Sociales*（社会防卫团）的首领——这些民兵团还保留着武装，随时待命。6、7 月，受皮米恩塔和其他阴谋家挑唆，德拉奥似乎打算解除 *Defensas*（防卫团）的武装，派他自己的正规部队进驻各个城镇。敌对的军队之间爆发了几次可怕的冲突。为了367应对这种情况，民兵团首领向马加尼亚求助：许多防卫团就是马加尼亚在 1918—1919 年——他还在萨帕塔派司令部的时候——组织起来的。有位首领甚至建议马加尼亚竞选州长，想必是要靠他来对抗德拉奥。[2]8 月初，马加尼亚把这些抱怨和他自己的建议转达给了总统。想要退役的民兵团战士应该得到六个月薪水作为遣散费，他建议，剩下的人应该保留武装，改编为乡村警察——虽然他们不会从联邦政府领到工资。帕雷斯请求马加尼亚领导州土地委员会，而马加尼亚则更进一步，要求政府出资，派出一支由 100 人组成的民兵团供他调遣，执行特殊任务。[3]结果和他预想的一样：为了避免冒犯德拉奥，他不能介入莫雷洛斯的事务，但是民兵团保留了他们的武器，民兵团的首领也将继续掌握当地的大权。

只有在政府的底层、在萨帕塔派的阴影中，才有其他派别的革命者。他们担任了地区法官和市镇长官、顾问、助理等职务；有些人是在最近的起义中才得到任用的，大部分是塔霍纳在前一年任命的。但是他

[1] S. Valverde: op. cit., pp. 239, 253. *Directorio de la Cámara*（1921）, pp. 20, 24, 27. *Directorio Cámara de Senadores XXVIII Leg.*（México, 1920）, p. 6.

[2] Soto y Gama to Mendoza, July 1, 1920, AA. *Excélsior*, August 3 and 5, 1920. Castrejón to Magaña, July 9, 1920, AZ, 30: 31.

[3] Memorandum to de la Huerta, August 6, 1920, ibid., 30.

们现在必须参加当地的选举，于是他们编造了过去的工作经历，说自己很久以来一直是革命的支持者，埃米利亚诺的亲密战友。很快他们自己也相信了自己编的故事。

萨帕塔派官员很快就把他们的革命再次变成了现实。8月18日，帕雷斯颁布了他的第二项法令，开始为在革命中丧生的当地人的家人发放养老金。9月4日，凭借着第五号法令，他在莫雷洛斯掀起了新的土地改革浪潮。"埃米利亚诺·萨帕塔将军领导的南方革命旨在保护农田中的普罗大众"，"……《阿亚拉计划》……提出了革命的原则，其中……最重要的是把村社归还给村落，把长期遭受剥削的农工解放出来"，"……而莫雷洛斯正在经历的具有历史意义的时刻……是所有在南方山区经历了残酷斗争的公民共同创造的"，"……在革命中我们兄弟流的血、孤儿的哭号、寡妇的哀求……都要求活下来的人……履行他们的承诺……"基于这些考虑，他正式建立了相关机构，"实现那位牺牲于奇纳梅卡的烈士曾经在阿亚拉城许下的诺言"。这就是他想让马加尼亚领导的州土地委员会。该委员会将按照卡兰萨1915年1月6日发布的法令中的规定来运作——新宪法的第27条认可了这条法令，而萨帕塔派在宣布他们支持《阿瓜普列塔计划》的时候承认了这部宪法。[1]

根据新的法律，在莫雷洛斯，村民还是村民，但是他们现在体面地享有不可剥夺的权利，经济上也获得了解放。莫雷洛斯所有的乡下社区，只要在法律上符合 *pueblo*（村落）、*ranchería*（棚户区）、*congregación*（教区）或 *comunidad*（居民区）的条件，现在都可以向州长提出申请，收回他们以前的土地，或者在他们的住处周围获得新的土地。帕雷斯宣布，他将在收到申请的24小时之内，与他的土地委员会商讨，判断申请者的理由是否充分，划定他们应得土地的范围，然后公布他的决定。如果他同意了（他似乎在暗示，他总是会同意的），众位委员就会让他们在当地的代理人把所有权暂时转到村子名下，把相关的

---

[1] *Periódico Oficial del Estado de Morelos*, 4th Ser., No. 1, pp. 3–4; No. 3, pp. 3–4; No. 4, p. 3.

材料交给比利亚雷亚尔主持的全国土地委员会，供后者研究，并向奥夫雷贡总统提出建议。如果总统也同意了（他发过誓会这样做），土地的所有权就确定了。为了把尽量多的农户吸纳到改革中来，帕雷斯强调，因为战争动乱而人满为患的难民营，如果在法律上还没有得到公民组织的地位，也有权向他提出申请，获得这一地位；很明显，他会同意他们的要求。与帕拉福克斯的改革相比，新法向村民做出了让步，但是也对他们施加了限制。以前，村子对土地的所有权是完整的，而且是永久的。现在则只有使用权，并且如果他们滥用权利，土地就会被"国家"收回。此外，通过发布命令，农业部部长也可以深入干涉农村的事务。国会和总统当然也可以给地方关系带来一些不同寻常的变化[1]——联邦政府在正式接管乡村社会的同时，也在其中正式发挥了作用。但是与莱瓦派 1912 年打算颁布的措施、巴勃罗·冈萨雷斯 1918—1919 年实行的办法相比，新法充分地保护了莫雷洛斯村落的权利。

1920 年就这样平平安安地结束了，维护平民利益的土地改革成了国家的政策，而萨帕塔派运动也确立了它在莫雷洛斯政坛上的地位。未来不管有什么困难，这些成就都是不可磨灭的。萨帕塔、他的首领和志愿兵曾为这一事业竭力奋斗，而马加尼亚取得了这场斗争的胜利，并且最终巩固了它。

新的姿态，新的警察，新法，新机构，新政府。1910 年的普通乡下人中，大约有五分之三活了下来。单单是保住了自己的村民身份，他们就已经赢得了一场胜利；他们没有逃到城市里去，也没有躲藏在庄园里。他们还在那里，在他们认为自己属于的地方，在那些小镇、村落和牧场，散发出浓重的萨帕塔主义——至少也是"和平萨帕塔主义"——气息。[2] 1910 年的时候，他们唯一想要的那种生活崩溃了。即使他们

369

---

[1] For the various preconstitutional and constitutional agrarian decrees, laws, and circulars of the Carranza government, see Fabila: op. cit., pp. 270–361.

[2] For comparative figures on the populations of cities, towns, pueblos, ranchos, and haciendas in 1910 and 1921, see Holt Büttner: op. cit., pp. 94–105.

耗尽了力气，恪尽职守地耕种自己所剩无几的玉米地和豆子地，常常为了凑到买鸡蛋、番茄、洋葱、辣椒或木炭的几个比索而卖掉牛马，照料矮小的果树，毫无希望地租种种植园主最贫瘠的土地，他们也从来没有放弃让他们的社区继续运转下去的努力。等待着他们的只有漫长的苦难，无尽的悲哀和耻辱：他们要在热浪蒸腾的甘蔗田和稻田里为了一份工钱劳作，要听工头的命令，最终还要搬进归工头的老板所有的棚屋里去，远远地看着老朋友、邻居和亲戚也一家家搬走；他们永远不能停歇，最后还是负债累累地死去。而现在，十年之后，每有三个人活下来，就意味着有两个人已经死去，但是活下来的人还留在他们的故乡，并且又回到了战斗中。毕竟，村落还在，这比新政府、新的赢家、新的改革都要重要。那些小社区，几个世纪以来负着重担、受人威胁，此时才刚刚从敌人的包围——这是有史以来他们遭受的最为激烈、残酷且手段高超的围剿——中解脱出来，破坏了篡权者最好的——如果不是最后的——消灭他们的机会。虽然 1920 年莫雷洛斯的村民一团混乱，满心哀痛，但是他们证明了自己对祖先留下来的传统永恒不变的忠心。从他们继承的信念中生长出来的不是野心，而是责任；这种信念鼓舞了人们，让他们不去索取，专心修复；这种信念不是外在的刺激，而是他们内心的力量。这种信念，他们将会把它传给后世。

战争期间，联邦军队和国家军队曾经几次摧毁了阿内内圭尔科。在废墟中，在斜坡上的鹅卵石路上，野草已经长了出来。此时，人们陆陆续续地搬了回去。很快，当地的社区就运转起来了。9 月 26 日，帕雷斯公布他的土地委员会法案三个星期零一天之后，阿内内圭尔科人又提交了一份收回当地土地的申请。他们是第一批尝试遵照新法案做事的村民。9 月 28 日，帕雷斯把老奥斯皮塔尔和夸维斯特拉种植园的临时地权交给了他们。[1]

---

［1］ *Periódico Oficial*, 4th Ser., No. 11, pp. 1–2.

尾声　信念犹在

"阿内内圭尔科人的生活可以说是榜样……"

——赫苏斯·索特洛·因克兰

　　萨帕塔的姨父在 1909 年 9 月交给他的地权证书是一份几近神圣的文件。那不只是萨帕塔掌管的一捆法律文书，而是在他之前的所有阿内内圭尔科首领的荣光的见证，所有过去世代的人们对这个村落的信念。把它们保存好是他的责任。一年半之后，当他决定带领村子加入革命的时候，他把这些证书放在了一个保险箱里，埋在了村教堂的地板下面。

　　当联邦军队劫掠库奥特拉地区的各个村庄的时候，萨帕塔害怕他们会碰巧发现那个保险箱。他派何塞·罗夫莱斯，与他关系非常亲密的助理，他的阿内内圭尔科同乡，把它挖出来，帮他带回来。罗夫莱斯无法进入那个被士兵把守的地区，于是萨帕塔又派去了一个阿内内圭尔科人，村议会秘书，弗朗西斯科·佛朗哥。佛朗哥取回了地权证书，萨帕塔把它们交给了罗夫莱斯保管。"如果你把它们弄丢了，我的朋友，"他告诉他，"你就会被吊死在一根光溜溜的橡木上，慢慢风干。"

　　1914 年年初，米却肯起义军派使者访问了萨帕塔在波索科罗拉多的营地，想要看看他的诚意。他究竟为什么战斗？他怎么证明这一点？萨帕塔叫罗夫莱斯把阿内内圭尔科的文件拿来，给来访者看了那些文件。"*Por esto peleo*，"他说，"这，（他指的不是这些地权文件，而是这种忠诚、正直精神的证明）就是我为之奋斗的东西。"

　　随着战斗的发展，萨帕塔采取了更多的预防措施，保护这些文件。他把它们交给了佛朗哥，让他不要涉足危险的区域，并且告诉他，从此以后，保管这些文件就是他唯一的使命。此后，萨帕塔常常谈起这些文件，他似乎知道它们不会随着他一起失落，因而感觉放心了一些。"我注定有一天会死，"他这样表示，"但是我们村落的文件仍然是安全的。"

1919 年 1 月，萨帕塔在阿亚拉城附近和佛朗哥见了一面，向他重申了这一使命。他甚至委托佛朗哥，倘若他失踪了，就把这些文件交给卡兰萨的土地管理机关。

三个月后，萨帕塔死了。佛朗哥回到了阿内内圭尔科。但是塔霍纳和罗德里格斯州长并没有进行改革，于是他把保险箱藏了起来。一年过去了。

然后，阿瓜普列塔起义开始了。1920 年年中，新政权在墨西哥城和库埃纳瓦卡建立起来了。这时，佛朗哥把萨帕塔留下的文件拿了出来，当地村民也把他选为了他们的新首领。那年秋天，他提交了申请书，要求政府依法明确恢复他们的地权。为了与邻村和平相处，阿内内圭尔科人并没有要求把所有的土地都还给他们，因为那样就包括了阿亚拉城和莫约特佩克的部分土地。[1]

州长匆匆地做出了回应；但是他并不是在主持公道，而是在帮村民的忙。因为全国土地委员会和农业部里的农学家都认为，如果依靠常常出错的古旧文件进行改革，只会让问题更复杂，所以帕雷斯给阿内内圭尔科人土地的方式并不是归还，而是赠与——他给了他们一千两百多英亩地，差不多就是他们要求官方承认的那个数目。阿内内圭尔科人没有别的选择，只能接受。10 月 20 日，他们获得了受赠土地的临时所有权，不过事情仍有可能发生变动，他们也可能会被驱逐。[2] 村子原来的地权文件这时候其实已经没用了，但是佛朗哥还是把它们和新的文件一起保管了起来。

整个 20 世纪 20 年代初期，萨帕塔派在墨西哥城都很有势力。1921年，在索托 - 伽马土地党人的推动下，众议院召开了一场特别会议。

---

[1]　　Sotelo Inclán: op. cit., pp. 201–205.

[2]　　Gill: op. cit., p. 52.

一连几个月，人们都在讨论农业主义；他们审阅共和国各个地区的村子递交的请愿书，引用土地法方面的著作，在公众面前高谈阔论，都是为了向公众表明，墨西哥农人的不幸不是一时一地的现象，而是一个可耻的全国性的根本问题。他们至少说服了奥夫雷贡总统，后者出席了一次土地党的集会，承诺努力推行更强有力的改革。结果就是 1922 年 4 月 10 日颁布的《土地监管法》(*Agrarian Regulatory Law*)——直到 20 世纪 30 年代中期，这部法律都是政府利用新宪法保护乡下穷人权益的最激进的举措。在政府其他部门中，萨帕塔派也占据了重要的位置。全国土地委员会的秘书长是萨帕塔派司令部 1914—1916 年的秘书，米格尔·门多萨·L. 施韦特费格尔。在军队中，马加尼亚地位略低，但是仍然很有影响力，他领导着管理军队生活区的联邦机构，也是全国农业联盟(National Agrarian Confederation)的长官。借着这些关系，阿内内圭尔科得到了很多好处。[1] 1922 年 11 月，总统把他临时赠与阿内内圭尔科的土地扩大到了约 1700 英亩，其中超过 900 英亩来自曼努埃尔·阿劳斯的夸维斯特拉庄园，750 多英亩来自阿隆索后人的奥斯皮塔尔庄园。1923 年 2 月，阿隆索家的律师向库奥特拉地区法院提出申请，反对总统的裁定；但是佛朗哥有村落的合法文件，所以法院拒绝采取行动。最终，1923 年 4 月 11 日，村子得到了地权证书，确定他们拥有这些土地：75 户人家的家长成了真正的 *ejidatarios*（村社社员）。[2]

其他社区也从新政权那里得到了好处。超过 40 个非正规宿营地、居民点、近郊村庄以及老庄园宿舍得到了帕雷斯的承认，成了公民组织。州长向这些组织中的一半左右以及大多数受到承认的村庄赠与了土地。到了 1923 年年末，他已经向当时这个州里的 150 座村落中的 115

[1] Personal interview with Soto y Gama. Díaz Soto y Gama: *La revolución*, pp. 292–293. Fuentes Díaz: *Partidos*, II, 25. Simpson: op. cit., pp. 82–85. Julio Cuadros Caldas: *México–Soviet*（Puebla, 1926）, pp. 485–486, and *El Comunismo Criollo*（Puebla, 1930）, pp. 52–59. Jesús Silva Herzog: *El agrarismo mexicano y la reforma agraria. Exposición y crítica*（México, 1959）, pp. 304–310, 313–320. Meléndez: op. cit., II, 474.

[2] Sotelo Inclán: op. cit., pp. 205–206. Gill: op. cit., p. 53.

座提供了土地。受到政府的鼓励，许多农人组织了农会，比如特坡斯特兰的“*Bolsheviki*”（布尔什维克），接受全国工人联盟——墨西哥工人区域联合会（CROM）的领导。[1] 1923 年，一名在莫雷洛斯游历的美国记者发现，在田间劳作的人们“没有什么不满”。没错，那里已经没有甘蔗田了。但是村民并不因为旧产业的衰败而觉得惋惜。“别人说那是莫雷洛斯的繁荣，”他们回忆道，“但是对我们来说就是苦难。”正如村社社员告诉这个美国人的那样，“我们［现在］想种什么就种什么，而且种出来的都是我们自己的”。[2]

作为回报，当地人坚定地支持联邦政府。1923 年 12 月，一场支持德拉韦尔塔当总统的叛乱在几个州里爆发了，莫雷洛斯的乡下人没有跟着起来造反。只有某些像赫苏斯·卡皮斯特兰这样的老萨帕塔派首领有过一些可疑的举动：他们不喜欢帕雷斯在库埃纳瓦卡建造的政治机器，并且怀疑他有意谋反。但是当大家长德拉奥在 12 月 15 日免除了帕雷斯及其助理的职务、指派了一位新的政府派州长后，这些心怀不满的首领就又开始继续支持政府了。后来，格雷罗州的叛军试图打进莫雷洛斯，但是德拉奥调兵遣将，把他们挡在了蓬特德伊斯特拉。他也给州里各地的村民发放了武器。人们坚守着各个战略要地，从未动摇，直到危机结束。[3] 自从 60 年前的法国入侵墨西哥战争以来，村落与全国政府的联系可能从来没有像这样紧密，人们对政府的忠心也从来没有这样坚定。

到了 1927 年，数据显示，土地改革给莫雷洛斯带来的变化比其他任何一个州都要大。只有四五座庄园还在运转，其余的要么已经停产了，要么变成了生活区。它们的周围现在是 120 多座已经成立

［1］ *Periódico Oficial*, 4th Ser., Nos. 9–13, 15, 16, 19, 20, 22–31, 34–52, 55, 57–60. Diez: *Bibliografía*, p. ccxvii. Lewis: *Life*, p. 236.

［2］ Ernest Gruening: *Mexico and Its Heritage*（New York, 1928）, p. 162.

［3］ S. Val verde: op. cit., pp. 246–247, 315. *Excélsior*, December 17, 23–25, and 30, 1923. Luis Monroy Durán: *El último caudillo, apuntes para la historia de México, acerca del movimiento armado de 1923, en contra del gobierno constituido*（México, 1924）, pp. 329–337. Meléndez: op. cit., II, 141–143, 160–163. Figueroa Uriza: op. cit., II, 978–979.

了村社的村庄。在过去的七年中，种植园主失去了超过半数的土地，一万六千八百多名村社社员明确获得了三十万七千多英亩土地的所有权，有些是通过赠与获得的，有些则是归还。此时，莫雷洛斯至少80%的农户都拥有了自己的土地，加起来大约占了可耕地的75%。[1] 莫雷洛斯乡下土地肥沃、气候湿润温暖，除了作物的生长期，其他时间都是一派丰收景象。新兴的地产保有方式显现出了古老的民众主义乌托邦的影子。一名和气但颇为精明的美国人类学家此时正在特坡斯特兰做研究，在他眼中，当地人生活的本质就是和谐、安乐和满足。同样的情景374也让一位一向尖刻辛辣的美国记者大为震撼。"特坡斯特兰！100 年之后你还会像现在一样自给自足、雄浑壮美吗？"他感叹道，"如果我读对了你神圣的掌纹中的命运，你将会永远珍视你的传统……"[2]

尽管有这些数据和赞美之辞，人们心里还是产生了新的忧虑。最令人烦恼的是政治问题：1924 年，卡列斯总统接了奥夫雷贡的班，引发了全国土地党内部的冲突和分裂，这对莫雷洛斯也有影响。1924 年 8 月，参议院罢免了德拉奥委派的州长，任命了伊斯梅尔·贝拉斯科；此人在革命前是霍纳卡特佩克和特特卡拉的行政长官，但是后来加入了萨帕塔派。9 月，战争部把德拉奥调去了特拉斯卡拉，任命了一个索诺拉人当莫雷洛斯的总司令。10 月，贝拉斯科离开了，华金·罗哈斯·伊达尔戈当上了州长。16 个月之后，1926 年 2 月，他举办了 1912 年以来的第一次州选举。有七个政党参加了选举，推举出了四名候选人，最后有三名候选人宣布自己赢得了选举，还各自建立了自己的议会，一个占据了科尔特斯宫，一个设在库埃纳瓦卡的一处私宅，还有一个在霍胡特拉。国会立刻罢免了罗哈斯·伊达尔戈，任命了巴伦廷·德尔利亚诺，1912—1913 年莫雷洛斯的众议员。3 月，德尔利亚诺宣布最近的选举无效。5 月，他退位了。他的副州长代替他执政，直到 12 月国会任命了

————————

[1] Holt Büttner: op. cit., pp. 29, 101–102. Tannenbaum: *Agrarian Revolution*, pp. 324–325, 498. Jorge L. Tamayo: *Geografía General de México*, 4 vols.（México, 1962）, IV, 64–65.

[2] Redfield: op. cit., pp. 54–68. Carleton Beals: *Mexican Maze*（New York, 1931）, p. 137.

新的州长为止。第二年 2 月，国会撤销了这项任命新州长的决定，任命了另一个人，一个月后再次撤销，又任命了一个人。[1]

政客数目激增，就像蝗灾一样，令村民感到无比厌恶。圣玛利亚阿尔普耶卡的公民给内政部送去了一份很有代表性的投诉书，其中写道，"……我们的村落，和这个州的其他地方一样，已经彻底陷入混乱中了，我们也因此忍受了一长串的不公和各种各样的灾难……自从罗哈斯·伊达尔戈先生当政的时候开始，这里就是一团乱了，他来到这里，强迫各个市镇听他的领导，而他的政府正是村落的死敌……罗哈斯·伊达尔戈先生走了，我们向上天举起手来，以为总算能喘口气了，但是我们非常失望地发现这是不可能的，因为巴伦廷·德尔利亚诺先生来了，他们说他有西班牙佬血统，而他立刻就上了反动派的当，也没解决这里的问题。这位先生也走了，然后有三个月时间，我们都不知道政府的领导是谁……我们只知道这里的情况一天比一天糟糕，谁知道最后会变成什么样……"[2]

另一个问题是新来的农人。有些是本地人，现在回到了故乡，有些是从较难得到土地的州来到这里的外乡人。被优越的政策和良好的自然条件吸引，数以千计的人来到了莫雷洛斯。他们大多在村庄里落了脚。而当他们要求收回自己原有的权利或是争夺新权利的时候，也就妨害了本地人的利益。这样的人来得越多，莫雷洛斯就越是声名远播。

不那么明显但是更令人担忧的是钱的问题。20 世纪 20 年代中期，随着全国经济的恢复，商品种类日益增多，村民不得不为这些丰富的商品付更多的钱。但是，他们常年在玉米地里耕作，饲养几头牲畜，没什么机会赚到足够的钱。1925 年，美国记者再次来到这个州，他发现村社社员打算重新开始种甘蔗。但是磨坊还是一片废墟；据专家估算，重

[1]　Fuentes Díaz: *Partidos*, II, 25–26. S. Valverde: op. cit., pp. 243–255, 285. Gruening: op. cit., pp. 465–466. Diez: *Bibliografía*, pp. ccxviii-ccxx. For Velasco's early career, see *Semanario Oficial*, XII, 12, 13; XIII, 28, 17; XVI, 26, 15; XVII, 3, 15. For del Llano, see ibid., XXI, 28, 1.

[2]　Cited in Gruening: op. cit., p. 467.

建磨坊的费用高达 2500 万美元，人们不太可能找到合适的投资人。一些村民尝试种植水稻，供应墨西哥城市场，但是他们不得不和中间商打交道，后者在收成之前就开始侵占他们的利益了。有一次，关于稻田用水的争执还恶化成了两个保有武器的村落之间的斗殴。农人如果想要过上基本线以上的生活，往往得租种他们邻居的土地，或者去打短工，挣一份工钱。[1]

当地的老兵还留在州内，不过他们的情绪尚属稳定，更没有搞破坏活动的打算。1926—1928 年，有三个小型反叛团体在莫雷洛斯北部和东部活动，声援当时席卷了哈利斯科州的天主教基督战争（Catholic Cristero rebellion）[2]，但是没有哪座村落真心支持他们。为了躲开那些手拿武器、尽职尽责的村民，他们藏到了山里。即便如此，其中一个团体也成了追兵的牺牲品，率领追兵的是阿德里安·卡斯特雷洪，萨帕塔派首领，现在是一名忠诚的国家军队将军。1927 年年末，一场军事暴动在贝拉克鲁斯州爆发了，卡列斯总统对莫雷洛斯很有信心，根本就没有花力气去增援当地的军队，也没有发动民兵。他粉碎东部的叛乱的时候，南部也没有生出一丁点儿枝节。两年后，北方又出现了一场未遂的兵变，而莫雷洛斯仍然风平浪静。[3]

376

当地人对政府的忠心虽然坚定，但是已经不再自然而然了，而是变成了一种负担。1928 年之后，这种忠心主要靠感激和信任维持下去，因为那一年，莫雷洛斯失去了它在墨西哥城最强有力的保护者——奥夫雷贡，他死在了一个宗教狂热分子的枪下。卡列斯——他不欠这个州任何东西——成了国家的最高政治领袖。卡列斯此时建立了国家革命党

---

［1］　Gruening: op. cit, pp. 162–163. Memo on production of sugar in Morelos, November 8, 1924, NA, 59: 812.61351/6.

［2］　基督战争（1926—1929）是一场针对墨西哥政府的世俗主义、反教权主义行为的大规模反抗运动。——译者注

［3］　Sheffield to the secretary of state, May 13, August 24, September 13, and October 18, 1927, and August 7, 1928, NA, 59: 812.00/28408, 28662, 28719, 28906, 29272. Mazari: "Bosquejo," p. 127. Meléndez: op. cit., II, 235–240.

（National Revolutionary Party），索托－伽马拒绝加入这个党。土地党陷入了分裂，于是莫雷洛斯在首都连支持者都没有了。1929 年，临时总统颁布政令，向莫雷洛斯村民赠与了一大批土地，在此之后，村庄就无人理会了。[1]

同时，阿内内圭尔科仍在挣扎。旧有的直接下手的剥削方式太过简单明显，已经不能对村子造成伤害了：1927 年 6 月，曼努埃尔·阿劳斯的律师在库奥特拉地区法庭上要求没收夸维斯特拉的土地，但是他的话没有造成任何影响。然而，此时也出现了一些更狡诈的策略，村民必须特别小心。阿隆索的律师企图把两块从奥斯皮塔尔没收来的土地卖给联邦灌溉与农业信贷银行（Loan Bank for Irrigation and Agriculture）。不过弗朗西斯科·佛朗哥很快就在法庭上揭穿了他们的把戏，于是，在接下来的几季中，阿内内圭尔科人还可以放心地继续耕种他们的土地。[2]

到了 1929 年，村子又陷入了另一种困境。随着年轻人结婚、建立新的家庭，他们要求在当地获得自己的土地，不想移居到别处。但是村社里土地不够，不能给他们体面的一份。而官方对扩大土地赠与份额的限制让土地匮乏的情况更加严重了。从法律上来讲，阿内内圭尔科在第一次获得赠与后的十年之内都无权要求得到新的土地，也就是说，直到 1930 年 10 月，他们都不能再次提出诉求。

佛朗哥本能地靠那些旧地权文件找到了出路。1929 年 5 月 9 日，阿内内圭尔科人再一次申请返还他们失去的土地。这个要求在 7 月变得急迫了起来，因为当时全国土地委员会决定，9 月的时候它将会结束莫雷洛斯的土地改革，解散州土地委员会，不再接受归还、再次赠与或者扩大土地份额的请求。但是全国委员会没能落实他们的决定，于是，10 月末，佛朗哥又一次递交了申请，要求扩大阿内内圭尔科的村

---

［1］　Fuentes Díaz: *Partidos*, II, 26–27. Meléndez: op. cit., II, 212. Holt Büttner: op. cit., p. 29. Marte R. Gómez: *La reforma agraria de México. Su crisis durante el período 1928–1934* （México, 1964），pp. 33–39.

［2］　Sotelo Inclán: op. cit., pp. 205–206.

社土地。[1]

这两次行动都没有什么结果。恢复旧地的要求被视为不合规程而被驳回了，扩大土地的申请也很快与进一步限制村落权利的新法律形成了冲突。根据1930年12月26日颁发的行政法令，村民甚至连要求得到更多的村社土地份额都不行，除非他们能证明自己"有效使用了"此前获赠的土地，而且在开始耕种被政府没收的种植园土地之前，还必须要付钱。[2]

对于阿内内圭尔科来说，这些都是可怕的障碍，而且情况变得越来越严重了。随着联邦政府越来越关注自身的稳定性，随着它变得更加保守，更加在意投资者的感受，它开始高度重视政治关系，无视普通人的需要。虽然新的州宪法在1930年生了效，虽然选出了州长和议会，让当地人掌了权，但是，真正左右莫雷洛斯命运的仍然是墨西哥城的意志。而普通民众的选择范围也缩小了。实际上，阿内内圭尔科人除了继续支持弗朗西斯科·佛朗哥的斗争之外，也没有什么别的办法。1932年12月，他们扩大村社的要求终于送到了全国土地委员会，但是没有造成任何影响。

1934—1935年冬天，村落的斗争变得激烈了起来。此时，新总统的选举刚刚结束，以一种人们非常熟悉的方式，将要离任的最高行政长官在最后一刻给了他同样即将离任的同僚大量好处。其中一个恩惠——对于他来说只是个友好的表示——是把库奥特拉南边的两块地交给一个由一小撮将军组成的团体，何塞·玛利亚·莱瓦合作团。这些地刚好是阿内内圭尔科村社中最肥沃的一部分。阿内内圭尔科一直拥有这些土地；合作团里领头的将军——毛里利奥·梅希亚——肯定知道这一点。而且，阿内内圭尔科1923年就已经"明确地"从奥斯皮塔尔庄园那里赢来了这些地，1927年他们也成功地在法庭上保住了对它们的所有权。但是，这些地很有价值，而基层法院的判决往往不能让一位慷慨大方的

---

[1]　Gill: op. cit., p. 53. Simpson: op. cit., p. 117. Sotelo Inclán: op. cit., p. 206.

[2]　Fabila: op. cit., pp. 536–539. Simpson: op. cit., pp. 114–116.

总统有所顾忌。很快那些将军就派人把土地围了起来。

弗朗西斯科·佛朗哥的行动证明了，他是萨帕塔留下的遗产的合格继承者，阿内内圭尔科光荣传统的真正传人。他通知了梅希亚及其亲信，说他将再次向法庭出示阿内内圭尔科的地权证书，反抗他们的行动。1934 年 11 月 29 日，他又一次提交了要求归还土地的文件。众将军指责他不遵守当地官员的命令，并且准备私自抓捕他，于是他带着那些文件逃到了山里。有几个月的时间，他一直处在生死边缘，一有条件就给各个有权有势的人写信。那捆法律文件再一次激励了阿内内圭尔科最值得信赖的人，让他全心全意地投入了战斗。

佛朗哥的恳求最终引起了新总统拉萨罗·卡德纳斯的注意，后者已经重振了激进土地改革运动，把它当成了国策。1935 年 6 月 29 日，令人惊奇的事发生了：总统访问了阿内内圭尔科。在公开的会议记录中，他宣布没收将军的土地，争议土地和合作团的农业机械都归村落所有，并且保证弗朗西斯科·佛朗哥免于政治迫害。

阿内内圭尔科的官司至此似乎就结束了。虽然萨帕塔派政治家仍然失势，但是卡德纳斯总统实际上向前迈进了一步，继续把村社土地赠给村民，还在莫雷洛斯实行了肯定能减轻村子负担的其他改革。十年的革命，然后是 15 年的申诉，萨帕塔出生的那个村落终于能得到他们应得的东西了。如果萨帕塔还活着，他已经可以当祖父了。

剩下的就只有申请扩大村社的程序问题了。佛朗哥提交了文件，卡德纳斯总统也在 1936 年 5 月 13 日爽快地同意了。阿内内圭尔科此时已经给 93 名村社社员分发了 10139 英亩土地，相当于革命前的一个小型庄园的面积。大约有 1200 英亩土地位于郁郁葱葱的阿亚拉河河滩上，其中有 600 多英亩可灌溉耕地；其他土地在村子西边干旱的山里。[1]

然而阿内内圭尔科的成功引发了争议。它鼓舞了阿亚拉城人，后者也提出了扩大村社的要求；而当他们得到土地后，他们发现其中包括已

---

[1]　*Excélsior*, June 29, 1935. Gill: op. cit., pp. 53–55. Sotelo Inclán: op. cit., p. 207.

经分配给阿内内圭尔科的部分——卡德纳斯一年前就已经在口头上把这些地许给阿内内圭尔科了。但是阿内内圭尔科很倒霉，总统那次突然来访的官方记录没有保留下来，村子也就无法在阿亚拉城的挑战面前保护自己的利益。虽然莫雷洛斯人的老朋友在墨西哥城再度得了势，马加尼亚获得了总统——同是米却肯人——的信任，帕雷斯当上了农业部副部长，但他们并没有浪费精力平息两个小村子之间的争斗。1937 年，尼古拉斯·萨帕塔当上了库奥特拉的市镇长官，但是他也没给他父亲的故乡帮什么忙。不像他的父亲，他接受了基本的政治训练——这就让他变得没有责任感了。

这一争端在阿内内圭尔科和阿亚拉城（相比之下，阿亚拉城更大、 379
更富有，而且是市镇中心所在地）之间拖拉了差不多两年时间。然后，1938 年 5 月，政府做出了有利于阿亚拉城的裁决。阿内内圭尔科人非常震惊，拒绝接受这一结果。他们也不肯接受其他地方的土地作为补偿，尤其是在他们得知必须要为这些补偿来的土地支付市价的一半之后。然而这些被剥夺了土地的人仍然不肯离开他们的村落。靠着租种当地的土地，或者给邻居做农活，他们坚持了下来。

村民看得到，他们生活的基本状况已经改变了，尽管他们不知道是如何改变的、为什么会改变。他们陷入了忧愁中。而讽刺的是，这一切都是在过去几年间、政府关心他们的福利的时候发生的。卡德纳斯想给莫雷洛斯的村社社员种植经济作物的机会，于是他下令在萨卡特佩克建了一座巨大的合作磨坊，这座工厂已经于 1938 年 2 月开工了；地里又种上了甘蔗。但是，土地不可避免地升值了。村社内外的企业家为了自己的利益，歪曲了当地的合同。此外，新来的人从格雷罗、墨西哥和普埃夫拉等州涌入了莫雷洛斯，想在那些为萨卡特佩克磨坊供应甘蔗的村落里找到安身之地。到了 1940 年，阿内内圭尔科的人口已经超过了 1930 年的两倍，主要是因为移民。一部分移民是佃户，其他人是兼职或者全职的农工，他们要价很高，但是都渴望在村社里拥有一块属于自己的地。在对土地的激烈竞争中，人均耕地的数量缩减到了不足十英亩，差不多是七年前的三分之一。[1] 村社已经没有扩大的空间了，即使农业部部长——此时在任的是帕雷斯——想扩大它也不行。

最后，阿内内圭尔科人接受了他们先前获赠的土地旁边的地，并且同意付给原主市价的五分之一（那些原主是前州长，也是尼古拉斯·萨帕塔的赞助者）。但是在人们开始分配土地的时候，尼古拉斯出现了，企图占据最好的地。于是，负责此事的联邦官员拒绝把土地交给任何人。税单还是送到了阿内内圭尔科，但是土地的使用权很快就落到了当地的一个据说是西班牙人的富农手里。

1940 年，村子的胜算变得更小了。因为马加尼亚——萨帕塔派中与卡德纳斯联系最紧密的人——前一年死了。在世的萨帕塔派要人组成了一个正式的俱乐部，萨帕塔阵线（Zapatista Front），领导者包括帕雷斯、德拉奥、阿亚奎卡和卡斯特雷洪；为了让尼古拉斯·萨帕塔注意自己的言行，变得更有责任感，他们在管理委员会里给他留了一个名誉委员席位，还做了些安排，把他选进了莫雷洛斯议会。尼古拉斯还是没什么变化，但是他此时是政府代表了，所以很快就在阿内内圭尔科的村社里获得了一百多英亩地。阿内内圭尔科人提出了抗议，结果他没收了他们的土地，分给了他在阿亚拉城村社的伙伴。[2]

尽管如此，阿内内圭尔科人还是留了下来，其中有许多村社社员，也有数目相当的租户和劳工。虽然他们听说第二次世界大战创造了新的工作机会，在北方，在联邦特区，就在莫雷洛斯也有，但是，比起去远方冒险，寻找光明的未来，他们更想留在家乡，守住微弱的希望。在家乡他们起码还没有落到需要偷东西才能果腹的地步。

到了 1943 年，阿内内圭尔科陷入了绝境。有位年轻的历史学家在

［1］ Urbán Aguirre: op. cit., pp. 256, 265. Theodore Schwartz: "L'usage de la terre dans un village à Ejido du Mexique," *Études rurales*, 10（July 1963）, 37–49.6° *Censo de Población, 1940, Morelos*（México, 1943）, pp. 13, 44. Nathan L. Whetten: *Rural Mexico*（Chicago, 1948）, pp. 260, 584.

［2］ Gill: op. cit., pp. 56–57, 64. Sotelo Inclán: op. cit., p. 212. Personal interview with Palacios. *Excélsior*, June 25, 1940.

国立大学听了关于萨帕塔的讲座，随后，他来到了莫雷洛斯，亲身探索这位南方领袖的真正意义。村民的悲惨境遇让他大为震惊。虽然阿内内圭尔科人仍然想要守护他们的土地，但是他们人数过多，负债累累，无依无靠，而且刚刚失去了他们的土地——他们原本还在期待着下一季的丰收。他们对所有的保护自己利益的方式都丧失了信心，唯一的希望就是他们的地权证书。最后，此时已经 60 岁了的弗朗西斯科·佛朗哥给年轻的来访者看了这些证书。单单是这些文件，这些印证了他们的历史的文件，他宣称，就能证明村落有权存在下去——这对他来说不仅意味着政治上的自治权，还意味着当地居民拥有在他们出生的地方体面地生活下去的社会权利。对于佛朗哥和其他阿内内圭尔科人来说，他们只能靠这份遗物来寻找他们最后的出路了。这个想法让这位历史学家非常难过。"看着他们受苦，"年轻人想道，"我仿佛见证了过去所有世代人们的痛苦。"回到墨西哥城之后，他继续和他在村子里的朋友通信，并且开始担心这些人会再次拿起武器，来一场"悲剧性的冒险"。他很快就出版了一本书，在书里他恳求新总统，曼努埃尔·阿维拉·卡马乔，承认阿内内圭尔科的地权。"事情会不会变成这样，"他问道，"最先为土地而战的村落反而最后才能得到土地，甚至永远得不到土地？"[1]

与此同时，佛朗哥再次把人们组织了起来，反抗尼古拉斯。"如果埃米利亚诺还活着，"他推断道，"他会和其他人一样，得到十英亩地就非常满足了。"其他的村民，无论是当地人还是移民，对此都表示同意。20 世纪 40 年代中期，他们起码还能保住他们已经获得的土地。此时，搬到村落生活的人日渐稀少，有些对这一切感到厌倦的年轻人甚至离开了这里；留下来的人得以阻止土地继续四分五裂，普遍的负债状况也得到了缓解。1946 年，尼古拉斯当上了库奥特拉地区的联邦众议员，当地的斗争再次变得激烈了；但是，阿内内圭尔科人还是坚持了下去。

381

---

[1]　Sotelo Inclán: op. cit., pp. 213–214.

1947 年，离圣诞节还有四天，库奥特拉警察来到阿内内圭尔科，袭击了佛朗哥的家。他们破门而入，要求佛朗哥交出村子的文件，还想杀掉这个老人。他和他的家人进行了反抗，警察逃走了。那天夜里，国家军队来了，并且开了枪。他们杀掉了佛朗哥的两个儿子，22 岁的胡利安和 17 岁的比鲁洛。老人受了伤，试图逃跑，但是士兵抓住了他，在附近的峡谷里杀掉了他。他们没有找到那些文件。[1]

在接下来的 20 年里，墨西哥经历了巨大的变化。人口几乎增长到了过去的两倍。工厂里和建筑工地上的工人的数目变成了过去的三倍。耕地面积翻了番。农业和工业产值超过了过去的三倍。两万多英里的新公路建成了，路上奔驰的汽车、卡车和公共汽车数量超过了过去的五倍。收音机的数量增加了至少十倍。超过 100 万台电视机永不停歇地发出光亮。营销术的新把戏——比如品牌、广告和标准化包装——变成了常规操作。通过进出口机构，联邦政府开始直接从本土制造商手中收购商品，并且直接把它们卖给消费者。每年仅仅通过火车运输的货物就已经增长到了以前的三倍。共和国内部的人口流动也被卷入了经济增长的浪潮中，并且加速了这一增长——人们从中部和南部人口密集的贫困乡村地区涌入西北部和墨西哥湾沿岸最繁荣的几个州，或者来到大城市，特别是此时已经成了大都会的墨西哥城。虽然大部分乡下人还留在家乡——往往是因为他们的村社土地还有点儿价值——但是迁移的人口可能超过了 200 万。到了 20 世纪 60 年代中期，只有一半的劳动人口还在从事农业生产。未来是清清楚楚的：一个高度城市化的社会。已经有超过三分之一的墨西哥人生活在两万人以上规模的城市中了。而在此之382 上，也出现了新一代指引、哄劝并逼迫人民的国家领导；这些人在政府办公室里得到了训练，他们想要维护秩序，也想要加快那个被他们称为

---

[1] Gill: op. cit., p. 65.

体制革命的进程。[1]

莫雷洛斯就在浪潮的中心。那里发生了巨大的变化，人口翻了一番，经济作物（甘蔗、水稻和花生）产量增长到了原来的两倍以上，工业企业的数量大概变成了以前的四倍，而工人的数目差不多变成了五倍。最能代表当地发展趋势的是萨卡特佩克磨坊的扩张。尽管机器破旧、管理混乱、规划过时，但是从 1953 年到 1962 年，这家合作企业的管理者还是将产量增加了 37%。从这座大厂出发的道路通向 50 多个为它生产原料的村社。医疗、技术和教育设施也覆盖了村社。[2] 信用体系也是——全国村社银行（National Ejidal Bank）通过合作社和每个村社

[1]　For the trends of the period, see Frank R. Brandenburg: *The Making of Modern Mexico* (Englewood Cliffs, 1964) ; François Chevalier: "«Ejido» et Stabilité au Mexique*,*" *Revue Française de Science Politique*, XVI, 4 (August 1966) , 717–752; Howard F. Cline: *Mexico. Revolution to Evolution, 1940–1960* (New York, 1962) ; Floyd and Lillian O. Dotson: "Urban Centralization and Decentralization in Mexico," *Rural Sociology*, XXI, 1 (March 1956) , 41–49; Marco Antonio Duran: "Condiciones y perspectivas de la agricultura Mexicana," *El Trimestre Económico*, XXVIII, 1 (January 1961) , 52–79, and "Las funciones de la propiedad de la tierra en la reforma agraria Mexicana," ibid., XXXI, 2 (April 1964) , 228–242; Julio Durán Ochoa: *Población* (México, 1955) ; Edmundo Flores: *Tratado de Economía Agrícola* (México, 1961) ; Pablo González Casanova: *La democracia en México* (México, 1965) ; Paul Lamartine Yates: *El desarrollo regional de México* (2nd edn., México, 1962) ; Oscar Lewis: "Mexico Since Cárdenas," in Richard N. Adams et al., *Social Change in Latin America Today* (New York, 1960) ; Gilberto Loyo: *La población de México, estado actual y tendencia, 1960–1980* (México, 1960) ; Pierre Monbeig: "Le mouvement démographique au Mexique," *Tiers-Monde*, IV, 15 (July 1963) , 387–406; Nathan Whetten and Robert G. Burnight: "Internal Migration in Mexico," *Rural Sociology*, XXI, 2 (June 1956) , 140–151. For recent comments, see Kuhn, Loeb & Co.: *Prospectus, $15,000,000, Mexico* (New York, 1966) .

[2]　Holt Büttner: op. cit., pp. 23, 58–66, 71–85. *Anuario Estadístico de los Estados Unidos Mexicanos, 1958–1959* (México, 1960) , pp. 444–446, 523, and *VIII Censo General de Población, 1960. 8 de Junio de 1960. Resumen General* (México, 1962) , pp. 365, 392. *Resumen del Boletín mensual de la Duección General de Economía Agrícola*, No. 428–433 (January–June 1962) , p. 42; No. 434–439 (July–December 1962) , pp. 38–39, 63; No. 464–469 (January–June 1965) , pp. 11, 15, 17; No. 470–475 (July–December 1986) , pp. 48, 52, 54. Urbán Aguirre: op. cit., pp. 258–259.

联系了起来。政府的进出口机构也向村社发出了指示，告诉人们种什么、种多少、什么时候播种、什么时候收获。虽然莫雷洛斯显然还是个农业州，人们的日子却越过越像工厂里的生活了。

莫雷洛斯成了新移民的聚集地。对于焦虑不安又一无所有的移民来说，这里既是新世界，他们可以自由自在地从头开始，又是一个中转站，他们可以把这里当作跳板，进入墨西哥城。对于墨西哥城里不断壮大的成功人士群体来说，这里是避世之地，他们可以买下一幢度假小屋，过上隐居的生活。对于房地产经纪来说，这是投资天堂，他们在这里规划、修路，准备建楼。对于企业家而言，总的来看，这是一个颇为繁荣的市场。于是，到了1950年，非本地出身的居民已经占到了莫雷洛斯总人口的四分之一。在像萨卡特佩克、霍胡特拉和库奥特拉这样的市镇，这个比例在三分之一和接近一半之间，而在库埃纳瓦卡，本地人甚至变成了少数。1960年，莫雷洛斯州里移民的比例是36%。六七年之后，这个数字接近50%。到了那时，就像种植园主在半个世纪以前天真地梦想过的那样，连日本人都来了——不过不是来当劳工的，而是在库埃纳瓦卡郊外的一家新开的汽车厂里做技师。在移民的洪流中，地权的法规没有发生变化，两百多个村社里的32000余名村社社员保有大约74万英亩耕地、林地和草场，这超过了可用土地的80%；还有约1万名业主拥有剩下的土地——大多是小块土地。然而当地社区的发展方向与过去迥然不同，让人颇为困惑。库埃纳瓦卡、库奥特拉和霍胡特拉自然而然地发展成了中心城市。但是萨卡特佩克也成了中心：1940年，它是一个只有1900人的村落，1950年它是一座7000人的小镇，到了1960年，它变成了拥有13500人的城市，这个州第二大的城市。而尽管一些老村子——比如维齐拉克和霍纳卡特佩克——规模比革命之前还要小，其他的村子——比如汉特特尔科和科阿特兰德尔利奥——也几乎没有扩大，但是埃米利亚诺·萨帕塔，一个在1940年才建立的新居民区，到了1960年却发展成了一个超过

7000 人的城镇。[1]

在政治方面，这个州也发生了变化。几乎所有的萨帕塔派老人都死了，包括德拉奥，他死于 1952 年。他们长眠在地下，他们的亲人祈求瓜达卢佩圣母[2]佑护他们的坟墓。少数还活着的人已经很老了，除了每天早上走出门来、静静地坐着晒太阳以外，什么也做不了。如今只有零星几个经历过那场伟大磨难的老兵还活跃在政治圈里；他们平日稍微做做工作，星期天就坐着公交车四处看望老同志，为当地的某个请愿收集384签名。新的官员都是年轻人，往往是国立大学的毕业生。为了让政府系统顺利运行，为了"完成现代国家被赋予的职责，为了最大限度地向人民提供公共和社会服务"，他们在工作中愈加热心、清醒、富有激情，但也时常感到焦虑不安。[3]州长和议会按照宪法规定的流程获得权力，任期满后再把它交出去。从 1946 年到 1958 年，莫雷洛斯只爆发了三场正式罢工，只有 94 名工人参加。[4]没错，在州和市镇政府的许多层面上，腐败问题都没有解决。政府也仍然惯于使用暴力，这在 1962 年导致了暗杀鲁文·哈拉米略——特拉基尔特南戈一名颇受人们爱戴的村社社员首领——及其妻子和三名继子的事件。[5]然而，这场暗杀在人们眼中成了一桩丑闻，这似乎比谋杀事件本身的意义更为重大，因为它证明了，即使是那些并不支持哈拉米略的城里人，也相信残忍的暴行属于过去，也希望领导者采取更加巧妙的手段统治国家。1964 年，新州长在

[1] *Séptimo Censo General de Población, 6 de Junio de 1950. Estado de Morelos*（México, 1953）, pp. 46-47; *VIII Censo, Resumen General*, pp. 247, 363, 365, 392-393, 425, and *VIII Censo General de Población, 1960. 8 de Junio de 1960. Localıdades de la República por entidades y municipios*, 2 vols.（México, 1963）, I, 762-766. Urbán Aguirre: op. cit., pp. 260-261. Holt Büttner: op. cit., pp. 94-105. "Mexico, Land does not pay," *The Economist*, November 12, 1966.

[2] 据传圣母玛利亚曾于 1531 年 12 月多次在墨西哥显圣，罗马天主教封之为瓜达卢佩圣母。瓜达卢佩圣母是墨西哥天主教的重要象征。——译者注

[3] *Informe que rindió ante el H. Cabildo el Sr. Valentín López González, Presidente municipal constitucional de Cuernavaca, Morelos, 1964-1965*（Cuernavaca, 1965）, p. 1.

[4] *Anuario Estadístico, 1946-1950*, pp. 288-309; *1954*, pp. 373-409; *1958-1959*, pp. 400-429.

[5] *Presente!*, May 27, June 3, 10, 17, and 24, and July 1, 1962.

就职典礼上严厉谴责了前任的工作方式，承诺"这个州公共生活的新阶段"将会到来。[1]

阿内内圭尔科还在经受煎熬。佛朗哥死后，它的发展速度就变慢了，每年只会增加 15—20 个新居民；到了 20 世纪 60 年代，它仍然是一个只有大约 1250 人的小村庄。但是村社连这点儿人也养不起了。村落在土地方面的需求太迫切了，人均土地份额缩减到了五英亩左右；如果只靠这点儿地的话，没有哪户人家能够过活。祸害村子的已经不再是尼古拉斯·萨帕塔了：据传，他搬进了贝拉克鲁斯一座土地肥沃的庄园，那是政府给他的礼物，目的是让他不要来莫雷洛斯惹麻烦。祸首现在变成了村社银行，大部分村社社员唯一能去的银行。银行设在萨卡特佩克，那里的职员不会向农夫提供用来饲养牲畜和家禽、照管果园和养蜂场、种瓜和番茄的贷款，而这些产品在邻近的库奥特拉和墨西哥城市场上其实都会为人们带来丰厚的回报。他们只给甘蔗和水稻种植业提供资金，前者每年能为一个普通的村社社员带来 450 比索的收入，后者一年最多 525 比索——一天 10—12 分钱。

即便如此，村民还是留了下来。为了勉强保住收入，他们想出了各种权宜之计。有的村社社员把自家的土地租给了萨卡特佩克磨坊或者库奥特拉的私人磨坊，然后另找了一份稳定但是只能拿到最低工资的工作。也有的村社社员把自己的土地租给了邻居，给邻居打工，或者在某一季度当流动劳工，可能也会去美国打工。少数幸运儿设法在村社以外买到了私人的土地，又在村社里租用了更多的地，以个人身份贷款，实行了多元化经营。大部分人只能花更多时间、更卖力地工作，向有钱的同村人出卖劳动力，慢慢地，他们在别人的土地上花的时间就比自家土地上花的时间还要长了。

人们没有把银行贷款投资到土地上，而是把它当作收入，靠它生活下去。当他们需要骡子和拖拉机的时候，他们就从外面租来用。他

[1]　*El Universal*, May 19, 1964.

们的债务迅速增长。到了 20 世纪 50 年代末，整个村落一共欠了 20 万比索左右的债，其中一名村社社员自己就欠了 23000 比索。实际上，村民已经变成给银行打工的雇员，或者说雇农。阿内内圭尔科人常常哀叹（他们的看法虽然不对，但是切中要害）："我们没有地的时候活得轻松多了！"[1]

　　阿内内圭尔科很安静，离高速公路很远。通往村里的大道和人们常走的小路还在原来的地方，而那些低矮的土坯房看起来还和以前一样。星期天的时候，可能会有某个作家从墨西哥城南行来到这里，为他的故事寻找素材。他发现墓地里的墓碑和当地人说的话一样有意思——菲登西奥·埃斯佩霍，萨帕塔的岳父，死于 1909 年，玛利亚·德赫苏斯·萨帕塔，1940，玛利亚·德拉卢斯·萨帕塔，1944，佛朗哥和他的儿子，1947。[2]（不管是谁接了佛朗哥的班，当了村长，这个人并不出名，也没有遭到什么厄运。）20 世纪 60 年代初，为了安抚那些想要建一座萨帕塔派博物馆给村落增加收入的墨西哥城知识分子，联邦政府在萨帕塔父亲的房子的废墟上，用混凝土建了一座展馆；但是，只有少数游客在他们的朝圣之旅中才会来到这个地方。每年的 8 月 8 日，萨帕塔的生日，莫雷洛斯州和国家政要都会在早上来到展馆旁边的圆形小剧场，歌颂萨帕塔。但是到了下午三四点，天开始下雨之前，他们就离开了，村落再次变得炎热、忧郁而寂静。女人通常待在家中，男人大多在村外的田里，于是村子看上去空空荡荡，像被遗弃了似的。时不时有孩子出现，一声不响地从街上经过，为家里跑腿，或者在教堂旁边尘土飞扬的院子里玩游戏，认真地咕哝着什么。有个外国游客看到了他们，皱了皱眉。在这个村子里，他想，孩子们还在学着尊重老人、对家

---

[1]　Gill: op. cit., pp. 58–62. *Resumen del Boletín mensual de la Dirección General de Economía Agrícola*, No. 428–433（January–June 1962）, pp. 76–78. Antonio Tapia: *La economía de la producción agrícola en el Distrito Económico de Cuautla, Estado de Morelos*（México, 1960）. Ramón Fernández y Fernández: "Notas Bibliográficas," *El Trimestre Económico*, XXVIII, 2（April 1961）, 349–354.

[2]　Gastón García Cantó: *Utopías mexicanas*（México, 1963）, pp. 120–128.

庭负责、在工作和游戏中保持荣誉感，这些课程在这个即将把人送到月亮上、蓄意发展核战能力、早就犯下了种族灭绝罪行的世界里，已经变成了非常古怪的东西。但是他们是阿内内圭尔科人，他想，他们承受得

住这种压力。

附录一　1908—1909 年
莫雷洛斯的大种植园

　　本表是根据迪亚斯和马加尼亚的数据编制的，尽管他们提供的信息并不完整。索斯沃斯也制作了一份庄园名录，同样也是不完整的；那份名录显示，阿劳斯、埃斯坎东和阿莫尔家族拥有的产业规模差不多是此处列出的 2 倍，而阿隆索家族的产业几乎是此处数据的 14 倍。[1]

磨坊	所有者	庄园	面积（英亩）
萨卡特佩克	胡安·帕加萨	萨卡特佩克	8480.5
圣尼古拉斯	胡安·帕加萨	圣尼古拉斯	
夸维斯特拉	曼努埃尔·阿劳斯	夸维斯特拉	31292.7
特伦塔	曼努埃尔·阿劳斯	特伦塔	
	曼努埃尔·阿劳斯	阿卡米尔帕	
圣克拉拉	路易斯·加西亚·皮门特尔	圣克拉拉	168420.9
特南戈	路易斯·加西亚·皮门特尔	特南戈	
	路易斯·加西亚·皮门特尔	圣伊格纳西奥	
奥斯皮塔尔	比森特·阿隆索的遗孀	奥斯皮塔尔	2614.3
卡尔德龙	比森特·阿隆索的遗孀	卡尔德龙	
奇纳梅卡	比森特·阿隆索的遗孀	奇纳梅卡	
特内斯特潘戈	伊格纳西奥·德拉托雷 – 米耶尔	特内斯特潘戈	38750.2
阿特利瓦扬	安东尼奥·埃斯坎东的儿子	阿特利瓦扬	14937.2

---

[1]　Diez: *Dos conferencias*, p. 56. Magaña: op. cit., I, 39. Southworth: op. cit., pp. 217–219.

磨坊	所有者	庄园	面积（英亩）
	安东尼奥·埃斯坎东的儿子	霍奇曼卡斯	
圣卡洛斯	托马斯·德拉托雷产业公司	圣卡洛斯	6980.6
	托马斯·德拉托雷产业公司	科科约克	
	托马斯·德拉托雷产业公司	潘蒂特兰	
米亚卡特兰	罗穆阿尔多·帕斯克尔	米亚卡特兰	42837.3
	罗穆阿尔多·帕斯克尔	阿卡特辛戈	
科科约特拉	罗穆阿尔多·帕斯克尔	科科约特拉	
圣比森特	德尔芬·桑切斯产业公司	圣比森特	20538.9
	德尔芬·桑切斯产业公司	奇孔夸克	
	德尔芬·桑切斯产业公司	多洛雷斯	
	德尔芬·桑切斯产业公司	圣加斯帕	
	德尔芬·桑切斯产业公司	阿特拉科穆尔科	
圣加夫列尔	埃曼努尔·阿莫尔	圣加夫列尔	50037.8
阿克托潘	埃曼努尔·阿莫尔	阿克托潘	
圣伊内斯	贝尼托·阿雷纳的遗孀	圣伊内斯	6177.5
	贝尼托·阿雷纳的遗孀	瓜达卢佩	
	贝尼托·阿雷纳的遗孀	布埃纳维斯塔	
奥阿卡尔科	弗朗西斯科·A.贝莱斯	奥阿卡尔科	9192.1
	弗朗西斯科·A.贝莱斯	米查泰	
特米尔帕	曼努埃尔·阿拉尔孔	特米尔帕	12288.3
圣克鲁斯	J.普列戈·德佩雷斯	圣克鲁斯	1608.6
卡萨萨诺	E.贝莱斯·德戈里瓦尔	卡萨萨诺	5638.8
特米斯科	康塞普西翁·T.G.德费尔南德斯	特米斯科	42748.3
库奥奇奇诺拉	西斯托·萨尔米纳	库奥奇奇诺拉	4647.9

392

附录二　阿亚拉计划

　　萨帕塔派宣誓捍卫《阿亚拉计划》。自从 1911 年 11 月末发布这一
计划开始，直到 1918 年春天为了"团结"而将其搁置为止，萨帕塔派
众首领始终把它视为真正的灵丹妙药；它不仅仅是一份行动计划，而
几乎成了他们的《圣经》。他们绝不容忍任何对《计划》条款的破坏，
也不能允许任何对《计划》描绘的革命事业——这一事业将在墨西哥
新的黄金时代中高歌猛进——的不敬。尽管在莫雷洛斯和普埃夫拉，
他们的势力范围不断缩小，但是他们仍然对《计划》忠心耿耿——直
到 1920 年 4 月，他们宣誓效忠《阿瓜普列塔计划》为止。后来，《阿
亚拉计划》名声大噪，成了现代墨西哥最了不起也最有争议的社会实
验——土地改革——最重要的旗帜。

　　这份计划不是一蹴而就的。作为一份代表了民众意愿的宣言，它经
历了至少五十多年的演化；影响了它的历史因素包括华雷斯关于"原
则""法律"和"正义"的重要性的公民教育，墨西哥人在反抗法国入
侵的斗争中建立起的民族自豪感，漫长的堂波菲里奥统治时期个人的承
诺和政治上的迫害引发的民愤，以及最近的，人们对高尚善良的马德罗
的希望的幻灭。作为表明了萨帕塔派在革命政治中的立场的宣言，它也
经历了九个月的孕育期。它的基础是马德罗的《圣路易斯计划》，1911
年 3 月，阿亚拉人宣誓对这一计划效忠。他们要求当时在任的官员全部
下台，无论这些官员属于联邦还是地方政府，是选举产生的还是任命
的；要求通过自由选举和公正的任命程序，产生新的政府；要求对所有

关于农村产业的有争议案例进行司法复核。整个夏天，萨帕塔的立场都没有变化，即使经过了8月那场严峻的危机之后也是如此。

9月底，联邦军队把萨帕塔派赶出了莫雷洛斯，后者这才开始提出自己的诉求。他们的宣言是一份粗糙的"请愿书"，其中"包括反革命者[1]向共和国总统弗朗西斯科·L.德拉巴拉提出的请求"。虽然，在选举能不能解决问题这一点上，他们显然颇有怀疑，因而宣言也显示出了接下来的激进计划的一些特征，但是他们大体上还保持在原来的边界之内。

I. 我们承认并且尊重弗朗西斯科·L.德拉巴拉的共和国临时总统地位。

II. 我们宣布，撤除各州现任临时州长的职务，［他们的继任者人选］将由人民的意志或由反革命军的将军和首领决定。参与决策者还将包括总司令以及驻守［州首府？］广场的军队。

III. 我们要求联邦军队从他们目前占领的莫雷洛斯、普埃夫拉、格雷罗和瓦哈卡等州的广场撤离。

IV. 推迟［即将举行的总统］选举。

V. 我们要求给予村落他们应得的土地、木材和水源，这一要求是当下的反革命运动出现的根源。

VI. 我们要求废除区长制，全国的政治犯都应该获得完全的自由。

真的选举，反对连任。［普埃夫拉州，］

圣胡安德尔里奥，1911年9月26日。

［签名］埃米利亚诺·萨帕塔，欧费米奥·萨帕塔，何塞·特立尼达·鲁伊斯，奥古斯廷·基罗斯，赫苏斯·豪雷吉，埃米格迪奥·马莫莱霍，何塞·克鲁斯，赫苏斯·纳瓦罗，何塞·罗德里格斯，赫苏斯·桑切斯，何塞·贝尔加拉，马里亚诺·罗德里格斯，

---

[1] 此处"反革命"的意义参见第四章。——译者注

普罗库洛·卡皮斯特兰，阿马多尔·萨拉萨尔。

如果德拉巴拉同意他们的要求，萨帕塔派承诺立刻放下武器。[1]

六个星期之后，萨帕塔公布了向新总统马德罗投降的条件，明确了他的立场。这份宣言比 9 月的那份更清晰、更扼要，因为加夫列尔·罗夫莱斯·多明格斯参与了文件的撰写过程。这份宣言也更加温和：它只适用于莫雷洛斯，并且不再声称当地村落应该得到"公正"，转而要求制定"土地法"，此外，它还承认总统有权任命新州长和州警察局长。

1. 安布罗西奥·菲格罗亚将军不再在州政府中任职。

2. 费德里科·莫拉莱斯指挥的军队撤出莫雷洛斯。

3. 所有的武装起义者获得赦免。

395

4. 制定土地法，改善农田中的劳动者的生活条件。

5. 联邦军撤出他们目前在莫雷洛斯占领的城镇。撤军的期限［一事］仍由共和国总统审慎决定；但是萨帕塔将军，代表他武装起义的同伴和他自己，满怀敬意地请求马德罗先生，这一期限不要超过45 天。

6. 联邦军撤军的同时，萨帕塔将军手下的 500 名战士将保留武器，他们驻扎的城镇将由行政［长官］指定。这支队伍将以乡村警察的身份活动，因此将接受内政部部长的领导。

7. 这支队伍的首领将由马德罗先生指定，但是萨帕塔将军，代表他手下的首领和他自己，满怀敬意地请求，希望指派堂劳尔·马德罗先生或者欧费米奥·萨帕塔担任此一职务。

8. 尽快向所有武装起义首领发放护照或通行证。

9. 萨帕塔将军不会干预州政府事务。他会利用他的个人影响力，帮助政府获得民众的尊重。

---

[1]　Memorial ... , September 26, 1911, AA.

10. 联邦政府提供 1 万比索，用以偿还革命过程中产生的借款。

11. 州长将由州主要革命首领任命，这一决定须与马德罗先生的意见一致。

12. 将有 50 名州乡村警察继续驻守阿亚拉城。

13. 萨帕塔将军的队伍将立刻在阿亚拉城和霍纳卡特佩克集合。

阿亚拉城，1911 年 11 月 11 日

［签名］埃米利亚诺·萨帕塔将军[1]

两个星期后，萨帕塔派正式在《阿亚拉计划》的旗帜下开始了他们自己的革命。在谁撰写了《计划》的问题上，外界的说法都大不相同。有人相信弗朗西斯科·巴斯克斯·戈麦斯起草了《计划》，把它交给了萨帕塔。[2] 有人声称，弗朗西斯科的兄弟，当时正在圣安东尼奥流亡的埃米利奥，把奥蒂略·蒙塔尼奥提出的计划的复本带到了那里，换了一个缓和的语调，又送回了莫雷洛斯，发布了出来。[3] 有人宣称埃米利奥·巴斯克斯、蒙塔尼奥、保利诺·马丁内斯和当时在《家庭日报》当编辑的恩里克·博尼利亚共同完成了《计划》的最终版本。[4] 还有人说，是三个不怎么出名的格雷罗人——贡萨洛·阿维拉、萨卢斯蒂奥·卡拉斯科·努涅斯和菲德尔·富恩特斯——在 1911 年 9 月起草了这份计划，并把它送去了蒙塔尼奥那里。[5] 还有人说帕拉福克斯或者索托－伽马撰写了《计划》。[6] 这些说法的证据都很薄弱。不过，关于《计划》的写作，还有一种来自官方的说法，而《计划》的风格和内容都有力地支持了这种说法。

---

［1］　Cited in Magaña: op. cit., II, 65–66.

［2］　Ramón Prida: *De la dictadura a la anarquía*（2nd edn., México, 1958）, p. 382.

［3］　Teodoro Hernández: "La verdad sobre el zapatismo," *Mujeres y Deportes*, February 13, 1937.

［4］　Francisco Cosió Róbelo: "El dragon de dos cabezas. Zapata y Pascual Orozco," ibid., March 6, 1937.

［5］　Figueroa Uriza: op. cit., I, 275–276.

［6］　E.g., Gates in *World's Work*, April 1919, p. 658.

根据这种说法，萨帕塔很反感墨西哥城媒体的报道——那些报道声称他 10 月进攻莫雷洛斯和联邦特区只为抢掠物资。他要求蒙塔尼奥起草一份计划，以此证明萨帕塔派并不是土匪。根据各位高层领袖的建议，蒙塔尼奥和他的助手拟出了一份草案。11 月初，萨帕塔审阅了这份文件，称赞了它，但是认为他们已经不需要它了，因为他将和罗夫莱斯·多明格斯进行谈判。谈判破裂后，萨帕塔和蒙塔尼奥逃到了普埃夫拉州的山中，在米克辛戈村一带躲了起来。在那里，他们完成了《计划》的最终版本。这份《计划》的内容体现了萨帕塔所理解的、众位首领的共识；措辞主要是蒙塔尼奥的。完成之后，萨帕塔把那一地区的所有首领召集了起来，在附近的小镇阿约苏斯特拉，他们听人宣读了这份计划，并在上面签了名。萨帕塔随后转移到了莫雷洛斯山中——靠近瓦乌特拉地区——的司令部，在那里，一位教区神父用打字机复制了几份《计划》，萨帕塔把它们分送给了墨西哥城的大使和他在那里的主要代表希尔达多·马加尼亚。他让马加尼亚暂缓与"马德罗主义者"的会谈，先把这份"重要文件"发表出来。墨西哥城的所有编辑中，只有《家庭日报》的博尼利亚请示了马德罗，问他能不能发表它。"可以，"马德罗说，"把它发表出来，让所有人都看看萨帕塔有多疯狂。"于是，12 月 15 日，博尼利亚发表了《计划》，用的是一个大号特刊，报纸很快就售罄了。[1]

　　含混不清，杂乱无章，丝毫没有都市人习见的优雅风度，这份文件看上去和听起来都相当令人震惊。最惊人的是萨帕塔派立场的四个重大变化。首先，萨帕塔和他的首领的行动不再是莫雷洛斯或者南方一带的地方抗议运动，而是以联邦政权为目标的全国性运动。其次，革命派不仅要恢复失去土地的村落的地权，还要从被他们认定为"垄断者"的土

［1］　Magaña: op. cit., II, 80–83. For elaborations and confirmations of this account, see Palacios: *Zapata*, pp. 62–63, and *El Plan de Ayala. Sus orígenes y su promulgación*（3rd edn., México, 1953）, pp. 47–48, 57–61; Serafín M. Robles: "Semblanza del Plan de Ayala" and "El Plan de Ayala. Cómo fue el juramento de este Histórico Documento," *El Campesino*, January 1950 and December 1954; and Gómez: *Las comisiones*, pp. 93–96.

地合法所有者那里没收一部分土地，并且要没收反对他们的地主的全部土地。第三，萨帕塔派并不把他们在战斗中俘获的马德罗派革命者视为战俘，而是视为叛徒。第四，为了遏制个人野心，在获得政权之前，他们都不会任命临时总统或者州长。除了无政府工团主义者以外，没有哪个革命派会主张采取后三条那样的措施，更不要说把这样的政策再推行三年了。最起码，《阿亚拉计划》给墨西哥城的政治家敲响了警钟，向他们展示了，一部分乡下人已经拿起了武器，并制订了精密的革命计划。但是，政治家们还是没有看到这一点，这份计划只让他们觉得乡下人的土地要求荒唐无稽而已。

其他革命文件也在《阿亚拉计划》中留下了印记。其中包括 1911 年 10 月 11 日宣布拥护埃米利奥·巴斯克斯为总统的《塔库巴亚计划》。它对马德罗个人的背信行为和政治上的无能大加鞭挞，声称巴斯克斯派的行动才真正继承并且实现了 1910 年革命运动。这些观念和《塔库巴亚计划》的某些语言，经过了恰当的重新包装，大量出现在《阿亚拉计划》中，集中在一处——论证性的长篇序言，在萨帕塔派的版本中也就是《计划》的第一条。《塔库巴亚计划》可能是通过保利诺·马丁内斯（他是这一计划的联署人，也是阿亚拉人的朋友）影响了萨帕塔派。他可能与萨帕塔和蒙塔尼奥进行了交流，一起发过牢骚，把他对马德罗的憎恶传染给了他们，加深了他们对那位新总统的反感，同时也教会了他们表达这一情绪的新语言。很有可能，南方阵营甚至拿到了《塔库巴亚计划》的复本，学着它的样子批评政府。除此之外，自由党的某些文件也影响了《阿亚拉计划》。这些文件从 1906 年的计划——一份相当合理的、申明了筹划中的改革措施的宣言——开始，直到 1911 年 9 月 23 日的宣言——无政府工团主义者向墨西哥人发出的清晰而动人的呼声，要求没收土地和工厂，把它们投入公共福利事业。[1] 自由党人着力强调的许多概念和说法——最近在他们 9 月的宣言中也不断重复——反复出现

---

[1] For the manifesto, see Ricardo Flores Magón: *Vida y Obra. Semilla Libertaria*, 3 vols.（México, 1923）, II, 36–45.

在《阿亚拉计划》里，贯穿始终。比如，血、伤口、激烈的战斗、血与火、杀戮等意象出现了 12 次，这些说法只在自由党人的文件中不断出现，从未出现在其他革命计划中。而且，只有自由党人推行过国有化和资产充公这样的政策（推行了四五年，9 月以来尤为有力），1911 年也只有他们和萨帕塔派公开提倡这样的政策。与此相似，自由党人曾经明确地大力倡导，把家庭纽带融入广阔的革命集体中，而萨帕塔派也提出了同一观点，跟上了他们的脚步：马德罗在他的计划中只向"同胞"和"公民"发出了呼吁，而阿亚拉人则面向"我们的兄弟"发声。《阿亚拉计划》中也有一些墨西哥反对运动中通用的其他词语，比如独裁、公正、暴君、专制者、锁链、奴隶、枷锁、福利、祖国，但是这些词的使用是与自由党人紧密联系在一起的。最后，《计划》提出的口号，"自由，公正，法律"，很大程度上化用了自由党人 1906 年计划的口号，"改革，公正，法律"。由于当时并没有自由党人在萨帕塔派中进行宣传，所以这些语言上和政治上的影响可能来自他们的秘密报纸，《再生》（*Regeneración*）。萨帕塔和蒙塔尼奥都知道这份报纸，他们的信使也能从首都把报纸送到他们手中。

398

但是，对其他文件的借鉴并不是这份计划的全部。尽管带着巴斯克斯派的腔调，《阿亚拉计划》并不像许多墨西哥城政治家当时认为的那样，只是一份巴斯克斯派的宣传材料。如果它支持埃米利奥，为什么这种支持是有所保留的——特别是在巴斯克斯派最需要他们能得到所有革命者的同情的时候？为什么"莫雷洛斯的儿子"一次都没有提起过埃米利奥和弗朗西斯科？为什么在谁将成为革命最高领袖的问题上，他们的首选是埃米利奥最大的敌人，帕斯夸尔·奥罗斯科？考虑到这份计划的保守性，[1] 它也不是自由党的宣传单。无政府工团主义者肯定会对某些段落表示反感，或者嘲讽它们，因为这些部分认为"神"和"世人"

---

[1] 原文为 "blood and brimstone"。在《圣经》中，耶和华曾用"流血"和"硫黄"等灾难向歌革及其军队降罪，见《以西结书》38:22。结合下文，此处意译为"保守性"。——译者注

开创了 1910 年的革命，只是间接地反映了工业无产阶级的存在，并且承认村落和个人有权拥有私产。它没有阶级斗争的概念，而它在国际事务上的立场也不过是希望"文明世界"——爱德华七世的欧洲和塔夫脱的美国——批准他们的运动。虽然 1910 年以来，自由党人一直在推广他们为南方运动量身定制的新口号，"土地和自由"，但是阿亚拉人还是坚持使用他们的旧口号，只是把它改成了"改革，自由，公正，法律"。

与墨西哥历史上的大部分革命方案、计划和宣言相比，《阿亚拉计划》都更具独创性。它最重要的条款，比如说，与土地改革有关的第六、七、八条，几乎完全没有借鉴以往的革命计划，尽管那些计划中其实有很多内容可供参考。第八条中保护寡妇和孤儿的措施也是没有先例的。第十条——关于革命叛徒——也是这样。

399　《计划》最独特也最有意思的特点是，它充满了历史感。同时代的其他革命计划与墨西哥的历史很少有联系，即使有也只和最近的历史有关。比如，《圣路易斯计划》只在快结束的时候才匆匆提了一下堂波菲里奥的革命计划《拉诺里亚计划》（1871）和《图斯特佩克计划》（1876）中反对连选连任的条款。但是，在《阿亚拉计划》中，一项非常重要的、在《计划》中很早就出现的对马德罗的批评就是他"对不朽的 1857 年宪法——用阿尤特拉革命者[1]的鲜血写成的宪法——的大不敬"。而有关没收种植园主产业的规定，其"原则和范例"就是"不朽的华雷斯实行的针对教会产业的"法律，这些法律"惩戒了一直想给我们戴上压迫和落后的可耻枷锁的专制者和保守派"。《计划》完全没有提到"和平""进步"和"民主"，这些是其他革命计划的目标，主要是当时城市革命者的目标。与之不同，《计划》的目标是"恢复"共和国国民的"自由"，并且——前后声明了两次——带来"繁荣和幸福"。这在墨西哥不是什么新出现的梦想：在 16 世纪最动荡的时代，这一乌托邦

---

[1]　1854 年，为了推翻当时的墨西哥总统安东尼奥·何塞·德圣安纳的独裁统治，自由党人发布了《阿尤特拉计划》（*Plan of Ayutla*），在这一计划的旗帜下进行了阿尤特拉革命（1854—1855），建立了自由党政府。该政府于 1857 年制定了宪法。——译者注

想象就在墨西哥出现了；18世纪，它借波旁改革[1]得以复兴，并且得到了洪堡[2]的支持和宣传，又在寻求独立的艰苦斗争中不断重复，后在漫长的波菲里奥时期"进化"[3]过程中遭到了压制。从这一古老的墨西哥传统中脱胎而出，《阿亚拉计划》对一心只想实现这个乌托邦的人有着巨大而深刻的影响。而对全不在意历史的人，《计划》则完全无法触动他们。

《计划》的遣词造句带着人造宝石般的浮夸风格——毫无疑问出自蒙塔尼奥之手。这位收入微薄的乡村教师，学的和教的都是波菲里奥·迪亚斯的教育系统炮制出来的教科书里的东西，面对着惨痛的现实，不断美化着他心中的历史。讽刺的是，官方意识形态也为这种美化历史的行为开了方便之门。这是因为官方需要把迪亚斯塑造成共和国光荣册上的又一位英雄，让他在墨西哥历史上的地位得到承认。先是伊达尔戈，莫雷洛斯，然后是华雷斯，然后是最英勇的共和党人、华雷斯的手下大将兼合法继承者，堂波菲里奥。[4]这个序列中的下一位，可能是当时正以晚期哈布斯堡王朝之势发展的、迪亚斯的副总统、臭名远扬的贪官拉蒙·科拉尔。[5]对于像蒙塔尼奥这样的乡下知识分子来说，对比是非常残酷的。科学家派越是无耻，历史英雄的形象就越是高大，特别

---

［1］ 波旁改革（Bourbon Reforms），即18世纪西班牙波旁王朝为了挽救帝国的衰落而在西班牙本土和美洲殖民地推行的一系列政治、经济政策改革。——译者注

［2］ 指弗里德里希·威廉·海因里希·亚历山大·冯·洪堡（Friedrich Wilhelm Heinrich Alexander von Humboldt，1769—1859），德国地理学家、博物学家、探险家，生物地理学奠基人之一。亚历山大·冯·洪堡曾于1799—1804年游历美洲，包括新西班牙（今墨西哥），在历史上首次从现代西方科学角度对美洲地区的自然环境进行了记录。——译者注

［3］ "进化"的指涉见第二章。——译者注

［4］ A favorite text was Manuel Payno's *Compendio de la historia de México*（6th edn., México, 1880）.

［5］ 哈布斯堡王朝是欧洲历史上地位最显赫、统治地域最广的家族之一，自13世纪始，其家族成员曾出任多国国王、皇帝、大公和公爵。17、18世纪，由于长期近亲联姻，该家族的继承者大量出现生理、心理健康问题，王权旁落。科拉尔（1854—1912），索诺拉人，科学家派成员，曾出任迪亚斯的副总统，后因患癌症而退出政坛。——译者注

是华雷斯。在阿亚拉的百年纪念活动[1]组织委员会中，他可以加强他对历史上的英雄的认同，而他对新兴资产者的怒火也越烧越旺了。

　　萨帕塔也从历史中的领袖身上找到了可援引的先例和精神上的鼓舞。在阿内内圭尔科读小学时，他的老师是反抗过法国干涉的老兵，历史课上学的东西，他记得很清楚。[2]他的两个叔叔也参加过反抗法国干涉的斗争，在普埃夫拉州与政府派共和党人一同作战，他是听着他们的故事长大的。他自己经常谈到伊达尔戈、莫雷洛斯和华雷斯，并与他们进行对话。而作为一村之长，必须通过村子存在的根基——土地所有权证书——了解村子的历史，萨帕塔也因此很清楚村子有过什么样的挣扎，以及他们为什么会经历挣扎。和蒙塔尼奥一样，对于萨帕塔而言，《阿亚拉计划》是一份保护村落和村民——这两者是很难被分开的——的新宣言。

　　接下来的翻译[3]根据的是《计划》发表在《家庭日报》上的版本，发表日期是 1911 年 12 月 15 日。这是第一个受到墨西哥城读者广泛关注的版本。《计划》也有其他的版本，其中包括萨帕塔派官方发布的版本，收录在马加尼亚的著作《埃米利亚诺·萨帕塔与墨西哥的土地改革》（ *Emiliano Zapata y el agrarismo en México* ）（第二卷，第 83—87 页）中。版本之间的区别仅限于措辞的微小调整、缺漏、语法及其他方面的修正。在最后一种情况中，最惹人注目的一处改动是从法律角度对第十二条进行的改进：这一条款最初是违反宪法程序的，因为它规定，国会，而非总统本人，拥有宪法原本授予总统的权力。[4]为了忠实地翻译这份文件，我试着不去澄清那些模糊不清的部分，不去梳理混乱的部

---

[1]　有关这一活动及其在莫雷洛斯历史上的意义，见第二章。——译者注

[2]　Palacios: *Zapata*, p. 18, and Páez in *El Sol de Puebla*, April 2, 1951.

[3]　作者把《阿亚拉计划》从西班牙语译成了英语。下文中译根据的是英译本，并尽量保留了英译的句法结构和行文风格。比如，《阿亚拉计划》英译本中有许多极长的句子，用词夸张、啰唆，此处的中译尽量保留了这些特征。——译者注

[4]　This and the official version are both in González Ramírez: *Planes*, pp. 73–83. A handwritten copy of the plan, dated November 28, 1911, is in AZ, 28: 14.

分，也不去提炼松散的部分。有些地方，按照西班牙语的句法理解起来毫无问题，而英语无法表示相应的意义，我必须加上带括号的文字，让在原文中显而易见的意义不至于失落。出于同样的原因，我也改变了一些标点符号。我试着为原文中的浮夸用词找到对应的表达，而不是淡化它的色彩，因为我认为这些词更好地传达了这位来自乡下的作者的愤怒。这毕竟是他的一台大戏：

> 这是莫雷洛斯州的儿子的解放计划。我们隶属于践行《圣路易斯计划》的起义军，这支军队将以它认为适当的改革为墨西哥祖国带来好处。

> 我们，署名者，属于一个旨在坚守并履行不久前的 1910 年 11 月 20 日革命向国家许下的诺言的革命团体。在对我们进行评判的文明世界的面前，在我们所属、所呼唤［原文如此——*llamamos*，此处应为 *amamos*，即"爱"］的祖国面前，为了终结压迫着我们的暴政，把祖国从强加在我们身上的独裁统治中解放出来，我们庄重公布以下计划：

> 1. 考虑到墨西哥人民——在堂弗朗西斯科·I. 马德罗带领下——抛洒热血，是为了重获自由、恢复被践踏的权利，不是为了让某一个人获得权力，违背自己在"真的选举，无人干预"的旗帜下发誓守护的神圣原则，破坏人民的信念、事业、公义和自由：考虑到，我们说的那个人就是堂弗朗西斯科·I. 马德罗，正是掀起了上面提到的革命的人，他把自己的意志和权威当作统治规范，强加在前共和国检察长弗朗西斯科·L. 德巴拉［原文如此］[1] 的临时政府上，由此以虚假而荒谬的方式不断造成新的流血事件，给祖国带来了更多的不幸，除了满足个人野心和暴君的无穷欲望，宣泄他对已有的、在不朽的 1857 年宪法——用阿尤特拉革命者的鲜血写

401

―――――

[1]　此处应为弗朗西斯科·L. 德拉巴拉（Francisco L. de la Barra），《计划》误写成了弗朗西斯科·L. 德巴拉（Francisco L. de Barra）。——译者注

成的宪法——的基础上建立起来的法律的大不敬之外，他别无追求；

　　考虑到，所谓的墨西哥解放革命的领袖，堂弗朗西斯科·I. 马德罗，道德败坏，软弱至极，未能为他在神和世人的帮助下隆重发起的革命带来圆满的结局，因为他比波菲里奥·迪亚斯独裁政府里的大部分统治者和贪官酷吏还要糟糕得多——那些人不是也绝不能成为国家主权的代表，他们是我们最大的对头，也是我们直到现在仍在守护的原则的敌人，他们正在为国家带来新的痛苦，在祖国母亲的胸膛上制造新的伤口，让她饮下自己的鲜血；也要考虑到，前面提到的弗朗西斯科·I. 马德罗先生，共和国的现任总统，正试图回避他的责任，背弃他在《圣路易斯波托西计划》中向全国人民许下的诺言，通过虚假的承诺和无数的叛国诡计，疏远、追捕、关押并剿杀曾经帮助他爬上共和国总统宝座的革命者，把上述诺言作为［原文如此，*siendo*，应为 *ciñendo* 之误，即“限制”］在《华雷斯城条约》[1]的范围内；

　　考虑到，总是被人们交口称赞的弗朗西斯科·I. 马德罗曾经依靠刺刀的残暴之力，让期望、恳请或者要求他兑现他的革命诺言的村民闭嘴、淹没在血海中，管他们叫土匪、叛乱分子，让他们堕入一场通向灭亡的战争，不承认也不给予他们任何保障，而这些保障是理性、正义和法律的题中之义；同样要考虑到，共和国总统弗朗西斯科·I. 马德罗已经把“真的选举”变成了一场残忍的骗局，强加在了人们身上，违背人们的意愿，硬把何塞·M. 皮诺·苏亚雷斯律师扶上了共和国副总统的位子，［强行］委派他指定的［人］当各州州长，比如所谓的将军安布罗西奥·菲格罗亚，莫雷洛斯人民的祸害和暴君，还和科学家派、封建地主、暴虐无道的老板——他曾经宣称这些人是革命的敌人——沆瀣一气，从而铸造了新的锁链，新的独裁政体——这个政体甚至比波菲里奥·迪亚斯的更可耻、

---

[1]　关于《华雷斯城条约》，见第三章。——译者注

更糟糕，因为很明显，他已经破坏了国家主权：他对人们的生命和利益毫无敬意，践踏法律，而这就是在莫雷洛斯和其他州发生的事，他在那里造成了现代历史上少有的、极为可怕的混乱状态。

出于这些考虑，我们宣布，上面提到的弗朗西斯科·I.马德罗没有能力实现他的革命所许下的诺言，他曾经提出了一些革命原则，并以此欺骗了人们的信任、夺得了政权，但是他已经背叛了它们：他没有能力统治国家，因为他对村落的法律和道义毫不尊重；他是祖国的叛徒，因为他用血和火羞辱了渴望自由的墨西哥人，以此取悦奴役着我们的科学家派、地主、老板，而从今天开始，我们将要把他开启的革命继续下去，直到我们推翻现存的独裁政权。

2. 基于前述原因，我们不再承认弗朗西斯科·I.马德罗先生为革命领袖和共和国总统，并将努力推翻他的统治。

3. 我们承认了不起的帕斯夸尔·奥罗斯科将军为解放革命的领袖，接替堂弗朗西斯科·I.马德罗；如果他不接受这个需要谨慎对待的职位，我们将提名堂埃米利亚诺·萨帕塔将军为革命领袖。

4. 莫雷洛斯州的革命政团正式起誓，向全国人民发出宣言：我们将把《圣路易斯波托西计划》作为自己的革命计划，再加上以下代表被压迫村落利益的条款，我们将维护这些原则，不胜不归，至死不渝。

5. 莫雷洛斯州的革命政团不接受任何交易，也不会进行任何妥协，直到成功打倒波菲里奥·迪亚斯和弗朗西斯科·I.马德罗等专制分子为止。我们的国家已经受够这些伪善者和叛徒了，他们摆出解放者的样子，许下诺言，一旦获得了权力，就忘了自己说过的话，摇身一变当上了暴君。

6. 为了完善我们所援引的计划，我们宣布：〔关于〕地主、科学家派和各路老板篡夺的土地、木材和水源，拥有那些产业的所有权的村落和普通公民将立即获得他们被压迫者恶意掠夺、不惜一切代价地武装保护起来的不动产；掠夺者如果认为自己合法拥有它们〔产业〕，就必须在特别委员会——这些委员会将在革命胜利后建立——面前证明这一点。

7. 由于绝大部分墨西哥村落和公民仅仅拥有他们立身其上的土地，面临着陷入贫困、无论如何都无法改善自己的社会处境、不能从事工农业生产——因为土地、木材、水被少数人垄断了——的危险，因此，有权有势的垄断资产者，其产业的三分之一将被没收（在此之前我们会做出赔偿），从而让墨西哥的村落和公民获得村子需要的公共土地、住处和基地，或者耕种、劳作的土地，墨西哥没有繁荣和幸福的问题将会完全解决。

8. [关于] 直接或间接反对这一计划的地主、科学家派和老板，他们的财产将被国有化，[原本] 属于他们的三分之二将用来进行战后重建，或者支付为这一计划牺牲的革命者的寡妇和孤儿的抚恤金。

9. 为了执行针对前述产业的规定，我们将在适宜的情况下实行没收财产和国有化的法规，不朽的华雷斯关于教会资产的法律，惩戒了一直想给我们戴上压迫和落后的可耻枷锁的专制者和保守派，将成为我们的规范。

10. 一些共和国军事首领应和了堂弗朗西斯科·I. 马德罗的号召，发起武装暴动，保卫《圣路易斯波托西计划》，但是如今他们武装反对我们现在的计划，这些人将被认定为他们为之奋斗的事业的叛徒，也是祖国的叛徒，因为现在他们中的许多人为了挣几个钱、收取贿赂、玩弄权谋而讨好暴君，他们正在让他们的兄弟流血牺牲，而后者正在实现堂弗朗西斯科·I. 马德罗向全国人民许下的诺言。

11. 战争所造成的损失将按照《圣路易斯波托西计划》的第11条进行处理，我们采取的所有革命行动都将遵照这一计划的指示进行。

12. 一旦我们付诸实践的革命取得胜利，由各州主要革命首领组成的政务会将提名或者指定共和国临时总统，后者将组织联邦政府各部门的选举。

13. 各州的主要革命首领将在政务会中指定他们所属州的州长，

这位受任的官员将组织应有的政府机构的选举，目的是避免强行任命官员——后面这种官员产生方式将为村落带来不幸，就像那次广为人知的把安布罗西奥·菲格罗亚安排在莫雷洛斯的任命，还有其他的任命决定，这些行为把我们逼到了激烈冲突中，对抗反复无常的暴君马德罗，以及影响着他的科学家派和地主群体。

14. 如果马德罗总统、当今或者过去政府的其他独裁分子想要消除我们的祖国正在遭受的巨大不幸，［如果他们］真心爱国，我们允许他们立刻宣布放弃他们占据的职位，以此来为他们在祖国母亲胸膛上制造的可怕伤口止血；如果他们不这么做，我们兄弟的鲜血就会算在他们的头上，诅咒也会落到他们头上。

15. 墨西哥人：请认识到，某个人的狡诈和失信正在以一种可怕的方式造成人们的流血，因为他没有能力统治国家；请认识到，他的统治系统正在让祖国窒息，正在用刺刀的可怕暴力破坏我们的组织；所以，我们曾经拿起武器，把他推上领袖的位子，现在我们也要举起武器反对他，因为他不履行他对墨西哥人民的承诺，因为他背叛了自己发起的革命，我们不是个人主义者，我们支持的是原则，不是个人！

墨西哥人，拿起武器，支持这份计划，你就能给祖国带来繁荣和幸福。

404

阿亚拉，1911 年 11 月 25 日

自由，公正，和法律

签名：总司令埃米利亚诺·萨帕塔；欧费米奥·萨帕塔、弗朗西斯科·门多萨、赫苏斯·莫拉莱斯、赫苏斯·纳瓦罗、奥蒂略·E. 蒙塔尼奥、何塞·特立尼达·鲁伊斯、普罗库洛·卡皮斯特兰等将军；费利佩·巴克罗、塞萨雷奥·布尔戈斯、金廷·冈萨雷斯、佩德罗·萨拉萨尔、西蒙·罗哈斯、埃米格迪奥·马莫莱霍、何塞·坎波斯、皮奥金托·加利斯、费利佩·蒂赫拉、拉斐尔·桑切斯、何塞·佩雷斯、圣地亚哥·阿吉拉尔、马加里托·马丁内斯、费利西

亚诺·多明格斯、曼努埃尔·贝尔加拉、克鲁斯·萨拉萨尔、劳罗·桑切斯、阿马多尔·萨拉萨尔、洛伦索·巴斯克斯、卡塔里诺·佩尔多莫、赫苏斯·桑切斯、多明戈·罗梅罗、萨卡里亚斯·托雷斯、博尼法西奥·加西亚、丹尼尔·安德拉德、庞西亚诺·多明格斯、赫苏斯·卡皮斯特兰等上校；丹尼尔·曼蒂利亚、何塞·M.卡里略、弗朗西斯科·阿拉尔孔、塞韦里亚诺·古铁雷斯等上尉。

还有一些其他的签名：［这］是原件复制品。普埃夫拉山中，1911 年 12 月 11 日。签名：总司令埃米利亚诺·萨帕塔。

附录三　土地法

　　萨帕塔派土地改革的基本法和《阿亚拉计划》一样具有原创性。它具体限定了个人对农田的占有量，规定了超过这一份额且非村民所有的土地将被直接没收，主张村庄的土地权永远都是不可剥夺的，禁止组建农业辛迪加和公司，宣称自己有没收"敌对势力"财产的权利，建立了特别土地事务法庭和联邦灌溉、农村信用、农业教育研究机构，赋予了农业部部长巨大的权力，依靠市镇政府而不是州政府管理地方事务。在这些方面，萨帕塔派的法律与此前的革命计划、议案、法规有着根本区别。最明显的是，它和卡兰萨 1915 年 1 月 6 日颁布的法律几乎完全不同。[1] 在这部法律可能的几位执笔者中，最重要的毫无疑问是帕拉福克斯。

　　下面是我的翻译。[2] 同样，我调整了句子的结构，加入了一些打了括号的词，这都是为了把西班牙语原文中的意思用英语表示明白。和别处一样，我把公顷转换成了英亩，这是英语读者更熟悉的单位。

墨西哥合众国

共和国行政委员会

土地法

---

[1]　For contrary claims, see Antonio Díaz Soto y Gama: "La Ley Agraria del Villismo," *Excélsior*, October 26, 1950, and Gómez: "La Reforma Agraria," p. 167.

[2]　The original text is available in Reyes H.: op. cit., pp. 125–134. There is a poor copy, misdated October 28, 1915, in AZ, 28: 5: 3.

行政委员会，行使它被赋予的职能，向墨西哥共和国的居民宣布：

考虑到《阿亚拉计划》集中体现了武装起义者的强烈愿望，特别是对恢复地权——这是革命的直接原因和最终目标——的渴望，我们急需调整上述计划中的原则，把它们确立为能够立即投入实践的通法。

考虑到人们已经以各种方式表达了他们的愿望（从根源上永久摧毁不公正的土地垄断行为、建立能够完全保障每个人拥有维持自身和家人生存的土地的自然权利的社会），革命政府有责任尊重民众的这一愿望，加速推出像本法一样完全满足人们合法要求的法律。

考虑到许多当权者，非但不履行革命事业的神圣使命（这是当今时代所有对公众负责的政团都必须做到的），还有证据表明他们并不认同革命，拒绝追随已经开始的、为人民争取经济和社会解放的进程，并且与反动分子、地主和其他劳工阶级的剥削者沆瀣一气，因此有必要表明政府的态度：我们明确宣布，所有的忘记了自己是革命的一部分、拒绝以实际行动实现革命理想的当权者，将被视为革命的叛徒，并被追究责任。

基于以上因素，并且考虑到，最高革命大会此时处于休会期间，因而行政委员会是革命的最高权力机关，［行政委员会］就此颁布法令：

第一条　我们［特此］宣布，被剥夺了土地、林地和水源的社区和个人，只要拥有 1856 年以前签发的合法所有权证书，就可以收回这些产业，他们的所有权将立刻获得承认。

第二条　无论个人还是团体，如果认为自己对上条所提到的、被收回的土地享有所有权，须在土地收回日期之后一年内、在受农业部委派的委员会面前出示［所有权证书］，并服从相应的安排。

第三条　国家承认村落、牧场和共和国的各种社区历史上拥有的传统权利，即按照他们自己的意愿拥有、管理——无论是分配到户［*común repartimiento*］还是集体经营［*ejidos*］——土地的权利。

第四条　国家承认，每个墨西哥人在土地方面都拥有不容置疑的权利：占有、耕种一定份额的土地，以此满足自己和家人生活的需要；因此，为了创造出小型产业，我们将没收国内所有的土地（并对其进行赔偿）作为公共用地，除了属于村落、牧场和社区的土地，以及其余并未超过本法律规定的予以干预的上限、因而仍将掌握在现业主手中的农业用地。

第五条　土地所有者，如果未被认定为革命之敌，可以保留一部分土地不被没收，这部分不得超过以下表格规定的上限面积：

气候	土地质量	水源	面积（英亩）
炎热	一等	灌溉	247.1
炎热	一等	季节性降水	345.9
炎热	二等	灌溉	296.5
炎热	二等	季节性降水	445.8
温和	一等	灌溉	296.5
温和	一等	季节性降水	535.4
温和	末等	灌溉	345.9
温和	末等	季节性降水	494.2
寒冷	一等	灌溉	345.9
寒冷	一等	季节性降水	445.8
寒冷	末等	灌溉	445.8
寒冷	末等	季节性降水	543.6
肥沃草场	1235.5		
贫瘠草场	2471.0		
肥沃橡胶林地	741.3		
贫瘠橡胶林地	1235.5		
剑麻田	741.3		
共和国北部尚未开垦的土地——科阿韦拉、奇瓦瓦、杜兰戈、萨卡特卡斯北部和圣路易斯波托西西部	3706.5		

第六条　革命敌人在乡村的产业将收归国有。按照本法规定，革命敌人包括：

a. 在波菲里奥·迪亚斯政权统治下，属于被公众称为"科学家派"的政治家和金融家团体的人；

b. 在波菲里奥·迪亚斯和维多利亚诺·韦尔塔执政期间通过欺诈性的、不道德的方式（靠自己的公职获得不正当的好处，诉诸暴力或者侵吞公共财产）获得了产业的各州州长和其他官员；

c. "科学家派"群体之外的、通过犯罪行为或依靠给国家带来了巨大损失的特许政策而获利的政治家、公务员和商人；

d. ［1913 年 2 月推翻了马德罗的］堡垒政变[1]的主犯及其帮凶

e. 在维多利亚诺·韦尔塔执政期间出任过政治性公职的人；

f. 采用经济手段，或在信众中进行宣传，协助维护篡位者韦尔塔的统治的高层神职人员，以及

g. 直接或间接地在反革命斗争中帮助了迪亚斯、韦尔塔的独裁政府以及其他敌视革命的政权的人。

这一条款包括所有为上述政府提供了战争资金或补助的人、支持或援助报刊媒体攻击革命的人、攻击或诋毁革命支持者的人、在革命阵营中搞分裂活动的人，以及以其他任何方式与反对革命事业的政府同谋的人。

第七条　超过第五条中规定份额的土地将通过适当的赔偿被没收为公共用地，赔偿金额根据 1914 年的经济普查结果进行计算，赔偿时间和形式也将遵照规定。

第八条　农垦部将指派委员会，在共和国各州、根据具体情况裁定，哪些人按照第六条的规定必须被视为革命敌人并因此接受上述没收产业的惩罚，立刻生效。

第九条　上述委员会的决定须经土地问题特别法庭进行最终裁

---

[1]　即造成了"十日悲剧"和马德罗下台的政变，见本书第六章。——译者注

决，这一特别法庭必须遵照《阿亚拉计划》第六条的规定建立，其组织原则将由另一部法律进行规定。

第十条　通过没收革命敌人的财产和征用超过第五条中规定最大面积的必须征用的农田而获得的土地，将被分割为小块，分给提出土地要求的墨西哥人，并且在任何情况下都将优先满足农村居民的要求。每块地的面积都将满足一个家庭的需要。

第十一条　目前租种或者承包了小型农场的农户，将在申请这些［农场］的所有权时拥有相对于其他申请者的绝对优先权，只要这些产业没有超过前述条款所限定的面积。

第十二条　为了确定上述小块土地的面积，农垦部将派出由工程师组成的技术委员会，后者将确定上述地块的位置并按规定对其进行测量，在这一过程中将尊重村落所有的土地以及按第五条规定免于没收的土地。

第十三条　为了开展测量和分割土地的工作，上述委员会将针对自认为受到了重利盘剥的合同、行政长官滥用职权或作奸犯科、土地侵占、大地主的巧取豪夺侵害的小产业主提出的要求做出决定。

409

这些决定将经过第九条提到的土地问题特别法庭的审阅。

第十四条　政府让与社区或个人的土地是不可让渡的，也不能以任何形式进行抵押。所有违反这一规定的合同都是无效的。

第十五条　政府分割、让与农户的土地的所有权只能通过合法继承转移。

第十六条　为了尽量保证这部法律实施过程的快速和完整，农垦部是唯一有权宣传它所确立的土地问题原则、审理解决［土地］问题方面的所有案件的机构，这条规定不会触及各州的主权，因为其目的仅仅是尽快实现革命理想——改善我国失去了土地的农户的境况。

第十七条　只有农垦部有权干涉农业社区的建立、管理和检查，以及对居民的招募，无论何种农业社区。

第十八条　农垦部将建立一个技术检查［部门］，实施"灌溉和建设的国家事业"，这一部门将依附于农垦部。

第十九条　林地属于国家财产，它的检查将由农业部按照［该部］所制定的形式来进行，它地处哪个村落的辖区，哪个村落就有权把它作为公共用地加以使用。

第二十条　农垦部有权根据其即将制定的特殊规定，建立墨西哥农业银行。

第二十一条　唯有农垦部有权以其已经建立的行政基础为本，管理上条中的银行机构。

第二十二条　为了实现第二十条中的目标，农垦部有权没收城市产业或将其收归国有，没收对象也包括被国有化产业和被没收产业的物质产品和任何形态的产品，以及［这些产业中的］家具、机械和所有的物品，只要它们属于革命敌人。

第二十三条　所有的公共工程部主持的、与农业部门相关的合同中的许可，以及此部门［农业部］在1914年12月31日之前曾参与［主持］的合同许可，将宣告无效，并将由农垦部在谨慎尽责的审查过后决定，允许对人民和政府有益的合同重新生效。

410

第二十四条　农垦部有权在共和国内建立地方性农林业学校和实验站。

第二十五条　在土地分配——由第十、十一、十二条和本条规定——中经裁定获得了地块的人，将承担以下条款中规定的责任和惩罚。

第二十六条　土地的所有者有责任适当地耕种土地，如果连续两年在没有适当理由的情况下辍耕，其土地将被收回，重新分配给提出土地要求的人。

第二十七条　第二十二条提到的收归国有的产业，其收入的20%将用于支付被没收产业的赔偿金，以1914年的经济普查为基础。

第二十八条　拥有两份或更多土地的业主可以联合建立以开发

土地、共同售卖产品为目标的合作社，但是这些组织不能采取股份公司的形式，只能由这些土地的直接耕种者为主体，并且这些人除了耕种这些土地以外不能从事其他职业。违反这一条款的规定建立的合作社在法律上完全无效，并将受到大众的谴责。

第二十九条　联邦政府将很快出台法律，规范上述合作社的组织和运作。

第三十条　农垦部将加速出台适当地应用和实行本法所必需的规范。

第三十一条　目前为产业估定的价值，不会影响未来的估值结果，国库将拥有这一估值权力，并将据此决定对产业课税的数额。

第三十二条　收归国有的资产包括所有可用、已投入应用的水源，无论具体用途为何，即使以往被认定归各州政府管理的水源也包括在内，并无须进行任何赔偿。

第三十三条　在所有用水问题中，都会优先考虑农业需要，只有在这些需求得到满足之后，水源才会被用来发电或用于别处。

第三十四条　只有农垦部拥有采取措施加快用水立法的职权。

第三十五条　遵照 1914 年 10 月 1 日的法规，所有关于革命敌 411
人的财产转让的合同都将宣告无效。

授权条款——

一：共和国的所有市镇当局都有义务在合适的时机、不找任何借口和托词地执行本法的规定，他们有责任让村落和个人立刻获得根据本法规定属于他们的土地和其他产业，他们的行动不得影响以下事实，即农垦部即将指派的土地委员会将按照后者自己的时间安排，进行整改，而且上述当局应当知晓，如果在履行其职责时出现疏忽或失职，他们将被视为革命敌人，并受到严厉的谴责。

二：我们宣布本法是共和国基本［法律］的一部分，必须得到普遍遵守，所有以任何方式反对它的宪法或次级法律都将被废除。

批准于 1915 年 10 月 22 日，市政大楼诉讼大厅。

我们要求将其公布、传阅，并充分执行。

改革，自由，公正和法律

库埃纳瓦卡，1915 年 10 月 26 日

曼努埃尔·帕拉福克斯，农垦部部长

奥蒂略·E. 蒙塔尼奥，公共教育和艺术部部长

路易斯·苏维里亚-坎帕，财政和公共信贷部部长

赫纳罗［原文如此］·阿梅斯夸[1]，负责战争部的首席秘书

米格尔·门多萨·L. 施韦特费格尔特［原文如此］[2]，劳动

和司法部部长

墨西哥合众国

行政委员会

---

［1］　阿梅斯夸的名字是 Genaro Amezcua，这里误写成了 Jenaro Amezcua。——译者注

［2］　米格尔·门多萨·L. 施韦特费格尔的名字应为 Miguel Mendoza L. Schwerdtfeger，这里把
　　　 Schwerdtfeger 误写成了 Schwertfegert。——译者注

文献说明

    此处的文献说明并未涵盖我在研究 1910—1920 年莫雷洛斯革命时参阅过的所有文献。我使用的材料大部分已经在我的博士论文的参考文献部分列出了，该论文目前存于哈佛大学档案馆。其中一部分文献，以及新的材料，我在这本书的脚注中也引用了。在墨西哥大革命的整体研究（1910—1940）方面，有一些合用且可靠的书目，包括路易斯·冈萨雷斯－冈萨雷斯（Luis González y González）等人所著的三卷本《墨西哥当代历史的源泉：书籍和小册子》（*Fuentes de la historia contemporánea de México: Libros y folletos*，墨西哥，1961—1962）和罗伯托·拉莫斯（Roberto Ramos）的三卷本《墨西哥革命参考书目》（*Bibliografía de la Revolución Mexicana*，第二版，墨西哥，1958—1959）。斯坦利·R. 罗斯（Stanley R. Ross）在墨西哥学院（Colegio de México）主持编纂的报刊文章评论集合，是研究大革命的重要工具。他已经把这部分材料以《墨西哥当代历史的源泉：报纸和杂志》（*Fuentes de la historia contemporánea de México: periódicos y revistas*）为题付梓，目前已经出版了第一卷（墨西哥，1965），第二卷也很快就会面世，希望还会有第三卷。此处的说明只是简单描述对我的研究而言尤其重要的一些材料和文章，列出其他的可能与我的研究相关，但是我未能看到的材料，并且简略评述墨西哥以外的与萨帕塔派相关的研究。（在介绍材料概况之后，我将列出我在脚注中引用过的资料。）

原始材料

手　稿

由于萨帕塔派是莫雷洛斯主要革命力量，关于当地革命研究的材料的基本来源是萨帕塔档案（Archivo de Zapata）。这批材料收在 31 个硬纸箱里，存放在墨西哥城的国立大学档案馆。其中包括三种不同的材料。1 到 22 号箱和 24 号箱里基本上全是弗朗西斯科·莱昂·德拉巴拉临时政府时期的材料——贺电、政务和私人通信、军队和警察系统中的命令等。23 号箱和 31 号箱里差不多也是同类的材料，还零星有些 1914—1916 年革命大会的记录（主要是报纸和当时争论的会议笔录），以及萨帕塔派的记录。25 号箱也有零散的大会和萨帕塔派的材料。26 号箱里基本上都是大会的材料。27 到 30 号四个箱子里基本都是萨帕塔派的记录——从 1911 年 7 月中旬到 1920 年 12 月，司令部收发的或手写或机打的书信、审判记录、任命书、委托书、法令、宣言、声明、通告、报告、军事部署的原件和复件。材料最丰富的是 1911 年夏天，从 1914 年夏天到 1919 年秋天的材料多少还算差强人意，情况最糟的是从 1911 年秋天到 1914 年的春天，1920 年的材料情况也不容乐观。材料本身保存得很好。材料排列没有明显的规律，不过有一份独立的目录。

这批材料本身也是命运多舛。1920 年，最大的两批萨帕塔派档案都在墨西哥城。联邦和国家军队军官在南方战斗时发现了它们，在托奇米尔科的萨帕塔派司令部也发现了一部分，然后把这些档案带回了墨西哥城。1920 年，萨帕塔派与奥夫雷贡达成了协议，希尔达多·马加尼亚把托奇米尔科的档案当作个人资产，保留了下来。后来，他也收集了其他的相关记录，其中就包括德拉巴拉的档案；这批档案不是买下来的，而是在一个装满破烂的房间中发现的。20 世纪 30 年代，马加尼亚想要写一部严肃的萨帕塔主义和土地运动史，他问他的 *paisano*（同乡），卡德纳斯总统，能不能从国家档案馆调用一批相关档案，用来做研究，总统满足了他的愿望。马加尼亚 1939 年去世后，政府的那批档案还留在他那里。那些材料随后到了他的弟弟奥克塔维奥手里。20 世纪 50 年代，为了给他的政治事业筹资，也为了提前退休，去完成他的书和大量书信写作，奥克塔维奥打算卖掉这批档案。他在墨西哥和美国都没有找到买主，于是他把他认为最重要的档案用胶片复制了下来，打算把复制品卖掉。1962 年，他把原始档案中的一大部分交给了国立大学。他声称他交出去了多少，家里就还有多少，但是他不肯给我看。于是，萨帕塔档案比最初的时候庞大，但还是不完整的，正如它所记录的这场运动本身。

阿梅斯夸档案（Archivo de Amezuca）是一个很有价值的补充资源。它目前存于墨西哥城的康达麦克斯公司（Condumex Company），保存状态极佳，也得到了很好的整理。这批档案包括一些装有原件和复印件的活页夹，包含了从 1911 年 2 月到 1920 年 5 月的相关材料。最有意思的是萨帕塔派军士的服役记录，列出了他们入伍的时间和地点、他们的年龄、婚姻状况、战斗中的行动、升迁状况、遣散记录。这些记录并不完全准确可靠，但是它们无疑非常有用。这批档案里，有关 1911 年的记录是最丰富的，1912 年的则是最贫瘠的。1913 年的材料状况是最好的，信件、指令、通告的数量都比后面几年多。

华盛顿的国家档案馆（The National Archives）提供了有关萨帕塔派——有些关于莫雷洛斯——非常有趣的信息。这部分材料几乎都在记录组 59，国务院关于墨西哥的内部情况，并且大部分都在与政治事务相关的 812.00 号文件中。一些琐细记录散落在其他的文件中，包括组 59 的另一部分文件，组 43（罗杰斯公文信件的 8、9、10、12 号箱）、组 45（654 号箱，W–E–5 墨西哥的专题档案）、组 84（墨西哥城发来的使馆信函）和组 94（AGO 文件 2212599–2225544）。由于萨帕塔派活动地区的美国人和美国投资都比较少，所以美国政府通常不怎么注意他们。只有在萨帕塔派看样子要和某个更有力量的同盟联合起来打倒某个盘踞墨西哥城的政府或者建立新政府的时候，美国特工才会注意到他们活动的细节，把它们报告给美国政府。1912 年和奥罗斯科派联合对抗马德罗，1914—1915 年联合比利亚派对抗卡兰萨，都是这样的情况。

墨西哥城的外交部总档案馆（Archivo General de Relaciones Exteriores）中的大革命部分（Ramo de la Revolución）是一个 1910—1920 年间各种运动研究的巨大的资源。它包括 259 卷；贝尔塔·乌略亚·奥尔蒂斯（Berta Ulloa Ortiz）的《墨西哥大革命，1910—1920》（*Revolución Mexicana, 1910–1920*，墨西哥，1963）为这批档案的使用提供了极好的指导。但是，墨西哥领事很少关心海外萨帕塔派代表的问题，所以这部分档案中几乎没有关于莫雷洛斯的内容。在我的研究中，只发现了两三条有意思的备忘录。

其他的未出版档案对于某些具体时期和问题的研究很有帮助。对于革命之前那几年最有用的是赫苏斯·索特洛·因克兰（Jesús Sotelo Inclán）私人收藏的档案。他的材料中包括莫雷洛斯土地斗争、弗朗西斯科·莱瓦的经历、萨帕塔家族和阿内内圭尔科的各种零散记录，有的是机打的，有的是拍照复制的。墨西哥城的国家总档案馆（Archivo General de la Nación）里的莱瓦档案相关度很低。而财政部（Secretaría de la Hacienda）的马德罗档案（Archivo de Madero）中的相关材料也很少，并且很零散，主要是关于 1909 年和 1910 年莫雷洛斯反对运动的苦痛经历的。在波菲里奥·帕拉西奥斯（Porfirio Palacios）的私人档案中，有用的是一批剪报、萨帕塔派的传说故事和重要的萨帕塔派成员的履历。

对于 1910—1911 年革命研究来说，阿尔弗雷多·罗夫莱斯·多明格斯档案（Archivo de Alfredo Robles Domínguez）是关键来源。它保存在墨西哥城的国家革命历史研究所（Instituto Nacional de Estudios Históricos de la Revolución Mexicana），保存得很好。有成百份电报、信件、备忘录和报告，为追溯革命运动在当地发展的各个阶段提供了材料。莫雷洛斯和当地的马德罗派——主要是萨帕塔和他的首领——得到了充分的展现。

马德罗任总统期间联邦警察在莫雷洛斯的行动方面的记录有很多。主要在国家总档案馆政府分部（Ramo de Gobernación in the Archivo General de la Nación）的 645、846、876、889 号档案袋。另外至少六袋文件中——548、639、647、663、854 和 925——也有一些零散的有用材料。军事行动的记录也有很多，主要在国防历史档案馆（Archivo Histórico de Defensa Nacional）XI/481.5 号文件的第 177、178 部分。还有另外七个部分——126、158、159、179、217、218、219——也有一些零散的有意思的内容。虽然我不能直接翻阅这部分档案，但是我使用了墨西哥学院的穆罗笔记（the Muro notes），它细致地记载了军事调遣、行动、战斗和伤亡的时间和地点。

加西亚·皮门特尔家族（The García Pimentels）的私人档案数量不大，但是十分有趣。其中没有业务记录，除了保护费收据和两封追溯了 1920 年努力恢复生产经历的长信。大部分内容是华金写的关于农业劳动力的报告，以及小路易斯的回忆录。这些材料对于理解种植园主在 1914 年年中之前怀抱的希望、恐惧和他们的立场极有帮助。它们呈现出来的庄园主形象并不真实，这只是因为加西亚·皮门特尔家族是他们那个群体中最高雅、决心也最坚定的一家。

马尔特·R. 戈麦斯（Marte R. Gómez）的私人档案对于墨西哥农业政策史的研究是重要的资源。它对 1914—1917 年的莫雷洛斯尤为重要，因为它包含了许多与曼努埃尔·帕拉福克斯相关的信息，而那几年帕拉福克斯实际上统领了整个州。

胡安·萨拉萨尔·佩雷斯（Juan Salazar Pérez）的私人档案中有文件旨在证明奥蒂略·蒙塔尼奥是无辜的。它们可以帮助我们弄清楚萨帕塔派 1917 年的内部分歧。

奥克塔维奥·帕斯（Octavio Paz，那位诗人的父亲）手中的材料主要对 1917—1920 年间的研究有帮助，那时候帕斯是萨帕塔派在美国的代表，他接收南方司令部的报告和信件，在美国进行宣传。我只看到了这些文档的一部分。

另外六批档案我未能使用，但是其中可能有重要的材料。第一批是赫诺韦沃·德拉奥的档案。它曾经存在的证据来自一位记者，他在 1913 年中期访问莫雷洛斯，提到"如果这一重要档案落入司法部门手中，将会给一些［向德拉奥付了保护费的］先生带来很大的麻烦"。[1]

最迟 20 世纪 30 年代，这批档案仍然存在，证据是波菲里奥·帕拉西奥斯的描述，在他口中，那是一捆近两英尺厚的文件。他说德拉奥把它们借给了"来自米却肯州的伊萨萨加将军"（古斯塔沃·伊萨萨加·卡德纳斯少校？），后者正在写一本书，想要查阅这些档案。据帕拉西奥斯说，伊萨萨加后来死了，没有完成这本书，也没有归还这些文件，所以现在没有人知道它们在哪里。另一批我未能查阅的材料是弗朗西斯科·门多萨的档案。它们是巴伦廷·洛佩斯·冈萨雷斯（Valentín López González）的私人财产，但目前归阿曼多·德玛利亚－坎波斯（Armando de María y Campos）所有，他拒绝了我查看档案的请求。我也没有看到已故的安东尼奥·迪亚斯·索托－伽马的个人文件，如果他保留了这些文件，那一定是一批丰富而有趣的材料。可能还有一批阿亚奎卡的档案，包含像阿亚奎卡 1937 年发表的信那样的信件，但我没能联系到阿亚奎卡的儿子，他们可能拥有这份档案。我没能在国防历史档案馆查阅的文件包括在莫雷洛斯战役中表现突出的军人的服役记录，其中许多人现在早已去世，他们是旧联邦军队和新国家军队的军官。

对进一步研究最有价值的是帕拉福克斯的档案——如果它们还在的话。从戈麦斯（*Las comisiones*，第 43 页）的参考资料来看，它们曾经存在过。显然，这批档案包含了关于帕拉福克斯在莫雷洛斯和其他地方主导的土地改革的材料，以及帕拉福克斯关于他自己的萨帕塔派生涯的个人回忆录。但是，帕拉福克斯 1959 年去世了。据说他的档案都被烧毁了——我无法确定那是在他死前还是死后。据说他还有一部回忆录，是 1936 年左右口述给华盛顿还是巴尔的摩的某个叫罗丝·李·马丁（Rose Lee Martin）的人的，原本准备以此为基础写一部大革命史；那份材料我也没有见到。

---

[1]　See "¿Por qué existe y cómo se desarrolla el zapatismo en el E. de Morelos?" *La Tribuna*, May 31, 1913.

印刷材料

公开记录：墨西哥联邦政府出版的文件与莫雷洛斯革命研究基本没有关系。但是，莫雷洛斯州的文件对1913年年中之前一段时间的研究是必不可少的。最有用的是政府公报《秩序》（*El Orden*，1885—1891）、《莫雷洛斯政府报》（*Periódico Oficial del Gobierno de Morelos*，1883—1885，1891—1895），以及《莫雷洛斯政府周刊》（*Semanario Oficial del Gobierno de Morelos*，1895—1913）。这些材料包含了关于当地生产和贸易情况的地区报告、选举结果、立法和行政审议记录、法律和法令文本、法律通告以及其他类似材料。少数保存下来的地区报告包含了关于该州行政和经济情况的补充数据。我没有发现革命十年期间市镇政府的公开出版记录。美国的相关出版记录是国务院年刊《对外关系》（*Foreign Relations*）以及本书脚注中已经引用的参议院和众议院的听证会材料。虽然经常错得离谱，但是听证会上的证人也常常发表有趣的评论和新的信息。

报纸和期刊：除了萨帕塔档案之外，研究1910—1920年莫雷洛斯历史事件最有价值的记录是那个时代的都会报纸。它们都保存在墨西哥城的国家报刊图书馆（Hemeroteca Nacional）。对1914年之前的年份最有帮助的是《家庭日报》（1912年停刊）和《国家报》，因为它们刊登的关于政府污点的报道是最多的。马德罗派革命前没多久的时期，《新墨西哥》是很有用的；紧随这场革命之后、直到1913年，有用的是《新时代》（*Nueva era*）。带有科学家派倾向的报道通常会出现在《公正报》和《墨西哥先驱报》上，直到这两份报纸在1914年停刊为止。革命大会的报纸几乎毫无用处，它们不能定期出版，而且错误百出。但是立宪派的日报是正规、专业的新闻产品。《民主报》（*El Demócrata*，成立于1915年）、《环球报》（*El Universal*，1916）和《至上报》（*Excélsior*，1917）都有各自的政治偏见，但是整体来看，这些报纸可以让机敏警觉、善于批判的读者对当时的政治、经济和军事局势变化形成合理的认识。如果没有它们和早期的报纸，人们很难对这段历史中的崩溃、发展和冲突的模式形成清晰、稳定的认知。其他有助于人们认识这段历史的报刊包括《新闻报》（*La Prensa*）上自 1931 年 9 月 3 日到 1934 年 2 月 24 日登载的、叙述了之前 20 年事件的"致历史"（"Para la historia"）系列，以及《军团报》（*El Legionario*）自 1951 年成立以来所发表的历史文章。可以想见，美国和英国的报纸对于了解革命时代的莫雷洛斯毫无用处。唯一值得查阅的期刊是美国的月刊《世界工作》（*World's Work*）。

档案：唯一相关的已出版档案是阿马多·查韦里·马塔莫罗斯（Amado Chaverri Matamoros）于 1935 年 9 月 12 日至 10 月 11 日在《新闻报》上发表的文章。它主要为了解 1916—1917 年萨帕塔派的态度变化和 1919 年运动中的阴谋提供了线索。从 1950 年 5 月 4 日至 12 月 16 日，奥克塔维奥·马加尼亚（Octavio Magaña）在《环球报》上发表了他的档案材料，名为《革命历史纪实》（"Historia documental de la revolución"）。但这主要是重印他人回忆录中的段落和现存于国立大学的档案。阿亚奎卡在 1937 年出版的文件可能只是一个选本。还有一些相关的档案材料出现在了菲格罗亚·乌里萨（Figueroa Uriza）的两卷书中，公布于世。

回忆录：这是一个难以定义的体裁，只要是革命的老兵或证人接受采访，写下"历史"和回忆，似乎都可以算作回忆录。但是，无论这场伟大磨难的幸存者怎样讲述他们的过去，他们都提供了许多重要信息。马加尼亚的五卷书，前两卷由他本人撰写，后三卷在他死后由卡洛斯·佩雷斯·格雷罗（Carlos Pérez Guerrero）撰写，是一个主要信息来源。戈麦斯对南部土地委员会的研究也是一个重要来源，他曾在该委员会任职。如果没有华金·派斯、阿尔弗雷多·罗夫莱斯·多明格斯、赫苏斯·罗梅罗·弗洛雷斯、索托－伽马、金夫人、特威迪夫人、卡洛斯·雷耶斯·阿维莱斯、胡安·安德鲁·阿尔马桑、塞拉芬·M. 罗夫莱斯、德拉奥、巴勃罗·冈萨雷斯、帕拉福克斯、佩德罗·马丁内斯等人——还有很多在文中已有引述的人——的书、文章和证词，这段历史的许多情节都会比现在更加混乱。1929 年 6 月 23 日至 12 月 29 日，帕斯老爹（法语：*père*）每周都在《环球报》上刊登丰富多彩的故事，那不是历史，它们充满了文学性；但即使是这些故事，把它们当作传说来看，也是很有用的。

二手材料

传记类

目前还没有出现可靠的墨西哥历史词典，无论是革命历史词典还是通史词典。第一次有人认真进行尝试，是《波鲁瓦历史、传记和地理词典》(*Diccionario Porrúa de Historia, Biografía y Geografía*, México, 1964)，其中包含了一些知名革命人物的信息。但是，它关于萨帕塔派成员的资料很少，而且往往不可靠，比如关于帕拉福克斯，说他在"1918年？"被萨帕塔派的行刑队枪杀。纳兰霍的词典对更多的萨帕塔派成员进行了介绍，但是信息较少，而且也经常出错。佩拉尔的词典则比毫无用处还要糟糕。阿图罗·朗格的《革命词汇、昵称、假名、绰号和异写法》(*Vocabulario, apodos, seudónimos, sobrenombres y heterografía de la revolución*, Mexico, 1966) 很可靠，但是内容太少了。赫苏斯·罗梅罗·弗洛雷斯于1946年和1947年在《国民报》(*El Nacional*) 上发表的《墨西哥历史小传大全》("mil biografías en la historia de México")，仍然是最方便使用、总体上可靠的信息来源。

据我所知，除了萨帕塔的传记外，没有任何关于1910—1920年间莫雷洛斯杰出人物的传记专著。第一部关于萨帕塔的西班牙语专著是赫尔曼·利斯特·阿苏维德（Germán List Arzubide）的《埃米利亚诺·萨帕塔》(*Emiliano Zapata*, 1927)，这不是一部真正的传记，甚至不算是一本书，而是——正如作者在副标题中承认的那样——*Exaltación*，一本赞美的小册子。从那时起，至少又有20本这样的小册子问世了。它们是很好的颂文，但在历史研究方面没有什么用处。首次有人进行认真探索是巴尔塔萨·德罗蒙多（Baltasar Dromundo）在1934年出版的专著，他宣称这是一部传记。这确实是一本书，但也是一曲赞歌。德罗蒙多高度依赖胡安·安德鲁·阿尔马桑的回忆，并有意识地将萨帕塔提升到英雄的高度，他由此显露了自己巨大的野心。这本书开篇就是他自己的英俊的大幅肖像，然后，他在书中将整个南方的斗争浪漫化了。不过，他的故事还是包含了重要的新信息，对于谨慎的研究者来说仍然是有用的资料。然后，马加尼亚著作的前两卷（1934—1937）出版了，这是第一部对萨帕塔运动及其首领的历史意义进行着重记录的研究。马加尼亚很谦虚，对待他的材料也很认真，但他没有把它们组织成连贯的故事，也没有形成清晰的论点。此外，他只写到了1913年2月。另一项关于萨帕塔生平的记录构成了梅伦德斯（José T. Meléndez）主编的《革命史》（第一卷）的一部分，于1936年出版。这是奥克塔维奥·帕斯的最后一部作品。它也重点关注早年的故事，略过了1915年至1919年这一时期。但它也包含了关于大会和最后阶段的游击队方面的有趣的新信息，这些信息仍然有用。1943年，索特洛·因克兰的研究报告问世，但它更多是关于阿内内圭尔科的故事，而不是萨帕塔的故事。

　　直到八年后，才有人再次认真地对待这个话题。这就是马加尼亚作品的新的完整版本，共五卷（1951—1952），卡洛斯·佩雷斯·格雷罗完成了它，交给了萨帕塔阵线出版。在最后两卷中，佩雷斯·格雷罗在材料的海洋中迷失了方向。他没有缘由地从一个主题转向另一个主题，1914年11月，在一团混乱中结束了全书。即便如此，这套书仍然是关于萨帕塔和南方革命的最有用的已出版资料。1952年，马里奥·希尔（Mario Gill）的《萨帕塔：他的家乡和他的孩子们》（"Zapata: su pueblo y sus hijos"）发表在《墨西哥史》（*Historia mexicana*）1952年第2卷第2期（10—12月，第294—312页）。这篇文章中最有价值的内容与萨帕塔的孩子有关，希尔收集到了七个孩子——这一数目仍是不完整的——的信息，都是私生子。在发表于1960年的修订版中，希尔对这部分材料几乎没有改动。

　　从1959年开始，关于萨帕塔的书籍迅速出现，良莠不齐。梅纳（Mario Mena）1959年出版的书想要证明像蒙塔尼奥和索托－伽马这样的知识分子、雅各宾派"巫医"误导了萨帕塔这个天生的天主教民众主义首领。他的尝试并不成功。这本书也没有提供新材料，很让人失望——如果他能就萨帕塔与教区牧师的关系提供更多信息，那将会很有趣。巴尔瓦·冈萨雷斯（Barba González）1960 年出版的作品全心拥护萨帕塔，重复了英雄主义的叙事；唯一新鲜的部分是某些耳熟能详的传说在他这里出现了反转。迄今为止最严谨详细的传记也出现在 1960 年，也就是帕拉西奥斯的作品。基于马加尼亚和索特洛·因克兰的作品，许多萨帕塔派老兵的采访记录，以及萨帕塔阵线的档案，这部作品包含了许多在当时看来非常新鲜的信息，直到现在仍然很有帮助。与早期的传记作者不同，帕拉西奥斯认为萨帕塔已经很伟大了，没必要在文中再进行吹捧了，所以他的行文风格平实而清晰，令人耳目一新。这项研究也是结构最均衡的，公平地贯穿了萨帕塔职业生涯的每个阶段。索托–伽马 1960 年出版的回忆录–传记主要是他 20 世纪 50 年代发表在《环球报》上的文章的集合。除了一些他自己的评论外，人们对这些材料已经很熟悉了；他的那种并没有经过充分论证的信念，即萨帕塔神秘地代表了"人民"——所有的人——也并不新鲜。只有文中的激情和对萨帕塔的不妥协态度的着重强调是新的。阿尔韦托·莫拉莱斯·希门尼斯（Alberto Morales Jiménez）的《萨帕塔》（*Zapata*，墨西哥，1961）也满是溢美之词。但德罗门多修订的《生平》（*Vida de Emiliano Zapata*，1961）是令人印象深刻的优秀之作。德罗门多此时也是反对派的一分子，他为他的研究对象感到骄傲，更甚于为他自己感到骄傲，他的新书，讲了一个总体上波澜不惊而颇为令人信服的故事，"只是一个人的故事，也谈一点儿人性"。它仍然是有党派立场的，没有提供什么新的材料，但它很好地描述了那位南方领袖的革命斗争。最近的著作是雷耶斯·H. 出版于 1963 年的作品，包含了一些来自萨帕塔档案的新文件，但除此之外，它仍然缺乏独创性。

图像资料

卡萨索拉（Gustavo Casasola）收集的丰富资料，在他的著作的第二版中呈现得更加清晰，使用起来也更方便。我在文中也引用了他的作品。人物身份辨认起来仍然是困难的，因为人名清单往往与一排排的面孔对不上号；但是人像照片非常珍贵，价值越来越高。在新版中，注释按时间顺序排列，其内容的正确率也更高。

萨帕塔档案里存有数百张照片。虽然大多数与希尔达多·马加尼亚 20 世纪 30 年代的政治运动有关，但也有一些可以追溯到革命年代的照片。

在《墨西哥艺术》（*Artes de México*，第 13 卷，第 79/80 期）和曼努埃尔·罗梅罗·德特雷罗斯（Manuel Romero de Terreros）的《墨西哥的古老庄园》（*Antiguas Haciendas de México*，Mexico，1956）中，收有莫雷洛斯种植园建筑的照片，不过这些照片大都令人失望，没有展示出房屋和磨坊的雄伟。

相关电影有两部。一部是伊利亚·卡赞（Elia Kazan）的《萨帕塔万岁！》（*Viva Zapata!*，1952），这是一项杰出的成就。剧本是由约翰·斯坦贝克（John Steinbeck）创作的。这部电影将整场革命浓缩为一个戏剧性的片段，歪曲了某些事件和人物——有些是很严重的；但它很快就生动地表现了萨帕塔、村民的形象，以及他们之间的关系和整场运动的性质，我认为它仍然是细腻、有力和真实的。这部电影还首次公开了一些事实，比如萨帕塔的婚姻，它也因此更为引人注目。另一部电影是路易·马勒（Louis Malle）的《玛利亚万岁！》（*Viva María!*，1966）。这部电影华而不实，信息不足，装模作样，少有有趣的部分，而且颇为愚蠢。对于研究莫雷洛斯革命的历史学家而言，这部电影的唯一价值在于它的拍摄地，库奥特拉。至少我们可以看到 55 年前火车是什么样的，如何在桥上行驶、穿过大片高高的绿色甘蔗、进入伏击区。大宅的内部也是符合历史状况的，并且相当有趣。

421

政治方面

关于莫雷洛斯政治的相关资料散见于丹尼尔·科西奥·比列加斯（Daniel Cosío Villegas）主编的八卷本《墨西哥现代史》（*Historia*

Moderna de México），一项做得很深入也很聪明的研究。具体来说，主要是其中恢复共和国时期（La República Restaurada）和波菲里奥时期（El Porfiriato）的"政治生活"（La Vida Política）部分。里卡多·加西亚·格拉纳多斯（Ricardo García Granados）的两卷书中包含了关于莫雷洛斯人在国家政治中的活动的片段，涵盖了 1867—1914 年的活动。何塞·C. 巴拉德斯（José C. Valadés）的《波菲里奥主义政权的历史：诞生》（*El Porfirismo, Historia de un régimen: El nacimiento*，墨西哥，1941 年）和 两卷本的《发展》（*El crecimiento*，Mexico，1948），提供了很有用的分析。关于 1910 年后全国范围内哪些首领何时何地掌权，赫苏斯·罗梅罗·弗洛雷斯在《墨西哥大革命编年史》（*Anales históricos de la revolución mexicana*，Ⅱ，Mexico，1960）中的叙述最冷静，也最可靠，它的第一卷是从波菲里奥主义到立宪主义革命（Del porfirismo a la revolución constitucionalista），第二卷研究 1917 年宪法和最初的革命政府（La constitución de 1917 y los primeros gobiernos revolucionarios）。在莫雷洛斯 20 世纪 30 年代初以前的政治史方面，迭斯（Domingo Diez）《参考书目》（*Bibliografía del estado de Morelos*）第 223 页的导言仍然是最好的。

社会和经济方面

这方面最有用的参考材料和阐释仍然是科西奥·比列加斯的恢复共和国时期和波菲里奥时期的"社会生活"（La Vida Social）和"经济生活"（La Vida Económica）部分。席尔瓦·埃尔索格（Silva Herzog）的四卷本（包含了复制的小册子和他关于土地改革的长篇论述）中也有相关内容。安德烈斯·莫利纳·恩里克斯的五卷书中的第五卷《墨西哥土地革命前十年的简史：1910—1920》（*Esbozo de la historia de los primeros diez años de la revolución agraria de 1910 a 1920*，II，México，1936）中的描述有些偏激，但也非常有趣。

具体到莫雷洛斯，经常被引用的霍尔特·比特纳（Holt Büttner）的论文是很有价值的参考资料，尽管它的分析不多。马萨里（Manuel

Mazari）含混不清、漫无边际的《草图》（"Bosquejo histórico del Estado de Morelos"）仍然是对种植园和村庄之间的冲突以及莫雷洛斯城镇发展历史的重要介绍。雷德菲尔德（Robert Redfield）对特坡斯特兰的研究和刘易斯（Oscar Lewis）对这一问题的重新讨论都提供了有用的信息；不过依赖它们是危险的，因为特坡斯特兰并不是莫雷洛斯的典型，而且这两位学者有时会把受访者告诉他们的错误信息当作事实。关于莫雷洛斯州早期种植园的有趣评论见于费尔南多·桑多瓦尔（Fernando Sandoval）的出色研究。索特洛·因克兰的小书仍然是天才之作和英勇之举。它和格雷戈里奥·洛佩斯－富恩特斯（Gregorio López y Fuentes）的小说一起，展示了 1910 年莫雷洛斯乡村生活的面貌，它们所展示的比其他所有的书加在一起还要多。

国外材料

在非墨西哥人发表的关于大革命的著作中，我只知道有七部直接与莫雷洛斯有关。首先是盖茨（William Gates）在 1919 年 4 月的《世界工作》上发表的文章。虽然盖茨的文章中有很多不准确的内容，但是他也察觉并报道了很多其他人忽略的东西，这是很有帮助的。而且，这篇文章还展示了他如何干预萨帕塔派政策，这一点也很有用。接下来的一部作品是《深红色的小丑》（*The Crimson Jester*），H. H. 邓恩（H. H. Dunn）1934 年出版的大杂烩。那本书是个糟糕的笑话。在书中，读者可以读到，萨帕塔将囚犯钉在龙舌兰上，娶了 26 个女人，等等。虽然邓恩声称，他曾陪同萨帕塔参加过战斗，目睹了他所描述的暴行，但除了他自己的记录外，没有任何记录表明他曾与莫雷洛斯的革命有任何联系。他曾是国际通讯社（International News Service）和全国新闻协会（National News Association）驻墨西哥城的记者，但在 1912 年年底被赶出了墨西哥。他对驱逐他的内政部部长赫苏斯·弗洛雷斯·马贡的描述是"一个加勒比海黑人"[1]，从这里我们就可以看出他的报道的准确性

---

[1] 马贡出生于瓦哈卡州，也并不是非裔。——译者注

有多差（见他在参议院资料《墨西哥的革命》中的感叹，第 714—716 页）。埃马纽埃尔·里农（Emmanuel Rinon）翻译了这本书，名为《萨帕塔，墨西哥的阿提拉》（*Zapata, L'Attila du Mexique*，Paris，1934）。

克劳福德（Douglas Crawford）1940 年关于"苏里亚诺叛乱"的学位论文是美国第一部专门研究萨帕塔派的学术作品，因此非常引人注目。它的优点是对这一问题的全面认识，不仅仅是南方运动的原因，而且是整个过程，以及在提出问题、组织答案方面的客观性。它的弱点是它的资料很少，而且很肤浅。

最新的英文书是埃德格库姆·潘雄（Edgcumb Pinchon）的《不可征服的萨帕塔》（*Zapata the Unconquerable*，New York，1941）。尽管潘雄假称自己写的不过是一部历史小说，但是他花了一年的时间在墨西哥进行研究。他的作品以帕斯的专著、马加尼亚的前两卷、雷耶斯·阿维莱斯的《纸片》（*Cartones*）、金夫人的回忆录以及对塞拉芬·罗夫莱斯和索托－伽马的采访为基础，写出了一部很好的通俗传记。他也主要关注革命十年的时间，所以他的 332 页中的前 306 页只写到了萨帕塔和比利亚 1914 年在霍奇米尔科的会面，他编造了人物和场景，把索托－伽马的话当作绝对真实的，但他很好地勾勒出了人物个性、事件主题和行动目的的要点。卡赞的电影剧本似乎部分来自这本书。

1960 年，切瓦利尔（François Chevalier）的文章发表在了《美洲纪要》（*Cuadernos Americanos*）上，又被翻译成了《墨西哥土地革命的决定性因素：萨帕塔起义，1911—1919》（"Un facteur décisif de la revolution agraire au Mexique: le soulèvement de Zapata, 1911—1919"），发表于《经济、社会与文化年鉴》（*Annales. Économies-Sociétés-Civilisations*，第 16 卷，第 1 期，1961 年 1 月，第 66—82 页）。这是专业历史学家写的第一篇关于南方革命的文章，而且这位历史学家正好受过最好的训练——他早先对殖民地庄园进行了出色的研究，因此能够很好地探索革命的起源及其各种力量发展的特殊模式。他使用的材料并不新鲜，主要来自索特洛·因克兰和马加尼亚的作品，但是他的阐释是开创性的。如果没有它，所有研究墨西哥革命的学生都会迷失方向。

两位年轻的美国历史学家最近发表了相关的文章：麦克尼利（John McNeely），他的文章文中已经引用过，还有阿瑟·G. 佩蒂特（Arthur G. Pettit），他的文章是《1914 年萨帕塔和卡兰萨的关系》（"Relaciones Zapata–Carranza, 1914"）。[1]这两篇文章都是对有关萨帕塔派的回忆录和二手资料的细致总结。

423 如果继续寻找公开的和私人手中的文件，我可能会发现更多有启发性的材料。但到了 1967 年春天，故事似乎已经很清楚了。不仅对更多细节的搜寻变得收效甚微，而且我发现的新细节似乎掩盖了我认定的真实印象。为着卡莱尔所说的"至为不可或缺之美"[2]，我开始着手完成我的著作。

---

[1]　In *Anuario de Historia*, V（1965），69–81.

[2]　托马斯·卡莱尔（1795—1881），苏格兰散文家、历史学家、哲学家。在他的文章《论沃尔特·斯科特爵士》（"On Sir Walter Scott"）中，他提到："在一个人从事的所有事情中，无论是写作还是其他，至为不可或缺之美，就是将事情完成。"——译者注

索 引

（此处标注页码为原书边码，即中译本边码）

阿卡普尔科（Acapulco，位于格雷罗州），180，182，183，249

阿卡特利帕（Acatlipa，位于莫雷洛斯州），46

土地斗争：争论，90，96，98，101，116，142，149–151；委员会，117，231–235，259–260，318，368–369，370；377；法律，229，246，272–273，278，373，377，404

——关于土地、木材和水源的争斗：1910年以前，4，15，18，41–47，50，52–54，61；1910年之后，108，109，233，247，354–355，376，377

——计划：马德罗派，70，87，150，155；萨帕塔派，122，172–173，178–179，189，194，199，207，209，216，230，244，274，342，394，396；索托-伽马的计划，135，194；种植园主的计划，142；立宪派的计划，195，199，207，209，250，283；巴斯克斯·戈麦斯的计划，307；佩莱斯的计划，355；1920年之后，366–367，369，373，377–380，382–384

——改革：萨帕塔派，125，131，212，228–232，234–235，246，278；马德罗派，154–155；比利亚派，196；立宪派，202，229，259–260，272–273，353；1920年之后，368–370，373，377–380；另见词条"阿亚拉人""农业部""帕拉福克斯，曼努埃尔""种植园""村庄""萨帕塔，埃米利亚诺"

土地改革（agrarismo）：见"土地斗争：计划"

土地党人（Agrarista）：见"全国土地党"

农业：见"种植园：技术"

阿瓜普列塔起义（Agua Prieta revolt），365，372

阿瓜斯卡连特斯州（Aguascalientes），155

克鲁斯，阿方索（Alfonso Cruz），231，232

拉克鲁斯（La Cruz，位于莫雷洛斯州），252

夸维斯特拉庄园（Cuahuixtla hacienda），46，49，51，61，240，286，318，370，373，377

卡隆，阿尔弗雷多（Alfredo Cuarón），207，214，216

库奥奇奇诺拉（Cuauchichinola，位于莫雷洛斯州），46，102

库奥奇奇诺拉庄园（Cuauchichinola hacienda），102

库奥特拉（Cuautla，位于莫雷洛斯州）：特点，7，29，40–41，61；作为马德罗派的目标，76，85，86，87，89，98；被联邦军占领，103，114–116，119–120，121，124，125；萨帕塔派的目标，144，167，185，263，272；在立宪派的控制下，253，270，295，309，312，317–318，319，322，324，327，329，332，333；在阿瓜普列塔起义期间，360–362；简单提及，4，94，118，127，132，145，219，371，373，377，378

——社会经济：1910年之前，15，44，45，46，61；从1910年到1920年，64，70，73，101–102，136，170，212，231–232，286–287，311，318；1920年之后，384，385，386

——政治：1909年选举，16，29，31–34，35，36，38，138；1910年选举，53，56；1911年选举，123；1912年选举，134–135，138；1916年选举，270

库奥特拉河（Cuautla River），6，49，76，325

库奥特利斯科庄园（Cuautlixco hacienda），240

古巴独立战争（Cuban War of Independence），138

古巴人，43

昆特佩克（Cuentepec，位于莫雷洛斯州），252

库埃纳瓦卡（Cuernavaca，位于莫雷洛斯州）：特点，29；社会经济，44，170，237，241–242，268，271，311，329–330，384；作为马德罗派的目标，60，61，74，76，82，89，93–95，100，105；联邦军占领库埃纳瓦卡，109，112，116，169，175，185，186；萨帕塔派的目标，133，143，144，167，187，271，358

——政治：1909年选举，17，19，22，23，26，27，29，30–31，34，35–36；在埃斯坎东的统治下，38–39，40，60，78；1910年选举，55–56；1911年选举，88，123；在莱瓦的统治下，134–135，136，139，140，144，145，148，150，152，153，155，156，

劳工：见"种植园"

土地：见"土地斗争：争斗"

土地赠与：见"土地斗争：计划，改革"

地主：见"种植园：种植园主"

土地改革：见"土地斗争：改革"

没收土地：见"土地斗争：争斗"

土地所有权：见"土地斗争：争斗，改革"

兰辛，罗伯特（Robert Lansing），346-347，350-351

大庄园（latifundio）：见"种植园"

《莫雷洛斯州与市镇政府收入法》（*Law on State and Municipal Incomes for the State of Morelos*），265

莱安德罗·巴列俱乐部（Leandro Valle Club），55-56

雷纳尔多，莱科纳（Reynaldo Lecona），195，302，307

议会：见"莫雷洛斯州"

莱昂（León，位于瓜纳华托州），244

莱昂·德拉巴拉，弗朗西斯科（Francisco León de la Barra），86，91，105，106，113，161，335

——政治：莫雷洛斯人的态度，104，112，114-115，117，120，122-123，393；对莫雷洛斯的政策，106，108-114，116-121，123

莱尔多·德特哈达，塞瓦斯蒂安（Sebastián Lerdo de Tejada），14，22

莱瓦，阿尔弗雷多（Alfredo Leyva），22

莱瓦，帕特里西奥（Patricio Leyva）：州长候选人（1909），22-23，25，29-36；和马德罗的关系，55，68，72，75，81；州长候选人（1912），103，147；州长，148，149，153，155-156，160，162，163；立宪派，292，295，366；简单提及，164，165

莱瓦，贝南西奥（Venancio Leyva），22

《自由报》（*El Liberal*），203

自由立宪党（Liberal Constitutionalist Party），270，297，308，315

自由党（Liberal Party），135，193，202，396-397

自由政治俱乐部（Liberal Political Club），29，32-33

门多萨，弗朗西斯科（Francisco Mendoza）：出身，81，335-336；忠诚问题，130，157，172，181，186，240，249，335，351，352，357，365，367；领导军队，131，132-133，142，143，152，157-158，161，180-181，183，263，309，313，314，357；萨帕塔接班人的候选者，336-346；简单提及，287，318，322，356

门多萨·L.施韦特费格尔，米格尔（Miguel Mendoza López Schwerdtfeger），193，373

梅里达（Mérida，位于尤卡坦州），175

梅里诺，何塞（José Merino），3，4，9

梅里诺，拉斐尔（Rafael Merino），9，30，70，75-76，77，78，79，318

梅特佩克（Metepec，位于普埃夫拉州），85

墨西加（Mexica），102

《墨西哥先驱报》（*The Mexican Herald*），26，36

墨西哥：选举，13，19，20-21，22，34-36，282，308，366；共和国，20，59，171；社会经济，42，47，49，66，82，90-91，107-108，150，160，216，224，239，332，373，382-383；墨美关系，143，185-186，221，245，298，299，311，320-321，346-351

墨西哥城（Mexico City，位于联邦特区）：萨帕塔在墨西哥城，63，95，101，127-128，219，221，240；墨西哥城在萨帕塔派中的名声，76，205-206；萨帕塔派在墨西哥城的名声，100，102，119，142，150，311，384，386；墨西哥城中的萨帕塔派代表，127，132，136，143，145，186，188，200，291，310，311，319，349，352，356，395；墨西哥城中的萨帕塔派军队，219，221，222，229-230，236，239-240，241，242，363

《新墨西哥》（*Mexico Nuevo*），18，25，26

墨西哥州（Mexico State）：社会经济，44，48，231，380；萨帕塔派，133，143，167，171，176，194，197，245，249，263，267，356；土地党人，366；简单提及，14，295，360

米亚卡特兰庄园（Miacatlán hacienda），51，252，272

米却肯州（Michoacán），47，133，171，176，194，197，267，301，357，360，371

民兵：见"社会防卫团"

《未开垦土地法》(*Uncultivated Lands Law*)，366–367

战争部副部长（Undersecretary of War）：见"战争部"

美国：大使馆（Embassy），145，201–202，236，358；海军（Navy），183，185–186；国务院（Department of State），211，237，239，315，346–347，350–351；共和党（Republican Party），216；陆军（Army），253，273；战争部部长（Secretary of War），299，307；国会（Congress），347，350–351；美国–墨西哥危机，185–186，253，346–351；萨帕塔派对美国的兴趣，179–181，283，298–300，311，312，397–398；萨帕塔派在美国的代表，179–181，291，308，356；简单提及，55（注释），143，176，183，210，235，258，272，386

巴斯克斯，洛伦索（Lorenzo Vázquez），74，77，130，136–137，139，141，142，161，226–227，236，238，240，262，284–285

巴斯克斯·戈麦斯，埃米利奥（Emilio Vázquez Gómez），95，99，101，103–104，106，130，166，197，292，307，308，395，396，397

巴斯克斯·戈麦斯，弗朗西斯科（Francisco Vázquez Gómez）：反连选连任派，103，123，124；萨帕塔派代表，179，180，181，184，308，309，316，321，356；萨帕塔派对巴斯克斯·戈麦斯的兴趣，307，316–317；萨帕塔派最高领袖，316–317，319，321，323，337，341，346，357，363；简单提及，310，342，344，395

巴斯克斯·戈麦斯兄弟，141

巴斯克斯·奥尔蒂斯，贡萨洛（Gonzalo Vázquez Ortiz），145

贝拉斯科，伊斯梅尔（Ismael Velasco），375

贝拉斯克斯，奥雷利奥（Aurelio Velázquez），134，137，141

贝拉克鲁斯州（Veracruz），6，47，48，51，81，171，212，263，301，356，358，385

贝拉克鲁斯市（Veracruz，位于贝拉克鲁斯州），15，86，157，185–186，196，221，244，256，296–297，363，376

比利亚，弗朗西斯科（Francisco Villa）：军事行动，179，244，245，253，258，266，270，320；与立宪派的关系，192–193，194，206，210，211，223；与萨帕塔的关系，195，198，200，213，219，220–222，317；与萨帕塔派的关系，196–197，201，207，210，214，216–217，218–219，239，290，292，306，307，365–366；简单提及，

271–272，281–282；重要的胜仗，86，142，167，181–182，221–222；主要的撤退行动，85，126，143，152，175–176，254–255；重大失误，93–94，244，253；主要的防御战，248，309；战略决定，127，157，164，178–179，189，197–198，212，265–267，291–292，300，314–315，321–322；司令部，166，172，174，189，242–243，263，275，294，304，306；萨帕塔和其他萨帕塔派首领，226–227，248，249，251，261–262，267，273，281–282，284–286，287，288，304，313–314

——萨帕塔和其他革命派：巴斯克斯派，105，292，307，309，316–317；奥罗斯科，126–127，143，162–164；比利亚派，196，198，212–217，219–221，222，292，307，311；立宪派，197，198，199–200，202–203，208–210，211，212，218，250–252，272，292，322；费利克斯派，263–264，292，302，309；自由立宪党人，291，308，309，310；佩莱斯，310，340

萨帕塔，欧费米奥（Eufemio Zapata）：早年生活，6，8；马德罗派，81，107，120；萨帕塔派，130，141，143，152，157，161，172，174，183，212，220，240，263；欧费米奥·萨帕塔之死，287，295

萨帕塔，加夫列尔（Gabriel Zapata），7，46

萨帕塔，何塞（José Zapata，可能是埃米利亚诺的叔公），8–9，108，181

萨帕塔，何塞（José Zapata，埃米利亚诺的叔叔），7

萨帕塔，玛利亚·德赫苏斯（María de Jesús Zapata），22，386

萨帕塔，玛利亚·德拉卢斯（María de la Luz Zapata），386

萨帕塔，尼古拉斯（Nicolás Zapata），220–221，325，379，380，381，382，385

萨帕塔阵线（Zapatista Front），380–381

萨帕塔派（Zapatistas），122，193；简单提及，散见于全书；又见"解放军""萨帕塔，埃米利亚诺"

塞尔图切，胡安·C.（Juan C. Zertuche），357

苏亚苏亚，福尔图纳托（Fortunato Zuazua），332–333

苏莱塔，鲁佩托（Ruperto Zuleta），134